伏尔泰文集
第 6 卷

风 俗 论

论各民族的精神与风俗以及
自查理曼至路易十三的历史

（下册）

谢戊申　邱公南　郑福熙　汪家荣　译
郑福熙　梁守锵　校

2019 年·北京

Voltaire
**ESSAI SUR LES MŒURS
ET
L'ESPRIT DES NATIONS
ET SUR LES PRINCIPAUX
FAITS DE L'HISTOIRE DEPUIS
CHARLEMAGNE JUSQU'À LOUIS XIII**
中译本根据巴黎加尼埃兄弟出版社(Garnier Frères)版本译出

目 录

第一四一章 …………………………………… 1
 葡萄牙人的几次地理发现

第一四二章 …………………………………… 11
 日本

第一四三章 …………………………………… 18
 恒河两岸的印度；不同的种族以及他们的习俗

第一四四章 …………………………………… 27
 埃塞俄比亚（阿比西尼亚）

第一四五章 …………………………………… 30
 哥伦布和美洲

第一四六章 …………………………………… 41
 无谓的争夺；美洲是怎么有人居住的；美洲与旧大陆的特别差异；宗教；食人肉者；新大陆居民何以比旧大陆少

第一四七章 …………………………………… 48
 费尔南德·科尔特斯

第一四八章 …………………………………… 55
 征服秘鲁

第一四九章 …………………………………… 63
 第一次环球航行

第一五〇章 67
　　巴西

第一五一章 70
　　美洲的法国属地

第一五二章 78
　　法属美洲岛屿；美洲海盗

第一五三章 84
　　英国人和荷兰人在美洲的属地

第一五四章 92
　　巴拉圭；耶稣会教士在巴拉圭的统治；他们同西班牙人和葡萄牙人
　　的争端

第一五五章 99
　　葡萄牙人发现新大陆时期的亚洲状况

第一五六章 105
　　鞑靼人

第一五七章 107
　　莫卧儿帝国

第一五八章 113
　　波斯和波斯在16世纪的变革；波斯的风俗、习尚等等

第一五九章 119
　　16世纪的奥斯曼帝国；奥斯曼帝国的风俗、政权和财政

第一六〇章 127
　　勒班陀海战

第一六一章 ············ 132
北部非洲沿海地区

第一六二章 ············ 135
非斯王国和摩洛哥王国

第一六三章 ············ 138
西班牙国王菲利普二世

第一六四章 ············ 146
荷兰联省共和国的建立

第一六五章 ············ 159
菲利普二世的统治（续）；葡萄牙国王塞巴斯蒂安的厄运

第一六六章 ············ 165
菲利普二世企图入侵英国；无敌舰队；菲利普二世在法国的权势；卡洛斯王子之死

第一六七章 ············ 174
爱德华六世、玛丽、伊丽莎白统治时期的英国

第一六八章 ············ 178
伊丽莎白女王

第一六九章 ············ 184
玛丽·斯图亚特女王

第一七〇章 ············ 190
16世纪末弗朗索瓦二世统治时期的法国

第一七一章 ············ 195
法国；查理九世未成年时期

第一七二章 ··· 207
  特兰托公会议主要情况概述

第一七三章 ··· 226
  亨利三世时期的法国；亨利三世移居波兰，逃离波兰，又返回法国；
  当时的风尚；天主教同盟；暗杀事件；弑君；一些奇闻怪事

第一七四章 ··· 242
  亨利四世

补篇 ·· 271
  亨利四世写给科里桑德·德·昂杜安的九封信

第一七五章 ··· 281
  法国，从路易十三在位到枢机主教黎世留执政；法国全国三级会议
  的召开；政务治理不善；昂克尔元帅孔契尼遇害；其妻被判处焚尸；
  吕伊纳公爵执政；内战；黎世留枢机主教怎样进入枢密院

第一七六章 ··· 304
  枢机主教黎世留执政时期

第一七七章 ··· 344
  菲利普二世以后至查理二世统治下的西班牙

第一七八章 ··· 354
  鲁道夫二世、马西亚斯和斐迪南二世治下的德国；选帝侯弗里德
  里希的厄运；古斯塔夫-阿道夫的战绩；威斯特法利亚和约及其他

第一七九章 ··· 370
  1641年以前的英国

第一八〇章 ··· 381
  查理一世的灾难；他的死亡

第一八一章 ································· 397
  克伦威尔

第一八二章 ································· 406
  查理二世治下的英国

第一八三章 ································· 419
  16世纪末的意大利，主要是罗马的情况；特兰托公会议；历法改革，等等

第一八四章 ································· 428
  西克斯特五世

第一八五章 ································· 435
  西克斯特五世的继承者

第一八六章 ································· 443
  17世纪的意大利（续）

第一八七章 ································· 448
  17世纪的荷兰

第一八八章 ································· 455
  17世纪的丹麦、瑞典和波兰

第一八九章 ································· 461
  17世纪的波兰；索齐尼派（上帝一位论派）

第一九〇章 ································· 466
  16—17世纪的俄国

第一九一章 ································· 474
  17世纪的奥斯曼帝国；干地亚之围；假弥赛亚

第一九二章 ··· 488
  土耳其人对外扩张；维也纳之围

第一九三章 ··· 494
  波斯；波斯的习俗及其最近的一次动乱；达赫马斯·库利汗
  （纳狄尔-沙赫）

第一九四章 ··· 501
  莫卧儿帝国

第一九五章 ··· 508
  17世纪和18世纪初的中国

第一九六章 ··· 516
  17世纪的日本；基督教在日本被禁绝

第一九七章 ··· 521
  路易十四时代以前历史概述

人名民族名对照表 ··· 534
地名对照表 ··· 563
历史术语索引 ··· 578

第一四一章

葡萄牙人的几次地理发现

到此为止，我们看到的只是一些人野心勃勃地互相争夺或肆意扰乱着地球上已知的地方。一种在当时似乎对世界有益但随后却带来更多的不幸的野心，终于驱使人们努力寻求新的陆地和新的海洋。

我们知道，磁铁的朝北指向，是在那个愚昧无知的年代，在13世纪末发现的。长期以来，就连最有知识的民族也对它一无所知。此后不久，那不勒斯王国中一位阿马尔菲①公民名叫弗拉维奥·戈伊亚的发明了指南针。他在罗盘的磁针上做了个百合花标记，因为在属于法兰西王族的那不勒斯君主的纹章上饰有百合花的徽记。

这个发明很长一段时间没有被利用。富歇②所引用的、证明在1300年以前已有人使用指南针的诗，大概是在14世纪写作的。

在14世纪初，没有用指南针引导，人们已重新找到了加那利群岛。这些岛屿在托勒密和普林尼时期被称作幸运岛。这里离非

---

① 阿马尔菲，意大利坎帕尼亚区城市。——译者
② 富歇，当指克洛德·富歇(1744—1793)，法国高级教士、政治家。——译者

洲不远，当年丹吉达非洲①的主人罗马人经常来往此地。罗马帝国的衰落使大西洋各民族间的来往中断，彼此互不了解，这些岛屿也便被我们遗忘。约1300年，比斯开人重新找到了这些岛屿。路易·德·拉塞尔达②，这位由于父亲失去了王位而不能当国王的西班牙王子，于1306年要求教皇克雷门五世授予幸运岛王的封号。由于当时教皇们都愿意把真实的或有名无实的国王封号授予他人，克雷门五世就为他在阿维尼翁举行了加冕礼。后来，拉塞尔达宁愿留在法国避难而没有去幸运岛当国王。

事实证明，指南针是英国人在爱德华三世在位期间最先使用的。

当时人们的有限的科学知识保存于修道院中。牛津有个名叫林纳的修士，是聪明能干的天文学家，他一直远航到冰岛，绘制了一套北方海域图，后来亨利六世时有人使用过这些海图。

然而，真正重大而有益的发现是在15世纪初叶，始于葡萄牙国王约翰一世③之子亨利④，他因此在同时代人中享有更高的荣誉。他是一位哲学家，他把哲学用于为世人造福。"要干出一番事业"是他的箴言。

在距北回归线以北5度的地方，有一个突出大西洋的岬角，那

---

① 丹吉达非洲，西非洲北部的古称，今毛里塔尼亚、塞内加尔地区。——译者
② 拉塞尔达，西班牙卡斯蒂利亚望族，其中若干人在14世纪时曾为法国效劳。——译者
③ 约翰一世，葡萄牙国王，1385—1433年在位。——译者
④ 亨利，指葡萄牙航海者亨利，(1394—1460)，在葡萄牙南方阿尔加维省任总督时，招收海员、测绘人员、天文学家、造船工人收集地图和旅行资料。1420年开始派遣船队向海外探险。——译者

是历来海上航行的终极地,称为"不越角"①,表示航海者不能越过该地。

亨利王子募来一批大胆的海员,打算闯过这个岬角,进而到达距北回归线只有两度的巴亚多尔角。可是巴亚多尔角突入大西洋120海里,沿岸尽是暗礁险滩,波涛汹涌,海员们望而生畏。王子毫不气馁,另又派遣了一批海员,结果也没有成功。然而,这批海员于1419年返航途中,在大海中发现了马德拉岛。过去迦太基人可能到过该岛,有人曾夸张地把它说成是一个极大的岛,再经讹传,以致有些近代人误以为那就是美洲大陆。人们称它马德拉岛,是因为岛上有茂密的树林,"马德拉"就是树木的意思,而"马德里耶"(厚木板)一词也是由此而来的。王子亨利下令在岛上种植希腊葡萄,种植甘蔗。这甘蔗种苗他取自于西西里和塞浦路斯,而这两个地方的甘蔗又是以前阿拉伯人从印度移来的,以后又有人把它移植到美洲各岛,如今美洲用以供应欧洲市场的就是这种甘蔗。

王子亨利保留了马德拉岛,但是他不得不把他所占据的加那利群岛让给西班牙人。西班牙人依据的是路易·德·拉塞尔达的权利和教皇克雷门五世封他为马德拉王的谕旨。

巴亚多尔角给所有海员留下一个可怕的印象,以致在后来的13年里没有一人敢再闯这个岬角。最后还是亨利坚定不移的决心鼓起了大家的勇气。他们终于绕过了北回归线附近的这个海岬(1446),并从那儿一直航行到大约400法里远的佛得角。正是由

---

① 原文为 Cap Non,应为 Noun,不是 Non。此岬角在摩洛哥阿加迪尔之南,Noun 是古时这一地区和努恩河的名字。——译者

于亨利的关注才得以发现了佛得角群岛,随后又在1460年发现了亚速尔群岛。据说在1461年,有人在亚速尔群岛的峭岩上看到一尊塑像,一个骑士,左手按在马背上,右手指向西方。若真有其事,就可以认为这是古代迦太基人建造的。塑像下面的铭文,虽然我们无法认识它的文字,似乎也支持这一看法。

当时发现的非洲沿海地区几乎全都属于摩洛哥帝国。这个帝国的统治和宗教传播范围从直布罗陀海峡经过沙漠地带一直伸展到塞内加尔河。但是这一地区人口稀少,居民多未开化。过塞内加尔河以后,人们会惊奇地发现,河南边的人全是黑色皮肤,而河北边的人却是灰白色。黑人是同我们不同的人种,就好比长毛垂耳的西班牙种猎犬不同于猎兔狗。天然生长在人体肌肉和皮肤之间的粘膜网,在我们身上是白色的,而在他们身上是黑色的,在另外的人身上是古铜色的。著名的鲁易施在阿姆斯特丹解剖一个黑人时,第一次成功地取下了整张粘膜网。沙皇彼得大帝把它买下来①,但是鲁易施留存了一小块,我曾经见过,像黑色的薄纱一样。黑人的一处皮肤烧伤,如果粘膜网受到损伤,皮肤就会变成棕色;否则,重新生长出来的皮肤还是黑色的。黑人的眼睛形状跟我们的完全不同。他们的那一头浓密的黑色卷发也一点不像我们的头发。可以这样说,他们的智力同我们所理解的智力虽不属于另一类,却是十分低下的。他们无法精神贯注,缺乏组合的能力,不善于判断我们的哲学对他们有什么好处或坏处。他们在非洲这块土地上土生土长,同大象和猴子一样。在摩洛哥帝国的黑人尚武好

---

① 参见本书上册第一章。——译者

斗，强悍而又凶残，甚至比那些皮肤晒得黝黑的我们称为"白人"的军队更为善战。因此，在几内亚，他们自认为生来就是要被卖给白人并为白人效力的。

黑色人种可分为好几类：几内亚黑人，埃塞俄比亚黑人，马达加斯加黑人，印度黑人，各不相同。几内亚和刚果的黑人的卷发浓密，其他黑人则长着粗硬的长发。由于很少同别的民族往来，黑人部落没有任何宗教信仰。最愚蒙的一级是只想到目前，只想到肉体上的需要。有好几个民族，尤其是居住在海岛上的民族，就是这样。次一级是有蒙眬的预见，不能形成一个稳定的社会，用惊讶的眼光观望星辰，在更换季节时，或有某些星宿出现时，有庆祝或欢乐表现，但不会进一步思索，也没有任何明确的概念。多少世纪以来，不止一个民族就是生活在愚蒙与理智初开的这两级状态之间。

葡萄牙人的那些发现，直到那时，并未带来什么好处，而只是令人感到新奇。有必要向这些岛屿移民，但是非洲西海岸的贸易收益不大。到约翰二世①时期，终于在几内亚海岸找到了黄金，但数量甚微。后来英国人就把从该地得来的黄金铸造的金币，称为畿尼②。

只有葡萄牙人才享有这个荣誉：为我们把地球的界限向远处推移。他们越过赤道，发现了刚果王国。这时，人们看到了新的天地，新的星。

欧洲人第一次看到了南极，望见了靠南极最近处的4颗星。

---

① 约翰二世，葡萄牙国王，1521—1557年在位。——译者
② 畿尼，旧时英国金币，一畿尼合21先令。——译者

令人十分惊奇的是,早在100多年前,著名诗人但丁就曾预见到这4颗星。他的《炼狱》的第一篇有这样一段:

> 我转身向右方,
> 注视那另一极地。
> 我看见了只有初民
> 才见到过的那四颗星。

但丁的这个预言比悲剧作家塞涅卡的预言似乎更为确切。塞涅卡在他的《美狄亚》中写道:

> 但愿终于有一天,大西洋不再把各民族分隔开来,一个新的梯菲斯①将发现一个新的世界,杜莱岛②也不再是世界的边缘。

塞涅卡的这个模糊的想法仅仅是一个在航海术取得进步的基础上才会实现的愿望;而但丁的预言则实际上同葡萄牙人及西班牙人的发现毫不相关。这预言愈明确具体,就愈不真实。但丁作品中所说的南极和四颗星,只不过是一个颇为奇怪的巧合。诗人用的只是形象化的表现手法,他的诗只是一种有永久意义的比喻。在他的诗句中,南极的寓意是地上的乐园,四颗只有初民见过的

---

① 梯菲斯,塞涅卡所作悲剧《美狄亚》中的人物。——译者
② 杜莱岛,古代希腊人和罗马人想象为欧洲大陆之最北的地方,在冰岛或挪威北边。——译者

星,指的是已与纯真的时代同归消失的四枢德。许多书中的大部分预言,如果这样地加以深入研究,就可以发现,其实什么也不曾预言,因为只有上帝才能预知未来。可是如果有人为了确立某种权利,提出某种主张,而需要利用但丁的这个预言,他就会多么充分地加以发挥!这预言会显得多么清楚明白!他又会多么狂热地去压迫那些对预言作合理解释的人!

1486年以前,人们不知道靠近南极时磁针是否会指向南方,因为磁针方向以前始终是指北的。这一年,有人远涉重洋到达非洲的最南端——风暴角。风暴角较之巴亚多尔角更令人生畏,但同时却给人带来一个希望:越过这一岬角,开辟一条环绕非洲以及与印度通商的航线。好望角一名由此而来,但这并不是一个虚名。不久,国王埃马努埃尔,①继承父辈的宏图大略,不顾国人的劝谏,派遣一支仅有4条船的舰队,由瓦斯戈·达·伽马②领队远征,这次远征使达·迦马名垂后世。

葡萄牙人当时并没有在这著名的岬角上定居,后来荷兰人才把它兴建成为地球上最美好的居住地之一,并且在那里成功地种上了世界各地的农作物。当地的土著人既不像白种人也不像黑种人,全都是深橄榄色皮肤,鬃毛般的头发。他们的发声器官与我们不同,那结结巴巴,叽里咕噜的发音,我们根本无法模仿。他们不是食人肉者,相反他们的风俗温和而又纯朴。毫无疑问,他们的理性尚未发达到相信有什么天主上帝的程度。他们还处在可以接受

---

① 埃马努埃尔(Emmannel)指马努埃尔一世(1469—1521),葡萄牙国王。——译者
② 瓦斯戈·达·伽马(1469—1524),葡萄牙航海家。——译者

以共同需要为基础的雏形社会这种愚蒙阶段。文学士皮埃尔·柯尔布曾长期在这些人中间游历过。他断言这些土著是亚伯拉罕的一个妻子撒杜拉的后裔,崇拜鹿角甲虫。我们对他们的神学知之甚少。关于他们的血统族系,不知柯尔布是否写过出色的论文。

如果说割礼使得第一批游历埃及和科尔科斯的学者感到惊奇,霍屯督人的做法就更叫人诧异了。他们割掉男人的一个睾丸,这是远古时期的一种风俗,连他们自己也不知道这种风俗是为什么产生和怎样传下来的。他们中有些人对荷兰人说,他们阉割后奔跑起来会更轻松;另一些人说,用香草代替割去的睾丸,会使他们更加强壮。当然他们只能作出某种拙劣的解释,而这正是世界上其他地方许多风俗的根源。

(1497)达·伽马绕过非洲最南端以后,循陌生的海路朝赤道方向北返;还没有重越南回归线,就在索法拉①遇见了讲阿拉伯语的开化的民族。自加那利群岛直至索法拉,人和动物植物,一切都别具模样。在这里又可以见到与大陆人相似的人,真是大出意料。伊斯兰教已经开始渗入他们中间。到东非去的伊斯兰教徒,跟经西非北上的基督教徒在地球一角相遇了。

(1498)达·伽马在南纬14度终于找到了信奉伊斯兰教的领航员之后,到达了印度的卡利卡特②王国。在此之前,他已察看了1600法里的海岸线。

达·伽马的这次航行使旧世界的贸易往来发生了变化。亚历

---

① 索法拉,非洲沿海城市,在赞比斯河口以南。——译者
② 卡利卡特,印度西南部海岸城市。——译者

山大——论者多只把他看成一个破坏者,然而他所建造的城市比他摧毁的要多——尽管做过坏事,却是无愧于"大帝"称号的人。他曾经指定他的亚历山大城作为贸易的中心和各民族交往的枢纽,这个城市确实是做到了。在托勒密时代如此,在罗马人和以后的阿拉伯人统治时期,都是如此。它是埃及、欧洲和印度货物的集散地。在15世纪时,威尼斯几乎独霸了亚历山大城的市场,从那儿运回东方和南方的食物,从而发了欧洲其他国家的大财。这是由于当时其他信奉基督教的人的无知而威尼斯人善于经商之故。如果没有达·伽马的这次航行,威尼斯共和国就可能很快成为欧洲举足轻重的强国。可是,达·伽马绕过好望角的航行,把威尼斯的财源切断了。

以前,君主们发动战争是为攻城略地,而此时则是为了建立商行。1500年以后,在卡利卡特不打仗流血就不能获得胡椒。

阿尔丰沙·达尔比凯尔克[①]以及其他一些著名的葡萄牙将领,率领为数不多的士兵,先后同卡利卡特、霍尔木兹以及暹罗等国的军队作战,并且打败了埃及苏丹的舰队。同埃及人一样想阻挠葡萄牙人的进展的威尼斯人,曾经向埃及苏丹建议由威尼斯支付费用,开凿一条穿过苏伊士地峡,连接尼罗河和红海的运河。此举若成功,威尼斯人就能保住他们对印度贸易的控制权。但这一宏大计划因种种困难而化成泡影。与此同时,葡萄牙的达尔比凯尔克先后攻占了恒河南边的果阿(1510),马来半岛上的马六甲

---

① 达尔比凯尔克(1453—1515):葡萄牙航海家,冒险家,曾到达马六甲、锡兰、果阿等地。——译者

(1511)，红海入海口的福地阿拉伯滨海城市亚丁(1515)，最后还占领了波斯湾的霍尔木兹。

不久(1514)，葡萄牙人又占据了锡兰岛沿海地区，因为该岛出产最名贵的桂皮和东方最漂亮的红宝石。他们在孟加拉设立贸易行，经营商业直到暹罗，而且在中国边境建立了澳门这座城市。他们的船队经常出入于埃塞俄比亚东部和红海沿岸港口。摩鹿加群岛是唯一出产丁香的地方，也被葡萄牙人发现和征服了。经商和战争有助于开拓这些新的殖民事业，而在那些地方从事新的商业，必须手里有武器。

在不到50年的时间里，由于发现了5000法里的海岸线，葡萄牙人一跃成为通过埃塞俄比亚洋[①]和大西洋进行贸易的主人。在1540年左右他们拥有从摩鹿加群岛到波斯湾的大批商行，横跨经度60度。世界各地出产的凡是有用的、稀罕的和令人喜爱的东西，都由他们运往欧洲，费用远比威尼斯人花得少。葡萄牙的特茹河与印度的恒河之间航运频繁，暹罗和葡萄牙成了有交往的国家。

---

① 埃塞俄比亚洋，指印度洋。——原编者

第一四二章

日　本

　　葡萄牙人在印度沿海以及恒河半岛成了富商,成了主宰以后,最终又来到了日本列岛(1538)。

　　在印度地区的所有国家中,日本不能不引起哲学家们的关注。我们本该自13世纪起通过著名的《马可·波罗游记》,就认识这个国家的。马可·波罗这个威尼斯人经陆路到达中国,在那里,他曾长期在成吉思汗的儿子忽必烈①治下工作,因而获得了我们今天称为日本而马可·波罗称为 Zipangri② 的那些岛屿的基本知识。然而,与他同时代的人却听信最荒谬的传闻,根本不相信他所记载的事实。他的手稿长时期不为人所知,最后落到克里斯托夫·哥伦布的手中,从而在很大程度上坚定了哥伦布希望发现一个把东方和西方连接起来的新大陆的信心。只是哥伦布弄错了地理位置,他以为日本与他所发现的另一个半球相连。

---

　　① 忽必烈是元世祖成吉思汗的孙子而不是儿子,本书第155章同有此误。——译者

　　② 1981年福建科学技术出版社出版的《马可·波罗游记》中译本注出的原文是 Zipangu,当是"日本国"三字的译音。本书原文为 Zipangri,疑有误。——译者

这个王国就在我们大陆的一端，而我们则在相反的一端。我不懂为什么人们总把日本人称为西方道德观念的对立面。其实在同样致力于培养理性的各民族之间根本不存在这种对立。在日本，最有权威的宗教承认人死后得善报或者受罚。他们称为"神道"的主要戒律正是我们的戒律。他们同样禁止撒谎、邪淫、偷窃、杀戮，这些都是具体化为戒律的自然法。在这些戒律中，他们还加了禁酒，甚至不饮任何原料酿制的、浓度较高的甜酒。禁杀戮还包括不杀牲畜。向他们传授这些法则的释迦牟尼①则生活在纪元前约一千年。因此，他们在道德观念方面跟我们不同的只是在于他们有不杀生这条戒律。如果说他们也有许许多多的奇谈，那么，这正是他们同一切民族相似之处，也是同我们相似之处。在基督教诞生之前，我们只知道相信荒谬的传说，并且过多地把它掺杂到我们的宗教里去了。如果他们的习俗同我们的习俗有差异，那么，从达达尼尔海峡到高丽国的尽头，所有东方民族的习俗都是有差异的。

　　由于所有民族道德观念的基础都是一致的，有些世俗生活中的习惯在世界各地也就大致相同。譬如在日本，新年元旦人们互相拜访，赠送礼品；亲朋好友在节日聚晤，都同我们欧洲一样。

　　更为奇特的是，日本人的政府2400年来完全同穆斯林哈里发和现代罗马的政府相似。宗教的首领同时也是帝国的首领，这种情况在日本人要比世界上任何一个民族长久得多。教主与皇帝一体的世袭制，无可争辩地应追溯到纪元前660年。但是，到16世

---

① 原文为Saka，当指释迦牟尼。公元前五六世纪在世。——译者

纪末，逐渐地，俗人分享了政权，完全控制了政府，但是还不敢取消教主的名义和教主的世系。称为"内里"①的天皇是永远受人尊敬的偶像，而天皇的幕府将军则是真正的皇帝，他恭恭敬敬地把天皇保护在高贵的囚牢里。土耳其人在巴格达做过的，德国的皇帝们想要在罗马做的，日本的摄政大臣②都做了。

  人性就其根本来说是四海皆同的，因此这些民族与我们之间还有另外一些相似之处。他们迷信巫术，我们过去很久也是如此。我们发现，他们也有朝圣的习俗，甚至有火刑考验的习俗，这正是我们过去的神意裁判的组成部分。另外，与希腊、罗马人相仿，他们也把伟人高置九天。他们的教主和近代的罗马教皇一样，独掌着封神和为他认为有资格享受祭祀者建立寺庙的权力。神职人员与在俗教徒在一切方面都大有区别。这两者之间，跟世上各地一样，相互鄙视，相互仇视。长期以来他们就有一些出家修行的人，一些隐修士，以及某些修会，与我们的好斗的修会相差无几，因为古时候曾有过一个誓为宗教而战的遗世独立者的社团。

  尽管这个修会像在欧洲引起内战的普鲁士条顿骑士团一样，也常常挑动内战，然而信仰自由在这些地方以及东方其他国度中却是得到确认的。在日本，尽管天皇与教主合二而一，却是教派林立；不过各教派都共守同一的道德准则。所有相信和不相信灵魂转生的人，过去和现在都不食有益于人类的动物。全民族以米饭、

---

① 原文为 dairi，日文为"内里"，指皇居，借指天皇。——译者
② 原文为 Taicosama，日文为"太阁様"，指日本封建时代的"太政大臣"或摄政大臣。——译者

蔬菜、鱼和水果为食；这种朴素生活在他们毋宁说是一种德行而不是迷信。

孔子的学说在这个帝国得到广泛传播。由于整个学说都归结为简单的伦理，因此吸引了那些不喜欢当和尚的人；而这些人始终都是这个民族的健康的部分。有人认为这个哲学的发展对摧毁天皇的权力贡献不小。1700年在位的天皇就独尊孔子，没有别的宗教。

似乎日本比中国更滥用了孔子的学说。日本哲学家认为，只要不损及社会，自杀就是一种合乎道德的行为。这些岛民秉性自负而暴烈，对这一理论往往身体力行，其结果自杀在日本比在英国更为司空见惯。

名副其实的有才识的旅行家康普菲尔指出，在日本以及几乎所有亚洲其他地方，信仰自由始终是允许的。好几种外来宗教都平安无事地传入日本。福音书在这广阔的土地上畅行无阻，这是天主的恩赐。谁都知道，在16世纪末，基督教在这个帝国的一半国土上迅速传播。第一个播种者、著名的葡萄牙耶稣会会士弗朗索瓦·沙勿略①是一个虔诚而有毅力的不知疲倦的人。他时而作为旅行者，时而身着教皇代表的盛装，与商人作伴，到过日本的好几个岛。自然，起初他不得不带翻译，因此进展不大。他在信中说："我简直听不懂这些人的话，他们也不懂我的；我们说话就像小孩念一个一个字母。"研究沙勿略生平的历史家读了这段话，就不要说他有语言天才了；同时也不要把读者看轻，硬说沙勿略丢失了

---

① 沙勿略(1506—1552)，西班牙耶稣会士，有印度使徒之称。——译者

十字架，一个乞丐又交还给他，说他同时身居两地，说他救活了9个人等等一类的话了。人们应当赞扬的是他的虔诚和敢闯精神。316为了使人们懂得一点他的意思，他最后还学习了相当多的日本话。帝国若干岛屿上的王侯，对多数和尚不满，因此对前来与这些滥用教权的人分庭抗礼的外国传教士自然毫无怨言。渐渐地，基督教就在那里站稳脚跟。

　　向教皇格雷戈里八世派去由三名亲王组成的著名的日本使团，可能是教廷从未接待过的最令其踌躇满志的一个觐见使团。尽管今日的日本已发誓不信基督教，而且只有荷兰人在不许从事任何宗教活动的条件下才可以进入这个国家，可是在当时，整个日本国已几乎成为一个基督教王国，或者说一个葡萄牙王国了。我们的神甫当初在日本比在我们西方更受人尊重。而今天，谁要在日本传播耶稣的教义，便有掉脑袋之虞。当局悬赏捉拿传教士，赏金数额高达约12000利弗。这个剧烈变化的第一个原因是一名葡萄牙神父因出入宫廷不知礼让，得罪了天皇的一个大臣；第二个原因是有位日本贵族曾把他的一所房子送给几名耶稣会会士，后来这位贵族的儿子要求索回房屋，而耶稣会会士执意不肯归还产权这种卑劣的行为；第三个原因是害怕日本被基督教徒征服，而这一点竟成了一场内战的起因。我们将会看到，基督教在日本就是这样以传教布道开始，以引起内战告终。

　　现在我们谈谈当时日本的情况，谈谈日本人同中国人一样自己喜欢夸耀的历史以及可以上溯到公元前6世纪的世袭的天皇制。特别值得注意的是，日本民族是亚洲唯一未被征服的民族。

我们将日本人同英国人加以比较,可以看到,北半球两极端的这两个国家的人,作为岛国居民的自豪感是相同的,自杀也同样屡见不鲜。但日本列岛从未被征服过,而大不列颠群岛则不止一次受到蹂躏。看来日本人不是混血的民族,这一点同英国人以及几乎所有西方国家的人不同。日本人似乎是土生土长的。他们的法律、宗教信仰、风俗习惯、语言和中国的毫无相同之处。至于中国,它好像本来就独自生存的,只是到了很晚的时候才从其他民族汲取了某些东西。使您惊叹的正是亚洲民族的悠久历史。这些亚洲民族,除了鞑靼人以外,从来没有远离过自己的疆土,而您现在看到,一个国土狭小、人口不多、在世界历史上过去无足轻重的弱小民族,以少数人从里斯本的港口出发,前来发现了这些大国,并出色地在那里经营起来了。

　　葡萄牙人通过对日本的贸易获得了前所未有的极大的利益。据荷兰人说,葡萄牙人每年从日本运回300吨黄金。我们知道,荷兰人所说的1吨黄金合荷兰银币10万盾。上述数字过于夸大了。不过,由于不知疲倦的、头脑灵活的葡萄牙人的努力,由于排除了其他民族的竞争,他们的对日贸易,尤其是在开始时,确实是获利甚丰。他们从日本购买亚洲最好的茶叶、最美的瓷器、龙涎香、质地优于我国产品的铜,再有就是白银和黄金,这就是所有这类事业的主要目标。日本像中国一样,几乎拥有我们所有的一切,以及我们所缺少的一切。日本的人口按[国土]比例跟中国一样多;但是日本人更为自豪和好战。过去这两个民族在文学艺术和手工技艺方面都远比我们西方民族先进。但是我们现在已把失去的时间夺回了!布拉芒特和米开朗琪罗建造了罗马圣彼得大教堂,拉斐尔画了许多画;牛顿计算了无限大,高乃依、拉辛写了《西拿》、《阿达莉》,这些人的国家已成为地球上最先进的国家。至于其他民族,尽管历史悠久,尽管有自然界赋予的一切,在艺术方面尚处于愚蒙或孩提时代。

第一四三章

恒河两岸的印度；不同的种族以及他们的习俗

我不打算在这里谈论暹罗王国，因为只是到路易十四的年代，人们对这个国家才略有所知。路易十四接见了它的使团，并向该国派遣了一些都没有什么用处的传教士和士兵。我也不准备提及安南、老挝、交趾支那等民族，因为只有很少数人到过那些地方，而且是在葡萄牙人的远征事业很久以后；我们对该地的贸易也从来没有什么发展。

在欧洲的君主们以及那些使君主们富裕起来的巨商们看来，所有这些地理发现只有一个目的：找寻新的宝藏。哲学家们则在这些新发现中，看到了一个精神的和物质的新天地。从欧洲各港口通向东方，直至印度边缘的方便的、开放的航路，满足了我们的好奇心，使我们亲眼看到了前所未见的，或仅仅是不完全地从一些旧的、不确实的游记中得知的一切。在刚果河的南边，居住着许许多多的黑人，在广阔的卡弗勒里①沿海地区，人的皮肤呈橄榄色，他们割掉一个睾丸以表示对神的敬意。而埃塞俄比亚人以及非洲

---

① 卡弗勒里，非洲西南部地区，居民为卡弗尔人。——译者

许多其他民族则只供献一小块包皮,所有这些,在一些善于思索的人看来,是多么不可思议!随后,假如你溯河而上,到达索发拉、基洛阿、蒙特巴沙和美兰达,就会看到,一种与尼格里蒂亚(即苏丹——译者)黑人不同种族的黑人,还有白人和青铜肤色的人,在一起进行商业活动。那里遍地是在我们这些地区看不到的动物和植物。

在非洲大陆的中央,有一支人数不多的矮小人种,他们的肤色白得像雪,脸形倒像黑人,眼睛同山鹑十分相似,葡萄牙人称他们为阿尔比诺人。他们矮小、虚弱、斜视,绒毛般的卷发和眉毛像洁白纤细的棉花。他们的体力和智力都低于黑人,可能大自然把他们安排在黑人及霍屯督人之下,猴子之上,犹如从动物到人的一个等级。也可能过去有过介于人与动物之间的低级种类,由于体弱而被淘汰。在法国就有过两个这样的阿尔比诺人,我曾在巴黎的布列塔尼旅馆见过其中之一,那是一个贩卖黑奴的人带来的。在东亚,人们也发现过几个与人相似的动物,但是这一种类非常稀少,他们需要人类的关心,可是人类对任何没有用处的东西总是漠不关心的。

从印度河口和恒河口一直伸到马尔代夫群岛中部的辽阔的印度半岛上居住着20个不同的民族,他们的风俗、宗教都不相同。当地土著人的肤色是紫铜色。后来丹皮埃尔在帝汶岛又发现黄铜肤色的人。大自然就是这样的千差万别!1650年,佩尔萨特在到达名为新荷兰的、同我们的西半球分开的南方陆地时,首先看到的是一群黑人用手撑着地,就像是用脚走路似的朝他走来。可以相信,只要进入这个南部世界的腹地,就能认识大自然更丰富的多样性。一切都将会开阔我们的认识领域,缩小我们的偏见。

现在,让我们回到印度沿海地区。在恒河以南的半岛上,居住着无数的巴尼亚人,他们是信奉广泛流传于印度各地的古老的灵魂转世说和善恶二元论的古代婆罗门的后裔。他们不食任何的动物,同犹太人一样固执地不与其他民族通婚,同犹太民族一样的古老,一样的从事商业。

主要是在这个国度,还依然保存着一种千年旧习:鼓励妇女在丈夫归天时,带着死而复生的希望伏在丈夫的尸体上自焚,这一点我在前面已经叙述过了。

在苏拉特、坎贝以及波斯边境地区,散居着盖布尔人,他们是古波斯人的遗族,信奉琐罗亚斯德教,跟巴尼亚人和希伯来人一样,与其他民族接触甚少。在印度还可以看见一些古老的犹太家族。据认为,是犹太人首次被逐出家园时就来到这里定居。在马拉巴海岸居住着一批聂斯脱利派基督教徒,有人不恰当地称之为圣托马斯派基督教徒。这些教徒不知道有什么罗马教会。他们过去受一个叙利亚族长的统治。尽管这个族长居住在,或者更确切地说藏身在据称就是原来的尼尼微的摩苏尔,此时他们仍然承认这个有名无实的族长是他们的首领。这个弱小的叙利亚教会可以说已经被强大的伊斯兰教埋没在叙利亚的以及安条克、耶路撒冷、亚历山大城的废墟之下了。葡萄牙人给[印度]这个地区带来了罗马天主教,他们在成为大都市和首府的果阿建立了一个大主教区。他们想要马拉巴的基督徒服从罗马教廷,但始终未能成功。他们的这一试图在美洲野蛮人中可以轻而易举地办到,但在脱离了罗马教廷的一切基督教会中做起来却始终是劳而无功。

从霍尔木兹海峡到阿拉伯半岛的一路上，可以遇见圣约翰的门徒，他们从未见过福音书。这些人被称为撒巴派①教徒。

当我们接着从印度东面循海路航行到达中国和日本，并在内地生活过之后，我们对于中国人、日本人、暹罗人的风俗习惯和宗教就有了进一步的了解，相比之下，我们过去对于我们自己的边陲地区在野蛮时代的风俗习惯和宗教的了解还没有这么清楚。

东西方风俗的差异之大不亚于语言的差异，这是值得一个哲学家注意的事。在这广袤土地上生息的人民，纵然是最开化的，也与我们的文明大不一样。他们的艺术也与我们的艺术迥然有别。饮食、衣着、房屋、园林、法律、信仰、礼仪，一切都不相同。还有什么比巴尼亚人在印度斯坦做生意的方式与我们的习俗相去更远的呢！成交的买卖再大，也不说一句话，不写一个字，一切通过手势表示。东方的如许习俗，怎么能与我们的相同呢？虽说人性从根本上说是四海皆同的，但在他们的国度和我们的国度，在表现上却有着惊人的差异。在印度南部，人在七八岁就达到婚龄。七八岁结婚是常有的事。这些小孩做了父亲，大自然已赋予他们运用理智的能力，而在这个年龄，我们的理智还刚开始发展。

所有这些民族与我们共同之处只是在于感情以及对感情起平衡作用的、人皆有之的理智。理智把这样一个原则铭刻在每个人的心上："你不愿别人对你做的，你就不要做"。感情和理智是大自然赋予不同人种的两个天性，是大自然把不同人种联结起来的两

---

① 撒巴，中世纪前期基督教隐修院重要组织者。反对奥利金学说，并驳斥"基督一性论"教义。——译者

条永恒的纽带,尽管存在各种分裂的因素。其余一切都是土地和习惯的产物。

那儿是勃固城,守城的是漫游于深水沟中的鳄鱼。这儿是爪哇岛,有妇女站岗守卫王宫。在暹罗,拥有一头白象,就是这个王国中的光荣。马拉巴不种植小麦。各个岛屿上都没有面包和葡萄酒。在菲律宾一个岛上,可以见到一种树,果实可用来代替面包。在马里亚纳群岛,人们还不会使用火。

确实,阅读来自这些远方国家的几乎每一篇游记,都应带着怀疑的眼光。人们忙于从科罗曼德尔和马拉巴①的海岸给我们送来的是货物而不是真实情况。一件特殊的事情往往被视为普遍习俗。有人对我们说,在[印度的]柯钦,王位继承人不是王子而是国王姐妹之子。这样的规定太违情悖理,没有人自愿剥夺亲生儿子的王位继承权。如果柯钦国王没有姐妹,王位又将谁属?情况也许是这样:诡计多端的外甥战胜了孤立无援、无人出谋划策的王子,或者一个君王驾崩,王子年幼,便以外甥为继承人,而游历者却错把这种偶然事件说成是基本法则,成百的作家抄袭了这位游历者,结果是以讹传讹。

一些在印度生活过的作者断言,在莫卧儿各邦,没有一个人占有私人财产,这就更出乎常情了。还是这些作家又向我们说,他们与富有百万的印度人做过生意。以上两种说法似乎有些自相矛盾。应当记住,北半球各国的征服者们从伦巴第到印度,曾到处建立了采邑制。假定一个印度商人在艾斯托夫和阿尔布音时代到意

---

① 科罗曼德尔和马拉巴,均印度西南部沿海城市和海岸的名称。——译者

大利游历，他能够说意大利人没有私人财产吗？世上有些国家，数百万人不停地劳动仅供一人独享，想到这种对人类来说十分可耻之事，便会感到这是不能讳而不提的。

有人告诉我们说印度的庙宇是用作宣淫的场所，对这种人，我们也应抱有戒心。让我们设身处地想一想，假如一个印度人在我们的国度里目击僧侣们的某些丑事，他总不至于说这些僧侣的修会、他们的教规就是这样的吧！

特别引起我们注意的是，几乎所有这些地区的人们都相信他们的天神经常下到人间。恒河半岛上的人说他们的毗湿奴曾9次在该地显形；暹罗人说他们的天神娑摩罗曾550次化身为人。天神化身下凡之说，也是古代的埃及人、希腊人和罗马人所共有的。不过，一种如此大胆，如此可笑而又如此普遍的谬见，也是出自每个人内心的一种合乎情理的想法：人们自然而然地感觉自己从属于一个至高无上的万物之主。这种常常包含着一定道理的错误想法，使世界上几乎所有信教的人都把天神看作是有时到他们的领地来巡察和驱邪扶正的主宰。在许多民族中，宗教的存在就跟天文学一样，两者都产生于史前时期，都曾经是真理和诓骗的混合物。第一批观察天体的真正运行的人给了这些民族以错误的影响。创立宗教的人，在承认上帝的同时，用迷信玷污了信仰。

在这么多不同的宗教里，没有一个不是以赎罪为主要目的的。人总是感到自己需要获得宽恕。这就是那些和尚、婆罗门、苦行僧等甘心过那种骇人听闻的苦修生活的原因，而这些似乎是为人类乞求慈悲而自愿吃苦的生涯，现在已变成了谋生的职业。

我不想太详细地谈印度人的风俗习惯，但其中有一项对我们是如此陌生，我不能不提一下。婆罗门教徒在祭祀游行仪式中手持像古代埃及人的法洛姆①神和罗马人的普里亚普斯②那样的男性生殖器的标志。我们的礼俗观念使我们认为，这种下流的仪式只能是由于淫荡生活而创造出来的。但是有伤风化的事会成为一个民族的宗教仪式，那是不太可信的。事实正相反，这种风俗很可能是在人类纯朴无邪的时期开始的。那时人们首先想的只是通过神赋予我们生命的象征物来敬神。到了思想更缜密、民风更腐化、民智更开通的年代，这种仪式就可能一方面引起青年人的邪念，另一方面又使明智的人感到可笑。然而，尽管有这样那样的弊端，这种古老习俗还是延续了下来。没有什么民族不保存着某种人们既不能赞同又不能取消的习俗。

听了这些荒诞不经的观念和稀奇古怪的迷信，我们可不可以相信，这些印度异教徒同我们一样也信奉一个尽善尽美的上帝？相信印度人也把这个上帝称为"万物之主"，"至高无上的、无踪无影的、不可思议的、不露真相的上帝"，"创造者和维护者"，以及"公正的、大慈大悲的"、"乐于超度人、引导人到地上天堂的上帝"等等呢？这些思想都体现在古代婆罗门教的《吠陀》一书中，在更为古老的《摩奴法典》中尤为突出。在近代婆罗门教徒的一些文章里，这些思想也很普遍。

一位在印度沿海的特兰克巴尔地区传教的丹麦学者摘录了一些印度教徒的祷文，这些祷文看来都出于最正直的理性和最虔诚

---

① 法洛姆(Phallum)，可能指男性生殖器之神(Phallus 一词在古代有阳具之义)。——译者

② 普里亚普斯，古代希腊、罗马人的男性生殖力和生殖器之神。——译者

的敬意。下面就是从一本题为《伐拉巴杜》的书上摘录的几句祷告："啊！至高无上的万灵之主、天地之主，我无法把您包容在我心中！如果您抛弃我，我将向谁哀诉我的苦难？您是我生活的力量，我生命的支柱，没有您，我不能生存。主啊！召唤我，让我向您走去！"

如果我们继续抱着那种错误思想，以为居住在我们的小小的欧洲之外的一切人，包括我们过去的老师和立法者罗马人、罗马人的老师希腊人和希腊人的老师古埃及人，以及我们以外的一切人尽都是可憎可笑的偶像崇拜者，那我们就简直是同中世纪的僧侣一样的无知，一样的武断了。

但是，尽管印度教的教义是如此明智，如此高尚，占上风的却是最低级，最疯狂的迷信。这种矛盾现象在人类天性中是太多了。希腊人和罗马人同样认为有一位至高无上的主，可是他们还要加上许许多多下级神祇，人们以各种各样的迷信方式来崇拜这些神祇，使真理湮没于各式各样的无稽之谈中，以至于人们最后无法辨别哪些值得尊敬，哪些应当鄙视。

您大可不必浪费宝贵的时间去研究印度教的各种派别。在这方面是谬误百出，形式多样。另外我们的旅行家有时可能把不同的宗教仪式当作互相对立的教派，因此很容易弄错。在古希腊和古罗马，每个祭司团体都有自己的祭祀仪式和献祭物。祭祀海格立斯的方式不同于阿波罗，祭祀朱诺①的方式也不同于维纳斯，但

---

① 朱诺，古罗马宗教信奉的主要女神，地位与朱比特相当。朱诺代表人类生活中的阴元。——译者

是这些不同的祭祀方式都同属于一个宗教。

通过所有这些地理发现,我们西方民族表现了远远胜过东方民族的智慧和勇气。我们已经在他们的土地上站稳了脚跟,而且常常是在克服了他们的抵抗之后。我们学了他们的语言,我们教给他们一些我们的艺术。但是大自然赋予他们一种胜于我们的长处,把我们的长处全都抵消:这就是东方民族丝毫不需要我们,而我们却需要他们。

第一四四章

埃塞俄比亚(阿比西尼亚)

在此以前,我们西方民族对埃塞俄比亚仅知其名。只是到了著名的葡萄牙国王约翰二世统治时期,才有一个名叫弗朗西斯科·阿尔瓦雷斯①的欧洲人来到了这个位于北回归线与赤道之间、很难从海上靠岸的辽阔的地方。人们发现那里已有基督教,但这种基督教跟最初犹太人在新旧两教尚未完全分立以前所信奉的一样。这种犹太教与基督教混合的状况在埃塞俄比亚一直维持到现在。那里,割礼与洗礼同样实行,安息日与礼拜日一样遵守;允许教士娶妻,任何人可以离婚,像东方所有犹太人一样实行一夫多妻制。

这些半犹太教半基督教徒的阿比西尼亚人承认居住于埃及亚历山大城废墟或开罗的大主教是他们的主教,可是这位大主教所信奉的宗教跟他们不同。他信奉的是古希腊教仪,这种教仪甚至也不同于希腊人的宗教。统治埃及的土耳其政府对这一小群信徒也听之任之。

---

① 弗朗西斯科·阿尔瓦雷斯(1465—1540),葡萄牙旅行家,参加葡王埃马努埃尔派遣的赴阿比西尼亚使团,1540年发表的游记。——译者

这些基督教徒把小孩浸在水池里,把泡在酒里作为圣体的面饼带回家中给妻子吃,人们对此并不以为坏事,但这在罗马这样做是不能容许的,而伊斯兰教徒则允许这样做。

第一个得知尼罗河发源地的位置以及尼罗河定期泛滥原因的就是阿尔瓦雷斯。自古以来,这两者没有人知道,埃及人也不知道。

阿尔瓦雷斯所叙述的真实情况,同其他情况一样,长期不为人所知。而从他那时到今天,许多作者像应声虫似的一直在重复着古代流传的谬误,说什么尼罗河的发源地不是人可以发现的。当时有人称埃塞俄比亚王为约翰教士,理由仅仅是因为他自称为示巴女王所生的所罗门一族的后裔,因为自十字军东征以来,人们确信定会在世界上找到一个名叫约翰教士的基督教国王。可是,这个埃塞俄比亚国王却既非基督徒,也不是教士。

阿尔瓦雷斯的埃塞俄比亚之行,所得到的结果就是该国国王向教皇克雷门七世派遣了一个使团。这个国家很穷,有银矿,据说很丰富。那里的居民没有美洲人那么勤快,既不会开矿,也不懂得利用真正的宝藏以满足人们的物质需要。

事实正是这样,人们看到一封信,是一位名叫大卫的埃塞俄比亚国王写给印度的葡萄牙总督要求得到各种工匠的,可见那地方确实很穷。非洲3/4地区和亚洲北部都同样贫穷。在我们的城市里,我们饱食终日,无所事事,以为全世界都同我们差不多。我们不想想,人类曾经长期像其他动物一样的生活,经常衣不蔽体,食不果腹,尽管身边就是金矿和钻石矿。

这个曾经被人大加吹嘘的埃塞俄比亚王国,实际上是那样贫弱，以至在16世纪初，一个小小邻邦的伊斯兰教国王几乎把它完全占领。根据约翰·贝尔穆德①写给葡萄牙国王塞巴斯蒂安②的信，我们可以确信，埃塞俄比亚人并不是希罗多德所说的不可征服的民族。或者也可以认为，这个民族已经大大退化。贝尔穆德这位拉丁大主教同一些葡萄牙士兵被派往该国保护年轻的阿比西尼亚国王抗击入侵的摩尔人国王。不幸的是，当已经成年的国王恢复王位时，大主教仍要对他加以保护，成了国王的教父，并以大主教的名义自称国师。他要国王效忠教皇，宣称若要拒绝就处以绝罚。阿尔丰沙·达尔比凯尔克在同恒河半岛的小国王们打交道时，并没有像这位大主教那样傲慢无礼。但是重登王座的教子最终并不尊重这位教父，而是把他逐出国境，也没有承认教皇。

　　贝尔穆德还说，在阿比西尼亚与位于尼罗河发源地的邻国之间的一个叫达墨特的边境地区，有一小块地方，2/3土地有黄金。过去葡萄牙人要找而没有找到的就是这块地方，多次有人去游历，其主要目的就在于此。派大主教，派传教士去传教，不过是借口而已。从智利到日本，欧洲人到处传教，目的只有一个，就是让人做牛做马，以满足无穷的贪欲。看来非洲腹地确实有大量黄金，整个世界都为之动了起来。河中流动的金砂表明矿藏就在山上。但迄今为止，前来找金子的贪婪的人仍然一无所获；而由于在美洲和亚洲已经竭尽心力，人们就不再想在非洲中部进行尝试了。

---

① 贝尔穆德，埃塞俄比亚的大主教，葡萄牙人。——译者
② 塞巴斯蒂安（1554—1578），葡萄牙国王（1557—1578）。——译者

第一四五章

哥伦布和美洲

新大陆的发现应归功于葡萄牙人在旧大陆所进行的探索,尽管对美洲的这场征服使美洲的居民,有时也使征服者自己,付出了悲惨的代价。

新大陆的发现,无疑是我们地球上的头等重要事件,因为在这以前,地球的一半对另一半一直是一无所知。迄今为止的任何伟大业绩在这一新的创举面前都相形见绌。人们现在提起古希腊的英雄阿尔戈水手们①的名字就会产生一种仰慕心情,其实达·伽马和达尔比凯尔克率领的水手的成就要高出他们百倍。若是古代有个希腊人发现了美洲,那就不知道要为他建立多少祭台!可是克里斯托弗·哥伦布和他的弟弟巴泰勒米②并没有得到这种待遇。

哥伦布为葡萄牙人的壮举所感动,立志要干出一番更伟大的事业。他查看了一下旧世界地图,认为地球上一定还存在着另一

---

① 阿尔戈水手:希腊神话中驾阿尔戈船寻找金羊毛的水手。——译者
② 巴泰勒米(1437—1514),哥伦布的兄弟,曾被派往英国向英王亨利七世求助,后来与哥伦布一同远征。1494年到达安的列斯群岛,死于多米尼加岛。——译者

个世界,只要一直向西航行,就可以发现它。① 他有勇敢精神,也有坚强意志,特别是他要与同时代人的各种偏见斗争,顶住各国君王的反对,就更要有很大的勇气。他的祖国热那亚把他看作幻想家,结果失去了扩大版图的唯一机会。英王亨利七世贪财成性,也拿不出钱来在这一崇高事业中试试运气,他对哥伦布弟弟的意见充耳不闻。哥伦布本人在葡萄牙遭到约翰二世的拒绝,约翰二世的目光完全向着非洲。哥伦布又不能求助于法国,因为法国对航海向来不重视,而且当时在位的查理八世尚未成年,国事陷于前所未有的混乱状态。[德国的]马克西米连皇帝既无海港供船队使用,又无财力装备船队,更缺乏雄心壮志实现这样的计划。威尼斯本可以承担这件事,但也许是因为热那亚人对威尼斯人有反感,不允许哥伦布向他祖国的对手求助,也许是因为威尼斯人认为只有与亚历山大城和地中海东岸地区进行贸易才是大事情,结果威尼斯也没有承担下来。哥伦布最后只有寄希望于西班牙宫廷。

阿拉冈国王斐迪南和卡斯蒂利亚女王伊萨伯拉联姻,统一了除格拉纳达王国以外的整个西班牙,格拉纳达王国当时还控制在伊斯兰教徒手里,但不久就为斐迪南所夺回。伊萨伯拉和斐迪南的结合是西班牙崛起的前奏,而揭开序幕的则是哥伦布。但伊萨伯拉王后只是经过哥伦布8年恳求之后才同意了这个热那亚公民为她效力的心愿。最宏伟的计划付诸东流,几乎总是由于资金匮

---

① 实际上哥伦布并非要探索新世界,而是寻求更好的到达印度的航路,像许多同代人一样,他想以经营香料和金子致富。他一直以为到达了亚洲的海岸(到1506年去世时还坚信已到达亚洲),甚至发现了"地上天堂"的所在,他希望带回来的财宝将供一次新的十字军东征使用,以解放耶路撒冷。——原编者

乏。西班牙宫廷很穷,只得由修道院院长佩雷斯和两个姓宾索纳的商人提供17000个杜卡特作装备船队费用。(1492年8月25日)哥伦布从西班牙宫廷领到一张船舶检疫证书,带着商船队长的空头衔,率领3艘大船,从安达卢西亚的帕洛斯角起航。

从停泊地加那利群岛起,他只航行了33天,就发现了第一个美洲岛屿。在这短短的航程中,他所听到的船员们的怨声,比他先前遭受到的欧洲各国君主的反对还要多。这个距离加纳利群岛约1000古法里的岛屿被命名为圣萨尔瓦多。不久他又发现了另外一些岛屿:卢卡耶斯、古巴以及今天称为圣多米尼加的伊斯帕尼奥拉。7个月后(1493年3月15日),斐迪南和伊萨伯拉看见哥伦布安然归来,还带回伊斯帕尼奥拉岛的一些美洲人和当地的稀罕的东西,特别是献给他们的黄金,都惊奇不已。国王和王后让他就座,准他和西班牙的贵人一样免行摘帽礼,并任命他为商船队大队长,新大陆的总督。他到处被看成独一无二的从天上派来的人。这时,人们争先恐后参加他的航海事业,要求上他的船听从他的指挥。于是他又率领一支有17条船的船队出发。(1493)哥伦布发现了一些新的岛屿:安的列斯群岛和牙买加。他的第一次航海使别人对他的怀疑转为钦佩;而第二次则使钦佩变了妒忌了。

他是商船大队长,是总督,此外还可以加上一个头衔:斐迪南和伊萨伯拉的大恩人。可是派遣到他船上监视他的行动的法官们把他带回西班牙。老百姓听说哥伦布回来了,像迎接西班牙的守护神一样奔来相迎。人们把哥伦布从船上拖下来;他出现了,但却是戴着手铐脚镣。①

----

① 哥伦布第三次(原文误为第二次。——译者)航海结束时,于1499年受到政府指控,被押回西班牙。——原编者

这样对待哥伦布,完全是由布尔戈斯城的主教、船舶总管丰塞卡指使的。真是有多大的功劳,就受到多大的忘恩负义的对待。伊萨伯拉为此感到于心有愧,因而尽力替他洗刷这一耻辱,但人们还是把哥伦布监禁了 4 个年头,这可能是因为怕他把发现的东西据为己有,也可能只是因为留出足够时间来对他的行为进行调查。最后,他重又被派遣到他的新大陆去。(1498)在他的第三次航海中,他看见了离赤道 10 纬度的大陆,并且亲眼见到人们在哥伦比亚海岸上早已建立起来的卡塔赫纳城。[1]

当哥伦布断言地球上有一个新的半球时,有人反对他,说这个新半球不可能存在;而当哥伦布发现了它以后,有人却又声称这个半球早就为人所知。我在这里且不谈纽伦堡的马丁·贝海姆,[2]有人说他曾于 1460 年就从纽伦堡到达麦哲伦海峡,并持有勃艮第的一个女公爵签发的船舶检疫证书。然而事实上这位女公爵当时还没有掌政,不可能签发什么船舶检疫证书。我也不来评论有人展示的马丁·贝海姆绘制的所谓的地图,以及与上述神话相矛盾的种种说法。总之这位马丁·贝海姆并没有到过美洲也没有在那里繁衍后代。有人说美洲大陆上的居民是迦太基人的移民,并且还援引了亚里士多德的一本书,然而亚里士多德根本没有写过这样一本书。有些人自称发现加勒比地区的语言与希伯来语有某些相似之处,并且少不了据此发挥一通。还有些人认为挪亚的子孙在西伯利亚定居以后,又从冰上渡海到达加拿大,后来他们在加拿

---

[1] 卡塔赫纳,该城实际建立于 1533 年。——译者
[2] 贝海姆(1459—1507),德国地理学家,地图绘制师,制造地球仪,与哥伦布相识。——译者

大出生的子孙又向秘鲁移民。根据另外一些人的说法，中国人和日本人曾向美洲移民，并且说什么为了娱乐，中国人和日本人把美洲豹也带到了那里，可是不管是中国还是日本都没有这种豹[1]。学者们常常就是这样根据那些聪明人所想象的东西推论的。若问是谁使得美洲大陆住上了人，难道不可以回答，就是让美洲大陆上生长着花草树木的那人？

哥伦布对那些嫉妒他的人的回答是很有名的。那些人说哥伦布的发现没有什么了不起，哥伦布让他们把一只鸡蛋竖起来放，没有一个人能做到，哥伦布把鸡蛋的一端敲平，竖起来了。在场的人又说，这太容易了，哥伦布回答：那你们为什么没想到呢？这个故事出自布鲁内莱斯科[2]，这个人是伟大的艺术家，他在哥伦布诞生前很久就改革了佛罗伦萨的建筑艺术。大多数的妙语都不外是复述。

哥伦布为我们增添了造物主创造的另半个世界，可他一死，他的骨灰便跟他生前的荣誉没有关系了。但是人们喜欢给已故的人以公正的评价，这也许是因为人们有种不切实际的希望，希望世人对活人的评价更公正一些；也许是因为人们天性热爱真理。佛罗伦萨商人亚美利哥·威斯普奇[3]在美洲大陆没有一寸土地，却享

---

[1] 这种豹是新大陆上最大的野兽。可以说它是美洲狮或美洲虎，但无论从体形来说，从力气和胆量来说，它跟旧大陆的狮和虎都不相同。——原编者

[2] 布鲁内莱斯科(1377—1446)，意大利著名建筑师、雕刻家。曾主持建造佛罗伦萨大教堂上直径44米的大穹顶。——译者

[3] 亚美利哥·威斯普奇(约1451—1512)，意大利航海家，1499—1504年，3次或4次航行到哥伦布所发现的南美洲北部，确定该地不是亚洲，因此后来就称这块大陆为亚美利加洲。——译者

有以他的名字命名新大陆的荣誉,他说自己是发现新大陆的第一人。若真的是他发现的,荣誉也许就不会归于他了。无可争辩,荣誉属于有才能有勇气作了第一次航行[美洲]的人。正如牛顿在同莱布尼茨辩论时说的:荣誉只能属于开创的人,而后来者则不过是追随者而已。在威斯普奇以地理学者身份在商船队长奥杰达率领下,作了一次航行之前 5 年,哥伦布就以商船队长和总督的身份作过 3 次航行,可是威斯普奇写信给他在佛罗伦萨的朋友们说他发现了新大陆,人们也就相信了他,佛罗伦萨的居民规定每年于诸圣瞻礼节,在他的住宅前悬灯 3 日,以示庆祝。实则这个人不配有什么荣誉,他不过在 1498 年参加过沿巴西海岸航行的一个船队,而哥伦布在 5 年前就已经向全世界指明航线了。

不久前,在佛罗伦萨出版了一本有关威斯普奇生平的书,作者似乎既不尊重事实,又没有作出合乎逻辑的推论。书中抱怨好几位法国作家给予哥伦布以公正评价。其实不应责怪法国人,而应责怪首先如此评价的西班牙人。该书作者说他想"压一压法兰西民族自以为是的虚荣心,因为法国人一向肆无忌惮地贬抑意大利的光荣和成就。"讲明是个热那亚人发现了美洲,这有什么虚荣心呢? 说一位生在热那亚的意大利人对发现新大陆有功,又怎么是贬抑意大利的光荣呢? 我要特别指出的是,该书中的言论是不公道、不礼貌、不通人情的,例子不胜枚举。我应当说,法国优秀的作家一般都不会有这种不可原谅的缺点。使法国作家在整个欧洲拥有读者的一个重要原因就是法国作家对所有民族都给予公正的评价。

美洲岛屿和大陆上的居民属于另外一个种类;没有一个长胡

子。他们对西班牙人的面相、船只、火炮一概感到惊奇。他们一开始把新来的客人看作来自天上或海底的神仙或妖怪。葡萄牙人和西班牙人的游历,使我们知道了欧洲是多么渺小,而地球上的事物是多么千差万别。我们知道了印度斯坦有各类黄种人。非洲和远离赤道的亚洲黑人又分为若干种类。而当人们进入美洲,到达赤道地区,又看到那里有白色人种。巴西土著的皮肤是青铜色的。中国人的鼻、眼、耳、肤色,甚至也许连他们的才智,都跟其他人种完全不同。更值得注意的是,这些人种不论迁居到什么地区,只要不与当地人通婚,都丝毫不变。黑人皮肤内的黑色粘膜网,是决定肤色的因素,这证明每一个人种同每一种植物一样,都有一个互相区别的决定因素。

各民族天资的差异,以及他们各自的极少改变的特性,都取决于这一因素,这是大自然作出的安排。正因如此,黑人成了他人的奴隶。在非洲海岸,黑人就像牲口一样被人买去,大批这样的黑人被运往我们在美洲的殖民地,去侍候极少数的欧洲人。经验还告诉人们,欧洲人比美洲人占有多大的优势。美洲人到处很容易被打败,从来不敢尝试造反,尽管他们在数量上是1000多个对一个。

美洲这部分地方更值得注意的是它拥有地球上其余三洲所没有的动物和植物,以及它需要我们所拥有的东西。马、各种小麦、铁,这些都是墨西哥和秘鲁所缺乏的主要物产。旧大陆所没有的物产中,最早给我们运来的,也是最珍贵的,是胭脂虫,这东西使我们忘掉了自古以来用作红色染料的朱红草籽。

随后不久除胭脂虫外,又运来了蓝靛植物、可可、香草、木材,用于装饰或制药,最后还有金鸡纳树皮,一种治间歇热的特效药。

当大自然把热病散布于世界其余地方时，又使这种金鸡纳树生长在秘鲁的山上。新大陆还有珍珠、彩色宝石和钻石。

诚然美洲如今给欧洲普通老百姓也带来了舒适和逸乐的必需品。但是起先，那里的金矿和银矿只是富了西班牙的国王们和商人，世上其他人却因此而变穷。因为，大多数人并不经商，同那些利用最初的地理发现捞到大笔钱财的人比起来，他们只有少量的货币。不过逐渐地更多的人手中有了从美洲大量流入欧洲的白银和黄金，从而分配得较为平均一些。整个欧洲的食品价格以差不多相同的比例上涨了。

要弄明白美洲的财富如何从西班牙人转到其他民族手中，只需注意两件事：查理五世和菲利普二世使用钱财的情况以及其他民族以何种方式分得秘鲁的矿产。

神圣罗马帝国皇帝查理五世经常游历，经常打仗，为此必然把从墨西哥和秘鲁获得的大量货币流入德国和意大利。当他把儿子菲利普二世送往伦敦去同玛丽女王结婚并取得英国国王称号时，这位王子把27大箱银条和用100匹马驮运的白银及金币交给了英国宫廷。由于佛兰德发生动乱和天主教同盟在法国陷于困境，菲利普二世自己承认为此动用了一大笔钱，即相当于我们今天30亿利弗的钱。

至于秘鲁的金银是如何落到所有欧洲各民族之手，其中一部分如何再从欧洲流入东印度，这是已经知道的、但也是使人惊异的事。斐迪南和伊萨伯拉所制定并得到查理五世和西班牙历代国王们确认的一条法律，不但严禁其他民族进入美洲西班牙属地的港口，并且禁止其他民族间接参与那里的贸易。这条法律似乎使西班牙得以控制欧洲,实则西班牙只能靠别人不断违反这条法律而生存。它仅能提供 400 万①货物运往美洲,而欧洲其他国家有时供应 5000 万。这样大数额的贸易,不论是同西班牙友好的或是敌对的民族,都是以西班牙人的名义来进行的。西班牙人总是忠实于有特殊关系的人,总是欺骗国王,而国王也极端需要他们这样做。西班牙商人从不给别国商人什么字据。只有讲信用最可靠,没有信用什么生意也做不成。

西班牙人用大帆船从美洲运回的金银交给外国商人的方式更为奇特。在加的斯城当外商代理人的西班牙人把收到的金银锭交给一些称为"流星"的、腰间挂枪和佩剑的勇士,这些勇士把编有号码的金银锭运到城堡,抛给另一些勇士,由他们运到指定的小船上。小船又运到停泊中的大船上。代理人、流星,以及那些从不干扰他们的官吏、警卫,都有一份权利,这样外国商人从未受骗落空。国王也得到好处,在大帆船到达时,他就已经收取了一笔特别贡金。真正受骗的只是那项法律,其用处仅仅在于让人违犯而已,可这一法律至今尚未废除,因为旧的偏见在人们思想中始终是最强有力的东西。

西班牙人违抗这项法律以及忠实于有特殊关系的人的最大一个事例发生于 1684 年。当时法国与西班牙之间已经宣战。西班牙的天主教国王要没收法国人的财物。他下了一道道诏书和罪行检举命令书,派人搜集法国人的材料,宣布对违令者处以绝罚,但全都无济于事。没有一个西班牙人出卖有交往的法国人。西班牙

---

① 原文如此,可能是指价值总额,单位为利弗。——译者

民族的这种可敬的忠诚，充分证明人们自愿遵守的只是自己制订的为社会谋利益的法律；而出于统治者意志的法律则总是不得人心。

美洲的发现最初给西班牙人带来了很多利益，但也造成了极大的祸害。祸害之一是为了满足向殖民地移民的需要，减少了本土的人口；其次是把原先只在新大陆某些地区并且主要是在伊斯帕尼奥拉岛出现的一种病①传到了世界各地。好多与哥伦布同行的人回来时得了这种病，并把这种传染病带到了欧洲。可以肯定，这种危及生命的传染病是美洲特有的，犹如鼠疫和天花来源于阿拉伯半岛南部一样。不应认为，因为有些美洲野人吃人肉，所以人肉就是这种腐烂性疾病的根源。伊斯帕尼奥拉岛没有食人肉的人，但早已有这种病。这病也不是纵欲过度造成的。纵欲过度在旧大陆从未受到大自然如此的惩罚。以至今日再纯洁的一对男女，一时事过之后，经过几年也都忘掉此事了，却也有可能遭受人类为之痛苦的这种最残酷、最可耻的祸害。

现在为了知道地球的另一半是如何成为基督教君主们的猎获物的，就必须首先考察一下西班牙人是如何发现和征服那些地方的。

伟大的哥伦布在那些岛屿上建立了几个居民点，并对大陆作了一些勘查之后，返回西班牙，享受了荣誉，丝毫未为掠夺与残酷

---

① 这种病是梅毒。今天人们认为梅毒是哥伦布的伙伴们带到美洲的，而不是从美洲带回来。伏尔泰在谈到这可耻的祸害时，只是采纳了当时人的偏见。——原编者

的恶名所玷污。① 他于1506年在巴利亚多利德去世。但是继哥伦布任驻古巴和驻伊斯帕尼奥拉总督的人坚信该地出产黄金，因而不惜牺牲当地居民的性命，千方百计要把黄金弄到手。最后，也许是因为他们认为这些岛民对他们怀有刻骨仇恨，或者因为他们慑于岛民人数众多，或者因为杀戮一经开始便再也无法约束，结果在短短几年间使伊斯帕尼奥拉人和有60多万居民的古巴人濒于绝灭。恰帕斯城主教巴托洛米·德·拉斯·卡萨斯②是这种绝灭行为的见证人。据他叙述，他们把人当作猎物，放狗追赶，这些可怜的未开化的人，身体赤裸，手无寸铁，在森林中像黄鹿那样被追赶，被狗咬，被火枪打死，或在屋子里被捉住活活烧死。

这个见证人告诉后世，人们经常指使一名多明我会或方济各会的修士强迫这些不幸的人信奉基督教效忠西班牙国王。而且，在举行过仪式——这只不过是又多做了一桩伤天害理的事——以后，就把就些人毫不留情地杀掉。我认为，拉斯卡萨斯的叙述不止一处言过其实。但是，就算夸张了10倍，也还是令人目不忍睹的。

更值得惊异的是，这些在伊斯帕尼奥拉灭绝种族的暴行是在圣哲罗姆修会的几个修士亲自坐镇之下发生的。在查理五世之前主宰卡斯蒂利亚的格希梅内斯枢机主教曾派遣这个修会的4名僧侣任该岛的王国法院主席。他们肯定无法抵制这股杀戮的潮流，而当地居民理所当然对他们怀有的刻骨仇恨。使这几个人的死亡，也不幸成为不可避免的了。

---

① 哥伦布曾使人贩卖一船印第安人作奴隶，但他始终反对屠杀印第安人。——原编者

② 巴托洛米·德·拉斯·卡萨斯(1474—1566)，西班牙多明我会会士，著有《西印度毁灭述略》。——译者

第一四六章

无谓的争夺；美洲是怎么有人居住的；美洲与旧大陆的特别差异；宗教；食人肉者；新大陆居民何以比旧大陆少

如果说发现美洲是努力探求真理的结果，那么，天天在问，这块陆地上怎么会有人的，是谁把他们带去的，就不是一项什么探索了。如果见到美洲有苍蝇不觉得奇怪，那么，见到有人就大惊小怪，岂不是愚蠢得很？

当地未开化的人认为自己是这块土地上土生土长的，就像木薯一样。在这个问题上，他们并不比我们更为无知，而且他们更善于推理。可不是么，既然非洲黑人的祖先并不是我们白种人，那为什么红色、棕色、灰白色的美洲人会是从我们的地方去的呢？况且，究竟哪块地方是人类最早的居住地呢？

大地生长了花果树木和各种动物，难道是自然界先让它们生长在一块地方，然后再向世界上其他地方传播？或者说是这块地方先有了所有的草和所有的蚂蚁，然后再把它送到其他地方？挪威的苔藓和冷杉，怎么会长到南半球的土地上去的？不论哪块土地，都差不多总是拥有其他土地生长着的东西。这样，我们不得不假定：这块土地本来什么都有，而现在已所剩无几。实际上每个地区都各有不同的物产，而物产最丰富的地区同所有其他地区的总和比起来又是很贫乏的。大自然的主宰使地球上有人，使万物千差万别。挪威的冷杉肯定不是摩鹿加的丁香树的祖先，也不是源于其他国家的冷杉，就像[俄国]阿尔汉格尔的草不是起源于恒河岸边的草一样。没有人会这样想：世界上某一部分地区的毛虫和蜗牛是来自另一部分地区；那么，为什么对美洲有一些与欧洲相仿的动物和人感到惊讶呢？

美洲同非洲、亚洲一样，生长着一些与欧洲相似的植物和动物；同时也同非洲、亚洲一样，生长着许多与旧大陆完全不相类似的植物和动物。

墨西哥、秘鲁和加拿大的土地，过去从来没有出产过我们用作食粮的小麦，没有出产过我们用以酿造日常饮料的葡萄和对我们有多种用途的油橄榄，以及我们的大多数水果。所有我们的驮重和犁地的牲畜马、骆驼、驴、牛，美洲一概没有。那儿有牛和羊，但是跟我们的牛和羊有很大的区别。秘鲁的羊比欧洲的羊体大力强，用来驮运东西。秘鲁的黄牛既有点像我们的水牛，又有点像我们的骆驼。在墨西哥还可以看到一些猪群，背上有腺，分泌出一种稠腻而有恶臭的东西；没有狗，也没有猫。墨西哥和秘鲁有一种狮子，体小，没有鬣毛；更特别的是，那些地方的狮子胆子很小。

根据人都具有同样的生殖器官、感觉器官和运动器官这一点，也可以把所有的人都归作一个种类。但是从体型和精神来看，人类显然可以分为好几个不同种类。

从体型看，居住在北纬60度附近的爱斯基摩人的脸形和身材同拉普兰人相似。邻近的种族脸上长着浓密的毛。[北美洲的]易洛魁人、休伦人以及佛罗里达地区的人,肤色都是棕色,除了头部全身上下没有毛。罗杰斯队长在加利福尼亚沿海航行时曾发现一些黑人部落,当时人们没有想到在美洲会有黑人。人们发现在巴拿马地峡有一个叫做达里安人的人种,跟非洲的阿尔比诺人很相似,身高最多不过4法尺,肤色和阿尔比诺人一样白。在美洲,这是唯一的白色人种。他们的眼睛呈红色,眼睑呈半圆形,他们只是在夜间才看得见东西,才走出洞穴;他们在人类中就像猫头鹰在鸟类中一样。墨西哥人、秘鲁人的肤色像古铜色,巴西人的肤色红得深一些,智利人则灰一些。人们把居住在麦哲伦海峡附近巴塔哥尼亚人的身高夸大了。但他们的身材可说是地球上最高的。

　　在这么多的跟我们大不相同、他们彼此也如此不同的民族中间,我们从未看到过孤身独处的人,像动物那样四处游荡,跟动物一样随意交媾,然后男的离开女的去独自觅食。这只能说是人类的天性不容许这一情况,不论在什么地方,人类的本能总要把人引向群居、引向自由。因此,与外人隔绝的监牢是暴君们发明的一种刑罚,未开化的人比文明人更难以忍受。

　　从麦哲伦海峡到加拿大哈得孙湾,都可以看到一些聚族而居的家庭和一些形成村落的茅屋,但是没有像贝都因阿拉伯人和鞑靼人那样随季节变化而迁徙的民族,因为这一地区的人缺乏驮兽,不能轻易搬运他们的窝棚。在那儿到处可以听到一些土语,通过土语,最不开化的人也可以表达他们的一点点思想。通过发音来表示自己的需要,这又是人类的一种本能。由此必然产生各种语言,按人们知识的多少,而决定其丰富的程度。因此,墨西哥人的语言比易洛魁人的语言更为完善,正如我们的语言比萨莫耶德人的语言更有规则更丰富一样。

在美洲的所有民族中,只有一个民族有宗教,这个宗教看来同我们的理性不相违背。秘鲁人崇拜太阳,视太阳为做善事的吉星,在这一点上,他们与古代波斯人和萨巴教派的人相似。如果除去人口众多的大民族不算,美洲的其他民族大部分处于未开化的愚昧状态。他们的集会完全不是有规则的祭礼,他们的信念也丝毫不构成宗教信仰。巴西人、加勒比人、莫斯基托人①,以及圭亚那的部落、北美的部落,同非洲的卡弗尔人一样,都没有明确的关于上帝的观念。要有这个观念,就要有经过培养的理性,而他们的理性未达到这一程度,只有大自然会使野蛮人在看到雷鸣电闪或河水泛滥时产生出强大、恐怖之类的模糊概念。然而在这时,他也只是刚刚开始有造物主上帝的认识,而这种理性的认识,在整个美洲都是绝对没有的。

另外一些建立了宗教的美洲人,则把宗教变得可恨可憎。墨西哥人就把人作牺牲来献祭一个不知叫什么的恶神。甚至据说秘鲁人也用同样的牺牲来玷污对太阳神的礼拜仪式。但对秘鲁人的这种指责看来是出于征服者们的想象,为的是替他们自己的野蛮行为开脱。我们这个半球上的古老民族与美洲最开化的民族相比,就这种野蛮的宗教仪式而言,是一模一样的。

据海瑞拉②说,墨西哥人确实吃那些供燔祭的牺牲者。大多

---

① 莫斯基托人,中美洲尼加拉瓜附近的莫斯基托群岛的居民。——译者
② 海瑞拉(1559—1625),西班牙历史学家。——译者

数最早的旅行家和传教士都说,巴西人、加勒比人、易洛魁人、休伦人以及几个别的部落都吃战争俘虏。他们不把这看作少数人的行为,而认为是整个民族的习俗。多少古代和近代作家谈到过食人肉者,要加以否认是很难的。1725年,我曾见过4个野蛮人被人从密西西比河地区带到枫丹白露,其中有一妇女,跟同伴一样,肤色是灰白色。我通过翻译问她是不是吃过人肉,她回答说吃过,态度极冷静,就像回答一个很平常的问题。不过这种在我们的本性看来如此令人愤慨的凶残行为,远不如谋杀那么残酷。真正的野蛮行为是杀人,而不是同乌鸦或蛆虫争夺一个死人的尸体。以狩猎为生的民族,如巴西人、加拿大人,或者像加勒比人那样的岛国居民,由于生活并不总是有保障,有时可能变成食人肉者。饥饿和报复心使他们习惯于这样的食物。在最文明的年代,当我们目睹巴黎人吃安克尔元帅满身血污的尸体时,当我们眼见海牙人吃荷兰首相德·维特的心脏时,我们就不应为在我们这儿偶尔发生、而在野蛮人那儿长期存在的一种残酷行为感到意外了。

　　饥饿能驱使人走向这一极端,我们所收藏的古书不允许我们对此产生怀疑。摩西就曾经在《圣经·申命记》中用五节警告希伯来人:如果他们违背他的律法,他们就将吃掉他们的孩子。先知以西结也作过同样的警告;另外,据一些注释者说,以西结又以上帝的名义向希伯来人许诺,如果他们出色地同波斯国王抗争,他们将能吃到战马的肉和骑士的肉。马可·波罗曾说,在他那个时代,在鞑靼的部分地方,巫师或祭司(实际上是一回事)有权吃被判死刑罪犯的肉。所有这些,都令人感到恶心,但是人类历史的画卷何尝不是往往产生这种令人恶心的效果呢!

向来是互相分离的一些民族,怎么会同样有这种可怕的习俗呢?是否应该认为,这种习俗并不像它表面看来的那样同人类的天性相违背?这种习俗肯定是罕见的,但它肯定是存在的。

人们没有看到鞑靼人或犹太人经常吃他们同胞的肉。但是,在我们的宗教战争中,当桑塞尔、巴黎被围困时,饥馑和绝望曾迫使一些母亲们吃自己孩子的肉。根据恰巴斯的主教、仁慈的拉斯卡萨斯的叙述,这种可怕的行为只发生在美洲几个民族之中,可这些民族居住的地方他没有游历过。丹皮埃尔肯定地说,他从未遇到过食人肉者,也许在今天,只有一个部族有这种习俗。

还有一种恶习①,性质不同,似乎与大自然的本意更相悖逆,但却为希腊人所称道,为罗马人所容许,在最文明的民族中代代相传,在亚洲和我们欧洲气候炎热和温和的地区较之寒冷的北方更为常见。这种背离人性的行为在美洲也能见到,巴西人常有这种荒唐的行为,而加拿大人则没有。在东西两个半球,生殖器官本身怎么都会产生这种违反人类繁衍法则的情欲呢?

另一个重要的发现是,美洲中部居民比较稠密,而接近南北极的地区则人口稀少。一般说来,新大陆的人口比它可以容纳的要少。这里肯定有自然的因素。首先是严寒。与巴黎和维也纳同一纬度的美洲地区的气候跟欧洲大陆北极圈的地区一样寒冷。

其次,美洲大部分河流比欧洲的河流都至少要宽20倍到30倍。频繁的水灾在广大的地方造成土地贫瘠,从而导致人口死亡。那里的山比我们的山高得多,也比我们的更难以住人。美洲遍地

---

① 指男子同性恋,即鸡奸。——译者

长着毒性剧烈而持久的有毒植物,人被沾有毒液的箭头轻轻触及便会丧命。最后,在这个半球的一部分地区,人的愚昧无知,对人口增殖也有很大影响。一般认为,新大陆人的智力不及旧大陆人那样发达,其实这两个大陆上的人都是很弱的动物。不论在何处,儿童缺乏适当照顾就会夭折。过去莱茵河、易北河、维斯瓦河沿岸居民在严冬把新生儿浸在河里,因此别以为当时德国和萨尔马提亚①的妇女养活的儿童会同今天一样多。尤其是因为当时这些地区覆盖着森林,环境和气候比今天恶劣得多。美洲许许多多部落的人都缺少营养,没有充分的奶喂小孩子,孩子长大了也没有良好的甚至足够的食物。由于食物短缺,好几种食肉动物已经残存无几;因此如果在美洲看到人比猴子多,那不免令人惊奇不已。

---

① 萨尔马提亚,古时指东欧维斯瓦河与伏尔加河之间的地区,居民称萨尔马特人。——译者

第一四七章

费尔南德·科尔特斯

费尔南德·科尔特斯是从古巴岛出发对新大陆进行新的远征的(1519年)。一个新发现的岛屿的总督手下的小小副官,率领不到600名士兵,只带着马18匹,大炮数门,就去征服美洲最强大的国家。起先他非常幸运地找到一名在尤卡坦半岛囚禁了9年的西班牙人在去墨西哥的路上作他的翻译。一个他称为玛丽娜的美洲女子成了他的情妇和他的参谋,此人还学会一点西班牙语,能当一名有用的翻译。女色、宗教、贪欲、勇猛和残暴性驱使西班牙人来到这个新的半球。他们十分幸运地找到一个充满硫黄的火山,发现了硝石,需要时可用来补充战斗中消耗的火药。科尔特斯沿墨西哥湾进发,对当地土著时而友善,时而与之作战。他发现有些开化的城市很重视艺术品。实行贵族政治的强大的特拉斯加拉共和国不让他通过。但是一见到马匹,一听到炮声,这些装备甚劣的人群便纷纷逃散。他跟这个国家签订了一个对他极其有利的和约。于是有6000名特拉斯加拉兵随同他远征墨西哥。尽管这个帝国的君主不允许,他还是未遇抵抗就进入了国境。据说这个君主手下有30个封臣,各带兵10万,用弓箭和尖石作武装。有谁想到墨西哥已经建立了封建政府呢？

　　墨西哥城建于一个大湖的中心，它是体现美洲人智慧的最宏伟的古迹。宽长的堤道横贯大湖，湖上有无数用树干制造的小舟。城中有用石块垒砌的宽敞舒适的房屋，有集市。商店里有锃亮的镌刻的金银器、上釉的陶土餐具、各色鲜艳图案的棉织品和羽绒织物。大集市旁边有一座宫殿，是对商人的诉讼作即席裁判的地方。这与巴黎的商事裁判法院相似，不过后者只是墨西哥帝国崩溃以后，查理九世在位期间才建立的。蒙提祖马皇帝时期又建造了几座宫殿，给这个城市增添了几分威严与壮丽。其中一座以大理石作柱，专用来收藏供赏玩的珍品，另一座存放着大量镶有金银宝石的攻防武器；还有一座，四周是大花园，只种药用植物，由管理人无偿分给病人，并向国王报告使用效果，医生们各以自己的方式作成纪录，尽管他们不会用文字书写。其他各种金碧辉煌的东西，只表明艺术的发达，而上述措施则标志着道德的进步。

　　如果不是因为人性本来便有最好的一面和最坏的一面，就很难理解这种道德怎么会跟人祭的行为并行不悖。在墨西哥城，在被视为战神的维西利普兹利的偶像前，作为祭献牺牲的人血流成河。据说，蒙提祖马的使者们曾告诉科尔特斯，他们的首领在战争时期每年要在墨西哥城的神殿里杀死2万多名俘虏祭神。这太夸张了，似乎有人想用这种说法来掩饰征服者的非正义行为。不管怎样，当西班牙人进入这座神殿时，他们在神殿的装饰物中发现了许多作为战利品挂着的人头骨。古代文献中描写的托里克凯尔索洛斯上的狄安娜神殿里的景象就是这样的。

　　没有哪一个民族，其宗教没有经过一个血腥的、非人道的时期。您知道,高卢人、迦太基人、叙利亚人、古希腊人都曾经把人杀死作为祭献品。犹太人的法律似乎容许这样的祭献。《圣经·利未记》里这样写道:"凡永献的是归给耶和华为至圣。凡从人中当灭的,都不可赎,必被治死。"①根据犹太人的经书的叙述,当犹太人侵入很小的迦南地方时,在几个村庄里,把所有男人、女人、小孩和家畜都杀了,因为这些都已经被许愿献给上帝了。根据这条法律,耶弗他杀死自己的女儿祭祀上帝,实践了自己的誓言;扫罗在两军鏖战之前就起誓要把自己的儿子作为祭品献给上帝,要不是他的士兵痛哭哀求,他的儿子也许被杀了。还是根据这条法律,撒母耳杀死了扫罗的俘虏亚甲王,并把他砍成许多小块,这是跟我们所看到的野蛮人中最可怕的刑罚同样使人毛骨悚然、同样令人恶心的行为。另外墨西哥人好像只不过是把敌人作为祭品。墨西哥人并不是像美洲极个别部落那样的食人肉者。

在治理国家的其他方面,墨西哥人是人道的和明智的。对青少年的教育是政府的一项最重要的工作,开办了男女公立学校。我们现在还称赞古埃及人能知道一年约有365天,而墨西哥人在天文学方面也已取得同样的成绩。

在他们的国家,打仗变成了一种艺术,这使他们对邻国占有很大优势。财政有条不紊,使帝国强盛不衰,邻国都以恐惧和羡妒的目光看着他们。

但是这些墨西哥土人现在惊奇地看到了西班牙头目所骑的战马,西班牙人手中发出的人造霹雳,那些把西班牙人从大海上运来

---

① 见《圣经·利未记》第27章。——译者

的木造的城堡,披在他们身上的铠甲,以及他们每战必胜的行军,许多令人赞叹不已的事物,加上土人少见多怪的主观弱点,这一切,使得科尔特斯来到墨西哥城以后,被蒙提祖马当作主人来接待,被当地居民当作神来崇拜。一个西班牙的仆人在街上行走,墨西哥人会向他下跪。有人叙述说有一次,一位西班牙的队长经过一个酋长的土地时,酋长向他赠送了一些奴隶和野味,对他说:"如果你是神,你就把这些人吃了吧!如果你是人,就请享用这些野味,这些奴隶将为你烹调。"

叙述这种怪事的人想用耸人听闻的奇迹来提高叙述的价值,实际上只是把它贬低了。真正的奇迹是科尔特斯的果断行为。蒙提祖马宫廷渐渐同客人搞熟了,也就敢把他们当人来看待。一部分西班牙人在向墨西哥前进的路上驻扎在维拉克鲁斯,皇帝手下的一名将军接受密令,袭击了西班牙人。尽管他的部队被击败了,可是西班牙人也有三四人被打死,其中一人的头颅还被带给蒙提祖马看。这时科尔特斯采取了最大胆的行动,他带领50名西班牙人直趋皇宫,翻译玛丽娜随行。经过说服和威胁,把这位皇帝俘虏过来,带回西班牙人的营地,强迫他交出在维拉克鲁斯袭击西班牙人的人,还给他戴上脚镣手铐,就像一位将军惩罚一名小兵一样。然后又迫使他公开承认是查理五世的封臣。

蒙提祖马和帝国的贵人们把60万马克纯金、无数的宝石和金器以及几个世纪以来墨西哥积累的最珍贵的物品作为贡品进献。科尔特斯将其中1/5留给自己的君主,1/5归他本人,其余分给士兵。

在那些伟大的奇迹中,也包括有新大陆征服者们互相火并,但这并没有使征服新大陆的事业受到损害。这是千真万确的。当科尔特斯以剩余的500士兵即将征服整个墨西哥帝国时,古巴总督贝拉斯克斯①对他的副手科尔斯特不满,因为科尔斯特不大服从他,但更重要的是因为科尔特斯的成就比他高,便派遣了几乎所有的部队计有800名步兵,80名骑兵,两门火炮,前往墨西哥,欲一举消灭科尔特斯,把他捉住,由自己来完成远征的事业。这时科尔特斯一方面要抗击1000名西班牙人,一方面要继续控制他的地盘,便留下80名官兵负责守卫整个墨西哥城,带领其余的人跟自己的同胞作战,歼灭了对方的一部分,争取了另一部分,结果这支前来消灭他的队伍,最后归顺了他,随他回到了墨西哥城。

皇帝一直被囚禁在首都,由80名士兵看守着。指挥这些士兵的军官名叫阿勒瓦尔多,他风闻墨西哥人正在密谋营救他们的首领,便抢先采取了行动。在一次宴会上,当2000名贵族正在畅饮烈酒,一个个酩酊大醉时,阿勒瓦尔多率领50名士兵猛扑上去,贵族及其随从毫无抵抗,全被杀死,他们参加宴会佩戴的首饰全被掠夺。这桩骇人听闻的暴行,所有墨西哥人理所当然地认为是出于极度的贪婪,它激怒了这些过于忍让的人。当科尔特斯来到时,他见到的是20万手执武器的美洲人,而忙于自卫和看守皇帝的西班牙人只有80人。美洲人包围了科尔特斯,要求释放国王,他们成群地迎着枪炮向前猛冲。安多尼奥·德·索利斯②把这一行动称为叛乱,把这种勇敢称为野蛮,可见连作家也多么严重地浸透着征

---

① 贝拉斯克斯(1460—1524),西班牙殖民者。——译者
② 安多尼奥·德·索利斯,17世纪西班牙诗人,耶稣会士,著有《征服墨西哥史》。——译者

服者的非正义思想！

　　蒙提祖马皇帝不幸在一次战斗中被他的臣民打伤而死。皇帝临死前，科尔特斯居然向因他而死的这位国王建议举行基督教终傅仪式，他的姘妇玛丽娜充当了传道师。国王于是在徒劳无益地祈求上天对篡权者复仇的哀祷声中死去。他留下的儿子们比他还要懦弱，西班牙的国王们也不怕给他们在墨西哥留下一些领地。如今这位强大的皇帝的嫡系后裔还生活在墨西哥城，人们称他们蒙提祖马伯爵，他们只是些普普通通的信天主教的绅士，无声无息地混同于民众之中。从前土耳其苏丹们也是这样让巴列奥略家族在君士坦丁堡继续生存下来的。墨西哥人后来又拥立了一个皇帝，新皇帝同其他墨西哥人一样想报仇。他就是著名的加蒂莫津①，他把墨西哥全国武装起来反抗西班牙人，但他的命运比蒙提祖马更为悲惨。

　　过去墨西哥人只有跪下才敢看西班牙人一眼，如今失望和顽强的仇恨心不断地驱使这些人去反抗同样的西班牙人。西班牙人杀人已经杀厌了，而美洲人则前仆后继，毫不气馁。科尔特斯不得不撤离墨西哥城，不然他会饿死在那里。但墨西哥人已经把所有的道路切断了。西班牙人用敌人的尸体作桥，在浴血撤退中丢失了全部为查理五世和为他们自己掠夺的财物。每日都有战斗，都有几名西班牙人丧生，其代价是几千名几乎完全是赤手空拳的不幸的人的死亡。

　　科尔特斯已经没有船队。他命令他的士兵们以及和他在一起

---

① 加蒂莫津(1497？—1524)，墨西哥阿兹台克族的末代"皇帝"。——译者

的特拉斯卡拉人造了9艘船,准备就从这个看来会阻止他进入墨西哥城的大湖返回该城。

墨西哥人毫不惧怕水战。四五千只小船,每只船有两个人,布满湖面,向科尔特斯的约共载有300人的9艘大船进攻。这9艘装着大炮的双桅帆船很快就打翻了敌方的小船。科尔特斯率领其余部队在湖堤上作战,20名西班牙人被打死,七八人被俘。这成了世界上这一部分地区的一个重要事件,比我们那些有大量伤亡的战役重要得多。西班牙俘虏都在墨西哥城的神殿里被杀死祭神。但是经过多次战斗,西班牙人终于俘虏了加蒂莫津皇帝和皇后。就是这个加蒂莫津,在受刑时说了一句使他出了名的话。当西班牙国王金库管理员叫人把他放在炭火上,逼他说出财宝扔在湖中什么地方时,他的大祭司因被处以同样的酷刑,忍不住叫喊起来,他就对大祭司说:"我呢,我难道是躺在玫瑰花的床上吗?"

科尔特斯成了墨西哥城的绝对主宰(1521年),墨西哥帝国其余地方以及金卡斯蒂利亚、达连湾,和邻近地区,也同墨西哥城一样全都被西班牙人占领。

科尔特斯屡建奇功,他得到的报答是什么呢?同哥伦布所得到的一样。他受到了迫害。那个曾经促使把新大陆发现者戴上镣铐送回欧洲的丰塞卡主教,还想以同样的方式来对待科尔特斯。科尔特斯尽管在他的祖国被授予各种头衔,但并没有受到什么重视。他好不容易见了查理五世一面。一天,他挤过围着皇帝马车的人群,踏上车门的蹬板,查理五世问此人是谁,科尔特斯答道:"这个人送给你的国家比你父亲留给你的城市还要多。"

第一四八章

征 服 秘 鲁

科尔特斯虽然把长200多法里和宽150多法里的新征服的土地奉献给了查理五世,还觉得自己的成就不大。连接两个大洋美洲大陆的那个狭长的地峡并不是处处都只有25法里宽。如果从嫩布尔德迪奥斯附近的山顶极目远望,一边的大海一直延伸到我们欧洲海岸,另一边的大海则通向东印度。前者被命名为北海,因为我们欧洲地处北方,后者被命名为南海①,因为两印度位于南方。因此,从1513年开始,就有人试图通过这个南海去征服新的土地。

1527年,有两个普普通通的冒险家,一个叫迪哥·达·阿尔马格罗,另一个叫弗兰西斯科·皮扎罗②,他们甚至连自己的父亲是谁也不知道,由于未受过教育,不会读不会写。就是这样两个人成了使查理五世获得比墨西哥更大更富庶的新土地的人。首先他们一直向南航行,考察了美洲300法里的海岸线。不久他们又听别人说,在赤道和南回归线之间,有一片辽阔的土地,那里金银宝

---

① 北海指大西洋,南海指太平洋。——译者
② 阿尔马格罗(1475—1538)、皮扎罗(1470—1541),均为西班牙殖民者。——译者

石比木材更为普遍,那块地方的统治者是一个跟蒙提祖马一样专制的国王。全世界都一样,专制是富庶产生的结果。

从库斯科和南回归线附近地区直到北纬6度的珍珠岛,由一个国王对广达30个纬度的疆域行使专制统治,他是叫作印加人的征服者种族的后裔。第一个征服这片土地并在那里发号施令的印加人,被视为太阳的儿子。看来,在把非凡的人——不管是征服者还是立法者——加以神化这一点上,新旧大陆上再文明的人也都是相似的。

被带到马德里的印加人后代加西拉索·德·拉维加①,在1608年写了印加人的历史。他那时候已经年迈,他的父亲很可能见过1530年发生的革命。可他事实上,不可能确切了解其祖先的详尽的历史。美洲过去没有一个民族懂得书写文字;这一点与古代的鞑靼民族,与南部非洲的居民,与我们的祖先克尔特人以及北方各民族,都是一样的,这些民族没有任何东西可以说得上是历史。秘鲁人用结绳的办法把重要事实传给后人,但是一般来说基本法律、宗教要旨、名人事迹都是相当忠实地口头相传的。惟其如此,加西拉索才能了解一些主要事件。也只有这些事件是真实可信的。他说,秘鲁人全都崇拜太阳。在一个人类理性尚不发达的世界里,这种崇拜是再合乎情理不过的了。普林尼在罗马人知识最普及的时期,不承认[除了太阳外]有什么别的上帝。比普林尼知识更为渊博的柏拉图,曾称太阳为上帝之子、圣父之光。这颗恒星很早就为占星家和古代埃及人所崇拜。同一假象和同一错觉,

---

① 加西拉索·德·拉维加(1539—1616);西班牙编年史家。——译者

同样地统治了东西两半球。

秘鲁人有方尖碑和精确的日晷，用以标明春分秋分和夏至冬至。他们的一年是365天。可能古埃及的历法并没有传播到他们那里。他们建造了奇迹般的建筑物，以惊人的艺术制作雕像。这是新大陆最文明最有智慧的民族。

阿塔巴利帕是最后一个印加王，他在位的时候，这个庞大的帝国被摧毁了。他的父亲尤埃斯卡曾经扩大了这个帝国的版图，使帝国变得更美丽。这个征服了如今成为秘鲁首都的基多地区①的印加王，曾经依靠士兵和被征服民族的双手，开山劈岭，修建了一条从库斯科到基多长达500法里的大路。这个标志着人类智慧和绝对服从的伟大工程后来没有得到西班牙人的维护。专制君主的御旨靠每半法里一座的驿站传送到整个帝国。这就是当时的文明程度。倘要设想帝国奢侈到何种程度，只需知道，君主出行，坐的是25000杜卡特重的金子做成的宝座，置于用金板做成的轿子上，而抬轿子的全是贵人，便可见一斑了。

在礼拜太阳的而不杀牲的宗教仪式中，总有舞蹈，这是很自然的。这也是我们这个半球的最古老的习俗之一。尤埃斯卡为了使舞蹈场面显得更加隆重，让跳舞的人手提金链，金链有700步长，粗如手腕，每人提一节。由此可见，金子在秘鲁比我们这儿的铜还要平常。

皮扎罗率领250多名步兵、60名骑兵和通常是由一些被征服地区的奴隶拖着的12门小火炮进攻印加帝国。他从南海越过赤

————————
① 基多，16世纪初印加帝国首都，现为厄瓜多尔首都。——译者

道来到基多附近。当时在位的是尤埃斯卡的儿子阿塔巴利帕,他在基多有约4万名士兵,配备着弓箭和金银梭镖。皮扎罗开始也和科尔特斯一样,派使团向印加王表示查理五世的友善之意。印加王回答说他不会把侵掠他的帝国的人当朋友接待,除非这些人交还路上掠夺的一切。这之后,他便向西班牙人进攻。当印加的军队同西班牙的小部队相遇时,西班牙人还想把印加王争取过来,甚至使用了宗教手段。一位叫瓦勒韦达的神父——他当时已被任命为该地的主教,尽管这块地方当时还不属于西班牙——手捧《圣经》,带着一名翻译向印加王走去,对他说,他应当相信这本书里所说的一切。神父对印加王进行了长时间的关于基督教奥义的说教。印加王是怎样对待这种说教的,历史学家的说法不一。但是大家一致认为,这次说教的最后结果还是战争。

　　火炮、战马、铁兵器在秘鲁人身上产生的效果同在墨西哥人身上产生的效果是一样的,只要拼命杀人就是了。阿塔巴利帕被胜利者从金宝座上拉下来,戴上了镣铐。

　　这个皇帝想尽快获得自由,许诺了数额太大的赎身金。据海瑞拉和扎拉塔说,他保证付给的金银能堆到宫中一间大厅他举手过顶的高度。他的信使们立即出发各地筹集这数量惊人的赎身金。金子银子每天不断运进西班牙人的营地。然而,也许是因为秘鲁人不愿为一个俘虏去搜刮全国的财产,也许是因为阿塔巴利帕催得不紧,答应付给的赎身金没有凑齐。胜利者被激怒了,他们因为贪财的欲望落了空而狂怒不已,决定把皇帝活活烧死。唯一的恩典是假如他皈依基督教,就在火焚之前将他绞死。还是那位瓦勒韦达主教,他通过翻译给皇帝讲了基督教义,吻了他一下,紧接着人们便绞死了他，并把他扔进火堆。那个可耻地变成了西班牙人的印加人加西拉索说，阿塔巴利帕对待家人很残忍，该当死罪。但是他不敢说，这事根本不该由西班牙人来惩罚。几位目击者作家，如扎拉塔，说皮扎罗当时已经出发把阿塔巴利帕的一部分财宝送给查理五世去了，因此这次的野蛮行为应由阿尔马格罗负其咎。前面提到过的那位恰帕斯主教补充说：西班牙人还用同样的酷刑处死了好几个秘鲁军官，这些军官的忠义足以对照出征服者的残暴程度，他们情愿受死而不愿说出主人的宝藏在什么地方。

然而，从阿塔巴利帕已付出的赎身金中，每个西班牙骑兵已分得纯金 250 马克。每个步兵分得 160 马克，并按这个比例各分得 10 倍的银子。这样，骑兵比步兵多得 1/3。军官们都大发横财。给查理五世运去的是 3 万马克银子，3000 马克未加工的金子，2 万马克银器和 2000 马克金器。要是查理五世经常收到这样的贡品，美洲就会帮助他把欧洲的一部分，特别是把教皇们置于自己的控制之下了，因为教皇们已经把新大陆判给了他。

不知道是应该赞赏那些发现并征服了这么多地方的冒险家们的顽强和勇敢精神呢，还是应该对那些人的残暴行为表示憎恨。两者的根源是一个，这就是产生了许许多多好事和坏事的贪婪欲望。后来，阿尔马格罗又向库斯科进军，他经过的是一些本应避开的、人数众多的土著部落地区，甚至进到了处于南回归线以南的智利。所到之处，他们以查理五世的名义宣布占领之。没过多久，在秘鲁的征服者们之间也发生了争斗，如同委拉斯开兹跟科尔特斯在中美洲发生争斗一样。

阿尔马格罗同皮扎罗就在库斯科这个印加人的首都展开了内

战。所有从欧洲招募来的兵员都分成了两派，各为自己所选择的主人而战。双方在库斯科城下进行了一场血战，秘鲁人却不敢利用其敌人两败俱伤的机会，相反，在双方的部队里，都有一些秘鲁人，为自己一方的暴君而自相残杀。人数众多但是分散的秘鲁人愚蠢地等待着究竟要归顺侵入自己国家的两派仇人中的哪一方，实际上双方都只有300人左右。自然界竟然这样赋予欧洲人以胜过新大陆人的优势！最后，阿尔马格罗被擒，他的对手皮扎罗叫人砍了他的头。但是没多久，皮扎罗自己也被阿尔马格罗的朋友们杀了。

这时，西班牙人已在整个新大陆建立了统治。大的省份里都有他们的总督。还设立了类似我们的高等法院的裁判所，由大主教、主教、异端裁判所裁判官各级神职人员行使职权，像在马德里一样。这时，一些以查理五世的名义征服了秘鲁的军事首领想要由他们自己来掌管这个国家。阿尔马格罗的一个儿子就曾经自封为秘鲁国王，但别的西班牙人不愿意让自己的同伴成为统治者，他们情愿服从那位居住在欧洲的君主，于是把他抓起来，由刽子手杀了他。皮扎罗的一个兄弟有同样的野心，也落得同样的下场。反抗查理五世的只有西班牙人自己，而没有任何一个被征服的民族。

就在征服者们互相火并期间，他们发现了连秘鲁人也不知道的波托西①地方的银矿。说那里的土地到处都是银子是并不夸张的，因为直到今天，该地的矿产还远远没有开采完。秘鲁人在这些矿里为西班牙人干活，就像是为真正的矿主干活一样。以后没多

---

① 波托西，玻利维亚的城市，当地银矿现已采尽。——译者

久，在这些奴隶的行列中又添加了从非洲买来的黑奴，他们被运到秘鲁后，就像牲畜一样，供人驱使。

确实，这些黑人和当地居民都没被当人看待。前面谈到过的恰帕斯主教、多明我会修士拉斯卡萨斯，为他的同胞们的残暴和当地无数居民的不幸感到震惊，他鼓足勇气向查理五世及其儿子菲利普二世申诉此事，这些书信，我们现在还能读到。他把几乎所有的美洲人都描绘成温顺而胆怯的人，由于性格懦弱而自然地成为奴隶。他说西班牙人从这种弱点中只看到胜利者可以轻而易举地残杀他们；说西班牙人在古巴、牙买加和附近岛屿杀戮了 120 多万人，像猎人们消灭一块地方的野兽一样。他说："在圣多明各岛和牙买加，我看见他们在乡间到处架设绞首台，把那些不幸的人 13 个 13 个地吊死，说是为了纪念 13 位使徒。我还看见他们把这些人的孩子拿来喂他们的猎狗。"

在古巴，有一位名叫哈杜固的酋长，因为交不出足够的金子，被西班牙人判了火刑。在点燃柴堆之前，他被交给一位方济各会修士，这位修士劝他在死前皈依基督教，许他升天。"什么！那西班牙人也会升天？"酋长问。"是的，当然是这样"，教士说。"啊，如果是这样，我不到天上去！"酋长答。在位于秘鲁和墨西哥之间的新格林纳达，有一位酋长，因为说过要在队长的房间里堆满黄金的话没有兑现，被当众烧死。

无数美洲人给西班牙人当牛马，他们走不动就被杀掉。最后，这位目击者肯定，在各个岛屿和在陆地上，为数不多的欧洲人屠杀了约 1200 多万美洲人。他还说："为了替自己辩护，你们会这样说，这些不幸者是罪有应得，因为他们自己就曾经拿人作牺牲来祭神；你们还会举例，譬如，在墨西哥城的神庙里就杀了两万人作人祭。那么，我要让天地作证，行使战争的野蛮权利的墨西哥人，在他们的神殿里，只杀死150名战俘。"

根据上述材料，可以得出这样的结论：西班牙人对墨西哥人所做的伤天害理的事可能夸大了许多，而那位恰帕斯主教对他的同胞们有时可能也指责得过分了。这里我们应注意到，如果说人们可以指责墨西哥人将战败者当作牺牲献祭战神，那么秘鲁人却从来没有用人作牺牲来献祭他们视为善神的太阳。秘鲁民族可能是世界上最温和的民族。

无论如何，拉斯卡萨斯一再提出的申诉，不是毫无效用的。来自欧洲的法令曾使美洲人的境遇略有改善。今天他们是受人统治的臣民而不再是奴隶了。

第一四九章

第一次环球航行

伟大与残暴混合在一起,使人震惊,也令人愤慨。过多的暴行败坏了美洲征服者伟大行动的名声。但是哥伦布的荣誉是纯洁的,第一次作环球航行的麦哲伦①的荣誉是纯洁的,还有塞巴斯蒂安·卡诺②的荣誉也是纯洁的,是他第一个完成了这次奇迹般的航行,虽然这样的航行今天已不再是什么奇迹。

1519年,正当西班牙人开始征服美洲,葡萄牙人在亚洲和非洲取得巨大成就的时候,麦哲伦为西班牙发现了后来用他的名字命名的海峡,第一个进入南海,并在由东向西的航行中,发现了此后命名为马里亚纳的群岛③。

位于赤道附近的马里亚纳群岛特别值得注意。岛上居民们不知道使用火,火对他们毫无用处。他们食用的是岛上生长的大量物产,主要有可可,还有一种类似棕榈树的果肉、比大米还好的西

---

① 麦哲伦(约1480—1521),葡萄牙航海者,1517年移居西班牙,1519年沿巴西海岸南下航行,入太平洋,1521年至菲律宾。——译者

② 卡诺(?—1526),西班牙航海者,参加麦哲伦的环球航行。——译者

③ 马里亚纳群岛,亦称"强盗群岛",太平洋岛屿,在菲律宾以东,1947年后由美国托管。——译者

米,以及面包树的果实。人们称这种大树为"面包树",是因为其果实可以代替面包。有人说该岛居民的寿命可达120岁,有人说巴西人也如此长寿。这些岛民不野蛮也不残酷。他们可能向往的任何生活所需一概不缺。他们用巧妙加工的可可树木材建造的房屋,既清洁又整齐。他们的园林得到精心的艺术性的栽培;也许他们是人类中经历的不幸的事最少、本性最不凶恶的人。可是葡萄牙人把这块地方称为强盗群岛,因为这些人不懂得分你我的,吃了葡萄牙人船上的一点东西。他们同霍屯督人以及非洲和美洲的许多民族一样,没有什么宗教。但是过了这些岛屿,在向摩鹿加群岛航行途中经过的一些其他岛屿上,早在哈里发时代就已经传入了伊斯兰教。穆斯林从印度洋来到那里,而基督徒则是从南海来到的。要是阿拉伯穆斯林有了指南针,美洲就该由他们来发现了,事实上他们已经航行到半途。但是他们的航行从未越过马尼拉以西的棉兰老岛。这个岛上有不同种族的居民,有白人,有黑人,还有棕色或红色皮肤的人。人们发现,热带地区的人种总是比北方地区来得复杂。

再说这个麦哲伦,他是葡萄牙人,当时他的上司拒绝多付给6埃居的工钱。于是他决定投靠西班牙,并且要从美洲寻找航路,去分占葡萄牙人在亚洲的属地。后来他的同伴们在他死后确实在出产珍贵的香料的摩鹿加群岛主岛蒂多雷岛上定居下来了。

葡萄牙人在那儿遇见西班牙人,大为惊奇。他们大惑不解,葡萄牙的船既然都是从西面来,西班牙人怎么会从东海来的。他们未曾想到,西班牙人已经进行了一部分的环球航行。要结束西班牙人和葡萄牙人之间的争端,要更改罗马教廷关于双方的领土要求和发现范围的判决，还有待于新的地理学说的诞生。

应当知道，当那个著名的亨利王子开始为我们把世界的边沿推向远处的时候，葡萄牙人就向教皇要求占有他们所发现的一切土地。而自从教皇格雷戈里七世宣告他有权分封土地之后，就有了请求罗马教廷批准建立王国的习惯。人们以为这样可以保证不受外来侵占，并可以引起教会对这些新土地的关心。好几任教皇都认可了葡萄牙所获得的权利，并宣布这些权利不可剥夺。

西班牙人开始在美洲定居的时候，教皇亚历山大六世把新大陆分成两部分：美洲新大陆和亚洲新大陆，亚速尔群岛以东属葡萄牙，以西属西班牙。他在地球仪上划一条线，标明两方管辖的范围，称为"标志线"。麦哲伦的航行打破了教皇的这条线。马里亚纳群岛、菲律宾群岛、摩鹿加群岛都位于葡萄牙人发现的陆地以东。于是不得不另划一条线，称为"分界线"。发现的地方那么多，罗马教皇又全部予以分封，还有什么比这些更令人惊奇的呢？

葡萄牙人航行到巴西，再一次打破了这些分界线，随后在北美洲定居的法国人和英国人也无视这些分界线。当然在西班牙人大丰收之后，这两个国家只能拾些麦穗，但他们毕竟也都得到了大片土地。

所有上述地区的发现和向这些地区移民所造成的恶果就是，每当我们这些经商的民族在欧洲彼此兵戎相见，在美洲和亚洲就会摆开战场。它们互相摧毁了对方新生的殖民地。头几次的远征的目的在于联合一切民族，最后几次的远征则是为了在天涯海角互相残杀。

欧洲人涌向美洲是否得到了好处，这是一个值得研究的大问题。可以肯定的是，西班牙人最初从美洲攫取了巨额财富。但是西班牙本土人口大大减少了，而这些财富最后被那么多国家瓜分以后，又把西班牙人原先破坏了的平衡恢复了。食物价格到处高涨，实际上谁也没有真正得到好处，现在要问的是：胭脂虫和金鸡纳的价值是否大到足以抵偿那么多人的死亡。

第一五〇章

巴　西

当西班牙人侵入巴西时，葡萄牙人却因积聚了从旧大陆的亚非殖民地掠取的财宝而忽略了新大陆的这块最富饶的地方。其实，葡萄牙人早在1500年就已经发现了巴西，不过当时他们并不是有意去寻找的。

在1500年，葡萄牙的船队长卡布拉尔[①]想走非洲南端的航线，到印度的马拉巴尔沿海一带去。当他越过了佛得角群岛以后，因为在离岸很远的洋面上向西航行，发现了巴西。这是美洲大陆上离非洲最近的地方。巴西距非洲的阿特拉斯山只有30个经度，所以最先发现的应该是巴西。那里土地肥沃，四季如春。居民身材高大，体格健壮，精力充沛，皮肤略带红色，他们赤身行走，仅围一条宽腰带，当口袋用。

这是从事狩猎的民族，生活物资没有多大保障，因此不免性残忍，常为了争夺几片猎获物，用弓箭和大棒开战，同旧大陆上已经开化但生性野蛮的人为争夺几个村落而大动干戈一样。一句辱

[①] 卡布拉尔(1460—1526)，葡萄牙航海者。——译者

骂引起的愤怒和仇恨常使他们动武，同人们描述的古代希腊人和亚洲人一样。巴西人从来不拿人作献祭的牺牲，因为他们没有任何宗教信仰，用不着像墨西哥人那样供献祭品。但是巴西人吃俘虏的人肉。阿美利哥·威斯普奇在他的一封信上说，巴西人听他说欧洲人不吃俘虏时，都大为惊讶。

此外，巴西人没有任何法律，只有偶尔在部落集会时临时决定的法规。指导他们行动的是本能，本能驱使他们在饥饿时去打猎，在需要时与女性交合，找年青的女人来满足这种一时的需要。

根据巴西人的情况可以证明，旧大陆从不知道有美洲。巴西离非洲不远，本应该有某种宗教传播过去的。不管什么宗教，不留下某些痕迹是很困难的。然而确实是一点也找不到。有些头上插着羽毛的走方郎中，煽动人们去争斗，让人们注意新月的现象，给人以不能治病的草药。但是没有一个旅行者提到过巴西有教士、祭坛、宗教仪式，尽管人们总喜欢介绍此类事情。

墨西哥人和秘鲁人属于开化的民族，他们是有确定的宗教信仰的。在他们那里，宗教支持着国家，因为宗教完全从属于国君。但是在既无信仰的需要又无文明的未开化的蛮族人那里，是没有国家的。

葡萄牙政府在将近50年里毫不重视本国商人在巴西定居的事，最后，到1559年，才在那里建立了稳固的殖民地，从此，葡萄牙的国王们同时从新旧大陆获取贡品。1581年，当西班牙国王菲利普二世吞并葡萄牙时，巴西给西班牙人增加了财富。从1625年到1630年，荷兰人从西班牙人手里夺取了几乎整个的巴西。

这些荷兰人还从西班牙人手里夺取了葡萄牙人早先在旧大陆

和新大陆上建立的所有殖民地。最后,当葡萄牙摆脱了西班牙的统治之后,葡萄牙又控制了巴西沿海地区。巴西给新的主人生产了以前墨西哥、秘鲁和一些岛屿向西班牙人提供的金、银和珍贵食品。甚至在最近时期,人们在巴西还发现了钻石矿,其蕴藏量和[印度]戈尔康达①的一样丰富。结果怎样呢?这么多的财富使葡萄牙变穷了。葡萄牙大量居民移居到亚洲和巴西的殖民地,剩下的人寄希望于金子和钻石,停止经营真正的宝藏:农业和工业。他们的钻石和金子勉强可以支付英国向他们提供的必需品。可以说,葡萄牙人是在美洲为英国人干活。最后在 1756 年,当里斯本被地震摧毁时,还必须由伦敦向一无所有的葡萄牙提供一切乃至于铸造的钱币。在葡萄牙,国君富裕而人民则贫困不堪。

---

① 戈尔康达,印度斯坦古代王国,今为巴基斯坦的海得拉巴。——译者

第一五一章

美洲的法国属地

当欧洲其他民族在美洲别的地方还没有一块能给他们带来好处的殖民地时,西班牙人已经从墨西哥和秘鲁获取大量的财宝,虽然这些财宝最终并没有使西班牙人变得非常富有,但其他民族已对西班牙人的行动感到嫉妒并跃跃欲试了。

1557年,亨利二世统治时期,对一切事物都雄心勃勃的海军司令科利尼[①]设想把一些法国人和自己一派的教徒送到巴西定居。当时的一名加尔文派教徒骑士维勒加尼翁[②],被派往那里。加尔文本人对此计划也颇感兴趣。那时,日尔瓦人并不是像今天这样的精明商人,在加尔文所派的人当中,传教的要比种田的多。这些使者们要取得支配权,同领队的指挥官发生了激烈争吵,他们煽起一场动乱,殖民地发生分裂,最后被葡萄牙人摧毁了。维勒加尼翁与加尔文和加尔文的使者们断绝来往,把他们视作捣乱分子,而他们则把维勒加尼翁当作不信奉上帝的人。结果法国丢失了巴

[①] 科利尼(1519—1572),法国海军司令。新教徒首领,后在圣巴托罗缪惨案中被吊死。——译者

[②] 维勒加尼翁(1510—1571),法国航海者。——译者

西。法国是向来不懂得怎样在本土之外建立大的殖民地的。

有人说：印加家族就是躲在这个与秘鲁接壤的幅员辽阔的国家之中；大多数秘鲁人就是在那儿逃避来自欧洲的既贪婪又残忍的基督徒；他们居住在内陆地区，在某个名叫巴利马的湖附近，湖里的沙就是金子，还有一座城市，屋顶上盖的也是金子；西班牙人把这座城称作埃尔多拉多①，长期以来，他们一直在寻找它，云云。

埃尔多拉多这个名字震动了所有的大国。伊丽莎白女王于1596年派遣了一支由学识渊博而不幸的雷利②率领的舰队，去同西班牙人争夺这些新的掠夺物。雷利果真深入到了红种人居住的地方。他说，那里有一个民族，肩长得同头一般高，他毫不怀疑那里有金矿，他还带回100来块金片和一些经过加工的黄金。但是最终人们并没有找到埃尔多拉多城，也没有找到巴利马湖。法国人几经努力，才于1664年，在这块辽阔土地上的顶端卡宴岛③落了脚，这个小岛周围仅有约15法里。这就是所谓的赤道法兰西，这个法兰西只不过是一个村落，有大约150间泥土和木板盖成的房屋而已。到了路易十四时代，在第一个真正鼓励海上贸易的法兰西国王治下，卡宴岛才有了一点身价。在1672年的战争中，这个岛还被荷兰人从法国人手中夺走，幸而路易十四的一支舰队又把它夺回。今天，这个岛出产的是少量的蓝靛植物和劣质咖啡，人们开始在那里种植香料，并获得成功。据说，圭亚那是美洲最美丽

---

① 埃尔多拉多，西班牙语，意思是"金城"。——译者
② 雷利(1552—1618)，英国著名航海家、历史家，在英王詹姆斯一世时被判死刑处死。——译者
③ 卡宴，是法属圭亚那濒临大西洋的港市，不是海岛。——译者

的国家，法国人原可以在那儿定居的，但偏偏把它忽略了。

　　有人还向法国人谈起新旧墨西哥之间的佛罗里达。西班牙人已经占据了该地的一部分，佛罗里达这个地名就是西班牙人取的。由于有一位法国船主声称他是与西班牙人差不多同时登上这块陆地的，于是发生了权利上的争执。按照我们的国际公法，或者说强夺者的法律，美洲的土地不仅应属于最早入侵的人，而且谁说自己是第一个看见的就应归谁所有。

　　海军司令科利尼一心想在美洲大陆上建立自己的教派，就像西班牙人把他们的宗教带到了美洲一样。到1564年，查理九世在位期间，科利尼向那里派遣了一些胡格诺教徒，但西班牙人摧毁了这些教徒的居住地（1565年），并把所有的法国人都吊死在树上，背后挂一块大牌子，上写："这些人被吊死，并非因为是法国人，而是由于是异端分子。"

　　后来，有一位称为古尔克骑士的加斯科尼人，带领若干名海盗，试图夺回佛罗里达。他攻占了西班牙人的一座小堡垒，这回轮到他下令把西班牙俘虏们吊死，而且没有忘记挂上一块牌，上写："这些人被吊死，并非因为是西班牙人，而是由于是窃贼和偷信犹太教者①。"美洲人已经看过欧洲的掠夺者们的自相残杀，替他们报了仇，他们往往因此而深感欣慰。

　　法国人在吊死西班牙人以后，为了不被吊死，必须撤离佛罗里达，于是便放弃了这个地方。此地比圭亚那更好，但可怕的宗教战

---

　　① 原文为marranes，旧时西班牙人对被迫改信基督教后又偷偷信犹太教的犹太人的贬称；西班牙语marranos原意是猪。——译者

争当时正使法国人民生灵涂炭,他们无法去屠杀那些野蛮人,使之皈依天主教,也不可能再去同西班牙人争夺美丽富饶的地方。

当英国人已经占有了在佛罗里达以北的北美洲所有能得到的土地中地理位置最有利的、最富庶的部分的时候,法国才有两三个只希望做点毛皮生意的诺曼底商人装备了几条船,来到加拿大定居。那地方一年中有8个月覆盖着冰雪,居住的是野人,还有熊和海狸。这块土地过去已有人发现,但自1535年起,就被放弃了。最后,一小批来自迪埃普和圣马洛①的商人,在政府因缺乏商船无法支持的情形下,几经努力,于1608年建立了魁北克殖民地②,换句话说,也就是建造了一些木屋,这些木屋到路易十四时期才发展成为小城镇。

魁北克、路易斯堡③,以及新法兰西的所有其他殖民地,一直都非常贫穷,而墨西哥城现在已有15000辆四轮马车,利马城就更多。但即便是那些穷地方,同样是几乎连续不断的战争的根源,不是同土著居民作战,就是同英国人作战。英国人占领了最好的地方以后,还想侵夺法国人的地方,以独霸这个北部世界的贸易。

在加拿大遇到的民族与墨西哥、秘鲁和巴西的民族的天性不同。他们之间相似之处在于除眉毛和头发外,身上都没有毛,不同之处在于肤色。加拿大人的肤色更接近于我们。此外,加拿大人比较高傲而勇敢。他们从未见过君主政府;共和精神是新旧大陆

---

① 迪埃普和圣马洛,均法国西北部滨海城市。——译者
② 1608年建立魁北克殖民地的是法国探险者尚普兰(约1570—1635)。当时法国人称法国在加拿大的殖民地为新法兰西。——原编者
③ 路易斯堡,加拿大新斯科舍省东北部城市,原为法国属地,1758年七年战争中为英国所占,成为英国征服加拿大的基地。——译者

北方民族共有的天赋。从阿巴拉契亚山到戴维斯海峡的所有北美居民都是分成一些小村镇的农夫和猎人，这是人类自然形成的组织。我们很少用印第安人来称呼加拿大人，而我们先前把这一称呼用在秘鲁人和巴西人头上也是很不合适的。人们把这个地方称为西印度，只是因为从那里运来的财物同来自真正的印度的一样多。当时人们喜欢把北美人称作"野蛮人"，其实我们欧洲沿海地区的农夫长期以来公然抢掠遇难的船只，杀戮航海的人，从这一点来说，北美人还不如这些人野蛮。战争这个古今全人类的祸患和罪恶渊薮，在他们并不像我们那样是源于利害的动机，而是像巴西人和所有未开化的人那样通常是因为受了侮辱要复仇。

加拿大人最可怕的行为是用严刑将俘虏的敌人折磨致死，并且把他们吃掉。远离加拿大人50个纬度的巴西人也有同样的做法，把一个敌俘当作猎获物来吃。当然这不是每天常见的，但是不止一个民族有过这种做法，我们对此已有专门论述①。

上述情况通常发生在加拿大的贫瘠荒凉的、冰天雪地的地区，在阿凯迪亚这个不缺乏食物的较好的地区就没有，除巴西部分地区和加勒比群岛以外，新大陆其他地方也没有。

奇怪的命运使一些耶稣会会士和胡格诺派教士聚合在一起开发加拿大这个新殖民地。这个殖民地随后又与跟易洛魁人交战的休伦人结成联盟。易洛魁人严重侵害殖民地，抓走了几个耶稣会教士，据说，还把他们吃了。英国人对魁北克殖民地同样造成很大的危害。这个城市刚刚建立，有了些防御设施（1629年），英国人

---

① 指伏尔泰所著《哲学词典》中"食人者"条。——译者

便来进攻。他们抢夺了整个阿凯迪亚,其实这除了毁坏渔民的一些木屋外没有别的意义。

这样一来,在那个时候,法国人就没有任何海外殖民地,在美洲和亚洲都没有。

在战事中破了产的商业公司①希望能够挽回损失,敦促枢机主教黎世留把公司包括在与英国人签订的圣日耳曼条约中。英国人交还了他们所侵占的、但根本不屑一顾的这一小块地方,这部分土地后来成为新法兰西。新法兰西在很长时期内景况可怜。公司靠捕捞鳕鱼的一点盈利来维持。英国人看到那里有利可图,又一次攻占了阿凯迪亚。

根据布雷达条约②(1654),他们又一次交还了阿凯迪亚。他们前后5次占有这一地区,最后根据1715年的乌得勒支和约③,保持了对该地的所有权。签订这一和约,在当时是可喜的事,但是以后它却给欧洲带来了灾难,我们将看到,签订条约的大臣们没有确定阿凯迪亚的边界,英国人要加以扩大,法国人要加以缩小,结果这小块土地成了这两个敌对民族在1755年发动一场大战的根源,这场战争又引起了德国的战争,其实德国与此事毫无关系。政治利益竟然复杂微妙到如此地步,美洲一声炮响可能就是欧洲燃

---

① 指1627年成立的新法兰西公司,又名百人公司。——译者
② 布雷达,荷兰北布拉邦特省城市。位于马尔克河与阿河汇合处,1667年法国、荷兰、丹麦和英国签订布雷达条约。根据该条约法国保留法属圭亚那,并从英国收回了阿凯迪亚。原文写的1654年疑有误。——译者
③ 乌得勒支和约泛指为结束西班牙王位继承战争(1701—1714年),法国和其他欧洲国家在1713年4月至1714年9月间签订的一系列条约,以及西班牙和其他国家签订的一系列条约。——译者

起战火的信号①。

1715年,根据乌得勒支和约,路易斯堡所在的布雷顿角岛、圣劳伦斯湾②、魁北克、加拿大仍归法国所有。这些殖民地主要是对维持航海业和培养水手有用,而商业收益甚微。魁北克共约有7000居民。为保存这些地方而付出的战争费用是这些地方的收益永远无法抵偿的,然而这些战费似乎又是在所必需。

人们把一个广阔的地区算在新法兰西的范围之内,这个地区一边毗连加拿大,另一边与新墨西哥相接,西北面的边界不清楚。由于有流入墨西哥湾的密西西比河,就称这一部分为密西西比;另一部分则用路易十四的名字命名为路易斯安那③。

这一地区原先是西班牙人想占有的,西班牙人在美洲的属地实在太多了,再说在该地区又没有发现金子,所以他们就不予重视了。有几个居住在加拿大的法国人从经过伊利诺斯的陆路和水路南下,迁移到了该地,一路上遇到了各种艰难险阻。这就好比有人要去埃及,不走达米埃塔的路,而要绕好望角。直到1708年,新法兰西的这部分广大地区还只有十几户人家在荒野和森林中过着流浪生活④。

---

① 英法两国在加拿大为争夺阿凯迪亚边界而发生的战争确实与德国毫无关系,但英国是普鲁士的同盟国,法国是奥地利的同盟国,普奥两国之间为争夺西里西亚而发生的战争(即七年战争,1756—1763)也加剧了英法的冲突。——原编者

② 布雷顿角岛,在加拿大新斯科舍省,卡博特海峡处。圣劳伦斯湾,加拿大新不伦瑞克省濒临的海湾。——译者

③ 密西西比、路易斯安那现为美国南部的两个州,下文的伊利诺斯是美国中部一个州。——译者

④ 法国人在1756年的战争中失去了路易斯安那。在[乌得勒支]和约中,该地又回到了法国人手中;后来法国人又把它让给了西班牙人,并把整个加拿大让给了英国人。这样,除了荷兰和法国在南美洲沿岸占有几个岛屿和几块面积狭小的属地以外,整个美洲被西班牙人、英国人和葡萄牙人瓜分了。——原编者

此时路易十四内外交困,眼看着旧的法兰西日渐衰微,也就无法顾及新的法兰西。当时国家人力、财力都已告枯竭,可是值得注意的是有两个人却趁着国家贫困之机,每个人都赚了将近4000万利弗。一个人就在柯尔贝尔所创办的东印度公司陷于破产之时,通过对东印度的大宗贸易发了财;另一个人则是通过与困难重重、负债累累而又孤陋寡闻的政府打交道,取得成功。后者就是那个名叫克罗扎①的商人。此人既有钱又有胆量,敢于拿出一部分财产来碰运气,他请国王把路易斯安那特许给他,条件是他和他的合伙人在每艘船上带男女少年各6人,到那儿去繁育后代。路易斯安那当时不仅商业不振,人丁也很稀少。

　　路易十四死后,苏格兰人拉斯,一个不寻常的人(他的想法有些是有益的,有些却是有害的),让法国人相信路易斯安那出产同秘鲁一样多的金子,而且会提供同中国一样多的丝绸。于是在有名的拉斯计划实施的第一阶段,法国向密西西比大量移民(1717—1718),人们订出规划,要建造一座美丽而整齐的城市,名为新奥尔良②。但是多数移民死于贫困,所谓城市不过是几幢蹩脚的房屋而已。要是有一天,法国有几百万人口过剩,那么移民到路易斯安那去也许是有好处的,但目前很可能有必要放弃掉这一地区③。

――――――――――――

　① 克罗扎(1655—1738),法国金融家,1712—1717年在路易斯安那经营商业。――译者
　② 拉斯(1671—1729)苏格兰金融家,曾创立西印度公司。在1715—1723年路易十五未成年而奥尔良公爵菲利普摄政时期,拉斯计划最初实施颇有成就,后来却告失败。新奥尔良建于1718年,至19世纪始有发展。――原编者
　③ 路易斯安那于1763年根据结束七年战争的巴黎条约让与西班牙,1860年由法国收回,于1803年售与美国。――原编者

第一五二章

法属美洲岛屿；美洲海盗

375　　以后，法国获得的最重要的一些属地是半个圣多明各岛、马提尼克岛、瓜德罗普岛以及安的列斯群岛中的几个小岛。这还不及西班牙属地的0.5％。但是法国毕竟从这些殖民地得到了很大的好处。

　　圣多明各岛就是伊斯帕尼奥拉岛，当地居民称为海地，该岛是哥伦布发现的，其居民曾被西班牙人大量杀死。法国人在他们所居住的那部分岛上没有找到从前人们找到过的金子和银子，这也许是因为这种金属需要千万年的形成过程，或者更主要的是因为地球上的金银本来就有限，矿藏不会再生；事实上金和银不是混合物，很难设想有什么东西能再生金银。在西班牙人所占有的该岛另一半土地上还有金矿和银矿，但因开采费用高于盈利，西班牙人就停止开采了。

376　　法国能够和西班牙在圣多明各岛平分秋色，是靠了一帮铤而走险的、慓悍的新人，这是一些偶然聚合在一起的英国人、布列塔尼人和诺曼底人，其中主要是诺曼底人。人们称他们为海盗或美洲海盗。他们的联合和起源同古罗马人差不多，但他们更为勇猛可怕。不妨想象略带智谋的老虎吧！那该是多么可怕！美洲海盗就是这样的老虎。下面就是他们的历史。

约1625年，一些法国冒险者和英国冒险者同时在加勒比海的一个岛屿登陆，当时该岛已为西班牙所占并被命名为圣克里斯托夫岛。西班牙人几乎总是用一个圣徒的名字来给他们所占据的地方命名，又以圣徒的名义屠杀当地的土著居民。新来的英法两国人，尽管有传统的对立情绪，只好联合起来对付西班牙人。西班牙人是附近岛屿和整个美洲大陆的主宰，带着优势兵力前来进攻，结果法国指挥官逃回法国，英国指挥官投降，最坚决的英国人和法国人乘小船抵达圣多明各岛，并在海边巉岩间一块难以进入的地方安顿下来。他们学美洲土人的样子制造了一些小舟，占据了龟岛。一些诺曼底人前来扩充这支队伍，就像他们在12世纪远征[意大利的]普伊和在10世纪征服英国时一样。这一帮无法无天的人经历了各种幸运的和不幸的遭遇，从诺曼底和英国来到了墨西哥湾。

克伦威尔①于1655年派出的一支舰队从西班牙人手中夺取了牙买加，他们若没有这群海盗，或许就无法取胜。这些人在海上到处抢劫，只知掠取而疏于守业。一次出海行劫，竟听任西班牙人把龟岛重新占据。但他们随后又夺了回来。法国政府不得不任命他们选出的人为龟岛的指挥官。他们出没在墨西哥海，并在好几个岛上建立了藏身地。他们当时自称为"海岸兄弟"。他们挤在小得可怜的、一发炮弹或一阵大风就可以打碎的小船上，向西班牙人

---

① 克伦威尔(1599—1658)，英国政治家，将军。参看本书第180—181章。——译者

377　的大船袭击,有时就成了这些大船的主人。他们除了平分战利品,别无其他法律。他们没有宗教,只有自然教,而且还严重地背离了这种自然教。

这些人没有像传说中罗慕洛的同伴那样,能做到掳掠妇女来做老婆。(1665)他们得到从法国为他们送去的100名少女,但要使这个人数越来越多的团体每人都传宗接代。这是不够的。海盗们每两人掷骰子争一姑娘,赢者娶之为妻,输者只在另一人出行时有权与这个女子睡觉。

这些人善于从事破坏而不善于建立一个国家,他们获得的战果和所犯下的暴行都是前所未闻的。他们中的一个(因为他来自沙布勒的奥洛纳①,人们就称他为奥洛纳人)仅用一只小艇,就窜入哈瓦那港夺得一艘武装好的三桅帆船。他审讯了一名俘虏,俘虏供称:这艘帆船正是派来追捕他的,抓住了就要将他绞死,还说自己就是刽子手,奥洛纳人当即下令把这人吊死,并亲自砍下所有俘虏的头,喝他们的血。

这个奥洛纳人和另一个称为巴斯克人的海盗,带领500人,深入到委内瑞拉湾(1667)和洪都拉斯湾。他们烧杀洗劫了两个大城市,登上用小艇缴获的大船,满载而归。他们就这样很快成了海上一霸,几乎就和强大的征服者们一样了。

有名的英国人摩尔根手下有1000名海盗,其中有他的同胞,有诺曼底人、布列塔尼人、圣东日人、巴斯克人。他企图攻占波多

---

　　① 奥洛纳沙,法国旺代省港城,濒临大西洋。居民或称沙布勒人,或称奥洛纳人。——译者

贝洛,那是西班牙人堆存财物的地方,城防坚固,有大炮和守备兵。摩尔根来到城下,没有炮,冒着敌方的炮火攻城,尽管遇到顽强抵抗,还是攻下来了。这一侥幸成功的冒险行动迫使城里的西班牙人付出了将近100万皮阿斯特①的赎金。不久(1670),他又进击有西班牙军队驻守的巴拿马地峡,攻入旧巴拿马城,抢劫财货,烧毁城市,带着战利品回到牙买加。他是一个英国农民的儿子,原可以在美洲建立一个王国,但他最后却死在伦敦的牢狱里。

一时在圣多明各岛的巉岩中,一时在龟岛上安身的法国海盗,武装了10艘船,以1200人向维拉克鲁斯港②发动进攻(1685)。行动之大胆犹如1200名比斯开人用10条小船就围攻波尔多港一样。他们攻克了维拉克鲁斯,获得500万皮阿斯特和1500名奴隶。最后,在取得几次类似的胜利之后,这些英国法国海盗们便决定向南海进发,去掠夺秘鲁。那时,还没有一个法国人见到过南海。要到南海去,有两条路可走:一是翻越巴拿马地峡的山岭,一是从海上沿着整个南美洲航行,穿过他们所不认识的麦哲伦海峡。他们分为两队(1687),从这两条路同时出发。

越过地峡的一支队伍沿途大肆劫掠,到达南海,强占港口中几艘小船,就在这些小船上等待绕行麦哲伦海峡的同伙的到来。走海路的人差不多都是法国人,他们的遭遇同他们的海盗生涯一样有传奇色彩。他们无法通过麦哲伦海峡抵达秘鲁,他们被大风暴打退,便到非洲沿海抢劫去了。

---

① 皮阿斯特,古西班牙银币。——译者
② 维拉克鲁斯,墨西哥港口,濒临墨西哥湾。——译者

在地峡的另一边，在南海上航行的海盗用的只是些木船，他们受到秘鲁的西班牙舰队的追击，必须摆脱。他们中的一个伙伴，指挥着一只载有50人的小船，逃到韦尔梅海①和加利福尼亚。他们在那里呆了4年，然后经南海返航，途中抢掠了一艘装有50万皮亚斯特的大船，然后穿过麦哲伦海峡，到达牙买加。与此同时其他伙伴则带着金银宝石返回巴拿马地峡。集结起来的西班牙军队正等待着他们，并且四处追击他们。他们必须在地峡最宽的一段通过；尽管从他们上岸的地点到他们要去的地方直线距离只有80法里，他们不得不绕路走了300法里。遇到因暴雨而涨大水的河流，只能用木桶抢渡。他们与饥饿、与自然界、与西班牙人作斗争，终于带着保存下来的金银宝石来到北海，人数已不满500。历史上万名希腊人的撤退永远更为著名，但那是无法与此相比的。

假如这批冒险者能在一个首领之下同心协力，他们就会在美洲建立起一个强国了。事实上，他们毕竟只是一帮强盗。但是所有的征服者，究竟都是些什么东西呢？西班牙人给美洲人造成祸害，而这些海盗的成就只是给西班牙人造成差不多同样的祸害而已。他们之中有些人回到自己的祖国去尽情享受获得的财富；有些人由于挥霍无度，沉湎酒色而死亡；许多人又破落得像从前一样贫穷。法国和英国的政府不需要他们，也就不再保护他们。到最后，这些绿林好汉留给人们的只有他们的名字和对他们的勇猛和残暴的记忆。

全靠他们，法国才有了圣多明各岛的一半土地；法国人能在岛

---

① 韦尔梅海，西班牙殖民者给加利福尼亚湾取的名称。——译者

上立足，靠的也是他们的海上行劫的武力。

　　1757年，法属圣多明各岛上大约有3万居民；另有10万黑人或黑人白人混血种的奴隶从事制糖业，种植蓝靛和可可，他们为了满足我们先辈所没有的新的胃口和新的需要，在那里卖命。我们到几内亚、黄金海岸、象牙海岸去买这些黑奴。30年前，一个健壮的黑奴只卖50利弗，差不多只值一头肥牛钱的1/5。到1772年的今天，这种人口商品约值1500利弗。我们对这些人说，他们和我们一样都是人，都是上帝为他们殉难用鲜血赎了罪的人，然后又叫他们像牛马似地干活；给他们吃得更差。要是他们想逃跑，就砍断他们的一条腿，装上木腿以后，叫他们用手推磨磨糖。这样做了以后，我们还居然大谈特谈人权！法国人在1735年开发的小小的马提尼克岛和瓜特罗普岛提供了和圣多明各岛一样的食品。这些岛屿在地图上是小小的点，而发生的这些事件也是世界历史中数不上的小事情，然而这些在地球仪上难以找到的小地方，竟给法国每年提供了约6000万利弗的商品。这项贸易并没能使法国富裕起来；相反，还死了人，沉了船。这确实算不上真正的利益。但既然人们产生了新的生活需要，法国就不用再向别国高价购进那些原为奢侈品而如今已变为必需品的东西了。

第一五三章

英国人和荷兰人在美洲的属地

英国人居住在海岛上,必然比法国人更热衷于航海事业,因而在北美洲的殖民地远比法国人的好。他们拥有从卡罗来纳至哈得孙湾长达600法里的海岸线。过去人们以为从哈得孙湾可以找到一条通向南海和日本的航道,结果落了空。英国人的殖民地与西班牙人在美洲的富饶的属地大不相同。至少迄今为止,英属美洲土地上不出产金、银、蓝靛、胭脂虫、宝石、染料植物,然而它们却有相当大的优越之处。英国人占有的陆地从离北回归线10度的地方起,具有最良好的气候条件。正是在这块名为卡罗来纳的土地上,法国人没有能定居下来,而英国人是在夺取了更北面的海岸以后才占有这个地方的。

您已经看到,西班牙人和葡萄牙人成了从麦哲伦海峡到佛罗里达的几乎整个[南美洲]新大陆的主人。在佛罗里达的北面是卡罗来纳,英国人在不久前把南面的一块叫做佐治亚的地区也并入了卡罗来纳。佐治亚的名称来自英王乔治一世的名字。英国人只是从1664年起才获得了卡罗来纳。这一属地的最大荣耀就是接受了哲学家洛克的法律。这些法律的基础就是信仰完全自由和对所有宗教的宽容。在卡罗来纳，圣公会教徒同清教徒友好相处，容许敌对的天主教徒的信仰以及被称为崇拜偶像者的印第安人的信仰。但是，要合法地在当地建立宗教，必须是7个家族的家长。洛克考虑到，7个家族包括他们的奴隶在内，人数可达五六百人，不让这么多人根据自己的信仰来侍奉上帝，那是不妥当的，因为这些人一旦受到压抑，就会抛弃殖民地。

382

在卡罗来纳的一半地区，结婚必须在法官面前举行仪式，但谁要是想在世俗婚礼之外再请神甫作婚礼降福仪式，也能得到满足。

在排斥异己的思想使欧洲鲜血横流之后，这样的法律似乎是值得赞赏的。然而在希腊人和罗马人的国家不会有人想到要订立这种法律，因为希腊人和罗马人无论如何不会想到有一天会有人用武力强迫他人信教。这种合乎人道的法律迫使人们用对待仆人的人道精神对待黑人。到了1757年，卡罗来纳已有4万黑人和2万白人。

在卡罗来纳的北面是弗吉尼亚，弗吉尼亚这个名称表示对伊丽莎白女王的尊敬。著名的雷利首先向该地大量移民，可是他后来却受到詹姆斯一世的残酷迫害。弗吉尼亚这块殖民地的建立是历经艰难的。比墨西哥的土著人更为善战而又同样地无端受到袭击的当地居民，几乎把整个殖民地摧毁了。

有人说，自从废除了南特敕令以后，新旧大陆人口都增加了，弗吉尼亚的人口增加到40万，不包括黑人。在弗吉尼亚和马里兰，人们主要种植烟草。这是一项大宗贸易，是晚近才兴起的一种人为的需求，而且增长得很快。在路易十四时期，宫廷中不许把又辣又脏的烟丝放在鼻孔里吸，认为这是粗野的举动。在法国，最初烟草税为一年 30 万利弗；现在已增加到 1600 万。法国人现在每年从英国殖民地购买价值 400 万利弗的烟草，他们本来是可以在路易斯安那种植烟草的。这里，我不能不指出：现在法国和英国花在我们的父辈所不知道的食品上的费用，比过去整个王国的收入还要多。

从弗吉尼亚北行，就进入马里兰。马里兰有 4 万白人和 6 万多黑人。再往北，是著名的宾夕法尼亚，它由于新殖民者很特别而成为世界上独一无二的地方。威廉·佩恩①是贵格会教派（把这个教派称为"贵格会"并不不恰当）的首领。他在 1680 年来到该地，以自己的名字为该地命名，并实行他的法律。他不是像我们所看到的以往在新旧大陆那样的侵占土地，而是向土著人购买土地，这样他就成了最合法的土地所有者。他带到那里去的基督教和欧洲大陆的基督教不同，就像他的殖民地和其他殖民地不同一样。佩恩的同伴们宣传耶稣最初的信徒的纯朴和平等，认为除了耶稣说过的话以外没有别的教义，一切都只限于爱上帝和爱一切人；没有洗礼，因为耶稣没有给任何人行洗礼；没有神甫，因为耶稣的最初的信徒都是平等地由耶稣自己教导的。我在这里只是尽一个忠实的历史学家的本分，但是我要补充一句：尽管佩恩和他的同伴们在神学——它是产生连绵不断的争端和灾难的根源——方面有错误，但是在道德方面，他们要比任何其他民族都高尚。

佩恩他们处在 12 个我们称为野蛮人的小民族之中，从来没有和任何一个民族发生争执，这些民族把佩恩看作他们的仲裁人，他

---

① 威廉·佩恩（1644—1718），英国殖民者，曾征服牙买加。——译者

们的父亲。佩恩和他的原始信徒被称为"发抖的人"①其实应该称他们为"公正的人"。他们的箴言是：绝不跟外人打仗，绝不跟自己人打官司。他们中没有法官，只有一些仲裁人，免费为众人调解纠纷。也没有医生，因为生活有节制，不需要医生。

宾夕法尼亚长期没有士兵，只是不久以前英国和法国交战时，英国才派出军队去保卫移民。请不要再提贵格会这个名称了，要抛弃掉在宗教集会上说话时发抖这种令人反感的粗野的习惯和一些可笑的习惯了！应当承认，这些原始信徒是所有的人当中最值得尊敬的人。他们的风俗习惯是纯朴的，他们的殖民地也同样是繁荣的。首府费拉德尔菲亚②，或称兄弟之城，是世界上最美丽的城市之一。1740年，该城有18万居民，这些新的公民并不都是原始教徒或贵格会教徒，其中有一半是德国人、瑞典人和其他民族，这些人建立了17种宗教信仰。当权的原始教徒把所有这些外来人都视为自己的弟兄。在地球上这块唯一没有战争的地方③的那边，您会看到新英格兰，首府是波士顿，这是这个沿海地区最富有的城市。

最初居住或统治新英格兰的是那些在英国遭受坎特伯雷大主教洛德迫害的清教徒，洛德以后又为此掉了脑袋，他的绞刑台不久又成了查理一世的绞刑台。这些属于加尔文教派的清教徒在1620年逃离英国后来到这个地方，从此该地称为新英格兰。如果

---

① 贵格会，英语为 Quaker，意为"发抖的人"，指"说到耶稣基督便会发抖的人"。——译者

② 费拉德尔菲亚，通称费城。——译者

③ 这个可敬的殖民地最终仍然被迫发生了战争，1776—1777年（按指美国独立战争期间——译者），它的祖国英国军队几乎把它毁灭。——伏尔泰

是圣公会教徒在自己本国追捕清教徒,那就无异于老虎跟狗熊打架。这些清教徒把他们阴险残酷的性情带到美洲,他们一在那里安身下来,便用各种方式去欺压和平的宾夕法尼亚人。但到1692年,这些清教徒自己也受到了惩罚,传染上了人类从未有过的一种奇怪的精神病。

当欧洲开始从多少世纪以来由于愚昧无知而产生的可怖的迷信的深渊中走出来、在英国和其他文明国家巫术和魔鬼附身只是被视为往日的疯狂行为而令人感到羞愧的时候,清教徒们却使这种东西在美洲大陆复活。1692年,一个女子发生痉挛;有一个牧师指控一个老女仆使这个女子着了魔,强迫这个女仆承认自己是巫婆。结果,一半居民相信自己着了魔,另一半居民则被指控施行妖术。愤怒的人群威胁法官:若不把被告绞死,就绞死所有的法官。两年间,人们看到的尽是巫师、着魔者、绞刑架。有这种万恶的疯狂行为的人,竟是洛克、牛顿的同胞们。最后,精神病停止流行了,新英格兰的居民们恢复了理智,对自己的疯狂行为感到震惊。他们致力于贸易和农耕,殖民地很快就变得最兴旺发达。1750年,该地约有居民35万,为法国各殖民地人口的10倍。

过了新英格兰就到达纽约,到达阿凯迪亚,阿凯迪亚成了发生纠纷的一个重要的根源。接着就是纽芬兰,那里能捕到大量的鳕鱼。最后,再向西航行,就到达哈得孙湾。多少年来,人们一直以为从那里可以找到通往中国、通往浩瀚的南海一部分的不知名的海的航路,同时也能找到一条最短的路,航行到东方和西方的尽头。

英国人在美洲拥有的海岛差不多同他们拥有的陆地一样有价

值。他们在牙买加、巴巴多斯和其他几个海岛上种植甘蔗,不论是制糖或是同新西班牙贸易,都能赚大钱,特别是因为禁止与西班牙通商,获利就更丰。

在东印度很有势力的荷兰人,在美洲却默默无闻。巴西附近的小地方苏里南是他们保存的最大的殖民地。荷兰人把在国内开凿运河的本事带到了美洲,像在巴达维亚①一样,他们把苏里南建成新的阿姆斯特丹;同时库腊索②岛也给他们带来了相当可观的利益。丹麦人最后得到了3个小岛,他们在国王的鼓励下,开始经营有利的贸易。

以上就是欧洲人迄今为止在世界的这个第四部分所做的重大事情。

剩下还有第五部分,即南半球部分,现在还仅仅发现几处海岸和几个岛屿。如果把巴布亚人的地方和从赤道起的新几内亚包括在内,那很明显,地球的这部分是最大的。

1520年,麦哲伦在距南极51个纬度的海洋上第一个发现南极洲,但是南极洲的严寒气候使到达秘鲁的殖民者望而却步。不过,从那以后,人们在印度南面发现了好几个土地辽阔的地方,其中有从南纬10度到南纬30多度的新荷兰③。有人说,巴达维亚公司早已在新荷兰建立了有利的殖民地,可是拥有海外省和进行贸易却不让别人知道是很困难的。很可能,人们现在还要向这个世界第五部分进军,可能那里的自然条件很好,有种类繁多的丰富

---

① 巴达维亚是印度尼西亚首都雅加达的旧称。——译者
② 库腊索岛,葡属安的列斯群岛的一个岛,在委内瑞拉之西北。——译者
③ 新荷兰是澳大利亚的古称。——译者

的物产。

然而，直到目前为止，我们对世界上的这个广阔地区了解了什么呢？只是几处未曾开发的沿海地区，在那里，1630年，佩勒沙尔及其同伴发现一些黑人，手脚并用地在地上爬着走；那里有个海湾，1642年，塔斯曼曾在该处受到带弓箭和棍棒的一些黄种人的攻击；另一个海湾，1699年，丹皮埃尔曾在那里同一些上颌前部没有牙齿的黑人交战。到目前我们还没有人深入到这部分地区的内地。应当承认，与其到南极洲去寻找冰块和黑色、斑色的动物，不如去好好开发自己的国家。

我们已经知道人们发现了新西兰。这是一个广袤的地区，未经开发，环境恶劣，土著人中有食人肉者，除了吃人肉这种风俗之外，他们不见得比我们坏。[1]

---

[1] 根据英国18世纪航海家柯克的发现，证明地球的这部分地区没有真正的大陆，只有许多群岛和几个大岛；其中有一个叫新荷兰，与欧洲的面积一样大。南半球冰雪覆盖的面积比北半球的大。离英国旅行者到达的地方更远处便是无法涉足的一片冰天雪地。

居住岛上的部落，有好多都是吃人肉的，吃抓来的俘虏。但他们对欧洲人并不残暴，也不欺骗欧洲人。只有当他们自己被虐待或被背叛时，他们才以同样的手段对待欧洲人。到处可以看见，未开化的人是善良的，但在报仇时则毫不容情。比如说，岛民对马里翁船长时间表示友好，后来引诱他堕入陷阱，把他吃了。原来他们曾经很好地照料过絮尔维勒船上的几个病号水手，可是这位官员借口要惩罚抢他船的人，把那位曾在茅屋里接待病号水手的头领抓走，还放火烧了村庄，因此这些人对凡是来到他们那里的欧洲人都加以报复。由于他们还分辨不出欧洲的不同民族，有时西班牙人或法国人使用了暴力，受惩罚的却是英国人，或者相反。不过，这些野蛮人攻击欧洲人，只是跟受伤的野猪攻击猎人一样罢了。

在其他一些文明程度较高的岛上，吃人肉的习俗已被废除。在最野蛮的部落中，这种习俗还分成几种情况：有些是把人肉当作另一种食物；他们不暗杀人，而是靠打仗来获得这种食物。有些则只是在祭祀仪式上和在取得胜利后才食人肉。

在那些已经废除了食人肉习俗的岛上，社会有了进步，生活依靠打鱼狩猎、宰杀自己养的鸡和猪和地上生长的或经过粗耕获得的果实和根块。虽然他们　（接下页注释）

————————

（接上页注释） 不识黄金和金属，但是他们在生活用品工艺方面表现出了相当高的才智。他们爱跳舞，有乐器，甚至还有戏剧，那是表现当地发生的奇闻轶事的一种喜剧，同古希腊的喜剧差不多。

这些人性格开朗，和蔼可亲。他们的道德观念与我们的一样，只是他们没有我们那种成见：认为婚前的两性关系是犯罪的或可耻的。

他们没有任何宗教信仰，没有任何宗教观念，只有一些与死人有关的迷信活动。有些部落崇拜一个武士集团，这也可以看作是迷信活动。这些武士叫阿雷瓦，过寄生生活，无所事事。他们没有妻子，但有几个不受约束的情妇，她们一旦有孕，就必须堕胎。她们也和别人一样崇敬武士。这些迷信活动似乎标志着人类从自然状态向皈依某种宗教的过渡。阿雷瓦的这些情妇［堕胎］的罪过与我们刚才说的这些部落的道德观念并不矛盾。腓尼基人、迦太基人和犹太人都以人献祭神明，但他们同样视谋杀为犯罪。

这些岛上有某种封建统治的迹象。例如他们设有一名不从属于最高首领的将军，几名不由最高首领任命的族长，遇到有关全族的大事，由他们接受最高首领的命令并传达给他们的附庸。但是，凡是在部落联合的基础上建成的国家几乎都是有相似的习俗的。

有些岛上的人还分成两个部分：一部分是有力气的、长相好的，同时也就是更聪明、更温和的。这部分人统治着另一部分人，但并没有使后者沦为奴隶。

土地一般都很肥沃。但是迄今未出产过引起欧洲人的贪欲的东西。英国人带去了牲畜、农具，把欧洲的种子撒到那儿。他们想通过做好事叫人认识欧洲人的优越。

然而［英国］这同一民族，在同一时间，却在美洲和亚洲干尽一切坏事，做出一切野蛮的事，来玷污自己。这是因为在最开明的民族中仍有两种不同的人：一种是有理智有教养的，受人道精神的指引；而另一种仍受着无知年代的偏见的束缚和腐蚀。——原编者

第一五四章

巴拉圭；耶稣会教士在巴拉圭的统治；他们同西班牙人和葡萄牙人的争端

征服墨西哥和秘鲁，是体现勇敢精神的奇迹。而人们在这些地区的残酷暴行、对圣多明各岛和其他几个岛的土著居民的屠杀，则都是极端令人发指的行为。但是仅仅由一些西班牙耶稣会教士在巴拉圭建立起来的殖民地，从某些方面看，又似乎是人道主义的胜利，它好像抵偿了第一批殖民者的残暴行为。北美洲的贵格会教徒和南美洲的耶稣会教士使世界出现了一个新的局面。宾夕法尼亚的贵格会教徒们把邻近地区的野蛮风俗改变得温和了。他们只是用自己的模范行为来教育土著人，而不去侵犯土著人的自由，他们还通过贸易，使土著人得到新的生活乐趣。耶稣会教士确实是利用宗教剥夺了巴拉圭土著居民的自由，不过同时也使当地人开化了，变得灵巧了，而且到了后来，这些教士也能够像在欧洲管理一所修道院似地治理巴拉圭这样一个广大的地区了。看来，贵格会教徒比较公平，而耶稣会教士则比较讲究策略。前者认为迫使土著人就范是违背教义的行为，后者则认为用教导和说服的方法来制服土著人是一种善行。

巴拉圭位于巴西、秘鲁和智利之间。西班牙人占有了沿海地区，并在拉普拉塔河岸建立了布宜诺斯艾利斯这座贸易城市。但是，不管西班牙人多么强，他们毕竟人数有限，无法征服密林中那么多的土著人。而为了打通从布宜诺斯艾利斯到秘鲁的道路，这些土著人对西班牙人来说又是必不可少的。在这次进军中，西班牙人得到的耶稣会教士的帮助，比军队的作用大得多。这些传教士从17世纪初就逐渐深入巴拉圭内地，几个从小被带到布宜诺斯艾利斯培养的当地人充当了他们的向导和翻译。他们所经历的艰苦不亚于新大陆的征服者，宗教的勇敢精神同战争的勇敢精神相比至少是相等的。他们从不气馁。请看他们是怎样取得成功的。

　　从欧洲运往布宜诺斯艾利斯的耕牛、母牛和羊已经大量繁殖，传教士去内地时就随身带了很多。他们在大车上装满了农具和盖房子用的工具，在一些平地上播了各种欧洲农作物的种子，把什么都送给土著人，土著人就像可以用诱饵驯服的动物一样对传教士俯首听命。这些土著部落是由一些彼此不聚居在一起的家庭组成的，没有社会，没有宗教。传教士把带来的新的生产用具给了当地人，很容易地就使他们习惯于社会生活。传教士必须在几个布宜诺斯艾利斯人的协助之下让当地人学会播种、耕作、烧砖、做木工、盖房子。很快这些人就被改造成为他们这些大恩人的顺从者。尽管他们起先由于无法理解而没有信仰基督教，他们的孩子们在基督教环境中长大，却完全成为基督教徒了。

　　巴拉圭殖民地最初只有50户人家，1750年增加到近10万户。耶稣会教士在一个世纪里建立了30个区，他们称之为传

389 区,目前每个区约有1万人。一个名叫弗洛朗坦的圣弗朗索瓦修会的教士于1711年路过巴拉圭。他的游记中每一页都对这个殖民政府表示赞赏,他说他住过很长时间的圣沙勿略部落至少有3万人口。他的话若是可信,我们就能得出结论,耶稣会教士仅凭说服就教化了40万人。

如果有什么可以帮助我们对巴拉圭这个殖民地有个概念,那就是古希腊的拉栖第梦的政府。在巴拉圭各个传教区,一切都是共有的。巴拉圭人毗邻秘鲁,可是他们不认识金和银。斯巴达人最根本的特点是服从来库古的法律,而迄至今日,巴拉圭人最根本的特点则是服从耶稣会教士的法律。一切都很相似,只是巴拉圭人不像斯巴达人那样有奴隶耕田伐木,他们是耶稣会教士的奴隶。

实际上这个地方在教权方面归布宜诺斯艾利斯主教管辖,在世俗权方面,则归总督管辖。巴拉圭同拉普拉塔河流域以及智利地区一样从属于西班牙国王,然而,殖民地的创建者耶稣会教士始终保持着对被他们教化的当地人的绝对统治。他们按每个臣民一个皮阿斯特计算向西班牙国王纳贡。这一个皮阿斯持,以食物或钱币的形式,由他们交给布宜诺斯艾利斯的总督,因为钱币只有他们才有,小民根本拿不到钱。在当时,这是西班牙政府所能要求的表示臣属关系的唯一标志。布宜诺斯艾利斯的总督无权向耶稣会教士的地盘派遣军官或行政官,主教也无权派遣神甫。

有人做过尝试,向取名为至诚圣母和圣依纳爵的两个部落派了两名教士,并有士兵护送。结果两个部落都逃散到别的区去了,两名教士形影相吊,只得返回布宜诺斯艾利斯。

另一位主教对这事大为恼火,他要在这整个传教区建立教阶制度。他邀集所属圣职人员到他家接受委任,结果没有一人敢去。这些事都是耶稣会教士在他们的回忆录里告诉我们的。因此可以说,在教权方面,耶稣会教士始终是主宰者,从实质上看,他们也同样是那个地方的主人。他们允许总督委派的官员取道传教区去秘鲁,但只能停留3天,而且不许同当地居民谈话,尽管这些官员是以国王的名义派出的,但却完全被当作可疑的外国人看待。这种做法,可以视为不服从和侮辱,但一向貌似谦恭的耶稣会教士却用他们对宗教的虔信来进行辩解,他们向马德里的西印度委员会声明:他们不能在本省接待任何一个西班牙官员,以免败坏巴拉圭人的风尚。这个理由对他们本国来说是大逆不道的,但西班牙的国王们居然接受了。也唯有在这个奇怪的、对西班牙那样自豪而笃信的国家简直是耻辱性的条件下,西班牙国王们才能从巴拉圭人那里得到一些好处。

下面说说地球上独一无二的这个政府是怎样治理的。耶稣会的教省会长在其管理会协助下制定法律,教区主任在区管理会协助下执行法律。从每个乡镇的居民中选拔一名财政官和一名副手,这两名官员每天在辖区内巡视,把情况报告上级。

全体居民都有活干。每种职业的人都聚集在一起共同劳作,由财政官任命的人员监督。耶稣会教士提供大麻、棉花、羊毛,由居民们进行加工;又提供种子,成熟后共同收割。所有收获物都存放公仓,按每户所需分配完毕,再将余下的出售给布宜诺斯艾利斯和秘鲁。

他们有成群的牲畜,种植小麦、蔬菜、蓝靛植物、棉花、大麻、甘蔗、球根牵牛、吐根和一种名为巴拉圭草①的植物,这是南美洲的一种很珍贵的类似茶叶的植物。耶稣会教士大量贩卖这种巴拉圭草,换回金银、硬币和食物。他们把食物分给居民,金银则用来装饰教堂,并供政府使用。每个乡镇有武器库,按规定日期将武器发给居民,一位耶稣会教士负责操练,用毕归还,不许留置家中。使这些人成为最顺从的臣民的方针同样也使他们成为最好的士兵。他们认为服从和打仗都是应尽的义务。他们已不止一次帮助[西班牙人]战胜控制着巴西的葡萄牙人,战胜称为马穆鲁斯的强盗,以及称作摩斯基特的吃人肉的野蛮人。他们每次出征都由耶稣会教士带领,他们也总是井然有序地勇猛作战并取得胜利。

1662年,西班牙人围攻葡萄牙人占据的圣萨克芒城,围城战中出现了一些奇事。一名耶稣会教士率领4000名巴拉圭士兵进攻,夺取了该城。有一件事,我不能不说,这件事证明了那些惯于指挥作战的教士们比全军的统领、布宜诺斯艾利斯的总督高明得多。这位将军要求在进攻时把战马排列在士兵之前,使堡垒发射的炮火消耗在马匹身上,士兵少冒一些险,而教士当即指出这种战法是荒唐的、危险的,他们还是下令按常规进攻。

这些当地居民帮西班牙人打仗的方法表明他们也是能够自卫抵抗西班牙人的,因此要想改变他们的政府,是很危险的。确实耶稣会教士已在巴拉圭建立了方圆约为400法里的帝国,而且本来还可以扩展得更大一些。

----

① 巴拉圭草,在南美洲,人们利用这种植物就像英国人和荷兰人利用茶叶一样,这种植物不像茶叶那样具有收敛性,它是一种苦味的健胃药。秘鲁人长时间在矿井里采金,就是靠这种植物来恢复体力,振作精神。——原编者

他们表面上一切服从西班牙国王,实际上他们自己就是国王,也许是世界上最受人服从的国王。他们同时是创建者、立法者、教长和统治者。

在另一半球上,出现一个如此特殊政体的帝国,这是世上从未有过的、远远背离其原因的结果。很久以来,我们欧洲就有成为君王的僧侣,他们通过自然的发展过程而达到这个与他们身份不相称的地位,国王给他们大片土地,这些土地就像其他土地一样成了他们的采邑和封地。但在巴拉圭,国王什么也没给耶稣会教士,教士们没有说自己是一寸土地的所有人,却当了统治者,一切都是他们自己创造的。

最后他们滥用了他们的权力,结果失去了权力。当西班牙把圣萨克芒以及周围广阔的土地割让给葡萄牙时,耶稣会教士极力反对,他们所管辖的人民不愿屈服于葡萄牙的统治,他们反抗新的统治者,同时也反抗旧的统治者。

根据《游踪短语》①的记述,葡萄牙的安德拉多将军1750年给西班牙的瓦尔德里奥斯将军的信中写道:"只有耶稣会教士是叛逆者。他们指挥的印第安人两次用装备良好的火炮攻击葡萄牙人的巴尔多要塞。"《短语》中还说,这些印第安人把俘虏们的头砍下来带给他们的指挥官耶稣会教士。尽管确实有过这种谴责,但事情未必属实。

可以肯定的是他们的圣尼古拉省曾在1757年举行起义,在耶

---

① 《游踪短语》的作者蓬巴尔(1699—1782),是葡萄牙侯爵,曾镇压国内和葡属殖民地的耶稣会教士。——译者

稣会教士兰帕和塔迪奥两人的号令下,有13000人参加战斗。这就是所谓一名耶稣会教士以尼古拉一世之名当了巴拉圭国王的传说的来源。

当耶稣会教士在美洲对西班牙和葡萄牙的国王作战的时候,在欧洲,耶稣会教士却是国王的告解神甫。但最后,他们在里斯本被控为叛逆者和谋反者。1758年,他们被逐出葡萄牙,葡萄牙政府把他们从美洲所有的殖民地清除掉,他们又从新旧大陆西班牙国王的所有国家被赶走。法国高等法院明令取缔他们。罗马教皇颁发谕旨撤销这个教会,于是全世界都知道,所有的僧侣都是可以消灭的,而根本用不着害怕[①]。

[①] 取缔耶稣会一事,以及1773年教皇取消这个教会的敕令,都使伏尔泰感到高兴。他在笔记中写道:"耶稣会教士在西印度收购钻石。藏在鞋跟里,却写文章声称鄙弃欧洲的财富。"他写本书这一章完成之后几个月(1761年)的小说《老实人》,对耶稣会教士的抨击更为猛烈。——原编者

第一五五章

葡萄牙人发现新大陆时期的亚洲状况

西班牙人享受着征服半个美洲的成果,葡萄牙人统治着非洲和亚洲的海岸,欧洲贸易出现新面貌,基督教的巨大变化转移了许多国王的注意力,谈了这些之后,我应该向您介绍一下当时旧大陆其他国家的状况。

我们在前面没有谈到13世纪末成吉思汗家族在中国、印度和波斯的统治,以及鞑靼人对直至波兰和匈牙利广大地区的大破坏。这个战无不胜的家族的一支在中国的统治称为元朝。现在人们不知道窝阔台和他的兄弟忽必烈①的名字了,但是这个家族统治了整整一个世纪。这些胜利者随中国的习俗,取了中国名字。一切篡夺者都用法律手段来保持住他们用武力抢占的东西。东西盗窃到手,就要平平安安享用,这是自然的,如果没有这个,地球上也许就没有社会了。鞑靼人发现战败者的法律是如此的完美,以至他们也遵行这些法律,借以巩固自己的统治。他们尤其注意保留这样一条法律:任何人不得在本人出生的省份担任省长或法官。多

---

① 窝阔台即元太宗(1186—1241),成吉思汗第三子;忽必烈即元世祖(1215—1294),他是蒙哥(宪宗)之弟而非窝阔台之弟,蒙哥是成吉思汗之孙。——译者

好的法律！而且它同样适宜于战胜者。

父亲备受儿子的尊敬，皇帝被视为全民的君父，这条古老的伦理和政治法则，使中国人很快就习惯于自愿服从。第二代人忘记了上一代所流的血。同一族的鞑靼人接连当了9任皇帝，但中国编年史上没有提到过任何要赶走这些异族的尝试。成吉思汗的一个曾孙在皇宫中被人刺杀，但他是被一名鞑靼人杀死的。他的当然继承人继承皇位，没有发生任何骚乱。

最后，从前使哈里发灭亡，使波斯和亚述国王失去王位的东西，也终于使这些征服者同样归于覆灭，因为他们也荒淫无度，成吉思汗家族的第9个皇帝沉湎女色，宠信喇嘛教士，激起了子民的怨恨，与喇嘛为敌的和尚首先发难。一个原先是和尚庙雇工的冒险家，带着几名强盗，自立为被朝廷称为造反者的首领。在罗马帝国，尤其是在希腊帝国，这样的例子不下20个。世界就是一个大舞台，同样的悲剧以不同的名称在舞台上演出。

这个冒险家于1357年把鞑靼人赶走，开始了中国的第21代皇朝，叫做明朝①。明朝统治了276年，最后又被它早先赶走的鞑靼人的后代所推翻。经常总是这样：在悠悠历史中，世界各地，最有教养、最富裕、最文明的民族不得不屈从于野蛮、贫穷而强悍的民族。最后，只有改进了的火炮才能使弱者与强者势均力敌，把野蛮者加以遏制。我们在本书第一章中已经说过，当时中国人还没有使用火炮，尽管他们早就发明了火药。

---

① 明太祖朱元璋于1356年攻下集庆(今南京)，但直至1368年才建立明王朝，并于同年攻克大都(今北京)，推翻元朝。——译者

恢复中华帝国的是英宗，他实用武力和法律十分有名（1635）①。他在位时首先着意于压抑和尚，他因为过去侍候过和尚，所以对和尚更为熟悉。他禁止不满40岁的中国人当和尚，这条法律同样适用于尼姑。现在俄国沙皇彼得大帝也是这样做的。但由于国君对宗教有不可克制的喜爱，而宗教精神能给所有居高位者以精神力量，所以中国的和尚和俄国的僧侣很快就反掉了这项明智的法令。看来在任何国家，废除某些根深蒂固的习惯总比[保留这些习惯而加以]限制容易些。我们知道，过去教皇利奥一世也曾颁过同样的禁令，但宗教狂热总是使人们违抗这一禁令。

重建帝国的第二个人是代宗，他似乎把繁殖人口看作首要任务。他一方面致力于减少和尚的人数——大多数和尚都没有结婚——，另一方面注意不让宦官担任官职，宦官过去管理宫廷事务，使国家日益衰弱。

尽管成吉思汗的部族被赶出中国，但是这些昔日的战胜者还是很可怕的。1444年，英宗皇帝曾被他们俘虏②，押往鞑靼人的后方。帝国为他付出了巨额赎身金。后来这位君主重获自由，但是失去了皇位，因为在他被俘期间他弟弟当了皇帝。他只得老老实实等待弟弟死后复位。

帝国内部是平静的。据史书所载，曾有一名和尚号召民众起

---

① 此处叙述和年代有误。恢复中华帝国的是明太祖，而且从下句话所述，此处也是指朱元璋。至于明英宗朱祁镇（1427—1467）即位是1435年而非1635年。在他统治期间，政治腐败，本人在土木之变中还被瓦剌俘去，至1457年才复位，谈不上武功和法律。下文所说的代宗，是英宗的弟弟，1449—1456年在位。——译者

② 年代有误，1449年蒙古族的一个部落瓦剌入侵，明英宗在今河北省的土木堡被俘去，次年被释，称为土木之变。——译者

义,后被斩首。

皇帝和文人学士的宗教信仰没有丝毫改变。只是曾经禁止同崇敬先王一样崇敬孔子。这是可耻的禁令,因为没有哪一个君主像孔子那样对祖国有如此重大贡献。但是这项禁令也表明,孔子从来没有被作为礼拜的对象,没有作为偶像在中国人祭祀祖先和伟大人物的亡灵的仪式中受到崇拜。事实再好不过地澄清了过去欧洲人关于中国礼仪的争论。

那时在中国有一种奇怪的想法,相信人间有长生不老的秘诀。有些类似欧洲炼丹术士的江湖医生自称能配制长生酒。这是亚洲流传的无数无稽之谈的主题,人们却把它当历史看待。据说有不止一个中国皇帝花了无数的钱想得到这个配方。这就像亚洲人都相信,欧洲的国王们曾经当真寻找过长生不老泉一样。在古代高卢人的传奇中的长生不老泉和亚洲人的传奇中的长生不老药一样都是众所周知的。

在元朝时代,也就是在成吉思汗的后代统治期间,以及在恢复帝国者统治期间,思维和想象的艺术都有空前发展,不过跟我们的思维和想象不同。但在中国的传奇小说中也可以找到一切民族都喜好的内容:飞来的横祸,意外的成功以及感恩图报等等。其中很少有像希腊人所创造、经[罗马人]奥维德美化的化身变形故事、阿拉伯的寓言以及博亚尔多[①]和阿里奥斯托的传奇故事中的不可想象的荒诞情节。中国的文学作品很少离开真实,而且总是宣扬道德伦理。

---

① 博亚尔多(1441—1494),与阿里奥斯托同为意大利传奇叙事诗人。——译者

从14世纪到现在,戏剧在中国普遍流行,中国人不可能从任何别的民族接受戏剧艺术,他们不知有希腊。伊斯兰教徒、鞑靼人,都没有能够把希腊的作品传给他们。是他们自己创造了戏剧艺术。但是,从已经翻译的中国悲剧来看,中国人没有把它完善化。悲剧《赵氏孤儿》是14世纪的作品,现在他们还作为最佳作品给我们。说实在的,那时欧洲的戏剧作品还更粗糙些,我们甚至还刚刚认识戏剧艺术。我们的特点是不断完善,而中国人的特点是迄今为止停留在原来的水准。《赵氏孤儿》这出戏可能还是属于埃斯库罗斯①初期试作一流。中国人在伦理方面总是高于其他民族,但其他科学进步不大。毫无疑问,大自然赋予中国人以正直、明智的精神,但没有赋予他们以精神的力量。

中国人的写作通常是和他们的绘画一样,不认识艺术的奥秘。中国画迄今为止不讲究布局、远景和明暗对比。中国人的写作也有同样的缺点。但是,他们的作品似乎有一种明智的平凡和一种朴素的真实,这一点有别于其他东方国家的浮夸文体。在您所读到的他们关于伦理问题的论著中,看不到任何隐晦曲折的奇谈,大段大段的牵强附会的比喻。他们说话不大隐约其词。这一点也有别于亚洲其他民族。不久前您读到一位中国哲人写的反思录,谈到如何获得人性所可能获得的一小部分幸福。那些思想恰恰是在我们欧洲人的大部分著作中也有的。

当时在中国,对医学还没有认识或只有错误的认识;但中国医生具有相当高明的实际经验。大自然不允许人类的生命完全受物

---

① 埃斯库罗斯(前525—前456),希腊悲剧作家。——译者

理学的支配。古希腊人知道什么时候该放血，却不懂得血液循环。用药经验和常识创立了实用医学，全世界都这样，它在哪儿都是一种臆测的艺术，有时帮助了自然，有时破坏了自然。

　　大体上说，有条理，有节制，好学，培养一切对生活有益的技艺，使技艺更易于掌握的大量发明，组成了中国人的智慧。这种智慧驯化了鞑靼征服者，使之与本民族融为一体。这是希腊人对土耳其人未曾有过的优越之处。最后中国人赶跑了他们的主子，而希腊人却没有想到要摆脱征服者的奴役。

　　当我们谈论4000年来在中国起着主导作用的这种智慧时，我们不打算谈论那里的下层平民。在任何国家，这些人都只忙于从事手工劳动。一个民族的智慧总是存在于少数人中，少数人让大多数人劳动，靠大多数人养活，并统治大多数人。可以肯定，中国人的这种精神是地球上最古老的理性之纪念碑。

　　这种统治不论多么好，也必然会沾染各种巨大的流弊，这些流弊与人的环境，尤其是与一个幅员广大的帝国是分不开的。其中最严重的、只是到了近期才得到纠正的，是穷人习惯遗弃孩子，期望他被富人收留，结果是很多孩子死了。由于人口太多，政府无法防止这种死亡。中国人把人看成树上的果子，只留下够吃的一部分，剩下的就毫不可惜地任其烂掉。鞑靼人征服者本来可以养活这些弃儿，把他们移居到鞑靼地区，使鞑靼荒漠人丁兴旺起来。但他们没有想到要这样做。在急需弥补人口不足的西方，我们也未能治好这一弊端，尽管这对我们更为有害。伦敦只是在最近几年才为收容的儿童开设了救济院。人类社会要完善起来还得经历好几个世纪。

第一五六章

鞑 靼 人

如果说两次被外族证服——第一次在13世纪被成吉思汗征服,第二次是在17世纪——的中国人在艺术和法律方面始终是亚洲第一的民族,那么鞑靼人就是在武力方面居于首位。就人性而言,武力始终胜过智慧,鞑靼人几乎征服了我们的整个半球,直至阿特拉斯山脉,那是很不光彩的事。在5世纪,鞑靼人摧毁了罗马帝国,征服了西班牙,以及罗马人在非洲的所有属地,随后,他们又使巴比伦的哈里发臣服。

10世纪末征服波斯和印度的马哈茂德①是鞑靼人。西方人只是通过他与一名贫穷妇人的对话,才对他略有所知。那妇人在印度要求他为她的儿子在波斯的伊拉克省被偷盗被杀害一事主持公道。这位苏丹说:"你要我怎么对这样远的事主持公道呢?"母亲回答道:"那末为什么你征服了我们,又不能管我们呢?"

成吉思汗在12世纪末征服印度、中国、波斯和俄国,是从遥远的鞑靼地区出发的。他的儿子拔都汗曾一直侵略到德国边境。拔

---

① 指马哈茂德一世(971—1031),10—11世纪伽色尼王国(今加兹尼地区)的统治者。——译者

都汗所统治的广阔的钦察汗国,今天只剩下克里米亚,在土耳其人的保护下,归克里米亚汗的后人所有①

征服亚洲大片土地的帖木儿是鞑靼人,而且是成吉思汗的后代。

统治波斯的乌苏姆·卡桑也出生在鞑靼地区。

最后,如果您注意一下奥斯曼帝国时代的土耳其人是从哪里来的,就会发现,他们是从里海的东岸出发,去侵占小亚细亚、阿拉伯半岛、埃及、君士坦丁堡和希腊的。

现在我们看看,这些征服者大量移民以后,荒凉的鞑靼地区在16世纪还剩下什么。在中国北部,仍然是在成吉思汗时代征服中国以及在一个世纪以前再次统治中国的蒙古人和满洲人。他们那时的宗教是以西藏的达赖喇嘛为首领的喇嘛教。他们的沙漠地带同俄国的沙漠地带相接。从那里一直到里海,居住着埃尔胡特斯人、卡尔卡斯人、卡尔穆克斯人以及上百个鞑靼游牧部落。乌兹别克人过去和现在都居住在撒马尔罕地区,他们过着穷苦生活,只知道自己是过去征服过世界上最富有国家的一大群人的后人。

---

① 钦察汗国原为成吉思汗长子术赤的封地。拔都是术赤的长子,成吉思汗的长孙,13世纪曾西征俄罗斯和东欧。15世纪末,原是属国的克里米亚汗国帮助莫斯科公国打败钦察汗国,1502年又灭亡该国。——译者

第一五七章

莫卧儿帝国

帖木儿的一族当时统治着莫卧儿帝国。但印度这个王国过去并没有完全被帖木儿所征服。帖木儿的几个儿子,就像亚历山大的继承人一样,为争夺印度的各邦而互相残杀。印度极其不幸,那个地区的气候使人趋于软弱,因而印度人对征服者后代的抵抗是软弱无力的。帖木儿的曾孙巴卑尔苏丹①成了从撒马尔罕直到阿格拉②附近整个地区的绝对的主人。

那时,印度境内有4个主要民族:阿拉伯伊斯兰教徒,他们被称为帕坦人。自10世纪以来他们一直保住了自己的几个邦;奥玛尔时代[琐罗亚斯德教]的避难者,即古代的帕西人或盖布尔人;成吉思汗和帖木儿的后代鞑靼人;最后是真正的印度人,这些印度人又分成几个种姓。

帕坦人穆斯林当时是最强大的民族。1550年,一个名叫吉尔查的穆斯林篡夺了巴卑尔的儿子阿马雍苏丹的王位,迫使他逃往

---

① 巴卑尔(1483—1530),莫卧儿帝国的缔造者。——译者
② 阿格拉,印度北方邦城市,曾数度为莫卧儿帝国首都。有著名的泰姬陵等古建筑物。——译者

波斯。波斯人的天敌土耳其皇帝苏里曼于是出来保护篡位的穆斯林，以反对支持鞑坦人入侵的波斯人。罗得岛的战胜者[苏里曼]掌握着印度的命运，只要苏里曼活着，吉尔查就能安然统治下去。使奥斯曼土耳其人的宗教在莫卧儿帝国占统治地位的就是吉尔查。今天人们仍可以看见他为旅行者修建的林荫路、商队旅店和浴场。

阿马雍在苏里曼和吉尔查死后返回印度。波斯军队使他重新登上王位。这样，印度人始终处在外国人统治之下。

苏拉特①附近的古扎拉特小王国仍处于那些早期进入印度的阿拉伯人的统治之下，这是从波斯直到法国南部那么多国家的战胜者[鞑靼人]在亚洲唯一未征服的国家。后来这个小国的人只能乞求葡萄牙人的援助，以抵抗阿马雍的儿子阿克巴②。但葡萄牙人并不能使他们免于灭亡。

在阿格拉附近还有一个王公，自称是波尔的后代。波尔被坎特·库尔斯称为波鲁斯③，因而出了名。阿克巴战胜了这个王公，夺了他的王国。但阿克巴在印度做的好事比亚历山大多，因为亚历山大没有来得及做。他兴建的工程是巨大的，人们至今赞赏他修造的从阿格拉到拉合尔④150法里长的林荫路。这一著名工程后来又经他儿子纪安吉扩建加工。

在印度半岛，恒河以南这一边还没有遭受入侵。如果说它在

---

① 苏拉特，印度西部城市，濒临阿拉伯海。——译者
② 阿克巴(1542—1605)，莫卧儿帝国皇帝。——译者
③ 波鲁斯，古印度旁遮鲁的国王，公元前327年极力抵抗亚历山大的进攻。在希达普斯河畔战败被俘。——译者
④ 拉合尔，巴基斯坦第二大城市。——译者

沿海地区有过入侵者,那就是葡萄牙人。在奢侈豪华方面,果阿的总督与莫卧儿帝国不相上下,但前者的海上实力远远超过后者。他建立了5个政府,分管莫桑比克、马六甲、马斯喀特、霍尔木兹和锡兰。葡萄牙人独占了苏拉特的贸易,莫卧儿居民从葡萄牙人手中得到各海岛的珍贵食品。美洲在40年间给西班牙人的好处也不比这更多。当菲利普二世在1580年占领葡萄牙时,他一下子成了新旧大陆主要财富的支配者,但他对这些财富的发现没有出过一点力。当时莫卧儿帝国对于一个西班牙国王来说是无与伦比的。

我们对这个帝国不如对中国那么了解,因为自帖木儿统治以来,这个帝国发生了频繁的变革。我们也没有向该地区派遣得力的观察者,像那些去中国的观察者那样使我们认识了中国。

撰写印度游记的人常常给我们一些相互矛盾的说法。例如卡特鲁神甫写道:"莫卧儿皇帝自己掌握帝国所有的土地";但在同一页里他又说:"王公们的儿子承袭其父亲的土地。"他说:"所有的王公都是皇帝的奴隶";同时又说:"好些王公拥有二三万人的军队。"说"皇帝的意志就是法律";又说"但臣民的权利不受侵犯。"这些说法都是无法调和的。

塔韦尼埃①写的东西,与其说是给做学问的人看的,不如说是给商人看的,他只是告诉人怎样认识道路,购买钻石。

贝尼埃②是个哲学家,但他没有用他的哲理对莫卧儿帝国的

---

① 塔韦尼埃(1605—1689),法国旅行家。——译者
② 贝尼埃(1620—1688),法国旅行家,医生。——译者

政府作深入研究。他也像别的人一样说一切土地归皇帝所有。这需要解释。赐予土地和享有土地收益是绝不相同的两件事。欧洲的国王把各种封地赐予教会，可自己却并不拥有这些土地。神圣罗马帝国皇帝有权当德国和意大利采邑没有继承人时把所有的采邑分封给别人，可皇帝自己却不享有这些土地的收益。君士坦丁堡的奥斯曼帝国皇帝也把采邑赐给近卫军士兵和骑士，而自己也不掌握这些土地的所有权。

贝尼埃没有想到，他的说法会使人误以为，所有的印度人都为一个鞑靼人耕作、播种、建筑、劳动，而且这个鞑靼人对境内庶民有绝对权威，但却无权管辖那些强大得足以违抗皇帝命令的王侯。

贝尼埃说：印度只有两种人：王公大臣和贫苦百姓。而塔韦尼埃则说那里有非常富裕的商人，两种说法怎样才能调和呢？

不管怎么说，印度人已不是古希腊人前往他们那里学习时那样先进的民族了，他们只有迷信，而且由于受奴役，迷信甚至比以前更厉害了，就如同埃及人一样，当他们被罗马人征服后，迷信活动更多。

恒河的水一向被认为能够净化灵魂。印度人在日食的时候，总是要跳入江河，这一古老风俗至今没有废除。而且，尽管有些印度天文学家能推算日食，印度人仍然相信日食是因为太阳落入龙口。只有赤身入水，发出巨响，使龙惊恐，龙口张开，才能拯救太阳。东方人如此普遍的这种看法清楚地表明，在物理和宗教方面，民众总是恣意应用先哲们所确立的象征符号。

日食和月食发生在月球轨道——白道与黄道的交点处，天文学家们历来把这两个交点分别用龙头和龙尾来作标记。把事物的象征符号当作事物的本身,这在世界上一切蒙昧无知的民族都是一样的。天文学家说:"日食是因为太阳处于龙头的位置。"愚昧的百姓,特别是占星术者就说:"龙要吃掉太阳。"我们嘲笑印度人迷信,我们没有想想,在我们欧洲,每年售出的错误百出、内容荒诞的历书,就有30多万册。每年印出那么多的书,告诉人一个月只有那么几天可以栽植、播种、服药、放血,这跟说什么龙吃掉太阳和月亮,都是同样荒谬的。在我们这个年代,已经到了编一本适合农民用、给他们以知识而不是欺骗他们的历书的时候了。

在恒河岸边的贝拿勒斯①这座大城市还保留有古代印度裸身修行者的校舍,婆罗门僧在那里研究称为圣语的梵文,他们认为梵文是东方最古老的语言。婆罗门僧和早先的波斯人一样,相信有保护神。他们告诉自己的门徒说,所有偶像都只是为了使民众有固定的关注对象而造出来的,而且都不过是一个上帝的各种不同的象征而已。但是婆罗门僧从来对民众都秘而不宣这一明智的神学观点,因为这不会给他们自己什么好处,他们让人们曲解这种观点,因为这样对他们有利。似乎在南方的环境中,由于气候炎热,比起其他地方来,人们更容易趋于迷信和狂热。人们经常看到一些笃信印度教的印度人争先恐后地扑向载着毗湿奴神像的大车轮下,让大车压碎身骨。民众的迷信常常兼收并容相互对立的东西。人们看到,一方面,毗湿奴神的祭司每年把一个女子带到这位天神前面,尊她为天神的妻子,就像古代埃及人有时候要把一个女子献

---

① 贝拿勒斯(今称瓦腊纳西),印度恒河上的一座城市,印度教徒的圣城。——译者

给阿努比斯神一样；另一方面，人们又把一些年青的寡妇带到柴堆之旁，她们唱着歌跳着舞投身熊熊火焰之中，伏在丈夫的遗体上烧死。

有人这样记述：1642年，一位国王在萨吉的王宫中遇害身亡，他的13个妻子都围拢来，跳进了焚化主人尸体的柴堆。一位非常可信的传教士曾说，1710年，马拉瓦的40个妻子纵身跳入已经点燃的焚尸柴堆。他还说，在1717年，这个国家有两位大公身亡，一个大公的17个妻子和另一个大公的13个妻子都以同样方式献身赴死，其中一个因有身孕，就等待分娩，生下儿子后跳进火焰中。这位传教士说，这样的事例在高级种姓比在平民阶层更为常见，好几个传教士都证实了这一点。也许事情正好相反。王公贵人的妻子应当比手艺人和穷人的妻子更爱惜性命。不幸人们把这样的献身视作荣耀。地位高的女人对这种荣耀更加敏感，所以那些惯于收拾死者遗物的婆罗门对于引诱富人这样做就更感兴趣了。①

这类事实的大量出现，使人不怀疑这种风俗曾在莫卧儿帝国盛行，就像现在在整个印度半岛，直到科摩林角②仍然盛行一样。胆怯的女性身上有如此不顾一切的果敢行为，这是使我们感到惊讶的。可见迷信不论在什么地方都给人以一种超自然的力量。

---

① 参看本书第4章。——译者
② 科摩林角在印度半岛最南端。——译者

第一五八章

波斯和波斯在16世纪的变革；波斯的风俗、习尚等等

这时候，波斯正经历着类似欧洲宗教改革的一场变革。

有个波斯人名叫埃达尔，我们称之为萨非。萨非的意思是智者，他除了聪明之外还拥有大量土地。他于15世纪末组成了一个教派，这个教派现在使波斯人同土耳其人分裂了。

在鞑靼人乌苏姆·卡桑统治时期，波斯一部分地区的人以新的信仰对抗土耳其人的信仰、将阿里置于奥玛尔之上，并以能到麦加以外的地方去朝圣而感到得意，纷纷采纳了萨非的教义。这些教义的种子过去早已播下，而萨非则使之萌发，形成了政治和宗教的分裂。现在看来，在互相嫉妒的两个邻国之间，这是必然的结果。不论是土耳其人或波斯人，都没有任何理由承认奥玛尔或阿里是穆罕默德的合法继承人。已被他们赶走的这些阿拉伯人的权利是无足轻重的，对于波斯人来说，他们的宗教圣地不能受土耳其人控制，却是至关重要的。

波斯人始终把阿里被害归怨于土耳其人，尽管阿里不是被土耳其人杀死的，而且那时波斯人也不知道有土耳其这个民族，但波斯人就是这样推理的。奇怪的是，波斯人没有更早地利用这种恶

感去建立新的教派。

409　　因此,萨非宣传他的教义是为了波斯的利益,但同时也是为了他本人的利益。他过于功高震主。波斯的篡权者鲁斯当害怕他。最后,这个宗教改革者得到的是路德和加尔文得以幸免的下场,1499年,鲁斯当派人把他暗杀了。

　　萨非的儿子伊斯玛仪非常勇敢,且拥有很大的势力,他以武力支持他父亲的信念,他的信徒都成了他的士兵。

　　他征服了亚美尼亚这个在提格拉纳①统治时期如此闻名,而在此后如此默默无闻的王国,并使它改信了伊斯兰教。王国首都提格拉诺塞特的遗迹今天依稀可辨。地方很穷,那里有许多希腊天主教徒,靠在波斯和亚洲其他地区从事商业为生。但是不应相信有的游记中所写的,说这个省份养活了150万户天主教徒。这等于说有500万至600万居民,实际上整个地区的人口加起来都不到这个数字的1/3。亚美尼亚的主人伊斯玛仪·萨非征服了全波斯,直至萨马尔罕的鞑靼地区。他打败了土耳其苏丹赛利姆一世;留给他儿子达赫马斯一个强大而和平的波斯。

　　就是这个达赫马斯,在差一点失去王位之后终于打退了苏里曼。他的后代平平安安地统治着波斯,直到后来发生了一系列的动乱,终于摧毁了这个帝国。

　　16世纪末,在伊斯玛仪·萨非的曾孙阿巴斯一世的统治下,波斯成了世界上最繁荣最幸福的国家之一。几乎没有一个国家未曾有过一个强盛的、光辉的时期,但过后不衰落的。

----

①　提格拉纳,公元前89—前36年亚美尼亚国王。——译者

对我们来说，波斯的风俗习惯和精神同我们已经谈过的各民族的风俗习惯和精神同样是陌生的。旅行家夏尔丹①说波斯皇帝没有土耳其皇帝那么专制，看来萨非王朝的皇帝并不像土耳其皇帝那样依赖军队。夏尔丹至少承认，在波斯，土地不是由皇帝一人独占。在那里，国民可以有土地，每年向国家纳税不到一个金埃居。根本没有像鞑靼人统治的印度和土耳其那样的大大小小的领地。复兴波斯的伊斯玛仪·萨非不是鞑靼人，而是亚美尼亚人，他遵循的是已经在其故乡建立起来的自然法，而不是征服者的强盗法。

一般的看法，伊斯法罕②宫廷不及君士坦丁堡宫廷那么残酷。由于亲王们觊觎王位，土耳其苏丹们常下令将亲王绞死。而萨非王朝的皇帝仅仅将亲王的眼珠剜去。中国的国君从来没有想过，为保全帝位，必须杀掉自己的兄弟或侄子，或者剜掉他们的眼珠。中国的皇帝总是给他们荣华富贵，而不给他们权力。一切都证明中国的风尚是东方最人道、最明智的。

波斯国王们保持着接受臣民贡物的习惯。这个习惯在莫卧儿和土耳其都有，在波兰也曾有过。但这种习俗似乎仅在波兰是合情合理的，因为波兰国王收入极其微薄，需要这种额外资助。而特别是对于土耳其皇帝和大莫卧儿帝国皇帝来说，他们拥有巨大资产，按理只应赐予才是，收受贡物就会降低了身份；可他们却把降低身份当作高贵。中国皇帝从来不这样不顾自己的尊严。夏尔丹

---

① 夏尔丹(1643—1713)，法国旅行家。——译者
② 伊斯法罕：波斯国王阿巴斯一世建立的城市，在今伊朗首都德黑兰之南。——译者

认为波斯王每年收受的贡品值五六百万利弗。

波斯与中国、土耳其始终相同的地方就是不存在贵族。在这几个疆土辽阔的国度里,只有尊贵的官职,此外没有其他的贵族身份。什么官职也没有的人不能从他们的父辈担任过的官职中得到好处。

在波斯同在亚洲各国一样,审判向来是即判即决的。没有辩护人,没有各种诉讼程序。被告为自己辩护。"短时间的不公正比历时长久而困难重重的司法程序更易忍受",所有这些民族都奉行这个格言。这些民族开化比我们早,但在一切方面都不如我们更臻于文明。

阿里的伊斯兰教在波斯占统治地位,但允许信奉其他宗教。在伊斯法罕还有信仰古代琐罗亚斯德教的帕西人的残余,他们只是在阿拔斯统治时期才被赶出首都。他们散居于边境,特别是在古代亚述即上亚美尼亚地区,至今那里还居住着他们的大祭司。那10个半部族,也就是何细阿时代被撒缦以色强迫迁来的撒玛利亚犹太人,现在还有好几户后裔,继续生活在波斯,而在我前面所说的那个时代,波斯境内有将近1万户犹大部族、利未部族、便雅悯部族的人家,这些人同他们的国王西底家一起由尼布甲尼撒从耶路撒冷带来,从来就没有同以斯拉和尼希米一起回去。

我们已经谈过的一些拜星教徒,即施洗者约翰的信徒们,分布在沿波斯湾一带。奉行希腊宗教仪式的亚美尼亚基督教徒人数最多,而聂斯脱利派教徒人数最少,信婆罗门教的印度人在伊斯法罕比比皆是,有2万多人,其中大多数人是印度商人,这些人从科摩林角直到里海,同20来个国家贸易,但从未与任何民族融合。

总之,在波斯,对各种宗教,除敌对的奥玛尔教派外,都一视同仁。英国政府也是这样,容许一切宗教派别存在,但对它所畏惧的天主教则几乎不能容忍。

波斯帝国畏惧土耳其是有道理的,它的人口和面积都比不上土耳其。它的土地不那么富饶,又缺乏海路。当时霍尔木兹港不属于波斯,葡萄牙人在 1507 年把港口占了。一个欧洲小国统治着波斯湾,封锁了整个波斯的海上贸易。阿拔斯一世尽管势力强大,却不得不求援于英国人,才于 1622 年赶走了葡萄牙人。欧洲国家以它们的海军掌握了他们到达的所有海岸地区的命运。

虽然波斯的土地不及土耳其的肥沃,但是波斯的民众却比土耳其人灵巧,他们更致力于发展科学,但他们的科学可能同我们的还不能相提并论。如果说欧洲传教士以他们所知道的一点物理学和数学知识使中国人惊异,他们同样也会使波斯人惊异不已。

波斯语言很优美,而且 600 年来一点也没变。他们的诗很高雅,寓言很巧妙。他们懂得的几何学比中国人稍多,但没有超过欧几里得的基本原理。他们只知道托勒密的天文学,而波斯的这种天文学同长期以来欧洲的天文学一样,仅仅是从事占星术的一种手段。在波斯,一切通过星辰的感应来决定,就像古罗马人通过鸟的飞翔和神鸡的胃口来解决一切问题一样。夏尔丹说,在他去旅行的那个时代,国家每年在占星术士身上花费 400 万①。如果波斯出了个牛顿、哈雷、卡西尼②,也会被埋没的,除非他们愿意预卜

---

① 原文没写明货币单位。——译者
② 卡西尼(1625—1712):意大利天文学家。——译者

未来。

波斯人的医学同所有的愚昧无知民族一样,只是凭经验治病,限于告诫人该做什么不该做什么,对解剖学一无所知。解剖学已经同其他科学一齐没落了。但在16世纪初,由于维萨里①的发现,由于费尔奈②的努力,它又同其他科学一道在欧洲获得了新生。

总之,不论我们谈亚洲的哪一个文明国家,我们都可以说,它曾走在我们前面,而我们现在已经超过了它。

---

① 维萨里(1514—1564),比利时解剖学家,称近代解剖学奠基人。——译者
② 费尔奈(1497—1558),法国医生,数学家,天文学家。——译者

第一五九章

16世纪的奥斯曼帝国；奥斯曼帝国的风俗、政权和财政

奥斯曼帝国的强盛和发展时期比萨非王朝时间更长。因为从穆拉德二世开始，奥斯曼土耳其人节节胜利。

穆罕默德二世已经征服了许多国家，他的后代本可以满意地继承基业，可是塞利姆一世又开拓了新的疆土。1515年，他攻下了叙利亚和美索不达米亚，并开始进攻埃及，如果只同埃及人作战，那是轻而易举的事。但统治和保卫埃及的是一支像土耳其近卫军那样强大的军队。这些人是同样来自鞑靼的切尔克西亚[①]人，称为马穆鲁克，意为奴隶兵。这可能是因为埃及的第一任苏丹确实是把他们作为奴隶买来使用的，也可能是因为这是一个使他们与君主的关系更为密切的名称，这样解释似乎更准确些。的确，所有东方人说话时都喜欢使用譬喻手法，以致君主的称号被极度夸张得令人可笑，而奴仆的名字则是最为卑贱的。奥斯曼帝国的帕夏们用奴隶的名字自称。后来让人挖掉其主子达赫马斯眼睛的达赫马斯·库利汗就自称是其主子的奴隶并以此为名的，"库利

[①] 切尔克西亚，亚洲高加索北部地名。——译者

(苦力)"这个词便是证明。

从最后一次十字军东征时起,马穆鲁克就是埃及的主宰者。他们战胜并俘获了可怜的圣路易。以后他们建立了一个与阿尔及尔的政府没有差别的政府,从这些士兵中选出一个国王和24个省督。气候湿热没有使这个骁勇善战的民族变得软弱,每年都有大量切尔克西亚人补充这胜利者的队伍。埃及就这样被统治了300年。

这就有了研究历史的广阔天地。我们看到,埃及长期被古代科尔基德即现在的格鲁吉亚、切尔克西亚和敏格烈利亚这些不开化地区的民族所统治。过去这些民族应比现在更值得称道,因为希腊人到科尔基德作首次旅行时,正是希腊鼎盛时期。毫无疑问,科尔基德的风俗、习惯大部分与埃及相似,就连割礼也来自埃及的祭司。希罗多德曾在埃及和科尔基德旅行并同希腊博学之士交谈过,他的记述使我们对这种一致性毫不怀疑。他记述的所见所闻都是忠实而准确的,但也有人指责他把别人告诉他的话弄错了。他说埃及祭司曾向他断定,过去埃及国王塞索斯特里斯离开本国企图征服全世界,他征服了科尔基德,从此割礼的习惯就在科尔基德保存了下来云云。

首先,企图征服全世界不过是一种不切实际的想法,一个稳重的人不会这样想。先同邻国开战,用掠夺手段来扩大本国的疆土;接着,若有便利,就由近而远,逐步扩张,这是一切征服者的做法。

其次,富饶的埃及的国王也不太可能浪费时间去征服高加索这个荒凉的地方,因为那里居住的人身体十分壮实,又好战又贫穷,有100来人,便足以阻挡柔弱的埃及人庞大部队的前进步伐。

希罗多德所说的,就好比是巴比伦的一个国王从美索不达米亚出发,去征服瑞士。

通常总是那些居住于贫瘠不毛之地、以狩猎为生、像野兽一样凶狠的贫穷民族离开那蛮荒的地区去进攻富裕的民族,而不是富裕的民族走出他们的安乐窝去寻找寸草不生的地方。

北方凶悍的民族在各个时代都侵入过南方。您已看到,科尔基德人从圣路易时代开始统治了埃及 300 年。您已看到,在历史上,埃及总是被任何愿意进攻者所征服。因此,很可能是高加索的野蛮人征服了尼罗河两岸,而不是塞索斯特里斯占领了高加索。

再其次,在埃及祭司所说的被塞索斯特里斯征服的许多民族中,为什么只有科尔基德人接受了割礼?要到达美狄亚的国家①必须经过希腊或小亚细亚。希腊人善于模仿,首先采用割礼的应该是希腊人。塞索斯特里斯更关心的应该是统治希腊这个美好的国家,并将他的法律强加于希腊,而不是使人割掉科尔基德人的包皮。更合乎常理的应该是居住在法兹斯河和阿拉克斯河②沿岸的、向来食不果腹、经常向外扩张的斯基泰人侵入了小亚细亚、叙利亚和埃及,并且像他们在圣路易时代在那里定居那样,在底比斯及孟菲斯定居下来,然后把埃及的某些宗教仪式和风俗习惯带回本土。

以上看法,应由聪明的读者加以评判。地球上各民族的古代史全都充满着疑问和推测。

---

① 美狄亚的国家,这里指科尔基德。——译者
② 法兹斯河和阿拉克斯河,均亚洲西部里海附近河流。——译者

马穆鲁克的末代国王是托曼-贝伊,他仅仅因为生在那个时代,因为不幸落入了塞利姆之手而出名。但他是值得我们了解的。他具有使我们诧异而东方人不以为奇的特点,那就是:胜利者从他手中夺取了埃及,却把政权托付给他。

托曼-贝伊从[埃及]国王变成了[土耳其]帕夏,也落到了帕夏们的下场。他当政几个月,便被处死。

从这时起,埃及人沉沦于最可耻的被奴役中。这个在塞索斯特里斯时期号称勇猛善战的民族变得比在克娄巴特拉①女王时期更加怯弱。这个民族曾经创造了科学,但他们并没有发展其中任何一门;这个民族过去严肃庄重,但今天只见他们轻浮逸乐,在贫困和被奴役中唱歌跳舞;它人口众多,但现在最多只剩下300万居民。罗马和雅典都没有发生过比这更大的变化。这就无可辩驳地证明,如果说环境对人的性格有影响,那么政府的影响就更大。

塞利姆的儿子苏里曼对基督徒和波斯人来说始终是可怕的敌人。他攻占了罗得岛(1521),几年以后又攻占了匈牙利的大部分地区(1526)。摩尔达维亚和瓦拉基亚成了他的帝国的名副其实的采邑。他围攻维也纳城,没有得手,便转而挥师波斯。他在幼发拉底河地区的运气比在多瑙河好,他同他父亲一样占领了巴格达(波斯人曾经从他父亲手中夺回巴格达)。他征服了从前称为伊贝里亚的格鲁吉亚。他四处用兵,战无不胜。他的海军司令红胡子凯尔丁在侵掠了普伊以后进入红海,占领了也门王国。也门与其说是一个阿拉伯国家,倒不如说是一个印度国家。苏里曼在不断地

---

① 克娄巴特拉,公元前69—前30年埃及女王。——译者

出征这方面与查理五世相似,但他比查理五世更为骁勇善战。他是同法国联合的第一个奥斯曼皇帝,而且这个联盟始终存在。他在匈牙利围攻塞格特时死去,胜利伴随他直到死神的怀抱:他刚咽气,这个城市便被攻克。帝国版图从阿尔及尔延伸到幼发拉底河,从黑海之滨到希腊和伊庇鲁斯①地区。

苏里曼的继承人塞利姆二世派他的副将们从威尼斯人手中夺取了塞浦路斯岛(1571)。我们的历史学家们怎能一再重复说塞利姆二世的这次征战只是为了要喝这个岛出产的马尔伐西亚的酒和为了要把这个岛送给一个犹太人呢,他是为了占有地利而夺取该岛,因为它已成为安纳托利亚②的占有者必争之地。从来没有一个皇帝为了一个犹太人或者为了一点儿酒去征服一个王国的。一个名叫美基纳的希伯来人为这次征战提供了便利,而战败者则编造了一套连战胜者都不知道的故事跟这一事实混在一起。

我们[西方人]让土耳其人占领了欧洲、亚洲和非洲一些最好的地区之后,又帮助他们富起来。当土耳其人从威尼斯人手中夺取了塞浦路斯岛并将法马古斯塔的省督、议员布拉加迪诺活活剥了皮的时候,威尼斯还在同他们做生意。热那亚、佛罗伦萨、马赛都争着同君士坦丁堡通商。这些城市都用银子支付从亚洲来的丝绸和其他商品。基督教商人从中发了财,但却损害了基督教国家。当时在意大利能收获一点蚕丝,法国根本没有。我们常常不得不去君士坦丁堡购买小麦。但是工业总算弥补了自然条件不好和疏

417

---

① 伊庇鲁斯,巴尔干半岛的一部分,今阿尔巴尼亚一带。——译者
② 安纳托利亚,小亚细亚之古称,今指土耳其亚洲部分。本书原文多处误作 Natolie。——译者

于经营对我国各地造成的损失。而且,尽管马尔西里伯爵不如伦敦和马赛的商人懂得工商业是各民族重大利益所在,从而加以反对,我们的制造业仍然使基督教徒特别是法国人在同土耳其的贸易中获利甚丰。

基督教国家既同奥斯曼帝国又同全亚洲贸易。我们到这些国家去,可这些民族从来不到我们西方来,这明显地证明我们需要他们。我们的商人充斥地中海东岸诸国。基督教欧洲的所有商业国家在那里都有商务仲裁官员,而且几乎都向奥斯曼宫廷派出常驻使团,而奥斯曼宫廷却不派一个人到我们宫廷来。他们把长期派驻使团看作是基督教徒出于需要向强者臣服的表示。他们常常侮辱这些官员,欧洲各国君主之间为了这样的侮辱便会兵戎相见的,可对奥斯曼帝国的所作所为却总是佯为不知。英国国王威廉最近曾说过:"同土耳其人打交道没有体面可讲。"这是要把商品兜售出去的商人的语言,而不是一个珍惜荣誉的国王的语言。

土耳其人不仅风俗和宗教,就连行政管理也都跟我们的不同。皇帝的一部分收入不是像基督教国家那样以钱币计算,而是以被征服国家的物产来体现的。一年四季,君士坦丁堡的运河上舟楫如鲫,从埃及、希腊、安纳托利亚、黑海沿岸给宫廷、近卫军和舰队运来一切生活必需品。根据皇室财政记录,直到 1685 年,国库的现金收入只有约 32000 布尔斯①,相当于我们现在的 4600 万利弗。

---

① 布尔斯(bourse),土耳其古货币名,1 个银布尔斯合 500 皮阿斯特,1 个金布尔斯合 3 万皮阿斯特。——译者

这笔收入不够维持庞大的军队和众多的官员。各省的帕夏有本省的军费，用以供养各封地提供的军士，但这笔经费数额不多，在小亚细亚（或称安纳托利亚），最多不过120万利弗，在迪亚贝克不超过10万，在阿莱普也不会大于此数。大马士革的富饶地区给帕夏的不到20万法郎。埃尔采罗姆地区给的约为20万。称为罗美利亚的整个希腊只给它的帕夏120万。总之，帕夏和他们的贝格勒-贝伊们直到1685年用以供养常备军的全部收入不到我们的1000万利弗。为了维持给土耳其宫廷服务的8000士兵，摩尔达维亚和瓦拉基亚所提供的费用也不到20万利弗。统率海军的帕夏则只能从柴姆斯和梯马尔这两个沿海封地得到80万利弗来供应海军。

419

从财政记录可以看到，整个土耳其政府只有不到6000万利弗的现金，这笔费用自1685年之后没有很大增加。这还不及法国、英国所付国债的1/3。而且这两个王国，农业更完善，工业规模更大，交通更发达，贸易也更繁荣。

恶劣的是，没收的财产成了苏丹私人收入的一个重要来源。一家之长被判刑，家族的财产便归国君所有，这是自古以来既定的专制制度之一。若有人给苏丹送上一名大臣的头颅，这颗头颅有时能值几百万。残暴的行为能取得如此高价的收入，这就不断引诱国君去当一个谋财害命的贼，没有比这样一种权利更为丑恶的了。

至于土耳其官员的动产，我们已经看到，它是属于苏丹的，这种自古以来就有的侵占行为在基督教各国是太普遍了。在全世界，行政机关常常就是合法的巧取豪夺者。只有几个共和国是例外，在那里，自由和私有财产的权利是神圣的，国家的财政收入不丰，但管理得比较好，因为小宗收支，可以一览无遗；而大量钱财，则难以一一穷察。

因此我们可以推论，土耳其人花了较少的钱，办了很大的事。地位最高的官员，其俸禄也是十分微薄的，这可以从教义解说官的职位来判断：解说官每天只得到2000土耳其小银币，约合每年15万利弗，等于某些基督教教会的收入的1/10。大臣的待遇亦如此，因此，除了战争时期外，如果没有充公所得和馈赠，那么这种职位得到的更多的是荣誉而不是钱财。

土耳其人并不像现今欧洲的君主们这样靠财力和谈判来进行打仗。他们依靠兵强马壮和近卫军的勇猛善战而不是严明的纪律，建立了这个帝国，然后又依靠战败民族的堕落和邻近国家的互相嫉妒而使帝国得以巩固。

如果除开鞑靼人和大批的随军人员不算，土耳其苏丹们同时投入战争的兵力从来没有超过14万，不过这个数字始终比基督教徒抗击土耳其人的人数要多些。

第一六〇章

勒班陀海战

威尼斯人在失去了塞浦路斯岛之后，虽然仍与土耳其人通商，但始终敢于与他们为敌，因而常向基督教各国君主求助，这些君主出于共同利益本应联合起来的，这是发起又一次十字军东征的良机。但是，您已经看到，由于往日东征之举均劳而无功，君主们连必要之事也不干了。教皇庇护五世①做了远胜于鼓吹远征的事，他有胆量联合威尼斯人和西班牙国王菲利普二世与奥斯曼帝国作战。于是人们第一次见到双钥旗与新月旗对垒，罗马的战船迎战奥斯曼的战船。教皇仅仅因他晚年所从事的这一壮举就足以使他名垂青史。要了解这位教皇，不应根据他的画像。这些画像是人们或则由于恭维而美化了他，或则为了诽谤而丑化了他，或则出于开玩笑而把他漫画化。我们判断一个人永远只应根据事实。庇护五世的俗名是吉斯莱里。有些人凭借其功绩和幸运，从默默无闻中脱颖而出，跻身于天主教会的最高位置，庇护五世就是这类人中的一个。他热衷于使异端裁判所倍加严厉，使好几个公民死于酷

---

① 庇护五世，教皇，1566—1572年在位。——译者

刑,这说明他迷信、冷酷无情而又残暴。他怂恿爱尔兰反抗伊丽莎白女王,煽动法国的内乱,他命令每年出版著名的教皇通谕《在主的晚餐上》,这些都表明他不遗余力狂热地扩张罗马教廷的势力。他曾经是多明我会修士,他的严酷性格是从修道院的顽固不化思想中锻炼出来的。但是这个在修士中成长的人同他的继承者西克斯特五世一样,也有一些极大的美德。这些美德不是教皇职位赋予的,而是由他的性格决定的。庇护五世在短短几年内积聚了为数可观的钱财,使人把教廷看成一个强国,从而为西克斯特五世作出了榜样。他靠这些钱建造了一些战船。他热切吁请各国基督教君主帮助。但他得到的回答只是漠然置之或者表示无能为力。他向法国国王查理九世、德国皇帝马克西米连二世、葡萄牙国王塞巴斯蒂安、波兰国王西吉斯孟二世请求,均无结果。

查理九世同土耳其人是盟友,根本没有军舰可给;马克西米连二世害怕土耳其人,他缺乏财力,而且已经同土耳其人实现休战,不敢毁约;塞巴斯蒂安国王当时年幼,不敢冒险,但后来却因此在非洲丧生。波兰由于跟俄国人作战而穷困不堪,且国王西吉斯孟年事又高,萎靡不振。因此教皇能够寄望的唯有[西班牙的]菲利普二世。在所有天主教君主中,只有他有能力支付必需的巨大军备费用,只有他能够通过政府的安排迅速实现这项计划。在这计划中他主要关心的是,必须使奥斯曼帝国的舰队远离他属下的意大利各邦以及他在非洲的地盘。于是他联合威尼斯人反对土耳其人。其实在意大利,他一直是威尼斯人潜在的敌人,但他更害怕土耳其人。

如此迅速地完成大规模的战备工作,这是前所未见的。200

艘双桅战船,6艘威尼斯式帆桨大木船,25艘兵舰,连同50艘货船,在塞浦路斯岛被攻占5个月后的9月份,已经在西西里各港建造好。菲利普二世提供了一半军备,威尼斯人承担了另一半的2/3,其余由教皇负担。奥地利的堂·胡安①,查理五世的出名的私生子,任舰队司令。马可-安东尼·科隆纳作为教皇的代表,任堂·胡安的副手。科隆纳家族长期以来与教皇为敌,现在成了教皇扩张势力的支柱。塞巴斯蒂安·韦尼埃罗,我们叫韦尼埃,是威尼斯人的舰队司令。这个家族有3人当过总督,但没有一人有他那样的声望。巴巴里哥——其家族在威尼斯的名望不亚于韦尼埃家族——当上了监督官,也就是舰队的军需官。马耳他岛给舰队派出了3艘摇橹战船,不能再多了。不能指望热那亚,热那亚惧怕菲利普二世甚于惧怕塞利姆,仅派了1艘摇橹战船。

　　历史学家们说,这支海军拥有兵员5万。战争记述中总有一些夸大。206艘双桅战船和25艘军舰,最多只能载两万士兵。一支奥斯曼舰队就比3支天主教舰队强大。奥斯曼帝国的海军估计有250艘双桅战船。两支海军在离科林斯湾不远处的以前称作纳夫帕克托斯的勒班陀②相遇。自从亚克兴③大海战以后,希腊海面上没有出现过这么多的舰只,也没有发生过如此令人难忘的海战。奥斯曼的战船由基督教奴隶来操纵,而基督教战船则由土耳其奴隶来驾驶,双方这些奴隶都被迫反对自己的祖国。

---

　　① 奥地利的堂·胡安(1547—1578),西班牙王子,菲利普二世认作异父兄弟。——译者
　　② 勒班陀,希腊城市,在科林斯湾北岸,又称纳夫帕克托斯。——译者
　　③ 亚克兴,希腊中部的一个岬角,公元前31年,罗马帝国皇帝奥古斯都在该处打败了安东尼和克娄巴特拉的舰队,史称亚克兴战役。——译者

两支舰队短兵相接,使尽一切古代的和现代的武器:弓箭、长矛、长枪、铁钩、火炮、火枪、梭镖和大刀。在大多数靠拢的战船上,就像在陆地战场上一样展开肉搏战(1571年10月3日)。结果基督教徒们获得胜利,由于这是此类战争的首次胜仗,所以更加有名。

堂·胡安和威尼斯海军司令韦尼埃向土耳其海军将领阿里指挥的旗舰进攻,夺得了旗舰,活捉了主将,斩了他的首级挂在他自己的旗杆上。这是滥用交战的权利。对于在法马古斯塔剥布拉加迪诺的皮的人,也只能如此对待了。土耳其人在这一战役中损失了150多条船。很难知道死了多少人,估计将近15000,大约5000名基督教奴隶被救。威尼斯举办了当时只有它能举办的庆祝活动。君士坦丁堡则陷于颓丧之中。人们把主要功劳归于元帅堂·胡安,实则威尼斯人的功劳最大。教皇庇护五世获悉大捷时叫起来:"上帝派来了一个人,名叫约翰"①。后来当波兰国王约翰·索别斯基②解救了维也纳时,人们也把这句话用到了他身上。

堂·胡安顿时声名大噪,从来没有一个将军享有如此的威望。现代各国只重视本国的英雄而忽视其他民族的英雄。堂·胡安作为基督教世界的复仇者,成了所有这些国家的英雄,人们将他同他父亲查理五世相比,他也确实比菲利普更像他父亲。两年后,他像查理五世一样攻占了突尼斯,并同样立了一个对西班牙称臣的非

---

① 西班牙语"胡安"和法语"约翰"同源。——译者
② 约翰·索别斯基(1624—1696),波兰国王,1683年在奥地利的卡伦贝格战胜土耳其人,解维也纳之围。——译者

洲国王，他就更配得上人民的崇拜了。可是勒班陀海战和占领突尼斯的结果怎样呢？威尼斯人并未对土耳其人占上风，塞利姆二世的海军司令轻易地再度攻占了突尼斯王国（1574），那里的基督徒全被杀死。好像是土耳其人打赢了勒班陀战役似的。

第一六一章

北部非洲沿海地区

土耳其苏丹占领了从埃及到非斯①王国和摩洛哥王国与北部非洲沿岸地区,帝国的疆土更大了。但是,这些沿海地区与其说是由苏丹们统治,不如说是由他们保护的。巴尔卡②的国家和当地的沙漠过去因它的太阳神阿蒙的神庙而闻名,当时属埃及总督管辖。昔兰尼加③另有一个总督。继续向西行,就到达的黎波里。在天主教徒斐迪南五世统治时,的黎波里已被那瓦尔的比埃尔于1510年攻占,并由查理五世赐给了马耳他骑士团。但是土耳其苏丹苏里曼的海军将领们占领了的黎波里。经历一段时间后,这个地方就像是一个共和国一样实行自治,首领是一个由军队中选出来的官员。

再往西行,就是突尼斯王国,这是古代迦太基人居住的地方。您已经见到,查理五世曾给这个国家指派了一个国王,使他臣服于西班牙,堂·胡安又同他父亲查理五世一样光荣地从摩尔人手中

---

① 非斯,摩洛哥北部古城。——译者
② 巴尔卡,古代迦太基的首领哈密尔卡的外号。——译者
③ 昔兰尼加,利比亚东部地区名。——译者

夺回这个国家，但最后塞利姆二世的海军又把突尼斯重置于伊斯兰教徒的统治之下，并且在有名的勒班陀海战3年后把所有的基督徒全部消灭。勒班陀战役给堂·胡安和威尼斯人带来了如许的荣耀，但好处却少得很。此后这个地方也像的黎波里一样成为一个自治的省。

　　土耳其帝国在北非的属地到阿尔及尔为止。阿尔及尔[王国]就是古代的努米地亚和恺撒时代的毛里塔尼亚，从前曾因为有朱巴、西法克斯、马西尼萨这几个国王而闻名，这时只剩下古国首都西尔特的废墟，就像迦太基、孟菲斯甚至亚历山大城的废墟一样，而现在的亚历山大城已不在亚历山大大帝原来建城的地点了。朱巴王国已经变得微不足道，致使红胡子凯尔丁宁肯当土耳其的海军司令而不当阿尔及尔的国王。他将这个国家让给了苏里曼，他本来是国王却情愿当一个省的帕夏。从这时到17世纪初，阿尔及尔王国由奥斯曼宫廷派来的帕夏治理，最后，阿尔及尔也建立了同的黎波里和突尼斯一样的自治政府，同时也成了海盗的避居港。因此最后几任总督中有一人曾经对申诉商船遭劫的英国领事说："你被抢劫时别再向强盗头子告状了！"

　　在整个这片北非地区，还可以找到古罗马的建筑物，却一点也看不到基督教的遗迹，尽管这一带的主教区比西班牙和法国加在一起还要多。原因有两个：一是因为那些最最古老的建筑物都是用坚固的石头、大理石和水泥建造的，在干燥气候下，比新建筑更经得起破坏；二是因为墓碑上刻着 Diis Manibus①，未开化的人一

---

① 拉丁文："上帝之手所造。"——译者

点不懂,毫无反感,而一看见基督教的象征他们就怒不可遏。

在阿拉伯人盛极一时的几个世纪里,努米地亚人也有过发达的科学和艺术。现在他们甚至不懂得调整历法。他们长期以当海盗为业,可没有一个人会开船出海,没有一个人会造船。他们购买基督教徒特别是购买荷兰人,购买桅具、枪炮、火药,又用这些来抢劫我们的商船。基督教国家不去消灭这些共同的敌人,却忙于自相残杀。

君士坦丁堡一直被看作是许多地区的首都。它的地理位置似乎最适宜于对这些地区发号施令。它前面是亚洲,后面是欧洲。它的港口既安全又宽阔,东面控制黑海的进出,西面则控制着地中海的进出。罗马的位置远远不及君士坦丁堡有利,土地不丰饶,又处在意大利的一角,缺乏建设一个便利的港口的自然条件,看来并不适宜于统治其他民族,然而罗马变成了一个比奥斯曼帝国幅员大两倍的帝国的都城。这是因为古罗马人没有遇到过任何像他们那样服从军事纪律的民族,而土耳其人在征服君士坦丁堡以后,却发现差不多所有的欧洲其他部分都同他们一样久经战争锻炼,而且纪律性比他们更强。

第一六二章

非斯王国和摩洛哥王国

摩洛哥王国不属于奥斯曼帝国的保护范围。摩洛哥王国是包括丹吉斯毛里塔尼亚一部分在内的辽阔地区。丹吉尔过去是罗马殖民地的首都，后来摩尔人就是从那里出发侵占西班牙的。丹吉尔本身曾于15世纪末被葡萄牙人占据，距今不久，曾作为葡萄牙公主的嫁妆送给英国的查理二世，最后又由查理二世将它让给了摩洛哥国王。很少有城市经历过这么多次的变迁。

摩洛哥王国与几内亚接壤，气候适宜，再没有比这里土地更肥沃、地形更多样、物产更丰富的地方了。阿特拉斯山的若干支脉有各种矿藏，乡村中农作物丰富，盛产水果。这片土地在从前就耕种得很好，在最初几任哈里发治理时期肯定也耕种得很好，因为那时科学受到重视，而现在这是人们所最不关心的。这些地区的阿拉伯人和摩尔人曾把他们的武器和技艺带到西班牙，但后来就一切都衰退了，一切都处于最野蛮的状态。穆罕默德的阿拉伯人使这个地区逐渐文明开化，后来他们又退回到沙漠里，重新过着游牧生活，让摩尔人治理这块地方。摩尔人的自然环境是好的，但他们的天赋条件却比较差，他们不如阿拉伯人灵巧，他们是残忍同时又带奴性的民族，从而充分地表现出专制暴虐性。有一种古老的风俗：在摩洛哥，皇帝或称米拉莫兰是[执行死刑的]第一刽子手，这种风俗促使这个大帝国的居民变得比墨西哥的野蛮人更为野蛮。居住在得土安的百姓稍微文明一点，其余地方的人则玷污了人性。好多被斐迪南和伊萨伯拉赶出西班牙的犹太人到得土安、梅克内斯、摩洛哥避难，在这些地方过着贫苦的日子。北方省份的居民同尼日尔河附近的黑人杂居。在整个帝国的家庭中、军队里，黑人、白人和杂种人彼此混合在一起。这些人经常在几内亚经商。他们经过沙漠到达海边，而葡萄牙人则从海洋上来。他们从来只把海洋看作海盗出没的地方。总之，整个广阔的北非沿海地区，从[埃及的]达米埃塔到阿特拉斯山，都变成了野蛮的地区，而与此同时我们北方的几个以前曾经是更野蛮的民族，却达到了希腊人和罗马人的文明阶段。

这个国家同其他地方一样，也有一些宗教纷争。一派穆斯林自称比别的派更加正统，掌握了政权，这在君士坦丁堡是从来没有的事。这个国家同其他地方一样，也有内战，直到17世纪摩尔人战胜了倒霉的葡萄牙国王塞巴斯蒂安之后，非斯、摩洛哥、塔菲勒各小国才联合起来组成了一个大帝国。

不论这些民族堕落到何等愚昧的地步，西班牙和葡萄牙从未能因以前受过他们的奴役而施加报复，反过来奴役他们。奥兰是这个帝国的边城，曾经被格希梅内斯枢机主教占领，以后又丢失了。1732年菲利普五世时虽由蒙特马尔公爵再次占领。也没有能为夺取其他城市开辟道路。丹吉尔可以视为这个帝国的锁钥，却始终不起作用。1409年被葡萄牙人占领、后来又被西班牙人在菲利普二世时夺取并一直占据着的休达只不过是一个耗费钱财的地方。摩尔人曾压迫整个西班牙，西班牙人却只能骚扰摩尔人。西班牙人渡过了大西洋，征服了一个新世界，却无法在离本国咫尺之处进行复仇。摩尔人武器落后，纪律很坏，只不过是腐败政府管治下的奴隶，但基督教徒却制服不了他们。真正的原因就在于基督教徒不断地自相残杀。当西班牙人必须同法国打仗时，或者当他们同法国联合而英国又夺取了他们的直布罗陀和米诺卡岛之时，他们怎么能够把大批军队开到非洲，去制服穆斯林呢？

  奇怪的是在摩洛哥各邦中颇有一些西班牙、法国和英国的变节者。有个叫佩雷斯的西班牙人当了穆莱·伊斯玛仪帝国的海军将领，有个名叫比莱的法国人当了沙勒地方的总督，有个爱尔兰女人当了暴君伊斯玛仪的妃子，另外还有几个英国商人在得土安定居。到愚昧的国度去发财，这个愿望不断驱使一些欧洲人到非洲、亚洲特别是到美洲去，而相反的原因则使那些地方的居民不离开家园，从而跟我们远远隔绝开来。

第一六三章

西班牙国王菲利普二世

查理五世以后的基督教欧洲四个大国之间保持着力量的平衡：西班牙靠的是新大陆的财富；法国则靠自己的力量，靠它的地理位置能阻止菲利普二世手下各大属国的往来；德国的力量在于许多诸侯，虽有分歧，但能联合一致保卫祖国；英国在玛丽死后，只能靠伊丽莎白个人的治理得当，因为英国国土很小，苏格兰是它的敌人，远没有跟它结为一体，而爱尔兰还得由英格兰来保护。

北方的几个王国还没有建立欧洲的政治体制，而意大利则不能成为一个举足轻重的强国。菲利普二世似乎把意大利控制在手中，荷兰的总督萨伏依公爵菲利贝尔完全听命于他。菲利贝尔的儿子、菲利普二世的女婿查理·埃马努埃同样受他支配。他拥有米兰公国和两西西里，特别是他拥有巨大的财富，使意大利其他各邦为能否保持自身的自由而惶惶不安。总之，菲利普二世在欧洲的舞台上扮演了最重要的但不是最受赞赏的角色。权力比他小的一些同时代的君主如伊丽莎白，尤其是亨利四世，都留下了更伟大的名声。人们对他的将军、他的敌人的评价比对他的评价更高，堂·胡安、亚历山大·法尔内兹、奥兰治诸亲王的名字都在菲利普二世之上。后世的人是能够将强权与荣誉明确地区分开来的。

要充分了解菲利普二世的时代，首先要了解他的性格。当时发生的各种重大事件，究其原因，多少都与他的性格有关。但我们只能通过事实看他的性格，而不要相信当代作家往往或者出于恭维或者出于憎恨所写的东西，这是不言而喻的。至于许多现代历史学家给历史人物精心刻画的形象，我们必须把它们当作小说来阅读。

不久前有些人将菲利普二世比之于古罗马帝国的提庇留。他们肯定是既不了解前者，也不了解后者。提庇留统率各军团作战时，身先士卒；而菲利普在萨伏依亲王和埃格蒙伯爵为他赢得圣康坦战役时，却藏身在一个小教堂里，身边有两名教士陪着。后来，他又把这个埃格蒙伯爵送上了断头台。提庇留不迷信，不伪善；而菲利普常在命令他人去谋杀时手持十字架。古罗马皇帝的放荡与西班牙国王的纵欲并不相似。两人都爱矫饰，但表现各有不同：提庇留谎话连篇，菲利普缄口不言。为欺骗而说话与不让别人识透而缄默，两者应加以区别。两人都残暴，而且这种残暴不动声色又经过深思熟虑，不过世上该受这样谴责的君主和领袖人物何其多也！

试想想一个伪装虔敬的君王是怎样的一个人，便可以对菲利普有个恰如其分的看法了。奥兰治亲王拿骚的威廉[①]曾发表宣言公开斥责他一方面娶葡萄牙的玛丽为第一任妻子，一方面又已经与伊萨贝拉·俄索里奥夫人秘密结婚。威廉在整个欧洲面前公开

---

① 拿骚的威廉(1533—1584)，即拿骚的威廉一世，奥兰治亲王。——译者

指控他杀害亲生儿子并毒死了他的第三任妻子。法国的伊萨贝拉指控他强迫阿斯戈利亲王娶一个与国王本人姘居怀孕的女人。威廉是菲利普的仇敌,他的证言本来不足凭信,但这个仇敌当时在欧洲是一个受尊敬的亲王。他将他的宣言和控告发送给各国宫廷。菲利普没有答复,这是出于傲慢而置之不理还是慑于事实的力量而不敢作答呢?人们蔑视由卑微的流浪汉所写的含沙射影的谤文,对此路易十四不予答复,甚至连普通的个人也会不屑于答复。菲利普也是这样蔑视奥兰治亲王威廉的这份可怕的宣言吗?除了那些无比确凿的指控之外,还得加上菲利普同他的宠臣鲁伊·戈梅斯的妻子的暧昧关系,加上他杀害埃斯科维多,以及对奉命杀害埃斯科维多的安东尼奥·佩雷斯的迫害。请记住这个人就是这样一个时刻标榜自己的宗教热诚并把一切都作为这种热诚的献祭品的人!

在这个卑鄙的宗教假面具之下,菲利普于1564年在[法国的]贝亚恩策划了一个阴谋活动,把[法国国王]亨利四世的母亲雅娜·德·那瓦尔和她的年幼的儿子劫走,把她作为异端分子交给异端裁判所烧死,并根据这个杀人法庭所作的财产充公判决,夺取了贝亚恩。这个阴谋计划的部分内容见于异端裁判所裁判长特乌的第36册案卷。这件事很重要,后来的历史学家却完全忽略了。

如果我们除了了解菲利普二世的这一切行为之外,反过来又看到他为了巩固他的权威,想在西班牙励精图治,伸张正义,于是频繁召开内阁会议,对日常事务宵旰忧劳;由于总是不大相信大臣们,就时时刻刻严加监督;不问巨细,事必躬亲,费尽心机在邻国制造动乱,以使西班牙维持太平;眼睛老是盯着世界上从墨西哥到西

第一六三章

西里岛的广大地区；尽管有政治的苦恼，有感情的冲动，脸上也总是装得一本正经，那么我们就可以勾勒出菲利普二世的画像了。

但是必须看到他对欧洲有多么大的影响。他是西班牙、米兰公国、两西西里和荷兰各省的主宰。他的海港里战船林立；他父亲给他留下了欧洲最有纪律、最值得骄傲的、由跟他父亲一道南征北伐的老战友指挥的军队。他的第二任妻子英国女王玛丽一世仅仅是在他的授意下处理国事：她曾下令烧死新教徒，菲利普给她写一封信她便向法国宣战。菲利普可以把英国算作受他控制的许多王国之一。从新大陆获得的金银使他比查理五世更为强大，查理五世所得到的只是初次收获而已。

意大利很怕受到控制。正因此，生来就是西班牙的臣属的教皇保罗四世（俗名卡拉法）才决定站到法国一边，就像克雷门七世那样。保罗四世同所有以前的教皇一样，企图建立平衡，但他们软弱无力的手从来都做不到。这位教皇向亨利二世建议将那不勒斯和西西里送给法国国王的后裔。

法国的瓦罗亚王朝一向有野心要征服米兰公国和两西西里。教皇以为自己拥有一支军队，便向亨利二世请求，由著名的弗朗索瓦·德·吉斯担任指挥。但是大多数枢机主教都接受菲利普的津贴，对保罗四世是不服从的。保罗四世的军队数量有限，只能听任罗马被菲利普二世手下的阿尔伯公爵攻占劫掠，就像过去在查理五世时期一样。吉斯公爵从彼埃蒙特赶来了，那时法国人在这个地区还据有都灵。他带着一支军队向罗马进发，刚刚到达，就得知皮卡底的圣康坦战役失败，法国人失去了圣康坦（1557年8月10日）。

英国女王玛丽一世给她的丈夫菲利普提供了8000名英国兵

去打法国。菲利普亲自到伦敦接士兵们上船,但并不把他们带到敌人面前。西班牙的军队是由这个世纪最伟大的指挥官之一萨伏依公爵菲利贝尔·埃马努埃尔指挥的,英国军队同西班牙的精锐部队会合后,在圣康坦全歼法军步兵,不剩一兵一卒,法军不是战死就是被活捉。胜利者一方只死了80人。陆军统帅德·蒙莫朗西和差不多所有的军官均被俘虏,安根的一个公爵受重伤,贵族的精英被摧毁了,法国陷于悲痛和危难之中。克勒西、普瓦蒂埃、阿赞库尔几次战役的失败都没有这么惨重。查理五世同他的儿子菲利普二世看来都曾经作好准备要摧毁法兰西的。但多次濒临灭亡的法兰西,却总又东山再起。

　　亨利二世对意大利用兵的计划全部落空了,吉斯公爵被召回。战胜者萨伏依公爵菲利贝尔·埃马努埃尔占领了圣康坦。他可以进兵直取巴黎,亨利二世于匆忙之间下令修筑防御工事,因此城防也较差。但是菲利普只满足于视察大获全胜的军营。这证明,重大的事件往往取决于人的性格。菲利普的性格就是把军事看得轻,把要权术看得比什么都重。他让敌方喘息,企图通过和平手段取胜,认为和约比战争更能赢得对方的人心;其实是和约可以由他个人予取予夺,而打胜仗则不是一个人的功绩。他给吉斯公爵以卷土重来的时间,让他重新集结军队,保卫王国。

　　当时的国王们似乎并不认为他们本来就是应当互相帮助的。亨利二世宣布吉斯公爵为法国的副王,王国的副统帅,位居陆军统帅之上。

　　严冬季节,当法国正为圣康坦战役的败北陷于一片沮丧之时,收复了加来和加来省,把213年来一直占有加来的英国人一举赶走,这是震惊欧洲的一次行动,从而使弗朗索瓦·德·吉斯的声望超过了同时代所有统帅。这场战争是困难的,但因此也更光辉和更有利。英国女王玛丽一世在加来留下的是力量薄弱的守备部队,等她的舰队到达,只见港口上已升起法国旗帜了。这次失败是由于她的内阁犯了错误,结果使玛丽一世成了英国人心目中可恨的人。

但是当吉斯公爵收复加来(1558年7月15日),接着又攻占蒂翁维尔,从而使法国确保无虞之时,菲利普二世的军队又在格拉夫林附近与泰尔姆元帅对战,并取得了相当大的胜利。这支西班牙军队由埃格蒙伯爵、也就是后来由于曾经保卫了他祖国的权利和自由而被菲利普下令斩首的埃格蒙指挥。

法国人打了多次的对阵战都败了,可是也打了多次的攻坚战,攻克许多城市,这使人有理由认为法国人就像在尤利乌斯·恺撒时代那样更擅长猛烈攻击,而在战场上决定胜负的纪律和策略方面则略逊一筹。

格拉夫林战役的胜利同圣康坦战役的胜利一样,菲利普都没有作为一个军事家而加以利用。但是,他签订了光荣的卡托-康布雷西斯和约(1559)。和约规定,菲利普归还圣康坦和其他两个城镇哈姆和卡特莱,同时取得蒂翁维尔、玛林堡、蒙梅迪、赫斯登等要塞和查罗来伯爵领地的主权。菲利普下令拆毁泰鲁阿内和依伏阿的城防,把布戎归还列日的主教,蒙费拉归还曼图亚公爵,科西嘉归还热那亚人,萨伏依、皮埃蒙特和布勒斯①归还萨伏依公爵,同时保留在[意大利的]维切利和阿斯蒂驻兵的权利,直至解决了法

436

---

① 布勒斯,法国古地名,首府布尔。——译者

国对皮埃蒙特享有权利的问题,亨利二世的军队从都灵、比内罗洛、基耶尔、希瓦斯撤出时为止。

菲利普对加来和加来省是不大感兴趣的。他的妻子、英国女王玛丽刚刚去世,伊丽莎白的统治刚刚开始。根据和约,法国国王应于8年后将加来归还[英国],到时不归还,就要付给80万金埃居;还特别规定,80万金埃居付也好,不付也好,亨利和他的继承者永远有责任把加来和加来省归还。人们一向把卡托-康布雷西斯和约看成是菲利普二世的胜利。达尼埃尔神父想从和约中找出对法国有利的地方,也是徒然。他以为梅斯、图尔和凡尔登都保留下来了,实则和约中根本没有提到这件事。菲利普一点也不关心德国的利益。也很少把他叔叔斐迪南的利益放在心上,他对斐迪南拒绝把王位让给他,一直耿耿于怀。若说这个和约对法国有某种好处,那就是法国从此再也不想征服米兰和那不勒斯了。至于法国的门户加来,后来根本没有交还给法国的夙敌,80万金埃居也根本没有付。

像多次战争那样,这次战争还是以联姻而结束。菲利普娶亨利二世的女儿伊萨伯拉为第三任妻子。亨利二世本来是把她许给了堂·卡洛斯的。据说菲利普的这场不幸的婚姻导致了卡洛斯和这位公主的早死。

菲利普在取得了这些如此辉煌的伟业之后,他剑未出鞘便凯旋返回西班牙,一切都有利于他的伟大事业。教皇保罗四世被迫向他乞求和平,菲利普给了他和平。菲利普的岳父,他的天然敌人亨利二世刚刚在一次骑士比武中丧生,留下一个变乱迭出、国王年幼、由外国人治理的法国。菲利普置身于他的深宫之中,是当时欧洲唯一权势显赫、令人惧怕的君主。他只担心一件事,怕基督教新教渗入他属下的某一个邦,尤其是荷兰,因为荷兰与德国接壤,他在荷兰不是国王,只是公爵、伯爵、侯爵,只是普通的贵族,荷兰的根本法对君权的限制比其他地方严格。

他的一条重大原则是控制罗马教廷,对它表示最大的尊敬,同时在各地消灭新教徒。西班牙有极少数新教徒,他在十字架前庄严许愿,要将他们全部消灭,而且他也实现了他的许愿,异端裁判所帮了他很大的忙。人们在巴利阿多里德将所有可疑的人用慢火烧死,他却在宫中凭窗注视这些人受刑,听他们的呼号。托莱多的大主教、查理五世的讲道者或告解司铎康斯坦丁·邦斯也都被关进审理异端的圣职部监狱。邦斯死后,还焚烧了他的模拟像,这在前面已经谈及。

菲利普知道在邻近米兰公国的皮埃蒙特的一个山谷里有一些异教徒,他通知米兰总督,要派军队到那里去,并且写了这样几个字:"全部绞死。"他获悉新教观念已经进入卡拉布里亚的几个边远地方,就命令将新教徒用剑刺死,并留下60名,其中30名用绳索绞死,30名用火烧死,命令不折不扣地执行了。

这样的残暴和滥用职权,终于把他的巨大权力削弱了。如果他能对佛兰德人的思想予以宽容,那么,由于他的残酷迫害而形成的荷兰七省共和国,就可能不会出现,这次革命也不会耗去他大量资财了;而且,当后来葡萄牙和葡萄牙人在非洲、在印度的属地使他的辽阔疆土大大扩张,当法国四分五裂,正要完全听命于他,并把公主嫁给他作王后时,他可能就会实现他的宏图,不至于发生荷兰境内的这场命运悲惨的战争了。

第一六四章

荷兰联省共和国的建立

这个国家以前几乎不为人所知,不久之后却变得很强盛。查一查有关这个国家兴起的史料,人们就会发现它的形成是出于意想之外的,事前没有人谋划的。革命首先从陆地上的几个大的省布拉邦特、佛兰德、海诺特开始,而这几个省当时仍是受[西班牙]统治的。这块几乎没在水中、仅依靠捕鲱鱼生存的小地方,变成了一个了不起的强国,敢与菲利普二世相对抗,并且从他的继承者手里夺取了东印度差不多所有一切,最后将东印度变成了自己的被保护国。

无可否认,是菲利普自己迫使这些人民起了这样大的作用。各省当然也没有预料到,菲利普的血腥镇压就是他们的力量壮大的原因。

应当看到,各国人民不是按照同一个模式管理自己的。荷兰是几个以不同封号从属于菲利普的贵族领地的集合体,每个贵族领地都有自己的法律和风俗。在弗里斯和格罗宁根只需向领主缴纳6000埃居;非经各邦同意,各个城市不能征税,不能雇用外地人,不能供养外国军队,也不能作任何改革。布拉邦特的旧宪法规定:"一旦君主使用强暴或欺骗手段侵犯各邦的特权,各邦将解除忠于君主的誓言,并作出它们认为适当的决定。"这种形式的政体曾在欧洲的很大部分地方实行了较长时间。不经集合体批准,法律不能生效,贡金不能征收。总督以君主的名义主持各邦联席会议,这个总督[荷语]称为 stadt-holder,即国家主持人,或国家召集人,在整个下德意志地区称作执政官。

1559年菲利普二世将荷兰、泽兰、弗里斯和乌得勒支的总督权交给奥兰治亲王拿骚的威廉。人们注意到,这个亲王的头衔并不意味着他是德意志帝国的亲王,通过赠与从夏龙家族转到这位亲王手里的奥兰治,本来是独立的阿尔王国的领地,威廉是王室家族的成员,因此获得了最高的荣誉。但是同奥地利家族一样古老的这个家族尽管出了个德国皇帝,却并非帝国的嫡系。亲王这个头衔是在弗里德里希二世时才使用的,只有最大的地主才能称为亲王,单凭王室血统关系得不到任何权利,也得不到任何荣誉。皇帝的儿子若不拥有土地,只有被选上才能当皇帝,如果他不继承父亲,就只是一个普通的贵族。拿骚的威廉是帝国的伯爵,就像国王菲利普二世是荷兰的伯爵和马利纳的贵族一样;但是,威廉作为总督,作为荷兰一些土地的领主,是菲利普的臣下。

菲利普希望同在西班牙一样在荷兰当一个至高无上的君主。只要是个男子汉就会有此雄心,因为权力总是要推翻一切束缚权力的障碍的。但菲利普在一个大而富的与法国为邻的国家实行专制统治还有另外一个好处:他至少可以永久地肢解法国,即使失去荷兰的7个省,即使在其他各省常有困难,他还是可以控制法国,甚至不费一兵一卒。

441　　(1565)他要[在荷兰]废除一切法律,征收捐税,设置新的主教,成立异端裁判所,这是他在那不勒斯和米兰都没有办到的。佛兰德人天生是好的臣民,可又是坏的奴隶。因害怕异端裁判而产生的新教徒,比加尔文的所有的书在佛兰德人中产生的新教徒都多得多。这些人的性格肯定既非爱好新鲜事物,亦非喜欢动荡骚乱。主要的领主们先前曾在布鲁塞尔集会代表自己的权益向荷兰女总督、查理五世的私生女儿帕尔玛的玛格丽特交涉。他们的集会在马德里被称为谋反,而在荷兰这是最合法的行动。可以肯定,与会者们不是叛逆,他们派了贝格斯的伯爵和蒙莫朗西-蒙地尼的领主到西班牙去向国王请愿,要求将首相、格兰韦尔的枢机主教调离,他们害怕这个人耍阴谋诡计。西班牙宫廷给他们派去了阿尔伯公爵①,派去了西班牙和意大利军队,阿尔伯公爵奉命可以使用刽子手,也可以使用士兵镇压。这办法在别的地方能轻而易举地扑灭一场内战,可是在佛兰德却恰恰引起了内战。只有外号沉默者的奥兰治亲王拿骚的威廉一人主张武力反抗,其余的人都想屈服。

有的人高傲、深沉,具有一种镇静自若的顽强的无畏精神,愈是遇到困难就愈是坚强。沉默寡言的威廉的性格就是这样,后来他的曾孙英国国王奥兰治亲王也是这样。沉默者威廉既没有军队也没有金钱来反抗菲利普二世这样的专制君主,迫害镇压的结果

---

① 阿尔伯公爵,名叫斐迪南·阿尔瓦雷·德·托莱多(1508—1582),查理五世和菲利普二世的将军,1567年—1573年任荷兰总督。在荷兰建立了血腥的"动乱法庭"。——译者

却使他得到了这些。在布鲁塞尔新设立的法庭①使人民失去了一切希望。埃格蒙伯爵、霍恩伯爵②和其他18名贵族同被斩首,他们的流血为联省共和国奠定了基础。

奥兰治亲王被判处斩首,他撤退到德国,只好去武装那些拥护他的新教徒。要发动这些人,他自己就得成为新教徒。加尔文教义在荷兰沿海各省占优势。威廉本属路德教派,查理五世喜欢他,使他成了天主教徒,现在出于需要他又成为加尔文派教徒。那些曾经建立、保护、改变宗教信仰的君主,极少是真有宗教信仰的。威廉要建立一支军队是很困难的。他在德国没有多少土地,拿骚的伯爵领地属于他的一个兄弟。可是,他的教友们、朋友们,他的品德以及他的许诺,却使他得以招兵买马。他先将士兵送到弗里斯去,由他的弟兄路易伯爵指挥。他的军队被消灭了,他毫不气馁,又建立了一支军队,由那些有宗教热情又希望掠取财物的德国人和法国人组成。他难得碰到好运气。他无法进入荷兰,只好参加法国的胡格诺派军队作战。西班牙人的下述苛政给了他以新的活力:出售动产收税1/10,出售不动产收税1/20,出售地产收税1%。横征暴敛激怒了佛兰德人。墨西哥和秘鲁的主人,怎么会如此敲诈勒索的呢?菲利普二世怎么没有亲自到佛兰德,像他父亲那样,去扑灭动乱呢?

(1570)奥兰治亲王终于带着一支小部队回到布拉邦特。他退

---

① 指"动乱法庭"。——译者
② 埃格蒙伯爵,名拉摩拉尔(1522—1568),著名将领,曾为查理五世同法国作战;霍恩伯爵,名菲利普(1518—1568),查理五世时曾任盖达尔总督。两人均被阿尔伯公爵处死。——译者

到泽兰和荷兰①。今天如此著名的阿姆斯特丹当时还是微不足道的,甚至不敢表示支持奥兰治亲王。这个城市当时从事一种表面上看来很微贱的新商业,但这恰恰是它兴旺的基础。捕鲱鱼和腌鲱鱼在世界历史上算不得重要事情,可就是这使得一个被蔑视的、贫瘠的国家变成了值得重视的强国。威尼斯在开始时也不怎么出色。一切大帝国都是从几个小村庄开始,一切海上强国最初也只有几条渔船。

奥兰治亲王的全部指望寄托在海盗身上,其中一人突然攻占了布里勒。随后,一个教士策动符利辛根海港起而响应。最后荷兰、泽兰两省派代表在多德雷赫特城开会,同阿姆斯特丹一起宣布与威廉亲王联合,承认他为执政官。于是威廉从人民那里得到了他以前从西班牙国王那里得到的同一个职衔。为了同西班牙政府不再有任何共同之处,他废除了罗马教。

长期以来,这个国家的人民并不被认为是好战的,现在他们一下子都成了骁勇善战的人了。双方作战都空前勇猛,空前壮烈。西班牙人在围攻哈勒姆城(1537)时,把一名俘虏的头颅抛入城中,守城居民随即扔下11名西班牙人的头颅,并且附着纸条,上写道:"10个头是我们交纳的什一税,一个头是我们交纳的利息。"哈勒姆城无条件投降后,胜利者将所有的官员、牧师和1500多名居民吊死,西班牙人对待荷兰人就像从前对待新大陆人一样。人们就是这样互相对待的,写到这里,笔都要失手掉下来了。

---

① 低地国家,即荷兰,系由若干个省份组成,其中荷兰是最主要省份之一。以后便以荷兰指低地国家。——译者

阿尔伯公爵的不人道行为，只能使他的主子丢失两个省，他终于被召回西班牙。据说他回国时还吹嘘，曾通过行刑者之手杀了18000人。在荷兰新总督、大统领雷克森斯手下，战争的暴行仍在继续。奥兰治亲王的军队又被打败（1574），他的兄弟们被打死，可他的一派反因为人民对敌人的憎恨而加强，生性平和的人民，一朝越过界限就不会后退了。

（1574—1575）莱顿的攻防战是坚忍不拔和自由的伟大力量的最好证明。荷兰人恰恰作了后来在1672年路易十四兵临阿姆斯特丹城下时所作的事：他们决了堤坝，引伊塞尔湖、马斯河的水和海水淹没村庄，并派了一支有两百艘船的船队越过西班牙人的工事进入城中增援。然而还有另一个奇迹，围攻者竟然敢于继续包围该城并着手排除大水。守城者采用这种办法是史无前例的，而围城者的顽强也同样是史无前例的，但是这种顽强终究无济于事。莱顿城至今还是每年纪念它解围的日子。不应忘记，被围困的居民曾经使用鸽子来同奥兰治亲王通消息，这是在亚洲常用的方法。

就在这时候，人们看到了菲利普的军队因领不到军饷而在佛兰德哗变，劫掠了安特卫普城（1576）。荷兰各省既不向菲利普也不向他的总督请示，就同哗变部队讲和，宣布大赦，交还俘房，拆除工事，并下令推倒阿尔伯公爵塑像，这座像是残暴的阿尔伯为自己树立的、一直在菲利普所统治的安特卫普城矗立着的纪念碑。这时候，菲利普的那个如此英明的政府，又成了什么样了呢？

大统领雷克森斯死后，菲利普本来还可以通过亲临荷兰来恢复平静的，但他却派去了他的弟弟奥地利的堂·胡安。这位亲王在欧洲以对土耳其人作战获得勒班陀大捷而闻名，同时也以怀有野心、想当突尼斯国王而闻名。菲利普不喜欢堂·胡安,怕他功名过大,对他持有戒心。不过菲利普尽管不愿意,还是把荷兰总督的位置给了他,希望荷兰人会喜欢这位亲王身上具备的查理五世的血统和精神,而重新安分守己。可是他算错了。当堂·胡安在布拉邦特出任总督之后而离开该地时(1577),奥兰治亲王在布鲁塞尔被拥立为布拉邦特总督。然而,人民给予威廉的荣誉,反而妨碍了布拉邦特和佛兰德像荷兰那样成为自由的省份。因为在这两个省中贵族太多,他们嫉妒奥兰治亲王,这种嫉妒为西班牙保留下了10个省。这些贵族要那个能同堂·胡安相抗衡的马西亚斯①大公爵来当大总督。一个奥地利的大公爵、菲利普二世的近亲、天主教徒,能到这几乎全是反对菲利普的新教徒一派中来当首领,这是难以设想的。但是,野心是不受这一切约束的,而且皇帝和帝国都不喜欢菲利普②。

445 　　当时,一切都陷于分裂和混乱。奥兰治亲王被各省委派为马西亚斯大公的副将,他必然是大公暗中的敌人。但两人都反对堂·胡安,各省对这3个人都不信任。当时另外还有一派,则对各省不满意,对3个亲王也同样不满意,从而使祖国发生分裂。各省公开宣布宗教信仰自由(1578),但却再没有办法平息那成为顽疾的教派狂热了。堂·胡安在尚布卢③打赢了一场战争,但无济于事,正当壮年时期,他就在动乱中死了(1578)。

---

　　① 马西亚斯(1557—?),马克西米连二世之子,曾为匈牙利和波希米亚国王,1612年至1619年为神圣罗马帝国皇帝。——译者
　　② 这句话可能是指菲利普二世本来不受查理五世喜爱,查理五世是西班牙国王,又是神圣罗马帝国皇帝。——译者
　　③ 尚布卢,今比利时那慕尔省城市。——译者

查理五世这个儿子的继任者,是查理的外孙,那个享有同样名声的帕尔玛公爵亚历山大·法尔内兹。这个人从母系看是查理的后人,从父系看是教皇保罗三世的后人。就是他,后来到法国援助巴黎解围,同伟大的亨利①作战。在历史上没有比他更伟大的军人,然而他也未能制止联省共和国的建立或阻止它的发展,共和国终于在他眼皮下诞生了。

这7个省,现在我们统称为荷兰,是经过奥兰治亲王的努力而联合起来的(1579年1月29日)。联盟看起来脆弱,实则十分强固,由于利害关系不同,7省始终各自独立,但为了自由的重大利益又始终紧密联合。构成它们的纹章和国徽的一束箭,就象征这种为自由的利益的联合。

乌得勒支联盟是联省共和国的基础,也是7省联合掌政的基础。威廉被宣布为7省的首脑,他是统帅、海军总司令、执政官。本来可以同荷兰一起使荷兰成为世界强国的其余10个省当时不愿加入联省。7省自己保卫自己,布拉邦特、佛兰德、还有别的省,都想请一个外国亲王来保护自己。马西亚斯大公爵已经变得没有什么用处了,三级会议就用一笔数额不大的退职金将身为皇帝的儿子、皇帝的兄弟、后来自己也当了皇帝的这个人送走。接着请来了法国国王亨利三世②的兄弟、安茹公爵弗朗索瓦,为此事,三级会议跟他谈判了很久。所有这些省,都有四股势力:马西亚斯因为力量薄弱,终被送走,安茹公爵也很快垮台,帕尔玛公爵因为还有

---

① 指法国国王亨利四世。法尔内兹在1578年任荷兰总督,1590年参加天主教同盟对法国的战争,阻挡亨利四世围攻巴黎。——译者
② 亨利三世(1551—1589),法国国王,1574年至1589年在位。——译者

几个贵族和一支军队,终于为西班牙国王保存了10个省,拿骚的威廉则把7个省永远地夺取过来。

一直安安稳稳地呆在马德里的菲利普这时下令通缉奥兰治亲王(1580),并悬赏25000金埃居要他的首级。这种在古罗马三头政治以后未有所闻的搜罗杀手的办法仅在法国对威廉的岳父海军元帅科利尼①使用过,当时悬赏金额是5万埃居,菲利普要杀死科利尼的女婿奥兰治亲王的赏金只及前者的一半,他本来是能够出得多一些的。

当时左右一切的是什么样的偏见啊!西班牙国王在通缉令中承认他违背了他对佛兰德人的誓言,并且说"教皇已经同意不必履行这一誓言。"可见他肯定相信这条理由能给天主教徒造成强烈印象!然而这条理由是多么强烈地激怒了新教徒,使他们更加坚决地与天主教分道扬镳!

威廉的答复是历史上的一篇杰作。他原是菲利普的臣下,一旦被通缉,就变得跟他平起平坐的了。从他的辩护词中我们看到,他是那个跟奥地利家族同样古老、同样有名的皇族的亲王,他还是在各国法庭上控告欧洲最显赫的国王的联省共和国的执政官。他本来也可以反过来宣布通缉菲利普,但他厌恶这种报复,只求用他的剑来保卫自己,他毕竟在这方面比菲利普优越。

这时,菲利普比以前更加令人畏惧了。他不出国门一步,就占领了葡萄牙,他还想同样地消灭七省联合共和国。威廉一方面要

---

① 科利尼,即嘉斯帕尔·德·科利尼(1519—1572)。后成为新教徒的首领,在圣巴托罗缪惨案中被吊死。——译者

提防暗杀者,另一方面要警惕亨利三世的弟弟、安茹公爵这个新的主人,此人已到达荷兰,各省也已承认他是布拉邦特的公爵和佛兰德的伯爵。不久,威廉就先后被马西亚斯大公爵和安茹公爵打败了。

(1580)被这个国家选作保护人的安茹公爵要当至高无上的君主。任何时候总有反对君主的阴谋,可是这位君主却对人民搞了一个阴谋。他想同时对安特卫普、布鲁日和其他几个城市发动突然袭击。在毫无意义地袭击安特卫普时有1500名法国人被打死。他进攻别的几个要塞也失败了。安茹公爵一方面受到亚历山大·法尔内兹的逼迫,另一方面受到人民的憎恨,就极不光彩地撤回法国,让帕尔玛大公和奥兰治亲王去争夺荷兰各省。荷兰各省成了欧洲最有名的战争舞台和训练勇士的军事学校了。

暗杀者终于为菲利普报仇雪恨,杀害了奥兰治亲王。一个叫萨尔塞德的法国人策划了这个阴谋。西班牙人乔里尼在安特卫普开枪打伤了他(1583),最后,弗朗什-孔太人巴尔塔夏·热拉尔在德尔夫特①当着亲王妻子的面将亲王打死(1584)。亲王的妻子在死了第一个丈夫之后目睹第二个丈夫被人暗杀,就像她父亲(海军元帅)在圣巴托罗缪惨案中被人杀害一样。暗杀奥兰治亲王完全不是为了要得到菲利普许下的25000赏金,而是为宗教狂热所驱使。据耶稣会会士斯特拉达说,热拉尔在刑讯中坚称他这一行动是"受神授的本能的驱使"。斯特拉达还特别说明:"乔里尼暗杀奥兰治亲王之前先在一个多明我会修士跟前忏悔以纯洁灵魂,并领

---

① 德尔夫特,荷兰南荷兰省城市。——译者

受圣体以坚定意志。"当时的凶杀就是如此,这是从再浸礼教派开始的。从前在德国,当芒斯特城被围时,一名妇女想效法犹滴①,出城去同围城的主教睡觉;在床上把他杀死。波尔特罗·德·梅雷暗杀吉斯的公爵弗朗索瓦,也采用了同样的方法。这样的暴行在圣巴托罗缪大屠杀中达到了登峰造极的地步。后来,亨利三世和亨利四世相继被害,又发生了英国的火药阴谋事件②。引自《圣经》的一些例子,起先由新教徒或改革派宣传,后来又由天主教徒经常散布,在懦弱者及野蛮者的思想里产生影响,使他们愚蠢地相信是上帝命令他们杀人。盲目的狂热使他们不懂得,《圣经·旧约》虽然说过上帝叫人流血,但是只有当上帝从天上下来,亲口确切无误地口授有关受他主宰的人类生命的命令时,人们才能服从这个命令的。而且又有谁知道,上帝可能更满意的还是那些责怪他不够仁慈的人而不是那些服从他的裁判的人呢?

菲利普二世对暗杀非常满意,他犒赏了热拉尔一家,赐给这个家族类似查理七世赐给奥尔良贞女一家的贵族证书。有了这种证书,人的肠肚都会贵族化起来的。凶手热拉尔的一个妹妹的后代全都享有这个特权,直到路易十四占领了弗朗什-孔太。此时,人们终于对该家族享有连法国最负盛名的家族和贞德的兄弟们的后代都没有享受到的荣耀提出了异议。当有人向热拉尔家族征收达依税时,他们竟向省督德瓦诺尔出示贵族证书。省督将证书踩在

---

① 犹滴《圣经·次经》中《犹滴传》的犹太女英雄。拜突里亚城被困,她深夜潜入敌阵骗取敌将荷罗孚尼的信任,乘荷罗孚尼醉眠之时,杀了他的头。——译者
② 火药阴谋事件指1605年英国一些天主教徒阴谋炸死詹姆斯一世和炸毁国会的事件。——译者

脚下,从此暗杀不再被人重视,这个家族也被贬为庶民。

沉默者威廉被谋害时,正要被宣布为荷兰伯爵。取得这个新爵位的条件在除何姆斯特丹和古达以外的所有城市早有规定,可见威廉为共和国做事,同时也为他自己谋利益。

威廉的儿子莫里斯[①]不能要求这个爵位,但七省联盟宣称他是七省的执政官(1584),他巩固了他父亲所开创的自由事业。他堪与亚历山大·法尔内兹公爵相匹敌。这两个伟人在这个引起各国注意的狭小的战争舞台上都是不朽的人物。帕尔玛公爵法尔内兹只是在后来围攻安特卫普时出了名,那时他已经算得上是最杰出的军事统帅之一。安特卫普的居民像古代提尔的居民守卫提尔一样守卫该城,法尔内兹在水深流急的埃斯科河边筑起一座堤坝,采用了枢机主教黎世留后来围困拉罗舍尔时用过的办法,也像亚历山大攻克提尔一般攻下了安特卫普,因此他以亚历山大作他的姓。

共和国不得不向英国女王伊丽莎白求援,她给共和国派出了由累斯特伯爵统率的 4000 人的援兵。当时这是相当多的了。就像当初安茹公爵和马西亚斯大公爵位在威廉之上一样,在一段时期内,累斯特是莫里斯亲王的上级,得到了总督的职位,但是不久女王就撤销了他的职位。莫里斯没有让共和国总督的职权受到侵犯,他也没有想要超越这一职权,那是很幸运的。

这场漫长又曲折的战争,既未能使 7 省重归菲利普所有,又未能从菲利普手中夺走其余的省。共和国的海上力量日益强大,以

---

① 即莫里斯·德·拿骚(1567—1625)。——译者

至对摧毁号称"无敌舰队"的菲利普舰队起了不小的作用。在40多年中,这个共和国的人民像拉栖第梦的居民一样总是把那个大国王打退。阿姆斯特丹的风尚、人民的质朴、平等,都和古代的斯巴达城邦国家相仿,其朴素程度尚有过之。7省还保持着古代的一些遗风。现在的受过一点教育的弗里斯人都知道,当年在弗里斯,人们不懂得什么叫钥匙和锁。人们只有简单的一点必需品,用不着锁起来。自己的同胞不用提防,保护牧群和谷物是针对敌人的。沿海地区的房屋就是一些木屋,清洁就等于华丽。从来也没有一个国家比这个共和国更不讲排场。当路易丝·德·科利尼来到海牙嫁给威廉亲王时,派去接她的是一辆敞篷两轮马车,她坐的是一块木板。到莫里斯死后,在弗里德里希-亨利的时代,海牙已变成了国王、政客、军人们会集的环境舒适的居留地。仅仅商业便使阿姆斯特丹成为地球上最繁荣的城市之一,城市周围的牧场都是优质的,使乡村居民也富裕起来。

第一六五章

菲利普二世的统治（续）；葡萄牙国王塞巴斯蒂安的厄运

当时西班牙国王似乎就要用他的强大力量消灭拿骚家族并扼杀新生的联省共和国了。不过他在非洲已经失去了对突尼斯的宗主权，也失掉了在古代是迦太基城的古莱特港城①。可是后来一个名叫穆莱-穆罕默德的摩洛哥和非斯国王因为同他的叔叔争王位，便在1577年向菲利普提出，愿意臣服于他。菲利普拒绝了，结果穆莱-穆罕默德得到了葡萄牙承认的王位。这位北非国王亲自去叩见葡萄牙国王塞巴斯蒂安，请求帮助。年轻的葡萄牙国王是埃马努埃尔大帝的曾孙，他渴望在他的祖宗创立功业的这块土地上崭露头角。十分奇怪的是，帮助他的不是将要作他岳父的舅舅菲利普，而是给了他1200名援兵的奥兰治亲王，而那时奥兰治亲王在佛兰德几乎都自身难保。一般历史书都说这件小事情表明了奥兰治亲王的高尚，可是这主要是说明了他到处与菲利普为敌的坚定决心。

塞巴斯蒂安率领近800艘船在他的祖先征服过的非斯王国的

---

① 古莱特，突尼斯城市，是突尼斯通向海洋的运河上的商埠和渔港。——译者

亚尔齐拉城登陆。他的部队有步兵15000人,马匹不到1000。显然是因为这支骑兵人数太少,无法与摩尔人的强大的骑兵相比,所以后来历史家都指摘他是个鲁莽人,可是如果他运气好打了胜仗,那又会有多少赞美之词啊!他被摩洛哥的老国王摩鲁科打败(1578年8月4日)。这次战役中,3个国王都死掉了:其中有摩尔人的两代国王,叔叔和侄子,还有塞巴斯蒂安。老国王摩鲁科之死,是历史记载中最受人称赞的一件事。他大病后身体衰弱,在战斗中自己感到不能支持,就平静地下了最后的命令,将手指放在唇边,向他的指挥官们示意不要让士兵知道他死的消息,然后咽了气。这样的大事不可能处理得更简单的了。战败的[葡萄牙]军队全军覆没,没有一个人生返。这个战役不同凡响,其后果也极不平常。人们第一次看到这样一个人,既是枢机主教又是国王,这就是70岁的堂·亨利,埃马努埃尔的儿子,塞巴斯蒂安的叔祖,他全权掌管葡萄牙。

菲利普从这时起就想继承堂·亨利。怪事之外又出怪事,教皇格雷戈里十三①也加入了竞争者的行列。他声言:既然没有直系继承人,葡萄牙王国就应属于罗马教廷,理由是[教皇]亚历山大三世以前曾经立过阿尔丰沙伯爵为王,而阿尔丰沙伯爵自己又承认是罗马的封臣。这是个奇怪的理由,这个教皇格雷戈里十三,俗名布翁孔巴尼奥,有这样的意图,或者说有这样的想法,要封给他的私生子小布翁孔巴尼奥一个王国。他不愿意为了这个儿子而像他的好几位前任一样把教皇国弄得支离破碎。起先他希望儿子能

---

① 格雷戈里十三,教皇,1575年—1582年在位。——译者

得到爱尔兰王国，因为菲利普二世正在爱尔兰制造动乱，就像伊丽莎白把荷兰已点燃的火拨旺一样。爱尔兰以前也是由教皇赐封的，当爱尔兰的女王被处以绝罚后，爱尔兰就应当还给教皇或还给教皇的儿子。但这个计划没有成功。教皇确实从菲利普那里得到了几艘战船和几个西班牙人。这几个人同几个意大利人一起打着罗马教廷的旗号在爱尔兰靠岸，但他们全被砍死，这些人的爱尔兰同党则被吊死。经过这样一次荒谬的进攻又如此惨败之后，格雷戈里十三把目光转到葡萄牙，然而他的对手是菲利普，菲利普拥有的权利比他多，而且比他更有办法来行使自己的权利。

（1580）老国王兼枢机主教在位时听到的尽是当他的面所展开的争论：法律上谁将是继位者。不久他就死了。克拉托修道院院长、马耳他骑士团骑士安东尼是老国王堂·亨利的侄子，而菲利普二世只是亨利的外甥，因此安东尼要求继承王位。他被认为是私生子，但他自称是合法的婚生子。结果不论是修道院长还是教皇都没能继承王位。勃拉甘斯家族①的支系似乎有理由提出继承权，但是由于谨慎或者畏缩，没有提出。菲利普派了一支有 2 万人的军队来说明他有此权利，而在当时，也不需要更多的军队了。修道院长不可能抵挡得住，就要求土耳其皇帝帮助，但毫无结果。在这一系列怪现象中，就只差教皇没有为了当葡萄牙国王也同样向土耳其人乞援了。

菲利普自己从来不打仗，他在自己的办公室里征服了葡萄牙。

---

① 勃拉甘斯家族，葡萄牙的王族，是葡萄牙国王约翰一世私生子阿尔丰沙的后裔。——译者

长期为他服务后被他流放已有两年的阿尔伯公爵被他召回,就像锁起了又放出来一条猎狗一样。阿尔伯两度战胜了修道院长小小的军队,结束了他的戎马生涯,而修道院长安东尼众叛亲离,长时间地在他的祖国流浪。

菲利普于是来到里斯本,让人给他加冕,他并许诺:谁交出安东尼就赏给8万杜卡特。悬赏通缉是他惯用的武器。

(1581)克拉托的修道院长和他的几个落魄的同伴先到英国避难,这些人什么也没有,同他一样衣衫褴褛,跪在地上伺候他。这个规矩是继承查理曼大帝世系的德国皇帝们所订立的,西班牙在13世纪卡斯蒂利亚国王阿尔丰沙十世被选为皇帝时也采用了。英国的国王们也学了样,这似乎是同英国民族引以自豪的自由背道而驰的。法国的国王不屑于这样做,而只求掌握实际权力。波兰的国王在举行典礼的日子里是受跪拜的,但没有超过这个限度。

伊丽莎白当时的处境不容许她为克拉托修道院长同菲利普作战。她是菲利普的不共戴天的、但非公开的敌人,她尽力抵抗他,暗中煽动他的仇敌。她在英国只能靠百姓拥护来巩固自己,要维持百姓的拥护就不能征收新的献纳金,因此她无法在西班牙打一场战争。

堂·安东尼向法国求助。亨利三世的议会同英国的议会一样,对菲利普又嫉妒又害怕。双方没有公开的战争,但是有宿怨,双方都怀有损害对方的意图。胡格诺派成了国中之国,菲利普则心坏叵测想对天主教徒不断给予保护,使之另树一帜,亨利三世一直处在这两者之间,感到很为难。

卡特琳·德·美第奇对葡萄牙也有几乎与教皇同样不切实际

的要求。堂·安东尼迎合了她的愿望,答应将他自己收复不了的王国的一部分领土送给她,至少给她亚速尔群岛,那里有他一派的势力。卡特琳给了他很大的帮助,给了他小船60艘,兵丁6000人,其中大部分是胡格诺派教徒,可供随意调遣,甚至派去打西班牙人。法国人,特别是加尔文派教徒,到处都想打仗,他们成群结队追随安茹公爵,在佛兰德拥立他。他们兴高采烈地登船,要在葡萄牙重立堂·安东尼。开始他们占据了一个岛,但很快西班牙船队出现(1583),这支船队在舰只大小和兵员数目方面都超过了法国船队,有12艘带桨的双桅战船和50艘大帆船。大西洋上第一次出现双桅战船,并且令人惊奇的是他们把这些战船在新的海域一直开到600法里之遥。很久之后,路易十四把几艘战船开入北海时,被认为是第一次的壮举,其实并非如此。不过路易十四的行动比菲利普二世的更为危险,因为英国的北海比大西洋风浪更大。

这次海战是在世界的这一部分地区进行的首次海战。西班牙人战胜了,并且滥用了他们的胜利。菲利普舰队的将军圣克鲁斯侯爵借口西班牙和法国没有宣战,应把俘虏作为海盗来处理,命令将几乎所有的法国俘虏交给刽子手杀掉。堂·安东尼幸免一死,逃到法国让人跪着伺候他,可最后在穷困潦倒中死去。

这时菲利普不仅是葡萄牙的主人而且是西班牙所有殖民地的主人。他的统治扩展到美洲和亚洲的尽头,然而还是无法压倒荷兰。

(1584)日本有一个由王侯4人组成的使团来到西班牙,使他的最高威望达到顶峰。菲利普被看成是欧洲第一君主。基督教在日本取得很大的进展,西班牙人以能够在那里像在宗教方面一样建立起自己的势力而沾沾自喜。

在基督教世界中，对罗马教廷，菲利普是不敢得罪的，因为这是他的那不勒斯王国的宗主国。对法国，他通过天主教联盟和他资助的钱财成功地让它经常处于分裂状态；对荷兰，他必须把它压倒。特别是对英国，他要使它动荡不安。他把这些发条同时开动起来。但从他不久之后装备所谓无敌舰队一事看来，他的目的与其说是扰乱英国倒不如说是征服英国。

伊丽莎白女王给他提供了这样做的足够的理由：她大力支持七省共和国各成员。法兰西斯·德雷克①那时是个普通的船主，他在美洲劫掠了好几个西班牙属地，穿过麦哲伦海峡，绕地球一周，带着战利品，于1580年回到伦敦。比这些理由更加重大的一个借口是苏格兰女王玛丽·斯图亚特被伊丽莎白违背人权拘禁了18年。苏格兰的所有天主教徒全站在玛丽一边。玛丽对英格兰的权利是名正言顺的。这种权利来自英王亨利七世，她是亨利七世的后裔，其合法性无可争议，而伊丽莎白的合法性倒是成问题的。菲利普可以利用他以前有过的英国国王这个空头衔，而且，营救玛丽女王之举最终必能使教皇和欧洲所有天主教徒为他的利益服务。

---

① 法兰西斯·德雷克(1540—1596)，英国航海家，在麦哲伦之后，第二个完成环球航行，曾三次到南美洲。——译者

第一六六章

菲利普二世企图入侵英国；无敌舰队；菲利普二世在法国的权势；卡洛斯王子之死

菲利普为了入侵英国，准备了庞大的无敌舰队，并且希望得到佛兰德的一支部队的支援和英国反叛的天主教徒的协助。但是把玛丽·斯图亚特断送了的，也正是英国天主教徒的协助，这种协助非但没有把她解救出来，而且使她上了断头台（1587）。于是菲利普二世只有一条路可走：攻占英国，为玛丽复仇；这么一来荷兰就会屈服并受到惩罚。

要进行这一切准备工作，就必须耗用从秘鲁运回的金子。"无敌舰队"从里斯本出发（1588年6月5日），共有150艘大船，2万士兵，将近3000门炮，7000名船员，船员在必要时也可以作战。帕尔玛公爵在佛兰德集结了有3万士兵的一支军队，只等时间一到，就登上准备好的运输船，入侵英国，同菲利普舰队的军队会师。英国的船比西班牙的船小得多，抵挡不住这些活动的堡垒——其中有几艘船体水下部分高达3法尺，炮弹打不穿。但是如此协调的这次进攻并没有成功。英国的百艘战船虽然小，却很快就把这支大舰队遏制住了，他们抢占了几艘西班牙船，用8艘放火船冲散了其余的西班牙船舰。

458　　　接着,风暴帮助了英国人,"无敌舰队"差不多要在泽兰岸边搁浅了。帕尔玛公爵的军队必须依靠西班牙舰队始能渡海,这时已经毫无用处了。菲利普的战船败在英国人手下和风暴中,撤退到北海。有几艘已经在泽兰近岸搁浅,有的撞坏在奥克尼群岛①的岩石上和苏格兰海岸边,另外有些则在爱尔兰海边失事了。农民们把从海浪中逃出来的士兵和水手杀掉,爱尔兰的总督则野蛮地命令将其余幸存者吊死。最后返回西班牙的只有50艘战船。舰队所载的约3万人经历失事、炮火、英国人的刀剑,受伤的受伤,得病的得病,回到本国的不超过6000人。

直至今日,在英国,还有关于这支"无敌舰队"的一种奇怪的偏见。很少有哪个商人不经常向他的学徒讲述,一个叫格雷沙姆②的商人使西班牙舰队的装备没能按时交货,而让人提前供应英国舰队的装备,从而拯救了祖国。据说他是这样做的:西班牙政府汇款到热那亚支付在意大利各港口进行军事装备的费用,英国最精明的商人格雷沙姆也同时开汇票要求热那亚人兑付,并威胁对方,如果他们要西班牙人的汇票而不要他的汇票,他就永远不再同他们做生意。热那亚人在一个英国商人和一个普通的西班牙国王之间没有什么可犹豫的,结果是商人把热那亚的现金兑光了,菲利普二世兑不出钱,他的军事装备的交货就延搁了半年。这个荒诞的故事在许多书上重复,甚至在伦敦戏台上上演。但是有见识的历

---

① 奥克尼群岛,在苏格兰之东北。——译者
② 格雷沙姆(1519—1570)英国财政学家。——译者

史家从未用这种无稽之谈来败坏自己的名声。每个民族都会出于自尊心而编造自己的故事；但是人类从未被更荒谬、更有危险性的故事所欺骗，这也许是一件幸事。

帕尔玛公爵所拥有的力量雄厚的3万人的军队也并没有在征服荷兰中起什么作用，正如"无敌舰队"没有在征服英国中起什么作用一样。荷兰很容易利用其运河、堤坝、狭窄的堤道进行自卫，而酷爱自由的荷兰人在奥兰治亲王们的领导下已变得勇敢善战，他们是能够抗击更强大的军队的。

459

只有菲利普二世在遭受如此重大挫败后仍然是可怕的。美洲和亚洲给了他大量钱财，足以使他的邻国战栗。他进攻英国未成，就想把法国变成他的一个省。

他在征服葡萄牙、支持佛兰德战争和进攻英国的同时，一面在法国煽动旨在推翻王位、分裂国家的天主教同盟闹事，一面又在受他保护的这个同盟内部制造分裂。有三次他几乎都要以保护者的名义，被承认为有权授予各种官职的法国君主，他的女儿克莱尔·欧仁妮公主也将差一点成为听命于他的法国女王，并以法国的王冠作为她给她丈夫的嫁妆。这个提议是在1589年亨利三世被暗杀后由16区代表委员会①提出的。天主教同盟的首领马延公爵只好说天主教同盟是由宗教界组成，"法国的保护人这个职衔只能属于教皇"，从而把这个提议搁置一旁。菲利普派驻法国的大使在1593年巴黎三级会议召开之前，曾大力推动这次谈判。人们对废

---

① 16区代表委员会是天主教同盟的一个委员会，由巴黎16个区的代表组成(1585年)，进行暴力凶杀，后被该同盟的首领马延公爵(1554—1611)消灭。——译者

除撒利克法典的办法讨论了很长时间,最后在巴黎三级会议上那位公主还是被提名当女王。

菲利普不知不觉地使法国人习惯于依赖他。因为,一方面,他给天主教同盟以相当多的资助,不让它垮掉,同时他又不能使它能够自立;另一方面,他给他的女婿、萨伏依的查理·埃马努埃尔以武装,来反对法国,为查理的军队提供给养,帮助查理使普罗旺斯议会承认查理是保护人;他并以此为榜样,让全法国承认菲利普是王国的保护人。当时法国似乎真要被迫这样做了。在巴黎,西班牙大使广为布施,确实能掌握局势。索邦神学院和各种宗教团体全都站在他一边。他的计划并不是要像征服葡萄牙一样征服法国,而是逼迫法国请求他统治法国。

(1590)为此目的,当亨利四世节节胜利的军队进逼巴黎时,菲利普便派帕尔玛公爵亚历山大·法尔内兹从荷兰内地出发去救援巴黎;也是为此目的,当法尔内兹一枪未发,用巧妙的办法为法国首都解围之后,他立即把法尔内兹召回。随后,当亨利四世围攻鲁昂时,他又派了这同一个帕尔玛公爵去解围。

(1591)正当菲利普还相当强大,可以决定法国宗教战争的命运之时,奥兰治亲王、莫里斯和荷兰人,这些10年前在西班牙被看作是籍籍无名的叛逆者、注定要受极刑的人,却变得足够强大,可以反抗菲利普,并派兵支援亨利四世,这是一件令人惊叹之事。他们派出3000人援助这位法国国王,可是帕尔玛公爵还是解了鲁昂之围,就像他曾解了巴黎之围一样。

这时,菲利普又将公爵召回。他对天主教同盟总是派兵援助又撤回,从而使自己始终成为必不可少的人物。他在法国的边境,法国的中心,四面八方撒开了他的网,使这个分裂的国家不可避免地落入陷阱,受他的统治。他已经用武力控制了布列塔尼地区。他的女婿萨伏依公爵则据有普罗旺斯和多菲内的一部分。西班牙军队从阿拉斯到巴黎,从富恩特拉维亚到卢瓦尔河畅通无阻。菲利普深信法国犹如囊中之物,以至他同马延公爵的使者雅南谈话时,老是说"我的巴黎,我的奥尔良,我的鲁昂。"

罗马教廷害怕他,又不得不帮助他,各种宗教武器都不断地为他战斗,他只需装出一副虔诚的样子就够了。笃信天主教又是占据日内瓦的借口,菲利普正致力于这件事。从1589年开始,他就派遣军队,由他的女婿萨伏依公爵查理·埃马努埃尔率领,向日内瓦及邻近地区进军。但是,一些由于热爱自由而更为坚强的穷国总是这位富有而显赫的君主的暗礁。日内瓦人靠苏黎世和伯尔尼两州和亨利四世的300名士兵的帮助抵抗岳父的金钱和女婿的武力。萨伏依公爵用云梯袭取了这座和平城市,并开始劫掠。也就是这些日内瓦居民,于1602年从同一个萨伏依公爵手中夺回了这座城市。他们敢于将一个君主的这种袭击作为强盗行为来惩处,把13个没能成为征服者的军官当贼对待,处以绞刑。

菲利普就这样不出国门一步,同时不断进行战争:在荷兰,同莫里斯亲王作战;在法国差不多所有的省份,同亨利四世作战;在日内瓦同瑞士人作战;在海上,又同英国人和荷兰人作战。使欧洲长期动荡不安的这些行动的结果是什么呢?亨利四世在去做弥撒的途中,顷刻之间就使菲利普失去了法国。正是由于菲利普之故,英国人学到了海战本领,成了同西班牙人一样出色的水兵,英国人抢掠了菲利普在美洲的属地(1593),埃塞克斯伯爵①火烧了他的一些大帆船和加的斯城(1596)。菲利普以突然袭击攻占的亚眠,已被亨利四世收复。他在这样折腾了法国之后,终于被迫签订了韦尔万②和约,承认他一向称为贝亚恩亲王③的人为法国国王。

特别值得注意的是,根据和约,菲利普将加来城交还法国(1598年5月2日)。荷兰总督阿尔伯特大公爵在法国多难时期将该城占了。此外,和约中没有提及伊丽莎白所主张的权利,她未得到加来城,也未得到卡托-康布雷西斯和约中规定付给她的80万金埃居。

这时候,菲利普的权力就像在淹没远方乡村之后流回河道的一条大河。他仍然是欧洲第一君主。伊丽莎白、特别是亨利四世的荣誉主要来自本人的品格,菲利普则直到最后仍然靠保持着他的广袤的疆土和巨大财富而给他带来威势。他在荷兰的专制暴虐和对法国的野心使他浪费了约30亿利弗,但一点也没有使他变穷。美洲和东印度是他取之不尽的财源。只是,尽管非他所愿,他的这些钱财却富了全欧洲。他在英国、法国、意大利搞阴谋,在荷兰搞军备所花的钱,使他想要征服的人民更加富裕,商品价格到处倍增,欧洲各国因他想损害它们反而富了起来。

他有约3000万金杜卡特的收入,不须向百姓征收新税,这笔收入比基督教各国君主的收入加在一起还要高。他因此有钱收买

---

① 埃塞克斯伯爵(1567—1601),英国女王伊丽莎白的宠臣,本名罗伯特。——译者

② 韦尔万,法国北部城市,1593年亨利四世在此地与西班牙签订和约,结束法西战争。——译者

③ 贝亚恩亲王,指亨利四世,因亨利四世出生在贝亚恩。——译者

不止一个国家,但却无法征服它们。伊丽莎白的坚强、亨利四世同奥兰治亲王们的勇敢精神战胜了菲利普的财富和阴谋。不过,如果不算加的斯城的破坏,西班牙在他统治期间始终是平静而安乐的。

西班牙人比其他国家的人有明显的优越性:他们的语言在巴黎、维也纳、米兰、都灵通用,他们的风尚、思想方法和写作方法胜于意大利人。而且,从查理五世直到菲利普三世统治初期,西班牙人都受到其他民族没有受到的尊重。

他在同法国讲和期间把荷兰和弗朗什-孔太送给他女儿克莱尔-欧仁妮作嫁妆。女儿没当上女王,他就把这些地方作为如果女儿没有后代,便要归还西班牙王室的领地给了他的女儿。

不久(1598年9月13日),菲利普就在71岁时死在宏伟的埃斯科里亚尔宫。这座宫殿是他许愿如果将军们打赢圣康坦战役建造的;仿佛蒙莫朗西或萨伏依的菲利贝尔①是否打了胜仗,与上帝有很大关系,而上帝的保佑是可以用建造宫殿来收买似的!

后世将这位王列为最强大的君主之一,但不是最伟大君主之一。有人称他为"南方的恶魔",因为他身居欧洲南方的西班牙国内,扰乱了所有其他国家。

如果我们从政治舞台上观察他以后,再从个人方面观察他,就可以看到,这是一个严厉而多疑的人,一个冷酷无情的情人和丈夫,一个毫不宽容的父亲。

---

① 萨伏依的菲利贝尔,指萨伏依公爵菲利贝尔二世(1465—1482),他的妻子玛格丽特为纪念他建造了布鲁日的天主教堂。——译者

他的家庭生活中至今还引起人们好奇心的一件事情,就是他儿子堂·卡洛斯之死。谁也不知道这位王子是怎么死的。在埃斯科里亚尔宫的坟墓里,王子身首异处。有人说,这是因为铅制的棺材太小了。这种说法不值一驳。做一口长一点的棺材非常容易。菲利普下令砍了儿子的头才更像是事实。有人写沙皇彼得大帝的传记,说他要定儿子死罪,就使人从西班牙将卡洛斯的案卷弄来。但案卷中没有王子的案情纪录和判决书。他犯了什么罪,他怎样死的,无人知晓。说他父亲让异端裁判所进行判刑!此事未经证实,也不像是真的。人们知道的只是1568年国王亲自到他寝室逮捕了他,国王曾写信给他的当了皇后的姐姐,说在王子身上从未发现有任何重大过失或任何败坏道德的罪行,说拘禁他是为了他本人和王国的利益。同时国王在这一年1月20日写给教皇庇护五世的信又完全相反,说堂·卡洛斯从少年时代起就品性恶劣,把父亲的教导全都置诸脑后。这些信只是告诉别人他把儿子拘禁起来了,至于他以什么理由将儿子处死,却一点也没提。但仅仅这一点,加上欧洲的传闻,就使人相信,菲利普确有杀子之罪。有些人说,这可怕事件的原因是卡洛斯爱上了他的继母、法国的伊丽莎白①,而这位王后对年轻的王子也颇为垂青。菲利普在流言中保持沉默,使这一说法更有根据。而且更符合实际的是,伊丽莎白生长于奢侈逸乐的王宫中,菲利普二世沉湎女色,风流献媚乃是一个西班牙人的本性;四面八方都是一些不忠贞的事例,堂·卡洛斯和

---

① 法国的伊丽莎白,指亨利二世之女,嫁给了菲利普二世。据说菲利普二世原根据卡托-康布雷西斯条约要求将她嫁与卡洛斯为妻。她23岁死于产褥。——译者

伊丽莎白年龄相仿,互相爱慕是很自然的。王子死后不久,王后随即去世,证实了这种传说。

全欧洲都相信菲利普因嫉妒而害死了他的老婆和他的儿子。过了一段时间,出于同样的嫉妒心,他又杀害了追求埃波黎公主的他的情敌、有名的安东尼·佩雷斯,这就更使人对上述说法不会怀疑了。所有这些,都是奥兰治亲王在法庭上对菲利普提出的控诉。奇怪的是,菲利普竟然没有让那些容易收买的刀笔吏作出答复,欧洲也没有一个人反驳奥兰治亲王。当然这不是充足的证据,但却是最有力的推理,历史不应当忽视这样的推理,因为,后世的评说乃是用以抗击得逞一时的暴政的唯一堡垒。

第一六七章

爱德华六世、玛丽、伊丽莎白统治时期的英国

英国人既没有西班牙那样繁荣昌盛，也没有西班牙人那样对各国宫廷的影响和到处咄咄逼人的势力。但是海洋和贸易给了他们以新的重要地位。他们了解自己真正的力量，仅这一点，就比海外一切领地和他们以前的国王们所取得的一切胜利都更为有益。假如这些国王曾经统治了法国，英国就只能是受控制的一个省了。英国民族过去好不容易形成，动不动就被丹麦海盗、萨克森海盗或一个诺曼底公爵征服，英国人过去在爱德华三世和亨利五世统治时期，只不过是这几个风云一时的君主的粗笨的工具。但是到了女王伊丽莎白时代，他们却是强大、文明、灵巧而勤劳勇敢的人。西班牙人的航海事业激发了他们的竞争心。他们连续3次航行，寻找一条由北方通到日本和中国的航路。德雷克和卡文迪什[1]都曾环绕地球航行，他们到处攻击的就是分布两半球各地的西班牙人。有一些公司依靠自己的力量在几内亚海岸经商获利。著名的雷利骑士没有政府的任何援助于1585年建立了并且加强了北美

---

[1] 卡文迪什(1555—1592)，英国航海家。——译者

的英国殖民地。由于这些航海行动,不久就形成了一支欧洲最优良的海军。这一点从英国人有 100 艘战船在海上抗击菲利普二世的"无敌舰队",随后又进军西班牙沿海,摧毁敌船,火烧加的斯,便可以清楚地看出来。最后,到 1602 年,英国人已变得更加强大,他们打败了菲利普三世的第一支舰队,取得了此后几乎从未失去的优势。

从伊丽莎白女王执政的头几年,英国人就致力于发展制造业。受到菲利普二世迫害的佛兰德人纷纷到伦敦居住,使伦敦更加有技艺,更加富有起来。在伊丽莎白统治下,平静的伦敦还卓有成效地发展了美术,这是繁荣的标志,富裕的结果。斯宾塞和莎士比亚的名声显赫,并传扬到其他国家。伦敦城扩大了,文明了,美化了。最后,大不列颠的这个岛的一半能与强大的西班牙相抗衡了。英国从工业看是二流的,而从自由看则是位居第一。这时已有一些同地中海东岸国家及北方国家进行贸易的公司。在英国,人们开始把耕种土地看作最重要的事,而在西班牙则忽视这种真正的利益,追求常人心目中的财富。新大陆的贸易让西班牙国王发了财,但在英国,商品买卖却是对百姓有益。我们在前面谈到过的伦敦一个名叫格雷沙姆的普通商人,当时相当富裕,相当慷慨,曾出资建造了伦敦交易所和一所用他的名字命名的学校。另外好几位公民建了医院和学校。这些都是自由所产生的最好的结果。平凡的个人那时作出了现在国王们在政事顺利时才做得到的事。

伊丽莎白女王的收入不超过 60 万英镑,她的臣民人数不会超过 400 万,而西班牙本土的人口比英国要多 1 倍。但伊丽莎白总是成功地进行了自卫,并且荣耀地帮助亨利四世恢复国土,帮助荷兰人建立共和国。

要了解伊丽莎白的生平和她的统治,有必要简略追述一下爱德华六世和玛丽的统治。

这位女王生于1533年,在摇篮里就被宣布为英格兰王国的合法继承人,但不久之后,当她的母亲安妮·博琳被送上断头台时,她又被宣布为私生女。她的父亲[亨利八世]于1547年去世,至死是个暴君,临终时还命令执行极刑,但都是通过司法部门执行的。他判诺福克公爵父子死刑,唯一的借口是他们的餐具上有英国徽章。结果父亲获得赦免,儿子被处死。应当承认,如果说英国人是像人们所认为的那样并不看重生命,那么他们的政府就是按照他们的这种性格来对待他们的。亨利七世①与珍妮·塞穆尔所生的儿子、年轻的爱德华六世的统治也免不了这类流血的悲剧。爱德华六世的舅舅托马斯·塞穆尔,英国海军上将,因为同兄弟爱德华·塞穆尔——即索姆塞特公爵,也是王国的保护人——发生争执而被杀头,不久,公爵本人也遭到同样下场。仅持续了5年的爱德华六世统治是暴动、骚乱的时期,国民多属新教派或倾向新教派。爱德华既没有将王位留给他姐姐玛丽②,也没有留给妹妹伊丽莎白,而是留给了珍妮·格雷。珍妮·格雷是[英王]亨利七世的后裔,是[法王]路易十二的遗孀玛丽同原来是普通贵族、新立为

---

① 亨利七世(1457—1509),此处原文误作八世,英国国王。1485—1509年在位;亨利八世(1491—1547),1509—1547年在位,两人不是父子关系,其子女年龄相近,互争王权。——译者

② 玛丽指亨利七世与珍妮·塞穆尔所生之女、爱德华六世和伊丽莎白之姊(1457—1482);她嫁给比她大34岁的法王路易十二为王后,三个月后路易十二亡故。再嫁英国的苏福克公爵勃兰敦。——译者

苏福克公爵的勃兰敦之外孙女。她嫁与一个名叫吉尔福德的爵士为妻,这位爵士是爱德华六世时期很有势力的诺森贝兰德公爵的儿子。爱德华六世在遗嘱里将王位授给珍妮·格雷,实际上等于送她上断头台。1553年她在伦敦宣布即位。但亨利八世同阿拉冈的卡特琳所生女儿玛丽的一派势力占了上风。这个玛丽签订了同菲利普结婚的协议之后第一件事就是将她的对手判处死刑(1554)。当时珍妮·格雷年方17,极其优雅、纯真,除了在爱德华的遗嘱中被指定为继位者,没有任何罪责。这倒霉的王位,她只保持了9天就自动放弃了,但也无济于事,她和她的丈夫、她的父亲、丈夫的父亲全都被处以极刑。这是在不到20年间死在断头台上的第三个英国女王。她出身于新教的环境中,这就是她被处死的主要原因。在这场革命里,用刽子手杀人比用士兵杀人多得多。所有这些残暴行为都是通过议会的法令执行的。各国都有过血腥的时代,但著名人物被送上断头台的,英国比欧洲其他国家加在一起还要多。通过法律来杀人是这个国家的特点。伦敦各城门都因为墙上挂着许多头颅而像墨西哥的寺庙一样散发恶臭。

第一六八章

伊丽莎白女王

伊丽莎白起先被她姐姐玛丽女王投入监狱。为了保全性命,她采取了与她的年龄不相称的谨慎态度,也使用了同她的性情格格不入的逢迎手段。这位后来当了女王以后拒绝菲利普二世求婚的公主,当初本来是想嫁给德文郡的伯爵库尔特莱的。从她留下的书信看来,她似乎十分钟情于这位伯爵。这样的婚事是一点也不奇怪的。人们看到,指定要继承王位的珍妮·格雷嫁给了吉尔福德爵士,享有亡夫路易十二的遗产的玛丽,则投入了骑士勃兰敦的怀抱。整个英国王室都是一个叫作都铎的普通贵族的后裔,都铎娶了亨利五世的遗孀,即法国国王查理六世的女儿。在法国,当国王还未强大到后来那种程度时,像胖子路易的遗孀,就毫无困难地嫁给了贵族马蒂厄·德·蒙莫朗西。

玛丽在位期间,伊丽莎白身陷囹圄,始终过着受迫害的生活,她利用自己失势的一段时间,提高文化,学习语言和科学。但是,在她所熟习的各门艺术中最重要的是对她姐姐、对天主教徒和新教徒都保持克制态度,不露声色,学好统治的本领。

伊丽莎白刚宣布继任女王(1559),她的姐夫菲利普[二世]就向她求婚。假如她真嫁给了菲利普，法国和荷兰就有被压倒的危险了。但是，她憎恶菲利普的宗教，也不喜欢他这个人，她既有虚荣心喜欢受人爱慕，又想享受独立的幸福。由于她在她的天主教徒姐姐当女王时是阶下囚，她一朝在位，就想使王国变成信新教的国家。开始，为了不惊动别人，她还是让一名天主教的主教为她加冕(1559)。我要指出，她从威斯敏斯特教堂到伦敦大钟楼坐的是一辆华丽的四轮马车，后面还跟着 100 辆这种马车。这不是因为当时四轮马车已经普遍使用，而是为了要显示盛大的排场。

470

随后，伊丽莎白立刻召集国会确定英国国教，这就是今天的英国国教。英国国教会给予国王以至尊的地位，教士必须向女王献纳收入的 1/10，圣职人员必须献纳一年的俸禄。

伊丽莎白于是有了英国国教首领的头衔。许多作者，主要是意大利人，认为一个妇女膺此头衔未免荒唐可笑。然而，他们应当考虑到，这个妇女是一国之君，法律规定她有王权以外的各种权利，我们所知道的古代各国君主也都掌管宗教事务，罗马皇帝都是宗教领袖。现在尽管有些国家是宗教管理国家，但也有许多国家是国家管理宗教。我们知道，在俄国，代替专权的牧首制的主教会议，曾连续由四任女皇主持。一个英国女王任命一个坎特伯雷总主教，为他订立法规，这并不比丰特弗洛的女修道院长任命几个小修道院长、几个神甫并为他们祝圣更加荒唐。总之一句话，各国有各国的习惯。

各国的君主应当都记得，主教们也不应忘记，伊丽莎白女王曾有这样一封写给伊利教区主教希顿的很有名的信：

傲慢的高级教士：

我获悉你正在拖延了结你业已同意之事，你难道不知道，我提拔了你，我也可以使你变得一无所有。你应从速履行你的诺言，否则我要免你的职。

你的朋友（但愿你配得上这个称呼）

伊丽莎白

471　假如历来的国王和官员们都能建立一个坚强的政府，有能耐写这样的信而不遭到报复，那就不会因为政教纷争而流血了。

英国国教保留了罗马教仪式中庄严肃穆的成分和路德教派严肃刻苦的成分。我发现在英国的9400名享有圣职俸禄者中，仅有14名主教、50名议事司铎和80名教士不接受宗教改革，继续信奉天主教，因此失去了有俸圣职。人们想到英国这个民族自从亨利八世以来已经4次改变宗教信仰，会觉得奇怪，一个如此自由的民族怎么会如此听话；一个如此坚定的民族，怎么会有这么多的反复。在这一点上，英国人颇像瑞士一些州的人，这些瑞士人总是等待官员来决定他们应当信仰什么。对于英国人，国会的法案就是一切。他们喜欢法律。要领导英国人，必须根据国会公布的或似乎是由国会公布的法律。

没有人因为是天主教徒而遭到迫害，但企图在信仰原则上扰乱国家的人都受到了严厉惩罚。吉斯家族当时曾经利用宗教的借口在法国建立他们的政权，这时少不了又来用同样的手段要将他们的侄女苏格兰女王玛丽·斯图亚特推上英格兰王位。他们控制着法国的财政和军队，借口帮助苏格兰天主教徒反对新教徒，派遣军队并送钱到苏格兰。法国国王弗朗索瓦二世的妻子玛丽·斯图亚特，作为英国国王亨利七世的后裔，高傲地获得了英格兰女王的头衔。英格兰、苏格兰、爱尔兰的天主教徒都拥戴她。伊丽莎白的王位尚未巩固。宗教阴谋有可能将她推翻。但伊丽莎白驱散了这第一场风暴。她派出一支军队援助苏格兰新教徒，迫使苏格兰摄政王后、玛丽·斯图亚特的母亲根据一项条约接受她的法律，并于20天后遣返法国军队。

国王弗朗索瓦二世死后，伊丽莎白强迫他的遗孀玛丽·斯图亚特放弃英格兰女王的头衔。她的这些活动鼓励了爱丁堡①所属各州在苏格兰实行宗教改革。这样伊丽莎白便使这个令她害怕的地区归附于自己。

伊丽莎白才解除了这些忧虑，菲利普二世又给她以更大的不安。当伊丽莎白的继承者玛丽·斯图亚特在有可能集法兰西、英格兰、苏格兰三国王权于一身时，从利害关系考虑，菲利普是伊丽莎白所必不可少的。但是，由于弗朗索瓦二世已经去世，她的寡妻得不到支持，已经返回苏格兰，菲利普害怕的只有新教徒，于是便成了伊丽莎白势不两立的仇敌。

菲利普暗中挑唆爱尔兰人反对伊丽莎白，而伊丽莎白则始终镇压爱尔兰人。他派"无敌舰队"去推翻伊丽莎白女王，女王却把它打得一败涂地。他支持法国的对王族危害很大的天主教同盟，而她则保护反对的一方。荷兰共和国受到西班牙军队的压迫，她就不让荷兰覆灭。从前英国的国王们倾全国之力以图攫取法国王

---

① 爱丁堡，旧时苏格兰的首都。——译者

位,如今利害关系及时代已变,伊丽莎白一再派兵援助亨利四世收复世袭的遗产。亨利四世就是靠这种增援终于包围了巴黎。如果没有帕尔玛公爵,或者如果不是亨利对被围的居民极其宽大为怀,亨利就会使法国王室信奉新教了,而这正是伊丽莎白所最为关心的事。人们倒愿意看到她获得成功,不失去她付出了代价的果实。伊丽莎白被庇护五世和西克斯特五世处以绝罚,这两位教皇都曾宣布她不配、也没有能力统治国家,从此以后,她胸中对天主教的憎恨益发强烈了。菲利普二世越是自称为天主教的保护人,伊丽莎白就越是天主教的死对头。听到亨利四世公开弃绝新教,没有哪个信奉新教的掌权者比她更伤心的了。她写给这位君主的信是很不平常的。"您对我的友情像是对您的姊妹一样,我知道,我曾受之无愧,当然也付出了很大代价。要不是您弃信主父上帝,我也不会感到后悔。现在,我再不能是您的姊妹了,因为我对我自己的主父永远比对您的主父更亲。"这封书简同时也表现出她的心迹、她的才思以及她用一种外国语文表达出来的坚毅精神。

尽管她痛恨罗马教,但可以肯定,她对国内的天主教徒从未像玛丽对待新教徒那样残酷镇压。诚然,正当亨利三世的弟弟安茹公爵在伦敦准备同女王结婚而实际上没有结婚期间,确实有耶稣会教士克莱顿、康比翁等人被处绞刑(1581)。但是,这些耶稣会教士全都是因为策划阴谋和煽动叛乱而被指控,而判决也都是根据证人的作证而作出的。也许这些人是无辜的,但既然是按法律行事,女王对他们的死是没有罪的。何况我们也没有任何证据证明他们清白无辜,而他们犯罪的法律上的证据在英国档案中是有案可查的。

法国有几个人至今仍然相信伊丽莎白杀死埃塞克斯伯爵仅仅是出于女人的嫉妒。这些人相信的是一个悲剧、一部小说的故事。然而无论谁只要读过一点史书就都会知道,女王那时已经 68 岁,埃塞克斯伯爵因公开叛乱而有罪,他叛乱正是由于女王已近暮年,他企图利用女王权力的。这位伯爵同他的同谋者一起全都是由贵族院议员判罪的。

　　在伊丽莎白统治时期,审判比所有前任君主都更为公正,这是她的政权的有力支柱之一。财政收入仅仅用于保卫国家。

　　她有一些宠臣,但她没有用国家的钱使他们发财。她最宠爱的是她的国民。并不是她真的爱他们,而是她感觉到她的安全和荣耀取决于她能否像真爱人民那样对待人民。

　　假如伊丽莎白不是悍然假借司法的权力杀害玛丽·斯图亚特,从而玷辱了如此良好的一代统治,那么她的荣誉就可以说是白璧无瑕了。

第一六九章

玛丽·斯图亚特女王

本来个人之间的龃龉，局外人是很难知道底细的，更何况是头戴皇冠的人之间的纠纷，双方都使用了许多秘密的手段，双方都陈述了真相，同时又编造了谎言。当时同时代的作者是不值得相信的，他们中的大多数往往是一方的辩护士，而不是历史的见证人。因此，我对这场真相不明的重大事件，也只能谈那些已经被证明了的事实。

玛丽同伊丽莎白之间存在着各种对立的关系：民族的矛盾，王位的角逐，宗教的敌视，思想的对立，容貌的竞争。玛丽的势力远不及伊丽莎白大，自主能力不及伊丽莎白强，她优柔寡断，缺乏策略，她唯一胜过伊丽莎白的是消闲娱乐的本领，这甚至也是她招致不幸的原因之一。苏格兰女王鼓动了英格兰的天主教派，而英格兰女王则更有成效地鼓动了苏格兰的新教派。伊丽莎白在玩弄阴谋手段方面首先占了上风，以至长期阻挠了苏格兰的玛丽按自己的选择再嫁。

（1565）可是，玛丽不顾正在同对手进行谈判，不顾苏格兰已有由新教徒组成的州,也不顾私生的兄弟、新教徒头领默里伯爵①的反对,还是嫁给了她的亲戚、与她同样是天主教徒的丹莱伯爵亨利·斯图亚特。于是伊丽莎白暗中挑动玛丽属下的新教徒贵族们兴兵造反。苏格兰女王亲自率兵追击他们,逼使他们退到英格兰。直到此时,玛丽还是顺利的,而她的对手伊丽莎白则是受困的。

意志薄弱是玛丽一切不幸的根源。一个名叫大卫·里齐约的意大利音乐家当时很得宠,此人乐器弹得很好,男低音歌唱很出色。这是一个证据,说明意大利人已占领了音乐的王国,有权在欧洲各国宫廷献艺。这位苏格兰女王喜欢的全都是意大利音乐。大卫·里齐约是领受教皇的俸禄的,这是一个更有力的证据,证明任何人只要有威信,就可以被外国宫廷任用。他为促成女王的婚事出了力,后来女王厌恶这门婚事,他也从中起了很大的作用。丹莱伯爵不过是名义上的[苏格兰]国王,妻子鄙视他,他老羞成怒,出于嫉妒,就带着几个持有凶器的人登梯潜入妻子的房间。他妻子正同里齐约和一个宠姬用晚餐。来人掀了桌子,当着女王的面杀了里齐约,女王上前遮挡也没有用。当时她已有5个月身孕,血淋淋的出鞘之剑给她造成了深刻印象,甚至传给了胎儿。她的儿子、未来的苏格兰及英格兰的国王詹姆斯六世②,在上述事件发生4个月后诞生了。他一生中每看到出鞘的剑就颤抖,不论他怎样努力克制这种心理都是如此。自然的力量何其大!它通过人们所不知的途径起了多大的作用!

---

① 默里伯爵(1531—1570),苏格兰摄政。——译者
② 詹姆斯六世(1566—1625)。1567年任苏格兰国王,1603—1625为大不列颠国王。——译者

女王很快就恢复了她的权威,同默里伯爵妥协,镇压了杀死音乐家的凶手,又同一个博斯威尔伯爵有了新的关系。这些新的爱情关系招致了她丈夫的死亡(1567)。一说有人下了毒,但他身体强壮,能抵抗住。这位女王丈夫肯定是在爱丁堡一座独立的屋子里被害的。女王事先将最珍贵的器具搬出,跟着就用炸药将房屋炸毁。他葬在王族陵墓,在里齐约墓旁边。国民无不指控博斯威尔伯爵是杀人犯。就在公众呼吁复仇的同时,玛丽叫这个双手沾满她丈夫血迹的凶手把她抢走,然后,她公然同他结了婚。在这件丑事中,奇怪的是博斯威尔伯爵当时有个妻子,为了抛弃她,他强迫她告发他犯有通奸罪,然后,根据当地习惯,让圣安德烈的大主教宣布离婚。

博斯威尔伯爵犯了大罪,跟着又做尽了坏事。他把大贵族集合起来,让他们签署一个文件,其中特别说明女王必须嫁给他,因为他已经抢走女王,和她同居。这些事都是证实了的。曾有人对玛丽写给博斯威尔伯爵的信提出异议,但这些信是有难以否认的真实性的。这些凶杀行为引起苏格兰人的不满。被军队抛弃了的玛丽不得不向联合起来的军民投降。博斯威尔伯爵逃到奥克尼群岛。人们逼迫女王将王位让给她的儿子,并允许她任命一个摄政。她任命了她的兄弟默里伯爵。但默里伯爵并不因此减少对她的指责和辱骂。她越狱外逃。默里伯爵的冷酷严厉的性格倒给女王找到了一派支持者。她率6000人起兵,但被打败,就逃到英格兰边境躲了起来(1568)。伊丽莎白先使人在卡莱尔接待了她,并以礼相待,同时派人对她说,既然舆论指控她杀害了国王,她应当为自己辩护,如果确实无罪,她会得到保护。

伊丽莎白当了玛丽和苏格兰摄政之间的裁决人。摄政本人也到了汉普顿库特(1569)，并且自愿将他所掌握的控告他姐姐的证据交到英格兰特派官员手中。另一方面，被拘禁在卡莱尔的倒霉的女王则控告默里伯爵本人是造成她丈夫死亡的罪魁祸首，她拒绝承认英格兰特派官员，除非在这些人中间再加进法国和西班牙的特使。但是，英格兰女王要让这场官司继续下去，她不想表明态度，她要享受看着对手憔悴而死的快乐。她不是苏格兰女王的审判官，她本应给玛丽一个避难所，但却派人把玛丽转移到土斯伯里去，这地方对玛丽来说等于一所监狱。

苏格兰王族所经历的这些灾难使国家陷于无政府状态，分裂成一个个宗派集团。默里伯爵被利用玛丽名义强大起来的那一派谋杀了。杀人者们武装窜入英格兰，并在边境上搞了些破坏活动。

(1570)伊丽莎白很快就派兵惩处了这些强盗，并且平定了苏格兰的动乱。她让被杀害的国王的兄弟利诺克斯伯爵当选为摄政。这个行动是公道的，也是高明的。可是，就在这时候，有人在英格兰阴谋将玛丽从牢狱里劫出来。庇护五世很鲁莽地派人在伦敦张贴诏书，将伊丽莎白处以绝罚，并解除她的臣民对她的效忠誓约。教皇们这种如此惯用、如此恶劣、又如此荒谬的手段严重伤害了伊丽莎白的心灵。他们原想拯救玛丽，却把她断送了。两位女王一块谈判，可是一个高居王座，另一个身陷囹圄。玛丽的不幸处境要求她委曲求全，可是看来她并没有这么做。在这期间，苏格兰境内血流成河，天主教徒与新教徒正在打内战。法国的特使和圣安德烈大主教被俘。由于大主教的告解司铎作证，发誓说大主教已承认自己是杀害国王的同谋，于是对大主教处以绞刑(1571)。

玛丽女王的最大不幸在于失势之后还有一些朋友，天主教徒诺福克公爵有意娶她，因为他指望发生一场革命，指望玛丽有权继承伊丽莎白的王位。他在伦敦组织了一些拥护玛丽的派系，论力量确实很薄弱，但可以通过西班牙的武力和罗马的策应来得到加强。此举使诺福克公爵丢了脑袋。由于他为玛丽向西班牙国王和教皇要求援助，贵族院将他判处死刑（1572）。诺福克公爵的血使不幸的女王的枷锁锁得更紧了。但是在吉斯家族、罗马教廷、耶稣会教士的鼓动下，特别是在西班牙人的鼓动下，她的在伦敦的拥护者们并没有因为长久的不走运而灰心。

他们的主要目的是援救玛丽并在立玛丽为英格兰女王的同时，立天主教为英国国教。他们阴谋推翻伊丽莎白。菲利普二世正准备入侵英格兰。于是，英格兰女王在处死14名谋反者之后，令人将与她地位同等的玛丽当作她的臣民来审判（1586年）。国会的42名议员和王国的5名法官同去福塞林盖监狱审讯玛丽。玛丽提出抗议，但还是回答了问题。这是从未有过的越权审判，从未有过的不合法诉讼。人们向玛丽出示的仅仅是她的书信的抄件，而不是原件，援引的是她的秘书们的证词，又不让她们对质。人们声称，可以根据3个谋反者的作证使玛丽服罪，但这3人都被弄死了，本来可以推迟处决这些人，让他们同玛丽一道受审的。最后，若是按照对待一般人的公道程序来审理，若是能够证明玛丽到处寻求支援和为她报仇的人，那么是不能宣告她有罪的。伊丽莎白对待玛丽所行使的法律无非是强者对待弱者和不幸者的法律而已。

玛丽在她轻率地选作避难所的英格兰被监禁18年之后，终于在她的牢房内一间挂着黑色帷幕的房间里被砍了头（1587年2月28日）。伊丽莎白感到她这个行动肯定要受到指责，便假装对被她处死的人表示惋惜，说是别人所为，超越了她的命令，她把国务秘书投入监狱，说他过早地执行了她本人签署的命令。总之她想欺骗人，可是谁也欺骗不了，反使自己变得更加令人憎恨。欧洲各国对她的残忍和虚伪都感到厌恶。人们赞扬她的统治，可是不喜欢她的性格。使伊丽莎白更受到谴责的是她完全没有必要残暴到如此程度。甚至可以这样说，保全玛丽对伊丽莎白是必要的，因为拥护玛丽的人如果要搞暗害，玛丽就要负责。

如果说这一行动使伊丽莎白名誉扫地的话，那么将玛丽·斯图亚特视为宗教的殉难者则是一种愚蠢的宗教狂热，其实她只不过是因自己的奸情、谋害其丈夫和自己行事轻率而死的。她的错误和不幸同那不勒斯的乔安娜很相似：两人都貌美聪明，都因脆弱而被牵连犯罪，又都是被自己的亲人处死。历史常常重演同样的不幸，同样的暗害，同样以罪恶惩罚罪恶。

第一七〇章

16世纪末弗朗索瓦二世统治时期的法国

当西班牙以其强大力量威慑欧洲,英格兰与之分庭抗礼扮演第二大国的角色时,法国则分崩离析、力量薄弱,濒临解体,它在欧洲远不是有影响、有威望的国家。几次内战使它变得只能仰承邻国的鼻息。这些充满疯狂、堕落和祸害的年代,给我们提供了比全部罗马史还要多的史料。那么这许多灾难的原因何在呢?在于宗教,在于野心,在于没有良好的法律和政治腐败。

亨利二世由于严厉取缔各种宗派,特别是将高等法院推事安纳·迪布尔①问罪——这个人后来在国王死后由吉斯家族下令处决了——反而使法国的加尔文教徒比日内瓦乃至整个瑞士多得多。如果加尔文教派出现在路易十二同罗马教廷开战的时期,就很可能会让他们存在的,但他们正赶上了亨利二世为同西班牙争夺那不勒斯及西西里而需要教皇以及这两个强国联合土耳其人反对奥地利家族之时,于是人们都认为应当为了罗马教廷的利益而牺牲天主教的敌人。在宫廷中有权有势的教士们为维护自己的世

---

① 安纳·迪布尔(1521—1559),法国巴黎高等法院推事,因请求对新教徒宽容,而被作为异端分子烧死。——译者

俗利益和权势，就压迫加尔文教徒。政治策略、利害关系、宗教热情都驱使人们要将新教派消灭。人们本可以像伊丽莎白容忍英格兰的天主教徒那样，容忍加尔文派教徒；可以给他们以信仰自由，让他们继续当良民。只要他们遵守法律，让他们以自己的方式唱赞美诗，对国家来说关系不大。但是人们却对加尔文教徒横加迫害，结果造就了一批叛逆者。

亨利二世不幸去世，这是30年内战的信号。一个受外国人操纵的少年当上国王，那些嫉妒吉斯家族威信的王族以及宫廷大臣们开始颠覆法国。

有名的安布瓦斯叛乱①就是人们所知道的法国第一次的叛乱。一时结盟，一时决裂，翻云覆雨，忽而恼怒，忽而悔恨，这些都是直到那时高卢人的性格。高卢人已经改称法兰克人，后来又叫做法兰西人，但是他们的风尚却并没有改变。这次阴谋论胆量颇似[古罗马的]喀提林，论计谋的深远诡秘，也与西西里晚祷事件和佛罗伦萨的帕齐家族②的不相上下。路易·孔代亲王是个不露面的策划者，他如此巧妙地指挥了这次反叛，当全法国都知道他是主谋者时，竟没有一个人能使他承认。

这次阴谋有一个特别的地方：它情有可原。因为它旨在推翻吉斯公爵弗朗索瓦和他的兄弟、洛林的枢机主教，这两个人都是外国人，他们操纵国王，奴役全国，排斥王族和宫廷大臣。这次阴谋

---

① 安布瓦斯在法国中西部。安布瓦斯叛乱发生于1560年，是胡格诺派教徒反对弗朗索瓦二世的行动。这起叛乱被残酷镇压。

② 帕齐，是意大利的一个家族名。1478年，佛罗伦萨的帕齐家族因策划反对美第奇家族而遭到屠杀。——译者

又是罪恶深重的,因为它侵犯了已成年的国王的权利。法律规定,国王有权选择将王权委托给什么人。在这次阴谋中,是否有人决心要杀死吉斯兄弟,从未得到证实。但是,由于这兄弟俩势必顽抗到底,终于不免一死。500名带有护卫的贵族,1000名敢死队士兵,由30名精选的指挥官率领,于指定日期从外省各地到达安布瓦斯,王宫就在那儿。当时国王们还不像现在这样有很多卫兵,侍卫团是查理九世时才组成的。弗朗索瓦二世身边至多只有200名弓箭手。欧洲其他国王的侍卫不比他多。吉斯家族在弗朗索瓦死后建立了新的禁卫军,蒙莫朗西陆军元帅回到奥尔良,逐走新军,并威胁他们,若在他父亲和国王之间设置障碍,他就把他们当作敌人处死。

王宫中还多少保留古代简朴的风气,但正因此,遇到一场目标明确的行动时,国王们的安全也就没有保障了。在王宫里捉住大臣,甚至国王,都是很容易的。成功看来很有把握。密谋者严守秘密将近半年。一个名叫迪巴里·德·拉·雷诺第的头领不慎在巴黎向一个律师泄露了秘密,使得阴谋被发觉了。尽管如此,谋反还是照常进行,谋反者依然走向约定地点。他们的顽强主要来自宗教狂热。这些贵族大多是加尔文教派,以替受迫害教友复仇为己任。孔代亲王极力支持这一派,因为吉斯公爵和洛林的枢机主教都是天主教徒。改革教会和整顿国家,是这次行动应有的结果。

(1560)吉斯兄弟几乎来不及调遣军队,当时全国正规军不到15000人。但是很快就集中了足够消灭谋反者的兵力。叛乱者是分批来的,所以很容易各个击破。雷诺第在战斗中被打死,另外几个人也同他一样手持武器而死,被俘获者死于酷刑。整整一个月,安布瓦斯只见鲜血淋漓的断头台和挂着尸体的绞刑架。

　　谋反败露并受到惩罚,反使谋反者企图消灭的那些人权力更大。弗朗索瓦·德·吉斯取得了摄政王的新头衔,拥有从前的宫相的权势。但是弗朗索瓦·德·吉斯的这种权势以及法国枢机主教的无止境的野心,必然激起了王国各种人的反抗,从而产生了新的动乱。

　　一直受孔代亲王秘密鼓励的加尔文教徒在几个省拿起了武器。可能当时吉斯家族十分强大,令人望而生畏,因为孔代亲王也好,他的兄弟、亨利四世的父亲那瓦尔王安托万也好,著名的海军元帅科利尼也好,科利尼的兄弟、步兵少将安得洛也好,都还不敢公开表明态度。只有孔代亲王畏畏缩缩地第一个当了打内战的叛党领袖,他每每出手攻击又把手缩回。他想搞垮朝廷,可又总以为他有办法跟朝廷打交道,便轻率地作为朝臣来到了枫丹白露,其实这时候他应当作为一个军人,充当自己一派的指挥官才是。吉斯兄弟下令在奥尔良将他逮捕。尽管王族嫡系享有只能在贵族院的法庭中接受审判的特权,人们还是把他送交秘密法庭,交由最高法院选出的法官审判。在暴力面前,特权又能怎样呢?这种特权的先例,就是从前在阿朗松公爵案件中对该特权的侵犯,这样的特权又算得上什么特权呢?

　　(1560)孔代亲王被判死刑。著名的大法官洛比塔尔是没有法律的时代的伟大的立法者,是宗教狂热时代的无畏的贤哲,他拒绝签署判决书。秘密法庭的桑塞尔伯爵也效法这一勇敢行动。然而,人们还是准备执行判决。刽子手正要行刑,突然,久病而自幼残疾的弗朗索瓦二世身死，年仅 17 岁，给他 10 岁的弟弟查理①留下一个民穷财尽、乱党纷扰的王国。

　　国王弗朗索瓦二世之死拯救了孔代亲王。有人为他与吉斯兄弟和解作了安排，不久就让他出狱。但这种和解仍然留下了一个仇恨和报复的印记。接着在奥尔良召开了三级会议。在当时情况下，没有三级会议什么事也办不成。三级会议将查理九世的监护权和王国的治理交给卡特琳·德·美第奇，可是没有给她以摄政的名义，三级会议甚至也没有称查理九世为"陛下"，"陛下"是当时对国王的新的尊称。现在还有布尔德伊领主写的许多信件，从中可以看出，直至亨利三世时代，人们还称亨利三世为"殿下"。

---

①　即查理九世(1550—1574)，亨利二世之子，1560—1574 年在位。继承他的是亨利三世，1574—1589 年在位。——译者

第一七一章

法国；查理九世未成年时期

在君主未成年而不能执政时，王国的旧法制总会恢复一些活力，至少在一段时间内是这样，就像一家人在父亲死后不会分家一样。人们先后在奥尔良和蓬图瓦兹召开了几次全国三级会议。这几次三级会议值得人们纪念，因为它将武职同文职永远分开。在罗马帝国，直到君士坦丁时期，人们还不懂得这样区分。那时文官会打仗，而军人会审判。直到14世纪，在欧洲各国，兵器和法律还是由同一些人掌握。渐渐地，这两种职务在西班牙和法国分开了。在法国，尽管各级高等法院由穿长袍的文职人员组成，两种职务还没有绝对分开，就像在德国的几个省份或德国边境一样，还存在着代表国王和领主执法的佩剑大法官审判制。奥尔良三级会议确信那些穿短袍的大法官不会努力去研究法律，就剥夺了他们的审判权，将这个权力只授给穿长袍的文官。这样，过去因官职制度而一向充当法官的人就不再是法官了。

在这个变革中，大法官洛比塔尔起了主要的作用。变革完成于王国最弱的时期，由于两种官职混合在一起会抵消内阁的权力，彻底分开以后就加强了国王的力量。有的人以为贵族从此不再保有行使法律的权利了。这些人没有想到，英格兰的上议院完全由王国真正的贵族组成，它就是常设的司法机关，参与制订法律并进行审判。如果一个国家的宪法有了重大变化，而相邻的国家在同样条件下没有发生这些变化，那么很明显，这是因为后者具有另一种特性和不同的风尚。

这几次三级会议也令人看到王国政府是多么腐败。国王负债达4000万利弗。人们一向缺少钱，这时候则很穷。这是法国动荡不安的真正原因。假如卡特琳·德·美第奇有点钱，能收买一批供其驱使的人或供养一支军队，那么扰乱国家的各党各派就会受到王权的制服。这位王太后夹在天主教徒与新教徒、孔代派与吉斯派的中间。蒙莫朗西元帅又别树一帜。宫廷分裂，巴黎分裂，各省也分裂。卡特琳·德·美第奇无法统治，只能同各方谈判。"分而治之"，她的这个箴言增加了混乱和灾难。她先是指示召开天主教徒和新教徒之间的普瓦西辩论会。这样做是为了让旧教派妥协，给加尔文派提高威信，让他们同那些自以为生来就是审判者的人抗争。

正当西奥多尔·德·贝斯及其他大臣来到普瓦西，在王太后及廷臣面前庄严地为新教辩护，人们高唱马罗的诗篇的时候，教皇保罗四世的特使费拉拉的枢机主教来到了法国。但是因为他是教皇亚历山大六世的外孙，人们鄙视他的出身而不尊重他的职位和功绩。宫廷的仆人们也骂他随从中的持十字架者。人们在他面前举着画了他外祖父及其一生丑闻和罪恶事迹的画。跟这位特使来的还有耶稣会会长莱内。莱内不会讲法国话，在普瓦西会议中用意大利语辩论。当时卡特琳·德·美第奇已使意大利语成为宫廷中熟悉的语言,而且意大利语已对法语有相当影响。这位教士在会上居然对太后说,她无权召开这次会议,她侵犯了教皇的权利。但他又在他所反对的这次会议上进行辩论。谈到圣体圣事时他说:"面饼和酒代表上帝,就像国王自己当自己的使者一样。"这幼稚的话引起了哄笑,他对太后的放肆也激起了公愤。可见小事情有时也会大有害处的。当时在人们的思想中,一切都对新教有利。

(1562年1月)辩论会以及辩论会以后一些活动的结果是发布了一项敕令,规定新教徒可以在城外布道。可是,这个和平敕令又成了内战的根源。已不是摄政的弗朗索瓦·德·吉斯公爵仍想主宰王国。他已经同西班牙国王菲利普二世有联系,并且让百姓将他看作是天主教世界的保护人。那时候贵族出门总有众多的随从,并不是像今天这样坐驿车,前面有两三个仆人。那时有100多骑马的人随行,这是唯一的显赫场面。他们三四人合睡一床,来到宫中,住在一个房间里,只有几只箱子放放东西。吉斯公爵经过香槟的省边界上接近瓦西的地方时,见到一批加尔文派教徒,他们享有敕令所赋予的权利,在谷仓里安然唱他们的诗。公爵的随从们辱骂这些倒霉的人,打死其中约60名,余者被打伤、驱散。于是新教徒在全国各地起来造反。整个法国分为孔代亲王派和吉斯公爵派。卡特琳·德·美第奇在两派之间摇摆不定。到处是杀戮与劫掠。她当时同她儿子即国王在巴黎,没有权威,她写信向孔代亲王求救。这封不祥的信无异于继续内战的一道命令。战事极其残酷,每个城市都成了争夺的要地,大街小巷都成了战场。

(1562)两军对垒,一方是吉斯兄弟,并与元帅蒙莫朗西一派联合,因为蒙莫朗西是负责国王人身安全的;另一方是孔代亲王和科利尼家族。王族头面人物那瓦尔国王安托万软弱无能,不知道自己属什么教派,因嫉妒他的兄弟孔代亲王,便不由自主地去为自己所不喜欢的吉斯公爵效力,同卡特琳·德·美第奇一起去包围鲁昂,结果在围城时被打死,历史上有他的名字只因他是伟大的亨利四世的父亲。

像第二代王朝衰落第三代王朝开始的无政府时期一样,战争连绵不绝,直到韦尔万和约签订为止。除了重要首领有几个武装的连队外双方都少有正规军。军饷依靠掠夺供给。新教派积聚的钱财用以雇用德国人,来把王国彻底摧毁。而西班牙国王则给天主教派来少量援兵,使战火延续下去,从中取利。13支西班牙小部队进军圣东日援助蒙吕克①就是在这种情况下发生的。毫无疑义,这是[瓦罗亚]王朝最暗淡的时期。

(1562)第一次的对阵战是在德勒②打的一仗。这不光是法国人打法国人,王家步兵的主要力量是瑞士人,而新教军队的中坚则是德国人。这次战役是独一无二的,因为双方各有一员大将被俘,孔代亲王和以元帅身份指挥王家军队的蒙莫朗西都当了俘虏。弗朗索瓦·德·吉斯是蒙莫朗西的副帅,他打赢了这个战役,而孔代一方的副将科利尼则拯救了自己一方的军队。这时吉斯公爵的声望如日中天,每战必胜,总是使他的元帅转危为安,元帅在权力方面是他的对手,但威望不及他。他是天主教徒崇拜的偶像,是宫廷的主宰;他和蔼可亲,宽宏大度。从各方面来说,他都是第一流政治家。

---

① 蒙吕克(1501—1577),法国元帅,残酷镇压过加尔文教徒。——译者
② 德勒,厄尔-卢瓦尔省城市。——译者

（1563）德勒大捷之后，吉斯公爵又去围攻奥尔良，当他准备攻下成为新教派中心的这个城市时，他被暗杀了。暗杀这位伟人是宗教狂热在法国造成的最大罪行。同是这些胡格诺教派的人，在弗朗索瓦一世及亨利二世统治时期，只知道祈祷上帝，忍受他们称为"殉教"的痛苦，到这时，变成了疯狂的狂热信徒，他们读《圣经》只是为了从中找出暗杀的先例。波尔特罗·德·梅雷①认为自己是上帝派来杀菲利士人领袖的以笏。他的一派信徒还以诗歌颂扬他，可见这事情是真的。我还见过关于他的一幅画，上面有文字吹捧他的犯罪行为。这种罪行只有卑怯的人才干得出来。因为他假装变节投降，从背后刺杀吉斯公爵。他居然把罪责推到科利尼将军和西奥多尔·德·贝斯身上，说他们也参与了他的暗杀活动。在审讯中他又改变口供，无法自圆其说。科利尼甚至提出愿去巴黎同这个无耻的人对质，并请求太后在案情尚未水落石出以前暂不处决凶手。应当承认，科利尼虽是这一派首领，但从未做过会使人怀疑他如此卑劣的事。

经过这些动乱之后，出现了短暂的和平时期。孔代亲王同宫廷取得和解，但是科利尼始终在外省领导着一大批支持者。光靠西班牙人、德国人、瑞士人帮助法国人自相残杀还不够，英国人立刻也赶来参与这场普遍的破坏。新教徒把3000名英国人引入弗朗索瓦一世建造的圣恩勒阿弗尔②，蒙莫朗西元帅率领天主教徒

---

① 波尔特罗·德·梅雷（约1537—1563），暗杀弗朗索瓦·德·吉斯的新教徒。——译者
② 圣恩勒阿弗尔，即勒阿弗尔，弗朗索瓦一世1517年所建城市，黎世留改建为军港。——译者

和新教徒费了很大气力才把他们赶走。

(1563)查理九世在达到13岁零一天后来到鲁昂的最高法院而不是巴黎的最高法院主持审判会议。值得注意的是,他的母亲由于解除了摄政职位,在他面前下了跪。

在他举行这一成年仪式的时候,还出现了一个未见先例的场面。枢机主教兼博韦教区主教奥代·德·夏蒂戎①同他的哥哥一样当了新教徒并且结了婚。教皇将他从枢机主教中除名,他对这个头衔本来就看不起,可是为了对抗教皇,他穿着枢机主教的衣服参加了仪式。他的妻子以王国贵族夫人的身份出入宫中,人们不加区别地称她为"博韦伯爵夫人和枢机主教夫人"。更值得注意的是,这个人不是唯一秘密结婚的枢机主教或教区主教。据布朗多姆②说,枢机主教杜·贝莱过去就已经娶了夏蒂戎夫人为妻。他还说,对此没有任何人怀疑。

这样的怪事在法国多得很。内战的混乱破坏了一切文明规矩。俗人可以享受几乎所有的圣职俸禄,可以把修道院或主教管辖区的收入在女儿出嫁时送给她们。但是和平就是最大的利益,它使人忘了这些反常现象,而习以为常。新教徒得到宽容,他们心里提防着,但是很太平。路易·德·孔代参加了宫中的庆典。但和平的好景不长。胡格诺派要求过多的安全,他们得到的又太少。孔代亲王要求参加政府。以洛林枢机主教为首的家族盘根错节,

---

① 夏蒂戎是法国若干贵族家族的姓,奥代·德·夏蒂戎是其中一个较为著名的人。——译者
② 布朗多姆(1535—1564),名彼埃尔·德·布德伊,是布朗多姆修道院长。——译者

力量强大,想重新掌握大权。与洛林家族为敌的蒙莫朗西元帅保持着他的权力,并参与朝政。科利尼兄弟和同一派的其他领袖则准备反抗洛林家族。每个人都企图攫取一部分政权。一方是天主教教士,另一方是加尔文教派的牧师,都用宗教来号召。上帝是他们的口实,疯狂的统治欲才是他们的上帝。民众陶醉于宗教狂热,成为对立教派各种野心的工具和牺牲品。

(1567)路易·德·孔代过去曾想在安布瓦斯把年轻的弗朗索瓦二世从吉斯兄弟手中夺过来,现在又想在莫城将查理九世从蒙莫朗西元帅手中劫走。这位孔代亲王同后来投石党运动中的伟人孔代①一样,名字也叫路易,打的是同样的仗,手段和借口也相同,唯有宗教不同。亲王和科利尼在圣德尼对蒙莫朗西元帅作战,结果元帅受重伤,其时他年已80。他在宫廷里、在军队里都是无所畏惧的人,有崇高品德,也有不少缺点。他是个运气不佳的将军,严峻苛刻而顽固,但却是个正直的人,有高尚思想。他对告解司铎说:"您以为我活了80岁还不知道最后一刻钟怎么死吗?"后来他的蜡制头像就像国王们的头像一样被送进了巴黎圣母院。高级官员奉宫廷之命参加了葬礼。这样的殊荣,像其他事情一样,都取决于国王的意旨和当时的环境。

圣德尼战役不分胜负,结果法国的情况变得更糟糕。当时最有办法的人科利尼将军从帕拉蒂纳招来近万名德国人,但没有钱开支军饷。这里,人们可以看到,宗教狂热加上派别纷争会导致什么结局。科利尼的军队自己出钱来供给帕拉蒂纳人。整个王国受

---

① 伟人孔代指路易十四时期的路易·孔代(1621—1686),法国名将。——译者

到摧残。这不是一国集中兵力对另一国所进行的或胜或负的战争,而是有多少个城市就有多少个战场,到处都是一派狂热的市民、亲族与另外一派市民、亲族拼斗。天主教徒、新教徒、对宗教无所谓的人、教士、平民,人人寝食不安。田地无人耕种,要耕种也是手握军刀。双方勉强签订和约(1568年),然而每次和平都只是一场无声的战争,每天都发生凶杀和谋害事件。

很快又公开进行战争。这时,拉罗舍尔成了宗教改革派的活动中心和大本营,成了法国的日内瓦。这个滨海城市地理位置好,可望成为一个发达的共和国,从几方面看,也已经是一个发达的共和国。因为,自从吉延的埃莱奥诺同亨利二世结婚后,该城市曾属于英格兰国王,后来又属于法国国王查理五世,条件是拉罗舍尔有权铸造银币,市长、法官应被视为贵族。还有许多其他特权,加上兴旺的商业,使拉罗舍尔相当强盛,这种情况延续直至黎世留枢机主教时期为止。伊丽莎白女王也促进了它的发展,那时,奥尼斯、圣东日和昂古穆瓦等省都受该城的管辖。著名的雅尔纳克①战役就是在拉罗舍尔附近进行的。

后来成为国王亨利三世的王国军队的首领安茹公爵只是名义上的司令,实际上的司令是塔瓦纳②元帅,他在1569年3月13日打了胜仗,路易·孔代亲王在战败后被打死了,或者不如说,被安茹公爵的卫队长蒙特斯奇乌谋害了。科利尼——他已不是将军,

---

① 雅尔纳克,法国夏朗德省城市。1569年,天主教徒在安茹公爵率领下在该地打败孔代所领导的新教徒。——译者
② 塔瓦纳,全名为嘉斯帕·德·索尔·德·塔瓦纳(1509—1573),法国元帅。——译者

但人们总是这样称呼他——收集起残余兵力,使王国军队虽然获胜却一无所获。那瓦尔的王后、软弱的安托万的遗孀雅娜·达尔贝尔将自己的儿子送到科利尼的军队里,让人确认他是该党派的领袖,结果使得法国最贤明的君主亨利四世同善良的国王路易十二一样,在即位之前先当了谋反者①。科利尼将军是该党派和军队的真正领袖,并充当了亨利四世的父亲和孔代家族诸亲王的父亲。他单独挑起这个不祥的事业的重担。他缺乏财力,却有一些军队;他出不起钱雇用德国人,却有办法取得他们的援助。(1569)他在普瓦图省蒙贡都尔战役中被安茹公爵打败,但始终能为他这一派收拾残局。

当时的战法是五花八门的。德国和瑞士的步兵只使用长戟,法国步兵则更多地使用带刺刀的火绳枪。德国骑兵使用手枪,法国骑兵则只用长矛。人们还常常以步兵营同骑兵队混合作战。那时,最强大的部队不超过2万人,人数再多军饷就困难了。蒙贡都尔大战之后,各省还有过无数次的小战斗。

在历尽劫难之后,又出现了一个新的和平时期,这似乎可以使法国松一口气了。然而,这个和平时期(1570)却只是在酝酿圣托罗缪节的大屠杀。这可怕的一天业已经过两年的策划和准备。很

---

① 亨利四世是法国谋反者的领袖和盟友;一个那瓦尔王,一个甚至在封建关系上也独立于法国的王国国王与查理九世作战,这与菲利普二世的叛逆不可同日而语。因为,菲利普是阿尔杜瓦及佛兰德的君主,他是以封臣的身份与国王打仗。同时也应当注意到,路易十二只为了他的特权和野心而战,而亨利四世则是为了维护国家的法律和公民的权利而战。他采用的手段可能是不合法的,但这是为了正义的事业。不论天主教徒或新教徒,肯定都无权打内战。但新教徒从来就是为了维护信仰自由这个人人应有的合法权利。天主教徒却相反,他们打仗是为了维护专制的不宽容制度。——原编者

难设想,像卡特琳·德·美第奇这样一个妇女,自幼生长在安乐之中,对胡格诺派最没有仇恨,竟会做出这样野蛮的决定;更使人惊奇的是,一位20岁的国王,竟会做出这样可怕之事。吉斯兄弟一派积极参与了这次行动。两名后来当上枢机主教的意大利人比拉格①和雷兹为这次行动作了精神准备。人们当时都推崇马基雅弗利的名言,特别推崇"恶事不能半途而废"这句话,其实"永远不应作恶"这个格言本会更加策略一些的,但是,尽管卡特琳·德·美第奇在宫廷中始终保持着喜庆和欢乐气氛,由于内战频仍,道德风尚已变得野蛮粗暴。风流与狂热、逸乐与嗜杀混杂在一起,形成了人类各种矛盾现象交织出来的前所未见的一幅最奇特的图画。查理九世不是军人,但嗜血成性;广蓄情妇,可心地凶狠。他是第一个阴谋陷害自己的臣民的国王。行为越残暴,阴谋也就越隐蔽。只有一件事,可能引起人们的怀疑:那就是有一天,国王正高兴地将兔子赶进兔穴,他说:"给我把兔子全赶出来,我要把它们全杀了。"为此,科利尼派的一名贵族离开了巴黎,辞行时,他对国王说:"我要逃走,因为别人太疼爱我们了。"

(1572)全欧洲都知道,查理九世如何将妹妹嫁给那瓦尔王亨利②,使他堕入圈套;也知道他如何信誓旦旦叫亨利安心,最终又如何疯狂执行经过两年策划的大屠杀(1572年)。达尼埃尔神父说查理九世"这出戏演得很成功",说他"出色地体现了角色"。这场丑恶的悲剧是人所共知的,我不必赘述。一部分国民手执匕首

---

① 比拉格(1506—1583),法国政治家和枢机主教。——译者
② 查理九世之妹是玛格丽特·德·瓦洛瓦,与那瓦尔王即后来的亨利四世结婚。——译者

和十字架,杀死另一部分国民,国王亲手对逃跑的人开枪。我只要指出几件特殊的事情:第一件,据絮利公爵、历史学家马蒂厄和其他一些人的记述,亨利四世常同他们谈起,圣巴托罗缪节前几天,在同阿朗松公爵和吉斯公爵玩掷骰子时,两次见到骰子上有血迹,大家骇然失色,玩不下去了。搜集了这个事实的耶稣会教士达尼埃尔应有物理学常识,他不该不知道,黑色点子与太阳光线处于某一角度时会呈现红色,这是任何读者都能证明的,上述奇迹无非就是这样。整个行动中的奇迹,就是宗教狂热把一个如此温驯的民族改变成为凶猛的野兽,此外别无奇迹可言。

耶稣会教士达尼埃尔还一再说,当人们将科利尼的尸首吊在蒙福贡的绞架上时,查理九世看了又看,并且说:"敌人尸首的气味总是好闻的。"达尼埃尔应当说明,这句话原是维特利乌斯讲的,人们蓄意把它加在查理九世头上了。但是,最应该注意的是,达尼埃尔神父企图使人相信大屠杀并非预谋。可能时间、地点、方式,镇压的人数未在两年前商量好,但消灭这一派的计划是久已确定了的,这是事实。根据比耶稣会教士达尼埃尔更优秀的法国人、君主政体100年来第一流的历史学家梅泽雷的引述,这是不容怀疑的。达尼埃尔称赞查理九世"戏演得很成功","体现了角色",也是自相矛盾的。

人的道德风尚,派别偏见,在写历史的态度中,也体现出来。达尼埃尔仅仅说,在罗马,人们都称颂[法国]国王的宗教热忱,赞扬他对异教徒的严厉惩罚。巴罗尼乌斯①说此举完全必要。朝廷

---

① 巴罗尼乌斯(1538—1607),那不勒斯历史学家,枢机主教。——译者

下令各省都要同巴黎一样实行大屠杀。但好几个指挥官拒不从命，其中有奥弗涅的圣黑伦，马贡的拉·吉什，巴荣讷的奥尔特子爵。另外还有好几个人写信给查理九世，信中主要是说，他们为尽忠职守不惜一死，但是不能因要服从命令而杀戮无辜。

这个时期是如此不幸，宗教狂热或恐怖是如此沉重地支配了人心，以至于巴黎的高等法院决定在每年的圣巴托罗缪节，大家要列队感谢上帝。大法官洛比塔尔所想的根本不同，他写道："希望这样的一天不要再来"。有人指责洛比塔尔，说他是犹太人的儿子，说他内心并非基督教徒。但他是一个正直的人。列队感谢上帝没有举行，最终大家都厌恶纪念那应当永远忘却的东西。可是，当时事件还处在高潮，宫廷要高等法院在科利尼死后对他起诉，并要求将他的朋友中的两名贵族布里克莫和卡瓦涅依法判刑。结果把这两人同科利尼的模拟像一起在格雷夫广场上凌辱一番，然后把这两个人处决了。在无数次凶杀后，还要加上所谓的法律形式，这实在是丑恶到极点了。

比圣巴托罗缪节大屠杀更悲惨的是，大屠杀非但没有根除动乱，反使内战重新兴起。全国的加尔文教徒只想重创敌人，血战到底。他们有6万弟兄在和平情况下惨遭杀戮，剩下的约200万人就要浴血奋战。因此，继圣巴托罗缪节的大屠杀之后，双方不断地相互残杀。桑赛尔之围尤其令人难忘。历史家写道，改革派在桑赛尔英勇抵抗，就像犹太人在耶路撒冷抵抗提图斯一样。他们像犹太人一样死于非命，他们也经历了同样的非人生活。有人报道说，有一个父亲和一个母亲被围在该城里面，将自己的亲生女儿吃了充饥。后来，当亨利四世围困巴黎时，也有类似的残酷行为。

第一七二章

特兰托公会议主要情况概述

特兰托公会议是在经历了多次宗教战争和多次灾难之后召开的。这次会议时间最长,比以往各次都长,但却最不激烈。它没有像巴塞尔公会议那样造成分裂,没有像康斯坦茨公会议那样燃起火刑的柴堆。它不像里昂公会议那样主张废黜神圣罗马帝国皇帝;它不学拉特兰公会议的样,剥夺图卢兹伯爵的继承权;更不模仿罗马公会议,在那次会议上,教皇格雷戈里七世点燃了欧洲的战火,罢免了皇帝亨利四世。以前在君士坦丁召开的第三次和第四次公会议,都是争吵不休,而这次特兰托会议是平静的,至少是没有激烈的长时间的争吵。

我们在当代作者所写的关于这次公会议的著作中可以找到某些翔实的历史资料。著名的萨尔比[①](又名弗拉·保罗,他是威尼斯的保卫者)和耶稣会士帕拉维齐尼(他与萨尔比持相反的意见)的著作,在基本事实方面都是一致的。据帕拉维齐尼说,萨尔比的著作中有360个错。可都是些什么错误呢?他指责萨尔比疏忽了

---

① 萨尔比(1552—1623),威尼斯历史学家,著《特兰托公会议史》。——译者

一些日期和人名。但帕拉维齐尼承认,他自己也有与论敌同样多的错,谁对谁不对,就用不着争了。把教皇利奥十世一封无关紧要的信的日期写成1516年或1517年,曾在北方国家出售许多赎罪券的教皇特使阿尔钦波多究竟是米兰商人的还是热那亚商人的儿子,有什么关系?重要的是他出售了赎罪券。枢机主教马蒂努西乌斯曾经是圣巴西尔修道院的僧侣还是圣保罗修道院的隐修教士,人们对此并不关心,人们要知道的是,这个反对土耳其人侵略、保卫特兰西瓦尼亚地区的人是不是被查理五世的弟弟斐迪南一世下令暗杀的那个人。总之,萨尔比和帕拉维齐尼都写了真实情况,但两人态度各异,前者是自由派、自由派议院的捍卫者;后者是耶稣会士,志在当枢机主教。

从1533年起,查理五世就向教皇克雷门七世建议召开公会议。这位教皇对于罗马遭到劫掠和他本人身陷囹圄心有余悸,害怕公会议以他的私生子问题为借口,将他罢免,因而想对这一建议避而不提;但他又不敢抗拒皇帝。法国国王弗朗索瓦一世建议以日内瓦为会议地点,那恰好是人们开始在该地宣传宗教改革的时候(1540)。如果公会议在日内瓦召开,很可能改革派在该地就会遭到大失败了。

当此事拖延不决时,德国的新教派要求召开德国本国的主教会议,依据的理由就在他们答复教皇特使孔塔里尼时的那句明确的话中:"无论在哪里,只要有两三个人奉我的名聚会,我就在他们当中。"[①]应当承认这个信条没有错,但如果地球10万个地方有二

[①] 见《圣经·新约·马太福音》第18章,耶稣对他的门徒说的话。——译者

三人奉耶稣之名聚会,那就会产生10万个主教会议,10万种不同的信仰了。这样一来,将永远不会有会议,不过也许就永远不会有内战了。各种各样的意见越多,就必然会彼此宽容并存。

教皇保罗三世即亚历山大·法尔内兹建议在[意大利]维琴察召开公会议,可是威尼斯人回答说,君士坦丁堡的土耳其帝国政府对于在威尼斯境内举行基督教的会议将感到极不愉快。保罗三世又建议在曼图亚开会,可是这个城市的领主又害怕招来外国驻军。最后教皇选定了特兰托(1542),以迎合他所仰仗的皇帝的心意,因为那时他还希望为他的私生儿子皮埃尔·法尔内兹取得米兰公国的封地——后来他把帕尔玛和皮亚琴察给了他儿子。

(1545)教皇终于发出圣谕,宣布"行使圣父、圣子、圣灵以及圣徒彼得、圣徒保罗所授之权",召开公会议,邀请皇帝、法兰西国王和其他君主出席。皇帝查理五世因为教皇居然把一个[法兰西]国王置于他身旁而感到愤怒,特别是因为皇帝多次为天主教会尽力效劳,而这个国王却与伊斯兰教徒结成联盟。查理五世把自己劫掠罗马这件事忘掉了。

这时,保罗三世无法指望皇帝把米兰公国封给他的私生子,便想把帕尔玛和皮亚琴察给他,因此认为需要弗朗索瓦一世的帮助。为了恫吓这位同时受到土耳其人和新教徒双重压力的皇帝,他威胁查理五世说,如果反对把帕尔玛赐封给他儿子,就会遭受与大坍、可拉、亚比兰①同样的命运;还说:"犹太人就因为把主人杀死

---

① 大坍、可拉、亚比兰,据《圣经·旧约·民数记》说,这三个人都犯了藐视耶和华之罪,摩西诅咒后,三人脚下的地便裂开,人与财物全部坠落深渊。——译者

而长期流浪四方,希腊人就因为冒犯了耶稣基督的代理人[教皇]而成为奴隶。但是,上帝的代理人也不应有这么多的私生子啊!"

经过几番勾心斗角的较量,皇帝和教皇又言归于好,查理五世允许教皇的私生子统治帕尔玛。保罗三世派3名高级神职人员参加特兰托公会议,他自己坐镇罗马指挥一切。这3名特使同教皇有一个联系暗号,这是当时很少有人知道的一项发明,意大利人首先使用。

教皇特使和特兰托大主教首先为所有在公会议开幕后居住特兰托的人免除炼狱受罚,为期3年又160天。(1545)教皇发布圣谕,禁止任何高级神职人员充当诉讼代理人。但这条谕令不适用于德国的主教和选帝侯,因为他们需要特别照顾。很快[德国]美因兹大主教的诉讼代理人便来到特兰托,并受到优待。

保罗三世在查理五世默许下,终于把帕尔玛和皮亚琴察的公爵领地都封给教皇自己儿子皮埃尔-路易·法尔内兹,同时颁布大赦。

公会议开幕,由比通托①主教致布道词。这位主教引经据典说明公会议历来是必要的:第一,几次公会议都曾废黜国王和皇帝;第二,《伊尼德》中提到,主神朱比特曾召集诸神举行会议。他说,上帝在创造人和建造巴别塔这两件事上,都是以会议的方式进行的。所有的高级神职人员都应当像藏在特洛伊木马里面一样进入特兰托城中。公会议的大门就是天堂的大门,从那里流出永生之泉,与会的主教们应当用它来灌溉自己的心灵,就像灌溉干涸的

---

① 比通托,意大利南部普伊地区城市。——译者

土地一样,否则,圣灵就得开口对他们说话,就像当初开口对巴兰①和该亚法②开口说话一样。

这样的话,似乎与我们以前关于意大利文艺复兴所说的大相径庭。这位比通托主教是米兰公国的一名僧侣,一个佛罗伦萨人,一个罗马人,本博和卡萨这样的文学家的门人,本不应这样说的。我们只能设想,已在意大利几个城市产生的优雅风格从来没有普及到各个省去。

(1546)公会议公告的第一件事,就是规定神职人员必须穿着神职人员的服装,当时他们除举行宗教仪式外,穿的是便服。

出席会议的高级神职人员为数不多,大多数大教区的主教随带神学家替他们发言,另外还有一些听候教皇吩咐的神学家。

差不多所有的这些神学家都属于方济各会或多明我会,这些僧侣经常争论"原罪"问题。教皇的特使们是反对这种争论的,认为没有意义。不过反对也是徒然,他们仍讨论这样一个大问题:耶稣的母亲圣母玛丽亚是不是生来承受夏娃的罪。多明我会是方济各会的敌人,向来主张圣托马斯的说法,认为圣母是在"原罪"中怀孕的。争论很激烈,时间也很长。主教会议最后决定:"原罪"为一切人所共有,但圣母玛丽亚不包括在内,同时也不把她排除在外。

接着,克莱蒙主教迪普拉要求同为皇帝祈祷一样为法国国王祈祷。因为这个国王是被指名邀请参加会议的。但这个要求被拒

---

① 巴兰,《圣经》中的犹太人先知,据《民数记》,"耶和华临到巴兰那里,将话传给他",指神开口对人私下说话。——译者

② 该亚法,《圣经》中的犹太教大祭司,迫害耶稣的元凶。据《马太福音》,耶稣被大祭司问话时一言不发。由于该亚法以神的名义叫他起誓,耶稣便以神的身份对他说话。——译者

绝了,理由是这样就得同样为其他国王祈祷,就会使排在后面的国王们感到不快,他们的排列次序已经不再是像以前那样规定的了。

(1546)皮埃尔·达内斯是以法国代表身份到会的,在一次会议上,一个意大利主教听了他的演讲后说:"这公鸡叫得真好!"达内斯便在这时作出了那有名的回答。这位主教所用的"公鸡"与拉丁语的"法国人"是同一个词①。达内斯针对这句挖苦的双关语回敬了一句:"但愿彼得听到公鸡叫能后悔就好了!"②这里用得着葡萄牙首席主教堂·巴托罗缪的一句话,他在谈论宗教改革之必要时说:"最出名的枢机主教们应当改得最出色。"

主教们不情愿地向枢机主教们作了让步,他们原来认为枢机主教在天主教会不算一个品级。枢机主教并没有"阁下"这个尊称,这个尊称是到教皇乌尔班八世时才有的。人们并且注意到,公会议每次开会,所有的与会主教和神学家都讲拉丁语,可是彼此之间不易听懂,因为波兰人、英国人、德国人、法国人、意大利人发音都不一样。

(1546)会议中热烈讨论的一个重要问题是如何建立并执掌主教们的神权问题。差不多所有的高级神职人员,除特别依附于罗马教皇的意大利主教外,都一直坚持要求会议确定他们的权力是神授的,他们强调,若不是这样,他们就无权处分新教徒。但是他们既然接受教皇的谕旨,又怎能确定他们的权力纯然是神授的呢?

---

① 拉丁语 Gallus 指高卢人即法国人,又指公鸡。——译者
② 彼得是耶稣十二门徒之长,曾三次不认耶稣。在第三次不认时,听到鸡叫,彼得想起耶稣所说的话:"鸡叫之前,你要三次不认我。"就后悔痛哭。见《圣经·新约·马太福音》第26章。——译者

如果公会议确认这种权力,教皇就只不过同他们一样是个主教罢了,教皇的座位就只是拉丁教会的首座,而不是高于其他主教的宗座,这样它也就失去了权威了。这个问题初看似乎是个纯粹的神学问题,其实牵涉到最微妙的政治问题,因此长期以来人们滔滔不绝地争论不休,历任教皇召集公会议时,都为解决这个问题感到苦恼。

关于[灵魂归宿]预定论和神的恩宠问题,也争论了很久。最后发布了一些教谕,参加公会议的多明我会神学家索托按照多明我会的教义解释这些教谕,写了对开本3卷书,但方济各会修士安德烈·维加也按照方济各会的观点写了15卷书。

关于七圣事的教义也认真研究了很久,不过没有引起任何争论。结果是把这一教义确定下来,由全体拉丁教会接受。接着讨论了神职人员的俸禄问题,这个问题更为棘手。有几个人反对把这么多的高级神职集中在同样的一些人身上,说这是由来已久的弊端。他们又对克雷门七世让他的侄子伊波利特枢机主教享有6个月一切无主封地的收益提出了抱怨。

教皇保罗三世想自己保留对神职人员俸禄问题的决定权。但与会的主教们仍然决定,不许同时拥有两个教区,但经罗马教廷特许者除外;而这种特许对德国的高级神职人员是从不曾拒绝的。这样,一个本堂神甫就永远不能有两个各有100埃居收入的堂区,而一个高级神职人员却可以有各为数百万收益的主教区。根除这种弊端,是符合各国君主和各国平民的利益的,但这种弊端却得到允许。

这项决定引起了人们的不满。保罗三世这时把特兰托公会议迁移到波洛尼亚,借口是特兰托瘟疫流行。

当公会议在波洛尼亚举行头两次会议时,帕尔玛公爵、教皇的私生子皮埃尔-路易·法尔内兹因贪污、淫荡,成为众矢之的,在皮亚琴察被人刺死,就像以前科斯姆·德·美第奇和在他以前的朱利安在佛罗伦萨、加莱阿斯公爵在米兰被刺死,以及许多别的王公贵族被人刺死一样。查理五世是否参与了这一谋杀事件,没有证据,但是他立即摘取了果实,米兰总督奉皇帝之命夺取了皮亚琴察。

(1548)我们可以断定,这一凶杀事件,这样迅速从教皇手中夺取皮亚琴察城,当然要在皇帝与保罗三世之间造成嫌隙。这种纠纷也影响了公会议。留在特兰托的那几个拥护皇帝的主教不愿意承认去波洛尼亚参加会议的主教们。

就在发生这样分裂的期间于1547年在著名的缪尔贝格战役中击败了德国新教派诸侯、取得了一个又一个胜利的查理五世对教皇极为不满,巴不得公会议陷于分裂,野心勃勃地想做出公会议做不到的事情:把德国的天主教派和新教派至少在一个时期内联合起来。他发布了他让各个教派的神学家起草的临时敕令,也就是关于宗教信仰的临时性声明。他并不是像英国国王亨利八世那样宣称自己是教会的领袖,但实际上就是这么一回事,如果德国人同英国人一样驯服的话。

这个临时敕令的基本宗旨就是罗马教会的教义,但是比较缓和,解释教义所用的词语可以不触犯宗教改革派。它允许领圣体时有酒,教士可以结婚。其中有些东西能使每个人感到高兴,如果爱闹分裂者也有高兴的时候的话。但不论是天主教徒还是新教徒,都不满足。(1548)保罗三世为此事本应大发雷霆,但他保持沉默。他预料这件事将自生自灭。如果他敢像教皇格雷戈里七世和英诺森四世那样对皇帝使用武力,那么,英国的前例和查理五世的权势就会令他不寒而栗。

另外有些更为迫切的利益,因为性质特殊,也使教皇心神不安。帕尔玛和皮亚琴察的问题十分麻烦而复杂。查理五世是伦巴第地区的主人,他刚刚把皮亚琴察并入这个地区,他也可以将帕尔玛并进去,而教皇则要他将帕尔玛归并于罗马教皇国,另给他的孙子奥克塔夫·法尔内兹一块相等的地方。这位亲王娶了查理五世的一个私生女儿,查理五世从他手中夺去了皮亚琴察,他是教皇的孙子,教皇又从他手中夺去了帕尔玛。这样,他受到了岳父和祖父的双重压迫,决心向法国求援,来反抗他的祖父教皇。在特兰托公会议中主要争论的是教皇和皇帝的淫乱生活的问题。为了他们的私生子女问题,他们施展了各种最恶劣的阴谋诡计,而僧侣和神学家则为此而引经据典,争论不休。这位教皇终于因为精神上痛苦万状而死去了,就像差不多所有的统治者死于他们自己一手制造而无法终结的动乱中一样(1549)。使他的名声受到玷污的是种种严厉的指责,其中也可能有许多是恶意中伤。

(1551)约翰·德·蒙特当选为教皇,称朱尔三世①。他同意恢复特兰托公会议,但帕尔玛之争仍然贯串于会议之中。奥克塔夫·法尔内兹坚持不把帕尔玛还给教会,查理五世固执地要保留皮亚琴察,尽管他女儿、奥克塔夫的妻子玛格丽特向他泣求。另一

---

① 朱尔三世,教皇,1550年—1555年在位。——译者

个私生女儿,即法国国王亨利二世与瓦朗蒂诺瓦公爵夫人所生的女儿、奥克塔夫的弟妇,也插了进来,她把战争引入意大利,她轻易地便使她的父亲卷入其中。这位法国国王保护法尔内兹兄弟反抗皇帝和教皇,往日他在法国曾下令烧死新教徒,如今却要同反对新教徒的公会议作对。

当这个极其笃信基督教的法国国王宣称反对公会议时,[德国的]几个新教派王侯却向公会议派去了几名代表,其中有萨克森新公爵莫里斯以及维尔腾堡公爵、勃兰登堡选帝侯等。但这些代表的要求都未得到满足,他们很快便返回本国。法国国王也派了一名代表,这就是雅克·阿米约①,他曾将普卢塔克作品朴实无华地译成法语,这比担任这次代表更使他出名,不过他来这里只是为了反对这次会议的。

(1551年)出席会议的还有美因兹和特里尔两个选帝侯,他们坐在高级神职人员座位的下方。两个枢机主教,两名特使,查理五世所派的两名代表,还有罗马国王的一个代表,几名意大利的、西班牙的、德国的神职人员,都参加了公会议的活动。

在神甫们关于圣体和预定论的讨论中,方济各会修士和多明我会修士仍然各执己见。方济各会修士坚持说,在圣事中,上帝的身体从一个地点转到另一地点;而多明我会修士则断言身体并没从一个地点转到另一地点,而是顷刻之间由变体的面饼成为耶稣的身体。

---

① 雅克·阿米约(1513—1593),法国人文主义者,16世纪法国优秀散文家。——译者

与会主教们最后决定：耶稣的圣体隐藏在面饼的形状下，而耶稣的圣血隐藏在酒的形状下。由于体和血同时并存，整个的耶稣的圣体圣血顷刻间存在于每一块面饼和每一滴酒的外形下，人们应当一律向之行跪拜礼。

　　这时，查理五世的儿子后为西班牙国王的菲利普亲王和继位的萨伏依亲王路过特兰托(1552)。有些谈论艺术的书上说，"主教们为两位亲王举行了舞会，舞会由曼图亚枢机主教主持，主教们十分庄重文雅地跳了舞。"为此书中援引了枢机主教帕拉维齐尼的话，同时为了说明跳舞并不是渎神的艺术，还引用弗拉·保罗即萨尔比保持沉默这一事实，说明他也没有谴责主教会议举行舞会。

　　不错，像圣奥古斯丁在他的《书信集》中所说的希伯来人和非希伯来人都常常在宗教典礼中跳舞，耶稣也在犹太教的逾越节后唱歌跳舞，但若说帕拉维齐尼谈论过主教们的这次舞会，则并非事实；说弗拉·保罗予以容忍，也是徒劳：他没有谴责这个舞会，是因为主教们没有跳舞。帕拉维齐尼在他的《特兰托公会议史》第11卷第15章中只是说，公会议的主持人曼图亚枢机主教在晚宴之后，在离城300步远的一所专门修建的大厅中举行了娱乐活动，有舞蹈，有比武，并没有说这位主持人和会议成员跳舞。就在进行这些娱乐活动和会议的更为严肃的活动过程中，查理五世的弟弟、匈牙利国王斐迪南一世派人暗杀了匈牙利的枢机主教马蒂努西乌斯。会议得讯后愤慨不已，十分激昂，与会的主教们将此消息报告了教皇，但此事教皇无权审理，因为这已不是托马斯·贝克和英国的亨利二世的时代了。

　　朱尔三世对行凶者们处以绝罚，他们是意大利人，然后过不久又宣布对查理五世的弟弟斐迪南免予追究。著名的马蒂努西乌斯之死,是不计其数的逍遥法外的暗杀事件之一,是对人类尊严的侮辱。

特兰托公会议时期还发生了一些更重大的事件:在缪尔贝格打败仗的新教派重振旗鼓,拿起了武器;萨克森的新任选帝侯莫理斯率兵围攻奥格斯堡(1552);皇帝在[奥地利的]蒂罗尔隘口遭到袭击,被迫同他弟弟斐迪南一起逃跑,丧失了所有的胜利果实;土耳其人威胁匈牙利;在外国一直同土耳其人和新教徒联合的[法国的]亨利二世在国内却烧死异端分子,同时出兵德国和意大利。出席公会议的主教们仓皇逃离特兰托,公会议中断,被人遗忘了达10年之久。

(1560)自称出身美第奇这个大商人和大王侯家族的美第奇诺即庇护四世,终于复活了特兰托公会议。他向所有的基督教国王们发出邀请,甚至向在萨克森地区的瑙姆堡开会的新教派诸侯派出了特使,他在信函中写道"致我亲爱的孩子",但这些诸侯不认他作父亲,拒绝收他的信。

(1562)公会议复会,120名主教结队游行,两边是两排火枪手,勒吉奥的主教发表了比以前比通托主教更为雄辩的讲道词,极力抬高天主教会的权力,把天主教会的权威跟上帝的权威相提并论。他说:"因为即便是上帝吩咐的割礼和巫魔夜会也被天主教会废除了。"在公会议复会的1562、1563年这两年间,在各国代表中几乎总是发生席次先后的争论。巴伐利亚的代表要先于威尼斯的代表,争了很久,最后还是前者让步了。

瑞士天主教各州的代表坚持要求排在佛罗伦萨公爵之前,一个名叫梅齐奥·卢契的瑞士代表说,他准备用他的剑来支持公会议。像他的同胞们对待茨温利及其同伴那样对待天主教会的敌人,理直气壮地把他们杀死或烧死。

但最激烈的争夺发生在法国代表和西班牙代表之间。西班牙国王菲利普二世的代表卢纳伯爵要求在做弥撒时奉香和亲吻圣餐盘,名次要排在法国代表费里埃之前。由于办不到,他情愿使用两个圣餐盘、两个香炉。费里埃没有屈服,双方互相威胁,弥撒无法进行,教堂内乱成一团,最后只好取消奉香和吻圣餐盘的仪式,以息纷争。

别的一些困难把神学问题讨论搁下来了。查理五世的继承者斐迪南的代表要使这次会议成为重新召开的会议而不是上次会议的继续。其他代表持中间态度,他们说:"我们可以一边继续开会,同时表明这是一次新的会议。"

(1562年3月)主教们的神权如何建立与执掌的大问题,再次引起了热烈讨论。新教派有一句很得意也很有名的俏皮话:"圣灵总是乘坐邮车从罗马来。"①因此西班牙的主教们在几个从法国来的高级教士帮助下主张,应该在这次主教会议上对这句话提出抗议。

教皇庇护四世被主教们的偏执激怒了,就说,山那边的人都是教廷的敌人②;说他将动用100万金埃居与之对抗。西班牙的代

---

① 按照天主教的规定,主教必须由教皇任命授权,任命的谕旨总是邮递。因教皇不离宫廷,不离罗马。新教徒不承认教皇能授予神权,所以用这句话来挖苦天主教徒。——译者

② "山那边"指阿尔卑斯山以北。——译者

表们公开指摘意大利的代表们抛弃了主教职位的权利而每月从教皇那里领取60金埃居。这是因为大部分意大利主教都很穷，罗马教廷比所有参加主教会议的主教都有钱，可以帮助他们。但接受别人帮助的人总是仰给帮助的人的鼻息的。

庇护四世答应送给法国摄政王后卡特琳·德·美第奇10万金埃居，另借给10万，还给她一支瑞士和德国天主教徒军队，如果她把法国的胡格诺派教徒消灭掉，并把下列2人囚禁在巴士底狱：一是有支持胡格诺派嫌疑的瓦朗斯主教蒙吕克，一是大法官洛比塔尔。后者是犹太人的儿子，但是如果伟人这个称号指的就是才学和廉洁兼具的人，那他堪称法国最伟大的人物之一。庇护四世还要求废除法国各高等法院所制订的与罗马教会有关的法律（1562）；为表示希望实现这几项要求，他预付了25000埃居。法国接受这25000埃居的施舍，是有辱国格的。这也说明当时法国财政穷蹙已至何等地步。

510　　（1562年11月）洛林的枢机主教终于率几位法国主教抵达公会议，第一件事就是埋怨教皇只给了他的国王25000埃居，这真是鲜廉寡耻无以复加了。可就在此时，法国的代表费里埃在公会议发表的演说中却将未成年的查理九世比之于君士坦丁大帝。其他代表免不了也同样做了有利于自己的君主的比较。他的这种比较，当然谁也不以为然。何况君士坦丁大帝从来没有从教皇那里取得25000埃居的御用金，而且，一个在部分高卢土地上实行摄政的母后的小孩，同一个东罗马和西罗马帝国的皇帝之间，还是有点区别的。

斐迪南一世派去出席公会议的代表们则对教皇应许给法国一

大笔钱表示不满,他们要求公会议对教皇权力和教廷的状况加以改革,枢机主教至多只能有 24 人,像巴塞尔公会议所规定的那样。他们没有想到,这样小的数目反会使枢机主教的地位更加显得重要。斐迪南一世还要求每个国家用本国语言祷告上帝,允许在俗教徒使用圣餐杯,允许德国诸侯拥有他们所掌握的教会财产。

当人们对罗马教廷有所不满时,就提出了这样一些提议,而在彼此相安无事时,就把这些提议忘得一干二净了。

关于圣餐杯的争论持续很长时间。有几位神学家认为,圣餐杯不是领圣体所必需,旷野中的吗哪①,就是圣体的外形,吃的时候是不用喝水的。约拿单在吃蜜时也不喝水。当耶稣把面饼分给使徒们的时候,把他们作俗人看待,而在分酒时,就使他们成为正式教徒了。这个问题在洛林枢机主教到达之前已作出了决定(1562 年 7 月 16 日),但后来又决定教皇允许或拒绝给俗人以酒,悉听尊便。

神职人员的神权问题再度引起争论,会议陷于分裂。这时候,耶稣会会长依纳爵的继任者、教皇派赴公会议的神学家之一莱内斯说:"任何别的教会都不能改革罗马教廷,因为奴隶不能高于主人。"

意大利的主教们同意他的意见,他们只承认教皇有神权,跟随洛林主教到会的法国主教们与西班牙人联合一致反对罗马教廷,

---

① 吗哪,据《圣经》记载,为犹太人漂泊荒野时,上帝所赐的食物,源出《圣经·出埃及记》第 16 章 13—15 节。——译者

意大利的高级神职人员说,法国人得了皮肤病,公会议完蛋了。

(1563)关于钱的问题,现在该是进行谈判、幕后活动和分摊的时候了。教皇的特使们尽最大的可能争取外国的神学家们,有个名叫于戈尼斯的索邦神学院经师充当他们的间谍。据证实,文蒂米利的主教给了他50埃居,要他密报洛林枢机主教的秘密。

(1563年10月)法国当时因政治和宗教纷争而一文莫名,连参加公会议的神学家们的费用也付不出,只好让他们回国,但那个于戈尼斯除外,因为他是拿教皇特使们的钱的。有9个法国主教离开了会议,剩下8人。

法国正在为宗教争端而流血,就像查理五世时期宗教争端使德国流血一样。1563年这一年的3月,法国同新教徒一派签订了临时和约。教皇因此大为恼怒,他在罗马命令异端裁判所处分博韦主教,即夏蒂荣枢机主教(他是公开的胡格诺派),受处分的还有其他10名法国主教。但这些主教并没有向公会议申诉,有几个仅向本国的高等法院申诉。总之,公会议上没有任何教会团体表示反对这种显示[教皇]权威的行动。

与会的主教们想利用这个时机订出一项法令来抵制那些想要审判神职人员,向神职人员索取御用金的国王们,但所有代表都反对这一法令,结果没有通过。会上争论至为激烈。法国代表费里埃在一片吵嚷声中说:"当耶稣基督临近的时候,不应在这里像魔鬼般叫喊,请把我们送到猪群中去吧。"人们看不出这猪群同这场争论有什么关系。

(1563年11月11日)经过许许多多次激烈无比但每次都由教皇特使们小心翼翼地加以平息的争吵之后,大家催促公会议要作出某些决定。于是在第 24 次会议上决定：从亚当开始，婚姻是永恒的。从耶稣基督开始，结婚就成为一桩圣事，不能因为通奸解除婚姻关系。除非经教皇特许；只有四亲等[以内]的亲缘婚才可以解除。相反，新教派认为，一个人可以与表姐妹结婚，若妻子与人通奸，可以休掉她另娶一个。

公会议在这一次大会上宣布，主教若犯了刑事罪，只能受教皇审判，必要时，只能由教皇委托主教审判。这条法律并没有为大多数法庭所接受，特别是在法国。

（1563 年 12 月 23 日）最后一次会议宣布，凡反对向诸圣祈求保佑而主张只向上帝祈求保佑的人、凡认为上帝不像那些只有通过近臣们才能接近的软弱而狭隘的君主①的人，均应处以绝罚。

凡不敬拜圣骨，认为死者骸骨与赋予它以生命的精神毫无共同之处，认为这些骸骨没有任何善德可言的人，应处绝罚。否定炼狱的人，也应处绝罚。[因为]炼狱是古代埃及人、希腊人、罗马人的教义之所宗，并为天主教会所认可，而且有人认为对于公正宽大、赏善罚恶的上帝来说，比起彷彿宣布人类万劫不复的永久地狱来，炼狱是更为合适的。

在所有上述绝罚的处分中，没有明指信仰奥格斯堡信纲②的人、茨温利派、加尔文派和英国圣公会的教徒。

---

① 这段话的意思就是，要祈求上帝保佑，要接近上帝，就必须通过神职人员，就必须通过教皇。——译者

② 奥格斯堡是德国城市，奥格斯堡信纲，指新教路德宗为参加 1530 年在该城召开的神圣罗马帝国会议而准备的正式信仰声明。该声明陈述该派基本教义，反对教皇最高权威，由路德公布。——译者

同一次会议还规定,修士16岁、修女12岁时须发愿①。这个规定被认为对国家的发展是有害的,但若没有这条规定,所有的修会很快就会消亡了。

会议坚持赎罪券是有效的,这是引起争论的首要问题,为此才召开了这次公会议并决定禁止出售赎罪券的。但这时在罗马仍有出售,不过很便宜。在瑞士的一些小地方,每份售4个苏。在西班牙的属地美洲,就可赚大钱,因为那里的人比较富裕而且无知。

最后会议叮嘱主教们切不可把优先席次让给国王的大臣们和贵族们,这是教会一向的看法。

参加这次公会议的计有教皇特使4人,枢机主教12人,大主教25人,主教168人,修道院长7人,缺席主教代理人39人,修会会长7人。会上没有使用"圣灵和我们都觉得好"这个说法,而是使用了"在圣灵面前,我们觉得好"这个说法。这后一个说法比较不那么大胆放肆。

洛林枢机主教重新使用了最初几次希腊主教会议所用的旧的欢呼,喊道:"祝教皇、皇帝、国王们长寿!"与会的主教们重复了同样的话。在法国,有人抱怨说,他没有提"作为他主子的那个国王",人们看到,从那时起,这位枢机主教是如何害怕得罪那支持法国天主教同盟的菲利普二世。

这次公会议就这样结束了。它在开幕以后不久便中断,前后

---

① 发愿,罗马教廷对各类修会规定的、令其会士或修女誓守清规的一种行为。誓愿分三种:神贫愿(不具私产,又称绝财)、贞洁愿(不结婚,又称绝色)听命愿(服从长上,又称绝意)。——译者

共历 21 载。没有表决权的神学家们在那里宣讲了教义，高级神职人员们发表了演说，教皇的特使们指挥着这些人使他们平息怨言，缓和争吵，避免一切足以伤害罗马教廷的事，他们始终是会议的主宰者。

第一七三章

亨利三世时期的法国；亨利三世移居波兰，逃离波兰，又返回法国；当时的风尚；天主教同盟；暗杀事件；弑君；一些奇闻怪事

当法国灾难深重、纷争不已之时，安茹公爵因取得了雅尔纳克战役和蒙贡都尔战役两次胜利而在欧洲颇有名望，当选为波兰国王(1573)。但他只把这看作是流放。那个地方言语不通，被视为蛮邦。它的人民确实不像法国人这样不幸，这样狂热、好乱，但却是粗野得多。安茹公爵戴上了波兰国王的王冠，还不如在国内享有自己的领地，收入可达120万利弗。遥远的波兰王国是如此贫瘠，以至当选证书有一项条款，规定这120万利弗归国王在波兰使用。于是他痛苦地去了这个陌生的地方。不过，他在法国也没有什么可留恋的，因为他所抛弃的法国宫廷与王国的其余部分同样受到各种纷扰的折磨，每天都有真实的和猜想的阴谋事件，都有决斗和暗杀，无缘无故又没有正当手续的监禁，这一切比引起这些事件的动乱还要恶劣。落在断头台下的头颅比英国少，但秘密处死的人却为数更多，并且当时已开始使用毒药。

但当波兰的使节来到巴黎向亨利三世表示敬意时，人们还是

举行了最盛大、最出色的庆祝会。尽管当时灾难频仍,暴烈行为不断,这次盛会仍然体现出了法兰西民族的本性和典雅的风范。16名宫廷贵妇代表[法国]16个省在跳了一种带有机关布景的芭蕾舞后,向波兰国王和使者们献赠金勋章,勋章上刻有每个省的特产的图案。

(1574)亨利三世刚刚移居波兰,登上王位,查理九世就死了,年仅24岁零1个月。在他尚未成年的年龄,他的名声在整个法国和欧洲便已很糟。他死于一种罕见的、仅有几个病例的怪病,每个毛孔都出血,这是由于极端恐惧,或过度纵情,或性情暴躁易怒所致。在老百姓看来,这是上天报应。这种看法若能制止那些权势煊赫但不幸又不能绳之以法的人做坏事,倒也是有用的。

亨利三世得知他哥哥去世,立即离开波兰,就像逃出监狱一样。他本来可以迫使波兰国会承认他兼有这个王国及在本国的世袭领地,这里已有不少先例的。但他却急于逃出这个野蛮的国家,返回本国,寻找不幸和死亡,而且死得与法国当时所有的遇害者同样悲惨。

他离开的这个国家风俗落后而简单,愚昧与贫穷使人民生活困苦,但很少有犯重罪的。法国则相反,奢侈淫逸,阴谋诡计,迷信与不信上帝,全都混杂在一起。卡特琳·德·美第奇是教皇克雷门七世的侄女,她把罗马教廷中神职人员无不受贿的恶弊引入法国。她将国家的收入出售给某些有钱的人借以开辟财源,这种能见效一时,而不能长久使用的做法,也是从意大利搬来的。迷信占星术,迷信魔法和巫术,同样是从她的祖国移植到法国来的。因为,尽管佛罗伦萨人长期以来复活了艺术创造,但并没有真正的哲学。这位王后带来了一个名叫吕克·戈里克的占星术士,这个人在今天看来,不过是连老百姓都看不起的江湖骗子而已,但在当时却是个十分重要的人物。古物收藏家还保存着一些装饰着星星的指环,这是当时的一种护身法宝。人们至今还能见到这枚有名的纪念章,上面画着卡特琳的裸体像,一手持剑,一手持心脏,站在白羊星座和金牛星座的中间,头上面是魔鬼阿斯莫代的名字,题铭处写着魔鬼奥克西尔的名字。

当时相信巫师妄语的人空前的多,通常是制作一种小蜡人,一边念咒,一边用针刺蜡人的心脏,表示将仇人弄死,即使仇人没有死,人们对这种做法仍然深信不疑。佛罗伦萨人科斯姆·路吉埃里①被指控用这种巫术害死了查理九世,受到审讯。一名被判处火刑的人在受审时说,法国巫师有3万多名。

迷信狂夹杂着虔诚的礼拜仪式,而礼拜仪式又与疯狂的放荡行为混在一起。新教徒相反,他们自炫为改革者,提倡严肃的生活习惯,反对宫廷的淫靡风尚,对通奸者治以死罪。看戏,赌博,罗马教会的繁琐仪式,在他们看来同样可憎。他们把做弥撒和弄巫术几乎是相提并论。这样法国有了两个彼此截然不同的民族。由于胡格诺派教徒,特别是自从圣巴托罗缪惨案以后,已有建立一个共和国的企图,所以两派联合的希望就更加渺茫。

那瓦尔王(即后来的亨利四世)和孔代亲王亨利(即在雅尔纳克被暗杀的路易的儿子),都是新教派的首领,两人自惨案发生后都被囚禁在宫中。查理九世给他们一个选择,要么改变信仰,要么

―――――――――
① 科斯姆·路吉埃里(? —1615),佛罗伦萨天文学家。——译者

死亡。对于亲王们来说,宗教几乎从来只是他们的利益所系,很少会决心要当殉道者的。那瓦尔的亨利和孔代的亨利原来都是天主教徒,但在查理九世将死之时,孔代亲王越狱逃走,在斯特拉斯堡公开弃绝罗马教会,躲藏在帕拉丁,效法他的父亲,从德国人那里为新教派寻求援助。

亨利三世回到法国,能使法国复兴,因为法国虽然战乱频仍,分崩离析,但并没有被肢解,比内罗洛和昔日属法兰克人边境省督管辖的萨卢佐,也就是说意大利的门户,仍归法国所有。实行宽容的政治便可在数年之内治好创伤。因为法国土地肥沃,人民勤巧。那瓦尔的亨利始终掌握在由查理九世宣布为新国王即位以前的摄政的母后手中。新教徒只要求他们的财产和他们的宗教活动得保安全,他们另建共和国的企图不可能压倒君主所施展的既非软弱无力又不是任意滥用的权威。要驾驭这些人应是容易的,最有头脑的人都有这种看法,包括大法官洛比塔尔、保尔·德·富瓦和据实直书、侃侃而谈的历史学家之父克利斯朵夫·德图以及比伯拉克、阿尔莱①等人。但是宫廷中的宠臣们以为战争可以获胜,遂怂恿亨利三世决意发动战争。

亨利三世率领别人给他提供的少数军队刚到达里昂,就想攻占几座城市,本来这几座城市只要略施计谋便可以使之就范的。当他要用武力占领利弗隆这个小城时,他应当发觉自己做了错误的决定,对方在城墙上对他喊道:"来吧,你们这些杀人犯,刽子手,

---

① 比伯拉克(1529—1586),法国法官和诗人。阿尔莱(1536—1619)巴黎高等法院院长。——译者

你们将发现我们并没有像海军司令那样在睡大觉！"

518　　当时他没有钱付给士兵,部队有散伙的,幸而他在路上没有遇到袭击。于是他到兰斯去举行祝圣加冕礼,之后,就于内战正酣时——这场内战是他到达时重新掀起,因此他本来可以遏止的——在这样薄弱的力量保护下进入巴黎。他不懂得如何控制胡格诺派,也不会笼络天主教徒,压制他的弟弟阿朗松伯爵(这时已是安茹公爵)。他不懂得管理财政,训练军队,他想专权,又缺少办法;他与嬖幸们的可耻的淫荡生活使他声名狼藉;他的迷信行为、结队游行仪式等等,都使他受人鄙视。他以为这样做可以掩盖他的丑行,实际是欲盖弥彰。在应当把钱用来购买兵器时,他却挥霍滥用,这也减弱了他的权威。没有治安,没有司法,人们在他的面前暗杀他的宠臣,或者在内讧中自相残杀。他的亲兄弟、天主教徒安茹公爵招来了一些瑞士人串通加尔文派的孔代亲王亨利反对他,而孔代亲王则带了一批德国人回到法国。

　　弗朗索瓦的儿子、有钱又有势力的吉斯公爵亨利成了洛林家族的首领,他同他的父亲一样,享有威望,受人尊敬,宫廷对他惧怕,在一片混乱中,他迫使国王把军队指挥权交给他。他唯恐天下不乱,这样朝廷就永远需要他。

　　国王向巴黎市要钱,得到的回答是,巴黎市在15年间,已经供给特别费3600万,给神职人员6000万了。乡村遭士兵蹂躏,城市受税吏搜刮,教会因鬻卖圣职圣物和贪污丑行而被洗劫一空。国王得到的是诉苦而不是帮助。这时年青的那瓦尔王亨利终于逃离了长期囚禁他的王宫。人们可以把他作为嫡系亲王而留在宫中,但人们对一个国王的自由是无权过问的,他是下那瓦尔的国王,而由于他有继承权,上那瓦尔也归属于他。他前往吉埃纳,孔代亲王招来的德国人则进入香槟地区。国王的兄弟安茹公爵正严阵以待。

于是,查理九世时期的动乱和破坏又重新开始。这时国王通过一个没有人会感激他的带有屈辱性的和约,干出了在即位时作为一个能干的国君本来应当做的事。国王给了人们以和平,但他所应许的比他的对手所要求的多得多:新教徒可自由活动,建筑教堂,举行教区会议;巴黎、图卢兹、格勒诺布尔、埃克斯、鲁昂、第戎、雷恩等地高等法院法官天主教派和新教派各半。他公开斥责圣巴托罗缪大屠杀,而这场大屠杀他也是积极参与了的;他给事件中被杀害者的子女免税6年;为海军司令科利尼恢复名誉。更带屈辱性的是,虽然卡西米尔选帝侯逼迫他订立和约,他却乖乖地答应担负卡西米尔选帝侯的德国军队的军费,但是他又付不出钱,于是只好让这些部队在勃艮第和香槟为所欲为地过了3个月。最后他通过贝利耶尔①给卡西米尔送去了60万埃居,卡西米尔把国王的使者扣留起来,作为未付款的人质,押往海德堡。卡西米尔还以胜利者姿态,把从法国得来的战利品,装上四轮车,用牛拖着,牛角涂成金色,在军乐队吹吹打打声中运到海德堡。

这事对法国是莫大的耻辱。它激发了吉斯公爵亨利的勇气,决心成立他叔父洛林枢机主教筹划已久的天主教同盟,便在如此不幸的、治理不善的王国的废墟上独树一帜。当时乱党蜂起,而吉

----

① 贝利耶尔(1529—1607),法国外交家和政治家,亨利三世时任财政总监,亨利四世时任掌玺大臣。——译者

斯公爵亨利则是生就的从事这类活动的人。据说他具有他父亲的一切长处,而且更加野心勃勃,诡计多端,他同他父亲一样颇能鼓动人心。人们谈起这两父子,都说别的亲王与他们比起来就像是平民百姓了。有人吹嘘他宅心忠厚,可是他没有做出什么好样子。在贝蒂西大街,当海军司令科利尼的尸体被人从窗户扔到街上时,他还用脚去乱踩乱踏。

天主教同盟的第一个倡议是在巴黎提出来的。人们在最热忱的市民中散发文告,内容包括组织同盟的计划,此计划的宗旨是保卫宗教,保卫国王,保卫国家自由,就是说,用宗教的武器,来压迫国王和政府。接着,同盟在佩罗纳和几乎皮卡底全境庄严地接收成员,宣告成立。很快其他各省份也有人加入同盟。西班牙国王保护它,跟着罗马教皇批准了它。法国国王受两面压力,一面是要求过多自由的加尔文派,另一面是要向他夺取自由的天主教同盟。当国王本人加入同盟时,认为这不啻一场政变,唯恐同盟会把他搞垮。他宣布自己为同盟的首领,而这么一来他又为同盟增添了勇气。他出于无奈撕毁了同新教派签订的和约(1576),但是没有钱再发动战争。三级会议在布卢瓦召开了。他要求给他战费,三级会议各等级虽然也逼迫他打仗,却拒绝他的要求,就连他自愿破财出让他的领地,也未获准许。最后他还是凑集了一支军队,办法是将国王的收入抵押与人,征收新税,结果这又引起了四面八方的敌视,于是又要讲和。他先前想要钱,要军队,只是为了能够不再惧怕吉斯家族,可一旦和议告成,他便又把这笔钱花费在与宠臣们花天酒地、寻欢作乐上头了。

统治这样一个国家实在不容易,除了用刀枪和金钱,别无他法。亨利三世很难二者兼备。要知道,他费了多大气力,才从教士那里获得他所急需的为期 6 年的 130 万法郎,才使高等法院批准了几项新的有关临时税的法令;而财政总监德奥侯爵①又是多么贪得无厌地侵吞了这笔临时性收入。

他无法进行统治。天主教同盟同新教派在外省不受王命,互相火并。国内忧患重重,更有瘟疫和饥馑。在这样的年月,他为了利用宠臣们对抗吉斯公爵,特别提拔了若瓦耶兹和埃佩农②为公爵和大贵族,给他们以优于旧贵族的地位,让若瓦耶兹公爵娶了王后的妹妹,成为国王的连襟,花了 400 万利弗为他举行婚礼。于是又加征新税,以弥补浪费,从而引起普遍不满。即便吉斯公爵不组织一个反对他的同盟,他自己的行为也足以产生这样一个同盟了。

就在此时,他的兄弟安茹公爵前往荷兰,要在同样遭到破坏的地方恢复他以前由于轻率而冒冒失失地失去的公爵领地。既然亨利三世允许他的兄弟带领佛兰德地区的那些对西班牙人心怀不满的人向菲利普二世夺取荷兰的几个省,那么菲利普二世对力量日见增长的天主教同盟予以大力支持和鼓励,是不说自明的。国王认为可以用什么办法对付天主教同盟呢?那就是建立苦修教士会;在万森给自己和玩乐伙伴们修建许多修士独身房;一面在公开场合祷告上帝,一面暗地里干伤天害理的事;身上披个白布袋,腰间系一串大念珠,一根苦鞭,自称"亨利修士"。即便是这样,也激

---

① 德奥(1535—1594),法国政治家,亨利三世和亨利四世时的财政总监。——译者

② 埃佩农(1554—1642),法国海军司令。在他要求下,高等法院于 1610 年将摄政权交给玛丽·德·美第奇。——译者

起了天主教同盟的教徒的愤怒,使他们更加大胆。有人在巴黎公开宣传,反对他的丑闻不断的所谓虔诚。16区代表委员会在吉斯公爵领导下宣告成立,巴黎仅仅在名义上属国王管辖。

(1585)吉斯公爵当了天主教同盟的首领,有军队,有钱,他向那瓦尔王的拥护者们发起攻击。那瓦尔王跟法国国王弗朗索瓦一世一样,是那时代最有气量的骑士,他提议同吉斯公爵较量一番,以结束这场重大纠纷,1对1,10对10,多少人都可以。他写信给他表兄亨利三世,指出天主教同盟想谋取的是王国和王位,而不是制伏胡格诺派,指明国王面临绝壁深渊,表示愿献出财产和生命来拯救国王。

正在此时,教皇西克斯特五世给那瓦尔王和孔代公爵下了那一道有名的谕旨,称他们两人为"波旁家族的可憎的私生子后代",宣布他们被剥夺了一切权利,没有任何继承权。天主教同盟赞扬这道谕旨,强迫国王下令通缉那位要拯救他的表弟,去跟那位恭敬地请他退位的吉斯公爵合作。这是自弗朗索瓦二世死后法国的第9次内战。

亨利四世(已经可以这样称呼他,因为这个名字是这样响亮,这样亲切,而且已经变为专有名词)不得不同时与法国国王、与妻子玛格丽特①、与天主教同盟作战。玛格丽特宣布反对自己的丈夫,这使人想起古代野蛮的时期。那时,绝罚处分就切断了一切社会联系,使一个君主为亲人所唾弃。然而亨利四世却从此成了伟

---

① 玛格丽特,即法兰西的玛格丽特,或称瓦罗亚的玛格丽特(1553—1615),亨利四世之妻,1599年被亨利四世休弃。——译者

人，敢于甚至在罗马对抗教皇，在该城的十字街头张贴文告，驳斥西克斯特五世，并向贵族院控诉上述谕旨。

他没有费什么力就阻止了轻率的妻子夺取阿热努瓦这块地方，至于他怎样在库特拉①击败了由若瓦耶兹率领的向他进攻的王国军队（1587年10月），已是尽人皆知，无须多说。他作战时勇敢异常，身先士卒，亲手擒获敌俘，胜利后同样表现得宽大与谦虚。库特拉之役使他威名大振，但实得利益不多。他的军队不是由一个统治者所供养的、长期集合在一面旗帜下的军队，而是一个党派首领的军队，没有固定军饷，军官们阻止不了士兵回乡收割庄稼，他们自己也要回自己的乡土。有人指责亨利四世不该因为去贝亚恩看望他所钟情的格拉蒙伯爵夫人而丧失了胜利的果实。这些人没有想想，如果他能保留一支完整的军队，则即使他不在场，也能指挥调度。他风流倜傥，他的表弟孔代亲王则个性严格认真，可也同他一样，在普瓦图逗留了一段时间之后，离开部队返回家乡。当时所有的军官都保证在11月20日回部队。那时打仗就是这样的。

然而孔代亲王在圣让昂热利的逗留却是这多难之秋的决定命运的一桩事。他回家后，刚与妻子夏罗特·德·拉特里穆依一道吃过晚餐，忽然得了致命的痉挛症，两天后便身故（1588年1月）。头脑简单的法官将亲王夫人投入监狱，略加审讯，以刑事罪起诉，并将一个名叫佩米雅克的年轻侍从缺席判决，又在经过那瓦尔王亲自任命的专员们审核之后，对孔代亲王的膳食总管布里安判处

---

① 库特拉，法国吉龙德省城市。——译者

四马分尸的死刑。亲王夫人有孕在身,向贵族院提出申诉,结果宣告无罪,案卷销毁。有些书上一再重复这个故事,说亲王夫人在她丈夫死后14个月生下伟人孔代的父亲①,说有人问过索邦神学院这小孩是否合法云云,纯属无中生有。我们在这里再驳斥一下,也是有好处的。已经证实,新生的孔代亲王是在他父亲病故6个月后出生的。

一方面是那瓦尔的亨利在库特拉战役中打败了亨利三世的军队,另一方面,吉斯公爵却在同一时候击溃了前来与那瓦尔王会合的德国新教徒军队,吉斯公爵在这次战斗中表现得同亨利四世一样勇敢。库特拉的失利和吉斯公爵的荣耀,对法国国王来说,是两件新的倒霉事。吉斯公爵联合吉斯家族的显贵们共同上书国王,要求公布特兰托公会议的决议,建立异端裁判所,没收胡格诺派教徒的财产,把它分给天主教同盟的首领们,给该同盟增加驻防要塞,驱逐被点名的宠臣。这份请愿书的每一个字都是无礼的冒犯。巴黎市民特别是16区代表委员会公开辱骂国王的宠臣,对国王本人也很放肆。

一件小事,也成了这一年中的灾难的根源,使人再清楚不过地看到王国政府真是命运多舛。国王为了避免可以预见的骚乱,禁止吉斯公爵前来巴黎,他给他写了两封信,令人派两名信使专送,但这点钱他也付不出,乃改为邮寄。吉斯公爵来到巴黎,说没有接

---

① 伟人孔代即第四代孔代亲王,其父亲,指波旁家族的路易二世(1588—1646),即第三代孔代亲王。——译者

到命令，这显然是遁词。因此之故，竟爆发了一场街垒战①。许多历史家已详细叙述了这一场战斗，这里无须重复。谁不知道，国王离开了巴黎，在自己的臣民面前逃走，然后在布卢瓦召开了第二次三级会议，并在该地派人暗杀了吉斯公爵及其兄枢机主教吉斯（1588年12月）？可在这之前他还曾经跟他们一道领圣体，在圣体面饼之前起誓永远相亲相爱哩！

　　法律是极其神圣、应切实遵守的东西。如果亨利三世即使仅仅在表面上要保持法律尊严，如果当他在布卢瓦的城堡中扣留亲王和枢机主教而对这两人实行报复时，采取了某种法律程序——这一点他是能够办得到的——那么他的名誉，也许他的性命就会保存下来了。然而他却对一位英雄和一位主教进行谋杀，这样他在全体天主教徒心目中便变得可憎可恨却没有使他更令人生畏。

　　在许多书上，特别是在再版数次的《法国的政体》这部著作中，都说吉斯公爵是被国王的普通内侍们刺杀的。说教者曼布尔在他所著《天主教同盟史》中还说，为首的杀人犯是国王的内侍长洛尼亚克。这些说法都是错误的，我认为应予订正。我查阅过幸免于〔1737年的〕一场火灾的审计院档卷，证明雷茨元帅和维勒基埃伯爵都是普通内侍，都有内侍长的头衔。这是个新的头衔，是亨利二世为圣安德烈元帅创立的。档卷中列有王宫内侍们的名字，他们都来自当时王国的主要家族。（内侍即弗朗索瓦一世时的侍从官，而侍从官以前则称为王宫骑士。）但杀害吉斯公爵的是一批名为四

---

① 法国历史上有过好几次巴黎的街垒战。1588年，吉斯公爵进入巴黎，市民起义反抗国王军队的镇压，这是第一次。——译者

十五人团的贵族,这是个新的团体,首领为埃佩农公爵,由他开条向国库领钱付给手下的人,这些人没有一个是内侍。

洛尼亚克、圣卡波泰、阿弗勒纳、埃尔伯拉德及其同伙,都是加斯科尼人,是埃佩农推荐给国王的一些穷贵族,当时人们称他们为保镖、打手。在那个动乱时代,每个亲王、每个大贵族身边都有这种人,吉斯家族曾通过这种人暗杀了亨利三世的宠臣圣梅格兰。这种风尚完全不同于往昔的游侠骑士,跟旧时为解决纠纷在决斗场以同样的武器比武的更为勇敢的野蛮风俗也不一样。

同样是那些刺客,他们可以毫无顾忌、卑怯而残忍地杀害了吉斯公爵,却慑于公众舆论的力量,不敢对公爵的哥哥枢机主教吉斯下手。于是从警卫队里找了4名兵士,在同一座宫殿中用长戟把他刺死。兄弟二人之死相隔两天,这充分证明,国王有时间利用草草的司法手段来为自己作掩护。

他不仅不懂得使用这种必要的假面具,而且也错过了时机,没有立即带着部队直趋巴黎。他徒劳地告诉母后卡特琳,说他已采取一切措施,其实他采取的措施,只是用于报复,而不是用来控制局势。他依然呆在布卢瓦,无意义地忙于审查三级会议的纪录,而这时巴黎、奥尔良、鲁昂、第戎、里昂、图卢兹都在差不多同一时间好像一致行动似的发动起义了。人家只把他看作一名杀人犯,一个立假誓的人。教皇对他实行绝罚,这种绝罚,在别的时候他可以不屑一顾,然而在此刻却十分严重,因为绝罚的处分与公众复仇的呼声相呼应,仿佛把上帝和人间联合在一起。70名经师在索邦神学院集会,宣布废黜国王(1589),他的臣属纷纷取消效忠誓言,神甫们拒绝给那些仍承认他为国王的忏悔者赦罪。16区代表委员会把高等法院中忠于国王的人投入巴士底狱。吉斯公爵的遗孀前来为她的丈夫和夫兄申冤。高等法院根据检察长的要求,委派了两名推事对瓦罗亚的亨利(前法国和波兰的国王,参阅《高等法院史》对此事的论述)的刑事案进行预审。

这位国王的行动过于盲目。这时他手中还没有一兵一卒,他派桑西跟瑞士人谈判招兵,他卑躬屈膝向已成为天主教同盟首领的马延公爵①写信,请对方忘掉其兄被暗杀之事。他还托教廷大使传话,马延公爵回答大使说:"我永远不会饶恕这个坏蛋。"禀报这次谈判的信件至今还在罗马保存。

最后,这位国王不得不求救于那瓦尔王亨利。此人曾经战胜过他,并是他的合法继承者,但是从天主教同盟成立之日起,便成为他应依靠的人了。这不仅仅因为只有这个人关心维护君主制,而且也因为他深知此人胸怀坦白,品格高尚,永远不会滥用其王位继承权。

由于那瓦尔王的援助,加上他一派的人的努力,他有了一支军队,两位国王一起来到了巴黎城下。巴黎怎样因亨利三世被刺死而得到解救,我在这里将不再重复,我只是要指出,当一位狂热的教士、多明我会士雅克·克雷门②受到他的修会和修道院长布古安的怂恿,在天主教同盟精神的鼓舞下,带了盛圣体的圣爵求见国王以便刺杀他的时候(1589),国王见到他竟然异常高兴,还说,每次见到一位修道士都感到心花怒放。至于那些尽人皆知的细节,

---

① 马延公爵,吉斯公爵之弟,1588年吉斯公爵遇刺后,继任天主教同盟首领。——译者
② 克雷门(1567—1589),多明我会修士,因刺杀亨利三世被卫队杀死。——译者

人们在巴黎和罗马的所作所为，令人厌烦，我不准备多说。还有，人们是以何等热烈的心情把弑君者的画像放在巴黎的祭台上，罗马怎样鸣炮，人们怎样颂扬这位僧侣，我也不多说了。只是应当指出，根据平民百姓的看法，这个"坏家伙"是个圣徒，是个殉道者，因为他曾经从迫害民众的暴君手下把上帝的子民解救出来。人民对这个暴君无以名之，只是称之为希律。这不是说，法国国王亨利三世同巴勒斯坦的小国王有什么相同之处，然而一向是愚昧而野蛮的下层民众听到有人说过希律王将一个国家的所有小孩统统杀死，也就用这个名字来称呼亨利三世了。在他们看来，雅克·克雷门是受到神启的人，他自知不免一死，而甘愿献身。他的上级，他请教过的人，都以上帝的名义命令他完成这一神圣的行为。他精神错乱，浑然无知，深信他是为上帝、为天主教、为祖国作牺牲。总而言之，按照他那一派的神学家们的说法，他所追求的是"永恒的荣光"，而遇害的国王则是入地狱的人。某些加尔文派神学家对波尔特罗①就是这样看的，天主教徒对杀害奥尔良亲王的凶手也是这样看的。

除了威尼斯，没有一个天主教国家不是把雅克·克雷门的罪行神圣化。被视为开明历史家的，耶稣会士玛里亚纳②，在其所著《论国王与王制》一书中说："雅克·克雷门是个伟大的名字。杀人者抵罪。国王所流的血，就是献祭给被卑劣地暗杀的吉斯公爵的亡灵。雅克·克雷门就这样在24岁上死了。他是法国的永远的

---

① 波尔特罗(1533—1563)，法国侍从贵族，属新教派，曾行刺吉斯公爵，使之受重伤。——译者
② 玛里亚纳(1536—1624)，西班牙史学家。——译者

荣光。"①法国的狂热达到了这样的程度，人们把这个凶手的画像安放在祭台之上，下方写着："圣徒雅克·克雷门，请为我们大家祈祷吧！"

有一件长久被人忽略了的事，这就是对凶手的尸首作判决的方式，判决者是枢机主教黎世留的父亲、宫廷大法官黎世留侯爵。检察官拉盖尔是这个暗杀事件的目击者，是他把克雷门引荐给亨利三世。他在这次审判中履行检察官的职责，但他只是充当见证人，跟别的证人一样作证而已。最后作出决定的是亨利四世，他按照他的大法官吕泽的意见，判决对克雷门的尸首处以磔刑和火刑(1589年8月2日于圣克鲁)。

还有一件事未为人所知：亨利四世在判决克雷门的同一天，还判决了杀害诺曼底古当斯指挥官的名叫让·勒罗瓦的另一名多明我会修士，把这个人装进大口袋抛入河中。判决于两天后在圣克鲁执行。这样的判决，这样的刑罚，都是世所罕见的，但罪行本身更令人惊异。

---

① 伏尔泰从西班牙文翻译的这段话除最后一句外，都是正确的。——原编者

第一七四章

亨 利 四 世

在达尼埃尔所写的亨利四世传记中,令人惊异的是,人们看不出这位国王是个伟大人物。书中几乎看不出国王的性格,很少引述反映国王心灵的那些令人折服的答话,根本没有提到他在卢昂贵族会议上那篇值得永垂史册的讲演,也没有详述他为祖国所作的业绩。而叙述得枯燥无味的军事行动,在最高法院发表的一些有利于耶稣会士的长篇讲演,以及戈登神甫①的生平,在达尼埃尔书中却用来代表亨利四世的整个统治时期。

贝尔②在运用雄辩术方面很有判断力而且推理深刻,但他在论述具体的历史问题和世界事务时,则常常见识短浅而应受指摘。他在"亨利四世"这个条目中,一开始便说,"如果亨利是个阉人,他能使亚历山大和恺撒黯然失色。"像这样的说法,他本应从他所编的历史词典中删去。在这种荒唐的假设中,连他的雄辩术都根本

---

① 戈登(1564—1626),法国耶稣会教士,亨利四世的告解司铎。——译者
② 贝尔在所著《历史评论词典》第 2 卷第 62 页"亨利四世"条有这样的说法:"如果女人的爱情能使他卓越的才华全部发挥,他早已超越最有名的英雄人物。如果他初次勾引他人妻女即受到阿贝拉尔那样的惩罚,他就能征服整个欧洲"。——原编者

看不到了,因为恺撒是极端淫荡的,亨利四世只是个多情的人。而且人们也看不出为什么亨利四世比亚历山大更为好色。贝尔是否主张要想成为伟人,就应当是半男不女?难道他不知道,众多的伟大统帅都是既迷恋女色又骁勇善战?在所有著名军人中,或许只有查理十二屏绝女色,可他却是失败多于成功。世人非难法国男子喜向女人献殷勤,在这部严肃的著作中,我无意恭维这种风流的行径。我只想承认一条十分重要的真理:赋予人们一切的大自然对于那些失去生殖力的标志或者这种标志不完全的男人几乎总是剥夺掉他们的力量和勇气。在所有的物种中,一切都是形而下的。好斗的不是去势的雄牛,而是公牛。心灵和肉体的力量正是从生命的这一源泉中汲取。在去势的人中只有纳塞斯是统帅,奥利金和佛梯乌是学者。亨利四世往往多情,有时多情得可笑,但他从未丧失锐气。美人加布里埃尔①在信中称他为"我的武士",仅此一词就足以驳倒贝尔的说法。亨利四世是历代国王的模范,他给民众带来慰藉,关于这方面,最好是读一读另外的一些著作,如梅泽雷的历史巨著、佩雷菲克斯②的著作,以及絮利的《回忆录》中所叙述的这位贤明君主的统治情况。

现在按我们的固有习惯,先略述这位国王过于短暂的一生。他的童年是在战乱和不幸中度过的。14岁时他参加过蒙贡杜尔战役,不久应召返回巴黎。他与查理九世胞妹结婚的结果只是朋辈遭到杀害,他本人也险些丧命,作为国事犯系狱近3年。他出狱

---

① 加布里埃尔(1573—1599),亨利四世的情妇。——译者
② 佩雷菲克斯(1605—1670),路易十四的家庭教师,后任巴黎大主教,著有《亨利四世传》。——译者

后面临战争带来的疲惫和厄运,经常缺乏给养,从未得到休息,但他像一名最勇敢的士兵,出生入死,进行了人们无法置信的战斗,而只是因为他多次进行了这样的战斗,人们才信以为实。例如1588年攻克卡奥尔城①,他在刀光剑影中战斗了5天,从一条街打到另一条街,几无片刻停息。库特拉一役的胜利也主要靠他的勇敢作战。他获胜后的人道精神使他赢得人心。

亨利三世遇刺后,他继承了法国王位。但军中半数将领疏远他,天主教同盟不承认他,借口是他的宗教信仰不同。同盟选择了一个波旁-旺多姆的枢机主教当有名无实的国王。用金钱支持天主教同盟的西班牙国王菲利普二世已经把法国视为自己的一个省份,菲利普的女婿萨伏依公爵入侵普罗旺斯和多菲内。朗格多克高等法院禁止承认亨利四世为国王,违者处死,并宣称"根据罗马教皇谕旨,他永远不能拥有法兰西王冠"。(1589年9月)鲁昂高等法院宣布,凡是拥护他的人都犯了"渎神罪和欺君罪"。

亨利四世所拥有的只是他的事业的正义性,他的无畏精神,以及一些朋友。他不可能长期维持一支军队,何况,这是一支什么军队!兵员不足12000,还不如当今的一个分遣队。为他效劳的人轮流到他麾下服役,数月后又纷纷离去。他勉强发军饷给瑞士兵和几支长矛队,而这些就是他的常年基本队伍。他不得不走遍各城市,无休止地进行战斗和谈判。他率领着当军队使用的一伙人,几乎在全国各省都取得了卓著的战绩。

---

① 卡奥尔,法国洛特省省会,在洛特河畔。——译者

首先是阿尔克①会战(1589年10月),他以约5000人的兵力在迪耶普附近击败了马延公爵率领的有2万人的军队。那时他写信给克里荣侯爵②说:"去上吊吧,正直的克里荣;我们在阿尔克作战,而你却没有参加。再见了,我的朋友,我错爱了你。"

接着,他夺取了巴黎郊区,只因兵力不足,未能攻占巴黎城。他只得撤退,转而占据村寨,加强防御,以便打开通道,同拥护他的事业的各城市取得联系。

正在他不辞劳苦、历尽险阻连续作战的时候,罗马教皇的特使、一位卡日当③式的枢机主教,悄悄地来到巴黎,代表教皇发号施令。索邦神学院(这所学院至今还存在)也不断声称,亨利四世不是国王。天主教同盟打着旺多姆枢机主教的旗号实行统治,称他作查理十世,并以他的名义铸造钱币,可这时国王却已把他囚禁在图尔。

教士们煽动民众反对亨利四世。耶稣会士纷纷从巴黎涌入罗马和西班牙。人称天主教同盟信使的马蒂厄神父不停地传来教皇谕旨,送来兵员。(1590年3月14日)西班牙国王也派人送来了1500支长矛,用以装备埃格蒙伯爵手下的约4000名骑兵和3000名旧式瓦隆步兵,这位伯爵就是那个被西班牙国王斩首的埃格蒙的儿子。此时亨利四世也集中了他所有的一点点兵力,总数不过

---

① 阿尔克,法国加来海峡省城市。——译者
② 克里荣侯爵,法国将领,曾是亨利四世以前几任国王的将官,拒绝参加刺杀吉斯公爵。——译者
③ 卡日当(1469—1534),意大利多明我会会长,枢机主教,1517年由教皇派赴德国任特使,劝说路德回归罗马教会,结果失败。——译者

1万人马。他发动了著名的伊夫里①战役,敌方是马延公爵指挥的天主教同盟军队以及在兵力、火力和大部队所需的装备等方面都远远超过自己的西班牙军队。他闯入长矛如林的敌阵,奋勇作战,取得了这个战役的胜利,就像他打赢了库特拉战役一样。人们将永远记得他的豪言壮语。当胜利者追击败兵时,他大声喊道:"你们要是失去了你们的旗手,就到我的白翎军帽下来集合吧!你们会看到,我的白翎军帽将永远出现在通向荣誉的光辉大道上。""拯救法国人吧!"

这一次他不再像库特拉战役那样只是勉强地成为主人了。他不失时机地利用了军事上的胜利。他的军队兴高采烈地跟随着他,力量有所增强,不过还是不足15000人,而他却用这样少的兵力围困了巴黎。当时城内仅有22万居民,如果不是他出于过分的怜悯,允许围城者养活被围的居民,他完全可以用饥饿夺取全城的。他手下的将军们曾经禁止给巴黎居民提供食品,违者处死,但是并无效果。士兵仍把食品卖给市民。一天,他的部下正要把曾用小车从暗道往城里送面包的两名农民处死,以示儆戒,被视察营地的亨利看见了,农民跪在他面前向他诉说,他们为了维持生计只好这样做。"你们走吧,没事。"国王说,并把身边的钱给了他们。他还说:"我这个贝亚恩人②很穷,我要是有更多的钱,就全给你们。"好心的人读到这样的善行是会敬佩和感动得流泪的。

当他向巴黎进逼时,武装起来的僧侣们手持火枪和十字架,身

---

① 伊夫里,法国厄尔省城市。因1590年亨利四世在该地战胜马延公爵与天主教同盟,后称伊夫里-拉-巴达依,意为"鏖战的伊夫里"。——译者
② 亨利四世1553年生于法国西南部贝亚恩(旧省),故自称贝亚恩人。——译者

披护胸甲,在城里游行。(1590年6月)高等法院、宫廷高级官吏和城市公民在教皇特使和西班牙大使面前,对着福音书发誓,决不接受亨利的来临。但这时毕竟食品匮乏,饥馑已达极点。

帕尔玛公爵由菲利普二世派遣,率领一支精兵前来为巴黎解围。亨利四世当即摆开阵势,准备迎战。谁都知道,他从战地给那个因他而闻名的加布里埃尔写了一封信(1590年10月)。信中说:"如果我战死疆场,我临终前想的首先是上帝,其次是你。"帕尔玛公爵不愿应战,他来这里只是为巴黎解围,并使天主教同盟更加依赖西班牙国王。在强敌面前,用如此少的兵力长期包围这个大城市,那是不可能的,因此亨利的成功又一次延迟,他的几次胜利也归于无用。不过他至少阻止了帕尔玛公爵势力的扩张,他的队伍和公爵的部队齐头并进,直到皮卡底的边境,迫使公爵退回到佛兰德。

亨利四世刚摆脱这个敌人,罗马教皇格雷戈里十四斯丰达拉①,就立即动用由[教皇]西克斯特五世积聚的一部分钱财,向天主教同盟派遣部队。耶稣会士茹旺西在他所著《耶稣会史》中承认,巴黎初修院院长、耶稣会士尼格里召集了法国所有耶稣会初学修士,把他们带到凡尔登去迎接教皇的军队,并把他们编入这支军队。这支军队给法国留下的只是惨不忍睹的分崩离析的残迹,这正反映了当时的时代精神。

正是在那个年代,僧侣们能够这样写:罗马的主教有权废黜各国的君主,因为[教会]几乎可以靠武力来实现这个权利。

---

① 格雷戈里十四,俗名斯丰达拉(1535—1591),1590年至1591年在位。——译者

亨利四世始终要同西班牙、罗马和法国作战,因为帕尔玛公爵撤退时给马延公爵留下了8000士兵。罗马教皇的一个侄子也带着意大利军队和罪行检举书①进入法国,他在多菲内与萨伏依公爵会合。莱迪吉埃尔②——他是法国的最后一个陆军元帅,也是最后一个有强大势力的贵族——打败了萨伏依公爵和教皇的部队。他作战时和亨利四世一样,手下的将领都只服役一段时期,但他却击溃了正规军队。那时法国的农民、手工业者、市民全都是士兵,这样就使法国田园荒芜,但最终却使法国免遭了邻国的吞并。教皇的士兵只不过是在阿尔卑斯山的西侧进行了空前的奸淫掳掠之后就散了。农村居民把跟在这些队伍后面的羊群统统烧死。

菲利普二世深居王宫,继续维持和控制着这场战火,不断给马延公爵一些小小的援助,不使他太弱也不使他太强。同时他不惜向巴黎输送大量金钱,目的是使他的女儿克莱尔-欧仁妮被承认为法国的女王,然后他再让吉斯公爵作她的丈夫。当亨利四世围困鲁昂时,菲利普二世出于上述意图再次把帕尔玛公爵派往法国,就像巴黎被围时,他把这位公爵派往那里一样。他向天主教同盟许诺,一旦他的女儿成为女王,他将派遣一支5万人的军队前往增援。亨利从鲁昂撤围以后,又一次把帕尔玛公爵赶出了法国。

此时,由菲利普二世豢养的16区代表委员会只差一步就实现了这位西班牙君主的计谋,使整个法兰西王国陷于彻底崩溃之中。(1591年11月)他们绞死了巴黎高等法院院长和两名法官,因为

---

① 罪行检举书是教会命令信徒向世俗法庭检举罪行的文书。——译者
② 莱迪吉埃尔(1543—1626),法国陆军元帅。陆军元帅的军衔到1627年废止。——译者

这些人反对他们的阴谋。马延公爵本人也几乎被这个叛乱集团所害,他于是绞死了这伙叛党中的4个成员。所谓的查理十世死后,就在分裂和恐怖笼罩下的巴黎,由教皇特使和西班牙大使共同策划,召开了三级会议。教皇特使甚至主持了会议,他坐在留给当选国王坐的空椅上。西班牙大使也出席会议,并在会上大发议论,反对撒利克法典,提议把西班牙公主立为女王。高等法院力谏马延公爵维护撒利克法典(1593),但是,这样的劝谏岂不是正中这位首领的下怀?如果西班牙公主当了女王,岂不是意味着剥夺他的地位?如果那位公主同他的侄子吉斯公爵结婚,岂不是意味着使他隶属于他想继续控制的那个人的治下?

请注意,高等法院想派代表出席三级会议,但没能办到。再请注意,还是这同一个高等法院不久前命令它的刽子手烧毁了国王在夏龙召开的高等法院所做出的反对教皇特使、反对特使有所谓主持选举法国国王的特权的判决。

差不多在同一时期,若干居民向巴黎城市当局和高等法院请愿,要求在选举之前,至少应对国王施加压力,使他皈依天主教。索邦神学院宣称,这一要求是荒谬的,具有煽动性的,亵渎宗教的,徒劳的,因为亨利是一个再度陷入异端的人,他的顽固是众所周知的。神学院对参加请愿的人处以绝罚,并决定把他们逐出巴黎。这项决定用蹩脚的拉丁文写成,就像是由一个神经错乱者草拟的,发表日期是1592年11月1日。后来这个决定变得不那么重要,就撤销了。若是亨利四世没有执政,它就不会撤销,人们就还会继续不断把法国和天主教会保护者的称号送给菲利普二世的。

天主教同盟的许多教士不仅自己深信,而且让民众深信,亨利四世根本无权继承王位,他们说撒利克法典虽然遵行已久,只是一种空想;只有天主教会有权授予王冠。

人们保存着一个名叫德·奥尔良的人的作品①。他是巴黎高等法院的律师,天主教同盟的三级会议代表。这位律师在一部名为《法国真正天主教徒的回答》的大厚本书中阐述了这一整套思想。值得注意的是,那个时期写书的人总是既是欺骗又带着狂信,企图从犹太人的书中寻找支持自己意见的东西,彷佛局处巴勒斯坦巉岩峭壁中一个小民族的习俗,过了3000年后还应当成为法兰西王国的准绳似的。谁能相信,为了剥夺亨利四世的王位继承权,人们竟然援引一个名叫奥齐阿斯的犹太小国王只是因为要给上帝进香而得了麻风病,结果被祭司们逐出王宫的例子作为根据?德·奥尔良律师说:"异端就是灵魂的麻风病;因此,亨利四世是个麻风病患者,他不应当执掌国政。"(第230页)②整个天主教同盟这一派都是这样推理的。但这里有必要把这位律师有关撒利克法典的言论抄录下来。

"法国国王应当既是男性,又是基督徒。谁不信仰天主教,不信仰使徒的教义,不信仰罗马教,谁就不是基督徒,就是不信仰上帝,他就同世界上最大的无赖一样不配当法国国王。"(第224页)

下面的一段话更为离奇:

"法国国王必须是男性,但更重要的是他必须是天主教徒。谁

---

① 见德·奥尔良所著《法国真正天主教徒的回答》,1588年版。伏尔泰归纳了此书中的一篇抨击文章的第4点:"那瓦尔国王(指亨利四世)无论从权利、品德或从举止风度来说都不适于戴王冠"。——原编者

② 此处伏尔泰没有引用原文,而是概述了《回答》一书中的25行文字,大意是:异端像麻风病,它导致王国各种职能的衰退。——原编者

要争辩,那就应当由刽子手而不是由哲学家来回答他。"(第272页)

再也没有比这更能使人了解那时的时代精神的了。这些信条在罗马奉行已有800年,在半个欧洲受人厌恶却只有一个世纪。西班牙人用金钱和教士在法国推广这种思想,如果相反的意见对他稍为有一点好处,菲利普二世也同样会予以支持的。

正当人们用刀剑、用笔、用策略和迷信来反对亨利的时候,正当三级会议在巴黎召开而吵吵嚷嚷、各持己见、争执不下的时候,亨利已经兵临城下。他在城内有一些拥护者。许多真正的城市居民深受战祸和强邻压迫之苦,渴望和平,但是民众都受宗教的束缚。在这方面,下层民众可以对大人物和贤智者发号施令,他们占最大多数,他们盲目地供人驱使,是一批狂热分子。亨利四世无法仿效[英国的]亨利八世和伊丽莎白女王,因而必须改变宗教信仰。对一个诚实的人来说,这是不容易做到的。崇尚荣誉的习惯在文明民族中永远不会改变,而其他一切都在变化。这种习惯使为了利益而改变信仰多少有点可耻,然而这个利益是如此之大,如此之广,同王国是如此的休戚相关,以致加尔文派中最服从他的人也纷纷劝他皈依他们所忌恨的宗教。罗尼①对他说:"您必须信奉天主教,而我必须继续信奉新教。"这就是天主教同盟和西班牙操纵的乱党们最害怕的一招。异端分子和再度陷入异端的人,这两顶帽子是他们主要的武器,亨利一旦改宗,就使这些帽子起不了作用了。亨利不得不请人讲授教义,但这只是做做样子而已,因为实际上他比他要打交道的那些主教们懂得更多。他自幼由母亲教读

---

① 罗尼即亨利四世的好友絮利公爵,其领地在罗尼。——译者

《旧约》和《新约》，圣经的这两本他都精通。在他的一派内，关于教义的论争，就像战争和爱情一样是日常的话题。当时所谓的才子，出口便是《圣经》的语录和《圣经》的引喻。亨利四世对《圣经》非常熟悉，库特拉一役，他生擒了一个名叫夏托勒纳尔的军官，对他说："投降吧，你这个非利士人！"

只要读一读亨利写给加布里埃尔·德·埃斯特雷①的信（1593年7月24日），就明白他对自己的改宗是怎么想的。"明天我就要做冒险的一试。我认为那些人将使我痛恨圣德尼②，就像您痛恨蒙索一样……"要是像耶稣会士达尼埃尔那样硬说亨利四世改宗时，他的心早已属于天主教，那就是为了虚假的礼节而抹杀事实真相。亨利改变信仰，无疑会保证自己得救，这个我可以相信。但是看来加布里埃尔的情人皈依天主教只是为了掌政。但是更明显之事是，这种改变对他的王位继承权丝毫没有增添什么东西。

那时他身边有一位伊丽莎白女王的密使，名叫托马斯·维尔凯西，这位密使在此后不久写信给女王说：

这位国君是这样解释他的改宗的，他对我说：在我继承王位时，800名宫廷侍从和9个团队借口我是异教徒，拒绝为我服务。天主教同盟急于另选国王。重要的显贵们都推举吉斯公爵。因此我经过深思熟虑决定改信罗马教。我用这个方法联合了所有的第三派；我在吉斯公爵当选之前抢先了一步，我

---

① 加布里埃尔·德·埃斯特雷(1573—1599)，亨利四世的情妇。——译者
② 圣德尼，巴黎以北地名，历代国王墓地，有大教堂。1593年亨利四世在这个教堂里发誓弃绝新教。下文的蒙索是巴黎郊区地名。——译者

赢得了法国民众的拥护；我取得了佛罗伦萨大公借款的许诺；我终于防止了新教的衰落。

亨利委派莫兰德勋爵去向英国女王说明事实，并尽可能作些解释。据莫兰德说，伊丽莎白的答复是："世俗之事，竟使他不顾敬畏上帝，这是可能的吗？"当杀死玛丽·斯图亚特的这位女王谈到敬畏上帝时，正像人们所一再指摘的，她很像是在做戏，然而当正直而气度不凡的亨利四世承认他的改宗是出于国家利益这个最大的理由时，人们不会怀疑他的话是真诚的。耶稣会士达尼埃尔怎么能无视事实、无视读者到如此地步，竟置各种证据和常情常理于不顾，硬说亨利四世的心早已属于天主教呢？还是布兰维利埃伯爵说得对，耶稣会士是不可能忠实地写历史的。

走出巴黎城跟亨利会谈的人，都觉得他这个人很可亲。一位代表看到他手下的军官对他不拘礼节，感到惊讶，他们围着他，几乎不给他让路。他说："您没看见，打仗的时候他们把我围得更紧哩！"此后，他重新攻占了德勒城，学习了新的教理，又在圣德尼大教堂发誓弃绝异教，在夏尔特尔举行了宗教加冕式，最后，在布置好内应之后，他就以国君身份进入巴黎，当时城内的卫戍部队有西班牙人3000，还有那不勒斯人和德籍雇佣军，他身边带的兵员还没有城里的外国人多。

巴黎已经15年没有见过或承认过国王了。这次变革是由这样两个人周密部署的：一个是布里萨克①元帅，一个是名叫朗格卢

---

① 布里萨克，即查理·德·科塞-布里萨克（约1550—1621），法国元帅，1594年归顺亨利四世。——译者

瓦的正直的市民，后者没有元帅那样著名，可是心灵同样高贵，他是巴黎的助理法官。这两个使公众恢复安宁的人很快就取得了全体法官和市民中重要人物的配合。他们采取了妥善措施，巧妙地骗过了教皇特使、枢机主教佩尔维、西班牙的指挥官和16区代表委员会，并把他们控制住，因此亨利四世入城时几乎没有流血(1594年3月12日，礼拜二)。他把本来可以留下当俘虏的外国人全部遣送回国；宽恕了天主教同盟的所有成员；让菲利普二世的使节当天回国，不施加任何强暴；国王还凭窗目送他们出发，对他们说："先生们，替我向你们的主人问好，可你们别再来了。"

好几个城市仿效巴黎，然而亨利还远不能主宰整个王国。菲利普二世要使自己始终是天主教同盟的靠山，对亨利四世坏事做绝，从不半途而废，依然在几个外省继续捣乱。由于假女儿之手统治法国的希望成了泡影，他就一心想用肢解的方法，永远削弱法国。法国的情况有可能比由英国霸占一半、贵族领主割据另一半的时候更坏。

马延公爵拥有勃艮第，吉斯公爵（绰号刀疤脸的亨利·吉斯公爵的儿子）占有兰斯和香槟的部分地区；梅克尔公爵[①]统治着布列塔尼，西班牙人占领着今天改名为路易港的布拉维[②]。甚至亨利四世的主要将帅们也想独立，而被他离弃的加尔文教派则退居到安全地带继续反对天主教同盟，并积聚力量准备有朝一日对抗国王。

---

① 梅克尔公爵(1558—1602)，马延公爵死后天主教同盟的首领。——译者
② 路易港，法国莫尔比昂省城市。——译者

亨利四世不得不采取软硬兼施的手段,来逐步收复国土。尽管他已是巴黎的主人,但是在一段时期内,他的势力并不巩固,以致罗马教皇克雷门八世一再拒绝给他赦罪。而他若处于顺境,本来就不需要这个东西的。没有一个教会在隐修院里为他祈祷。直到 1606 年为止,巴黎大部分本堂神甫在祷告中甚至不提他的名字,高等法院只得在重新行使职权以后,让教士们回到巴黎,并通过一项决定(1606 年 6 月 16 日),要所有本堂神甫在祈祷书中恢复为国王祈祷。总之宗教狂热像瘟疫一般仍在天主教徒下层民众中蔓延,几乎没有一年不发生暗杀亨利的事件。他每年都要同这个或那个首领打仗,时而战胜,时而宽容,时而谈判,或用金钱买得敌人归顺。谁能相信,他总共支付了 3200 万当时的硬币,来满足众多贵族领主的奢求？絮利公爵的《回忆录》可以证明。他的这些允诺全都兑现了,他若是个有绝对权威的、安安稳稳的国君,他本来是可以拒绝叛党的这笔要价的。马延公爵直到 1596 年才肯妥协,亨利则真诚地同他和解,任命他为法兰西岛省①行政官。有一天,他同公爵一道散步,使公爵感到很疲劳,他对公爵说:"表弟,这将是我一生中唯一的对不起您的一件事情了。"他不单这样说,而且这样做了,他对任何人都不失信。

好几位政治家断言,这位国君主宰全国后,必定会效法伊丽莎白女王,使他的王国与罗马教会分离。他们说,欧洲的力量太过倾向菲利普二世和天主教徒一边了。为了维持均衡,应当使法国成

---

① 法兰西岛省是法国的旧省,包括今天的埃纳省、瓦兹省、塞纳省、塞纳-瓦兹省和塞纳-马恩省的全境以及索姆省部分地区。——译者

为新教国家,这也是使法国兴旺富强的唯一途径。

然而亨利四世的处境和伊丽莎白不同。他没有一个听命于他、忠于他的利益的全国性的议会;他还缺少钱财;没有一支足够强大的军队;菲利普二世经常对他发动战争;天主教同盟还很强大,还很活跃。

他将收复王国,但是国家贫穷,山河破碎,而且面临着与瓦罗亚王朝的菲利普、约翰和查理六世①时期同样的颠覆危机。好几条公路已消失在荆棘丛中,人们正在荒芜的田野上开辟道路。如今有约70万人口的巴黎,在亨利四世入城时只有18万②。国家财政在亨利三世治下已挥霍殆尽,这时唯一的收入是靠公开的人口贩卖,收入由财政机关与人贩子平分。

英国女王、佛罗伦萨大公、德意志的一些选帝侯和荷兰人都曾经借款给他,他用这些钱来维持对天主教同盟、罗马和西班牙的抗争。为了偿还这些正当的债务,就把一般税收和地产税包给外国的包税人,由他们在王国境内经管国家的财政收入。天主教同盟中不止一个首领,过去出卖了对国王应有的忠诚,如今还掌握着国税的一些收税人,瓜分了王国的这份权利。包税人从百姓头上搜刮3倍、4倍于转让的税收,留归国王的税金也照此办理。最后,当全面的掠夺迫使亨利四世将财政大权完全托付絮利公爵的时候,这位开明廉洁的大臣发现,1596年,向百姓收税15000万,缴

---

① 指法国瓦罗亚王朝的三个国王:菲利普六世(1328—1350)、约翰二世(1350—1364)、查理六世(1380—1422)。——译者

② 亨利四世1590年围困巴黎时,巴黎城内有22万居民,1593年只剩下18万。——原编者

入国库的只有3000万左右。

如果亨利四世只是他那时代最勇敢、最宽厚、最正直、最诚恳的君主,那么他的王国就已经灭亡了。需要有一个能战能和、能了解和医治国家的创伤、管理大小事务、改革一切、建设一切的君主,而亨利身上就具备这一切。贤王查理的治理才能,弗朗索瓦一世的勇敢率直,以及路易十二的善良,他兼而有之。

为了提供巨额的开支,为了同时缔结无数和约和进行频繁的战争,亨利在鲁昂召开了全国显贵会议,这次会议近似三级会议。他在显贵会议上的下述讲演词至今仍铭记在熟知本国历史的善良市民的心中。

"赖有上天的宠惠,贤良的臣仆们的翊戴,勇敢的贵族们的战斗,我已经使这个国家摆脱了奴役和破坏。我无须特别表彰王公们的功勋,因为贵族的身份就是最美好的称号。我要使国家恢复强盛,重振声威。请诸位像参与第一次的光荣事业那样,投身于第二次的光荣事业。我请你们来,不是要像我的先王们那样强迫你们盲目赞同我的旨意,而是要征求你们的意见,信任和循从你们的意见,接受你们的监督。这是国王们、胜利者们、胡须半白的年长者们不大会相信的想法,但是我对我的臣民的爱使我能完全做到,而且觉得很体面。"

这种出自一位英雄人物的肺腑之言,远胜过一切古代雄辩家的讲演。

(1597年3月)当他正从事着振兴之举而危机依然存在的时

候,西班牙人突然攻袭了亚眠。亚眠的城市居民试图依靠自力进行防卫,不幸他们拥有的这种自卫权,因不善于使用,反而使该城遭受劫掠,从而把整个皮卡底地区暴露于敌人面前,助长了企图肢解法国的人的气焰。面临这一新的灾难,亨利缺乏财力,而且身患疾病。不过他还是集结了一些部队,带领他们向皮卡底边境进发。接着他迅速返回巴黎,亲笔给各地高等法院和宗教团体写信,"为的是要得到必要的给养来支持那些保卫国家的人"。这是他的原话。他还亲临巴黎高等法院呼吁:"如果给我一支军队,我将为拯救你们、光复祖国而愉快地献身。"他建议设置一些新的官职,以期迅速筹集必需的人力物力。但是高等法院却把这些对策视为新的灾难,拒绝批准有关法令。国王为了获得必要的资助以便率领贵族们去浴血疆场,不得不几次使用了由国王向高等法院下敕令的办法。他的情妇加布里埃尔借钱给他,让他去决一死战,而他的高等法院却拒绝给他钱。

最后,通过借贷,通过不懈的努力和为他忠心效力的罗尼即絮利公爵的节约政策,他终于征集了一支强大的军队。这是30年来唯一给养齐全的、有正规医院的军队,伤病兵员得到了前所未有的医护。在此之前,每个部队对伤兵只能尽其可能作些抢救,因缺乏治疗而死的士兵和丢失的武器一样多。

545　　(1597年9月)他收复了亚眠,迫使阿尔伯特大公未经接战即行撤退。从那时起,他迅速地平定了王国的其他地区,使整个法国都在他的治下。教皇在他地位未巩固时,拒绝给他一份毫无作用而又荒谬可笑赦罪书,但在他得胜后,立即宣布他无罪。剩下的问题是同西班牙媾和。和约在韦尔万签订(1598年5月2日),这是自奥古斯都·菲利普以来法国同敌国缔结的第一个有利的条约。

接着他就致力于治理这个被他征服的王国,使之走向繁荣昌盛。他遣散了闲置的部队,整顿了搜刮民膏民脂的财政,逐步偿还了国债,而并未增加民众的负担。农民们至今还在传诵他的话:"要让乡亲们每个礼拜日锅里都有一只鸡"①。话虽然很平常,却带有慈父般的情感。非常值得赞叹的是,尽管经济衰退,盗窃风行,他在不到15年时间,把达依税减少了400万,相当于今天的1000万,其他各种税收也减了一半,偿还债款1亿约合今天的2.5亿。此外,他还赎回了价值总计在1.5亿以上的地产,今天这些地产都已让与出去了。所有的广场都已修复,货栈和军火库堆满了物资和兵器,全国交通要道保养得很好。这些都是絮利公爵的不朽功绩,也是国王的不朽功绩,因为他果敢地选择一名军人来整顿国家财政,而且能和这位大臣通力合作。

司法进行了改革,这是更为困难的事;两种宗教和平相处,至少表面上如此。商业和艺术得到了重视。在困难而贫穷的朝代的初期,限制奢侈法总是禁止穿丝绸锦缎,这时丝绸锦缎又重新出现,而且更加光彩夺目,从而使里昂和全法国都显得更为富裕。他建立了一些用羊毛和金色蚕丝织造立经挂毯的手工场。人们开始制作具有威尼斯风格的小玻璃器皿。他不顾絮利的反对,单独提倡养蚕种桑。这位大臣在忠于职守和治事理财方面是值得称颂的,但不善于识别有益的新事物。

亨利下令开凿了连接塞纳河和卢瓦尔河的布里雅尔运河。巴

---

① 这句名言引自巴黎枢机主教、路易十四的家庭教师佩雷菲克斯。——原编者

黎进行了扩建和美化,开辟了王家广场,修缮了所有的桥梁。城郊圣热尔曼原来没有道路与巴黎相通,街上也没有铺石,国王都亲自督促解决了。他还下令建造了一座美丽的大桥,在桥上立了他的塑像①供人瞻仰。圣热尔曼,蒙索,枫丹白露,特别是卢浮宫,都进行了扩建,而且差不多已全部竣工。他把卢浮宫内他所建造的长廊下面的住房分配给各种艺匠,给他们以关怀和奖赏。最后,他还是王家图书馆真正的创始人。

当托莱多的佩德罗受菲利普二世委派出任西班牙驻法国大使时,他已认不出这个城市,他从前所见的巴黎满目疮痍,破败不堪。亨利对他说:"那是因为当时一家之主不在家,今天他已回来照顾自己的孩子们,这家子就兴旺发达起来了。"以前即便是动乱时期,[摄政的]卡特琳·德·美第奇也在宫中举行各种竞技、节日活动、舞会、芭蕾舞,在亨利四世治下,这些就用来点缀升平。

他在使本国强盛的同时,也成了其他国家的仲裁者。天主教同盟时期的教皇们怎么也想不到,这个贝亚恩人后来当了意大利内战的调停人,在教皇与威尼斯之间充当和事老。教皇保罗五世深幸得到他的帮助,摆脱了由于失策而造成的困境,因为教皇判处威尼斯共和国的总督和元老院绝罚,并对整个威尼斯共和国下了一道停圣事的禁令,褫夺了一贯由该国元老院行使的一些无可争议的权利。亨利四世仲裁了这一争议,这个曾经被教皇处以绝罚的人反倒为威尼斯解除了禁令。

---

① 伏尔泰时代还存在的亨利四世塑像已在法国革命中被破坏。现在人们看到的塑像是弗朗索瓦-弗雷德里克·勒莫(1771—1827)的作品。——原编者

他保护新生的荷兰联省共和国,用自己的积蓄支援它,并为使西班牙承认这个共和国的自由和独立,做出了不小的贡献。

他的地位在国内国外都得到了巩固,被公认为那个时代最了不起的伟人。鲁道夫皇帝只是在物理学家和化学家中享有声誉。菲利普二世从来没有打过仗,说到底,他不过是一个辛勤的、阴沉的、不露心迹的暴君,他很慎重,但这无法和亨利四世的勇敢和坦率相比,而亨利四世思维敏达,在纵横捭阖方面较之菲利普也毫无逊色。伊丽莎白享有很高的声望,但她不须逾越同样的障碍,因而没有获得同样的荣誉。她应有的荣誉已被她的受人指摘的虚情假意所冲淡,被永远洗刷不掉的玛丽·斯图亚特的血迹所玷污。教皇西克斯特五世以修造方尖碑和使罗马美化的一些建筑物而闻名,这根本算不上第一位的功绩,除此以外,人们知道的只是他以15年的伪善窃据了教皇职位,以及他生性严酷,达到残忍的地步。

至今仍在严厉批评亨利四世的私生活的人也不想一想,他的所有的弱点都是当时最优秀的男子的弱点,其中没有一项妨碍他做到治国有方。这在他以朱利赫①领地的继承问题为契机准备调解欧洲的争端时就能看出来。勒瓦索尔②和其他几个编者说亨利进行那次战争是为了追求孔代家族的一位年轻的公主,这纯粹是荒诞无稽的诬蔑。还是应当相信絮利公爵的话,他承认这位君主有他的弱点,但同时又证明国王的宏图大略与他的风流艳事毫不

---

① 朱利赫,德国西北部城市,十四五世纪为克莱夫公爵的领地,因最后的一个公爵死后无继承者,在德国皇帝与新教派及亨利四世之间引起争端,1609 年为此发生战争。——译者

② 勒瓦索尔,法国历史家,著有《路易十三史》。——译者

相干。可以肯定地说亨利签订凯拉斯克条约,绝不是为了孔代的公主,所以他才取得意大利和德国各王侯的支持,维持了整个欧洲的均势,从而使他的荣誉达到高峰。

他准备率领 46000 人进军德国。他的储备金有 4000 万,开展了大规模的备战活动,争取了可靠的同盟,培养了精干的将领。德国境内的新教君主和荷兰的新共和国都给予支持,一切都保证稳操胜券。在他的脑子里根本不存在所谓把欧洲分为 15 个国家的想法,谁都知道这不过是一种空想而已。如果他曾就这样一个离奇的计划与人商谈,那就会在英国、威尼斯、荷兰找到某些蛛丝马迹,因为人们设想,亨利四世曾经跟这些国家共同策划这件事。但是并没有一点痕迹。因此这件事并不真实,不可能确有此事。不过依仗他的同盟、他的武装和经济力量,他是可以去改变欧洲的体系,使自己成为欧洲的支配者的。这便是如实反映亨利四世的画像。如果把这画像拿给一个有点头脑的、从未听说过他的外国人看,并且说:这就是在人群中被暗杀的那个人,他多次被人谋害,而且谋害他的人都是他从未加害的人,那么这外国人是不会相信的。

就是这个曾经谆谆告诫要宽恕各种侮辱行为的教会,长期以来竟是谋杀的唆使者,这真是十分可悲的事情。他们这样做,唯一的根据就是这种信条:谁不像我们那样思想,谁就是被天主弃绝的人,应当对他深恶痛绝。

更奇怪的是,一些天主教徒在这位善良的国王皈依了天主教之后仍然阴谋杀害他。第一个企图是在圣德尼教堂于亨利发誓放弃新教时下手的,是一个名叫皮埃尔·巴里埃尔的社会渣滓(1593年 8 月 27 日)。当国王发誓完毕时,他有些犹豫不决,然而最疯狂的天主教同盟会员、圣安德烈·德·阿尔克的本堂神甫奥布里还有一个嘉布遣会①修士和一个无职衔的教士以及耶稣会学校校长瓦拉德坚定了他的罪恶企图。审计法院代理检察长、有名的埃田·帕基埃保证说,巴里埃尔曾亲口告诉他,怂恿巴里埃尔犯下这一罪行的是瓦拉德。瓦拉德和本堂神甫奥布里的逃遁增加了这个说法的可靠性,这两个人躲在教皇特使枢机主教那里,亨利四世入城后,他们跟随教皇特使到了罗马。另外,使这一指控更为可信的是,根据有关亨利四世的记述,后来巴黎最高法院判决对瓦拉德和奥布里模拟像处磔刑。达尼埃尔极力为耶稣会士瓦拉德开脱罪责,这是可以理解的,因为本堂神甫们没有替当时本堂神甫的疯狂作任何辩解。索邦神学院现在承认以前下达过一些该受到惩罚的通谕。多明我会的修士们也承认,他们的会友雅克·克雷门暗杀了亨利三世,他是受修道院院长布尔吉翁的唆使犯下弑君之罪的。从各方面来说,事实真相已经大白,它告诉人们,今天的教士们不应替他们前辈的杀人信条和野蛮的迷信负责,也不必为之感到羞耻,因为今天的教士没有一个人不对此深恶痛绝。事实真相只是把罪恶的纪录保存下来,使之永远不再重演。

那时宗教狂热如此广为传播,以致人们诱惑了一个愚昧无知的名叫伍恩的夏尔特勒修会修士,说杀了亨利四世就可以更快进入天堂。这个倒霉的人被他的上司像疯人一样关起来。1599年初②,两个佛兰德的多明我会修士,一个叫阿尔日,另一个意大利

---

① 嘉布遣会是方济各会的一个分支,成立于1525年。——译者
② 原文如此,疑为1594年之误。——译者

人叫里迪科维,决定重演会友雅克·克雷门的故技,但阴谋败露,被判处绞刑。这两人受到酷刑,但这并没有吓倒米兰的一个嘉布遣会修士,他抱着同样的目的来到巴黎,结果同样被绞死。圣尼古拉-德尚的一个副本堂神甫(1595)和一个地毯商(1596),也策划了同样的阴谋,被判处同样的刑罚。

(1594年12月27日)让·夏泰尔的谋杀案最能说明当时的疯狂症已蔓延到什么地步。此人出身在一个殷实的家庭,生活富裕,家教很严,还不到19岁,缺乏经验,他自己不可能做出这种毫无希望的决定。大家知道,就是他在卢浮宫内向国王砍了一刀,但只是砍中了国王的嘴,因为这位善良的君主对隔一段时间前来觐见的臣仆总要拥抱的,当时他正弯下身去拥抱蒙蒂尼。

第一次审讯,这个人就说,他行为是高尚的,既然国王还没有得到教皇的赦罪,他就可以心安理得地杀死他。这足以证明,他是受人蛊惑的。

这人曾经在耶稣会学校长期学习。在当时各种有害的迷信活动中,有一种最能蛊惑人心,那就是把年轻人关在默祷室。室中光线阴暗,四壁画着魔鬼、肉刑、火焰,神经脆弱的人会吓得发狂。这个不幸的年轻人由于精神失常,认为杀死国王,就能免入地狱。宗教狂热竟然这么严重地搅乱人们的思想!盲目迷信竟能使人产生如此荒诞而凶残的念头!

尤其是夏泰尔曾供认,他常常听到耶稣会中的一些人说,杀死国王是允许的,因此,如果法官们没有派人检查耶稣会士们传教布道的讲稿,毫无疑问,那就是严重失职。

教师吉尼亚尔在他所写的书中有这样几句话:"亨利三世,亨利四世,伊丽莎白女王,瑞典国王以及萨克森选帝侯①都不是真正的君主;亨利三世是个沙达那帕卢斯②,亨利四世是狐狸,伊丽莎白是母狼,瑞典国王是一条粗毛猎狗,萨克森选帝侯是一头肥猪"。这就是所谓的雄辩术。他还说:"雅克·克雷门得到圣灵的启示,其做法是英雄的行为。我们若能战胜亨利四世,就战胜他;若不能战胜他,就把他杀掉。"

吉尼亚尔太粗心,他得悉夏泰尔行刺国王后,没有立即烧毁他的著作。他和另一名教师盖雷都被逮捕了,后者教的是一门荒谬的名为哲学的课程,夏泰尔是他的学生。吉尼亚尔被吊死焚尸;盖雷没有供认什么,被判处同所有的耶稣会教友一起驱逐出境。

耶稣会士茹旺西一定是被严重的偏见蒙住了眼睛,才会在他的《耶稣会史》中把吉尼亚尔和盖雷比作被尼禄迫害的第一批基督徒。他特别称赞吉尼亚尔,因为吉尼亚尔被判处手执火炬,背着他的著作,当众认罪时,始终不向法庭求饶。茹旺西让读者把吉尼亚尔看作是祈求上帝宽恕的殉教者,因为他毕竟可能在宗教上犯了罪,但他即使有良心也不会承认他冒犯了国王。那么,除了他亲手把国王杀死之外,还有什么比写了国王该杀这话更冒犯国王的呢?茹旺西把高等法院的判决看作是极不公正的,"可鄙而又可耻的"。他说,"我们怀念他,我们原谅他。"的确,判决是严厉的,但是如果仔细看看吉尼亚尔的手稿,考虑到另一个名叫艾伊的耶稣会士的

---

① 指萨克森选帝侯莫理斯公爵(1521—1553),德国选帝侯中的新教派集团的组织者。——译者

② 沙达那帕卢斯,公元前7世纪亚述国王,传说此人荒淫无度,穷奢极侈,是一个昏君。——译者

狂怒、夏泰尔的自白、托莱、贝拉曼、玛里亚纳、埃马努埃尔·萨、叙阿雷斯、[①]萨尔默龙、莫利那[②]等人的著作，那不勒斯耶稣会士们的信件，以及许多宣扬弑君无罪论的著作，那么，可以肯定地说，这个判决就说不上是不公正的。不错，没有哪个耶稣会士曾授意夏泰尔这样干，这是事实。但他在学习时，听这些人讲过当时流行极广的弑君论，这也是事实。更为确实无疑的是耶稣会士们怀念着被吊死焚尸的吉尼亚尔。但若说他们原谅他，那就大错特错了。

夏泰尔的父母除了生下一个不幸被搞得精神错乱的儿子，没有任何罪过，也被驱逐出境，人们对此并无不满。那么，在那样的时代，又怎么能认为驱逐所有的耶稣会士出境是极不公正的呢？这不走运的父母被判驱逐出境并课以罚金，人们捣毁了他们的房屋，地基上立个方尖碑，刻了罪状和判决书。那上面写着："朝廷还肃清了这个迷信恶魔的、使让·夏泰尔犯了弑君罪的新式修会。"特别值得一提的是，高等法院的这份判决书列入了罗马教廷的《禁书目录》。所有这些都证明：那个时代是宗教狂热的时代；如果耶稣会像其他修会一样传授了可怕的信条，那他们就比其他修会更为危险，因为他们是教育青年的。他们是为过去的过错受到惩罚，而这些事在3年前的巴黎是不视为过错的。最后，不幸的时代使高等法院不得不作出这样的判决，这一点也值得记载。

这一判决是如此必要，当时有人发表一篇为夏泰尔开脱罪责的辩护词，其中写道："他的弑君是高尚的、勇敢的英雄的行为，足

[①] 叙阿雷斯(1548—1617)，西班牙耶稣会士，神学家。——译者
[②] 莫利那(1535—1600)，西班牙耶稣会士。——译者

以和宗教史、世俗史上最伟大的行为相比,这一点只有不信神者才会怀疑。遗憾的是,夏泰尔没有完成他的事业,没有把这个恶人像犹大一样送到他应去的地方。"

这篇辩护词使人清楚地看到,吉尼亚尔所以始终不愿向国王讨饶,就是因为他不承认亨利是国王。作者说,"这个坚贞不屈的神圣的人绝不承认罗马教会所不承认的人。尽管法官们将他焚尸扬灰,他的血仍会在万军之主①面前沸腾,以反对那些杀害他的人,万军之主必将为他复仇。"

这就是当时的天主教同盟的精神,僧侣们的精神。这就是对宗教的极端误解所造成的恶弊,这种弊害却一直延续到近代。

我们今天还能看到,一个名叫拉克鲁瓦的耶稣会士,科隆的神学家,重印并注释了从前一个名叫比桑博的耶稣会士写的一部著作。若不是有人偶然在这本书中发现了令人震骇的有关杀人和弑君的理论,那么此书跟它的作者、注释者全都会无人知晓的。

书中说,一个被君主弃绝的人只能在君主的属地之内合法地处死;而一个被教皇弃绝的君主在任何地方都可以予以诛杀,因为教皇是普天之下的最高主宰,负有使命杀死一个被绝罚者而不论此人是什么人,他可以把这项任务托给另一个人,而接受这种嘱托则是一种爱德。

诚然,各地高等法院都查禁了这本坏书,诚然法国的耶稣会士也公开谴责书中的这些论点,但是新近增补重印的这本书充分证明,这些可怕的信条早已铭刻在人们心中,早已被视为神圣的事物,视

---

① 万军之主指上帝。——译者

为宗教的要义,结果法律也无法过于严厉地制裁弑君论的传播者。

（1610年5月14日下午四时）亨利四世终于成了这种不可思议的基督教神学的牺牲品。拉瓦雅克①一度是斐扬修道院修士,青年时代听到的一切仍使他头脑发热。在以往任何一个世纪,迷信从未产生过像这样的效果。这个不幸的人的想法完全同让·夏泰尔一样,他也认为,杀死亨利四世可以平息天主的震怒。当时百姓中流传国王要同教皇开战,因为他要援救德国的新教徒。那时,德国分裂为两个同盟,一个是福音派新教同盟,几乎由所有的新教诸侯组成;另一个是天主教派同盟,教皇的名字居于首位。亨利四世保护新教同盟,这就是他被暗杀的唯一原因。应当相信拉瓦雅克的始终如一的供词。他从不改口,他说他没有任何同谋,驱使他行刺国王的是一种无法控制的本能。他在审讯记录上签了字。1720年,高等法院的一个档案保管员找到了其中几页。我看过这份材料,那令人憎恨的名字写得工工整整,下面还有他亲笔写的"愿耶稣永远是我心中的胜利者。"这再次证明,这个怪人只是个愚蠢的宗教狂热分子。

人们知道,拉瓦雅克是斐扬修道院修士时,那些修士还是狂热的天主教同盟成员,因此他是一个以犯罪和迷信而自我毁灭的人。法国史官、高等法院推事马蒂厄曾在卢浮宫附近的雷兹小王宫里同他谈了很长时间,谈话笔录中说,这个可怜的人企图谋害亨利四世已有3年。高等法院的另一个推事在这小王宫里当着马蒂厄的

---

① 拉瓦雅克(1578—1610),原为斐扬修道院的杂务修士,后被逐出。1610年,他在亨利四世外出时,登上马车用刀子将他刺死,同年5月27日被处以磔刑。——译者

面问他怎么能对笃信基督教的国王下此毒手,他答称:"谁知道他是不是真的笃信基督教!"

这事件比任何别的事件都更加使人想到命定的必然。昂古莱姆的一个小学教师,没有密谋,没有共犯,不为私利,在人群中杀死了亨利四世,改变了欧洲的面貌。

从 1611 年出版的本案纪录中可以看到,这个人除了布道者的训示和僧侣们的说教外,确实没有其他同谋。他非常虔诚,常作短而虔诚的默祷,他甚至看到天主的显圣。他承认他在离开斐扬修道院后经常渴望参加耶稣会。他说他的最初意图只是促使国王摈弃新教。甚至,在圣诞节,当他看见国王乘四轮马车经过后来他行刺的那条街时,他曾喊道:"陛下,看在我主耶稣基督和圣母玛丽亚的名分上,让我跟您谈谈吧!"他被卫队推开了,于是他回到故乡昂古莱姆,那儿他有 80 名学生,他常常做忏悔领圣体。已经证实,他犯罪的念头是在反复多次的虔诚的宗教礼仪中形成的。第二次审讯时他回答道,士兵们普遍传说,国王要对教皇开战,而他们将要参加,并为此而死,这就是使他产生了杀死国王的想法的原因。因为同教皇开战,就是同上帝开战,教皇即上帝,上帝即教皇,除此以外,没有任何人引诱他做这件事。因此,一切都说明,亨利四世被刺,只是由于长期以来蒙蔽人们的思想、使世界生灵涂炭的偏见作用的结果。有人居然把这个罪行加到奥地利家族头上,加到国王的妻子玛丽·德·美第奇、国王的情妇巴尔扎克·德·昂特拉格和埃佩农[①]公爵头上;而梅泽雷和另一些作者则不作任何调查,把

[①] 埃佩农(1554—1642),法国海军司令。1610 年亨利四世被刺后,在他要求下,巴黎高等法院决定由玛丽·德·美第奇摄政。——译者

这种种相互矛盾、人们嗤之以鼻的无端推测搜集于他们的历史著作之中,这只能令人看到狡猾恶毒的人们是何等轻信。

557　　在亨利四世遭到暗害之前,在荷兰有人谈到他将要丧命,这是确有其事的。拥护天主教同盟的人眼看他即将统率一支庞大的军队,就说除非亨利死了他们才能得救,这也是不足为奇的。这些人和天主教同盟的残余势力都巴望再出现一个克雷门,一个日拉尔,一个夏泰尔。把意欲转变为希望,这是很容易的。这种议论传播开了,终于传到拉瓦雅克的耳朵里,推动他下了决心。

还确实有人向亨利预言,他可能死在马车中。这种想法的来源是,这位君主尽管在别的地方很大胆,但坐马车时经常担心翻车。星相家们把他这个弱点看作是一种预感,最没有可能发生的意外事件证明了他们随便说的话是说中了。

拉瓦雅克只不过充当了时代精神的盲目的工具,而那个时代精神同样是盲目的。巴里埃尔、夏泰尔、夏尔特勒会修士伍恩、1595年被吊死的圣尼古拉-德尚的副本堂神甫,直到某一个真的或假装的精神失常的可怜人,或者是我叫不出名字的别的人,都策划了同样的暗杀阴谋。他们几乎全都是年轻人,都居于民众中的底层,宗教就是这样把下层民众和青年变成了狂人!这个可怕的时代所产生的这一类谋杀者中,唯有波尔特罗·德·梅雷是贵族。我没有把执行亨利三世的命令杀死吉斯公爵的人计算在内,那些人不是宗教狂热分子,而只是一些卑怯的受雇杀手。

亨利四世终其一生确确实实不为人所了解,不曾受人爱戴。造成了那么多暗杀事件的时代精神一直在鼓动天主教的乱党们造他的反。他出于无奈改变宗教信仰,又引起了新教徒的不满。他的妻子跟他没有爱情,使他备受家庭带来的痛苦。甚至他的情妇、韦尔讷伊侯爵夫人①也密谋推翻他。对他的廉正品德攻击得最厉害的是他的近亲孔蒂公主的一首讽刺诗。总之,他只是在遇刺之后才开始受到全国敬仰的。他的遗孀摄政时期,处事轻率,政局混乱,使人们对国王之死更表惋惜。絮利公爵的《回忆录》弘扬了他的一切美德,叫人原谅了他的种种弱点。人愈是深入研究历史,就愈爱戴他。路易十四的时代无疑比他的时代更伟大。但是亨利四世这个人却被认为比路易十四伟大得多。他的荣誉与日俱增,法国人对他的感情终于达到了热爱的程度。不久以前,人们在圣德尼看到一个特出的例证。路易十五王后去世,弗莱山市②主教致悼词,尽管他竭力赞美这位得宠的王后,致悼词者还是不能吸引人,50多名听众离开教堂,去瞻仰亨利四世的墓。他们在墓穴周围跪下,流了眼泪。有人慨叹说,这是亨利四世从来未有的真正的荣誉。

补　　篇

亨利四世写给科里桑德·德·昂杜安的九封信

下面是亨利四世[在位前写]的几封亲笔信,这些信是写给格

---

①　韦尔讷伊侯爵夫人,即上文所说的巴尔扎克·德·昂特拉格(1579—1633)。——译者

②　弗莱山,今称勒普伊,法国上卢瓦尔省省会。——译者

拉蒙伯爵菲利贝尔的遗孀科里桑德·德·昂杜安①的，全都未写年份。不过借助注释，读者仍能知道写信的时间。有的很有意思，亨利四世的名字使这些信弥足珍贵②。

第 一 封 信

我的侍从中没有一个人或至少是很少人不遭到抢劫，私人信件都打开了。有七八个曾在外国军队服役的宫廷侍从前来证实此事（其中之一是朗布伊埃的兄弟德·蒙卢埃，他是谈判代表③之一），他们说，答应当兵的宫廷侍从不到10名。布戎④根本没有答应。一句话，有钱就可以把所有丢失的东西找回来。马延做了一件不得人心的事，他用匕首杀死了萨克雷莫尔（因为此人曾为他效力，向他索取报酬）。有人告诉我，他不愿意满足此人的要求，他害怕此人因为不满意，会把所知道的他的全部秘密，甚至暗害国王的秘密都泄露出去，而萨克雷莫尔就是执行这一密谋的首要人物⑤。上帝让他们自相杀戮，萨克雷莫尔是他们最有用的奴才，他还没断

---

① 科里桑德·德·昂杜安，法国人，1569年与格拉蒙伯爵菲利贝尔结婚，1573年起是那瓦尔王（即亨利四世）的情妇，1580年伯爵死。她经常为那瓦尔王出谋划策，甚至为他招募军队。那瓦尔王出征时，常给她写信。两人的关系一直保持到1591年。——译者

② 这些信件是科里桑德·德·昂杜安的后裔德·拉莫特-热弗拉尔于1762年提供伏尔泰的。——原编者

③ 原文如此，没有交代是什么谈判。——译者

④ 指布戎公爵（1555—1623），法国元帅，新教派首领之一，亨利四世的忠实追随者。——译者

⑤ 没有比这个故事更为奇妙的了。萨克雷莫尔是比拉格（1507—1583，枢机主教、大法官、圣巴托罗缪大屠杀的唆使者之一。——译者）的本家。由此证明马延公爵的心狠手辣远远超过所有历史学家的描绘。当然，对于像他这样一个教派首领来说，这也不足为怪。这封信写于1587年。——伏尔泰

气就埋了。写到这儿,莫尔拉斯和我表弟的一个侍从来了,他们的信件和衣物都被抢了。蒂雷纳明天将来此,他3天内攻克了菲扎克附近的18个要塞。如果上帝保佑,我可能在最近取得更好的战绩。说我已经死了的谣言在波城、莫城、巴黎到处传。几名多明我会修士讲道时把我的死称为上帝赐予他们的一大幸福。再见吧,我亲爱的。百万次地吻您的双手。

1月14日于蒙托邦

第 二 封 信①

我这里发生了一件我害怕发生的最不幸的事,亲王殿下②突然去世了,这是我的又一意外遭遇。我对他表示惋惜,我应当这样,但哀悼的方式不是像以往那样。此刻我是参加弥撒的所有那些奸诈之徒的众矢之的。是这些叛徒们把他毒死的。如果上帝仍是主人,那么我蒙主恩将仍是上帝意旨的执行人。可怜的亲王,星期四曾参加驰马夺环比赛,这是他并不乐意的,用晚餐时,身体很好;从半夜起大呕吐,直到清晨;星期五整天卧床不起,晚上他用了晚餐,是夜睡眠尚好;星期六早晨起床,中午进正餐,接着就下棋;他还从椅子上起身,在卧室里踱步,同旁人聊天。突然他说:"给我椅子,我觉得浑身无力";他没坐下就已经说不出话来,过一会,他就坐着归天了。中毒的症状顿时显现出来。这件事给那个地方带来的震惊是难以想象的。天明时分,我要乘驿车赶到那儿去料理

---

① 此信写于1588年3月。——伏尔泰
② 指孔代家族第二代亲王波旁的亨利一世(1552—1588),他与那瓦尔王一起反对天主教同盟,在库特拉战役中有功。——译者

一切。我担心路上会出事。请您勇敢地为我祈祷。如果我平安无事,那必定是上帝保护了我,直至我进入坟墓,也许我离坟墓比我想象的还要近些。我将仍是您忠实的奴隶。晚安,我亲爱的,百万次地吻您的双手。

第 三 封 信①

昨天从圣让昂热利来了两个报信人,一个中午到,一个晚上到。第一个报告,孔代亲王夫人的年轻侍从贝卡斯泰尔同夫人的随身男仆如何在以为主人已死后,突然逃跑,这两个逃跑的人在城郊一家两星期前才开张的小旅店里找到两匹价值200埃居的马。两人各带一箱银子。这个送信人问店主,店主说这两匹马是一个名叫布里昂的人留下的,他吩咐店主每天要好生照料牲口;说如果喂别的马用4份燕麦,喂这两匹马就用8份燕麦,他付双倍的钱。这个布里昂②是亲王夫人安插在王府的,让他掌管一切家务。此人立刻被捕,他供认曾给那个年轻侍从1000埃居,并遵照女主人的嘱咐为他购买了那两匹马,供前往意大利时使用。第二个报信人证实并补充说,有人叫布里昂写信给当时在普瓦蒂埃的那个随身侍从,通知他在离城门200步的地方等候,他有事相告。随身侍从立即出来,结果被埋伏的人抓住,带回圣让昂热利城。他还没有作证,但他对押送他的人说:"唉!夫人多么狠毒!应当把

---

① 此信写于1588年3月。——伏尔泰

② 经法官终审判决,布里昂被判处四马分尸,在圣让昂热利正法。孔代亲王夫人被判徒刑,直至分娩以后执行。她于同年8月生了第一个王子亨利·德·孔代。她曾向贵族法院上诉,但仍关押在昂热利的监狱中,至1596年,亨利四世下令撤销判决。——伏尔泰

她的裁缝抓起来,我将毫无顾忌地说出一切"。后来果然这样做了。

到目前为止,人们所知道的就是这些。请您回想一下我以前给您说过的话,我的判断不大会错。一个心地不良的女人就是一头危险的猛兽。所有这些下毒犯都是拥护教皇的天主教徒。前面所说的那些就是这位贵妇的指示。我已经发现过一个要杀害我的人①,上帝将会保护我,我很快就会把详情告诉您。塔伊堡的军政官员派来两名士兵,给我捎信说,他们的要塞只对我开放,我感到很高兴。敌人向他们施加压力,而他们急于查明谋杀之事是否事实,对敌人不设置任何障碍。他们除了派到我这儿来的人以外不让圣让昂热利城有一个人活着出城。德·拉特里穆伊就是其中之一,他也只是第 20 个人。信中还说,如果我再拖延,就会有很大不利。我得星夜出发,带领 20 个骑士团的首领日夜兼程,然后又赶回来参加在圣福瓦举行的会议。我亲爱的,我身体很好,可是精神上很痛苦。您要爱我,并向我表现出来,这对我是一大安慰。我说的都是真情,让我百万次地吻您的双手。

3 月 13 日于艾墨

第 四 封 信

昨天晚上我已到达蓬斯②,我在这儿得到来自圣让昂热利的消息,各种可疑迹象正朝着您所判断的方面发展。明天我将看到

---

① 人们在那瓦尔王的驻跸地奈拉克发现的一名刺客,洛林人,他是受天主教同盟的教士派遣。对这位贤明的伟大君主的谋害前后共达 50 余次。——伏尔泰

② 蓬斯,法国西部夏朗特滨海省的一个小城镇。——译者

一切。我害怕看到亲王府中那些忠心耿耿的仆人,因为这确实是从未有过的最大的悲痛。天主教会的教士们在周围各城镇极力宣传,说这样的丧事只能看到一次。他们赞扬这一"高尚行动"和完成这一行动的人,他们训诫每个天主教徒要以这个如此符合基督教教义的行为为榜样,而您正是这个教的教徒!不错,我的心上人,我们的灾难正是要求您表现出您的怜悯和您的善德的一个极好的理由。放弃你的信仰吧,别再等待下一次了!我是给您说真话。埃佩农同奥蒙元帅和克里荣①之间的争吵使宫廷陷于混乱,我将每天从宫廷得到消息,并把这些消息告诉您。布里凯齐埃尔向您谈到过的那个人捉弄我多次,两天前我才知道并得到证实。现在我要骑马外出,暂此搁笔。亲爱的情人,让我百万次地吻您的双手。

3月17日

第 五 封 信

上帝知道,我离开这里未能前去吻您的手,我是多么遗憾;确实,我心上的人,我是病倒了。对于利斯朗将要告诉您的事,您会觉得奇怪(不过您会说我没有弄错)。魔鬼已释放出来,我是值得怜悯的,我没有被沉重的负担压垮,真是个奇迹。假如我不是胡格诺派,我也许会变成一个残酷的人。人们用来试探我的智力的是多么严峻的考验啊!不久之后我会成为一个狂人或是一个精明的人,我不能走错一步。今年将是我的试金石。家庭是个很大的痛

---

① 奥蒙元帅,即让·德·奥蒙公爵(1522—1595)。克里荣(1543—1615)法国将领,参加了宗教战争的主要战斗。——译者

苦。人所能有的一切苦难不停地向我袭来,我是说一切苦难一道袭来。可怜我吧!亲爱的,可别为我烦恼,这是我最担心的。星期五我要去克莱拉克。我一定记住您的劝告,保持沉默。请您相信,除非是无情无义,没有任何东西能使我改变我的决心:永远属于您。我不仅是您的仆人,而且是您的奴隶。您是我的一切,爱我吧,您的好意是我备受打击的精神的支柱,请您不要拒绝给我这种支持。晚安,我亲爱的,让我百万次地吻您的双足。

3月8日子夜于奈拉克

第 六 封 信

我告诉您的尽是攻克城镇和要塞的消息,一周之内,圣梅克桑和马伊-萨耶两地已相继向我投降,希望在月底以前您能听到人们谈起我。国王①胜利了,他下令在狱中绞死吉斯枢机主教,接着他又把绞死了的纳伊院长、巴黎市长以及吉斯的秘书和另外3个人放在广场上示众24小时。他的母后对他说:"我的儿呀,答应我一个要求。""这要看是什么要求,母后。""把内穆尔和吉斯亲王交给我,他们还年轻,他们日后将为你效劳。"他说:"我同意,母后,我把他们的身体给您,我留下他们的脑袋。"他派人去里昂捉拿马延公爵,不知道结果如何。双方正在奥尔良和离此更近的普瓦蒂埃作

---

① 这封信可能是在吉斯公爵遭到暗杀后三四天写的;国王指亨利三世。所称处决纳伊院长和巴黎市长拉·夏佩尔-马尔托是不确切的。亨利三世把这两个人囚禁在监狱中。他们应处绞刑,但未执行。不可一味相信国王们写的东西。他们往往得到一些虚假的消息。这一差错可能在后来的信件中更正,但这些信我们没有得到。上述两人是狂热的天主教同盟成员,在圣巴托罗缪节的前夕,他们屠杀了许多新教徒和追随国王的天主教徒。——伏尔泰

战,明天我要到离普瓦蒂埃只有7里的地方去。如果国王同意,我可以出面调停。这儿已有10天没有解冻了,如果您那儿的天气跟这儿的一样的话,您就受罪了。我只盼望听到他们派人勒死那瓦尔王后①的消息,如果连她母亲也一起死去,那我就要高唱西面的颂歌②。我作为一个军人,这封信写得太长了。晚安,我亲爱的,让我吻你百万次。像我爱您那样爱我吧。

1月1日

可怜的卡朗比吕的一只眼睛瞎了,弗勒里蒙快要死了。

第 七 封 信

我亲爱的,我是在布卢瓦给您写信③,5个月前人们在这儿宣判我为异教徒,不配继承王位,如今我却成了王室的主要支柱。这就是上帝对信仰他的人的恩赐。因为,没有任何东西像三级会议的决定那样表现出如此强大的力量。然而我还是(像其他许多人所做的那样)求助于万能的上帝。上帝审查了讼案,撤销了人们的判决,恢复了我的权利,我相信这将使我的敌人付出代价。这对您来说是太好了!信仰上帝的人,上帝会拯救他们,这样的人从来不会感到羞愧,您应当这样想。我身体很好,感谢上帝,我向您真诚

---

① 指他的妻子,她和吉斯家族有关系,她母亲,即王太后卡特琳·德·美第奇,当时已病重垂危。——伏尔泰

② 西面,《圣经》中人物,据《路加福音》,西面在圣殿中亲眼看见耶稣降生后高声赞颂上帝:"主啊,如今可以照你的话,释放仆人安然去世,因为我的眼睛已经看见你的救恩。"意即在希望实现后可以死了。——译者

③ 这封信应当是1589年4月底写的,那时他和亨利三世都在布卢瓦。——伏尔泰

发誓,我对世上任何东西都不会像对您那样爱慕和敬重,我永远对您忠诚,直至进入坟墓。我要去布瓦让西,我相信,毫无疑问,不久您就会听到我在那儿的情况。我想让我妹妹①很快到我这儿来。请您下决心和她同来吧。国王向我谈到了奥弗涅的贵妇,我想我会让他做出一个失算的决定的。祝好,我的心上人,让我百万次地吻您。和您有不解之缘的人写于5月18日。

第 八 封 信

从这位送信人口里,您将听到上帝赐给我们的一次捷报,这是这次战争中最激烈的一次战斗②。他还将告诉您隆格维尔、拉努③和其他将领如何在巴黎附近打了胜仗。如果国王能像我所希望的那样行动快些,我们很快就将看到巴黎圣母院的钟楼了。两天前我经过珀蒂让镇,给您写了一封信。愿上帝让我们在本星期内再取得一次重大的胜利!我的心上人,您要像我是属于您的那样永远爱我,因为我也像您是属于我的那样爱您,我说的全是真情,让我吻您的双手。再见,我亲爱的。

5月20日于布瓦让西

第 九 封 信④

请您把布里凯齐埃尔给我派回来,然后他将带着除我以外您

---

① 亨利四世的妹妹即卡特琳·德·波旁(1555—1604),与亨利同为让娜·德·阿尔布勒所生。1600年与巴尔公爵亨利结婚。——译者
② 指1589年5月18日的战斗,在那次战斗中夏蒂戎伯爵经过激战,打败了天主教同盟的军队。——伏尔泰
③ 拉努(1531—1591),法国将领,新教徒,号称"铁臂"将军。——译者
④ 这封信应是1588年写的。——伏尔泰

567 所需要的一切再回到您那儿去。我很悲痛,因为我失去了我的孩子,他昨天死了①。照您的意见,他本来可以是婚生子!他已开始牙牙学语。我不知道您是否纯粹为了复信才从多瓦西给我写信,因此我的回信就写在您的来信上,交给我希望他能返回的人送去。请把您的愿望告诉我。敌人驻扎在蒙泰居城下,他们将在那儿淋成落汤鸡,因为周围只有半里地方有遮蔽。三级会议将在12天后闭幕。昨天我得到来自布卢瓦的许多消息;我给您送一份真实的摘要。刚才从蒙泰居来了一个士兵,他们作了一次漂亮的出击,歼灭了许多敌人。我命令所有的部队要坚守蒙泰居要塞半个月,我希望在那儿打几个胜仗。我告诉过您,为了您我心灵上的满足,对任何人都不要怀有恶意。我现在就像对我的亲人一样对您说话。我亲爱的,我非常烦恼,我想见到您。我这儿有个人,他带着苏格兰国王②给我妹妹的几封信,他比以前更急迫地催促成婚。他要前来为我效力并情愿负担费用,率领6000人前来服役。他肯定将成为英国国王,请您说服我妹妹,使她对他怀有善意,向她指出我们所处的景况和这位国王的伟大和美德。我不准备就此事给她写信了,您同她谈及此事,就从大处开导开导她。该是出嫁的时候了,只有这个对象最合适,因为我们家的人都是可怜的。再见,我的心上人,让我吻你一亿次。

12月的最后一天

---

① 指他和科里桑德·德·昂杜安所生的一个儿子。——伏尔泰
② 指苏格兰国王詹姆斯六世,后继承英格兰王位,称詹姆斯一世。——译者

第一七五章

　　法国,从路易十三在位到枢机主教黎世留执政;法国全国三级会议的召开;政务治理不善;昂克尔元帅孔契尼遇害;其妻被判处焚尸;吕伊纳公爵执政;内战;黎世留枢机主教怎样进入枢密院

　　亨利四世死后,人们看到,一个国家的强盛、威望、风尚和精神往往多么关键地取决于一个人。他凭借温和而有效的治理,使社会各等级团结一致,乱党平息,两大教派相安无事,全国民众丰衣足食。他依靠结盟,依靠自己的财力和军队,保持着欧洲的均势。所有这些有利因素在他的遗孀玛丽·德·美第奇摄政的第一年便全都丧失。亨利三世的妄自尊大的宠臣、亨利四世的暗敌、与大臣们公开作对的埃佩农公爵在亨利四世遇刺当天就来到高等法院。他是陆军司令,警卫团归他调遣。他手扶佩剑闯进大门,强迫高等法院把安排摄政的权力授予他(1610年5月14日),这个权力直到那时只属于全国三级会议。各国法律向来规定,国王出缺,应由有权指定王位继承人的机构指定摄政人。产生国王是第一位的权力,产生摄政是第二位的权力。第二位的权力以第一位的权力为前提。巴黎高等法院审理了王位的争议,在埃佩农公爵的威胁之

下,并在来不及召开全国三级会议的情况下,作出了有关最高权力的判决。

569　　高等法院以一纸判决书宣布由玛丽·德·美第奇一人摄政。第二天,王后出席被称为审判会议的仪式,当着他的儿子和掌玺大臣西勒里①的面让他们首先确认这个判决,再让各地高等法院院长予以认可,然后才让重臣们甚至有权要求分享摄政权的王族表示同意。

由此您可以看到,而且您也已经常常注意到,权力和惯例是怎样建立起来的,取代旧规章的新事物一经庄严地建立起来,又怎样变成未来的规章,直到有朝一日又把它废除为止。

玛丽·德·美第奇仅是摄政而不是一国之主。她大肆挥霍国王亨利为使国家强盛而积聚起来的财富来网罗亲信。亨利所统领的准备作战的军队大部分被遣散了。他所支持的各国君主被抛弃了(1610)。亨利四世的新的同盟者萨伏依公爵查理-埃马努埃尔因为同法国国王签订过一项条约,不得不向西班牙国王菲利普三世②道歉赔罪,派他的儿子代表他到马德里去向西班牙宫廷请求原宥。卑躬屈节一如臣属。亨利曾经用4万兵力保护过的德国诸侯,此时只能得到微小的帮助。法国在国外丧失全部威望,国内一片混乱。王族和大贵族的乱党充斥各地,与弗朗索瓦二世、查理九世、亨利三世以及后来路易十四未成年时期的情况一般无二。

(1614)终于在巴黎召开了法国最后一次的三级会议。巴黎高

---

① 布吕拉·德·西勒里(1544—1624),亨利四世时的掌玺大臣,曾参加韦尔万和约的谈判。——译者

② 菲利普三世(1578—1621),西班牙国王,1598年—1621年在位。——译者

等法院无权出席。它的代表们曾经于 1594 年参加了在鲁昂举行的贵族会议,可是那并不是三级会议,财政总监和财务官也都同法官们一样出席。

巴黎大学依法要求僧侣代表们接纳它为三级会议的成员,说这是它早已享有的特权。但是,尽管当时人们知识还不丰,随着思想的开通,巴黎大学已经失去了特权,失去了威信。这次三级会议开得很仓促,并没有像英国和德意志帝国的议会那样留下什么法律和规章制度。它本想成为立法者,但却并没有成为最高立法机关,而这是一个全国代表机构必然会孜孜以求的。普遍的野心就是从每个人隐蔽的私欲中形成的。

在这次三级会议中更值得注意的是,僧侣们要求法国接受特兰托公会议的决定,但是没有成功。第三等级要求颁布下面一项法令,也同样没有成功。这项法令规定:"任何世俗的或教会的势力都无权支配王国,无权免除臣民的效忠宣誓";并规定"凡是宣扬可以随意杀害国王的言论的都是大逆不道的,极端可恶的"。

要求颁布此项法令的,主要是巴黎的第三等级;正是这个第三等级,当初曾经要求废黜亨利三世,曾经忍受极度的饥馑也不承认亨利四世为国王,如今却要颁布这样一项法令。这是因为天主教同盟的乱党既已消灭,作为基本民众而又得不到特殊利益的第三等级,是爱护王权而憎恶罗马教廷的各种特权的。在这种情况下,枢机主教迪佩隆①忘记了用亨利四世的鲜血换来的东西,他心目

---

① 迪佩隆(1556—1618),原属加尔文宗,后改皈天主教,1604 年任枢机主教。——译者

中只有教会。他极力反对上述提案,甚至暴跳如雷,声称:"对所有坚持主张教会无权废黜国王的人,都要处以绝罚"。他还说教皇的权威无所不至、至高无上,直接施于教权,间接施于俗权,枢机主教迪佩隆所操纵的僧侣等级说服了贵族等级同它保持一致。贵族等级一向是嫉妒僧侣等级的,但却假装与第三等级的想法不同。问题就在于,宗教的和世俗的势力是否能够支配王位,出席会议的贵族们其实是把自己看成是世俗势力,只是彼此不明说而已。枢机主教对他们说:"假如一个国王要强迫他的臣民信奉阿里乌斯派或伊斯兰教,那就应当废黜他。"这种说法是没有道理的,因为过去信阿里乌斯派的王侯很多,可没有一个因此被废黜。他的这一假设尽管异想天开,仍使贵族代表们相信,在某些情况下,国家的显要人物可以废黜他们的君主。这种权力虽然渺茫,却迎合了贵族们的自尊心,使贵族们愿意与僧侣共享。僧侣的代表们对第三等级的代表们说,实际上,杀死国王是从来不许可的。但在其他问题上,僧侣代表们仍然坚持己见。

　　当这场奇妙的争论正在进行时,高等法院作出了一项判决,宣布"王权绝对独立是王国的根本大法。"

　　经历了过去多次使王权岌岌可危的动乱之后,支持第三等级的要求,支持高等法院的判决,无疑是宫廷的利益所在。然而宫廷还是向枢机主教迪佩隆、僧侣、特别是人们一向不敢得罪的罗马作了让步,这样它就自己把一种足以确保自身安全的主张扼杀了。这是因为宫廷当时实际上认为,这个天经地义的事实永远不会被发生的事件所推翻,同时它想结束那些极其微妙、十分讨厌的争论,它甚至撤销了高等法院的判决,借口是高等法院无权对三级会议讨论的问题作出任何裁决,高等法院不尊重三级会议,不应该由高等法院来制定根本大法。这样,它就剥夺了那些为保卫它而战斗的人的武器,因为它认为并不需要这武器。最终这次会议的全部结果只是把王国的各种弊端谈论了一通,而未能作任何改革。

这时法国仍然很混乱,实权在王后的宠臣、佛罗伦萨人孔契尼①手中。这个人从未打过仗,却当了法国元帅;不懂得王国的法典,却被任命为枢密大臣。只凭他是外国人这一点,王族就有足够理由表示不满。

玛丽·德·美第奇的处境维艰。她既不能与带头反对她的孔代亲王分享权力,也不能把权力交给孔契尼而不引起全国的不满。孔代亲王亨利是伟人孔代亲王的父亲,是从前同亨利四世一起在库特拉战役中打了胜仗的孔代亲王的儿子,他是一派的首领,并且拥有军队。宫廷假装同他修好,然后把他投入巴士底狱。

他遭到了同他父亲、祖父和他儿子同样的命运。他的入狱增加了不满朝政者的人数。吉斯家族从前是孔代家族的死对头,现在他们联合起来。亨利四世的儿子旺多姆公爵②,贡扎格家族的纳韦尔公爵③,布戎元帅以及所有对朝政不满的大领主都避居外省。他们声言效忠国王,只对枢密大臣开战。

称为昂克尔元帅的孔契尼,仗着王后的宠信,与所有这些人为

---

① 孔契尼(1575—1617),即安克尔元帅,意大利人。其妻为玛丽·德·美第奇王后的同奶姐妹。玛丽摄政后,在路易十三在位的头7年中,他曾主宰法国政府。——译者

② 旺多姆公爵(1594—1665)亨利四世和加布里埃尔·德·埃斯特雷的私生子。——译者

③ 纳韦尔(1539—1595)天主教同盟时期的将领,后归顺亨利四世。——译者

敌。他用自己的钱招募了7000人,名为维护王权,实则维护他的私权,因而也毁了他自己。诚然,他是受国王的委托招募军队,但是,一个没有财产的外国人来到法国,竟能出资征集一支与亨利四世用来收复国土的同样兵额的军队,这就是国家的一大不幸了。几乎整个法国都反对他,但仍然无法推翻他。倒是一个他未加提防的年轻人,跟他一样的外国人,最后造成了他的覆灭,并给玛丽·德·美第奇带来了灾难。

出生在阿维尼翁伯爵领地的查理-阿尔贝·德·吕伊纳①和他的两个兄弟一起被招收为国王的普通侍从,参与对国王的教育工作,他以训练伯劳鸟捕捉麻雀的方式跟年轻的国王混熟了。谁也没有料到,这种儿童游戏竟会演成一场流血革命。昂克尔元帅任命这个人治理安布瓦斯,以为这样就已把他置于自己的支配之下。但这个年轻人却定下了一个计划:杀害他的恩人,放逐王后,由他来统治国家。他毫无阻碍地达到了目的。他很快就说服了国王,使国王相信自己有能力实行统治,尽管他那时只有16岁半。他对国王说,国王是受母后和孔契尼监护的。年轻的国王自幼有个外号,叫做"公正的人",他同意杀掉枢密大臣。于是警卫团的统领维特里②侯爵、维特里的兄弟迪阿里埃、佩尔桑还有其他几个人,就在卢浮宫里用手枪把孔契尼打死(1617)。他们高呼"国王万岁",犹如赢得了一次战役的胜利。路易十三③靠着窗说道:"我现

---

① 查理-阿尔贝·德·吕伊纳(1578—1621),路易十三的宠臣,祖籍意大利。——译者
② 维特里(1581—1644),法国元帅,警卫团首领,逮捕并杀死孔契尼,后被黎世留投入巴士底狱。——译者
③ 路易十三(1601—1643),法国国王,1610年9岁时即位。——译者

在是国王了。"他们撤了母后的侍卫人员,解除侍卫的武装,把母后软禁宫中,最后放逐到布卢瓦。孔契尼的法国元帅之职由杀死他的维特里继任。由于王后曾经把同一职衔授予泰米纳①,表彰他逮捕了孔代亲王,因此法国元帅布戎公爵说,自从这个荣誉被用来奖励捕快和杀手以来,我就为当元帅而感到羞耻。

下层民众总是爱走极端,行动粗野,对他们稍一放任,他们就把葬在圣热尔曼-奥克塞罗瓦教堂②的孔契尼的尸体挖出来,在街上拖着,剜掉心脏。一些更野蛮的人还当众在炭火上把尸肉烤了吃。最后尸体被吊在绞架上。法国民族的这种残暴性,在亨利四世治下和玛丽·德·美第奇爱好艺术的美好时期,曾有所收敛,但一有机会又充分表现出来。民众这样对待昂克尔元帅的血污的残骸,只因他是外国人,而又独揽大权。

著名的纳尼所写的历史,埃斯特雷元帅和布里埃纳伯爵所写的《回忆录》③,都正确地评价了孔契尼的功绩,并认为他是无辜的。这些评述虽然对蒙冤惨死的人已不起任何作用,至少可以用来儆戒活着的人。

这种因仇恨而起的忿激不仅存在于市民中,高等法院也奉命对元帅进行死后判决,对他的妻子莱奥诺拉·加利加伊开庭审判,

---

① 泰米纳(1552—1627),法国元帅。——译者

② 圣热尔曼-奥克塞罗瓦,法国旧时国王们的堂区教堂,建于7世纪,在卢浮宫柱廊的对面。——译者

③ 据意大利的乔凡尼·纳尼所著《威尼斯共和国史》所载,孔契尼的尸体被切成一块块,煮熟卖给下层民众。在埃斯特雷的《回忆录》中,记载着玛丽·德·美第奇王后摄政时期和路易十三时期发生的更加值得注意的事情。布里埃纳在他的《回忆录》中没有专门评述孔契尼的功绩;但也没有掩饰孔契尼之死纯属暗害。——原编者

用粗暴的法律手段来掩盖可耻的暗杀行为。高等法院有5位推事拒绝参加审判。这样的贤明公正之士可惜只有5人。

　　从没有比这起讼案更背离公道、更践踏理性的了。元帅夫人没有任何可以指责之处，她曾是王后的亲信，这就是她的全部罪行。人们指控她是巫婆，说她佩戴的羊羔神像是护身符。库尔坦推事问她用什么魔法来蛊惑王后，加利加伊对这位推事十分恼怒，对玛丽·德·美第奇也有些不满，她回答道："我的魔法就是强者对弱者应有的力量。"这个回答没能挽救她。有几位相当有头脑、相当公平的法官不同意判她死刑，但其余法官囿于共同的偏见和无知，受那些企图从不幸者身上取得遗物的人的驱使，同时宣判已死的丈夫及其妻子犯有施行巫术、信犹太教、贪污舞弊等罪。元帅夫人被处决(1617)，尸体被火焚，没收的财产全部归宠臣吕伊纳所有。

　　倒霉的加利加伊曾经是使枢机主教黎世留发迹的第一个有功的人。当黎世留还年轻、还是希龙修道院院长时，她使他获得吕松主教之职，1616年，她又使他当上了国务大臣。后来他的保护人纷纷失宠，他也受到牵连。这个后来坐在国王身旁让国王把许多人撵走的人，这时也被放逐到安茹地区的一个小隐修院。

　　并非军人的孔契尼成了法国元帅，4年后，几乎还不是军官的吕伊纳也当上了陆军司令。这样的朝政不会受到尊重，只能引起大领主和民众聚党作乱，为所欲为。

575　　(1619)曾经尽力使王后摄政的埃佩农公爵亲自前往王后的流放地布卢瓦城堡，把她营救出来，带到自己的领地昂克莱姆，如同一个国君援救自己的同盟者一样。

显然这样做犯了渎君罪,但这是全国认可的,它只能提高埃佩农公爵的声望。当玛丽·德·美第奇大权在握时,人们忌恨她,而当她遭逢不幸时,人们又爱戴她。路易十三把他母亲囚禁在卢浮宫,又毫无理由地把她放逐,当时国中无人有异言。而现在,人们对于他想把母后从一个叛乱者手中抢救出来的努力,却认为是加害于她。人们十分害怕吕伊纳会劝国王使用暴力,害怕国王出于软弱而干出残酷的事,所以国王的告解司铎、耶稣会士阿尔努在王后与国王和解以前,在布道时曾对国王说了这样一些值得注意的话:"人们不应相信,一个虔诚的国君会拔出佩剑,杀死生养自己的人。陛下,您一定不会容许我在宣扬真理的讲台上撒谎。我以耶稣基督的名义请求您不要听信那要您使用暴力的劝谏,不要给整个基督教世界留下这个不好的名声。"

　　他敢在布道的讲台上说这样的话,这是当权者软弱的又一个证明。假如国王已经判处母后死刑,阿尔努神父是不大会这样说的。当时路易十三刚刚拥有一支可以同埃佩农公爵对抗的军队。这是以公开布道来泄露国家机密,用上帝的名义来反对吕伊纳公爵。这位告解司铎若不是极端放肆,信口开河,就是被玛丽·德·美第奇收买了。不管动机如何,这篇公开演说表明,当时即便在似乎只是逆来顺受的人当中,也有敢言之辈。几年以后,陆军司令就下令把这位告解司铎辞退了。

　　(1619)国王不但不像人们担心的那样使用暴力,反而去寻访他的母亲,并且以国君对国君的身份同埃佩农公爵谈判。他在陈述意见时,甚至不敢说埃佩农冒犯过他。

　　和解条约甫经签订,立刻又被撕毁。这就是那时的时代精神。576

玛丽王后又有一些新的拥护者，他们招兵买马，反对的仍然是吕伊纳公爵，就像以往反对昂克尔元帅一样，但从来不是反对国王。当时任何一个宠臣都会引起内战。路易十三同他母亲实际上是交战了。玛丽·德·美第奇在安茹地区率领一支小小的军队同她儿子在塞桥互相厮杀，国家面临毁灭的危险。

（1620）这个混乱的局面给了著名的黎世留发迹之机。他当了王太后家族的总监，取代了她的所有亲信，就像他后来凌驾于国王的所有大臣之上一样，天赋的灵活和果断使他不管在哪里总是要么身居首位之尊，要么彻底完蛋。他精心筹划了国王母子间的和解。作为对他这一功绩的酬谢，他获得了枢机主教的职衔，这是王后为他提出要求，好不容易才得来的。埃佩农公爵首先放下武器，没有提出任何要求，其他贵族则要求国王偿付战争的费用。

母后和国王在布里萨克会面，两人挥泪拥抱，但随后又争吵得比从前更厉害。朝廷软弱无力，阴谋不断分裂迭出，王国陷入无政府状态。长期以来危害国家的各种弊端有增无已，亨利四世所已根除的各种陋习重新滋长。

天主教会也深受其苦，而且更加放荡荒淫。

亨利四世当初关心的不是改革天主教会，路易十三的无识和纵容使教会一直混乱不堪，直至路易十四时才对教会束以戒律，约以义理。几乎所有有俸圣职都掌握在没有神职的教徒手中，由他们雇用一些穷教士主持，付给一点酬金。王族都拥有富裕的修道院。不只一处教会财产被视为家族财产。有的人明确规定以某个修道院作为女儿的嫁妆，一个军官可以用某个小隐修院的收入来装备部队。宫廷中的神职人员经常佩剑。破坏法国安宁的决斗和比武,教会人士,上自枢机主教,下至修道院院长,参加的也很多。如 1617 年吉斯的枢机主教与纳韦尔·贡扎格公爵决斗,雷茨枢机主教为了争当巴黎大主教而比武等等。

总的说来,人们的思想仍停留在粗鄙不文的状态。马莱伯①和腊康②的文才仅是一线朝旭,没有普照全国。粗俗的学究气,加上被当成科学的无知,毒化了所有教育青年的机构甚至政府机构的风气。人们很难相信,巴黎高等法院竟在 1621 年以判处死刑相威胁,禁止传授与亚里士多德和其他古代作家的思想相违背的知识,并且把一个名叫克拉夫的人和他的同伙逐出巴黎,因为他们在元素的数目、物质与形式方面坚持跟亚里士多德相反的论点。

尽管有这样严厉的风气和严格的禁令,几乎所有外省的法院还是容易收买。亨利四世曾经在巴黎高等法院承认过这一事实,而巴黎高等法院是以不可腐蚀、刚正廉洁、不仰大臣们的鼻息、抵制聚敛钱财的敕令著称的。他对法官们说:"我知道你们的裁判是不收贿赂的,但是在别的高等法院里就常常要花很多钱才能维护自己的权利,我记得我自己也给过钱。"

贵族们或者蛰居在他们的城堡里,或者骑着马去为省督效力,或者依附扰乱国家的亲王们,但全都压榨农民。城市没有警察,道路不能通行,盗匪充斥。高等法院的档案证实,当时巴黎的夜间巡逻队共有 45 人,什么事也不干。亨利四世未能加以整顿的这些混

---

① 弗朗索瓦·德·马莱伯(1555—1628),法国诗人,深得亨利四世赏识,曾作诗歌颂摄政王后,后来又受到路易十三的庇护。他对古典主义文学的发展有过重大贡献。——译者

② 奥诺拉·德·腊康(1589—1670),法国诗人,马莱伯的弟子。——译者

乱现象,还不属于那种足以破坏机体的疾病,真正危险的疾病是财政的混乱,是大肆挥霍亨利四世所积聚的财富,是在和平时期强制征收连亨利四世在准备进行大规模战争时也豁免了的赋税,是只能使包税人发财致富的横征暴敛。过去絮利公爵不要这些包税人,但他们在后来的财政大臣手下却可耻地搜刮民脂民膏以自肥。

除了这些使国力衰微的弊病之外,还有那种使国家陷于剧烈动荡中的弊病。各省的省督,过去仅仅是亨利四世的代理官,现在却要摆脱路易十三的管辖。他们的权限或篡夺得来的权限大得很:他们授予一切职位;贫穷的宫廷侍从都依靠他们,而很少依靠国王,依靠国家的就更少了。每个省督都从地方政权筹款供养自己的军队,而不是亨利四世在位时撤销了的地方警卫队。埃佩农公爵在吉埃纳省①有 100 万利弗的收入,相当于今天的 200 万,如果把所得实物也计算在内,就甚至大约相当于 400 万。

我们在上文已经看到,这个人保护了玛丽王后,与国王作战,并傲慢地接受了和平。3 年前,即 1616 年,莱迪吉埃尔元帅光荣地显示了自己的强大和王室的虚弱。他自己出钱招募了一支真正的军队,或者确切地说,由多菲内省出钱,虽然当时他甚至还不是这个省的省督,而只是省督的代理官。他不顾宫廷的再三明令禁止,率领这支军队进入阿尔卑斯山,援助被宫廷抛弃的萨伏依公爵打败了西班牙人,胜利而归。当时的法国就像亨利三世统治时期一样到处是强大的领主,可国家却因此比那时更虚弱。

法国当时错过了自查理五世以后出现的把版图扩展到奥地利

---

① 埃佩农公爵曾任吉埃纳省总督。——译者

家族的势力范围内的良机,这是并不奇怪的。法国本来可以用援助当选为波希米亚国王的选帝侯,按亨利四世的计划,保持德国均势的方法来达到上述目的。后来黎世留枢机主教和马扎然枢机主教所遵循的就是这个计划。宫廷对法国的新教徒疑虑过多,不敢保护德国的新教徒,害怕胡格诺教徒会在法国干出新教徒在德意志帝国所干的事。但是如果当时的政权能像亨利四世时期,像黎世留的最后几年以及路易十四统治时期那样巩固和强大,它就会帮助德国的新教徒,同时控制住法国的新教徒了。吕伊纳的政府没有这种远大的眼光,而且即使他有这样的抱负,也无法实现。因为这需要有受到尊重的权威、良好的财政和强大的军队,而这些条件当时都不具备。

在一个自己想做主人而又总是让人家做了主人的国王治下,宫廷内部的分裂必然会把反叛的风气传播到各城市,并且迟早会传染给法国的新教徒。这正是宫廷所害怕的。它由于虚弱而产生这种害怕。它感到人们不听它的号令,但它又要发号施令。

(1620)路易十三这时下了正式的敕令,将贝亚恩收归国王管辖,并将亨利四世即位前被新教徒侵占、亨利四世即位后允许他们保留的教堂归还天主教徒。新教派不顾国王的禁令在拉罗舍尔集会。人们向往自由,这是很自然的,因此新教徒对共和国产生了憧憬,而眼前德国新教徒的榜样更鼓舞了他们的热情。法国有新教徒的各省被他们划分为8个行政区。像德国一样,每个区有一名将军,他们是布戎元帅,苏比斯公爵①,拉特里莫伊公爵,科利尼海

---

① 苏比斯(1583—1642),是亲王而非公爵。——译者

军司令的孙子夏蒂戎,还有莱迪吉埃尔元帅。一旦发生战争,由他们选举一位统帅,统帅将有一枚印章,刻着"为基督,为国王"的字样。为国王意即反对国王。拉罗舍尔被视为这个共和国的首都,这个共和国就成为国中之国。

从这时起,新教徒就准备战争。人们看到他们相当强大,因为他们把最高统帅的职位授予莱迪吉埃尔元帅,月俸10万埃居。莱迪吉埃尔一心想当法国陆军元帅,宁肯同新教徒打仗而不愿率领新教徒作战,他甚至在不久之后就叛离了他们的宗教。但是他过分信赖宫廷,这首先就错了。从来没有使过剑的吕伊纳公爵自己当了陆军元帅。莱迪吉埃尔只得为吕伊纳效力,反对新教徒,而在此以前,他一直是新教徒中的中坚人物。

宫廷必须同这个党派的每个首领谈判才能控制他们,必须同各省督谈判让他们提供兵员。路易十三向卢瓦尔河地区,向普瓦图、贝亚恩以及南方诸省进军。孔代亲王率领一个兵团,而陆军元帅吕伊纳则指挥王国军队。

人们恢复一种今天已经完全废除的古老仪式。当部队逼近一座敌我不明的城市时,先派一名传令兵到城门口,城防官脱帽听这个传令兵喊话:"你,不管你叫以撒,还是叫雅各,你听着:国王陛下,也就是你和我等的君主,要你打开城门,要你恭恭敬敬迎接他和他的军队。否则,我先宣判你有渎君之罪,然后把你和你的子孙降为庶民,将你的财产全部没收,将你和你的副手们的房屋铲成平地。"

几乎所有的城市都为国王打开城门,只有圣让昂热利例外,国王于是拆毁了该城的城防,小城镇克莱拉克立即投降。宫廷感到很威风，下令吊死了该城的行政官和4名牧师。

（1621）这样的用刑不但没有吓倒新教徒，反而激怒了他们。莱迪吉埃尔元帅和布戎元帅先后抛弃了他们，他们受到几方面的压力，便选举著名的邦雅曼·德·罗昂公爵为他们的将领。这个人颇有名声，被视为那个时代最伟大的军事家，能同奥朗日诸亲王相媲美，能够像他们那样建立一个共和国，比他们对宗教更虔诚，至少是显得更虔诚。他勤劳机警，不知疲倦，从不因迷恋酒色而贻误事业，最适宜于充当党魁，而党魁这个岗位历来是危机四伏的，既要提防敌人，又要提防朋友。党魁这个头衔，这个地位和身份，很久以来就几乎一直是全欧洲野心家们追求的对象。意大利的教皇派和皇帝派早已开始研究如何当党魁；后来吉斯家族和科利尼家族在法国还建立了研究这种权术的类似学校的机构，这种机构一直延续到路易十四的成年时期。

路易十三不得不派兵围困属于自己的城市。他以为在蒙托邦①也会像在克莱拉克一样告捷。可是吕伊纳陆军元帅却在他的主子的眼皮底下几乎丧失了王国的全部军队。

像蒙托邦这样的一个城市，如果在今天，是经受不住4天围困的。可是当时围困的效果很差，以致罗昂公爵得以越过围攻者的战线两次向该城增援。城防司令拉福斯侯爵指挥有方；他防守得比对方的进攻好。他就是童年，在圣巴托罗缪惨案中神奇地幸存的、后来又被路易十三封为法国元帅的那个雅克·农帕尔·德·拉福斯。克莱拉克的前车之鉴使蒙托邦居民从绝境中激发出勇

---

① 蒙托邦，巴黎以南630公里的城市。——译者

气,宁肯葬身于该城的废墟之中也不投降。

陆军元帅见使用世俗的武器不能取胜,乃转而使用教会的武器。他请来了一位西班牙的加尔默罗会修士,据说此人曾经施展他的神迹帮助神圣罗马帝国的天主教军队赢得了对新教徒的布拉格战役的胜利。这位名叫多米尼克的加尔默罗会修士来到了营地,为军队祝福,分发了羊羔神像,接着便对国王说:"请您下令打400发炮弹,打到第400发时,蒙托邦城就会投降。"既然400发炮弹瞄准目标发射出去就能产生这样的效果,路易也就下令发炮了。可蒙托邦并未投降,于是他只得撤除包围。

(1621年12月)国王蒙受了这一耻辱,结果天主教派更不尊敬他,胡格诺派更不害怕他。陆军元帅在众人眼中声誉扫地。他带领国王为在蒙托邦遭到的不幸向吉埃纳境内的一个小城镇蒙讷尔施行报复。在那里他害了热病并因此丧命。那时掠夺行为是司空见惯的,他临死时眼看所有家具、服饰钱币尽被仆役和士兵抢走,他这个一手执陆军元帅佩剑,一手端王国印玺的王国中最有权势的人,几乎仅剩下了一张裹尸的床单。在民众和主子的怨恨中死去。

路易十三不幸卷入了一场对部分臣民的战争。吕伊纳公爵为了使主子陷入困境以便窃取陆军元帅之职需要这场战争,而路易十三则一直以为这场战争是必不可少的。我们应当把迪普莱西-莫尔内[①]在将近80高龄时对路易十三所作的谏诤如实告诉后人。

---

① 迪普莱西-莫尔内(1549—1623),加尔文派首领,曾任科利尼和亨利四世的顾问。——译者

他举了各种似乎十分有理的理由,然后写道:"向自己的臣民开战,这表明自己的虚弱。权威在于民众平静的服从,它是靠治国者的贤明和公正建立起来的。武力只能用来对付外敌,已故的国王本应把新上任的国务大臣们打发到学校去学习治国的基本知识,他们好比无知的外科医生,除了建议使用剑与火之外别无良方,他们也许会来劝国王用没有病的一支胳臂割掉另一支有病的胳臂。"

这些理由说服不了宫廷。病臂引起全身剧烈的痉挛,而路易十三又缺乏他父亲那种能使新教徒安分守己的本领,以为只有武力能制服他们。于是他率领一支约有一万三四千人的小部队再一次向卢瓦尔河以南各省进军。另外有几支部队散布在这些省区。混乱的财政状况不容许他有更多的军队,而胡格诺派也没有更强大的兵力来对抗他。

(1622)罗昂公爵的兄弟苏比斯带领8000人马扼守在与下普瓦图隔着一个小海湾的里埃斯岛上。国王指挥他的军队趁落潮的时候渡过海湾全歼敌军。迫使苏比斯撤退到英国。这是国王作战最勇敢、得胜最彻底的一次战斗。这位国君的主要弱点就在于,他在家庭内,在国家中,在政务和最细小的事情上处处受他人所左右。这个弱点使他终生不幸。他的胜利只能促使加尔文派首领们找寻新的对策。

双方谈判多于交战,就像在天主教同盟时期和所有的内战时期那样。有不止一个叛乱的领主,由某个高等法院判处死刑以后,还得到高官厚禄,处决的只是他们的模拟像。拉福斯侯爵的情形就是这样,他曾经在蒙托邦赶走王家军队,还支持反对国王的运动,却得到了20万埃居和法国元帅的权杖。即便是最大的功劳所得的报偿也比不上收买他归顺的代价。海军司令科利尼的孙子夏蒂戎把埃格莫特城出卖给国王,也当了元帅。这样被收买的有好几个人,唯有莱迪吉埃尔一人出卖的是宗教信仰。他在多菲内拥兵自守,公开宣传加尔文派教义,让胡格诺派教徒央求他返回他们的教派,同时又让国王担心他重归叛党。

(1622)枢密院中有人提议把他处死,或者封他为陆军元帅。国王采纳了后一种意见,于是莱迪吉埃尔顷刻之间又成了天主教徒。要当陆军元帅必须是天主教徒,而当法国元帅则不必,这是当时的习惯。陆军元帅的佩剑本来可以掌握在一位胡格诺派教徒手中,犹如财政总监过去长期由胡格诺派教徒担任一样;但军队和军事法庭的首脑则不应在对加尔文派教徒作战的同时又信奉加尔文派教义。像莱迪吉埃尔这样的改变信仰,如果发生在任何一个仅谋求蝇头小利的人身上,会落个名誉扫地,然而大野心家是不知廉耻的。

584　　因此路易十三有必要不停地收买人为自己效劳和同叛乱分子谈判。他在围困蒙彼利埃时,由于害怕又遇到与围攻蒙托邦时同样倒霉的事,同意承认南特敕令①和[新教徒的]各种特权,以换取对方打开城门。似乎通过先让其他的加尔文教城市享有他们的特权,听从上述迪普莱西-莫尔内的建议,他就可能避免战争。由此我们看到,尽管他在里埃斯岛取得了胜利,但是当他在继续夺取胜利的时候,却并没有多大的建树。

---

① 南特敕令是1598年亨利四世为结束胡格诺派和天主教派的内战,在南特颁布的宗教宽容法令。敕令责成新教地区恢复天主教会,发还教产,新教教徒遵守敕令者免受异端裁判。此敕令后来被路易十四废除。——译者

罗昂公爵看到大家都在进行谈判，也决定照此办理。他亲自出面使蒙彼利埃城居民们同意接受国王进城，然后开始谈判，并在普利瓦斯与莱迪吉埃尔陆军元帅签订了全面和平的条约（1622）。国王像酬谢其他人一样酬谢了他，并把瓦罗亚公爵领地给他作为抵押。

一切仍然处于开战前的状况，国王和王国付出了重大代价而一无所获。在整个战争过程中，只是绞死了几个不幸的城市居民，叛党的首领们却得到了重赏。

在这场内战中，路易十三的枢密院也像整个法国一样动荡不安。孔代亲王追随国王身边，企图驾驭军队和政府。大臣们意见分歧，他们迫使国王把陆军元帅的佩剑授予莱迪吉埃尔，为的是削弱孔代亲王的权力。这位亲王因对枢密院的明争暗斗感到厌倦，在和约签订后即前往罗马，请求批准他所拥有的有俸圣职为他家族的所世袭，这样他可以在没有教皇敕书的情况下把这些有俸圣职传给儿子。他请求这份敕书，但未能得到。当他正要在罗马取得殿下称号的时候，枢机主教团神父们毫不费力地把他逮捕了。这就是他罗马之行的全部成果。

宫廷刚刚摆脱了劳民伤财而一无结果的内战的重负，又陷入了新的纷扰之中。大臣们互相倾轧，誓不两立，国王对他们每个人都要小心提防。

吕伊纳陆军元帅死后，种种迹象表明曾经迫害母后的是他，而不是国王。从这位宠臣亡故之日起，太后即主持枢密院。这位王太后为了巩固重新掌握的权力，执意要把她的宠臣、她的总监、靠她才当上了枢机主教的黎世留安插在枢密院，她想通过他来实行统治,因此不断催促国王同意让他参政。几乎当时所有的回忆录都记载着国王对这个人如何厌恶。他把他看作骗子(可后来却成了他的心腹),甚至对他的生活习惯都要加以指责。

　　虔诚、谨慎、多疑的国王对这位枢机主教的风流韵事尤其反感。他这些风流韵事是明目张胆的,有时甚至是滑稽可笑的。他经常穿着骑士服装,或者在撰写神学文章之后戴上饰有翎毛的帽子,去和女人谈情说爱。雷茨的《回忆录》证实,在这种滑稽可笑之中还夹杂着几分学究气。雷茨枢机主教所提供的证明,您是不需要的,因为您知道黎世留在他侄女家中所主张的有关爱情问题的论点,这些论点是以跟在索邦神学院里答辩的神学论文一样的形式表述出来的。当时的回忆录还说,他居然或真或假地企图勾引摄政王后奥地利的安娜①,并因此遭到了他所永远不能原谅的嘲笑。我之所以要向您介绍这些影响大事件的小故事,首先是因为,这些小故事使人看到,在这位如此赫赫有名的枢机主教身上,风流男子的笑柄丝毫无损于政治家的伟大,私人生活中的渺小行为可以和社会生活中的英雄气概相结合。其次是因为,这些小故事也是一个证据——这样的证据还有很多——,它证明那部用他的名义出版的《政治遗言》不可能是出自他的手笔。由于路易十三深悉这位枢机主教的风流韵事,玛里戎·德洛姆②的公开情夫是不可

---

① 奥地利的安娜,西班牙国王菲利普三世的公主(1601—1666),路易十三的妻子,路易十三死后,她曾于 1643—1661 年摄政。——译者
② 德洛姆(1611—1650),法国 17 世纪以美貌和风流逸事而著名的女人。——译者

能居然有脸劝告洁身自好的路易十三不要拈花惹草的①,何况国王已经40岁,而且疾病缠身。

国王对黎世留是如此厌恶,致使王后不得不先提拔当时宫廷中最受信任的拉维厄维尔总监②,可是对于路易十三来说这位新竞争者令人产生的疑虑更甚于黎世留使路易十三产生的反感。

(1624年4月29日)据图卢兹大主教蒙夏尔叙述,枢机主教按着圣体面饼起誓,他对拉维厄维尔总监怀着友好的感情和不贰的忠诚。结果,尽管国王和大臣们反对,黎世留终于开始参与朝政。但是他既没有取得拉罗什富科③枢机主教那样的最高职位,也没有取得拉维厄维尔在一段时期内还继续享有的最大的信任。他没有实权,地位也不比别人高。玛丽·德·美第奇在给她儿子的一封信中说,黎世留只限于偶尔进入枢密院。这就是他参政后头几个月的情况。

我再说一遍,我知道这些小事情本身不值得您注意,它们应该湮没于重大的历史事件之中。但是为消除在读者中存在已久的陈见,在这儿提一下还是必要的。那就是他们认为,枢机主教黎世留从进入枢密院的那天起就是首席枢密大臣和大权独揽的人了。正是这种陈见使招摇撞骗的《政治遗言》的作者会说出这样的话来:"自从陛下决定让我进入枢密院并给予我莫大的信任以来,我就向

---

① 据《黎世留遗言汇编》(1749年版),枢机主教曾告诫国王提防"情欲的袭击"。——原编者

② 拉维厄维尔(1582—1653)路易十三时期的财政总监。1624年举荐黎世留入枢密院。——译者

③ 拉罗什富科(1613—1680),法国作家,出身大贵族,反对专制政治,与黎世留不睦。——译者

587　陛下保证,我将竭尽全力打掉大领主们的傲气,消灭胡格诺派教徒,并在外国重振陛下的声威。"

很明显,枢机主教黎世留是不可能这样说的,因为开始时他根本没有得到国王的信任。我不认为,一位枢密大臣上任伊始就这样冒失地对主子说:"我将重振陛下的声威",从而使国王感到自己的威望已经低落。我不想在此举出许多无可辩驳的理由来证实《黎世留政治遗言》这部书根本不是、也不可能是出自他的手笔。我还是回过来叙述他如何执掌政事的吧。

后来在索邦神学院建立他的陵墓时,人们所说的"作为巨擘尚有争议"是此人的才能和行为的真实反映。要认识一个被奉承者说得完美无缺,敌视者贬得一无是处的人物是很不容易的。他必须和奥地利家族、加尔文派教徒、王国的大领主、他的恩人王太后、国王的兄弟以及他企图成为她情人的摄政王后进行斗争,最后,他还必须和国王本人进行斗争。对于国王来说,他既是须臾不可或缺,又是经常令人生厌的人。人们不可能不用谤文对他进行毁谤,而他则请人写赞词来回答对他的诽谤。我们既不应当相信前者,也不应当相信后者,我们应当再现事实。

为了尽可能确实掌握事实,就必须对各种书籍进行鉴别。例如说,应对《约瑟夫神父生平》一书的作者怎样看呢?这位作者记述了据说是黎世留进入枢密院后立即写给这位著名的嘉布遣会修士的一封信:"由于您是上帝委派来指引我取得目前一切荣誉的主要代表,我感到有义务禀告您,经王后请求,国王委我以首席枢密大臣的重任。"

枢机主教黎世留只是在1629年才获得首席枢密大臣委任状

的,这个职务根本称不上重任,而嘉布遣会修士约瑟夫既未指引他走上荣誉之路,也未指引他走上幸福之路。

  这些书都充满了这类假设,要去伪存真并不是一件轻而易举的事。下面我将对枢机主教黎世留的动荡不安的执政期间,或者确切地说,他统治期间的事件作一概述。

第一七六章

枢机主教黎世留执政时期

枢机主教黎世留执政6个月后,曾经帮助他进入枢密院的拉维厄维尔总监第一个受到排挤,[黎世留]先前按着圣体面饼发誓的话也未能拯救他。他被秘密指控贪赃舞弊,而这个罪名是随时都可以强加在一个财政总监头上的。

拉维厄维尔的得势全靠掌玺大臣西勒里,而使西勒里失宠的也是他。现在轮到他被自己一手提拔的黎世留所排挤,这样的宦海沉浮在各国宫廷中极为普遍,但在路易十三的宫廷中则比任何别的宫廷更多。这位大臣被囚禁在安布瓦斯的城堡中。黎世留已经开始就路易十三的妹妹同不久后成为英国国王的威尔士亲王查理联姻之事进行谈判。后来枢机主教不顾罗马教廷和马德里宫廷的反对,促成了这门婚事。

黎世留暗中援助德国的新教徒,同时又企图压制法国新教。

在他执政之前,法国曾同意大利各大公就阻止当时十分强盛的奥地利家族继续占有瓦尔托利纳①一事进行谈判,但没有结果。

---

① 瓦尔托利纳,意大利北部阿尔卑斯山的一个山谷地带。——译者

这个当时信天主教的小省份，本属信奉新教的瑞士联邦。西班牙人想把这个山谷地区划归米兰公国。萨伏依公爵、威尼斯和法国则一致反对奥地利家族在意大利的扩张。教皇乌尔班八世①最后得到应允，由他暂行代管这个省，不过他没有放弃长期占有它的企图。

法国驻罗马大使马尔克蒙写了一封长信给黎世留陈述此事的种种困难。黎世留的著名的回信是这样说的："国王已经改组了枢密院，也改变了治国方略，我们将派遣一支军队进驻瓦尔托利纳，它将使教皇不再游移不定，并且使西班牙人变得好对付些。"于是科弗尔侯爵立即带领一支军队开赴瓦尔托利纳，对教皇的旌旗毫不尊重，解放了奥地利家族所占据的这个地区。这是使法国受到外国重视的第一个重大事件。

(1625)以前的几任大臣都缺乏钱财，现在却有 320 万利弗借给荷兰人，使荷兰人有能力支持反对奥地利家族的战争。奥地利家族就是早先统治荷兰的西班牙人的一个分支。另外还资助了著名的首领曼斯菲尔德②，当时他几乎是单独地支持帕拉丁选帝侯家族和新教徒反对德国皇帝。

在这样武装外国新教徒的时候，当然应充分估计到，西班牙当局也会煽动法国的新教徒，并且像西班牙大使米拉佩尔所说的，把法国借给荷兰人的钱，还给法国新教徒。果然，胡格诺派教徒在西班牙的鼓动和资助下在法国重新挑起了内战。自查理五世和弗朗

---

① 乌尔班八世，教皇，1623—1644 年在位。——译者
② 曼斯菲尔德(1580—1626)，在三十年战争初期是德国新教徒的将领。——译者

索瓦一世以来,天主教各国君主相互之间就是一直采用这种政策:在别国武装新教徒,在本国压迫新教徒。这种做法清楚不过地证明,在各国宫廷中,宗教的热忱从来只不过是宗教活动的和背信弃义行为的假面具而已。

在反对罗昂公爵及其一党的新的内战中,黎世留仍然同被他得罪了的各大国进行谈判。因此德国皇帝斐迪南二世和西班牙国王菲利普四世①都没有进攻法国。

拉罗舍尔已开始变成一个强国。当时它拥有与国王差不多同样数量的军舰。它想仿效荷兰,如果它能在信奉新教的民族中找到同盟者,它就能成功了。但枢机主教黎世留抢先武装了这些荷兰人,甚至还武装了英国人,去反对拉罗舍尔。本来,荷兰人从自己的教派利益出发,应当站在拉罗舍尔一边,而英国人从自己的国家利益出发,似乎更应当保卫拉罗舍尔的。由于黎世留早就把钱给了荷兰联省共和国,而且还答应继续给,这就促使他们提供了一支舰队去攻打他们称为教友的人。结果是黎世留帮助[瑞士]格里松斯的胡格诺派把教皇的军队逐出瓦尔托利纳(1625)之时,[法国的]天主教国王出钱帮助[荷兰的]加尔文派,而荷兰的加尔文派又为天主教作战。

拉罗舍尔的舰队由苏比斯率领在雷岛海面勇敢地迎击荷兰舰队,并且战胜了这支当时堪称全世界最精锐的海军,这是一件出人意外的事(1625)。这次胜利,如果发生在另一个时代,定会使拉罗

---

① 斐迪南二世(1578—1637),德意志帝国皇帝,1619年—1637年在位。菲利普四世(1605—1665),西班牙国王,1621年—1665年在位。——译者

舍尔变成强盛的共和国。

当时路易十三有一位海军司令而没有舰队。枢机主教刚出任枢密大臣,王国百废待举,一年之内还不能建立起一支海军,可以武装起来的小战船几乎不到10艘至12艘。当时的海军司令蒙莫朗西公爵①(他后来死得很惨)只得登上联省共和国的旗舰,并且只能同荷兰和英国的军舰一起与拉罗舍尔的舰队对战。

拉罗舍尔的这次胜利说明,法国要在国内制服加尔文派,在欧洲削弱奥地利家族的势力,就必须使自己成为海上和陆上的强国。因此枢密大臣同意与胡格诺派媾和,以便争取时间加强自己的实力(1626)。

在宫廷内部,黎世留还有更强大的敌人要对付。王族嫡系中没有一个人喜欢他。路易十三的兄弟加斯东憎恨他。玛丽·德·美第奇开始用嫉妒的目光注视他的所作所为,几乎所有的大领主都在阴谋反对他。

他撤销了蒙莫朗西公爵的海军司令职务,不久之后他自己兼任该职,只是换了一个名称,从此又多了一个不可调和的仇敌。(1626)亨利四世的两个儿子:塞萨·德·旺多姆和修道院院长[亚历山大·德·旺多姆]企图互相支援反对黎世留,黎世留下令把他们幽禁在万森古堡。奥尔纳诺元帅和塔莱朗·夏莱②鼓动加斯东反对他,黎世留使人控告这两个人图谋加害国王,牵连在内的有王

---

① 指蒙莫朗西公爵亨利二世(1595—1632)。后与加斯东·德·奥尔良一道谋反,被斩首于图卢兹。——译者

② 奥尔纳诺(1548—1610),法国元帅。塔莱朗·夏莱(1599—1626),亨利三世宠臣。——译者

室近亲苏瓦松伯爵、国王的兄弟加斯东,甚至还有他曾经大胆勾引而被轻蔑地严词拒绝的摄政王后。由此可见,他是多么善于使放肆的一时情欲服从于自己长远的政治利益。

他一会儿说阴谋分子企图杀害国王,一会儿又说他们要宣布国王无能,要把国王关进修道院,把国王的妻子安娜嫁给国王的胞弟加斯东。两种控告互相矛盾,哪一种也不能成立。这些人的真正罪行其实就是联合反对枢密大臣,他们甚至议论过要谋害他的生命。结果法官判处夏莱死刑(1626)。夏莱在南特伏法,奥尔纳诺元帅死在万森,苏瓦松伯爵逃往意大利。至于谢弗勒兹公爵夫人,以前黎世留曾对她大献殷勤,现在她被指控阴谋反对他,她受到警卫队的追捕,差一点被擒获。她脱险以后,就逃往英国①。国王的胞弟受到虐待,并被监视。奥地利的安娜被召到枢密院受审查,不许她在家里同任何男人谈话,除非有她的丈夫国王在场,并被强迫签字承认有罪。

怀疑、恐惧、忧伤笼罩着王室和整个朝廷。路易十三并不是他的王国中遭受不幸最少的人。他不能不为妻子和兄弟担忧,他在他母亲面前十分尴尬,因为他过去对她很不好,她也时常流露出对往事的回忆。在枢机主教面前,他更是为难,因为他已开始感到受他的控制。国外事务的危机对他来说又是一个新的难题。黎世留就利用国王的恐惧心理和家庭纠纷,利用国王迫切需要对付宫廷中的各种阴谋,维护其国际声望等等,使国王跟自己联结在一起。

当时有三个国家的首相同样权倾朝野,掌握着整个欧洲的命

---

① 她是泅渡索姆河到达加来省的。——伏尔泰

运：西班牙的奥利瓦雷斯,英国的白金汉[①]和法国的黎世留。他们三人互相憎恨,同时又经常双方谈判反对第三方。当枢机主教黎世留与白金汉公爵闹翻的时候,英国正向他提供军舰与拉罗舍尔作战,而当他与奥利瓦雷斯公爵结盟的时候,他刚从西班牙国王手中夺取了瓦尔托利纳。

  三位首相中,白金汉公爵被认为是最没有权欲的人。他是作为一个宠臣和一个大贵族而不是一个政治家引人瞩目的。他不拘小节,直率而果敢。他辅佐英王查理一世掌政,不是靠权术,而是运用他对国王的父亲曾有的和对国王所保持的影响,他是当时最漂亮的美男子,且最自豪,最大方。他认为没有一个女人会不为他的美貌所打动,没有一个男人会超过他的高尚品格。他怀着这种双重的自尊心,带领当时还是威尔士亲王的查理前往西班牙,想给他娶个公主,并在西班牙宫廷大出风头。在那儿他把西班牙人的轻佻作风和他自己的大胆行动结合起来,向奥利瓦雷斯首相夫人进攻,他的这一冒失行为使亲王的婚事落空了。1625年,为了迎接由他玉成许配给查理一世的昂里埃特公主,他来到法国,这一次他的行为更是有失检点,因而几乎又使这宗婚事告吹。这个英国人不加掩饰地向安娜王后表白了他的爱慕之情,但是通过这一冒险行动,他有望得到的,只是一种因敢于吐露衷肠而产生的充满自负的幸福感。安娜王后懂得这是当时在西班牙被允许的男人对女子的殷勤献媚,只把白金汉公爵的大胆看作是出于对她美貌的倾

  [①] 奥利瓦雷斯(1587—1645),西班牙国王菲利普四世把一切大权都交给他。白金汉(1592—1628)英国政治家。被刺身亡。——译者

心，无损于她的懿德。

白金汉公爵造成的哄动虽然没有遭到耻笑，仍使法国宫廷感到不悦，因为这样胆大妄为和大模大样的行动是令人无法接受的。他把昂里埃特接到了伦敦，同时带回了蕴藏心中的对王后的爱情，这种爱情因为经过表白感到自豪而继续滋长，使他试图再次访问法国宫廷，借口是缔结一次反对奥利瓦雷斯的条约，就像黎世留和奥利瓦雷斯签订的一项反对他的条约一样。不难看出，他真正的意图是要接近王后。人们不仅拒绝了他的访问，国王还把王后身边被指为纵容白金汉公爵鲁莽行为的几名侍从撵走。这位英国人于是下令对法国宣战，唯一原因就是别人不允许他到法国去谈恋爱。这样的冒险行动颇像回到了阿马迪斯①的时代。世界上的事情是如此的错综复杂，密切相关，白金汉公爵的浪漫爱情竟然导致了一场宗教战争，并使罗拉舍尔失陷(1627)。

一个党派首领应当利用一切时机。罗昂公爵是有深谋远虑的，他的打算不像白金汉那样虚幻，他利用这位英国人的恼怒获得了100艘运输船的装备。拉罗舍尔人和整个加尔文派当时都很平静。罗昂公爵鼓动了他们，并约定拉罗舍尔人不是在该城而是在雷岛迎接英国的船队。白金汉公爵率领约7000士兵来到雷岛。他只须攻下一个小堡垒就可以成为雷岛的主人，而且可以使拉罗舍尔永远脱离法国，这样加尔文派将变得不可征服。假如白金汉公爵也是一个出色的军事家，或者至少虽然大胆莽撞但却行时走

---

① 阿马迪斯，1508年出版的西班牙骑士爱情小说《高卢的阿马迪斯》中的主人公。——译者

运的话,那么法国就会分裂,黎世留的全部计划就将成为泡影了。

(1627年7月)托瓦拉斯侯爵(他后来成为元帅)只用很少的兵力就战胜了数量占很大优势的英国人,保住了雷岛,从而维护了法国的光荣。路易十三也得以从容派遣一支军队赶到拉罗舍尔城下。这支军队先由他的弟弟加斯东指挥。不久国王带着黎世留也来到该地。白金汉甚至来不及增援拉罗舍尔就已丧失半数兵力,不得不带领残部撤回英国,仿佛他是为了加速拉罗舍尔的失陷而到那里去似的。罗昂公爵当时不在这座由他武装起来、又被他遗弃的城市中,他到朗格多克支援反对孔代亲王和蒙莫朗西公爵的战争去了。

他们三人都是为自身的利益而战斗:罗昂公爵为的是继续充当一派的首领;指挥王国军队的孔代亲王为的是在宫廷内重新树立失去的威望;率领只凭他自己的威望、由他自己招募的军队的蒙莫朗西公爵,为的是占有他曾在那里担任总督的朗格多克,效法莱迪吉埃尔独立地掌握自己的命运。因此拉罗舍尔当时处于孤立无援的境地,只能依靠本身的力量来自卫。市民们在宗教和自由这两种强大动力的鼓舞下选举了一位名叫吉通的比他们决心更坚定的市长。吉通在接受这一既是行政长官又是军队统领的职务之前,手中拿着一把匕首,说道:"我同意担任你们的市长,条件是,谁说投降,我就把这把匕首刺进谁的胸膛。如果我想投降,你们就把它刺进我的心脏。"

当拉罗舍尔准备进行殊死抵抗的时候,黎世留使用了各种手段来征服这座城市:加紧制造军舰,调集增援部队和炮兵,甚至不惜向西班牙求援。他迅速及时地利用了奥利瓦雷斯公爵对白金汉公爵的嫉恨,强调宗教信仰的共同利益,作出一切许诺,以便取得法国的当然敌人西班牙国王所提供的军舰,断绝拉罗舍尔人再次谋求英国支援的希望。结果西班牙首相派遣弗雷德里克·德·托莱多率领 40 艘军舰开赴拉罗舍尔港。

西班牙海军司令于 1628 年抵达该港。谁能相信,因为讲究礼仪,竟使这次援助成为徒劳之举?谁能相信,路易十三因为不允许这位海军司令戴着军帽出现在他的面前,竟又眼望着西班牙舰队返回本国的军港(1629)?也许是因为这种计较细枝末节而贻误大事是屡见不鲜的,也许是因为当时在曼图亚①的继承权问题上发生的新争议激怒了西班牙宫廷,总之这支舰队来了又撤回了。自然也许西班牙首相派遣这支舰队的目的,仅仅是为了向法国的枢密大臣炫耀自己的实力。

白金汉公爵准备再一次用武力援助拉罗舍尔城。他很可能在很短时间之内使法国国王的一切努力归于失败。法国宫廷始终相信,为避免遭受这个打击,枢机主教黎世留将不惜利用白金汉对安娜王后的爱情。他果然要求王后给公爵写信。据说她请求白金汉至少推迟登舰的时间,人们确信,白金汉的意志薄弱会使他置荣誉和光荣于不顾。

这个奇妙的故事博得了许多人的赞赏,以至于禁不住要加以传述。它不违背白金汉的性格,也不违背宫廷的精神。人们确实不能理解,怎么白金汉公爵仅仅派出几艘军舰,毫无用处地出现了

---

① 曼图亚,意大利北部城市,查理五世于 1530 年在此设公爵领地。1628—1631 年法国和西班牙之间曾发生争夺该地继承权的战争。——译者

一下，便返回英国的军港。国家的利益往往为私人的秘密交易作牺牲。软弱的查理一世当时假装保护拉罗舍尔，实则出卖了它，借以讨好自己的宠臣，满足他一时的浪漫情欲，这是丝毫不足为怪的。据英国国会授权审查国王的文书的路德洛[①]将军说，他看到那封署名"国王查理"的信，吩咐分遣舰队司令彭宁顿在到达拉罗舍尔后，一切听从法国国王的命令，如有舰长不愿服从，就击沉他的军舰。如果有什么东西可以说明后来英国人为什么残酷地对待他们的国王，那就是这封信。

国王返回巴黎以后，枢机主教却单独下令围攻拉罗舍尔城，这也是一件很奇怪的事情。他手里有将军任命状，这是他的一次试验，表明只要处事果断又有才能就可能实现一切。他严格整饬军纪，就像他在巴黎专心致志地建立秩序一样，两者是同样困难的。只要拉罗舍尔的港口向英国舰队敞开，这座城市就无法攻破，必须封锁港口，取得制海权。在上次内战中，路易十三想要围困这座城市时，意大利工程师蓬佩·塔尔贡曾经设计修建一条长堤，后因缔结和约作罢。黎世留继承了这个计划。海浪冲毁了这项工程。他毫不犹豫地下令重新修建。长堤长约4700法尺，海上的大风又把它摧毁。他不灰心，手里拿着古代坎特·库尔斯的书(其中有关于亚历山大在提尔城下筑堤的描述)，又一次重新筑堤。两名法国人，梅泰佐和泰里奥，终于使长堤具备了抵挡狂风巨浪的能力。

路易十三亲临围城现场，从1628年3月起，到该城投降，他一

[①] 路德洛(1617—1692)英国驻爱尔兰总司令，审判查理一世的法官之一。——译者

直待在那里。他经常参加战斗，为将士作表率。他督促加快筑堤工程，但仍担心英国不久再派一支舰队来把长堤摧毁。幸运帮了大忙。白金汉仍与黎世留不睦，正准备亲自率领强大的舰队支援拉罗舍尔，(1628年9月)突然被一个叫费尔顿的英国宗教狂热分子用刀子暗杀，至今未发现主谋者是谁。

这时拉罗舍尔在外无援军、内无粮草的情况下，仍然凭勇敢精神坚守着。罗昂公爵的母亲和妹妹同众人一样忍受饥荒，激励全城居民。一些快要饿死的穷人在吉通市长面前诉苦，市长说："只要还剩下一个人，他就必须紧闭城门。"

当他们看到白金汉派来的、由林赛海军司令指挥的舰队终于出现时，全城又产生了希望。舰队未能冲破长堤。排列在木制炮台上的40门大炮使英国舰队无法靠近。路易冒着敌舰的炮火，出没在炮台上。敌方做了一切努力均未奏效。

拉罗舍尔人在困守孤城中独力支撑了整整一年，最后还是饥馑战胜了他们的勇敢，他们只好投降(1628年10月28日)。市长准备用来刺杀敢言投降者的匕首仍然留在市政厅的桌子上。人们注意到，国王路易十三，枢密大臣黎世留，作为王国将领的几位法国元帅，都没有在投降书上签字。签字的是两名旅长。拉罗舍尔只失去了特权，因此丧了命的人一个也没有。天主教在城市和地区内重新建立，居民仍可以信加尔文宗，这是留给他们的唯一的东西。

黎世留不愿让他的事业半途而废。他还向有新教徒的其余各省进军，在那些地方，新教徒拥有许多"设防地"①，而且人数甚多，

---

① 根据南特敕令，新教徒有权在规定的城镇设防。这些城镇称为"设防地"。——译者

力量相当强大。要想调动全部兵力反对分布在德国、意大利和佛兰德的奥地利家族，并进军西班牙而无后顾之忧，就必须首先击败整个新教派，解除他们的武装。为了扰乱和分裂其他国家，重要的是先使自己的国家统一和安定。

曼图亚的最后一位统治者死后，应当派一位服从法国而不是服从西班牙的公爵到那里去，这就需要法国向意大利出兵。另外，瑞典国王古斯塔夫-阿道夫[①]要进入德国，必须给他以支持。

在这困难的环境中，新教势力虽已丧失殆尽，罗昂公爵仍意志坚定，他同西班牙国王进行谈判。尽管一年前，这位国王曾援助别人反对他，现在还是答应给他一笔援款。信天主教的国王菲利普四世在征询了告解司铎的意见后，答应每年向这位法国加尔文派首领提供30万杜卡特，但是这笔钱几乎没有运来。朗格多克受到国王军队的蹂躏。普里瓦[②]被劫掠一空，居民惨遭杀戮。罗昂公爵无力支撑，就只好代表他的一派签订了一项尽可能有利的全面的和约。同一个人，他以一派首领的身份刚同西班牙国王谈判，现在又以同样身份同他的主人法国国王谈判，当时他已被高等法院判为叛逆者。他接受了西班牙的资助来供养军队，现在又从路易十三手中要到了10万埃居来付清粮饷，解散部队。

加尔文派的城市一律受到与拉罗舍尔同样的待遇：拆除防御工事，取消一切带有危险性的权利；只保留信仰自由，保留教堂、城市法规和法制局等没有危害性的东西。一切都已平息。庞大的加

---

① 古斯塔夫-阿道夫，即古斯塔夫二世(1594—1632)，瑞典国王。在三十年战争中，他与黎世留结盟，支持德国新教徒。——译者

② 普里瓦，法国阿尔代什省首府。——译者

尔文派不仅未能建立自己的统治,反而被解除了武装,而且被无可挽回地打败了。这一派在瑞士、荷兰建立独立主权的时候还不如法国新教派那么强大。微不足道的日内瓦赢得了自由,并且保持下来。而法国的加尔文派却垮台了。垮台的原因是:在他们自己拥有的各省份之内他们教派本身也是分散的,居民的一半和所有的高等法院都属天主教;王国的军事力量可以长驱直入他们那些完全不设防的地区;进攻他们的军队占有优势而且训练有素;他们的对手是枢机主教黎世留。

尚未充分为人所知的路易十三从来没有依靠自己取得这么大的荣耀。因为,他的军队在攻克拉罗舍尔之后已迫使所有的胡格诺派教徒就范。与此同时,他还出兵意大利支援他的同盟者。他还冒着冬季的严寒,越过阿尔卑斯山,支援曼图亚公爵(1629年3月),强攻设在苏泽要隘的3道路障,占领苏泽,迫使萨伏依公爵归顺,并把西班牙人逐出卡萨尔。国王勇猛过人,只是智谋不足。

与此同时,枢机主教黎世留既与所有的外国君主谈判,又通过谈判来反对大多数外国君主。他派一名嘉布遣会修士到雷根斯堡议会去欺骗德国人,以便在意大利的事情方面束缚德国皇帝的手脚。同时,他又派夏尔纳塞去鼓动古斯塔夫-阿道夫进攻德国,而这正是古斯塔夫早已准备停当的活动。黎世留的打算是要震撼整个欧洲,而这时在宫廷中,加斯东和太后和王后却试图要把黎世留除掉,结果是枉费心机。黎世留的得宠在枢密院中引起的风波更甚于他用权术在其他国家鼓动的内乱。我们不要以为,宫廷中的这些斗争是出于深谋远虑的方略和周密部署的计划,以便把巧妙形成的反对派联合起来,搞垮黎世留,任命一位能够取代他的继任者。这种可怕的分裂多半是产生于一时的情绪,人们经常受这种情绪的支配,甚至在最重要的事务中亦复如此。尽管王太后在枢密院仍有她的地位,在国王远征拉罗舍尔时还担任卢瓦尔河以北各省事务的摄政,她对装作不再仰求于她的黎世留还是耿耿于怀。根据祖护这位王太后的回忆录的记述,(1629年)黎世留觐见太后,太后询问他健康状况,他满脸怒容、嘴唇颤抖地回答道:"我的身体比在座诸位所希望的好。"太后大怒,枢机主教亦难以自制。他请求宽恕,太后怒气稍息,可是两天以后他们之间又发生了争吵。出于政治的考虑,人们在枢密院中能克服激动情绪,但是在日常谈话中并不尽然。

(1629年11月21日)玛丽·德·美第奇撤销了枢机主教的太后家庭总监的职位。这场争吵的第一个结果是国王亲笔为枢机主教书写了一份首席枢密大臣任命状,还写了一些褒奖之词,赞誉他的才华,他的雅量,俸禄一栏留下空白,由黎世留自己填写。这时他已是法国海军司令,但采用航海总监的名称。他取消了加尔文派的设防地,占据了索谬尔、昂热、翁弗勒尔、勒阿弗尔-德-格拉斯、奥列龙岛和雷岛,作为保护他自己的设防地。他有他的警卫队,他的豪华阔绰使王者之尊也黯然失色,一切排场与国王无异,全部权力掌握在他手中。

欧洲的事务使他的君主和国家比任何时候都更加需要他。斐迪南二世皇帝自布拉格战役以后在德国横行无忌,在意大利也不可一世。他的军队围困了曼图亚。萨伏依公国动摇于法国和奥地利家族之间。斯皮诺拉侯爵[①]带着一支西班牙军队占领了蒙费

---

① 斯皮诺拉侯爵(1565—1630),意大利将领,为西班牙服务。——译者

拉。黎世留要亲自同斯皮诺拉决一死战,他被任命为意大利远征军最高统帅,国王在其任命书中命令全军将士要像服从国王本人那样服从他。这位枢密大臣担负着陆军元帅的职责,带领两位法国元帅向萨伏依进发,在行军途中,他以国王身份进行谈判,他要萨伏依公爵到里昂去见他(1630),但对方不同意。法国军队在两天之内攻下了比内罗洛和尚贝里。国王最后也亲自前往萨伏依,还带了太后和王后,他的弟弟和全体朝臣,这些朝臣全都是敌视黎世留的,但是他们看到的却是黎世留的节节胜利,黎世留从前线返回格勒诺布尔来迎接国王,两人一起进入萨伏依。这时路易十三忽然得了传染病,只得返回里昂。在此期间,蒙莫朗西公爵以很少的兵力,在韦格利雅讷的战斗中击败了德国、西班牙和萨伏依的军队,取得重大胜利,他打伤并亲手擒获了多里亚将军。这一战绩使他享有极高的荣誉。(1630年3月)国王写信给他说:"我要尽一个国王之所能来感谢你。"但是这番感谢的话并不能使蒙莫朗西在两年之后免受绞首之刑。

还亏得有这次胜利,才保全了法国的荣誉和法国的利益。不久以后,德国的军队便占据和劫掠了曼图亚,追捕受路易十三保护的公爵,还攻击路易十三的同盟者威尼斯人。黎世留因为他最大的敌人是在宫廷中,所以让蒙莫朗西公爵去同法国的敌人作战,而自己则密切地注视着在国王左右的他的私敌。这时国王在里昂病重垂危。摄政王后的亲信们,太过心急,竟建议加斯东娶即将守寡的嫂子为妻。黎世留作好准备,要退居阿维尼翁。可是国王的病又好了,所有希望他死的人都非常狼狈。黎世留跟随国王回到巴黎,发现那里的阴谋活动比自己在意大利时,在德国、西班牙、威尼斯、萨伏依、罗马与法国之间的阴谋活动还要多得多。

西班牙的大使米拉贝尔与王太后、王后串通起来反对黎世留。马里亚克两兄弟①，一个是法国元帅，一个是掌玺大臣，都是靠黎世留得到升迁的，现在也想把他赶下台，取代他的地位。巴松皮埃尔②元帅虽然无所企求，也成了他们的亲信。宫廷侍从长伯兰甘把国王身边发生的事情密报阴谋集团。王太后再一次撤销了黎世留的总监职位，在此之前她曾被迫让他复职。这个职位在黎世留心目中较之财产和自豪感来说，并不重要，他不愿意丢掉它，是出于另一种自豪感。他的侄女③（后来成了埃吉翁公爵夫人）也被撵出宫廷。玛丽·德·美第奇经过多次告状和请求，终于取得了她儿子的同意，把枢机主教撵出了枢密院。

在这些阴谋活动中，人们看到的仅是有众多仆从的大家族中每天发生的事情，都是些普通的细小争执，然而在宫廷中发生的这些事情却牵涉法国乃至欧洲的命运。同意大利的各个大公、瑞典国王古斯塔夫-阿道夫、联省共和国的奥朗日亲王商讨反对德意志皇帝、反对西班牙的谈判，全都掌握在黎世留手中。离开了他，肯定对国家会有危害。然而，国王由于软弱，加上黎世留的妄自尊大在他心中暗暗引起的恼怒，决定抛弃这位不可缺少的枢密大臣。他在王太后的顽强催逼和泣求之下，答应把他革职（1630 年 11 月

---

① 马里亚克两兄弟，指米歇尔·德·马里亚克(1563—1632)和其弟路易·德·马里亚克(1573—1632)。——译者

② 巴松皮埃尔(1579—1646)，法国元帅，外交家，因反对黎世留，被囚禁于巴士底狱 12 年。——译者

③ 黎世留的侄女名玛丽-马德莱娜·德·维涅洛(1604—1675)，是著名的神甫万尚·德·保尔的助手，后者建立了善女会，传教神父会等组织。——译者

603　　10日)。黎世留从一道假门进入决定他的厄运的国王居室。国王出来的时候没有跟他说一句话。他认为他已经完了。他打算到勒阿弗尔-德-格拉斯去隐居，就像几个月前他准备引退到阿维尼翁一样。由于国王当天就授予黎世留的死对头马里亚克元帅在皮埃蒙特地区作战或议和的全权，黎世留的失宠似乎已成定局，无可挽回，于是他赶忙动身。他的骡队驮着他的财宝已经走了35法里。为了不致引起民众的怨恨，骡队没有穿过任何一个城市。他的拥护者们劝他到国王面前作一次最后的努力。

枢机主教去凡尔赛觐见国王(1630年11月11日)，那时凡尔赛是路易十三用2万埃居购置的一幢供狩猎用的小房子，后来在路易十四治下改建成为欧洲的一座大宫殿，一个花钱最多的无底洞。国王由于软弱革除了枢密大臣，现在依旧由于软弱又完全听命于他，并且把那些赶他下台的人交给他处理。这一天是枢机主教得到了绝对权威的一天，至今被称为"受骗日"。第二天，掌玺大臣即遭逮捕，并被押送至沙托丹①囚禁起来，在那里郁悒至死。当天枢机主教以国王名义派遣枢密院的一名执达员赶赴拉福斯和舍恩贝格两位元帅的驻地，命令他们在军中逮捕即将单独担任统帅的马里亚克。马里亚克获悉黎世留被革职的消息才一小时，执达员就已到达。这位元帅还在自以为可以和他的兄弟一起主宰国事时，却成了阶下囚。黎世留决心使这位将领可耻地死在刽子手的刀下。由于无法控告他犯叛国罪，就把盗用公款的罪名强加于他。

---

① 沙托丹，厄尔-卢瓦尔省城市，有一巨大城堡。该城市在普法战争中几乎被普鲁士人彻底摧毁。——译者

这起讼案延续了将近两年。为了不使叙述中断,为了说明最高权力能在法律的外衣掩饰下进行暴力报复,有必要在这里交代一下案件的结果。

黎世留不满足于剥夺马里亚克元帅受高等法院两院联合审判的权利——这一权利已被多次侵犯,还专门派了几名法官到凡尔登去办理此案,希望他们从严审讯。这第一批法官无视他的种种许诺和威胁,作出了被告可以辩护的判决。黎世留下令撤销这项判决,派了另一批法官,其中有马里亚克的最凶恶的敌人,那个以写尖刻的讽刺诗反对他而著名的保尔·埃·夏特莱。从来人们还没有如此蔑视法律和惯例的,而黎世留还要变本加厉,竟将被告转移到吕埃尔,拘禁在自己的乡村邸宅中,继续审讯。

王国的法律明文规定,禁止把犯人关押在私人邸宅中。然而对于掌权者来说,要施行报复,就无所谓什么法律了。在这起案件中,教会的法规,国家的法律,礼仪的惯例,一概遭践踏。刚接替被告马里亚克兄弟的新掌玺大臣夏多内夫主持了审判,按情理他是不应在法庭露面的。尽管他是副助祭士,有圣职圣禄,可是他预审的是刑事案件,因此黎世留又设法为他领到了罗马的特许证,这特许证使他有权判处死刑。这样,一名教士,竟拿起司法的剑来杀人,而他在法国执持的这把剑却是从身居意大利内地的另一名教士那里得来的。

这个案件使人清楚地看到,不幸者的生命完全取决于向权贵献媚者的愿望。人们审查了元帅的全部行为,发现他在履行统帅的职守中有过某些过失:以前建造凡尔登要塞时有过几笔一般的违法收入,这还不知是他自己还是他的仆从们干的。"真奇怪!"他对法官们说,"像我这个地位的人也受到这么严酷而不公正的迫害,原来我的全部罪状就是些干草麦秸,灰沙石头!"

然而这位身上伤痕累累、经历40年戎马生涯的将领,却在曾经奖赏过30名叛臣的同一位国王治下,被判死刑(1632)。

在预审这一奇特讼案的同时,黎世留责令侍从长伯兰甘离开王国。他把曾经对他有损害之意或者被他怀疑的人一概投入监狱。所有这些残忍而卑鄙的报复行为都不像是一个掌握欧洲命运的大人物干的。

他和古斯塔夫-阿道夫缔结了旨在动摇斐迪南二世的帝位的条约。为了分裂德国,压制前后两任皇帝,法国只花费了30万利弗,一次支付,以后每年付90万,直到签订威斯特法利亚和约为止。这时,古斯塔夫-阿道夫已开始踏上胜利之途,使法国能有时间独立地壮大自己的力量。法国宫廷本应利用别国的困难保持国内的安定,然而枢密大臣不够稳重,煽起公众的仇恨,使自己的敌人同仇敌忾。国王的弟弟奥尔良公爵加斯东离开宫廷,退居自己的采邑奥尔良,后来又转到洛林(1632),声言只要迫害他和他母亲的枢机主教继续执政,就决不返回王国。黎世留通过枢密院作出决定,宣布加斯东的所有拥护者犯有渎君罪。这个决定送高等法院审议,高等法院意见不一致。国王闻讯大怒,在卢浮宫召见高等法院成员。他们步行前往,跪着说话,审议记录当着他们的面被撕得粉碎,高等法院的三名主要成员被流放。

枢机主教黎世留并不只是用这样的方法来维持他的权威,那时他的权威已经同国王的权威连在一起了。他把王储赶出宫廷以后,对拘禁王太后玛丽·德·美第奇一事便不再犹豫。但这事做起来并不容易,因为国王为自己曾经企图谋害生母、为一位宠臣而牺牲生母感到内疚。黎世留的办法是强调国家利益来压制王族的怨声,煽动宗教的情感以消除人们的顾忌。就在这个时机,他启用了嘉布遣会修士约瑟夫·德·特朗布莱,这是个同黎世留本人一样的非凡人物,活跃而奸诈,有时狂热,有时狡猾,他企图建立一支反对土耳其的十字军,创立卡洼利修女院①,想成为诗人,又想出使各国宫廷,然后一跃而为枢机主教和首相。他参加了一个专门做坏事的秘密团体,他劝告国王不但可以而且应当毫无顾忌地使母后无法与枢密大臣抗衡。当时的朝廷设在贡比涅。国王离开那儿,把他的母亲留下由警卫看守(1631年2月)。她的亲眷心腹,她的仆役甚至医生,统统被关进巴士底狱和其他监狱。黎世留执政时期,巴士底狱总是人满。巴松皮埃尔元帅仅仅因为被怀疑不愿为枢机主教效劳,就在这座监狱里一直关押到枢密大臣寿终正寝。

(1631年7月)从此以后,玛丽王太后再也没有见到自己的儿子,再也没有见到她所美化的巴黎。这座城市亏得有她才建造了卢森堡宫,开辟了足以与罗马媲美的引水渠,和至今以"王后"为名的林荫道②。她一直成为国王的宠臣的牺牲品,她在自愿的但是痛苦的放逐生活中度过了余生。亨利四世的遗孀、法国国王的亲娘、三个君主的岳母,竟落得有时候连生活必需品也缺乏。所有这些纷争的根源,就是路易十三受人操纵,宁肯听命于枢密大臣而不

---

① 卡洼利修女院是属于本笃会的修女院,1617年建于普瓦蒂埃。"卡洼利",《旧约》山名,据圣经载,耶稣就在该地被钉于十字架。——译者

② 即"王后大道"在塞纳河右岸。——译者

愿听命于母后。

这位统治法国这样久的王后首先来到布鲁塞尔,她从那个流亡地向儿子呼吁,向全国各法庭要求伸张正义,惩办她的政敌。她向巴黎高等法院提出申诉。在她摄政时期,她曾多次驳回这个法院的谏诤,责令重新审理某些案件。随着境遇的变迁,人的思想转变得多么快!至今我们还可以看到她的申诉状:"法国和那瓦尔王的王后玛丽申诉,自2月23日在贡比涅城堡被当作囚犯拘禁以后,既没有起诉,也没有受到怀疑,……"。她一再控告枢机主教的所有诉状都写得过分激烈,口授者把他们的怨恨和王后所受的痛苦糅合在一起,有真有假,因而减轻了分量。鸣冤叫屈的结果,反给自己增添了不幸。

(1631)作为对王后提出的控告的答复,枢密大臣自封为公爵和直隶国王的大贵族,自任布列塔尼总督。他在国内,在意大利、德国和荷兰都取得了成功。基罗·马扎然在曼图亚争端中是教皇的公使,由于他在谈判中机智老练,现在成了法国的大臣。他为黎世留效力,于不知不觉中奠定了自己晋升的基础,使他后来成了这位枢密大臣的继承人。不久前,法国同萨伏依公国签订了一个有利的条约,比内罗洛永远割让给法国。

在荷兰方面,奥朗日亲王得到法国的资助,从西班牙人手中夺取了一些地盘,黎世留甚至在布鲁塞尔也安插了一些奸细。

在德国,古斯塔夫-阿道夫出兵得胜,使枢机主教在国内的事业更为顺利。总之在他的治下,一切得心应手,他所有的仇敌都无法伤害他,而他却可以放手实行报复,这似乎是国家的利益所允许的。他建立了一个法庭,所有拥护太后和王弟的人都在这个法庭上受审。被放逐者人数极多,木桩上每天挂满了那些曾经追随加斯东和太后或向他们进言的男男女女的模拟像。到处都在追查曾经说过国王活不长的医生和占卜者,其中有两人被放逐到双桅战船上划桨。最后连太后和她亡夫的财产也被没收。她给儿子一封信(1631),信中写道:"你没收了我的财产,好像我已经死了一样立册清点,这些我都不愿归咎于你。然而,你把生养你的女人的口粮也剥夺了,这是令人难以置信的。"

整个王国对此事都啧有烦言,但几乎没有一人敢挺身出来说话。可能站在太后和奥尔良公爵一边的人都被吓住了。只有法国元帅、朗格多克省督蒙莫朗西公爵认为可以冒犯那鸿运亨通的枢密大臣。他自诩为一派的首领。然而,尽管他有很大的勇气,仍不足以充当这一危险的角色。他不能像当年莱迪吉埃尔主宰多菲内那样主宰他的省份。他挥霍无度,以致无力收买众多的为他出力的人。他耽于酒色,因而不能完全投身于事业。总之,要充当党魁,必须有个党派,而他却没有。

加斯东称颂他是替王族复仇的人。人们指望加斯东的姐夫洛林公爵查理四世的大力援助。可是洛林公爵自己也无力抵抗路易十三的进攻,当时路易十三正占据着他的一部分土地。西班牙宫廷怂恿加斯东到荷兰和[德国的]特里尔招募一支军队,并由他率领这支军队进入法国。加斯东好不容易收罗了两三千德国骑兵,但无钱支付粮饷,只能靠抢掠过日子。他本以为在他带领这支援军来到法国之时,所有百姓都会追随他;但是一路上,从弗朗什-孔太的边境到卢瓦尔河沿岸各省,直至朗格多克,没有一座城市起来响应。他又指望埃佩农公爵,因为从前这位公爵曾经奔走各地营救王太后,曾经支持战争,并实现了有利于他的和平,今天也必然会拥护这同一个王太后和她的一个拥有王位继承权的儿子,共同反对一个经常以傲慢态度来侮辱公爵的枢密大臣。本来这是大有希望的一着,可是又落了空。埃佩农公爵已因支援了太后而濒于破产,正在为尽忠效力之后得不到她的器重而满腹牢骚。其实他比谁都更恨枢机主教,但如今也开始害怕这个人了。

曾经与昂克尔元帅作战的孔代亲王更不愿意反对黎世留。他敌不过枢密大臣的精明,一心只想到自己的升迁,正在谋求统兵进军卢瓦尔河南岸同他的内兄蒙莫朗西作战。至于苏瓦松伯爵,他对枢机主教纵有怨恨却无可奈何,不敢爆发出来。

因自身不够强大而被人委弃的加斯东,走遍全国,与其说他是一位对国王作战的亲王,不如说他是后面跟着一伙外国强盗的逃亡者。最后他到达朗格多克。蒙莫朗西公爵又出钱又许愿,为他招募了六七千人的一支军队。可是部队刚可以投入行动就发生了党派中常有的内部分歧,从而削弱了加斯东的力量。蒙莫朗西元帅为备战作了一切努力,并且处在自己所管辖的省份之内,可是加斯东的宠臣埃伯夫公爵却要求与蒙莫朗西分享统率权。

(1632年9月1日)诺达里堡①之战刚开始,加斯东就跟蒙莫朗西相互指责。这场战斗说不上是一个战役,而只是一次小接触,一次侦察战。一方是公爵和他带领的几个领主,另一方是舍恩贝格元帅指挥的王军小分队。蒙莫朗西或许是由于生性急躁,由于恼怒和绝望,由于惯常的酗酒,只带了五六个人,越过一条宽阔的

---

① 诺达里堡,法国奥德省城市,靠近南运河。——译者

壕沟,这仿佛是从前骑士式的冲锋,而不是一位将军指挥的战斗。他刚杀入敌阵,便被击伤倒地,加斯东和那支小部队眼望着他被俘,而没有作任何援救。

亨利四世的儿子中并不是只有加斯东参加这次战斗,还有亨利四世和伯伊小姐所生的私生子莫雷伯爵,他比婚生子加斯东表现得更加勇敢。他不愿抛弃蒙莫朗西公爵,结果在公爵身边阵亡。据说这位莫雷伯爵后来又被救活了,还当了长时期的隐修教士,这是夹杂在这些悲惨事件中的无稽之谈。

蒙莫朗西被俘,加斯东顿时泄了气,由蒙莫朗西独力为他建立的一支军队也四处逃散了。

于是这位亲王只得屈服。宫廷派来的财政总监、国务参事布伊永答应他赦免蒙莫朗西公爵。但是国王不愿在同他胞弟签订的条约中或者不如说在国王给他的赦罪书中列入这一条款。这样欺骗败者和弱者决不是伟大的行为,枢机主教的意愿就是千方百计贬低国王的弟弟和置蒙莫朗西于死地。加斯东甚至答应在条约中写上:敬爱枢机主教黎世留。

法国元帅蒙莫朗西公爵的悲惨结局是人所共知的。如果说马里亚克受到极刑是不公正的,那么蒙莫朗西受到极刑则是公正的;但蒙莫朗西是个深孚众望的有战功的人,是个有才干的、慷慨而高尚的、受到全法国敬仰的人,枢机主教处死他比处死马里亚克更不得人心。据记载,当他被押送入狱时,手臂上戴着镶有奥地利的安娜王后像的腕环。这一点一向被认为是宫廷中司空见惯的事情,是符合当时的风尚的。这位王后的心腹莫特维尔夫人在她的回忆录中承认,蒙莫朗西公爵和白金汉一样也曾经为王后的妩媚而倾心。这种西班牙人所谓的风流韵事,类似意大利的骑士侍奉贵妇人,就是古代骑士制度的余风,然而这种风尚并没有使路易十三减轻对其严厉的处罚。蒙莫朗西在走向刑场之前(1632年10月30日),给枢机主教留下了一幅卡拉乔①的著名油画。这可不是当时的风尚,而是临死前产生的一种奇特的感情,有些人把这看作符合基督教精神的英勇行为,另一些人则视为软弱的表现。

(1632年11月15日)国王的弟弟返回巴黎,仅仅是送他的朋友和保护者上断头台。他因受到恩赦,被逐出宫廷,他担心没有自由,又离开王国,到西班牙人所控制的布鲁塞尔去同他母亲相聚。

这时候,法国的一位王后和一位王储栖身敌国,国内各等级心怀不满,有上百个家庭要报血仇,欧洲正出现新局面。若在另一个政府治下,这一切就能使王国四分五裂的。奥地利家族的凶神古斯塔夫-阿道夫已在莱比锡附近的卢蔡恩战役中被打死(1632年11月16日),德意志皇帝在摆脱了这个敌人之后有可能联合西班牙来压迫法国。然而这时却出现了过去几乎从来没有出现过的情况:瑞典士兵在他们的首领阵亡后,继续在异国的土地上拼命,德国仍同过去一样战火纷飞,混乱不已。而西班牙则日趋衰落。每一桩阴谋都会被枢机主教的权力所粉碎,可是没有一天不发生阴谋活动和叛乱行为。这些都是他自己造成的,他在处理大事时私下进行了一些秘密交易,尽管他用各种办法来加以掩盖,仍暴露了隐藏在伟大下面的卑劣。

有人说,一向诡计多端的、仍然很漂亮的谢弗勒兹公爵夫人曾

---

① 卡拉乔(1555—1619),意大利画家。——译者

多方引诱枢密大臣黎世留坠入情网,想把他毁掉,让掌玺大臣夏多内夫上台。骑士雅尔斯和其他一些人参与了这个阴谋。路易十三的妻子安娜王后因为失宠,找不到安慰,也乐于帮助谢弗勒兹公爵夫人用各种笑料来愚弄她奈何不得的那个人,以贬低他的人格。公爵夫人佯装喜欢枢机主教,使尽各种手腕,只等他早日归天,那时他经常患病,看起来就像人们所期望的那样不久于人世了。在这桩阴谋中,人们使用了一个下流的词语来称呼枢机主教,这就更加触怒了他①。

掌玺大臣未经起诉就被关进监狱,因为对他没有什么事可以起诉的。雅尔斯骑士和其他一些人被控跟国王的兄弟和母亲私下有来往,由特派法官判处他们死刑。骑士得到赦免,未上断头台,但是其他的人全被砍掉脑袋。

(1633)人们不但追捕可以被指控为效忠加斯东的臣民,而且连洛林公爵查理四世也成了受害者。路易十三占领了南锡,他答应查理四世,只要把已经秘密嫁给加斯东的妹妹玛格丽特交给他,他就把洛林公国的首都还给查理四世。这桩婚事变成了王国和教会内部纠纷的新的根源。这种纷争有朝一日会引起巨大的变革,因为这涉及王位的继承问题。自从撒利克法典引起争议以后,从来没有引起比这更大的争论了。

国王要宣布加斯东和玛格丽特的婚姻为无效。加斯东的第一任妻子,(蒙庞西埃的继承人)只生了一个女儿。假如这位合法的王位继承人坚持要第二次结婚,而且又生下一个男孩,国王就一定

---

① 安娜王后和公爵夫人称他为"烂屁股"(cul pourri)。——伏尔泰

要宣布这个男孩是私生子,不能继承王位。

这显然是与宗教的习惯相抵触的。然而宗教的建立,仅仅是为了国家的利益,如果这种习惯是有害的或危险的,无疑应当将它们废除。

国王弟弟的婚姻是在证人面前举行的,得到妻子的父亲及全家的赞同,在法律上由双方共同完成和一致承认,又经过马林纳大主教庄严确认。整个罗马教廷,所有的外国大学都认为这桩婚事是有效的、不可解除的;卢万学院后来甚至声称,教皇无权废除这桩婚事,这是一宗不可取消的圣事。

按国家利益的要求,不经国王恩准,王族亲王不能自行安排婚事。同是这个国家利益,在日后却可以要求承认这曾被宣布为不合法的婚姻之果实为法国的合法国王。不过这种危险还没有到来,应当首先服从当前的利益,应当不顾教会的反对,作出决定:凡是事先未经处于家长地位的人同意的婚姻一概无效。

613　　(1634年9月)枢密院订出了罗马教廷和主教会议都没有订出过的一条法令,接着国王同枢机主教一起来让巴黎高等法院审议这条法令。枢机主教以枢密大臣和法国重臣的身份在会议上发言。从枢机主教的两三句俏皮话中,您就可以知道什么是那个时候的雄辩术。他说:"改变信仰比创造世界还难;国王不敢触动太后,更甚于不敢触动圣约柜;若不是重要的器官损坏了,各种大病是不会接二连三地复发的。"几乎通篇演说都是用的这种文体,这还是当时比较不那么恶劣的一篇。这种风行已久的假的风趣丝毫无损于枢密大臣的才华,当权人物的机智总是和这种假的口才和雄辩术并行不悖的。国王弟弟的婚姻被郑重地取消了。全体教士会议(1635)还根据这条法令宣布未经国王恩准的王族婚约一律无效。罗马教廷没有批准法兰西国家和法兰西教会的这项法律。

国王家族的这种状况在欧洲各国议论纷纷。如果王储坚持他的遭到谴责的婚姻，婚后出生的孩子在法国就是私生子，这些孩子就需要发动一场内战来争夺继承权；如果他另娶一位夫人，婚后出生的孩子在罗马看来就是私生子，他们也将发动一场内战来反对原配所生的孩子。国王弟弟的坚定态度使法国避免了这两个极端。在当时他也只能如此。过了几年，国王终于承认了他的弟妇，但是规定这条应当撤销的法令，对于未经国王恩准的所有王族婚约仍然有效。

枢机主教顽固地迫害国王的胞弟，直至干预他的家庭，拆散他的婚姻，剥夺他的内兄洛林公爵的财产，使王太后流亡国外过贫困生活，这一切终于激怒了王族的拥护者，结果发生了一起暗杀枢机主教的阴谋事件。人们向法庭控告玛丽·德·美第奇的宫中神甫、奥拉托利修会的尚特卢伯收买了一些杀人者，其中一人在梅斯被处以车轮刑。这类谋杀案在当时极为罕见，而以前在亨利四世治下就很多。与宗教狂热相比，出于最强烈的恶感所产生的凶杀案反而少一些。

枢机主教的防备比亨利四世严密得多，所以他什么也不怕。他战胜了所有的敌人。玛丽王后和国王弟弟则四处流亡，处境很惨，而且陷入了随着叛党和不幸事件而来的内部纷争之中。

黎世留必须同更强大的敌手作战。他决定置一切使国内动荡不安的隐患于不顾，决心在国外重振法国的声威，在德国、意大利、西班牙同奥地利家族公开对抗，以实现亨利四世的伟大计划。他的主子虽然并不喜爱他，而且身边经常有人想把他除掉，这场战争却使他成为必需的人。他的荣耀与这场战争休戚相关。奥地利家族的势力正在衰落，制服这个强手的时机看来已经到来。皮卡底和香槟是法国的边界，可以把这些边界向外推移。这时瑞典人还在德国。只需法国稍加援助，联省共和国就可以在佛兰德向西班牙国王进攻。对德意志皇帝作战和对西班牙国王作战，纯粹就出于这些动机，其他一切理由都只不过是借口。对德战争以签订威斯特法利亚条约告终，对西战争延续了很久，直到缔结了比利牛斯条约之后才结束。

（1634年12月6日）到此时为止，法国宫廷曾经以瑞典的同盟国和帝国内部争端调停者的名义，试图从德国的动乱中取得一些利益。瑞典人在内德林根战役中吃了大败仗，他们的这次失败，对法国也是有利的，因为从此他们要成为法国的附庸。首相奥森斯梯恩①前往贡比涅向黎世留致敬，因为黎世留从此要取代奥森斯梯恩成为主宰德国事务的人了。与此同时，黎世留还与三级会议事先商定如何瓜分他认为很容易征服的西班牙人所占领的荷兰。

路易十三派一名传令官到布鲁塞尔去[对西班牙]宣战。这个传令官应把一份挑战书递交给荷兰的总督、菲利普三世的儿子、未成年的枢机主教。请注意，这位当了枢机主教的王子按照当时的习惯是指挥军队的。他还是指挥内德林根战役对瑞典人作战取得

---

① 奥森斯梯恩(1583—1654)，瑞典政治家，从1611年起为古斯塔夫-阿道夫国王的顾问，以后为王后克利斯蒂娜的监护人。——译者

胜利的将领之一。我们看到在那个时代,像黎世留、拉瓦莱特和苏尔迪①等枢机主教都是穿着护胸甲,带领军队,驰骋疆场的。但以后所有这些习俗都已改变了,而且已不再用传令官宣战,人们只需把宣战书在国内公布,而不必派人去通知敌方。

　　黎世留还让萨伏依公爵和帕尔玛公爵参加了这个[反对西班牙的]同盟。特别是他赢得了[瑞典将领]魏玛公爵贝尔纳的支持,条件是每年给他400万利弗,并把阿尔萨斯境内的伯爵领地许诺给他。可是后来发生的事情没有一件是同这些用政治手腕达成的协议相符合的。本应归魏玛公爵所有的阿尔萨斯的领地很久以后才落入法国人手中;本来要在一次战役之后同荷兰人瓜分西班牙人所占荷兰土地的路易十三打了败仗,整个皮卡底地区差一点被西班牙人夺取(1636)。西班牙人占领了科尔比。德意志皇帝的将军加拉斯伯爵和洛林公爵已逼近第戎。法国军队到处失利,十分狼狈。必须做出艰巨的努力才能抵御那些原以为极易击败的敌手。

　　总之,这场由枢机主教为了显示自己和法国的强大而挑起的战争,在短短的时间内几乎使他垮了台。对外事务的挫折,在一段时间内削弱了他在宫廷中的权势。和国王时而争吵,时而言和的加斯东重新返回法国,枢机主教被迫把军队的指挥权让给这位亲王和苏瓦松伯爵,不久这支军队便收复了科尔比(1636)。此时他意识到了两位亲王对他的怨恨。正像我在前面说过的,当时盛行

---

　　① 拉瓦莱特(1593—1639),图卢兹大主教,枢机主教。苏尔迪(1575—1628)波尔多大主教。——译者

谋反和决斗。后来就是那些人与雷茨枢机主教一起煽动了投石党人初期的骚乱，他们设置街垒，利用一切时机兴风作浪，结果毁了自己。加斯东和苏瓦松伯爵怂恿这些谋反分子进行暗杀枢机主教的各种活动。他们决定要在王宫里暗杀黎世留，然而做事向来虎头蛇尾的奥尔良公爵，由于害怕行凶杀人，没有发出事先约定的信号，结果这个重大事件成了一项空头计划。

德意志皇帝的军队被逐出勃艮第，西班牙人被逐出皮卡底，魏玛公爵在阿尔萨斯获胜，差不多全部占领了法国许诺给他的伯爵领地。总之是好事比坏事更多一些，尽管密谋活动不断出现，命运拯救了枢机主教的性命，同时也拯救了他的荣誉，这依靠的是[军事]胜利。

（1637）这种对荣誉的酷爱驱使他追求对文人才子的控制，即使在国事和私事面临危机、本人受到暗算时也是如此。就在这个时期，他创立了法兰西学士院，并在自己的府邸里上演有时是由他亲自编写的剧本。危机时期一过，他又恢复了他的高傲态度和道貌岸然的样子。也就是在这段时期，他策动了英国的第一场骚乱。他在给埃斯特拉德伯爵①的短简中写道："不出一年，英国国王就会知道，他不应该轻视我。"这封信是查理一世将遭不幸的预兆。

（1638）孔代亲王的军队因为失败而撤除了对富恩特拉维亚的包围，拉瓦莱特公爵因未增援孔代亲王而受到指控，黎世留派了专案法官对临阵逃脱的拉瓦莱特公爵进行会审，国王亲临主持。这是重臣政体的古老习惯，当时国王仅被看作重臣的首领；而在完全

———————————
① 埃斯特拉德（1607—1686），法国元帅。——译者

的君主政体中,国王的出席和发言就完全左右了法官们的裁决。

(1638)黎世留挑起的这场战争,直到魏玛公爵终于在一次战役中大获全胜才结束。在这场战争中,他俘获了德意志皇帝的4名将领,攻克了弗里堡和布里萨克,最后奥地利家族的西班牙支系又因当时一次唯一得逞的密谋活动而失去了葡萄牙,并在1640年年终因一次公开的叛乱而失去了加泰罗尼亚,但是在鬼使神差发生这些有利于法国的非常事件之前,法国已濒于破产,部队的军饷开始削减。据瑞典驻巴黎大使格劳秀斯说,法国财政拮据。他说的完全对。因为科尔比失守后不久,枢机主教增设了24名高等法院推事和一名审判长。当时肯定并不需要这些新法官,增设法官仅仅是为了从卖官鬻爵中得到一点钱,这是很不光彩的。高等法院也有怨言。枢机主教的回答是把5名敢于不受约束、表示不满的法官投入监狱。凡是违抗他的人,不论是在宫廷内的,高等法院内的,或军队内的,全都倒了霉,被放逐或是坐牢。

这本来是不值得过多注意的事,买得法官职位的只有20个人。但是,使人认识到当时人们的精神,尤其是法国人的精神的,是下列的一些事实:这些新成员长期受到了全体法官的憎恨和鄙视;其次,在投石党战争中,这些人每人不得不付出15000利弗,作为反政府战争的费用,取得同僚们的原宥。您以后还将看到①,这些人因此获得"二十个一万五"的雅号。到了今天,当人们想要裁减一些无用的法院推事时,以前曾经强烈反对超员的高等法院却

---

① 见《路易十四时代》第4章《内战》。作者在写本书之后于1761年再版了《路易十四时代》,故用"您以后还将看到"这些字眼。——原编者

强烈地反对裁减人员了。由此可见,同样一件事情是否被人接受要看在什么时间,人们往往在痊愈时跟在受伤时一样都会发出抱怨。

路易十三始终需要一个心腹,即所谓宠臣,这个人要能够排解他的愁闷,能听他诉说辛酸的隐私。圣西门公爵①充当了这一角色。然而他对待枢机主教不够谨慎,为宫廷所嫌恶,被流放到布拉伊②。

国王有时也迷恋女色。他钟情于摄政王后的侍女拉法耶特,像一个文弱的、有顾虑的、并非好色的人那样爱着她。国王的告解司铎耶稣会士科桑竭力促成这种结合,因为这样可以把母后召回。拉法耶特为维护太后和王后的利益,反对枢机主教,也接受国王对她的爱。但是枢机主教还是像以前制服两位王后一样制服了国王的情人和告解司铎。拉法耶特吓得惊惶失措,不得已进了修道院(1637)。不久,告解司铎科桑也遭逮捕,流放到下布列塔尼。

这位耶稣会士曾经建议路易十三:王国应受圣母玛丽亚的保护,这样国王和拉法耶特之间的爱情就可以圣洁化,因为这爱仅仅被视为两情相通,而非情欲的驱使。这一建议被采纳了,次年,枢机主教实现了这个主张,科桑则在坎佩尔-科朗坦用蹩脚的诗句赞美圣母玛丽亚对法兰西王国的特殊恩宠。其实奥地利家族也是以圣母玛丽亚为保护人的;而如果不靠信仰新教的瑞典人和魏玛公爵的军队,圣母显然也会不知该庇荫哪一方为好。

---

① 圣西门(1675—1755),法国最伟大的散文家之一,17世纪80年代出版著名的《回忆录》。——译者

② 布拉伊,法国西南部纪龙德省滨海小城。——译者

亨利四世的女儿、路易·阿梅代的遗孀、萨伏依公国的摄政者萨伏依公爵夫人克里斯蒂娜也有一个耶稣会士的告解司铎,这位神甫也参与了宫廷的阴谋活动,挑拨他的忏悔者反对枢机主教黎世留。黎世留一向把报复行为和国家利益看得比人权更重,他毫不犹豫地派人在公爵夫人领地逮捕了这个耶稣会士。

这里请您注意,历史上找不到哪一次宫廷内部纠纷和阴谋活动是没有国王的告解司铎参加的,而且他们又常常遭到贬谪。一个国君,如果事事都要请教自己的告解司铎,就说明他软弱无能(这也正是告解的最大弊端)。告解司铎几乎无一不属于一个乱党,他总是企图使他的忏悔人把这个乱党看作代表上帝的意旨。这样的宫廷阴谋,枢密大臣不久便知道了。告解司铎受到惩罚,接着又用了另一人,新来的仍玩弄同样的伎俩。

(1637)宫廷中一直在不断的明争暗斗。我们称为奥地利的安娜王后因为写了一封信给枢机主教的仇人、逃亡在外的谢弗勒兹公爵夫人,就受到了罪犯一样的待遇。她的信件被没收,她受到掌玺大臣塞吉埃①的审讯,这样的刑事诉讼在法国是没有先例的。

这一切特征集中起来,便形成这位枢密大臣的肖像。他仿佛是注定要主宰亨利四世全家命运的人:他迫害流亡国外的亨利四世的遗孀,虐待他的儿子加斯东,支持异党反对他的女儿英国王后,压制他的另一个女儿萨伏依公爵夫人,最后在使路易十三变得强大的同时让他出尽了丑,并使路易十三的妻子也怕得发抖。

---

① 塞吉埃(1588—1672),路易十三和路易十四时的掌玺大臣,法兰西学士院创立人之一。——译者

他任枢密大臣的整个时期,就是这样在激起仇恨和实行报复中过去的,几乎每年都有数起叛乱和惩罚。苏瓦松伯爵的谋反是最有危险性的。这次谋反得到法国元帅的儿子布戎公爵的支持,他在色当接待苏瓦松公爵;得到绰号刀疤脸的吉斯公爵的孙子的支持,他想重振先辈的威名;还得到西班牙国王的金钱和荷兰的军队的支持。这跟加斯东的几次莽撞的行动是迥然不同的。

苏瓦松伯爵和布戎公爵拥有一支精兵。他们都善于指挥。为了更安全起见,他们计划在部队前进时,就暗杀枢机主教,发动巴黎起义。雷茨枢机主教那时还很年轻,他在这次谋反中学会了密谋活动(1641)。苏瓦松伯爵在色当附近的马尔费战役中击败了国王的军队,这一胜利本应使谋反者勇气更足,但这位伯爵却在战斗中阵亡了,枢机主教因此再次化险为夷。唯有这一次,他无力进行惩罚。他不知道这个针对他个人的阴谋,而叛军是胜者。他只好跟色当的占领者进行谈判。只有吉斯公爵受到了巴黎高等法院的缺席审判,但这位公爵后来又成了那不勒斯的主人。

布戎公爵得到宫廷的恩赦,表面上与枢机主教言归于好,发誓效忠,同时又策划新的阴谋。由于国王身边的人都憎恨枢密大臣,而国王又总是需要一名宠臣,黎世留便把年轻的埃菲亚特·桑克-马尔斯推荐给他,以便在国王身旁安插一名自己的亲信。不久这年轻人升为马厩总管,还想进枢密院。枢机主教自然不能容忍,立即把他视为不可调和的敌人。而最怂恿桑克-马尔斯反对黎世留的,也正是国王本人。他经常对黎世留不满,看不惯这位枢密大臣的阔绰排场和傲慢态度,甚至对其功绩也有反感,他经常向他称为"亲爱的朋友"的那个宠臣发牢骚,谈起黎世留,就一肚子气,这使得桑克-马尔斯不止一次地鼓动国王杀掉黎世留,这是可以从路易十三给掌玺大臣塞吉埃的亲笔信中得到证实的。可是后来,这位国王对他的宠臣也不满意,甚至经常不许他出现在自己跟前,因此桑克-马尔斯很快就对黎世留和路易十三同样仇视。他先和苏瓦松伯爵串通,现在又和布戎公爵勾结。国王的弟弟几经挫折,在布卢瓦的采邑过厌了悠闲生活,受亲信们的鼓励,也参与了阴谋活动。所有这些密谋活动没有一次不是以处死枢机主教作为基本内容的。可是这个计划多次尝试都没有实现。

(1642)路易十三和黎世留正在进军鲁西荣,以期最后夺取由奥地利家族占据的这个省,但是他们两人都得了比密谋活动更危险的、不久便把他们送进坟墓的一种病。布戎公爵不久前曾与国王的军队交战,本不应将指挥权交给他,但他还是率领一支部队在皮埃蒙特与西班牙人作战。就在这时,他同国王的弟弟和桑克-马尔斯一起策划阴谋。谋反的一伙跟奥利瓦雷斯公爵兼伯爵签订了一项协定:把西班牙军队引入法国,他们认为即将出现摄政时期,这样便可使全国陷入混乱,而他们各方都想从中渔利。桑克-马尔斯跟随国王来到纳博讷,受到从未有过的宠信。黎世留病倒在塔拉斯孔,已经完全失宠,他保留的唯一有利条件就是国王还缺少不了他。

(1642)幸亏枢机主教命大,阴谋又一次败露,协定的一份副本落到他手中,桑克-马尔斯为此送了性命。根据当时廷臣们的传闻,国王在他经常称之为"亲爱的朋友"的马厩总管服刑的时刻,从口袋中取出怀表,说道:"我想亲爱的朋友现在的脸色一定很难看。"布戎公爵在卡萨尔指挥作战时被捕,但他保全了性命,因为人们需要他在色当的封地,更甚于需要他的鲜血。这个曾两次背叛王国的人还保住了自己的爵位,他交出了色当,换回一块收益更多的领地。弗朗索瓦-奥古斯特·德图①被指控为知情不报,尽管他不赞成这次阴谋,仍判处死刑。他徒然地申辩说:如果他进行检举,他无法证实他的证词;而假如他指控国王的兄弟犯有国事罪却提供不出证据,他将更加不免一死。枢机主教是他的私敌,这样明确的申辩是根本不会被接受的。法官们是依据路易十一的法律对他作出判决的。只要提起路易十一这个名字,就知道这条法律是多么残暴的了。王后也知道这个阴谋,但她没有被人指控,因而逃脱了可能受到的凌辱。至于奥尔良公爵加斯东,他故伎重施把他的同谋者控诉一番,表现得卑躬屈节,最后同意留在布卢瓦,没有护卫,没有头衔,他的命运总是把拥护自己的人拖进监狱,拖上断头台。

枢机主教在法律允许的报复活动中大施淫威,毫不留情。他坐船溯罗讷河而上,从塔拉斯孔到里昂,让马厩总管桑克-马尔斯的船系在自己的船后面。他自己已病入膏肓,却为敌手即将死于极刑而洋洋得意。从里昂起,他躺在一座装饰华丽的小屋里,小屋能够容纳两名卫士站在床边,他的卫队轮班用双肩把小屋抬到巴黎,途经各城镇时,为了让小屋顺利通过,就把城墙推倒,就这样他来到了巴黎。不久他便死去了(1642年12月4日),终年58岁。国王为失去了他而感到满足,为自己做了主人而感到烦恼。

----

① 弗朗索瓦-奥古斯特·德图(1607—1642)是法国法官,历史学家雅克-奥古斯特·德图之子,桑克·马尔斯的朋友。——译者

有人说,枢密大臣死了以后仍然在统治,因为人们让他原先任命的一些官员填补了某些空缺。但其实授予爵位与俸禄的证书在他去世之前早已发出。所有被他下令关进巴士底狱的人都获得释放,不必充当他的报复行为的牺牲品,这就无可辩驳地证明,他曾经统治得太多,如今不再统治了。他给国王留下了一笔钱,以一马克合50利弗计算,相当于今天的300万利弗,这笔钱是他一直留存备用的。从他担任枢密大臣起,他家中一切都富丽堂皇,每天开支达1000埃居。可王宫中一切都粗疏简陋。他的卫兵一直站到卧室门口,每次晋见国王,他总是走在王族亲王的前边。他缺少的只是一顶王冠。甚至当他快要死的时候,当他还自鸣得意以为会比国王活得长久的时候,他就已经为出任王国的摄政采取了某些措施。亨利四世的寡妻比他早死5个月(1642年7月3日),路易十三比他晚死5个月。

(1643年5月)很难说三人中谁是最不幸的。太后长期过着颠沛流离的生活,在贫困中死于科隆。她儿子,一个美丽王国之主,既未尝到过国家强盛的乐趣——如果有这种乐趣的话——,也未尝到过人世的乐趣。他始终受制于人,始终摆脱不了桎梏。他身上有病,心情抑郁,不能自我克制。他得不到一个臣仆的爱戴,对妻子有疑心,为兄弟所仇恨,情妇们离开他,他也不知道什么是爱情,他被遗弃在宝座上,几乎成为宫廷中的孤家寡人。朝臣们等待他死,不断地预言他死,把他看作不能有小孩的人。他的命运不如享有天伦之乐的最微贱的庶民。

枢机主教黎世留也许是三人中的最不幸者,因为他最受人憎恨,因为他身体很差,还要用沾满鲜血的双手去支撑那几乎把他压垮的沉重负担。

在这阴谋活动与酷刑盛行的时代，法兰西王国却日趋繁荣；尽管有许多苦难，文化艺术的世纪已揭开序幕。路易十三对此一无贡献，枢机主教黎世留却为这一转变作了努力，诚然哲学未能去除经院式的铁锈，然而高乃依于1636年却以悲剧《熙德》开创了人们所说的路易十四时代。普桑①的绘画在某些方面可以和乌尔比诺的拉斐尔媲美，雕塑艺术也因吉拉尔东②而臻于完美，枢机主教的陵墓就是一个明证。法国人开始受人称道，特别是因为他们风度翩翩，谈吐优雅。这是高尚情趣的开端。

国家还不是后来的那个模样。贸易尚不发达，治安有待健全。王国的内部还需要整顿。除了巴黎，还没有一座美丽的城市，巴黎也还缺少许多必要的东西，像在《路易十四时代》一书中所能看到的那样。生活方式和衣着，都跟我们今天不同。假如现在的人看到那时的人，一定不相信这些就是他们的父辈。半高帮皮鞋，紧身短上衣，披风，打裥高领圈，小胡子和山羊须，同他们的热衷于阴谋、决斗、在小酒馆大吃大喝以及虽有天赋聪明却普遍地无知一样，使我们难以辨认。

国家铸造的金币和银币也没有后来那样丰裕，枢机主教纵然竭力搜刮民财，国库的年收入也只有路易十四时的一半。工业方面则更为贫乏。鲁昂和埃尔伯夫的粗呢制造厂在法国已是首屈一指的了。没有地毯，没有水晶，没有玻璃。钟表制作很落后，只会

---

① 普桑（1594—1665），法国古典主义画派奠基人，路易十三聘为宫廷画师。——译者
② 吉拉尔东（1628—1715），法国雕塑家。——译者

在钟表的均力圆锥轮上安一根弦,还不知道使用摆锤。与地中海东岸诸港的贸易额只及今天的 1/10。与美洲通商只限于加拿大的毛皮。没有一条船能驶达东印度洋,而荷兰在那里已建立了几个属地,英国也有庞大的殖民地了。

当时法国拥有的钱财远远比不上路易十四时期。政府以很高的代价借债。公债的最低利息在黎世留去世时是 7.5 厘。由此可以得到一个无可辩驳的证明,尽管证明已经很多,即人们所说的黎世留遗嘱并非他的亲笔。那个无知而荒唐的冒名伪造遗嘱的人,在《遗嘱集》第 2 部分第 1 章中写道,受益方应在 7 年半内全部还清债款;此人把利率为 7.5 厘看成 7 1/5 厘,而且他不明白,即便是 7 年半无息还本,每年也不是 7.5%,而是 14% 弱。他在这一章所说的一切,都说明他的算术比买卖人还要差。我在这里写了这个细节,只是为了使人知道,盛名是多么的骗人。这部愚昧无知的著作由于被认为出自枢机主教黎世留的手笔,就成为杰作了;可是当人们发现其中无数的年月不对、邻国国名错误和计算差错,以及把法国说成在地中海拥有比西班牙王国更多的港口等胡言乱语的时候,当人们看到这所谓枢机主教黎世留的政治遗嘱竟对应当如何对待必须支持的战争只字不提的时候,人们就把这部曾被人不加鉴别地大加赞赏的杰作看得一文不值了。

第一七七章

菲利普二世以后至查理二世统治下的西班牙

人们看到,自从菲利普二世死后,西班牙的几代国王都在国内加强统治权,但却于不知不觉中丧失了他们在欧洲的威势。菲利普三世即位后头几年,衰落的趋势就已露端倪。他的软弱无能,表现在他的统治的各个方面。他无法继续顾及美洲、辽阔的亚洲属地、非洲属地、意大利和荷兰。他父亲过去曾经战胜这些困难,他如今拥有的墨西哥、秘鲁、巴西和东印度的财富,本应可以克服一切障碍的。玩忽职守十分严重,国库收入管理不善,以至于在反对联省共和国的战争中无力支付西班牙军队的粮饷;部队发生哗变,逃奔莫里斯①大公麾下的有 3000 人。(1604 年)联省共和国的一个办事有条理的普通执政给军队的报酬比这位统治着几个王国的君主给的还要多。菲利普三世本来可以让他的军舰遍布各个海洋的,可是荷兰和泽兰小省份的军舰比他多,并且从他手中夺走了摩鹿加群岛的主要岛屿(1606),特别是生产最宝贵的香料的安汶岛,该岛至今仍为荷兰人的属地。总之荷兰的 7 个联省在陆地上使这

---

① 莫里斯,即拿骚的莫里斯(1567—1625),荷兰执政。——译者

个庞大的西班牙君主国的军队无用武之地,在海上,力量比西班牙更为强大。

(1609)菲利普三世同法国和英国已经实现和平,而仅仅同荷兰这个新生的共和国处于战争状态,他被迫同荷兰签订了休战12年的协定,将他占有的一切让给荷兰,保证它在东印度经商的自由,并把拿骚家族在西班牙领土内的财产归还该家族。亨利四世也派使节光荣地参与签订这个休战协定。通常请求休战的总是最弱的一方,然而莫里斯大公不愿意这样做。要他同意休战比劝说西班牙国王下决心休战更为艰难。

(1609)驱逐摩尔人给西班牙君主国带来了更多的危害。菲利普三世对付不了为数甚少的荷兰人,却不幸有能力把六七十万摩尔人从国内赶走。从前征服西班牙剩留下来的摩尔人,大多数已经手无寸铁,从事经商和种地,他们在西班牙远不如新教徒在法国那样可怕,却有用得多。因为在这个怠惰的国家里,他们是勤劳的。人们强迫他们信基督教,异端裁判所毫不容情地迫害他们。迫害激起了反抗,但摩尔人没有什么力量,反抗很快就被平息了(1609)。亨利四世想把这些人置于自己的保护之下,但由于外务部一名官员的出卖,他们的联络内线暴露了。这件事加速了他们的瓦解。西班牙人已经决定驱逐他们,他们提出要用200万金杜卡特换取呼吸西班牙空气的自由,也无济于事。当局毫不退让,被驱逐者2万人逃入深山,可是他们只有弹弓和石头子作武器,因此很快就被制服。人们把这些居民送出国境,整整忙了两年。国内人口也减少了。菲利普就这样弃绝了自己的庶民中最勤劳的人,而没有效法土耳其人那样懂得容纳希腊人,不强令他们到别处去居住。

大部分西班牙籍摩尔人逃至他们原来的居地——非洲。有些人跑到玛丽·德·美第奇摄政的法国。不愿意放弃伊斯兰教的就在法国乘船前往突尼斯。有几户信仰基督教的人家在普罗旺斯和朗格多克定居。有的甚至来到了巴黎,那里的人对这个种族并不生疏。最后,这些逃亡者与法兰西民族混合了。法国利用了西班牙所犯的错误,而后来在迫使新教徒移居时却犯了同样的错误。就这样,不同的民族彼此混合,互相同化,有时是由于受迫害,有时是因为被征服。

这大规模的迁徙,加上伊萨伯拉统治时期的移民,以及因贪财而向新大陆殖民,不知不觉使西班牙的人口锐减,很快这个君主国就只剩下一个庞大的空壳。迷信是懦弱心灵的一种缺陷,进一步削弱了菲利普三世的统治。他的宫廷只是一个搞阴谋的大杂院,像路易十三的宫廷一样。这两个国王都是没有宠臣就不能生活,离开枢密大臣就无法统治的。莱尔玛①公爵(后来当了枢机主教)长期控驭着国王和整个王国,但在一片混乱中终于也被赶下台。菲利普三世的儿子继承了王位,西班牙的情况并未因此好转。

(1621)在菲利普四世治下,混乱有增无减。他的宠臣奥利瓦雷斯公爵劝他在登基之时用大王的称号。但如果他真是大王,他就应该没有枢密大臣才对。他的臣民和欧洲都拒绝承认这一称号。后来,当他因兵力薄弱失去了鲁西荣,因疏忽大意失去了葡萄

---

① 莱尔玛(Lerma,原文误为 Lerme,1552—1623),西班牙政治家,菲利普三世的枢机大臣。——译者

牙，因滥用权力失去了加泰罗尼亚的时候，公众就送他这样一句箴言："别人从他手中夺走的越多，他就越是个大王。"

这时候，这个美丽的王国在外部并不强大，在内部穷困不堪。治安状况极其混乱。国内商业由于各省之间对货物收税而陷于破产，因为每个省过去都是小王国，都保留旧的关卡，从前认为必需的法律现在变成了负担沉重的弊害。人们根本不懂得把王国各部分组成一个统一的整体。同样的弊病也传到了法国，但是在西班牙严重得多，以至省与省之间不允许运送银子。在这些物产富饶的地区，大自然给予的礼物，却没有工业与之配合。巴伦西亚的丝绸，安达卢西亚和卡斯蒂利亚的漂亮的呢绒，都不是经西班牙人之手制作的。细布是十分罕见的奢侈品。佛兰德的手工作坊——勃艮第家族的遗迹——向马德里供应当时人们认为华丽的物品。在这个国家，金银丝织品是禁用的，就像在一个害怕变得更穷的穷共和国一样。确实，尽管拥有新大陆的银矿，西班牙已经穷到这般田地，以致菲利普四世的政府只能发行铜币，而且价值昂贵，几乎与银子相等，因此墨西哥和秘鲁的主人不得不铸造伪币来缴纳国家的捐税。根据学者古尔维尔的说法，当时不敢征收个人捐税，因为不论城市或乡村的居民差不多都没有动产，不能强迫他们纳税。查理五世的话是千真万确的："法国一切都很充裕，西班牙什么也没有。"

菲利普四世的统治其实就是接连丧失地盘和灾祸不断。正当枢机主教黎世留得心应手、时运亨通之时，奥利瓦雷斯公爵却是捉襟见肘，狼狈不堪。

（1625）12年休战协定期满，荷兰人又发动战争，从西班牙手中夺走了巴西；苏里南至今仍是他们的属地。他们占领了马斯特里希特，这个地方终于一直归他们所有。法国人未经宣战就把菲利普的军队从瓦尔托利纳和皮埃蒙特赶走。后来，当1635年正式宣战时，菲利普四世已是四面受困。阿图瓦被侵占(1639)。整个加泰罗尼亚由于忌恨他侵夺了特权而叛变，自愿归属法国(1640)。葡萄牙挣脱了枷锁(1641)。勃拉甘斯家族通过一次组织严密、领导得力的谋反活动登上了[葡萄牙的]王位。在此之前，枢密大臣奥利瓦雷斯曾经拒绝勃拉甘斯公爵前往马德里，为了不留下把柄，还送钱给这位王子，结果是糊里糊涂地支持了这个重大变革，这笔钱被用来付给谋反者作报酬了。

这次事变没有遇到什么困难。奥利瓦雷斯麻痹大意地撤走了里斯本要塞的西班牙驻军，只有少量部队守卫王国。民众为增收新税所激怒。枢密大臣以为把勃拉甘斯公爵骗住了，竟让他指挥军队。曼图亚公爵夫人被赶走(1640年12月11日)，她是总督，可是没有一个人保卫她。成为公众复仇的牺牲品的只有一名西班牙国务秘书和他手下的一名官员。葡萄牙的所有城市几乎在同一天都仿效里斯本举行起义。各地都拥护让·德·勃拉甘斯为国王，没有发生任何骚乱。儿子继承父亲的王位，没有比他更平静的了。从里斯本开出了几艘战舰，前往亚洲和非洲各城市，以及所有原属葡萄牙的岛屿。这些地方没有一处对驱逐西班牙总督有所犹豫。巴西的一部分还没有被荷兰人从西班牙人手中夺去的地方，重归葡萄牙人所有。最后，荷兰人因为同新国王勃拉甘斯结好，也把从西班牙手中夺来的在巴西的土地还给了葡萄牙。

亚速尔群岛、莫桑比克、果阿、澳门都学里斯本的样行动起来。

这次谋反似乎是在所有这些城市中策划的。到处可见外国统治是多么受到痛恨。而西班牙政府对保住这些地方又多么束手无策。

人们还可以看到,在大祸临头的时候,大臣是怎样愚弄国王,怎样向国王隐瞒实情的。奥利瓦雷斯向菲利普四世禀报丢失葡萄牙的方式是很有名的。他说:"我来向您报告一个好消息:陛下已赢得了勃拉甘斯公爵的全部财产,他胆敢僭称国王,罪有应得,陛下就把他的土地没收了。"没收的事并没有发生。葡萄牙成了一个不可轻视的王国,特别是因为巴西的富饶已开始促进它的贸易,如果勤劳的葡萄牙人能把工业发展起来,这种贸易是非常有利的。

西班牙君主国长期的主宰者、堪与枢机主教黎世留匹敌的奥利瓦雷斯公爵,终于因为遭逢不幸而失宠。这两位大臣同样是长期身居要职,与国王无异,一个在法国,一个在西班牙,两人都是王室、显贵和民众的敌人,两人性格迥然不同,好的和坏的品德均不相伴。公爵较为持重,沉着而温和,枢机主教则锋芒毕露,傲慢而残暴。黎世留之所以能长期掌政,并始终能给予奥利瓦雷斯以极大影响,是由于他的积极活跃,而那位西班牙大臣丧失一切,则由于他的麻痹大意。公爵像受贬黜的大臣死亡那样地死去了。有人说这种人多是忧伤致死的,这不单是经历一场大乱之后感到孤独的忧伤,而是感到被人仇恨而无法报复的忧伤。枢机主教黎世留以另一种方式缩短了自己的寿命,他是在极盛时期为种种不安所吞噬的。

奥地利家族的西班牙支系在丧失了上述领地之后,剩下的属国仍比西班牙王国今天占有的多。米兰公国、佛兰德、弗朗什-孔太、鲁西荣、那不勒斯和西西里都属于这个君主国。不管它的政府多么腐败,它仍然给法国造成了许多困难,直到签订比利牛斯和约时为止。

632　　此时西班牙人口总数已大为下降。据[西班牙]著名政治家乌斯塔里兹在1723年写的一部著作中的估计,只有700万左右,相当于法国人口总数的2/5弱。作者在抱怨人口减少的同时,还抱怨僧侣的人数仍维持原状。他承认金矿银矿主的收入,按现在法国货币计算,总共不到8000万利弗。

自菲利普二世至菲利普四世,西班牙人在艺术才能方面有特出表现。他们的戏剧虽然不够完美,但已超过了其他国家。英国以西班牙戏剧为楷模。后来悲剧在法国崭露头角时,也有许多地方借鉴西班牙戏剧。历史著作、动人的长篇小说、巧妙的幻想故事、伦理学在西班牙取得大大超过戏剧的成就,但是正宗的哲学仍是无人知晓。异端裁判所和迷信使经院哲学的错误一直存在。数学没有什么研究。西班牙人在作战时几乎总是雇用意大利的工兵。他们只有几个二流的画家,从来不成画派。建筑没有多大进步,埃斯古里亚尔宫①是按照一个法国人的设计建成的。当时的工艺非常粗糙。大领主们的豪华就在于有一大堆银制餐盘和成群的奴仆。显贵们在自己家里大摆阔气,使外国人自愧弗如的是,这种做法只是西班牙才有;他们把在赌博中赢得的钱与参加赌博者均分,不管是什么身份。据蒙特雷索尔记述,有一次莱尔玛公爵在荷兰接待路易十三的弟弟加斯东亲王及其随从,为了炫示阔绰,使633　用了更为特别的方式。加斯东在他家里住了几天,这位大臣叫人

---

①　埃斯古里亚尔,西班牙城镇,离马德里40公里,有菲利普二世建造的宫殿和隐修院。——译者

每次饭后都在一张巨大的赌桌上放 2000 枚金路易,亲王的随从和亲王本人就用这些钱来赌博。

经常举行斗牛大会,现在也是这样,这是最壮观、最能献媚女人、也是最危险的表演。但是能改善生活的事却一件也没有做。赶走了摩尔人之后,物质生活和精神生活的贫乏更加严重,结果在西班牙旅行就犹如处身于阿拉伯沙漠中。城市里也找不到多少东西。除了手工工艺,社会状况没有更多的改进。妇女多数是像在非洲一样被禁锢家中,若把这样的束缚与法国的自由比较一下,那她们就显得更可怜了。但是这种束缚也提高了一种我们所不熟悉的技巧,即用手指说话的技巧:情人来到窗下,只用手势表达情感,这时女方就打开那称为百叶窗的木板片,用同样的语言来回答对方。所有的人都会弹吉他,然而西班牙人脸上的忧郁并未因此而减少。繁琐的宗教仪式代替了无所事事的城市居民的职业。

所以当时有人说,骄傲、虔诚、谈情说爱和游手好闲构成了这个民族的特性,但是那里却没有发生过欧洲其他各国宫廷中常见的流血事件、谋反和残酷的惩罚。莱尔玛公爵和奥利瓦雷斯公爵都没有把自己的敌人杀死在断头台上。西班牙的国王没有一个是像在法国那样遭到暗杀,也没有一个是像在英国那样死于刽子手的屠刀之下。总之如果没有异端裁判所的暴行,当时的西班牙就没有什么可以指摘的。

菲利普四世于 1666 年去世,此后西班牙的情况很惨。国王的遗孀、利奥波德皇帝①的姐姐奥地利的玛丽摄政,因为她的儿子卡

---

① 利奥波德皇帝,即利奥波德一世(1640—1705),德国皇帝(1685—1705),在对路易十四作战中亡故。——译者

洛斯即查理二世尚未成年。她摄政期间不像奥地利的安娜在法国摄政时那样动荡多事，但是她们两人也有不愉快的相似之处，这就是：西班牙王后因把枢密大臣的职位交给了一个外国教士而引起了西班牙人的忿恨，法国王后则因把法国人置于一个意大利枢机主教的桎梏之下而激起公愤。这两个君主国的显贵们都反对本国的枢密大臣，两个王国内部同样都未得到良好的治理。

在卡洛斯即查理二世未成年时期当政的枢密大臣是耶稣会士埃弗拉尔·尼塔尔，他是德国人，王后的告解司铎，异端裁判所的裁判长。修道院的虔诚誓愿与政府部门的勾心斗角看来是不相容的，这样就首先引起了人们对这位耶稣会士的不满。

尼塔尔性情傲慢，这也加剧了众人的愤恨。他能控制他的忏悔者，但不能治理一个国家。除了高傲和野心，他不具备当一个枢密大臣和一名教士的条件，甚至连掩饰自己都不会。还在他上任以前，有一天，他公然对莱尔玛公爵说："您应当尊敬我，您的上帝每天在我手中，您的王后每天在我脚下。"用这种与真正的伟大截然相反的傲慢态度来治理国家，其结果是国库空虚，全国各要塞成了废墟，港口里没有舰只，军队由于有指挥才能的将领被撤换而军纪荡然。这样就特别帮助了路易十四，使他在开始行动时便取得成功。1667年，当他向他的表弟和姨母发起进攻时，一举占夺了半个佛兰德和整个弗朗什-孔太。

人们群起反对这位耶稣会士，就像法国人反对马扎然一样。菲利普四世的私生子奥地利的堂·胡安成了尼塔尔的死敌，就像伟人孔代成了枢机主教黎世留的死敌一样。孔代被投入监狱，胡安则被流放。经过这些动乱，产生了两个乱党，在西班牙各据一方，然而并未发生内战。在内战即将爆发时，王后不得不赶走尼塔尔以避免一场战争，就像［法国］王后奥地利的安娜不得不把枢密大臣马扎然撤职一样。但是马扎然复职后权力比以前更大，而于1669年被撤职的尼塔尔则没有重返西班牙。其原因是西班牙摄政王后还有另一个告解司铎，他反对前者回国，而法国摄政王后手下没有别人能替代马扎然。

尼塔尔前往罗马，向教皇求赐一顶枢机主教的帽子，但这顶帽子是不能给被贬职的大臣的。他在罗马受到了耶稣会教友们的冷遇，因为有谁比他们地位高，他们总要妒忌的。最后他通过运用计谋和西班牙王后的保荐，终于取得了枢机主教这个所有教士都梦寐以求的圣职，那些耶稣会教友也立即变成了奉承他的人了。

卡洛斯即查理二世的统治与菲利普三世和菲利普四世的统治同样软弱无能，就像您在《路易十四时代》一书中看到的那样。

第一七八章

鲁道夫二世、马西亚斯和斐迪南二世①治下的德国;选帝侯弗里德里希的厄运;古斯塔夫-阿道夫的战绩;威斯特法利亚和约及其他

当法国在亨利四世的治下获得新的活力,英国在伊丽莎白的治下欣欣向荣,以及西班牙在菲利普二世的治下称雄欧洲的时候,德国和北方国家却没有扮演这样的重要角色。

人们把德国视为神圣罗马帝国的中心,但这个帝国只是徒具虚名而已。人们可以观察到,从查理五世让位直至利奥波德一世统治时期,德国在意大利毫无威信。德国皇帝赴罗马或米兰举行加冕礼已作为多余的礼仪而被取消,而这在以前是看得很重要的。查理五世皇帝的弟弟及继承者斐迪南一世对罗马之行毫不重视,人们对不去罗马也习以为常,皇帝向罗马提出要求以及罗马教皇授予帝国称号的事都已渐渐被置诸脑后,一切都已简化,只剩下教皇向当选皇帝写信致贺而已。德国仍然保持帝国的称号,但国力

---

① 德意志帝国皇帝鲁道夫二世,1576—1612年在位;马西亚斯是马克西米连二世之第三子,鲁道夫之弟,兼匈牙利、波希米亚国王,1612—1619年在位;斐迪南二世是马西亚斯二世之堂弟,1619—1637年在位。——译者

很弱,因为它经常分裂。它是一个由皇帝主持的联合诸侯的共和国。诸侯互相兼并,几乎总是发生内战。他们的利害冲突以及比这种利害冲突更厉害的德国三个宗教派别的对立,使战争时起时伏。这样一个诸侯割据、没有贸易、缺乏资源的国家,要对当时欧洲的体制产生很大的影响是不可能的。它对外并不强大,内部却是强有力的,因为这个民族一直是勤劳而好战。如果说日耳曼民族的政治实体已经灭亡,土耳其侵占了德国的一部分,另一部分又招来了别的外国主人,那么政治家们就一定会证明,四分五裂的德国是无法生存的;他们就会指出,德国政制的独特形式,众多的诸侯,几个宗教派别并存等情况,只能不可避免地导致衰亡和受人奴役。而古罗马帝国衰亡的原因就远不是这么易于觉察。然而德国依然不可动摇,尽管它内部孕育着一切毁灭自己的因素。这个复杂的实体的长期存在,除了这个民族的天才之外,很难归于别的原因。

早在1552年查理五世皇帝时期,德国就丢失了梅斯、土尔和凡尔登;这些土地原来就属于古老的法国,与其说它是德国的一个地理部分,不如说它是日耳曼民族实体的一个赘疣。斐迪南一世及其继承者都未作过收复这三座城市的尝试。奥地利家族的几个皇帝曾经成为匈牙利的国王,他们一向害怕土耳其人,也不可能使法国感到不安,尽管法国从弗朗索瓦二世到亨利四世国力衰弱。德国诸侯能到法国来抢掠,但整个德国并不能联合起来把法国征服。

斐迪南一世想把分裂帝国的三个宗教派别以及时常交战的诸侯联合起来,然而徒劳无功。分而治之这一古老的箴言对他不适用。德国必须统一,才会有威力;然而德国不但远未统一,反而被肢解。恰恰是在斐迪南一世统治时期,条顿骑士把历来是帝国一个省的利沃尼亚送给了波兰人,现在归俄国人所有。萨克森和勃兰登堡两个主教管辖区变为非教会所有,这自然不是国家被肢解,但却是一个重大变化,使诸侯更强,皇帝更弱。

马克西米连二世比斐迪南一世更缺少最高权威。帝国若能保存一定的力量,它就会把它对荷兰的权利维持住,因为荷兰是真正的帝国省份。皇帝和国会是当然的法官。那些长期以来都被称作叛逆者的民族,按法律本应被逐出帝国,然而马克西米连二世却让奥兰治亲王即沉默寡言的威廉率领德国军队在荷兰作战,而自己不介入纷争。在法国国王亨利三世离开波兰以后,1575年,这位皇帝误以为是亨利三世在波兰让位,便叫人选他为波兰国王,结果是一无所获。皇帝的附庸巴托里(特兰西瓦尼亚的王侯)战胜了他的主人,保护这个巴托里的土耳其苏丹的力量比维也纳宫廷的力量更强大。

鲁道夫二世继承了他父亲马克西米连二世的皇位,他以更为软弱的双手掌握了帝国的最高统治权。他既是皇帝,又是波希米亚和匈牙利国王。然而,他对波希米亚、对匈牙利和德国都无法施加任何影响,对意大利的影响则更小。鲁道夫的统治仿佛证明,政治是没有一般准则的。

这位皇帝被认为比法国国王亨利三世更加庸碌无能。法国国王的行为使他自己牺牲了性命,并几乎丧失了整个王国。鲁道夫更加软弱,却没有在德国引起任何动乱。其原因是法国的所有领主都想在国王宝座的废墟上自立为王,而德国的领主们则都早已是王侯了。

有时候,身为王侯者应当是能征善战的人。鲁道夫不是军人,他只能眼看着整个匈牙利被土耳其人侵占。当时德国的政治极其腐败,以至不得不公开募捐,以便征集资财抵抗土耳其入侵者。所有教堂门口都安装了捐款箱。用布施的钱来进行战争,这是第一次。这种战争被认为是神圣的,但并不因此便旗开得胜;如果不是土耳其宫廷内乱,匈牙利很可能永远受君士坦丁堡的统治。

在这位皇帝治下,人们在德国看到的恰恰就是法国在亨利三世治下发生过的情景。法国天主教同盟反对新教同盟,国王对任何一方都无法加以阻止。宗教长期以来曾是帝国许多动乱的起因,现在则只是动乱的借口。所争的是克利夫斯和朱利赫这两个公爵领地的继承权。这仍然是封建统治形式的延续,人们仅能用武力来决定这些采邑归谁所有。萨克森、勃兰登堡和诺伊堡三个家族都在争夺这些封地。奥地利大公即皇帝的表弟利奥波德先把克利夫斯占为己有,然后等待判决。我们已经说过,这场纠纷就是使亨利四世致死的唯一原因。当时他正在进军援助新教同盟,他率领着久经战阵的部队、战绩卓著的将领和欧洲最精明的大臣,正准备利用鲁道夫和菲利普三世的虚弱,一举取胜。

亨利四世之死使这一伟大行动受到挫折,但鲁道夫并未得到好处。当法国国王准备向他进军时,他已经把匈牙利、奥地利和摩拉维亚让给他的弟弟马西亚斯。而当他摆脱了亨利四世这个可怕的敌人之后,他仍不得不把波希米亚也让给马西亚斯。尽管他还保持皇帝的称号,他已成了孤家寡人。

在鲁道夫的帝国里,一切事情不通过他就做了。他甚至没有干预科隆的选帝侯杰格德·德·特鲁奇塞斯的一桩奇特的事件。这个选帝侯要保留他的大主教头衔和他的夫人,却被他的议事司铎和竞争对手用武力逐出了他的选区。这种奇特的不干预是由于皇帝的一条更为奇特的原则。他所奉行的哲学使他能够学会当时所能掌握的各种知识,就是不能完成帝王的职责。他宁肯与著名的第谷-布拉赫①一起研究天文学,而不愿去操持匈牙利和波希米亚的政务。

640　　第谷-布拉赫和开普勒②的著名的恒星图是以这位皇帝的名字命名的,称为鲁道夫星表,就像12世纪在西班牙由两个阿拉伯人编制的天文图以国王阿尔丰沙的名字命名一样。德国人在那个世纪主要是以真正的物理学著称。他们根本不像意大利人那样在艺术方面有所成就,他们在这方面甚至还只是刚刚开始。自然科学中发明的才能从来属于孜孜不倦、锲而不舍的人。这种天赋在德国很久以来就引人瞩目,而且扩展到他们的北欧邻邦。第谷-布拉赫是丹麦人。一个丹麦贵族从自己的财产中拿出10万埃居,在丹麦国王弗里德里希的赞助下,不仅修建了一座天文台,而且还建造了一座有好几位学者居住的小城镇,这件事是很不寻常的,尤其在那个时代。这个城镇被称为乌拉尼堡,意为"天城"。事实上,第谷-布拉赫具有一般人的共同弱点,即相信占星术,然而他仍不失为一个卓越的天文学家和高明的力学家。他的命运和其他伟人的

---

① 第谷-布拉赫(1546—1601),丹麦天文学家,曾旅居波希米亚,受鲁道夫二世保护。——译者

② 开普勒(1571—1630),德国天文学家,物理学家。曾根据第谷-布拉赫的资料,发现行星沿椭圆轨道运行,提出行星运动三定律。——译者

命运一样；当他的保护人即国王死后，他在自己的祖国受到迫害，但是他找到了另一个保护人即鲁道夫皇帝，补偿了他的一切损失，为他在本国宫廷里受到的种种冤屈平了反。

哥白尼早于第谷-布拉赫发现了真正的天体体系，只是不及第谷-布拉赫的精确而已。今天照耀世界的光明，是从16世纪中叶，从波兰属地普鲁士的托伦小城里放射出来的。

开普勒生于符腾堡公爵领地，他在17世纪初发现了行星运行的数学规律，他被视为天文学的立法者。当时的巴根首相提倡新科学，而哥白尼和开普勒则建立了新科学。古代的人从未作过如此巨大的努力，希腊也从来未有比这更伟大的发现。但是在希腊，其他艺术很发达，德国只是物理学有少数学者在钻研，他们为大多数人所不知，大多数人还是粗野的。在一些较大的省份里，人们还不大会思考，只知道为了宗教信仰而互相憎恨。

最后天主教同盟和新教同盟使德国陷入一场长达30年的内战。结果，德国的境况比在亨利四世的太平盛世之前的法国更悲惨。

1619年，鲁道夫的继承者马西亚斯皇帝去世，帝国正要摆脱奥地利家族的统治；但最后是格拉茨大公斐迪南赢得了多数选票。与斐迪南争夺王位的巴伐利亚的马克西米连①把皇位让给了斐迪南二世。不仅如此，他还用自己的鲜血和自己的钱财支持帝国的统治，给一个后来把自己的家族消灭的另一家族增加了力量。假

---

① 指巴伐利亚的公爵和选帝侯马克西米连(1573—1651)，他在三十年战争中支持皇帝一方。——译者

使巴伐利亚家族的两个支系联合起来,本当是可以改变德国的命运的。这两个支系是巴伐利亚的选帝侯和公爵。有两大障碍使他们不能和睦相处:一是竞争,二是宗教信仰不同。选帝侯弗里德里希[①]信新教,而巴伐利亚公爵信天主教。这个选帝侯是当时最不幸的一个选帝侯,也是德国各种灾难的根源。

在欧洲,自由思想从来没有比那个时候更为风行。匈牙利、波希米亚甚至奥地利都同英国人一样向往特权。在查理五世统治的晚期,这种思想就在德国占了统治地位。由7省组成的荷兰联省共和国的榜样不断地呈现在渴望得到同样权利的民族的眼前,他们认为自己的实力比荷兰更强。

1618年,马西亚斯皇帝下令选举他的堂弟、格拉茨的大公、已被指定为匈牙利和波希米亚国王的斐迪南为皇帝,并命令其他大公把奥地利让给他。这时,匈牙利、波希米亚和奥地利等小国都同样地抱怨德国皇帝对他们的权利漠不关心。宗教纠纷加剧了波希米亚人的怨恨,他们的愤怒达到了极点。新教徒要重建被天主教徒捣毁的礼拜堂。马西亚斯和斐迪南的国家行政法院都反对新教徒,新教徒冲进法院,把3名主要法官扔到街上。这样的行动带有民众暴乱的性质,这种暴力总是比民众所怨恨的专利暴虐更厉害。更奇妙的是,反抗者发表一份声明,说他们的行为完全符合法律,他们有权把压迫他们的法官从窗户扔出去。奥地利支持波希米亚,格拉茨的斐迪南就是在这次骚乱中当选为皇帝的。

---

① 指选帝侯弗里德里希五世,1610—1623年在位,三十年战争中他是新教派的首领。——译者

斐迪南的至尊的帝号丝毫不能压服波希米亚的当时已经变得十分可怕的新教徒,新教徒认为有权罢免自己选举的国王,他们把王冠献给了帕拉丁选帝侯——英国国王詹姆斯一世的女婿。(1620年11月19日)他接受了这个王位,尽管他没有足够的力量来保持它。他的亲戚,巴伐利亚的马克西米连率领帝国的军队和自己的军队,在布拉格战役中把他击败,从此他就丧失了王冠和有王权的伯爵爵位。

这次战役就是三十年战争的开端。布拉格的胜利在一段时期内解决了帝国诸侯和皇帝之间旧的纠纷,它使斐迪南二世变得专制独裁(1621)。他只是简单地由他的枢密院作出决定便把帕拉丁选帝侯逐出帝国。他并且不顾皇帝与选帝侯的妥协条件——这种妥协只能是对弱者的一种钳制——把所有属于帕拉丁选帝侯一派的诸侯和领主一概放逐。

帕拉丁选帝侯逃到西里西亚,又逃到丹麦、荷兰、英国、法国,加入了不走运的、不幸的君主的行列,一直走投无路,一筹莫展。他得不到他岳父英国国王的援助,英国国王无视本国人的呼声,不顾女婿的恳求,也不顾他本可充当首领的新教的利益,拒绝给予援助。路易十三也没有帮助他,尽管阻止德国诸侯受压迫对这位法国国王有明显的好处。路易十三当时并没有受枢机主教黎世留的摆布。帕拉丁家族和德国新教同盟只能得到两个军人的援助,他们各自带领一支流窜的小部队,就像意大利的雇佣兵那样,其中一个是不伦瑞克的贵族,他的地盘是哈尔伯施塔特主教管辖区,他只有管理或侵占这个教区的权力。他自称上帝的朋友和教士的敌人,这后一个称号是合适的,因为他是靠抢劫教堂度日的。濒于灭

亡的新教派所依靠的另一个人是一个冒险家,曼斯菲尔德家族的
643 私生子,他也像不伦瑞克侯一样称得上是教士的敌人。这两个人
只能把德国的一部分土地掳掠一空,而不能使帕拉丁选帝侯复位
和恢复诸侯间的平衡。

(1623)皇权在德国得到稳固后,皇帝便在雷根斯堡召开国会,
他在国会宣布:"由于帕拉丁选帝侯犯了渎君罪,他的领地、他的财
产和他的封号一概取消,归皇帝所有。但是,皇帝不想减少帝侯的
数目,决定并下令授予巴伐利亚的马克西米连以帕拉丁选帝侯的
爵位"。他果真从皇座上发布了这个命令,他的副首相宣布,皇帝
以他的全权授予这个爵位。

濒临灭亡的新教同盟,为了防止全面崩溃,又作了新的努力。
他们把丹麦国王克利斯蒂安四世奉为首领。英国给了些钱。但是
英国的资助,丹麦的部队,不伦瑞克和曼斯菲尔德都未能压倒皇
帝,仅使德国遭到破坏。斐迪南二世依靠两名将领,瓦伦斯坦公爵
和提利伯爵,便战胜了所有这一切。丹麦国王带领的军队总是打
败仗,而斐迪南不出宫廷却是威力无比的胜利者。

他把新教同盟的首领之一梅克伦堡公爵逐出帝国,并把公爵
领地授予他的将领瓦伦斯坦。他还放逐了曼图亚的查理公爵,因
为后者未获他的命令就占有了按血统权利应属于自己的土地。皇
帝的军队突然袭击和劫掠了曼图亚,并在意大利施行恐怖。他重
新收紧已放松多时的连结德意志帝国和意大利的链子。在德国为
644 所欲为的15万士兵重新显示出了这个国家的无比威力。这种威
力是怎样施展在一个十分不幸的民族的头上,可以通过货币的价
值作出判断。那时货币的法定价值是原币值的4倍,而且还要进

一步贬值。瓦伦斯坦公爵公开说,把选帝帝侯降到法国公爵和大贵族的地位、把主教降到皇室小教堂神甫的地位的时刻已经到来。这同一个瓦伦斯坦后来还想独立,他贬低他的上级,只是为了使自己凌驾于他们之上。

斐迪南二世利用自己的幸运和威势的方式适足以损毁他的幸运和威势。他想以主子的身份干预瑞典和波兰的事务,并想反对年轻的古斯塔夫-阿道夫,而古斯塔夫-阿道夫是支持他反对他的亲戚波兰国王西吉斯孟的。这样,正是他自己迫使古斯塔夫-阿道夫前来德国,这就为自己的失败准备了条件。此外,他还由于使新教派诸侯陷于绝望而加速了自己的厄运的来临。

斐迪南二世不无理由地认为自己有足够的权力废除查理五世签订的帕绍①和约。他命令所有诸侯和领主归还所侵占的全部教区和教产(1629)。路易十四废除南特敕令时曾引起轩然大波,而废除帕绍和约的敕令引起的后果更严重。两个相似的行动收到了截然不同的效果。古斯塔夫-阿道夫接受了当时丹麦国王所不敢支援的新教派诸侯的请求,起来为他们复仇,同时也为自己复仇。

皇帝想重建天主教会,使自己成为它的主人。枢机主教黎世留反对他,罗马也阻挠他。他们害怕他的力量壮大更甚于维护宗教的利益。笃信基督教的枢密大臣同罗马教廷联合一致支持新教同盟,以反对一个可怕的皇帝。这件事跟从前弗朗索瓦一世、亨利二世同土耳其人联合一致反对查理五世,同样是不足为奇的。这

---

① 帕绍,德国东南部拜恩州城市。当地市民曾为城市自治进行多次起义,但神圣罗马帝国的统治一直延续到1803年。——译者

是一个极其有力的证据,证明在宗教不符合国家利益时,前者让位于后者。

645　当某个人干了某些大事时,人们便喜欢把一切伟大的业绩都仅仅归功于这一个人。在法国普遍有一种偏见,认为枢机主教黎世留把古斯塔夫-阿道夫的兵力引到了德国,是他一个人促成了这一转折,事实上黎世留所做的仅仅是利用了时机。斐迪南二世实际上已经向古斯塔夫宣战。他想夺回被这位年轻的征服者侵占的利沃尼亚。他支持西吉斯孟反对古斯塔夫,因为在争夺瑞典王国方面西吉斯孟与古斯塔夫是对手。他拒绝授予古斯塔夫国王称号。利害关系、复仇欲望和骄傲情绪驱使古斯塔夫奔赴德国。当他到达波美拉尼亚后,即便法国枢密院没有给他一些资助,他也未必因此放弃在一场已经开始的战争中试一试运气的机会。

(1631)当他已经成为波美拉尼亚的胜利者的时候,法国同他签订了条约。一次付给他30万法郎,以后每年给他90万法郎。这并不是大笔钱,既不表明巨大的政治努力,也不构成足够的援助。古斯塔夫-阿道夫所做的一切都是靠他自己。他带了不足15000人的队伍来到德国,不久便增加到将近4万,他用的办法是就地取粮,就地招兵,让德国来为他在德国的战争服务。他迫使勃兰登堡选帝侯为他保护施潘道城堡和所有的通道。他迫使萨克森选帝侯交出自己的部队,由他指挥。

由提利[①]率领的帝国军队在莱比锡城附近被彻底击溃(1631

---

　① 提利(1559—1632),德国军官,三十年战争期间,为天主教同盟的军队首领。——译者

年9月17日）。从易北河岸到莱茵河岸，一切地方都归顺了古斯托夫-阿道夫。他一下子就使梅克伦堡公爵在德国的一端恢复原职，收回领地，而他自己则在德国的另一端攻占了美因茨，来到了帕拉丁。

皇帝在维也纳无可奈何，一场战役就使他从似乎十分令人生畏的强盛顶峰跌落下来，以至不得不向教皇乌尔班八世乞求金钱和援兵，结果是两个请求都遭到拒绝。他想争取罗马教廷发表一份对古斯塔夫的声讨书，教皇只答应对古斯塔夫大赦而不答应声讨。古斯塔夫横扫整个德国，所向披靡，他把帕拉丁选帝侯带到慕尼黑，选帝侯至少因能进入曾经剥夺他财产的那个人的宫殿而得到慰藉，当这位选帝侯即将收回征服者归还给他的伯爵领地甚至收回波希米亚王国的时候，古斯塔夫在莱比锡附近的吕策恩平原的第二次战役取得胜利时阵亡了（1632年11月16日）。古斯塔夫之死对帕拉丁选帝侯来说是致命的打击，他当时正患病，认为已没有希望，便了结了自己不幸的一生。

如果有人问，从前来自北方的游牧民族是如何征服罗马帝国的，请看看古斯塔夫在两年内为反对比当年罗马帝国更好战的民族所做的一切，就不会觉得奇怪了。

一件非常值得注意的事就是，古斯塔夫的死亡，他的女儿瑞典王后克里斯蒂娜的未成年，瑞典人在诺德林根的惨败，都没有影响征服事业继续发展。这是因为当时的法国枢密院实际上起着主导的作用。它支持瑞典人和德国新教诸侯，对他们发号施令。后来法国国王能从奥地利家族手中取得了阿尔萨斯，其原因亦在此。

古斯塔夫-阿道夫死后留下了一大批由他培养出来的出名的

将领。这种情况几乎发生在每个征服者的身上。他们得到萨克森家族的一个英雄人物的支持,这个人名叫贝尔纳·德·魏玛,是从前被查理五世剥夺财产的选帝侯支系的后裔,他一直对奥地利家族怀恨在心。他所有的全部力量就是一支人数不多的军队,这支军队由他在那个动乱的年代征集,并由他亲自培养训练,军饷是靠打仗得来的。法国资助这支军队,也资助当时的瑞典人。德国皇帝足不出宫门,再也没有伟大的将领可以抵抗瑞典人了。他自己抛弃了唯一能为他重建军队、重振国威的人。他害怕那个著名的、他曾授予最高军权的瓦伦斯坦公爵会利用这种危险的权力来反对他。(1634年2月3日)他派人暗杀了瓦伦斯坦公爵,因为后者想闹独立。

647　　斐迪南一世也是这样用暗杀手段抛弃了在匈牙利有强大势力的枢机主教马提努西乌斯,亨利三世也是这样弄死了枢机主教吉斯公爵。

在这种关键时刻,斐迪南二世本应亲自统率他的军队才是,他若这样做就无需借助于这种对弱者的报复行动。尽管他认为有此必要,其实无补于事。

德国从来没有受到过比那个时期更大的侮辱。瑞典的一个首相统治着德国,并操纵了所有的新教诸侯。这个首相就是奥克森斯蒂恩,他起先为他的主子古斯塔夫-阿道夫的精神所鼓舞,不愿让法国人分享古斯塔夫的胜利果实。但是在诺德林根战役之后,他不得不请求法国的枢密大臣以保护者的名义占领阿尔萨斯。枢机主教黎世留把阿尔萨斯许诺给贝尔纳·德·魏玛,竭尽全力使他站在法国一边。在此之前,这位枢密大臣一直在等待时机,作私下活动，可是此刻他突然发动了。他向奥地利家族的两个支系宣战，这两个支系，一个在西班牙，另一个在德国，都已经削弱了。这才是这场三十年战争的最高峰。法国、瑞典、荷兰、萨伏依同时向奥地利家族发起进攻，亨利四世的计划真正得到实施了。

（1637年2月15日）斐迪南二世在悲惨的境况中死去，他活了59岁。在他统治的18年中，内忧外患，扰攘不安，他除了在他的办公厅，从来没有参加过战斗。他是非常不幸的，因为在他取得成就时，他不能不是十分残暴的，而随后他又必须蒙受惨重的挫折。德国则比他更不幸，它轮番遭到了本国人、瑞典人和法国人的破坏，经受着饥馑和灾荒，全国处于野蛮状态，这是长期战争的必然结果。

斐迪南二世曾被吹嘘为伟大的皇帝，可是在他治下的德国是再可怜不过的了。德国在被人蔑视的鲁道夫二世的治下却曾经是幸福的。

斐迪南二世把帝位让给了他儿子斐迪南三世，后者已被选为罗马人的国王。但是传给他的只是一个支离破碎的帝国，法国和瑞典瓜分了从帝国得来的战利品。

在斐迪南三世治下，奥地利家族的势力每况愈下。瑞典人在德国驻扎下来，再也不走了。法国人同他们联合起来，一直用金钱和武器支持新教同盟。尽管法国本身为对西班牙战争所困，开始并不顺利，法国政府经常面临谋反事件和内战，需要加以平息，但是法国仍然战胜了德国，就像一个受伤的人借助外力击倒比他伤势更重的敌手一样。

被查理五世剥夺财产的不幸的萨克森公爵的后裔贝尔纳·

德·魏玛公爵,把自己一族的灾难全都在奥地利报复了。他曾是古斯塔夫手下的一名将领。古斯塔夫死后,将领中没有一个不为瑞典出力,其中魏玛公爵对德国皇帝来说是最有决定意义的。事实上,他开始时在诺德林根战役中吃过败仗,但是后来他依靠法国的资助集结起一支只认他为统帅的军队,在不到4个月内,在与帝国军队的作战中,连续4个战役都取得了胜利。他打算沿莱茵河自立一个君主国。法国甚至通过条约让他占有阿尔萨斯。

(1639)这个新的征服者35岁便死了,他的军队就像祖先遗产一样传给了他的几个兄弟。但是法国比魏玛公爵的兄弟们有钱,于是收买了这支军队,继续为法国打仗。盖布里昂元帅、[①]蒂雷纳子爵、安根公爵以及后来的伟人孔代完成了魏玛公爵业已开始的事业。瑞典将领巴尼埃和托斯坦逊从一方紧逼奥地利,蒂雷纳和孔代则从另一方向它进攻。

斐迪南三世岌岌可危,疲惫不堪,被迫签订威斯特法利亚条约。根据这一著名的条约,瑞典人和法国人成了德国政治和宗教的立法者。持续700年之久的皇帝与帝国诸侯的纷争终于宣告结束。德国成了由一个国王、一些选帝侯、诸侯和帝国各城市组成的一个贵族政治国家。财力衰竭的德国还必须付给先后蹂躏了又平定了德国的瑞典人500万里克斯达尔[②]的赔款。从此瑞典的国王们成了帝国的诸侯,他们分得了波美拉尼亚最好的一部分土地,还有什切青、维斯马、鲁根、费尔登、不来梅等大片领土。法国国王成

---

① 盖布里昂(1602—1643),法国元帅。——译者
② 里克斯达尔,旧时北欧、中欧一些国家的银币,币值在各国不同。——译者

了阿尔萨斯的最高司令官,但不是帝国的诸侯。

除了上帕拉丁仍属巴伐利亚支系所有外,帕拉丁家族的权益终于得到恢复。最小的贵族们的要求也都提交全权代表讨论,就像提交高等法院审议一样。有140名圣职人员复职。3个教派,即罗马公教、路德派、加尔文派,均获得认可。帝国议会由24名新教议员和26名天主教议员组成,皇帝被迫接受6名新教徒进入设在维也纳的枢密院。

假如没有这一和约,德国就会变成查理曼的后代统治时期的状况,即差不多成为一个野蛮的国家。从西里西亚到莱茵河畔,所有的城市都已遭到破坏,农村里田园荒芜,人烟稀少。马格德堡城被帝国军队的将领提利夷为平地,也没有重建。奥格斯堡和纽伦堡的商业早已凋敝,剩下几家制造厂,是生产钢铁制品的。银子成了极罕见的东西。生活舒适根本谈不上。风俗习惯很严酷,这是三十年战争对人们精神上的影响。需要整整一个世纪才使德国得到它所缺乏的各种东西。是法国的逃亡者首先给德国带来了改革,在所有的国家中,德国是因废除南特敕令而得益最大的国家。其余的一切都是随着时间的推移自然而然地逐渐建立起来的。艺术总是在相邻的国家里互相传播的。最后德国也终于变成了与16世纪的意大利同样欣欣向荣的国家,与此同时众多的国君都在宫廷里维持着他们的豪华与优雅的生活。

第一七九章

1641年以前的英国

如果说西班牙自菲利普二世以后已经削弱,如果说法国自亨利四世以后直至枢机主教黎世留取得重大成就之前曾经陷入动荡和衰败之中,那么英国自伊丽莎白当政时起早就开始衰落了。伊丽莎白的继承人詹姆斯一世,由于实现了苏格兰和英国的联合,在欧洲的影响本来应该可以比伊丽莎白时期大一些,然而他的统治时期却更加黯然无光。

值得注意的是,在英国,王位继承法不像在法国和西班牙那样具有无可争辩的约束力。(1603)伊丽莎白在遗嘱里让他当英国国王,这就算是詹姆斯继承王位的法律依据了。詹姆斯曾经担心这位英国女王在遗嘱里不授命他为国王,因为这个受尊敬的女王的遗愿能为全国所遵行。

尽管他应感激伊丽莎白的遗嘱,但他并不为杀害他母亲的这个人服丧戴孝。当他被承认为国王以后,他就认为他的君权是神授的。凭这个理由,他以"神圣的国王陛下"自居。这就是全国对他不满、他的儿子和他的后代遭到前所未有的灾难的原因。

还在他当政之初的和平时期,就发生了一起人所未见的最骇人听闻的谋反事件。其他一切因复仇、政治事件、野蛮的内战乃至宗教狂热而产生的阴谋案都无法与火药谋反案的残酷性相比。英国的罗马公教派原来期望国王对他们有所照顾,结果并非如此。[651]他们为此而愤懑,积郁着一种导致人们去犯大罪的怨恨。其中的某些激进分子就决定要把国王、王族和贵族院全体议员一举消灭干净,以建立这个教派在英国的统治。(1605年2月)诺森贝兰德家族的一个名叫佩西的人,还有一个名叫卡特斯比的人,他俩和另外几个人一起想出了一个主意,在国王将要去发表演说的议院大厅下面埋设36桶火药。实施这个罪行是极其容易的,成功的可能也是极大的。谁也不会怀疑这样一个闻所未闻的行动,任何障碍也不能加以阻挡。在不同时间从荷兰买来的36桶火药已经放在佩西几个月前租来的、位于会议厅地板下面的一个煤炭窖里。人们只等议会开会的那一天来到,只怕谋反者中有人反悔。但是这些人已经在耶稣会教士加尔内和奥尔康面前作过忏悔,教士已经为他们排除了反悔的可能。不料那个即将无情地把贵族和国王置于死地的佩西,忽然对他的一个朋友、贵族院议员蒙梯格尔产生了怜悯。这一人道的举动使整个计划流产。他假手另一个人写信给这个贵族:"您如果爱自己的生命,就请不要参加议会开幕式;上帝和人类将同心协力严惩当代的恶人,危险将在像您焚毁此信那么短的时间内消逝"。

佩西安安稳稳,没想到别人会猜出来整个议会有可能毁于一堆火药。那封信在国王的枢密院中传阅了,由于没有任何迹象,谁也识不透阴谋的性质。可是国王考虑了危险将于短时间内消逝这句话,猜中了谋反者的意图。他派人在开会前一天的夜里检查了会议厅的地窖,发现门口有一个人,手执药线,又有一匹马在等候他;最后发现了 36 个火药桶。

佩西和教派首领得知阴谋败露,立即纠集百名天主教骑兵,在使对方付出惨重代价后一同战死。只有 8 名谋反者被捕获处决,两个耶稣会士也同样被处死刑。国王公开说,判刑是合法的。教会则认为这些人是无辜的,并把他们奉为殉教者。这就是当时的时代精神,宗教纠纷蒙住了人的眼睛,把人引入歧途,所有国家莫不如此。

然而在詹姆斯一世治下,英国人向世人表现出来的重大残暴行为仅仅是火药谋反案这一事例而已。詹姆斯一世远不是个迫害者,他公开容许信教自由,强烈谴责长老会教徒,因为他们宣传地狱是每一个罗马天主教徒必然的归宿。

詹姆斯一世治下经历了 22 年的太平时期,商业兴盛,国民富庶。可是这个统治受到了国内和国外的蔑视。在国外,是因为他作为欧洲新教的首领,没有在波希米亚战争的关键时刻支持新教反对天主教。他遗弃了自己的女婿帕拉丁选帝侯,在应当作战时却举行谈判。他既受维也纳宫廷的骗,又受马德里宫廷的骗,先后派出了著名的使节,却从来没有同盟者。

他在外国声誉低落,反过来又大大影响了他在国内应有的威信。在英国他自己把他的权威置于熔炉中,结果受到了极大损失。他想给自己的威信以过高的价值和光彩,他经常对国会说,上帝让他做绝对的主宰,国会的一切特权都只不过是国王仁慈的让与。他这样做反而促使国会要审查王权的界限和国民权利的范围。从此人们便想方设法去建立到那时为止人们尚认识不清的界限。

国王的能言善辩只是起了给自己招来严厉批评的作用。他博学多识,却没有得到他自认为应得的公正评价。亨利四世从来只称他为詹姆斯老师,他的属臣也没有给他以更为尊荣的称号。因此他对国会说:"我给你们吹笛,你们不跳舞;我给你们唱哀歌,你们一点也不感动。"①由于他这样用不受欢迎的空洞演说去把自己的权益交付公断,他几乎得不到他所需求的钱财。他慷慨施与,而又一贫如洗,不得不像其他几位国君那样,出卖一些能使追求虚荣的人高价收买的爵位。他设置了200个世袭的准男爵骑士爵位。荣誉并不高,却要每人付2000英镑。准男爵的特权仅仅是名列骑士之前;两者都不能进入贵族院。国民对这一新设爵位并不重视。

　　最使英国人反感的是他对宠臣们的言听计从。路易十三、菲利普三世和詹姆斯一世都有同样的弱点。路易十三听命于受封为吕伊纳公爵的卡德内,菲利普三世听命于受封为莱尔玛公爵的桑道瓦尔,詹姆斯一世则听命于被他封为索姆塞特伯爵的一个名叫卡尔的苏格兰人,后来他又抛开卡尔,代之以乔治·维利叶,就像一个女人抛弃一个情人另找了一个情人一样。

　　乔治·维利叶就是白金汉,当时在欧洲以相貌俊美,善于向女人献殷勤和自命不凡而出名。他在英国是第一个从宫廷侍从升为公爵而与国王没有姻亲关系的人。一个国王兼神学家,一个撰写关于宗教论战问题的人,无保留地信赖一个传奇故事的主人公,这只能用人的思想变幻莫测来解释。白金汉怂恿[詹姆斯一世的儿子]威尔士王子,即后来那位不幸的查理一世,不带任何随从,乔装

---

　　① 此语出自《圣经·新约·马太福音》第11章。——译者

前往马德里,向西班牙公主求爱,并自愿为这次游侠骑士般的旅行充当仆从,而当时人们正在安排西班牙公主与这位年轻的王子的婚事。被称为英国的所罗门王的詹姆斯也竟然同意这次奇特的旅行,而不顾他儿子的安危。这样他越是被迫迁就奥地利家族的支系,就越不能为新教的事业以及他女婿帕拉丁选帝侯的事业出力。

奇特的旅行中最奇特的是,白金汉公爵爱上奥利瓦雷斯公爵夫人,出言侮辱了这位公爵夫人的丈夫即枢密大臣,结果他中断了与公主的婚约,带着威尔士王子查理与出发时一样匆匆忙忙地回到了英国,并立即为查理与亨利四世之女、路易十三之妹昂里埃特联姻一事进行谈判。尽管他在法国比在西班牙更为轻率放肆,他还是成功了。但是詹姆斯一世却始终没有在国内恢复他已经丧失的声誉。他在每次讲话中炫耀他的威严,但又不能用行动来维护,致使国内产生了一个叛党,这个叛党推翻了王权,用血玷污了王座,并且不止一次地占据了它。这个叛党就是存在已久的清教徒的组织,名为辉格党。与辉格党对立的组织是英国国教和王权派的组织,名为托利党①。从此,两党互相敌对,使全国产生了冷酷、粗暴和忧伤的情绪,扼杀了刚刚培育出来的科学和艺术的萌芽。

在伊丽莎白时期,英国已有几个天才在迄至当时尚未开垦的文学田野上拓荒。莎士比亚及其后的本·琼森②似乎改变了英国戏剧的粗野状态,斯宾塞已使英雄叙事诗复活。弗兰西斯·培根的文学作品比他的大理院院长职务更受到人们的赏识,他在哲学

---

① 辉格党,托利党,英国 1679—1830 年的两个政党,前者是英国自由党的前身,后者是英国保守党的前身。——译者
② 本·琼森(1572—1637),英国剧作家,诗人。——译者

方面也开创了一个新的历程。人们的思想变得开明高尚，但是宗教界的纷争，王党与国会的敌对，又重新使全国陷入野蛮愚昧之中。

王权、国会特权和国民的自由权的界限在英国和苏格兰都很难区分，英国国教和苏格兰主教团的权利的界限同样分不清。亨利八世取消了所有的限制；伊丽莎白在位时新设了几种限制，她巧妙地或加以贬抑或予以支持。詹姆斯一世对这些提出异议，他没有取消这些限制，但主张必须把它们全部取消。他的话使全国有了警觉，都准备着保卫自己的权益。（1625年和次年）查理一世即位后不久就想做他父亲一再建议的事情，但没有做成。

英国和德国、波兰、瑞典、丹麦都习惯于像自愿送礼一样，为国王提供御用金。查理一世打算支援他的姐夫帕拉丁选帝侯和新教徒反对德国皇帝。他父亲詹姆斯一世在世的最后一年已经着手实施这项计划，可是时间来不及了。要派军队进入下帕拉丁，要支付其他费用，都得有钱。有了这种金属物，才能称雄称霸，自从它变成一切物资的标记以后，就是如此。国王像借债似地向国会请求拨款，国会只同意用无偿赠予的方式拨款，而且在拨款之前要求国王革除各种弊端。如果在每个王国里都必须等到弊害全部肃清之后才能得到征集军队的款项，那就永远也不会打仗了。查理一世是在他的姐姐帕拉丁选帝侯夫人的影响之下决定备战的，也是她迫使她的丈夫帕拉丁选帝侯接受波希米亚王位的，后来她又在整整5年时间里再三恳求她的父王支援，最后由白金汉公爵出面鼓动，才终于得到了拖延已久的援助。国会只给了一笔微薄的御用金。国王不愿召开国会，当他们需要金钱的时候，就通过借债的方式向私人榨取,这在英国已有几个先例。借债是强迫的;出借的人往往等于丢了这笔钱,而不出借的人则被送进监狱。这种暴虐手段一般见之于地位已经稳固和已握有武装力量的国王,他们可以肆无忌惮地欺压民众。查理一世使用了这种手段,但稍微温和一些。他用借来的钱,派出了一支舰队和一些士兵,但是他们回来时却一无所获。

(1626)国王必须召开新的国会。下议院不但不支持国王,反而对他的宠臣白金汉公爵提出弹劾,因为这位公爵的权势和傲慢激怒了全国。查理一世拒不接受议员们就他的这位枢密大臣的事向他提出的指责,把指控最激烈的两名议员逮捕入狱。这种专横的违法行为没有获得支持,他只得释放两名被囚的议员。这一软弱表现给被激怒的人增添了胆量。出于同样的原因,他还囚禁了一名贵族院议员,也同样释放了。这不是取得御用金的方法,所以他什么也没有得到。强制借债继续进行。人们把士兵寄宿在不愿出借的有产者市民家中,这种行为激起了全国民众的反感。白金汉公爵由于远征拉罗舍尔毫无结果(1627)而更加不得人心。国王又召开了新的国会,这次国会无异于被激怒的市民的集会。他们只想恢复民众和国会的权利。他们投票表决:保障人身自由的著名的《人身保护法》永远不受侵犯;不经国会同意不得强行征税和借债;把士兵寄宿在有产者市民家中是侵犯自由和财产的行为。国王依然执意维护他的王权,并要求拨款,结果既削弱了王权,又未得到拨款。人们不断要求弹劾白金汉公爵。(1628)前面已提到过的一个名叫费尔顿的宗教狂热分子受这种普遍的憎恨所激励,做出疯狂的行动,在枢密大臣的宅邸内,当着随从们的面把他杀死了。这桩谋杀案使人看到国民的愤恨已达到何等程度。

那时对进口和出口商品征收小额税,称为吨税和磅税①。已故的国王经国会同意一直享有这种权利,查理一世认为无须再经国会同意了。3个伦敦商人由于拒付这种税,海关官员没收了他们的货物。3个商人中有一个是下议院议员。议院为了维护自己的权利和民众的权利追究国王的官吏。国王一怒之下,解散了国会,并囚禁了4名下议院议员。就是这样一些微不足道的原因使全国闹得翻天覆地,使王座沾满鲜血。

继这些公开的不愉快事件而来的是苏格兰教会的纷争。查理一世想在宗教方面也像在国务方面一样实现他父亲的计划。在玛丽·斯图亚特以前的宗教改革时期,苏格兰的主教团没有被废除,但新教的主教们都受长老派的控制。教士间彼此平等的一个共和国统治着苏格兰的民众。在这个国家里,主教们没有因为有荣誉、有财富而势力强大,这在地球上是独一无二的。主教们在国会中的席位、享有荣誉的权利和教职的收益都得到保留,但他们是没有羊群的牧人,没有声望的贵族。苏格兰国会虽然由长老派掌握着,但它让这些主教存在下去,只是为了降低他们的地位。以前的修道院掌握在世俗者手中,他们以修道院长的身份参加国会。这些有正式官职的修道院长的数目已日益减少。詹姆斯一世恢复了主教团的一切权利。在苏格兰,英国国王并不被认为是神职人员的首领,但是由于他出生在苏格兰,而且给神职人员提供英国的钱

---

① 吨税和磅税,17世纪英国输出入商品时向王室缴纳的税。每磅纳税12便士。——译者

币、年金和职位，所以他在爱丁堡比在伦敦更受到拥戴。主教团的恢复并不妨碍长老派议会的存在。两个组织经常发生冲突，教区共和国总是比主教君主国占上风。詹姆斯一世把主教们视为王室的心腹而把加尔文长老派信徒视为王室的敌人。他认为可以用让大家接受一种新的礼拜仪式的办法，把苏格兰民众团结在主教们的周围，这就是英国国教的礼拜仪式。他没有实现这个计划就去世了，他的儿子查理一世又想予以执行。

新的礼拜仪式包括几句祷词、几个仪式以及每个参加仪式的人到教堂必须穿着的一件宽袖白色法衣。当爱丁堡的主教刚在教堂里朗诵经文以建立这种没有多少作用的仪式的时候，民众就愤怒地起来反对他，向他扔石块。骚乱在各个城市蔓延开来。长老派组织了一个同盟，仿佛是有人要推翻神的和世俗的一切法律似的。这样，一方是显贵们自发地热情支持他们，另一方是民众的愤怒，结果引起了苏格兰的一场内战。

当时人们不知道是什么人在策动这场内战，是什么人造成了查理一世的悲惨结局，其实这个人就是枢机主教黎世留。这位宛如国王的枢密大臣意欲阻止玛丽·德·美第奇在英国她女儿那儿找到一个庇护所，意欲把查理一世卷入法国的利害冲突中，可是他遭到了英国国王的拒绝，这种拒绝是出于傲慢而不是出于策略，它激怒了黎世留（1637）。人们可以在枢机主教致当时派驻英国的埃斯特拉德伯爵的一封信中读到这样一句话（我们已经转述过的）："不出一年，英国的国王和王后就会后悔，他们忽略了我的建议。他们很快就会懂得，他们不应该看不起我。"

黎世留有一名秘书，是爱尔兰教士，他把这个人派往伦敦和爱丁堡，用金钱来制造清教徒之间的不和。致埃斯特拉德伯爵的信也是这个行动的一件物证。人们只要翻开所有的档案，就总会看到，宗教成了利害关系和复仇的牺牲品。

苏格兰人武装起来了。查理一世向英国国教会僧侣求援，甚至向英国的天主教徒求援，这两者都同样憎恨清教徒。他们给他以资助，只是因为这是一场宗教战争。数日之内他甚至征集了2万人。他只是利用这2万人来作为他进行谈判的本钱而已。当这支军队的大部分因缺乏粮饷而解散后，谈判变得更加困难了。(1638及次年)于是又必须下决心打仗。组成国王的秘密内阁的领主们慷慨解囊，这在历史上是很少见的，他们都为国王捐输了大部私产。著名的坎特伯雷大主教洛德以及汉密尔顿侯爵在这方面表现得尤为突出，著名的斯特拉福伯爵个人捐款2万英镑。然而这些捐赠仍远不敷使用，于是国王又只得召开国会。

下议院并不把苏格兰人视为寇仇，而是视为教自己如何保卫特权的兄弟。国王在下议院听到的只是抱怨的声音和对他用来为筹款的各种手段的不满。国王所攫取一切的权利，如吨税、磅税、海运税、出售给商人的专卖权，以及士兵凭票寄宿在有产者家中和一切妨碍公众自由的法规都被宣布为滥用职权。国民最为不满的是那个称作星法院的裁判机构，这个法院曾经过分严厉地处罚了许多市民。查理一世接着把这个新的国会解散了，这样就进一步加深了全国的怨恨。

查理一世似乎是以激怒一切人为己任。在如此困难的形势下，他不但不安抚伦敦这个城市，反而为了爱尔兰的几块土地派人向星法院提出起诉，控告伦敦城，并课以巨额罚款。他继续征收早已被国会谴责的各种捐税。一个专制的国君如果这样做就必定激起民愤,何况是一个受到一定限制的君主国的国君。他既得不到英国人的援助,又受到枢机主教黎世留暗地的阴谋捣乱,因此无法阻挡苏格兰清教徒的军队长驱直入纽卡斯尔。在招致灾难之后,他又召开国会,这次国会宣告了他的彻底垮台(1640)。

像历次国会一样,这次国会一开始就要求他纠正错误,以平息民众的不满,废除星法院,取消苛捐杂税,特别是海运税。最后是要求每3年召开一次国会。查理一世无力抗拒,表示全部同意。他以为退让就可以重新获得权力,可是他错了。他以为国会会帮助他向已经入侵英格兰的苏格兰人复仇,但是国会却赠予苏格兰人30万英镑以犒赏他们进行内战。他本来暗自庆幸可以在英格兰降低清教徒一派的地位,可是几乎全体下议院议员都倾向清教徒。他十分宠爱对他一片忠诚的斯特拉福伯爵,然而正是因为这种忠诚,下议院指控斯特拉福犯有叛国罪。人们把几起盗用公款事件归罪于他,这种事件在动乱时期是难免的,而且都是为了报效国王,何况他对国王的慷慨资助也早已抵消了这种罪过。贵族院审判了他,但必须经国王同意才能执行。民众是无情的,他们大声疾呼,要求将他处死。(1641)斯特拉福善良到如此地步,自己恳求国王批准他的死刑。而国王则懦弱到如此地步,签署了这份判决书,结果这判决书教会英国人以后去杀死一个更高贵的人。在普鲁塔克所描绘的伟人中,人们看不到如此善良的公民,也看不到如此懦弱的君主。

第一八〇章

查理一世的灾难；他的死亡

在英格兰、苏格兰和爱尔兰的土地上，各处都有一些强暴的叛党，这情况与法国相似。但是法国的叛党只是贵族和领主反对压迫他们的枢密大臣的阴谋集团，而造成查理一世的王国分裂的党派纷争却使每个人的思想发生巨大动荡；有的人经过深思熟虑，以强烈的激情企图改变国家体制，王党分子计划不周却图谋建立专制政权，国民狂热追求自由，下议院渴望得到更大权力，主教们幻想摧毁加尔文派清教徒，清教徒打算贬低主教们的地位，最后还有被称为独立派的一些人暗地始终计划利用所有其他人的错误以主宰他人。

（1641年10月）在发生所有这些动乱的期间，爱尔兰的天主教徒们认为摆脱英国羁绊的时机已到。宗教和自由这一切伟大行动的两个原因，推动他们去实行只有圣巴托罗缪惨案能与之比拟的恐怖活动。他们图谋杀害爱尔兰岛上的所有新教徒，他们果然屠杀了4万余人。这次大屠杀在罪恶史上不像圣巴托罗缪惨案那样著名，然而就其以宗教狂热为特征的各种暴行而言，它同样是普遍滥杀，同样是罪恶昭彰的。这次出于宗教原因的、由一半居民反

662　对另一半居民的阴谋活动,是发生在当时尚不为其他国家所熟知的一个岛屿上,事先并没有得到像卡特琳·德·美第奇、法国国王或吉斯公爵一类重要人物的许可。大屠杀的受害者尽管人数也很多,但是这些人并不著名。事件的场景虽然同样是鲜血淋漓,但并未吸引住欧洲的视线。人们如今到处还谈论着圣巴托罗缪惨案的暴行,但爱尔兰的屠杀几乎已被遗忘。

如果人们历数自阿塔那修与阿里乌斯之争起直至今日由宗教狂热所引起的杀戮,便会发现这类纷争比战争更能减少地球上的人口。因为战争只消灭男人,而男人总是比女人多。而在因宗教而发生的大屠杀中,女人和男人一样遭到杀戮。

当爱尔兰的一部分居民屠杀另一部分居民的时候,国王查理一世正在刚刚平定的苏格兰,由下议院掌管着英格兰政事。爱尔兰的天主教徒们为这场屠杀辩解,诡称曾接到国王本人的嘱托,让他们拿起武器,当时查理一世正在向苏格兰和英格兰求援以便制止爱尔兰人的暴行,结果自己反被指控犯了所要惩治的罪行。苏格兰的国会理所当然地把他送到伦敦的国会,因为爱尔兰属于英格兰,而不属于苏格兰。于是他返回伦敦。下议院认为或佯装认为他事实上参与了爱尔兰人的反叛,便只拨了很少的款项,派了很少的部队到那个岛上去以保全王国的实力,同时向国王提出最强烈的净谏。

下议院向他申明,今后他的内阁成员一概由国会任命;如遭拒绝,下议院必将对他采取措施。3名下议院议员到王宫向他呈递了这份向他宣战的净谏书。奥利弗·克伦威尔当时已进入下议院,他说,如果下议院不通过这份净谏书的草案,他将把自己的一点财产变卖掉,离开英国。

这个演说证明他当时热爱自由,可是在他的野心发展起来以后,他就把自由践踏在脚下。

(1641年)查理一世不敢解散国会,因为人们不会服从他。有几名以前在苏格兰作战的军官拥护他,同时他还得到分散在伦敦的天主教主教们、领主们的支持,这些人在火药谋反案时是想消灭王族的,现在却为国王的利益效力。其他的人全都反对国王。伦敦的居民在下议院清教徒的鼓动下已在全城发动骚乱。他们在贵族院的大门口高呼:"不要主教!不要主教!"12名高级神职人员吓得离开国会,对在他们缺席期间的决定提出抗议。贵族院把他们送到伦敦塔堡,不久,其他主教也都退出了国会。

国王的威望日益下降,他的宠臣迪格比勋爵向他提了一个致命的建议:动用王权以维持威望。国王忘记了这正是他不能损害自己威望的时刻。他亲自带人闯进下议院,下令逮捕5名最反对他的议员,并指控他们犯有叛国罪。这5名议员早已逃跑。整个议院同声谴责这一侵犯议会特权的行为。国王十分狼狈,不知所措,从下议院前往市政厅求援。市议会对他的回答是指责国王本人。国王退避到温莎。他无法再坚持别人建议他采取的行动,于是写信给下议院,说他"撤销对下院议员的控诉,并保证像关心自己的生命那样关心国会的特权"。他的暴力行动使他变得可憎,而他请求原谅又使他变得可鄙。

下议院这时开始治理国家。贵族院的议员在国会里只代表他们自己,古代男爵和封地领主们的权利便是这样的。下院议员在国会中代表各城市和乡镇。因为民众对代表他们利益的下院议员

664 的信任远远超过对贵族院议员的信任。贵族院议员为了恢复他们逐步丧失的威信,也开始支持国民的感情,维护国会的权威,因为他们原先就是国会的主要组成部分。

在这个无君主状态的时期,爱尔兰的反叛者取得了胜利,他们身上沾满了同胞们的血,仍然以国王批准的名义特别是以王后批准的名义行事,因为王后是天主教徒。国会两院都建议武装王国的民兵,这些民兵当然要由从属于国会的军官来指挥。根据法律,凡有关民兵的事没有国王的同意就办不成。国会估计国王不会批准一项反对他自己的措施。这时国王退到或者确切地说逃到英国北方。他的妻子、亨利四世的女儿昂利埃特几乎具备她父亲的一切优点:活跃、勇敢、风度迷人、温文尔雅,她挺身而出,要援救她的丈夫,尽管她对他并不忠诚。她出售了自己的家私和珠宝,她在英国和荷兰借债,她把所有的钱都给丈夫,她亲自到荷兰,通过她的女儿玛丽(即奥兰治亲王的夫人)求援。她与北方各国朝廷谈判。她到处(除了她的祖国)寻求支援,这时她的仇敌枢机主教黎世留和她的哥哥(法国国王)都已是奄奄一息了。

内战尚未开始。国会直接任命骑士霍塞姆为约克郡滨海小城赫尔的行政官。那地方从来就有军械库和弹药库。国王赶来,要想进城。霍塞姆下令紧闭城门,但他还对国王保持尊敬,跪在城墙上请求宽恕。自此以后,人们就不再那么尊敬国王了。国王和国会的宣言书在英国到处可见。忠于国王的领主都来到了他的周围。他派人把王国的大印从伦敦运来,因为若没有大印,人们就会
665 认为没有法律,但是国会反对国王的法令照样公布。他在诺丁汉升起国王的军旗。但是开始时集结在这面军旗下的只有一些没有

武器的民兵。后来由于王后向他提供的援助，由于牛津大学把全部银器捐赠给他，加上朋友们的接济，他终于建成一支约14000人的军队。

国会掌握着全国的资财，因而拥有一支更为强大的军队。查理一世站在他自己的部队面前提出抗议，说他要"维护王国的法律，维护国会的特权，尽管国会已武装起来反对他"，他要"为真正的新教而生，为真正的新教而死"。这样，在有关宗教方面，国王服从民众甚于民众服从国王。称为教义的东西一旦在一个国家生根，国王就必须说要为此教义而死。说这样的话比开导民众要容易些。

国王的军队几乎一直是由那个不幸的帕拉丁选帝侯弗里德里希的弟弟罗伯特亲王指挥，这个人很勇敢，而且以通晓物理学著称，在物理学方面有所发现。

(1642)伍斯特和埃奇希尔的战事在开始时对国王有利。他挺进到伦敦附近。他的妻子从荷兰给他带来了士兵、火炮、武器和弹药，然后又立即动身去寻找新的援助，数月之后又有了结果。人们从这种勇敢行动中可以看出她是亨利四世的女儿。国会议员们并不气馁，自信很有力量，尽管打了败仗，却以国王极端反感的主人姿态行事。

他们对要把各城市交给国王的臣民判以叛国死罪，而国王则不愿对战俘施加报复。在后人看来，只有这一点可以为当时被民众看成罪人的国王辩解。过多地进行谈判也无法洗刷他的错误，因为，在[拥护他的]臣民们看来，他应当利用第一次谈判的成果，发挥勇敢主动精神，使谈判以胜利告终。

(1643)查理一世和罗伯特亲王在纽伯里战败后虽然仍掌握着战局的优势,国会却越来越顽强。一个团体比亲自统率军队的国王还要坚定而不可动摇地坚持自己的观点,这是很少见的。

在两院中占主导地位的清教徒终于取下了他们的面具,与苏格兰正式联合,(1643)签订了著名的"圣约",保证要消灭主教团。十分明显,由清教徒控制的苏格兰和英格兰缔结圣约的目的就是要建立共和制度,这是加尔文派的宗旨。长期以来他们在法国试图完成这一伟大事业。他们在荷兰业已完成,但是在法国和英国,他们只是通过血流成河才达到民众所渴望的这一目的。

当英格兰和苏格兰实行长老制的时候,爱尔兰的叛逆者,尽管身上已沾满4万同胞的鲜血,仍假天主教之名,继续与伦敦国会派来的军队对抗。此时路易十三时期的宗教战争才结束不久,瑞典仍在借口宗教争端全力入侵德国。多少世纪以来,身居欧洲的基督教徒总是在他们的信条、祭礼、教规和等级制度中寻找依据,使这个地区几乎不断地鲜血横流,这确实是非常可悲的事情。

清教徒奉行的那种阴郁而残忍的禁欲主义激励着他们的内战狂热。国会乘此时机派人焚毁了詹姆斯一世写的一本小书,书中这位博学的君主主张,星期日礼拜后娱乐是允许的。他们以为焚毁这本书既可有利于自己的宗教,又可以侮辱在位的国王。不久之后,这同一个国会竟又规定每星期有一天为禁食日,并下令将省下的伙食费上缴,以资助内战。德国的鲁道夫二世皇帝曾经用募捐的办法来支持对土耳其人的战争[①]。英国国会派则试图在伦敦

[①] 参看本书第178章。——译者

用禁食来取胜。

英国在取得今日的稳定和难能可贵的政体之前,曾经常受种种动乱的扰乱,其中唯有在这位国王去世前那几年的动乱是在极度的狂暴中掺杂着极度的荒诞。曾经受到宗教改革家强烈指责的罗马天主教会的这种荒诞行为,如今却成为长老派的拿手好戏。主教们本应当为保卫他们认为正确的事业而献身的,但他们都是懦夫;而长老派则都是疯子;他们的衣着,他们的演说,他们对福音书某些段落的拙劣的引证,他们的矫揉造作,他们的说教,他们的预言,他们本身的一切,在比较安定的年代,倒是都可以拿到伦敦集市上去表演的,如果这种闹剧不太令人扫兴的话。不幸的是这些宗教狂热分子既荒诞又狂暴。这些连小孩也要嗤之以鼻的人大肆杀戮,制造恐怖。他们是所有的人中间最疯狂的也是最可怕的人。

不应当认为在英格兰、爱尔兰、苏格兰,在国王身边的人或是在他的敌人中,在每个党派里,都有很多有见识的人能摆脱自己一党的偏见,利用别人的错误和宗教狂热来统治他人,这并不是这些民族的天赋才能。那里当时几乎每个人都真诚拥护自己的党派,出于特殊不满而改换党派的人也几乎都是堂堂正正地改换的。唯有独立派掩盖自己的意图。这首先是因为,如果把他们看作基督教徒,那他们就会严重激怒其他教派;其次是因为,他们狂热地主张原始人类的那种平等,而这种平等与其他人的野心又完全格格不入。

说明当时人们普遍存在这种暴戾恣睢行为的明显例证之一,就是对坎特伯雷大主教威廉·洛德处以极刑。洛德受到 4 年监禁，最后由国会判处死刑。人们指控他的罪状唯一得到证实的，就是使用了罗马天主教会的某些仪礼来为一座伦敦教堂举行祝圣礼。判决书上写道，他将被绞死，剜出心脏，用这心脏来打他的脸，这通常是对叛徒的刑罚。人们饶恕了他，只割下他的脑袋。

查理一世看到英格兰和苏格兰的国会联合起来反对他，使他受到这两个王国的军队的夹击，认为至少要与爱尔兰的天主教叛军休战一个时期，以便抽调出一部分在该岛服役的英国部队来使用。他的这一政策获得了成功。不仅原来在爱尔兰军队中服役的许多英国兵为他效劳，而且大批爱尔兰人也参加了他的军队。因此国会强烈指控他是爱尔兰叛乱和大屠杀的祸首。不幸，他所依靠的新的军队全部被国会军的将领费尔法克斯[①]勋爵击溃(1644)，留给国王的只是授人以柄的痛苦，敌人反而指控他是爱尔兰人的同谋。

他遭逢一个又一个的厄运。罗伯特亲王长期是国王军队荣誉的支柱，也在约克郡附近吃了败仗，部队被曼彻斯特[②]和费尔法克斯击溃(1644)。查理一世撤至牛津，不久牛津被围。王后逃往法国。国王的危难促使他的朋友们做出了新的努力。牛津之围解除后，国王再一次征集部队，取得了一些成就。但是这种表面的好运没有持续多久。国会总是能够有一支更强大的军队来对付他。

---

① 费尔法克斯(1612—1671)，英国内战时期国会军总司令，在朗波特全歼查理一世的军队。——译者

② 指曼彻斯特伯爵(第二)(1602—1671)，英国内战时期国会军将领，是反对查理一世的议员们的领袖。——译者

埃塞克斯、曼彻斯特和沃勒①等几名将领在通往牛津的纽伯里进攻查理一世。克伦威尔在他们的军队里任上校,他已经因卓越的战绩而出名。有人写道,在纽伯里的战斗中(1644年10月27日),曼彻斯特指挥的军队受挫,他本人也随军逃走,受了伤的克伦威尔赶上他,对他说:"大人,您错了,敌人不在这边";并把他带回,重新加入战斗。最后人们就把这个战役的胜利归功于克伦威尔。有一件事是确凿的,即已在下院和军队中享有信誉的克伦威尔指控他的指挥官没有尽到自己的职责。

英国人喜爱新的、前所未有的东西。由于这种禀性当时出现了一种奇怪的新事物,它发展了克伦威尔的性格,成为克伦威尔个人发迹的起点,又是国会和主教团的垮台、国王被杀害和君主制度被摧毁的根源。这时独立派已开始有一些声势。最激进的长老派分子参加了这一派。他们与贵格会教徒相似,唯我独尊而不要其他教士,只按自己的理解来解释福音书。不同之处在于他们好动,而贵格教徒好静。他们的幻想是人与人之间的平等,但是他们主张用暴力来达到这种平等。奥利弗·克伦威尔把他们视为实现自己计谋的工具。

由若干乱党割据的伦敦城对国会加在它头上的沉重的内战负担不满。克伦威尔让几名独立派议员向下议院提出实现军队改革的建议,并要求下议院和贵族院的议员保证放弃所担任的一切文职和军职。当时所有这些职务都掌握在两院议员的手中,3名贵

---

① 沃勒(约1598—1668),英国内战时期在英格兰南部作战的国会军司令官。——译者

族院议员是国会军的将领,大部分上校和少校、司库、军粮供应官以及各种军需官都由下院议员担任。能够指望靠言语的力量使那么多有权势的人放弃他们的名位和收入吗?但这竟然仅仅通过一次会议就实现了。下议院尤其为这样一种想法而洋洋自得,即用没有前例的无私精神去赢得民心。人们把这个法令称作舍己的法令。贵族院犹豫不决,但是下议院带动了他们。埃塞克斯、顿比格、费尔法克斯、曼彻斯特等几位勋爵主动辞去将军的职位(1645),骑士费尔法克斯是将军的儿子,由于不是下议院议员,只有他被任命为军队的指挥官。

这正是克伦威尔所企求的;他能完全控制费尔法克斯。他能完全左右议会,尽管他是议会的成员,人们还让他保留一个团,甚至命令将军把派往牛津的骑兵的指挥权交给他。同是此人,既能巧妙地免除所有议员的所有军职,也能巧妙地保留独立派军官的军职,从此人们清楚地看到,军队要支配国会了。新的将军费尔法克斯在克伦威尔的翼辅之下对全军实行改革,把一些团编入另一些团,撤换了所有的干部,建立了新的纪律。如果在别的时候,就会引起骚乱,但是在那时却没有遇到阻力。

这支军队在新的精神鼓舞下直逼驻扎在牛津附近的王军,在离牛津不远的内斯比打了决定性的一仗。骑兵将领克伦威尔在击溃了国王的骑兵后,转而又击败了国王的步兵,几乎是单独赢得了这一著名战役(1645年6月14日)的荣誉。王军伤亡惨重,一部分被俘或溃散。所有的城市都向费尔法克斯和克伦威尔投诚。年轻的威尔士王子,即后来的查理二世,早年曾分担父亲的厄运,此时只得逃往锡利岛。国王带着残余部队最后退至牛津,并向国会求和，国会不予置理。下议院嘲笑了他的失败，将军把在战场上拾得的国王的珠宝盒送到议院，盒内装满了王后的信件。其中有几封不过是爱情和痛苦的倾诉。下议院拿来朗读一番，附以一些辛辣的挖苦，这是与凶残的本性生而俱来的。

国王住在几乎毫无防御的牛津，处在胜利的英格兰军队和由英格兰人雇用的苏格兰军队之间。他以为在反对他不甚激烈的苏格兰军队中较为安全，所以投奔了这支军队。但是由于下议院已经付给苏格兰军队20万英镑，而且还要给它20万，国王从此失去了自由。

（1645年2月16日）苏格兰人将国王交给英国国会的特派员，特派员开始时不知道怎样对待被俘的国王。战事看来已经结束，苏格兰军队拿到了钱，返回本土。现在国会惧怕的就只是曾经使它赢得胜利的自己的军队了。克伦威尔和他的独立派控制着这支军队。国会，确切地说是下议院在伦敦仍握有全部权力，由于感到有威胁，想摆脱这支危及主人的军队，通过决议将军队的一部分派往爱尔兰，另一部分解散。不难想象，这是克伦威尔所不能容忍的。在这关键的时刻，他成立了一个军官会议，又成立了一个由普通士兵组成的鼓动者会议。这两个会议先是提出抗议，接着就发号施令。这时国王掌握在国会的几名特派员的手中，关在霍姆比城堡。鼓动者会议的一些士兵冲入这个城堡，从国会手中抢走了国王，并把他带到了纽马克特。

经过这番权力较量之后，军队就向伦敦挺进，克伦威尔意欲以惯用的形式，行使暴力，令军队指控11名国会议员为独立派的公开敌人。从这时起，这些议员不敢再回到议会去。伦敦城终于睁开眼睛,看清了这么多的不幸,但已为时过晚,无法挽回。伦敦城看到了一个压迫人的国会受到军队的压迫,被俘的国王在士兵手里,市民们处在受攻击的危险中。市议会立即召集所有的民兵,匆忙地在伦敦周围建立工事。但是军队已经兵临城下。伦敦为军队打开城门,一声不吭。议会把伦敦塔堡交给费尔法克斯将军(1647),感谢军队违抗命令,并给了军队一笔钱。

尚须知道的是被独立派[从纽马克特]迁移至汉普顿堡①王宫的被俘的国王现在怎么样了。克伦威尔和长老派双方都曾分别同他秘密谈判。苏格兰人向国王建议把他抢走。由于对各党派互有戒心,查理一世设法逃离汉普顿堡,登上了怀特岛,他以为该岛是他的避难所,实际上却成了他的新的监狱。

全国呈现无政府状态。国会为乱党所把持,全无威信,首都分裂,军队胆大妄为,国王逃亡又被俘,长期鼓动着独立派的那种思想突然掌握了军队中的一些士兵。他们自称"平等派",意思是要实现人人地位平等,不承认在军队内,在国家中,在教会里,有任何高于他们之上的主人。他们所做的只是下议院已经做过的事,他们效法他们的军官,他们的权利仿佛与别人的权利一样理当所有。他们的人数很可观。克伦威尔看到这些人的危险性,因为这些人所奉行的原则正是他的原则,他们将夺走他要尽权术、费尽心机所得来的胜利果实,于是断然决定不惜生命代价把他们消灭干净。一天,正当这些人集会时,克伦威尔率领他的常打胜仗的红色兄弟团来到会场,以上帝的名义问这些人要干什么,接着便向这些人猛

---

① 汉普顿堡,英国王宫,在伦敦附近。——译者

冲,这些人几乎无法阻挡。他下令绞死了几个人,就这样他消灭了一个叛党,而这个叛党所犯的罪就是效法他的所作所为。

这一行动进一步加强了他在军队、国会和伦敦的权力。费尔法克斯仍是一名将领,但威信远不及他高。国王被囚禁在怀特岛,仍不断地求和,仿佛他还在打仗,还有人愿意同他谈判似的。他的一个儿子,约克郡公爵,即后来的詹姆斯二世,那时才15岁,被囚禁在圣詹姆斯宫,他跟他父亲逃离汉普顿堡一样出逃,逃出了监狱。但他比他父亲幸运,他退避到荷兰。就在那时,几个拥护国王的人把一部分英国舰只争取过来,驶向年轻王子的避难地拉布里尔港。他的哥哥威尔士王子同他一起登上了这支舰队,想去援救他们的父亲,这个行动加速了他父亲的死亡。

苏格兰人因在欧洲被认为出卖主人,而感到羞耻,便从远处招募了一些拥护国王的部队准备营救国王。英国也有几个年轻的领主出力相助。克伦威尔率领一部分军队大张挞伐,在普雷斯顿彻底击溃了这支部队(1648),俘获了苏格兰将领汉密尔顿公爵。属于埃塞克斯伯爵领地的科尔切斯特城支持过国王,此时无条件向费尔法克斯将军投降。费尔法克斯亲临现场,把曾经支持该城拥护国王的几名领主当作叛徒处决。

当费尔法克斯和克伦威尔威震全国的时候,害怕克伦威尔和独立派甚于害怕国王的国会开始与国王谈判,并想尽办法摆脱比过去更紧地控制着自己的军队。这支军队得胜归来后终于要求审判被视为万恶之源的国王,要求惩办他的主要拥护者,要求命令他的儿子投降,否则以叛徒论处。国会未作回答。克伦威尔让军队的每个团都向他递交一份要求对国王起诉的诉状。费尔法克斯将军把被囚的国王从怀特岛转移到赫斯特城堡,又从那儿迁至温莎,而不屑向国会报告。他相当糊涂,没有看到自己是在为克伦威尔效力。他带领军队来到伦敦,占领所有的据点,迫使该城付款4万英镑。

674 第二天,下议院想举行会议。议员们发现士兵把守着大门,将大部分长老派议员赶走,这部分议员是所有过去动乱的主谋者,而如今则成为这些动乱的牺牲品。人们只让独立派和顽固的长老派进入会场,这些人一直是王权的死敌。被赶走的议员提出抗议;人们宣布他们的抗议是有意捣乱。下议院中其余的人仅是一群屈从于军队的市民,议员中的军官控制着下议院。城市服从军队,不久前站在国王一边的市议会,接受了胜利者的领导,根据人们向它提出的诉状,要求对国王起诉。

下议院成立一个38人委员会,草拟符合法律的对国王的起诉书;还设立一个新的法庭,由费尔法克斯、克伦威尔、埃尔顿(克伦威尔的女婿)、沃勒和其他147名法官组成。上议院除了几名贵族还在形式上举行会议之外,其他的议员都已退出,这些贵族受到敦促要他们从法律上协助那个非法的法庭,这些贵族无人表示同意。但是他们的拒绝阻挡不了新法庭继续它的诉讼程序。

下议院终于宣布,最高权力归于国民,国民的代表有合法权力。军队通过由几个市民组成的机构来进行审判,这便是推翻了英国的整个体制。事实上,下议院是国家的合法代表,国王和贵族院也是国家的合法代表。在别的国家里,如果个人受到特派人员的审判,就一定会提出抗议,而现在这是由国会极少数人任命的特派员审判起国王来了。毫无疑问,下议院认为他们拥有这个权利。

下议院由独立派组成，独立派全都认为国王和他们之间生来没有任何差别，若有差别，就只是胜败的差别。当时军队中的上校、新法庭法官之一的路德洛所写的《回忆录》证明，这些人以主人的身份审判他们从前的主人，是多么的自豪。这个顽固的长老派路德洛令人毫不怀疑，宗教狂热在这一灾祸中起了作用。他援引《圣经》中的这句话来发挥当时全部的时代精神："若有在地上流人血的，非流那杀人者的血，那地就不得洁净。"①

（1648年1月）最后费尔法克斯、克伦威尔、独立派和长老派都一致认为对国王处死是实现他们建立共和国计划所必需。克伦威尔当时肯定不会有继承王位的奢望，他不过是在充满叛党的军队中的一名少将。他很有理由希望通过自己的重大战绩，通过赢得民心而在军队和共和国中建立威望。但是假如他从此立下使3个王国承认他为君主的意图，那他就不配当这个君主。不管在什么方面，人的思想只能逐步发展，而这一步步的发展结果必然会使克伦威尔飞黄腾达，但这只有靠他的才能和机遇方能取得。

苏格兰、英格兰和爱尔兰的国王查理一世在白厅前的广场上被刽子手处死了（1649年2月10日），他的尸体被运到温莎教堂，但是后来始终没能找到。以前有不止一个英国国王被国会废黜；国王的夫人中有些人死于极刑。英国的特派员们曾经把苏格兰王后玛丽·斯图亚特判处死刑，他们对她使用的权利只是强盗

---

① 见《旧约·民数记》，第35章，按法文可直译为："那地方的血迹若要洗净，就只能用杀人者的血来洗。"——译者

对落入自己手中的人使用的权利。可是人们尚未见过一个民族通过司法机关在断头台上处死自己的国王的事例。只有追溯到公元前300年前在斯巴达国王亚基斯①的身上才能找到这样的惨祸。

---

① 亚基斯四世(约前262—前241),古代斯巴达国王(前244—前241)。他主张把贵族土地收归国有,分给贫民,遭贵族派反对,失败后,在狱中被处死刑。——译者

第一八一章

克伦威尔

在杀死查理一世后,下议院不准人们承认他儿子或任何其他人为国王,违者处死。它取消了只剩下16名贵族的上议院。这样,下议院在表面上仍然是英格兰和爱尔兰的统治者。

下议院应有议员530名,但此时只有80名左右。它重新刻制了大印,印文是"英格兰共和国国会"。人们已经推倒了竖立在伦敦证券交易所内的国王像,在原处立一块牌:"末代国王头号暴君查理"。

下议院还把好几名领主判处死刑,他们是在为国王作战时被俘获的。既然已经践踏了国家的法律,践踏战争法律就没有什么可惊讶的了。更加彻底地违反战争法律的是,他们甚至把苏格兰人汉密尔顿公爵也判了死刑。这一新的暴行促使苏格兰人下决心承认查理二世为他们的国王。但是与此同时,由于对自由的热爱已铭刻在人们心中,苏格兰人也像英格兰国会在动乱初期那样对王权加以限制。而爱尔兰则无条件地承认新的国王。于是克伦威尔自任爱尔兰总督(1649)。他带着精锐部队赴任,在那里,他的运气一如既往。

677　　这时查理二世被苏格兰国会请回苏格兰，条件与苏格兰国会以前向他父亲提出的相同。人们要他改信长老派，就像巴黎人当初要求他的外祖父亨利四世改信天主教一样。人们在各方面限制王权，而查量二世要的是不折不扣的王权。他父亲的前车之鉴丝毫没有削弱那种仿佛从君主心里自然萌发的思想。他被承认为苏格兰国王的第一个后果就是爆发一场内战。当时以勇敢善战和拥护王族出名的蒙特罗斯侯爵已经从德国和丹麦带领军队开进苏格兰北部，后面跟着一批山地居民，他要使国王除王权之外还有征服之权。结果他被击败，被俘获，苏格兰国会判他以死刑，把他吊死在高达30英尺的绞架上，然后四马分尸，再把他的四肢悬挂在四个重要城市的城门上，因为他触犯了所谓的新法律或称长老派圣约。这位勇敢的侯爵对法官说，他恼火的只是他没有足够的四肢可以挂在欧洲所有的城门上，作为他对国王忠诚的标志。他在走向刑场的路上甚至把这种思想写成了美丽的诗句。他是当时从事文学的风雅人物之一，是3个王国中英雄的形象。长老派教士押送他前往刑场时辱骂他，诅咒他死后入地狱。

　　(1650)查理二世无计可施，只得从荷兰回国，听任前不久把他的将领、他的支柱吊死的那些人的摆布，他从悬挂蒙特罗斯的肢体的城门进入爱丁堡。

　　从这时起，新生的英格兰共和国就准备与苏格兰交战，它不愿在岛国那半边有一个国王自称是岛国这半边的国王。这个新生共和国疯狂地进行了一场革命，又用文明的手段来继续革新。这是前所未有的事：少数默默无闻的市民，没有任何领袖率领，把王国中所有贵族排斥在外，使他们钳口结舌，剥夺了所有主教的权利，控制了民众,在爱尔兰养着将近16000名士兵,在英格兰也养着同样的数额的兵员,保持着一支装备精良的舰队,精当地支付着各项开支,没有一个议员损公肥私。为了提供浩繁的费用,大家厉行节约,合理使用原属王室的收入,以10年为期出售主教和教会所有的土地。最后国民每月缴纳总数为12万英镑的税收,这笔税收比查理一世擅自设立的海运税高10倍,而海运税在当时是众多灾难的起因。

英格兰国会不受克伦威尔管辖,而是由独立派领导。克伦威尔当时在爱尔兰,同他女婿在一起,他在独立派中保持着很高的威信。下议院决定派兵进攻苏格兰,并且要克伦威尔在费尔法克斯将军麾下服役。克伦威尔接到命令,离开了几乎已完全归顺他的爱尔兰。费尔法克斯将军不愿进攻苏格兰,因为他不是独立派,而是长老派。他说他不应当去进攻那些没有进攻英格兰的兄弟。经多次劝说,他仍不肯妥协,他辞去了军职,以便平静地度过余年。这一决定在一个每人按自己的原则行事的时代和国家是不足为奇的。

(1650年6月)克伦威尔大走鸿运的时候到了。他被任命为将军,接替费尔法克斯。他率领10年来总打胜仗的那支部队到达苏格兰。首先他在邓巴尔击败苏格兰人,占领爱丁堡,从那儿追击已经挺进到英格兰的伍斯特城、指望拥护他的英格兰人与他汇合的查理二世,而这位国王带领的是一支毫无纪律的新军。(1650年9月13日)克伦威尔在萨韦纳河岸向国王发起猛攻,在几乎没有遇到抵抗情况下取得了他一生中最辉煌的一次胜利。有将近7000名俘虏被送回伦敦,后来被卖到美洲去给英国人办的种植园当劳工。我想这是废止奴役权以后，在基督教徒中第一次把人当作奴隶出卖的行为。军队胜利地占领了整个苏格兰。克伦威尔到处追捕国王。

人凭想象可以创作许多传奇小说，但怎么也无法想象出查理二世躲避杀死他父亲的人追捕时那么惊险、那么奇特，那么凄惨的遭遇。他不得不几乎是只身步行在荒无人迹的道路上，忍受疲劳和饥饿，直至到达斯特拉福伯爵领地。他在树林中遇到克伦威尔的士兵的追赶，钻进一棵橡树树洞，躲了一天一夜。这棵橡树到本世纪初还存在。天文学家们用这棵树命名南极星座中的一个星，作为众多灾难的永久纪念。(1650年11月)这位国王从一个村庄流窜到另一个村庄，时而化装成驿站马夫，时而打扮成打柴人，最后找到一条小船，经过6周令人难以置信的险阻，终于到达诺曼底。这儿请注意，他的侄孙查理·爱德华①如今的境遇也一样，甚至更为离奇。我们没必要把这类可怕的事过多地展现在一般民众眼前，因为这些人自己一有什么不幸，就要全世界的人都来关心他，即使只是小小的欲望或虚幻的安乐稍受挫折也是如此。

克伦威尔这时以胜利者身份返回伦敦。国会大多数议员由他们的演说家带头，市议会由市长率领，都到伦敦郊外数英里处迎接他。他进城后关心的第一件事就是让国会充分地享受英格兰人引以自豪的胜利果实。下议院把苏格兰当作被征服地划归英格兰，废除了战败者中的君主制，就像它已经废除了胜利者中的君主制

---

① 指查理·爱德华·斯图亚特(1720—1788)，曾在法国援助下争夺英国王位，1745年在苏格兰作战获胜，占领爱丁堡，失败后逃至法国后又被逐出法国，逃往意大利。——译者

一样。

英国从来没有比建立共和国以后更为强盛。共和国国会制定了一个独特的计划,准备像不久前兼并苏格兰那样把七省联省共和国并入英国版图(1651)。查理一世的女婿、联省共和国执政威廉二世刚去世不久。他生前想象查理当英国的君主一样当荷兰的君主,但他没有成功。他留下一个襁褓中的儿子。国会希望荷兰人废除执政,因为英国已经废除君主,同时还希望新的英格兰、苏格兰、荷兰共和国能够维持欧洲的平衡。这个计划在很大程度上体现了那个时代的积极精神。但奥兰治家族的拥护者表示反对,英国国会在这种积极精神的鼓舞下,毅然向荷兰宣战。双方在海上作战,一时不分胜负。国会中的聪明人出于对克伦威尔的巨大威望的恐惧,只是想以战争为借口削弱陆军,扩充舰队,逐渐消灭这位将军的危险的实力。

正如议员们看透了克伦威尔的心思,克伦威尔也看透了这些议员们的心思。这时他充分表现了他的性格特征。他对参谋长维农说:"我已经被逼得走上使我毛骨悚然的一步了"。他赶到国会(1653年4月30日),后面跟着一些由他挑选的军官和士兵,据守国会大门。他一就座就宣布:"我想这届国会已经完成任务,可以解散了。"有几个议员指责他忘恩负义,他走到会场中间说:"上帝不再需要你们,他选择了其他工具来完成他的事业。"发表了这篇狂热的演说之后,他开始辱骂议员,说这个是酒鬼,那个是无耻之徒,说福音书将惩处他们,他们必须立刻解散。军官和士兵们进入议院。他下令,"把国会的权标搬开;把人头杖拿走。"参谋长哈里森走向正在发言的人,粗暴地把他从座位上撵下来。克伦威尔喊

681 道,"是你们逼得我这样做的。因为我整夜都在祈求上帝,宁可让我死,也不要让我干出这件事。"说罢,他让全体议员一个接一个走出国会,他亲自锁了门,将钥匙放进口袋。

更奇怪的是,国会被强行解散,公认的立法机构不存在以后,却没有出现任何混乱。克伦威尔召集了军官会议,他们是真正改变国家体制的人。于是在英国发生了同人们在其他国家看到的同样的事情:强者向弱者发号施令。克伦威尔让军官会议任命180名国民代表,其中多数来自商店和手工作坊。新国会中最受信任的是一个皮革商人,名叫贝雷·博恩(Baret Bone),因此人们称这届国会为瘦骨头(Bare bone)国会①。克伦威尔用将军的身份给所有这些议员写了一封传阅信,责成他们治理英格兰、苏格兰和爱尔兰。5个月后,这个既无威信又无能力的自封的国会不得不自行解散,把最高权力交给军官会议。于是军官们单独宣布克伦威尔是3个王国的护国公(1653年12月22日)。人们派人去寻找伦敦市长和市政官[管理伦敦事务]。克伦威尔被安置在国王的宫殿白厅,从此他就在那儿住下来。人们称他为殿下,伦敦市政厅为他举行宴会,排场与接待君主无异。这样,一个默默无闻的威尔士市民,凭他的才能加上他的奸诈,当上了不称国王的国王。

682 他当时不到50岁,前40年中,他既无文职又无武职。仅在1642年下议院授予他骑兵少校的职衔后,才开始出名(那时他是下院议员)。从此他得以控制议会和军队。在战胜了查理一世和查理二世之后,他实际上登上了他们的王位。在他的统治期内,他

---

① 英语Bare bone意为去掉肉的骨头,与Baret Bone谐音。——译者

虽然不称国王，但比任何一位国王享有更大的权力和更多的荣华富贵。首先他在军官中即作战获胜的伙伴中物色了14名顾问，给每人年金1000镑。给部队总是提前一月发饷，军需充裕，他所掌握的国库存有30万镑，另有15万在爱尔兰。荷兰人向他求和，他提出的条件是：向他支付30万英镑；联省共和国的船只遇到英国船只时降旗致敬；年轻的奥兰治亲王永远不得恢复他祖先的职位。这位亲王后来废黜了詹姆斯二世，而克伦威尔则曾经废黜了詹姆斯二世的父亲。

各国争先恐后奉承这位护国公。法国重新同他结成反西班牙同盟，并将敦刻尔克港奉送给他。他的舰队从西班牙人手中夺取了牙买加，此地至今仍归英国所有。爱尔兰彻底归顺，当作被征服国对待。他把战败者的土地送给战胜者，那些最热爱祖国的人死于刽子手的屠刀之下。

克伦威尔以国王的身份实行统治，召开国会。他在国会中发号施令，甚至随心所欲地解散国会，他发现了所有反对他的阴谋活动，及时制止了每一次的起义。在他召开的国会里一名王国贵族也没有，他们都在自己的领地默默地过日子。他狡猾地使一次国会献给他国王的称号(1656)，又由他加以拒绝，以便更好地确保真正的权力。他在国王的宫殿里深居简出，不讲排场，不铺张靡费。据派驻爱尔兰的副将路德洛将军说，护国公派[他的次子]亨利·克伦威尔到爱尔兰去的时候，只有一个仆从陪同。他的生活习惯一向很严格；他节制饮食，俭朴，不贪别人的钱财。他处事精明勤快，审慎地对待各个教派，他不迫害天主教徒和刚刚敢露头的英国国教徒，他掌握着各派的神甫。他对狂热者表现出热情，与受他蒙骗、被他制服、他已不再害怕的长老派保持联系。他只对那靠他生存的独立派表示信任,有时也和一位论者①一起讽刺他们。这倒并不是他看重一位论派:这个教派没有宗教狂热,只对哲学家有用,而不能为征服者效劳。

这样的哲学家并不多。有时他和一位论派一起,手执福音书,嘲讽那些为他开辟夺取王位的道路的狂热分子,以此作为消遣。就是这样,他把靠鲜血换来的权力用武力和智谋加以维护,直至他去世。

尽管他饮食适度,自然法则仍把他的生命定在55岁结束。(1658年9月13日)他死于普通的热症,这很可能是由于暴虐而必然产生的焦虑所引起的。因为在他最后的年月,由于担心遭到暗害,他从不在同一间卧室内连续过两夜。他在指定[他的长子]理查德·克伦威尔作为继承人后死去。他刚咽气,一位名叫赫里的长老派神父便对在场的人说:"大家不要感到不安。如果说他在我们中间的时候保护了上帝的子民,那么当他现在已经升天、坐在耶稣基督右边的时候,必将保护得更好。"宗教狂热是那样强有力,克伦威尔是那样受人尊敬,以至无人对这样的演说发笑。

尽管出于不同的利益,所有的人都各有不同的看法,理查德·克伦威尔还是在平静气氛中在伦敦被宣布为护国公。军官会议下令,丧礼要比任何英国国王更隆重。人们选择了西班牙国王菲利普二世死时的庄严仪式作样板。菲利普的葬礼是这样的,人们先

---

① 原文为 héiste(一神论者)。按"一神论"指只有一个神存在并对之进行崇拜。但基督教无论任何教派均奉一神论。根据下文所述此处疑指一位论者。——译者

是把菲利普二世的遗体停放在四周张挂黑色帷幕、烛光黯淡的房间里，表示他是在炼狱中。两个月后移到一张金光闪闪的床上，陈列在四周张挂金色帷幕的厅堂上，以500支蜡烛照明，再用银板反射，好比太阳的光辉，表示他升了天堂。奥利弗·克伦威尔的丧礼也完全照此办理。人们看见他躺在灵床上，头戴王冠，手持金质权杖。民众对这种模仿天主教丧礼的做法和隆重的排场，都不加注意。涂了香料的遗体葬在国王陵墓里，后来查理二世又派人把它挖了出来，把它陈列在示众台上。

第一八二章

查理二世治下的英国

第二任护国公理查德·克伦威尔没有首任护国公的那些长处,因而不可能有什么建树。他的权杖得不到刀剑的支持,他本人又缺乏奥利弗的勇敢和诈术,所以他既无法使军队敬畏,又不善于使分裂英国的各党派和教派服从。奥利弗·克伦威尔所建立的军官会议首先对抗理查德。新的护国公意欲召开国会,以加强自己的地位,这届国会中有由军官组成的上议院,代表英国的贵族,还有由英格兰、苏格兰、爱尔兰的议员组成的下议院,代表3个王国。但是军队的首领逼迫他解散了这届国会。他们自己恢复了曾经判处查理一世死刑、后被奥利弗·克伦威尔专横地解散的旧国会。这个国会与军队一样都是真正的共和派。他们不要国王,也不要护国公。这个史称残余议会的国会似乎是热爱自由的。他们尽管狂热,但自认为有能力统治,他们厌恶国王、护国公、主教、贵族这些名词,他们从来只是说代表国民。(1659年5月12日)军官们要求他们建立的国会永远剥夺王族拥护者的官职,同时要求取消理查德·克伦威尔的护国公称号。他们对他以礼相待,为他申请2万镑年金,为他母亲申请8000镑年金,然而国会只给了他2000

镑，一次付清，并且命令他6天之内离开王宫。他毫无怨言地服从命令，从此过着宁静的庶民生活。

当时听不到有人谈论贵族和主教。查理二世与理查德·克伦威尔一样似乎都被人遗忘了，欧洲各国宫廷都相信英格兰共和国能够存在下去。但是克伦威尔手下的将级军官、著名的蒙克却重新建立了王位。他在苏格兰率领的是曾经征服苏格兰的一支军队。伦敦的国会想把这支军队中的几名军官革职，于是这位将军决定进军伦敦去碰碰运气。当时3个王国都处于无政府状态。留在苏格兰的一部分蒙克军队不足以使这个国家继续处于臣属地位。跟随蒙克进军英国的另一部分军队由共和国军队开道。国会害怕这两支军队，企图将它们消灭。于是内战的惨祸又有可能重新发生。

蒙克感到自己没有足够的力量继承前两任护国公的事业，因而计划复辟王族。可是他不采取流血手段而用谈判的办法，结果把事情复杂化，加剧了全国的无政府状态，使国民渴望有位国王出来治理。及至出现了流血冲突，克伦威尔手下的一名将领、激进的共和派兰伯特便企图重新点燃战火，但是没有成功。他在把大批的克伦威尔旧军集结起来以前就被蒙克的军队击败，当了俘虏。于是召开了新的国会。很久以来无所事事被人遗忘的贵族们重新回到了上议院。两院承认查理二世为国王，他在伦敦宣布即位。

（1660年5月8日）查理二世就这样被请回英国，除了表示同意，他没有作出什么贡献，人们也没有向他提出什么条件，他便从隐居地布列斯特返回。他受到全英国的热烈欢迎，不像是发生过内战。国会下令把奥利弗·克伦威尔、他的女婿艾尔顿和审判查

687 理一世的下议院议长布拉德肖三人的尸体挖出来,装在柳条筐里拖上示众台。曾经审判查理一世这时还活着的法官中,有10名被处决。他们之中没有一人表示丝毫后悔,也没有一人承认在位的国王,他们都以能为最正义最崇高的事业殉难而感谢上帝。他们不仅是不妥协的独立派成员,而且也是坚决等待耶稣基督第二次降临、等待第五王国①来临的再洗礼派的成员。

当时英国只剩下9个主教,国王不久便补齐了他们的数目。旧的秩序恢复了。人们看到宫廷中的欢乐和豪华取代了统治如此之久的阴暗的残暴。查理二世把风流逸事和喜庆活动带入那沾了他父亲的血的白厅。独立派再也不露面了,清教徒受到控制。国民精神仿佛有了很大变化,以至前此发生的内战显得荒唐可笑。那些在人们头脑中灌输了那么多狂热的、阴险而严酷的教派,成了宫廷和青年一代嘲讽的对象。

国王相当公开地信仰的一位论在各种宗教派别中占有优势地位。后来一位论在世界各地迅速传播。这个教的最大的支持者、一位神甫的孙子沙代斯伯里伯爵在他所著《特征》②一书中明确地说,人们不论怎样尊敬一位论者这个伟大名称都不为过分。一大批著名作家公开信奉一位论。大多数索齐尼派③教徒最终也站到

---

① 第五王国,17世纪英国清教徒中最激进的第五王国派宣称宗教史上的第一王国是亚述-巴比伦,第二王国是波斯,第三王国是希腊,第四王国是罗马。前三者均因崇拜偶像而灭亡,第四王国也已接近末日,第五王国是以基督为王的千年王国,即将降临人间,认为只有在此王国人压迫人的现象才能消灭。——译者

② 该书全名为《人、风俗、舆论和时代的特征》。——原编者

③ 索齐尼派,信仰意大利宗教改革家索齐尼(1525—1562)所倡导的上帝一位论,认为耶稣基督是从属于上帝的人而不是上帝,反对教会权力,反对上帝三位一体论,对17世纪英国一位论派有影响。——译者

了这个教派的一边。这一教派传播得非常广泛,人们指责它只听从理智,动摇了信仰。他们的不顺从,对基督教徒来说是不可原谅的。但是,为了忠实于我们所描绘人类生活的伟大画卷,我们在谴责他们的过错的同时,也不能不为他们的行为说公道话。应当承认,在所有的教派中,只有这个教派是没有用宗教争执去扰乱社会,只有这个教派在犯错误时始终不搞宗教狂热。他们甚至不可能不是和平的。这一教派根据任何世纪和国家都共同的原则与所有的人团结在对唯一的一个上帝的崇敬之中。他们与其他人不同之处在于他们没有教条,没有寺院,只信一个公正的上帝,对其余一概宽容,极少表露他们的感情。他们说这个纯洁的宗教和世界一样古老;说这个教是古代希伯来人所信的宗教,在摩西向希伯来人传授特殊的宗教以前就有。他们的教义的基础就是中国的儒家所一贯宣扬的思想。但是中国的儒家的崇拜是公开的,而欧洲一位论者的崇拜是秘密的,每人各自崇敬自己的上帝,不拘泥于参加公开仪式。至少到目前为止只有为数甚少的被称为一位论派的人举行集会。然而这些人自称是原始基督教徒而不是一位论者。

伦敦皇家学会已经组成,但它只是在1660年根据特许状才建立起来的,它开始指导人们的思想,使社会风尚温和起来。纯文学重新兴起并日趋完美。在克伦威尔时代,除了把《圣经》的《旧约》和《新约》的某些段落用于公开的纷争和最残酷的革命之外,没有什么科学和文学。这时人们努力认识自然,遵循大理院院长培根指示的道路前进。数学很快发展到了阿基米德一类人也无法猜测的高度。一个伟人[①]终于发现了迄至当时未为人所知的宇宙体系

[①] 一个伟人,指英国物理学家牛顿(1642—1727)。——译者

基本法则。当所有其他国家还在以寓言神话来作精神食粮时,英国人发现了许多最高真理。在物理学方面,好几个世纪的研究成果也比不上光的性质的发现。20年的成就是迅速而巨大的,这是永不磨灭的功绩和光荣。天才和学问的成果是永存的,而野心、狂热和感情冲动的结果必定随着产生它的时间一起消灭。在查理二世治下,国民的精神赢得了不朽的声誉,尽管政府没有什么声誉可言。

宫廷中盛行的法国精神使宫廷变得令人喜爱和引人注目。但是由于使宫廷服从新的风尚,这样就使宫廷去为路易十四的利益服务,结果由于英国政府长期被出卖给法国政府,人们有时不免怀念起篡权者克伦威尔使他的国家受人尊敬的时代。

重新建立的英格兰国会和苏格兰国会急于要把这两个王国的一切能给的东西给予国王,仿佛是作为对他父亲被杀害的一项补偿。尤其是唯一能加强他的势力的英格兰国会拨款120万镑给他和政府各部门使用,建造舰队的费用不计在内。以前伊丽莎白女王也从未得到这么多的钱。然而查理二世是个浪荡公子,他总是穷蹙不堪。全国都不能原谅他以不到24万镑的代价出卖了敦刻尔克港,这是克伦威尔用谈判和武力得来的。

他开始时对荷兰人的战争耗资巨大,因为这场战争使国民付出了750万镑。而且这场战争是耻辱的,因为鲁伊特海军司令长驱直入查塔姆港,焚毁了那里的英国舰只。

人祸之外再加上天灾。查理二世统治之初,伦敦闹了一场瘟疫,(1666年)伦敦城又几乎全部被大火烧毁。火灾发生在瘟疫之后,发生在对荷兰作战失利之时,似乎是难以补救的了。然而使欧洲惊异的是,伦敦在 3 年时间内又重新建立起来,而且比从前更美、更整齐、更便利。这巨大工程全凭征收煤炭税和全体市民的热情来完成。这是体现人的能力的一个伟大范例,使人觉得传说中亚洲和埃及的一些古老城市建设得如此辉煌壮丽是可信的。

天灾和人祸,巨大的工程,1672 年对荷兰作战,宫廷和国会中层出不穷的阴谋事件,这些都阻挡不了查理二世把声色逸乐这些仿佛是法国土地的产品带入英国,因为他在法国住了好几年。法国情妇,法国精神,尤其是法国金钱在英国宫廷中占了主要地位。

尽管人们的思想有了许多变化,国民中热爱自由和热衷于叛党活动的情况仍然不变。国王和他的弟弟约克郡公爵对绝对权力的追求也不变。于歌舞升平之中,人们不难看到,混乱、分裂以及党派教派间的仇恨仍在侵害着这 3 个王国。尽管实际上没有像克伦威尔时期那样的大规模内战,但是连续不断的阴谋反叛事件,一系列出于仇恨而假法律的名义制造的凶杀案件。以及国民所不习惯的几起暗杀,都使查理二世的统治在一段时期内笼罩着阴郁的气氛。他的性情和蔼可亲,仿佛生来就能为国家造福,而且总是使接近他的人感到愉快。然而在这位善良君主的统治下,也同在其他君主统治下一样,断头台上还是在流血。尽管查理二世颇有哲学头脑,宗教纷争仍是许多灾难的唯一的根源。

他没有儿子,他的弟弟是他的法定继承人,属英国的所谓罗马天主教派,这个教派是几乎整个国会和全体国民都憎恶的。人们一知道这事,都惴惴不安,担心有朝一日由罗马天主教徒来当国王。有几个倒霉的坏分子受反对宫廷的叛党的指使揭发一个比火药谋反案更离奇的阴谋。他们发誓说:罗马天主教派要杀死国王,把王位授予国王的弟弟；教皇克雷门十世①于1675年在罗马教廷的总布道会中宣称，根据一项不可侵犯的权利，英格兰王国属于教皇；教皇已把摄政权交给耶稣会会长奥利瓦，而这位耶稣会士又把他的权力托付给教皇的仆从约克郡公爵；人们要在英国招募一支军队，用来废黜查理二世的王位；路易十四的告解司铎、耶稣会修士拉歇兹已经把1万金路易送到伦敦以便开展各项活动；耶稣会修士科尼尔斯用1英镑购买了一把匕首，用来暗杀国王；有人送给一位医生1万英镑，让他毒死国王。他们还提供了耶稣会会长任命的教皇军队所有军官的姓名和职务。

种种指控都是空前荒谬的。什么有个爱尔兰人能看见地底下50英尺深处的东西，伦敦有个女人每周生出一只兔子，某人向全城居民应许能钻进二品脱液体容量的瓶子，等等。发生在我们国内的教皇谕旨事件②，扬逊派教徒的狂热以及对哲学家们的各种诬告，都比不上这些事情荒诞可笑。然而当人们情绪激动的时候，话说得越是离奇古怪就越有人相信。

因此全国人心惶惶。宫廷无法阻止国会极其匆促地采取严厉的手段。一件事实与所有这些难以置信的谎言混杂在一起，结果这些谎言也都变得像是真的。告密者们坚称耶稣会会长已经任命跟随约克郡公爵的一个名叫科尔曼的人为英国的国务秘书。人们查抄了科尔曼的信件，其中有致拉歇兹神甫的一封写道：

---

① 克雷门十世，罗马教皇(1670—1676)。——译者
② 指1713年教皇克雷门十一世(1700—1721)谴责法国扬逊派的谕旨，这个教皇谕旨在1730年成为法国的法律，造成法国天主教徒中扬逊派与耶稣会派的长期分裂。——译者

"我们正从事一项伟大事业,要使3个王国改宗,永远摧毁异端;我们有一位虔诚的国王……要给国王送一大笔钱;钱在宫廷中能说服一切,这是百试不爽的。"

这些信件说明:天主教显然是想夺权;对约克郡公爵寄予厚望;只要给国王钱,国王本人也会支持天主教徒。总之耶稣会士们正竭尽全力在英国为教皇效劳。[告密者所说的]其余一切显然都是假的。告密者的话互相矛盾,要是在别的时候,人们定会为之失笑。

但是科尔曼的书信和审问他的一个法官的被暗杀,使人们对关于罗马天主教派的话信以为真。好几名被控告者死于断头台,5名耶稣会士被绞死分尸。如果人们满足于把他们当作进行非法通信、企图废除根据法律建立的宗教和妨害公共秩序的捣乱分子来审理,那他们的判决就是完全正常的。但是不应当把他们当作要征服3王国的教皇军队的将领和随军神甫来绞死他们。反罗马天主教派的狂热使下议院几乎全体一致地通过了驱逐约克郡公爵的决议,并宣布他永远不能任英国国王。这位亲王在往后几年中的活动充分肯定了下议院的这个判决。

英国以及整个北欧、德国的一半、联省共和国的7省以及3/4的瑞士到那时为止都只是满足于把罗马天主教视为一种崇拜偶像的宗教,但这个罪名还没有在任何国家法令中出现。英格兰国会在原有的《信仰审查条例》①中增加了新的条文:要像憎恨偶像崇

---

① 《信仰审查条例》,英国国会1673年通过的法令,规定官吏就任时宣誓信奉英国国教,禁止天主教徒担任文职或军职。——译者

拜那样憎恨罗马天主教派。

这是人类思想中多么巨大的革命！最早的基督教徒指责古罗马的元老院崇拜他们肯定不崇拜的偶像。基督教存在了 300 年而并没有圣像。有 12 个基督教皇帝把在圣像前祈祷的人视为偶像崇拜者。这种崇拜后来在西方和东方都被采纳，接着又在欧洲的一半地区内被抛弃。最后，因废除偶像崇拜而建立了自己的荣誉的基督教罗马被一个在今日欧洲受尊敬的强国的法律归入异教徒之列。

国民的热情不限于对罗马天主教表示厌恶和憎恨，而且仍在继续进行指控和惩罚。

最悲惨的莫过于斯特拉福勋爵之死，这位忠君爱国的老人在结束了自己的光荣职业后告退还乡，过着平静生活，却被认为是罗马天主教徒，其实他根本不是。告密者们指控他企图雇用他们中的一人去谋杀国王。告密者其实从来没有跟他说过话，可是人们却相信告密者的话。显而易见，斯特拉福勋爵是无辜的，但他仍被判死刑，而国王不敢宽赦他。这种可耻的懦弱也是以前他父亲有过的罪过[①]，他父亲也因此丧失了性命。这个事例表明，一个政治团体的暴政比一个国王的暴政更加残酷无情。有许多办法可以平息一个国君的怒火，而没有办法能减弱受偏见驱使的一个政治团体的残暴。每个成员都有共同的忿怒，他既从其他成员那里接受这种忿怒，又使其他成员增强了这种忿怒，于是无所畏惧地作出不

[①] 指 1641 年查理一世对斯特拉福案件的懦弱表示。见本书第 179 章结尾。——译者

人道的事情，因为谁也不必为整个团体承担责任。

当罗马天主教派和英国国教派在伦敦演出这场流血悲剧的时候，苏格兰的长老派也在演出一场悲剧，两者同样悖谬，而后者更为可憎，他们暗杀了苏格兰的大主教圣安德烈，因为在这个国家里仍有主教，而圣安德烈是大主教，拥有特权。长老派在采取了这一大胆行动后召集民众开会，在他们的说教中，他们骄傲地把这一行动与雅亿①、以笏、犹滴相比，这确实也颇为相似。讲道既毕，他们敲着鼓把听众带到格拉斯哥，并占领了这个城市。他们发誓不再把国王当作英国国教的最高领袖来服从，决不承认他的弟弟为国王，只服从上帝，杀死反对圣徒的高级神职人员作为对上帝的献祭品。

(1679)国王不得不派他的私生子蒙默思公爵带领一支小部队攻打清教徒。8000名长老派信徒在圣福音堂的牧师们的率领下向蒙默思进攻。这支部队名叫上帝军。有一位老牧师登上小山丘，像摩西那样举起双手，使人扶住，以表示必胜的信心②。但是枪炮声一响，上帝军便溃败。1200人当了俘虏，蒙默思公爵给以优待，绞死了两名牧师，凡愿意发誓不再以上帝的名义扰乱祖国的人都予以释放，其中有900人发了誓，300人宁愿服从上帝而不服从人，宁愿死而不愿不杀英国国教徒和罗马天主教徒。人们把他们送往美洲，他们的船在海上遇难，他们在海底接受了殉道者的

---

① 据《圣经》《士师记》(第4章及第5章)，希伯之妻雅亿曾杀死迦南王的一名将军。——译者

② 据《圣经》《出埃及记》(第17章)，以色列人与亚玛力人交战，摩西登上山顶。摩西何时举手，以色列人就得胜；何时垂手，亚玛力人就得胜。但摩西的手发沉，使人扶住，直到日落时分，以色列人大获全胜，杀死亚玛力王。——译者

桂冠。

这种丧失理智的情况在英格兰、苏格兰和爱尔兰又延续了一段时期,但是国王终于把这一切平息下来,他所依靠的可能不是谨慎,而是他的温和的性格,他的善良和宽容占了上风,并逐渐改变了许许多多乱党分子的暴躁使之产生易于接近的习惯。

查理二世似乎是用秘密补助金来收买国会议员的选票的第一个英国国王。至少在这个几乎没有任何秘密的国家里,这种方法从来没有公开出现。没有任何证据证明他以前的国王们曾用这种方法来减少困难,防止冲突。

1679年召开的第二届国会对存在了18年的上届国会18名下院议员提出起诉。人们指责他们接受补助金,但是法律没有不许接受国王所给的补助金的规定,因此无法对他们进行追究。

但查理二世看到曾经废黜和处死他父亲的下议院企图在他在世时剥夺他弟弟的王位继承权,同时他担心这种行动对他自己将产生的后果,因此他解散了国会,此后在他统治期间,他再也没有召开国会。

(1681)从王权和国会权不再发生冲突时起,一切都很平静。国王最后全靠他的收入和路易十四给他的10万镑年金节俭地过日子。他只维持着一支4000人的部队,为了这支部队,他还受到指责,仿佛他建立了一支强大的军队似的。以前的国王一般只有100人的普通卫队。

当时英国只有两个公开的政党得到承认:托利党和辉格党,前者完全服从国王,后者维护民众的权利而限制国王的权利。相比之下,辉格党一直占据优势。

但英国强盛的原因是,从伊丽莎白时代起,所有政党都重视发展贸易。即便是把国王送上断头台的那届国会也像处在太平时世一样致力经营海运。尽管那届国会几乎全由宗教狂热分子组成,可是他们在1650年,在国王查理一世的血迹未干的时候就制定了著名的海运条例。人们把这件事全归功于克伦威尔,其实他只有对此感到恼火的份儿,因为这个条例十分有损于荷兰人的利益,是导致英国与荷兰联省共和国交战的原因之一,这场战争使所有重要的军费全都用于海军,从而削弱了克伦威尔统率的陆军。这个海运条例一直有效地存在着。它的好处是不允许任何外国船只把非船只所属国的商货运入英国。

早在伊丽莎白女王时代英国就有一家印度公司,比荷兰的印度公司还早,威廉国王时代又开设了另一家。自1579年至1612年,只有英国人捕捉鲸鱼,但是他们的最大收入一向来自羊群。开始他们只知道出售羊毛,从伊丽莎白时起,他们制造欧洲最漂亮的呢绒。长期被忽视的农业终于取代了波托兹的矿业。自1689年开始奖励谷物出口以后,耕种土地特别受到鼓励。从那时起每输出一单位容量小麦,政府给5先令补贴,而相当于巴黎的80斗①的一单位容量小麦在伦敦只值2.8镑。其他谷物的出售也受到不同程度的鼓励。最近英国国会证实,4年中出口的谷物总值17033万法国利弗。

英国在查理二世时期还没有这样高的收入。它还依赖法国的工业,在贸易方面法国对英国每年出超800多万[利弗]。当时英

---

① 当时一法斗约合公制12.5升。——译者

国人还不会制造布匹、玻璃、黄铜、青铜、钢铁、纸张甚至帽子。南特敕令的废除才使他们得以建立这些新的工业。

路易十四的奉承者赞扬他把有用的法国公民撵出国外①,从上述这一件事就可判明这些人是否有理。因此,到了1687年,英国感觉到逃亡到他们那里来的法国工人给了他们很大的好处,就给了这些工人150万法郎,而且用公众的钱在伦敦城里供养了13000名这样的新市民达一年之久。

697　　一个好战的国家,由于重视贸易,终于有能力资助一部分欧洲国家来反对法国。今天,英国的拨款成倍地增加,而国库的资金没有增长,以至国家欠私人的债务高达1亿利弗。这也正是法兰西王国目前的处境。在这种情形下,法国在国王的名下每年要支付给利息收入者和购买公债者以差不多相同数额的钱。这种办法在其他许多国家,尤其是亚洲国家是不采用的,这是我国国内连年战争的恶果,也是政治伎俩的最后一招,其危险性不亚于战争本身。法国和英国的这些债务后来仍然大幅度增加。

---

① 1685年路易十四废除南特敕令,法国新教徒的权利全部被取消,新教徒商人、军人、农民、手工业者等共有20万人被迫移居国外。——译者

第一八三章

16世纪末的意大利,主要是罗马的情况;特兰托公会议;历法改革,等等

16世纪末17世纪初,当法国和德国动荡不安、国力衰弱、贸易不振、没有艺术和文化、陷于一片混乱的时期,意大利的国民却基本上开始享受到了安宁,他们努力发展了别国所没有的或者很粗糙的鉴赏艺术。那不勒斯和西西里没有发生革命,甚至未有过任何的动乱。教皇保罗四世①曾经在他的侄子们的怂恿下企图借用法国国王亨利二世的兵力把这两个王国从菲利普二世手中夺过来,把这两个王国以每年纳贡2万而不是6000杜卡特的代价让给安茹公爵,即后来的亨利三世,条件是他的侄子们在那里得到较大的各自独立的封地。

意大利王国是当时世界上唯一[向西班牙]纳贡的国家。有人说,罗马教廷希望它结束这种状态,并最终使之归并到罗马教廷,这样教皇就会拥有足够的实力来主宰意大利,维持其内部均衡。但是,不论是保罗四世还是整个意大利都不可能把那不勒斯先从

---

① 保罗四世,罗马教皇(1555—1559)。——译者

菲利普二世、然后再从法国国王手中夺过来,都无法剥夺基督教世界中两个最强大的君主所拥有的地盘。因此保罗四世的这种举措只不过是一种徒劳的鲁莽行动而已。当时的那不勒斯国王、著名的阿尔伯公爵下令把属于教廷所有的贝内文托的大钟和青铜器熔化,铸成大炮,以表示对教皇此举的蔑视。战争开始不久即告结束。阿尔伯公爵以像查理五世、奥托大帝、阿尔诺和其他许多人攻克罗马一样攻陷该城而沾沾自喜,但几个月后,他又亲吻了教皇的脚,并将大钟送还贝内文托,事情就此了结。

(1560)保罗四世去世后,他的两个侄子帕利阿诺亲王和枢机主教卡拉法被处极刑,这是一幅可怕的景象。枢机主教团目睹了这位主教由教皇庇护四世下令受绞刑而死,就像教皇利奥十世下令处死枢机主教波利[1]一样。但是一次残暴的行动并不构成一个残暴的统治时期。罗马的国民没有受到暴政的统治,他们只是抱怨教皇出卖教廷的神职,这种滥用职权的行为后来有增无减。

(1565)特兰托公会议在庇护四世主持下平静地结束了[2]。这次会议在那些信仰会议所倡导的教规的天主教徒中以及在那些不相信这些教规的新教徒中都没有产生什么新的影响,它也丝毫没有改变那些采用不同于会议决定的教规的天主教国家的习惯。

尤其是法国,它保留着所谓法国教会的自由,实际上就是法国民族的自由。有80条与民事法庭的权利相抵触的教规从未被法国采用过。其中主要的条目规定,只有主教有管理医院之权,只有

---

① 参见本书第127章。——译者
② 参见本书第172章。——译者

教皇才能审理主教的刑事案件,在俗教徒在许多情况下应由主教审判,等等。这就是法国总是摈弃公会议所规定的教规的原因。西班牙历代君主虽然在国内极崇敬地接受公会议的规定,但总是秘密地、不事声张地加以最大的改变。威尼斯也仿效西班牙。德国天主教徒仍要求保留教士饮酒和婚娶的习惯。庇护四世通过教皇书简向德国皇帝马克西米连二世和美因茨大主教表示同意领圣体的两种形式,但坚持教士必须独身。《教皇史》①对此解释说,庇护四世一经摆脱公会议就无所顾忌了。该书作者接着说:"就这样,这位教皇违反教规和法律,却对独身做出一丝不苟的样子。"说庇护四世违反教规和法律是不真实的,事实是他通过保留西方久已确立的有关神职人员独身的古老教规,来适应已经成为天主教会的一条戒律的公众舆论。

德国教士所特有的其他戒律都保存下来了。那些对世俗权有妨害的问题不再像从前那样成为引起内战的根源。罗马教廷和天主教国家宫廷之间依旧存在着争执和龃龉,但不再为细小的纠纷而流血了。此后,在教皇保罗五世②时期,只有禁止威尼斯进行宗教活动是一次明显的争执。当时德国和法国的宗教战争已足够烦人了,罗马教廷由于害怕天主教国家的君主变成新教徒,一般来说,总是迁就他们。倒霉的仅仅是那些弱小的君主,因为在他们之上有一个像菲利普那样权势极大、能左右教皇选举会议的国王。

---

① 见布鲁伊著《教皇史》,海牙 1733 年佛兰德语版,第 4 卷,第 681 页。——原编者
② 保罗五世,罗马教皇(1605—1621年),1606 年曾对威尼斯共和国的总督和元老院处以绝罚,1616 年曾迫害伽利略和哥白尼。——译者

意大利没有全国性的治安机关，这是它的真正的大患。这个国家在艺术方面欣欣向荣，民众过着和平生活，却长期受到盗匪的滋扰，与希腊在野蛮时代的情况相同。从米兰公国边境到那不勒斯王国腹地流窜各省的匪帮，用金钱贿买小王侯的保护，或强迫他们收容。在教皇国，直至西克斯特五世就位之前，始终未能消灭这帮盗匪，而在他死后，盗匪又数度猖獗。这种可怕的榜样助长了私人暗杀活动。当盗匪在乡村横行的时候，在城市里用尖刀杀人就屡见不鲜。帕多瓦的学生们经常在沿街的拱廊下打死过往行人。

尽管到处秩序如此混乱，意大利仍不失为欧洲最繁荣的国家，如果不是最强盛的国家的话。人们再也听不到谈论自法国国王查理八世以来使意大利遭到破坏的外来战争，以及公国与公国、城邦与城邦之间的内战，再也看不到过去频频发生的谋反案件了。那不勒斯、威尼斯、罗马、佛罗伦萨以其壮丽的景色、多彩的文化艺术吸引着外国人。精神上的欢娱只有在这样的环境里才能很好地为人们所领略。宗教在那里以令人肃然起敬的外表出现，这种外表是敏锐的想象力所必需的。只有在意大利，人们建起足以与古代媲美的教堂，其中罗马的圣彼得教堂最为著名。尽管还残存着一些迷信行为、虚假的传说和想象的奇迹，明达的人却不屑一顾，他们知道这些陋习从来就是下层民众的消遣活动。

斥责这些迷信习俗的、持教皇权力至上论的作者们也许没有很好地把民众和引导民众的人区分开来。他们不应当因为见到被大自然治好病的病人用他们的祭品摆满了医神埃斯库拉库的殿堂，因为幸免海难的旅人在海神尼普顿的祭台上献上了无数还愿的画幅,使祭台变得不像祭台,因为在埃格纳蒂亚①大道上燃烧着的香火在圣石上香烟缭绕,就蔑视古罗马的元老院。有不止一个新教徒在那不勒斯小住数日,领略了那里的生活乐趣后,大骂这个城市在约定的日子里,当装在瓶子里的圣让维埃、圣施洗者约翰和圣埃田的血由于靠近他们的头部而变成了水时,出现的所谓三大圣迹。他们指控这几所教堂的主持人把无聊的奇迹归于神明。学者兼贤人艾迪生说,他从未见过比这更拙劣的骗人把戏。所有这些作者都能看到:这些迷信习俗对道德风尚并无损害,而道德风尚应是治安机关和宗教团体关心的主要对象。也许在气候炎热的地区,人们的丰富想象力需要用一些可以看得见的形象表现出来,把它们说成永远是出于神明之手,而这些形象最后也只有在受到崇敬它们的民众的蔑视时才能消除。

多明我会修士吉斯莱里接替庇护四世成为庇护五世②。他遭到罗马人的仇视,因为他在罗马指使异端裁判所用最残暴的手段进行审判,而异端裁判所在别的国家是受到世俗法庭公开反对的。由保罗三世拟就而由保罗五世颁布的臭名昭著的教皇谕旨《主的猎狗》向各国君主的一切权利挑战,因而激起了好几个国家的宫廷的反对,也受到了好几所大学的谴责。

取缔卑微者修会③是庇护五世任期内的一个主要事件。这个修会的成员主要居住在米兰,时有丑闻发生。米兰大主教查理·

---

① 埃格纳蒂亚,古代罗马大道,自贝内文托至布林的西,在意大利南部。——译者
② 庇护五世,罗马教皇,1566—1572年在位。——译者
③ 卑微者修会,十一二世纪意大利伦巴第人的苦行团体,自称卑微者或伦巴第穷人,1572年被庇护五世下令取缔。——译者

博罗梅想改造他们。他们中有4人要谋杀他,一人趁他在宫殿祈祷时用火枪向他开了一枪(1571)。他受了轻伤,要求教皇宽恕罪犯,但教皇却处罪犯以极刑,并取缔了整个修会。庇护五世还派遣部队支援法国国王查理九世反对胡格诺派教徒。这些部队参加了蒙贡杜尔战役。那时法国政府已濒于覆亡,教皇的2000士兵作了有力的支援。

但是庇护五世使人永志不忘的是,他在捍卫基督教国家不受土耳其人侵犯以及在加速武装舰队的过程中表现的积极精神。这支舰队曾在勒班陀战役中获胜。对他最好的赞扬甚至来自于君士坦丁堡,因为那里的人公开地对他的死亡表示庆幸。

庇护五世的继承人布翁孔帕尼奥,即格雷戈里十三[①],因经过改革的历法以他的姓氏命名而扬名后世。在这方面,他效法了尤利乌斯·恺撒。当时各国都感到有必要改革历法,这表明最必需的学术发展缓慢。人类先是懂得在世界各地大肆破坏,然后懂得计算四季和日月。古罗马人起初只知道太阴月有十个月,1年有304天;后来他们算出1年是355天。医治这一错误算法的各种药方也都是错误的。从努马·蓬皮利乌斯[②]时起,历代大祭司都是国家的天文学家,就像巴比伦、埃及、波斯和几乎所有亚洲各国的大祭司一样。历法的科学使他们在民众中更加受到尊敬,没有比通晓百姓所不了解的有用知识更能取得威信的了。

在古代罗马人中,首席大祭司的职位总是掌握在元老院议员

---

① 格雷戈里十三,罗马教皇,1572—1585年在位。——译者
② 努马·蓬皮利乌斯(约前715—约前672),古罗马国王,分1年为12个月。——译者

的手中。尤利乌斯·恺撒以大祭司的身份对历法作了力所能及的改革。他聘用了亚历山大城的希腊人数学家索西琴尼①。亚历山大曾经把科学和商业带到这个城市，那是当时最著名的数学学校，埃及人，甚至希伯来人都曾在那里汲取了某些真正的知识。埃及人在这以前就知道如何抬起巨大的石块，但希腊人向他们传授各种美术，或者确切地说，到他们那里去创作美术作品而无法培养埃及学生。确实，在这个懦弱的奴隶制国家中，找不出一个在希腊艺术方面杰出的人物。

基督教教皇和古罗马帝国的大祭司一样是负责推算历法的，因为一年中的各种节日都由他们确定。公元325年在尼西亚举行的第一次公会议看到了儒略历②中节令的混乱，于是就像恺撒那样，向亚历山大城的希腊人请教。希腊人回答说，那年的春分是3月21日，主教们于是根据这一原则推算出了复活节的时间。

在尤利乌斯·恺撒的计算法和被公会议请教过的那些天文学家的计算法中有两个小错误，过了若干世纪以后，这小小的计算错误就变大了。第一个计算错误来自雅典天文学家默冬的著名的金数③，他定出月球回到天空原来一点的公转周期为19年，只少算了一个半小时，这个误差在1个世纪内是微不足道的，而过了若干世纪就很可观了。对太阳周的推算以及确定春分、秋分、夏至、冬

---

① 索西琴尼（活动时期公元前1世纪），天文学家和数学家，曾应恺撒之聘，设计儒略历。——译者

② 儒略历，即以尤里乌斯·恺撒命名的历法。"尤里乌斯"旧译"儒略"。——译者

③ 金数：天文学名词，又称默冬章周数，即15世纪希腊天文学家默冬提出的19年置7闰的方法。——译者

至的二分点和二至点的推算也同样存在着差错。在召开尼西亚公会议的那个世纪,春分是3月21日,到特兰托公会议时,春分提前了10天,变成3月11日。春秋分点出现岁差的原因在整个古代都无人知晓,到现在才被揭示出来。原因是地球自转轴的特殊摆动。这种摆动的周期是25900年①,它使春分秋分和夏至冬至连续地通过黄道带的每一点。这个运动是地心引力所致,只有牛顿认识并计算出了地心引力的各种现象,这些现象似乎是超出了人类智能的范围的。

不能设想在格雷戈里十三的时代就能把春分秋分的岁差原因猜测出来,但是他能把已经开始明显地干扰民用年的紊乱加以调整。格雷戈里十三曾派人向欧洲所有的天文学家请教。一位出生在罗马的名叫利利奥的医生荣幸地提供了调整民用年的最简单最容易的方法,即后人在新历法中见到的,只需在当时的1582年减去十天,然后在以后几个世纪中对可以预见的紊乱加以调整,这是容易做到的。这位利利奥后来默默无闻,新的历法以格雷戈里之名命名,正如索西格纳斯的名字为恺撒的名字所掩盖一样。在古希腊则不同,那时发明的荣誉是属于发明者的。

格雷戈里十三的功绩在于促使这场必要的改革得出结论。他使各国接受这个结论比他让数学家求出这个结论还困难得多。法国就抵制了几个月,最后根据在巴黎高等法院备案的亨利三世的敕令(1582年11月3日),人们才习惯于照新历法计算。但马克西米连二世皇帝却未能说服奥格斯堡的国会把春分提前10天。

---

① 按:地球自转轴在空间的方向所作的摆动周期为26000年。——译者

人们担心罗马教廷在教育民众的同时，还掌握主宰民众的权利。因此旧历法在德国的天主教徒中仍继续沿用了一个时期。各宗教团体的新教徒拒不接受出自教皇之手的这一真理，假如这一真理是土耳其人提出的，他们也许就接受了。

（1575）在教皇任期将满的最后几天，格雷戈里十三接见了来自日本的少年使节①，这件事使他更加出名。罗马教廷在欧洲屡受挫折，但却在精神上征服了地球的另一端。那时的日本分裂成几个君主国，3位国王或君主分别派出他们的近亲向他们认为所有天主教国家中最强大的君主西班牙国王菲利普二世致敬，同时也向他们奉为各国君主之父的教皇致敬。这3位君主给教皇的信都用了恭敬的文书格式。第一封信是丰后国国王的，开头是："至尊至敬世上代理天主职权之教皇陛下"，结尾是："不胜惶恐诚敬谨向教皇陛下致敬，吻陛下神圣之双足。"其他两封信大致相同。西班牙当时吹嘘日本将成为它的一个省，而罗马教廷则已经把这个帝国的1/3置于它的宗教管辖范围之内。

假如公共安宁不是有时受到盗匪的干扰，罗马的民众在格雷戈里十三的治下应是很幸福的。他废除了几种繁重的捐税，而且不像他的有些前任那样，为了私生子的利益而肢解国家。

---

① 1582年，日本大友、大村、有马三个诸侯派王子向罗马教皇致敬。——译者

第一八四章

西克斯特五世

教皇西克斯特五世比格雷戈里十三和庇护五世更有声望,尽管后两人也都干出伟大的事业:一个以改革历法闻名,另一个则以勒班陀战役的首要推动者著称。有时会出现这样的情况,一个人的性格和他地位上升的特点会比别的一些人值得纪念的功绩更能引起后人的注意。有人认为,西克斯特五世出身贫穷的葡萄种植者家庭,却上升到了最高的要职,两者之间不相称,这种不相称使他声誉倍增。然而我们已经看到,出身卑微从来不构成获得教皇职位的障碍,在一个宗教和一个宫廷中,所有的职位都可以视为对一个人的功劳的酬赏,尽管同时也是计谋运用的结果。庇护五世并非出身于更高贵的门第,阿德里安六世是工匠的儿子。尼古拉五世出生在一个默默无闻的家庭。那个在教皇冠冕上加上第三圈成为三重冠的著名的约翰二十二世的父亲卡奥尔是一个地无一垅的补鞋匠。乌尔班四世的父亲的职业也是鞋匠。最伟大的教皇之一阿德里安四世是乞丐的儿子,他本人也曾行乞。教会史上充满了这样的事例,它鼓励人们行善,而使务虚荣者局促不安。那些想要抬高西克斯特五世身世的人没有想到这样做反而会降低他的人格，抹杀他克服初期困难的功绩。他童年时代是个猪倌，从猪倌上升到他的修会的最普通职位的时间比从最普通职位上升到教皇的时间更长。有人在罗马的报纸上写过他的生平，除了某年某日之外没有说明什么，一些赞颂他的演说更是空洞无物。撰写西克斯特五世传记①的那位方济各会修士一开始就这样写道："我有幸记述光荣的、不朽的教皇西克斯特五世，他是历代教皇、君主、圣贤中之最崇高、最优秀、最伟大者。"作者以这样字句开始，就自己把一切信誉丢掉了。

西克斯特五世的精神和他统治时期的精神，是其历史的主要部分。他与别的教皇不同之处在于，他不像别的教皇那样行事。当他还是一名普通修士时，他就总是傲慢地、甚至粗暴地行动。当了枢机主教以后，他立即克制了自己的暴躁性格。15年间，他韬光养晦，特别是装着没有能力统治，为的是有朝一日赢得那些指望在他的名下实际掌权的人的选票。他一登上教皇宝座，便又恢复傲慢的本性。在任期间，对所从事的各项事情都极其严格，体现了他的无比威严。他美化了罗马城，使教廷钱库更加充裕。他首先遣散了士兵，甚至遣散了历任教皇的卫队。他不动用军队，只靠法律的力量就消灭了盗匪。他靠自己的地位和性格使人敬畏。因此在亨利四世和伊丽莎白在世时期，他的名字已在伟人之列。其他国家的君主要进行某种事业若不依靠他们所供养的庞大军队就有丧失宝座之虞，但罗马的君主不同，他们把僧侣和帝国联合起来，甚至卫队也不需要。

---

① 指格雷戈里·勒蒂所写的《西克斯特传》(1709年海牙版)。——原编者

西克斯特五世把罗马建成了一个美丽而有文化的城市，因而获得了很高声望，就像亨利四世把巴黎建成了一个美丽而有文化的城市一样。但对亨利四世来说这只是功绩的一小部分，而对西克斯特五世来说则是首要的功绩。在这方面，这位教皇比法国国王做了更伟大的事情。他指挥的是更为平和而且在当时更加勤劳得多的民众。他从废墟中，从古代罗马的前例中，从前代统治者们已完成的工程中，汲取了实现伟大计划的一切鼓舞力量。

在罗马皇帝时期，有14条连拱式巨大引水渠，把几条河流的水引入罗马城，长达数里①，不断地向城内150个喷泉和118所公共浴场供水，此外还供应进行海战演习的人工湖所需的用水。装饰广场、十字路口、寺院和屋宇的雕像为数不下10万。矗立在柱廊上的巨大雕像有90座，在埃及凿成的大理石方尖碑有48座，使人感到惊讶，想象不出是怎样把大批巨石从热带地区运到台伯河畔。后来的教皇们的任务只是修复几条引水渠，从瓦砾堆里重新竖起几座方尖碑，挖出几座雕像而已。

西克斯特五世修复了马西亚喷泉，水源在距罗马20里的普雷内斯托②附近。他建了13000尺的引水渠把水引至喷泉，为此必须在7里长的道路上建筑连拱。这样的工程对罗马帝国来说不算什么，对当时贫困和只有一隅之地的罗马来说却是很了不起的。

5座方尖碑在他的关注之下重新竖起。重建石料的建筑师丰塔纳在罗马至今有名，但是雕凿石碑和从远地把石碑运来的工匠

---

① 古罗马长度，1里等于1472.5米。——译者
② 普雷内斯托，今称巴勒斯特里纳，意大利拉齐奥区城市。——译者

却无人知晓。在几个旅行家撰写的由无数抄袭家照抄不误的见闻录中都有如下的记述：当梵蒂冈的方尖柱从底座竖起时，人们发现使用的绳索太长，尽管有禁令不许在施工时说话，违者处死，还是有一个人叫嚷道："把绳子浸湿"。这种使历史变得可笑的故事乃是愚昧无知的产物，因为当时人们使用绞盘，并不需要这种可笑的帮助。使现代罗马超过古代罗马的一项工程是罗马圣彼得圆形穹顶大教堂。世界上还保存着3座这样的古代建筑：雅典的米涅瓦神殿穹顶①的一部分，罗马的万神庙和君士坦丁堡的大清真寺。这个清真寺从前称为圣索非亚［大教堂］，为东罗马帝国皇帝查士丁尼［一世］所建。这些穹顶建筑内部相当高，外部又过于矮，14世纪伯鲁涅列斯吉在恢复意大利的建筑艺术时，巧妙地矫正了这个缺点，在佛罗伦萨教堂建造两个穹顶，一个叠在另一个上面；但是这两个穹顶仍旧有点像哥特式建筑，比例不协调。在绘画、雕刻和建筑3方面都享有盛名的米开朗琪罗在朱尔二世时代就已提出了圣彼得教堂两个穹顶的设计方案，西克斯特五世用22个月时间完成了这项别具一格的工程。始建于尼古拉五世的藏书楼也大加扩大，西克斯特五世可以说是真正的创建者。藏书大厅至今仍是一座美丽的建筑物。在当时的欧洲，还没有一座藏书楼像它那样宽敞而别致；但是后来巴黎在这方面超过了罗马，巴黎王家图书馆的建筑虽不能与梵蒂冈的藏书楼媲美，藏书的数量却远远超过了它，编目也更加完善，个人借书十分方便。

---

① 米涅瓦，即希腊的雅典娜女神。雅典的雅典娜神殿名为帕特侬，此处作者因不了解情况，误以为穹顶建筑，其实不是。——译者

711　　西克斯特五世和他所治理的各邦的不幸在于修建这些宏伟建筑导致了民众的贫困,而亨利四世却减轻了民众的负担。他们两人死时留下的现金数额几乎相等。亨利四世虽然拥有4000万利弗储备金,但只有2000万左右藏在巴士底的地窖里,而西克斯特五世存放在圣昂热城堡的5000万金埃居差不多相当于当时我国的2000万利弗。在一个像罗马那样的几乎没有商业也没有手工业的城邦,要从流通货币中取得这笔钱,不使百姓贫困是不可能的。西克斯特五世为了积累这笔钱,为了支付各种费用,不得不扩大出卖神职的范围,而他的前任们并没有这样做。西克斯特四世、朱尔二世和利奥十世时期已开始出现的这种负担,到西克斯特五世时大大加重了。他发行了利息为8%、9%、10%的公债,为了偿还这些公债,他增加了税收。于是民众不记得他美化了罗马城,只感觉他使百姓日益贫困,因此这位教皇受到憎恨甚于受到尊敬。

　　一般来说,应当从两个方面看历任的教皇。一是作为一国的君主,二是作为宗教的领袖。西克斯特五世是第一位想重演格雷戈里七世故技的教皇。他宣布当时还是那瓦尔王的亨利四世不得继承法国王位。他用一道谕旨剥夺伊丽莎白女王的王权,假如菲利普二世的无敌舰队抵达英国海岸,这道谕旨就会付诸实施的。在吉斯公爵和他的兄弟枢机主教被谋害后,西克斯特五世对亨利三世并不十分愤恨。即使亨利三世对这两起谋杀罪不以苦行赎罪,他也只满足于宣布对他处以绝罚而已。这是仿效圣安布罗斯的做法,也是以亚历山大三世为榜样的。亚历山大三世曾要谋害[坎特伯雷主教]托马斯·贝克的人公开赎罪,受害者被封为圣人,名为圣托马斯·德·坎特伯雷。事实证明法国国王亨利三世不久之前在他的邸宅杀害了两位亲王。诚然这两人都是危险人物,但是人们并没有对他们起诉,而且要在法庭上证实他们犯罪也很困难。两人都是一个有害的同盟的首领,可是国王本人也加入了这个同盟。这双重谋杀案的背景是很可怕的。这里且不用政治的和时代的不幸来作解释,似乎人身的安全也要求制止这类暴行。西克斯特五世之所以把他过去处事严厉而坚定不移的作风抛到一边,因为他只维护教皇和枢机主教团的权利,而不维护人道的权利,因为他不谴责杀害吉斯公爵和枢机主教的罪行,而只强调神职人员的豁免权以及教皇审判枢机主教的权利;因为他命令法国国王释放波旁枢机主教和里昂大主教,而法国国王是以最大的国事罪为理由把这两人囚禁在监狱中的;最后还因为他命令法国国王在60天内前往罗马赎罪。诚然,西克斯特五世作为基督教的领袖可以对一位基督教国君说:"你要在上帝面前为双重谋杀案赎罪";但是他不能对这位君主说:"只有我有权审判教会中的你的臣民,只有我有权在我的宫廷中审判你。"

这位教皇越发失去威严和公正了。僧侣雅克·克雷门犯了弑君罪后,教皇竟在枢机主教们面前讲了如下一番话,这是有枢机主教会议的忠实记录为证的。他说:"引起许多人震惊和感叹的这起案件将使后代难以相信。有一支强大军队保护——这支军队曾经迫使巴黎城求饶——的一个极有权威的国王,竟突然被一名小小的教徒一刀刺死。当然,作出这个伟大榜样就是要让每个人认识到上帝裁判的威力。"教皇的这番话显得很可怕,因为他似乎是把一个失去理智的恶人的罪行看作是上帝的启示了。

西克斯特五世有权拒绝参加为亨利三世举行的只有虚名的葬

礼,因为他已把后者视为被绝罚的人。因此他在同一个枢机主教会议上说:"我应该参加法国国王的葬礼,但不能参加为不作忏悔的亨利·德·瓦罗亚①举行的葬礼。"

一切都服从于利害关系。同是这个教皇,原先高傲地剥夺伊丽莎白和那瓦尔王的王位权,通知国王亨利三世必须在60天内应召前往罗马,否则处以绝罚,后来却终于拒绝站在天主教同盟和西班牙一边去反对当时的异端分子亨利四世。因为他感到如果菲利普二世获胜,那么这位同时主宰法国、米兰公国和那不勒斯的君主很快就会主宰罗马教廷和整个意大利。因此西克斯特五世做了任何处在他的地位的明智的人都会做的事:宁可冒犯菲利普二世,而不以加速亨利四世的灭亡来毁灭自己。他不敢支援亨利四世,又害怕菲利普二世,他就是在这样的焦虑不安中死去的(1590年8月26日)。在沉重的纳税负担下呻吟,对苛刻的、冷酷的政府十分痛恨的罗马民众在西克斯特五世死后掀起了一场暴乱。要阻止他们破坏殡仪并撕碎他们过去敬佩得五体投地的那个人的遗体,是非常困难的。像亨利四世一样,他的财富在他死后一年内被挥霍殆尽。这是通常习见的命运,它使人相当清楚地看到,一个人的打算往往只不过是一场梦幻。

---

① 指亨利三世,他是法国瓦罗亚王朝的末代国王。——译者

第一八五章

西克斯特五世的继承者

人们可以看到,教育、祖国、各种偏见如何支配着人们的行为。[714] 生于米兰、对西班牙国王唯命是从的格雷戈里十四受西班牙乱党的统治,而对于这个乱党,罗马出生的西克斯特五世过去是加以抵制的。格雷戈里十四把一切都奉献给了菲利普二世,把西克斯特五世为保卫意大利而积累起来的钱,用来组成了一支意大利人军队去进攻法国,但这支军队被击溃了,格雷戈里十四只落得个很不光彩的下场。他为菲利普二世耗尽资财,到头来还得受他的统治。原名阿尔多布兰丁尼的克雷门八世是佛罗伦萨一个银行家的儿子,他处事比较精明,他知道教廷的利益在于尽力在法国和奥地利家族之间保持平衡。这位教皇扩大了费拉拉公爵领地内的教会领地,这是那麻烦的、有争议的封建法律所起的作用,也是罗马帝国日益衰微的明显后果。我们多次提到的马蒂尔达伯爵夫人曾经把费拉拉、摩德纳、勒吉奥以及其他许多领地赠与教皇。皇帝们始终反对赠与这些土地,因为那是伦巴第国王的采邑。尽管帝国反对,这些采邑就像先归属皇帝、后归属教皇的那不勒斯一样,还是变成了教廷的领地。只是到了今天,摩德纳和勒吉奥才终于正式成为皇帝的采邑。但是自格雷戈里七世以来,这两处采邑和费拉拉封地又属于罗马。这些土地的原主摩德纳家族只是以教廷代表的名义掌握这些土地。维也纳宫廷和帝国国会一再要求享有宗主权,亦属徒劳(1597)。克雷门八世从埃斯特家族手中夺取了费拉拉,这本来会引起一场激烈战争的,但只以抗议了事。自那时起费拉拉就几乎成了荒地。

这位教皇曾在佩隆和奥萨两位枢机主教的参与下,亲自为亨利四世举行了赦罪惩戒仪式。但是从克雷门八世为使亨利四世和教廷达成和解(1595)所施展的各种手腕和计谋中,人们可以看到罗马教廷一直是多么惧怕菲利普二世。尽管亨利四世庄严宣告背弃新教,但是在枢机主教会议上仍有2/3的人坚持不给亨利四世赦罪。国王的使节们好不容易才使得教皇说出这句话:"我们恢复亨利四世的王权。"其实罗马教廷是十分乐意承认亨利四世为法国国王,并让这位君主去反对奥地利家族的,但与此同时,罗马又要竭力坚持它从前对王国可以予取予夺的要求。

在博尔盖塞即保罗五世时期,又发生了曾导致流血战争的世俗司法权与教会司法权的争端(1605)。威尼斯元老院曾经宣布,不经它的许可不得再向教会捐赠土地,特别是把不动产让给僧侣。这个元老院还自认为有权逮捕和审讯维琴察的一名议事司铎和内尔韦兹的一名修道院长,因为这两人犯有抢劫杀人罪。

于是教皇致函[威尼斯]共和国,谓拘禁这两个神职人员有损上帝的尊荣,要求将元老院的命令交给教廷使节,并把两名罪犯交给他,因为这两人只能由罗马教廷审判。

保罗五世不久前曾迫使热那亚共和国在类似情况下屈服,认为威尼斯也可能同样屈服。元老院派了一名特使去申说自己的权利。保罗五世回答特使说，威尼斯的权利和理由一文不值，非服从罗马教廷不可。但元老院仍不服从，于是总督和元老院的议员一概被处以绝罚（1606年4月17日）。威尼斯全国被禁止进行宗教活动，亦即禁止僧侣做弥撒、做礼拜、行任何圣事和主持葬礼，违者永世罚下地狱。这是格雷戈里七世和他的继任者对好几个皇帝用过的办法，他们深知老百姓是愿意抛弃皇帝而不愿意离开教会的，并且他们总是指望某些君主时刻准备来侵占被绝罚者的领地。但是时代已经不同了，保罗五世采用这样的强硬手段反而促使人们不服从他。威尼斯封闭了所有的教堂，放弃了天主教，因为威尼斯可以轻易地改信希腊正教、路德派或加尔文派，而且当时确实也已经在谈论脱离教皇的宗教了。不经动乱就不会有什么变革。西班牙国王本来是可以从中渔利的。[威尼斯]元老院在自己的管辖范围内禁止公布[教皇的]检举命令书。接到这项禁令的帕多瓦的主教代表回答最高行政官说，他将按照上帝给他的启示行事。最高行政官反驳说，上帝已经启示十人委员会捉拿违抗禁令者。结果停止宗教活动的命令哪里也没有公布，罗马教廷对威尼斯全体居民继续以天主教徒身份生活感到相当满意。

只有几个修会服从了停止活动的命令。耶稣会修士不愿带头，他们的代表在嘉布遣会修士的全体会议上说："在这一重大事件中，全世界都在注视嘉布遣会修士，人们将根据他们作出的反应来决定自己的取舍。"嘉布遣会修士真以为自己是众人瞩目的对象，便毫不犹豫地关闭了他们的教堂，接着耶稣会和德亚迪安会的修士也都关闭了他们的教堂。威尼斯的元老院把他们统统装上船，运送到罗马，耶稣会修士则被永远驱逐出境。

717　　有许多人成了僧侣之后就为了教皇的利益而背叛了自己的祖国，而在威尼斯却有一名僧侣———一名市民——因捍卫本国的君主、反对罗马的无理要求而赢得了荣誉，这就是著名的萨尔比，又名弗拉-保罗。他是共和国的神学家。但神学家这个称号并不妨碍他成为出色的法学家。他用理性的全部力量维护威尼斯的事业，他的稳重而精细的性格使这种理性取得了胜利。教皇的两个下属和威尼斯的一个神甫收买了两名刺客去暗害弗拉-保罗。他们用尖刀向他刺了三刀，然后登上一只预先准备好的十桨小船逃走。这是一次经过仔细合谋的暗杀，凶手的逃遁安排得如此从容稳妥，说明他们是听命于某些有权势的人物。有人控告耶稣会士，有人怀疑教皇。罗马教廷和耶稣会士都否认犯罪。弗拉-保罗伤愈以后，将那把行刺他的尖刀长期保存起来，并且刻了这样几个字："罗马教廷风格"。

　　西班牙国王挑动教皇反对威尼斯人，国王亨利四世则声明站在威尼斯人一边。威尼斯人在维罗纳、帕多瓦、贝尔加莫、布雷西亚等地加强军备，他们在法国征集4000士兵。教皇也下令征集4000名科西嘉岛人和一些瑞士的天主教徒，由枢机主教博尔盖塞指挥这支小军队。土耳其人衷心感谢上帝使教皇和威尼斯之间出现不和。前面我已说过[①]，亨利四世光荣地充当了争端的仲裁者，把菲利普三世排除于调停者之外。保罗五世，由于甚至无法使和解协议在罗马签订受到侮辱。法国国王派往威尼斯的若瓦耶兹枢

[①] 见本书第174章。——译者

机主教以教皇的名义撤销了[对威尼斯]绝罚和禁止宗教活动的命令(1609)。被西班牙抛弃的教皇从此不敢放肆。耶稣会修士被逐出共和国长达50余年之久,到1657年,经教皇亚历山大七世①请求,才被召回本国,但他们在国内再也不能恢复声望了。

保罗五世自那时起不愿再作任何可能损害他的权力的决定。人们徒劳地催促他提出圣母无玷始胎的信条,而他只是禁止在公开场合传播与此相反的信条,为的是不冒犯多明我会修士,因为他们坚持说,圣母和其他人一样是在原罪中受孕的。多明我会的势力当时在西班牙和意大利是很强大的。

保罗五世致力于美化罗马城,收集了许多雕塑和绘画作品。罗马城那些最美丽的喷泉的建成,尤其是那个通过从韦伯芎公共浴池取来的一只古老的花瓶喷出来的喷泉,以及那个由奥古斯都建造、被称为保罗泉的喷泉的修复也应归功于他。保罗五世还效法西克斯特五世用一条长达35000步的引水渠把水引至这些喷泉。就像是比赛谁能给罗马城留下最壮丽的建筑物似的。他完成了蒙特卡瓦洛宫的建设。至于博尔盖塞宫更是最宏伟的一座宫殿。罗马经过历代教皇的美化,变成了世界上最美丽的城市。[教皇]乌尔班八世建造了圣彼得神殿大厅,它的支柱和饰物放在其他任何地方都会显得硕大无朋,而放在那里则正合比例。这是佛罗伦萨人贝尔尼尼②的杰作。他的作品堪与他同胞米开朗琪罗的作品并列在一起。

---

① 亚历山大七世,教皇,1655—1667年在位。——译者
② 贝尔尼尼(1598—1680),意大利画家、雕塑家、建筑师。——译者

原名巴尔贝里尼的乌尔班八世爱好各种艺术,他在拉丁诗歌方面颇有成就。罗马人在极端安宁的生活中尽情地享受着有才华的人在社会到处创造的各种乐趣,享受着他们所珍重的荣誉。(1644年)乌尔班八世在拉罗韦尔家族衰亡以后,把乌尔比诺、佩萨罗、西尼加利亚等公爵领地并入教皇国的版图,这些公爵领地从前是作为教廷的封邑由拉罗韦尔家族掌握的。这样,从亚历山大六世起,罗马教皇的统治变得越来越强盛。此后再也没有什么东西能扰乱公共安宁。只有过一次小规模战争,那就是乌尔班七世或者说他的两个侄子对帕尔玛公爵爱德华的战争,这是因这位公爵在他的卡斯特罗领地欠了教廷的钱引起的。这是一场不激烈的为时短暂的战争,由于这些新罗马人的习俗必然符合他们的统治者的精神,这种战争也就必然具有这样的特点。这场动乱的发起者巴尔贝兰枢机主教带着赎罪券走在他的小部队的前面。最激烈的一次战斗双方各有四五百人参加。皮耶加亚堡垒刚发现敌方的炮兵部队便立即无条件投降。这支炮兵部队只有两门长炮。为了平息这场在历史上不值一提的动乱还不得不进行比古罗马和迦太基时代更多的谈判。我讲述了这件事是为了让人们了解现代罗马的天才,它善于通过谈判结束一切,就像古罗马通过胜利来解决一切一样。

宗教仪式、席次排列、各种艺术、古物、建筑物、花园、音乐、集会等占据着罗马人的业余生活,而这时德国正遭到三十年战争的破坏,英国的土地上正流着民众和国王的鲜血,不久,法国也陷入了投石党的内战中。

不过,罗马城虽然因和平安宁而充满幸福,因宏伟建筑而享有盛名，罗马的民众却仍处在贫困中。由于营造许许多多杰出的建筑而造成的贸易逆差使钱流到别的国家手中。

教皇们还不得不从外国购进罗马人所缺少的小麦，再在城里零售。这种情况延续至今。有的国家因奢侈而富裕，另一些国家则因奢侈而贫穷。某些枢机主教和教皇亲属过着豪奢的生活，更突出了其他公民的穷苦。然而民众虽然处于贫穷之中，看到众多的宏伟建筑，似乎又以作为罗马城居民而感到自豪。

去这座城市观光的旅行者十分惊奇地看到从奥尔维耶托到特拉契纳方圆百余里之内竟是一个人烟稀少，不见牲畜的地区。确实罗马的乡下因沼泽地污水为患，是无法居住的，古罗马人倒曾经排干这些污水。再说罗马濒临一条勉强能通航的河，土地十分贫瘠。它位于7丘之间，其地理位置与其说是一座城市，不如说是一个兽穴。这儿最初发生的战争就是一个以掠夺为生的民族四出抢劫。当古罗马的执政官卡米尔占领位于翁布里亚地区离罗马只有几里地的韦依时，全体罗马人都想离开他们贫瘠的土地和这7丘，迁往韦依定居。罗马四周的土地是靠战败国的钱和一群奴隶的劳动逐渐肥沃起来的。但是覆盖在这块土地上的宫殿比农作物更多。结果这块土地又恢复了原先的穷乡僻壤的状态。

教廷在别处拥有一些富饶的地区，如波洛尼亚。索尔兹伯里主教伯尼把这个地区内最富庶乡村民众的贫困归罪于各种苛捐杂税和治理的方式。他和几乎所有的作家一样断言，选举产生的君主因治理年数不多，没有权力也不愿意去建立那些日后才能够有收益的有用的设施。竖立方尖柱，建造宫殿和庙宇比使商业繁荣、国家富有，要容易得多。罗马虽是天主教各国的首都，但人口不如

720

威尼斯和那不勒斯多,更远远比不上巴黎和伦敦。在富庶和产生富庶的工艺方面也比不上阿姆斯特丹。到17世纪末,根据户口调查,罗马只有约12万居民,这个数字还与出生登记册核实过。平均每年出生3600个婴儿;一般来说,这个数字乘以34,就差不多等于居民人口总数,即122400人。保罗·约维奥在他的《利奥十世生平》一书中述称,在克雷门七世时期,罗马只有32000居民①。这个数字跟[古罗马]图拉真、安敦尼诸帝的时代是相差多么远呵!在这个数字中,居住在罗马的8000名犹太人是不包括在内的。这些犹太人始终平静地生活在罗马和里窝那②。他们在意大利从来没有受到以前在西班牙和葡萄牙所受的虐待。意大利当时是由于宗教之故,思想最温和的欧洲国家。

直到路易十四时代,罗马是[欧洲]唯一的艺术和礼仪的中心。正是由于这个原因,瑞典的克里斯蒂娜③王后才决定定居在罗马。可是不久,法国在几个方面赶上了意大利,在某些方面还大大地超过了意大利。英国在科学和贸易方面都比它优越。罗马则保持着自[教皇]朱尔二世以来著称于世的古代建筑和公共工程的荣誉。

---

① 该书在另一处又说利奥十世时期罗马人口有85000人。——原编者
② 里窝那,意大利中部滨海城市,在佛罗伦萨之西。——译者
③ 克里斯蒂娜(1626—1689),古斯塔夫-阿道夫之女,瑞典王后。——译者

第一八六章

17世纪的意大利（续）

和教皇国一样，托斯卡纳自16世纪以来也是一个和平幸福的国家。可与罗马匹敌的佛罗伦萨吸引了同样多的外国游客前往参观其丰富多彩的古代和现代艺术杰作。人们在公共场所能看到160座雕像。巴黎当时只有两座，一座是亨利四世，另一座是骑马的路易十三，这两座雕像还是在佛罗伦萨浇铸的，是大公们的赠品。

商业使托斯卡纳十分繁华，使它的君主们非常富有，以致大公科斯姆二世能够在1613年派出2万士兵增援曼图亚公爵反对萨伏依公爵，而没有向他的臣民更多地征税，这在那些较为强盛的国家中也是很少见的。

威尼斯城享有更为独特的有利条件，自13世纪以来，它的内部宁静从未遭受破坏，城里没有骚乱，没有反叛，也没有危险。人们到罗马和佛罗伦萨是为了参观宏伟壮丽的文化古迹，外国人踊跃前往威尼斯则是为了享受自由和乐趣，他们在那儿也像在罗马，同样可以欣赏杰出的绘画。精神的艺术在那里已经培植起来。各种演出吸引了许多外国观众。罗马是礼仪的城市，威尼斯是娱乐的城市。威尼斯在勒班陀战役后即与土耳其人媾和，它的贸易虽有所减退，但在地中海东岸仍很活跃。它拥有干地亚和几个岛屿，伊斯的利亚半岛、达尔马提亚、阿尔巴尼亚的一部分以及现在它在意大利占有的领土。

（1618）当威尼斯正在繁荣发展的时候，它差一点被一起谋反活动所摧毁，这是共和国成立以来没有前例的。圣雷亚尔修道院院长曾用萨卢斯托的笔调描写了这一著名事件，并且夹杂了某些写小说的渲染手法，但内容是真实的。威尼斯在伊斯的利亚半岛沿岸曾与奥地利家族发生过一场小规模战争，占有米兰公国的西班牙国王菲利普三世一直是威尼斯人的隐蔽的敌人。那不勒斯总督奥索诺公爵，米兰总督托莱多的佩德罗和西班牙驻威尼斯的使节贝德马尔侯爵即后来的库埃瓦枢机主教三人联合起来，企图摧毁威尼斯共和国。他们的手段很巧妙，计划也非同寻常，以致有警惕、有经验的元老院也未对此产生怀疑。威尼斯的地势和周围的潟湖是它的天然屏障，潟湖的污泥被湖水时而冲向这边，时而又冲向另一边，从未给船只留下同一航道，因此每天的航道都是新的。威尼斯在伊斯的利亚半岛沿岸有一支力量雄厚的舰队，这支舰队就在这里与奥地利大公斐迪南，即后来的斐迪南二世皇帝交战。要攻入威尼斯看来是不可能的。那几个主谋者以种种借口鼓动外国人，用那位使节提供的金钱收买他们，让他们互相转告，并由贝德马尔侯爵把他们在城里集中起来，人数达到500。他们的任务是在城内几个地方同时放火。米兰的部队将从陆地到达，奥索诺公爵也向威尼斯附近派了一些士兵，由已经到达的水兵给他们的船只指路。谋反者之一雅克·皮埃尔上校是威尼斯共和国的军官,指挥12艘船,他的特殊任务是烧毁这些船,以这种异乎寻常的手段阻止其他船只来增援威尼斯城。由于所有的谋反者都是不同国籍的外国人,阴谋败露是不足为奇的。共和国著名历史家、行政长官纳尼写道,元老院接到好几个人的密告,掌握一切情况。纳尼没有提及所谓的一个名叫亚费埃的谋反者后悔的事,据说为首的雷诺最后一次训话时,眉飞色舞地描绘了罪恶的行动,致使亚费埃不但没有受到鼓舞,反而深感悔恨。这些训话是作家们想象的,我们读历史时不应当相信。一个谋反者头目竟然对将要从事的暴行作动人的描绘,以致不但没有给谋反者壮胆,反而把他们吓退,这既不符合事情的性质,也没有真实性。后来元老院把所有抓到的谋反者都立即淹死在威尼斯的运河里。对贝德马尔的使节身份,本可以不加照顾,但元老院派人把他偷偷护送出城,避开了民众的愤恨。

威尼斯逃脱了这次危险以后,到干地亚被占领为止,一直繁荣昌盛。这个共和国自1641年至1669年单独对土耳其帝国作战,差不多历时30年。历史上时间最长、最令人难忘的干地亚之围持续了近20年。包围有时采用封锁的形式,有时很松懈,甚至搁置一边,然后又重新开始,这样有好几次,终于经过最后两年半不间断的正式包围,已经化为灰烬的这座城市连同差不多整个岛屿一起被土耳其人占领了(1669)。

人类的开化、社会的进步是多么缓慢,又是多么艰难啊!人们看到,在威尼斯附近,在意大利的门户的周围,各种艺术都受到重视,然而那里的民众却像北欧民族一样并未完全开化,伊斯的利亚,克罗地亚,达尔马提亚几乎都还处于野蛮状态。然而在罗马帝国时代非常富饶和令人喜爱的，正是这个达尔马提亚，被戴克里先选作隐退之地的正是这块美好的土地。那个时期，威尼斯城和威尼斯这个名称都还不存在。世事沧桑就是这样。摩拉克人更是被看作地球上最不开化的民族。同样撒丁岛和科西嘉岛也没有受到当时意大利人引以为荣的风俗和文化的影响，就像古希腊把四周的一些民族视为蛮族一样。

马耳他骑士团的骑士们，自从[土耳其苏丹]苏里曼于1523年把他们逐出罗得岛以后，就在查理五世赠与他们的这个马耳他岛上坚持着。骑士团团长维利埃·利斯尔-亚当起初带着他的骑士团和依附他们的一批罗得岛人流浪在各个城市，他们到过默西拿，加利波利，罗马，维特尔博。利斯尔-亚当甚至到马德里去向查理五世求助。他还到过法国，英国，想重建人们以为已经完全消灭了的骑士团。查理五世是在1525年把马耳他和的黎波里赠给骑士们的，但不久的黎波里就被苏里曼的海军夺走了。马耳他那时几乎只是一个荒岛。但是，在迦太基人占有这个岛时，经过劳动，曾使这块土地变得肥沃，因为新来的占有者在那里发现了残缺的巨大石柱、大理石建筑物，其上有布匿语①铭文。这些遗迹证明该地从前有过昌盛时期。罗马人不惜费力从迦太基人手里夺取了它。到9世纪，马耳他被阿拉伯人抢占，西西里伯爵诺曼底人罗哲尔又于12世纪末把它并入西西里。当利斯尔-亚当把他的骑士团本部迁至马耳他岛时，那个苏里曼看到他的船只天天被他以为早已摧

---

① 布匿语，迦其人讲的腓尼基语。古代罗马人称腓尼基人特别是迦太基人为"布匿"。——译者

毁了的敌人追逐,怒不可遏,便同他过去夺取罗得岛一样,立意要攻占马耳他岛。他派兵3万前往这个只有700名骑士守卫的小岛。(1565)71岁的骑士团团长让·德·拉瓦莱塔在围困中坚守了4个月。

土耳其人从不同的几个地方进攻。守卫者发明了一种新武器,拿巨大的木圈裹以羊毛,涂上烧酒、油脂、硝石、火药,点燃后掷向进攻者,把他们打退。最后从西西里来了约6000援兵,土耳其人只得撤围。马耳他的首要城镇由于抵御敌军进攻的次数最多被命名为胜利城,沿用至今。骑士团团长瓦莱塔下令建造了一座新城,名为瓦莱塔①。马耳他成为不可攻克的岛屿。此后,这个小岛曾多次抗击奥斯曼帝国,但骑士团却没有足够的财力去从事大规模征战和装备大量的军舰。这个骑士宗教团体仅靠他们在天主教各国的收益生存,他们对土耳其人的危害比阿尔及利亚海盗对基督教徒的危害要小得多。

---

① 瓦莱塔,今马耳他共和国首都。——译者

第一八七章

17世纪的荷兰

727　荷兰特别值得人们注意,因为这是一个完全新型的国家,它几乎没有陆地,却颇为强盛;它的国家财力只能养活1/20的居民,却相当富有;它在亚洲一隅的事业,使它在欧洲具有重要的地位。(1609)这个共和国在经历了40年战争之后才赢得了自由,被原来的主人西班牙国王承认为享有自由和主权的国家。劳动和俭朴是这种自由的最好的保卫者。据说,当[西班牙的]斯皮诺拉侯爵和里夏多议长于1608年到海牙去跟荷兰人谈判停战的时候,路上看见有10来个荷兰人从一只小船下来,坐在草地上用餐,只有面包、干酪和啤酒,各人自备所需的东西。西班牙的两使节问一个农民这些旅客是什么人。农民回答:"是国民代表,是我们的地主老爷和主人。"使节们听后惊呼:"这样的人永远不可征服,应当同他们讲和。"这几乎和从前斯巴达的使节、波斯王的使节遇到的情况一样。相同的风尚可能带来了相同的经历。一般来说,当时荷兰各省的居民是穷的,而国家是富的,同后来的民富国穷相反,因为当时贸易所得都用于保卫国家。

728　荷兰人当时尚未占有好望角,那是1653年从葡萄牙人手中夺取的；未占有柯钦及其属地，也未占有马六甲。它还没有直接同中国通商。如今为荷兰人所垄断的对日本的贸易，直至1609年，葡萄牙人，或者更确切地说葡萄牙人的主人西班牙人还禁止荷兰人进行。然而荷兰人早已征服了摩鹿加群岛，并开始在爪哇岛定居，东印度公司自1602年至1609年的盈利超过了资本的2倍。1608年已有暹罗的使节前往荷兰对这个经商的民族表示敬意，就像他们后来前往法国向路易十四致敬一样。日本的使节于1609年前往海牙签订协定，只是荷兰政府没有授予勋章。摩洛哥和非斯的皇帝曾派人向他们请求在人力和船只方面给予帮助。40年来他们以经商和战争增加了他们的财富和荣誉。

政府是温和的，容许用各种方式崇拜上帝，这在别处也许是危险的，在这里却必须如此。因此荷兰住满了外国人，尤其是瓦隆人①，他在本国受到异端裁判所的迫害，在这里却从奴隶变成了市民。

在荷兰占统治地位的新教也对国家的富强起了好的作用。这个国家当初是那么穷，以至不可能满足高级神职人员的奢华生活，供养各个修会。这块土地需要人去耕种，不能让那些宣誓要使人类绝灭的人居住。英国就是一个例子，英国自从让神职人员享受婚配的甜蜜，人口增长了1/3，成家的愿望不再被埋葬在隐修院的独身生活中了。

阿姆斯特丹作为港口尽管有些不方便，但它已成为世界的货栈。大规模的工程使荷兰富庶而美丽。有两道海堤挡住海水，城

---

① 瓦隆人，指比利时南部讲瓦隆语的民族。——译者

市中的运河河堤上都砌着石块。沿河马路都栽有树木。载着商货的小船可以驶到每家每户的门口。外国人欣赏不厌这独特的由屋脊、树梢、船上的小旗交织而成的画面,在同一地方,同时兼有海滨、城市和乡村的景色。

但是好事总是夹杂着坏事,人总是如此经常偏离自己制定的原则。这个共和国差不多破坏了自己奋斗得来的自由,把幸福和法律建立在宽容的基础上的这个民族又因不宽容而流血。两名加尔文派经师,戈马尔和阿尔曼,做了许多经师在别处所做过的事情(1609及次年)。他们因意见分歧在莱顿激烈争吵,从而使联省共和国发生分裂。这种争吵在许多方面都像托马斯派与司各脱派、扬逊派与莫里那派就灵魂归宿、圣宠、自由等问题,就一些模糊不清、无足轻重的甚至无法确定争论焦点是什么的问题所发生的争吵。在没有战争的闲暇期间,愚昧的民众不幸地容易沉溺于这种争吵之中,并且最终从经院式的论争形成了全国性的两大派。奥兰治亲王莫里斯是戈马尔派的首领,而巴尔纳韦德首相则支持阿尔曼派。历史家迪·摩里埃写道,他从当大使的父亲处获悉,莫里斯曾派人向巴尔纳韦德首相建议帮助[奥朗治]亲王获得王位,但热中共和制的巴尔纳韦德让各个等级从此事中看到的只是危险和不公,这件事从此决定了巴尔纳韦德毁灭的命运。已经证实的是:共和国执政想通过戈马尔派扩张权势,而巴尔纳韦德则通过阿尔曼派来限制他。好几座城市征集了称为"待命兵"的士兵,因为他们等待着法官的命令,这些待命兵不执行执政的命令。一些城市发生了流血骚乱(1618),莫里斯毫不放松地压迫反对他扩大权力的党派。最后他在多德雷赫特召开了一次有欧洲各国新教派代表参加的加尔文派主教会议，只有法国国王不准许派代表参加。与会教士们斥责几次主教会议的专横，并且谴责阿尔曼派，正如他们自己在特兰托公会议上受谴责一样。100多名阿尔曼派高级神职人员被逐出联省共和国。莫里斯亲王从贵族和法官中抽出26名专员负责审判巴尔纳韦德首相和著名的格劳秀斯以及该教派的其他几名成员，把他们监禁了6个月才对他们起诉。

联省共和国和奥兰治的亲王们反叛西班牙的原因首先是因为阿尔伯公爵长期折磨在押犯人而不加审理，最后又派专员去审判他们。在西班牙的君主制统治下，自由派人士中也产生了同样的不满。巴尔纳韦德在海牙被判处斩首（1619），他的遭遇比埃格蒙伯爵和荷恩伯爵在布鲁塞尔的遭遇更冤屈。巴尔纳韦德是一位72岁老人，为共和国效力40年，他在各项政务工作中取得的成就不亚于莫里斯亲王和他的兄弟们用武力取得的成就。判决书上说他"肆意激怒了上帝的神职人员"。格劳秀斯，即后来的瑞典驻法国大使——他的著作比他的大使职务更加出名——被判终身监禁，但他的妻子果敢而幸运地解救了他。暴政激起谋反，谋反又招来新的酷刑。巴尔纳韦德的一个儿子决心为父报仇，向莫里斯讨还血债（1623年）。可是他的计谋败露了。同谋者全被处死，其中的首要分子是一个阿尔曼派高级神职人员。当人们搜捕谋反者时，巴尔纳韦德的这个儿子幸运地逃跑了，但他的弟弟仅仅因为是知情人而被斩首。法国的德图也是由于同样原因而被斩首的。对那位年轻荷兰人的判决更为残酷，只因他没有举发哥哥就被判死刑，这是最大的冤屈。这种暴政若继续下去，自由的荷兰民众就会比他们的祖先、阿尔伯公爵的奴隶更加不幸。戈马尔派的这类迫害跟以前新教徒经常指责天主教所施行的以及各教派相互施行的迫害十分相似。

阿姆斯特丹尽管到处是戈马尔派教徒，但对阿尔曼教徒很优待，采取宽容态度。莫里斯亲王的野心和残忍在荷兰人心中留下了很深的创伤。巴尔纳韦德被处死的回忆对于后来免除年轻的奥兰治亲王威廉三世①（后来的英国国王）联省共和国执政的职务是起了作用的。当维特②首相于1653年在三级会议与克伦威尔签订的和约中规定荷兰以后不再设执政时，威廉三世还在摇篮时期。克伦威尔把他外祖父查理一世国王的事追到这个孩子身上，而维特首相却为另一位首相巴尔纳韦德报了仇。维特的这一行动最终导致了他自己和他哥哥的死亡。然而在荷兰，自由与野心的斗争所造成的流血灾难几乎就只有这些了。

东印度公司由于独立于这些党派之外，自1618年起就致力于建设巴达维亚，尽管遭到当地的国王的抵抗和英国人对这个新殖民地的袭击。荷兰国内本来有些地方是贫瘠的沼泽地，但它却在北纬5度③地球上最肥沃的地方建立了一个王国，那里的农村遍地种植稻子、胡椒、肉桂，葡萄每年可收获2次。荷兰后来又在这个岛上夺取了班唐，把英国人赶走。仅仅东印度公司在印度洋上

---

① 威廉三世(1650—1702)，荷兰执政(1674—1702)，英格兰、苏格兰、爱尔兰国王(1689—1702)。——译者

② 约翰·维特(1625—1672)，荷兰首相，其兄科内利·维特(1623—1672)是个市长，以谋害威廉亲王嫌疑被监禁。兄弟二人均在路易十四进攻荷兰的动乱中被民众打死。——译者

③ 按应为南纬5度，巴达维亚(印度尼西亚首都雅加达之旧称)位于赤道以南。——原编者

便掌握了8个殖民地,包括好望角,它地处非洲的最南端,却是一个重要港口,是荷兰在1653年从葡萄牙人手中夺取的。

荷兰人在远东从事殖民地开发的同时,他们在跟西班牙签订的12年休战协定期满后,便开始向美洲西部扩大征服范围。自1623年至1636年,[荷兰]西印度公司成了差不多整个巴西的主人。人们惊讶地从这家公司的纪录上发现,在这短期间,它装备了800艘船,其中有战舰,也有商船,并从西班牙人手中夺得了545艘。那时西印度公司超过了东印度公司①,但是当葡萄牙终于挣脱了西班牙国王的桎梏以后,葡萄牙人比西班牙人善于保护自己的领地,他们重新回到巴西,并在那里发现了新的宝藏。

远征收获最大的荷兰人莫过于海军司令彼得·汉恩,他夺取了从哈瓦那返航的所有西班牙大帆船,一次远征就给他本国带回了相当于2000万利弗的财产。西班牙人从新大陆取得的财富被用来装备他们昔日的臣民,使之成为可怕的仇敌。共和国在除开休战12年以外的80年间,一直在尼德兰、印度洋和新大陆支撑着这场战争。它已变得相当强大,可以不依靠它的同盟者和长期的支持国法国而在1647年参加签订对自己有利的芒斯特和约②。而以前它曾答应,没有法国的参与,它是不进行和谈的。

不久以后,即1652年和往后的几年,荷兰不惜与它的盟国英

---

① 事实上,西印度公司同其在东南亚的姊妹公司东印度联合公司相比较,成绩逊色甚远。——译者

② 指1648年在德国的芒斯特城由法国、德国、瑞典、瑞士、荷兰为结束30年战争签订的威斯特法利亚和约。参见本书第178章。——译者

国决裂。它拥有与英国同等数量的船只,它的海军司令特龙普[1]只是在作战中生命垂危时才向著名的英国海军上将布莱克[2]屈服。接着荷兰援助了被瑞典国王查理十世围困在哥本哈根的丹麦国王。由奥勃登海军司令指挥的荷兰舰队击败了瑞典舰队,给哥本哈根解了围。荷兰始终是英国在贸易方面的竞争对手,在克伦威尔时期,在查理二世时期,它都同英国打过仗,而且取得胜利。1668年荷兰是[西班牙]王位之争的仲裁人。路易十四为荷兰所迫,跟西班牙议和。过去紧紧依靠法国的这个共和国,自那时起至17世纪末,一直支持西班牙反对法国。在很长时期内它是欧洲事务中占主要地位的国家之一。它从衰落中重新兴起,后来虽然国力有所减弱,仍依靠贸易继续生存,它是完全靠贸易起家的。除了对马斯特里切特和另一个只用以保卫边境的贫瘠的小地方之外,它在欧洲没有进行任何征服。芒斯特和约签订以后,它也没有扩大疆土。在这方面,荷兰更像靠经商致富的古代[腓尼基的]提尔共和国,而不像在非洲拥有许多属地的迦太基共和国和过多地向内陆扩张的威尼斯共和国。

---

[1] 特龙普(1598—1653),荷兰海军将领,1639年在当斯海域以少数军舰击败西班牙的庞大舰队。1652年英荷之间爆发第一次荷兰战争,荷兰海军因总兵力不及英军强大,以失败告终,特龙普也战死在海上。——译者

[2] 布莱克(1599—1667),英国海军上将。在上述的荷兰战争中,与荷兰舰队进行四次海战,结果三胜一负。——译者

第一八八章

17世纪的丹麦、瑞典和波兰①

丹麦在16世纪尚未进入欧洲体系,自从暴君克里斯蒂恩二世被废黜以来,没有任何有意义的事情能吸引其他国家的视线。这个由丹麦和挪威组成的王国的治理方式很长时间跟波兰差不多。这是一个由选举产生的国王领导的贵族政权。差不多整个欧洲的旧政府都是这样。然而到了1660年,四级会议开会时把王位继承权和绝对君主权授予国王弗里德里希三世。丹麦成为地球上第一个由民众通过一个庄严的法令建立专制政权的王国。挪威虽然拥有南北长达600法里的疆域,但这并没有使这个国家强盛起来。满是岩石的贫瘠的土地是不会有很多人口的。由岛屿组成的丹麦比较富饶,但当时还没有像今天那样开发利用。人们还不能指望丹麦会有一天成立印度公司,会在特兰克巴尔有一块殖民地,不能指望丹麦国王会轻易地拥有30艘战船和一支25000人的军队。政府也像人一样,需要时间去造就。贸易、技艺和节俭的思想是逐渐地交流的。我这里不谈丹麦经常对瑞典进行的战争,这些战争

---

① 关于波兰的论述原为本章的一部分,1761年作者另辟专章论波兰,但本章的标题没有改动。——原编者

几乎没有留下多少痕迹。您更关心的是当时的风尚和政治形式，而不是那些没有产生可供后人回忆的事件的战争详情。

在16、17世纪，瑞典的国君不比丹麦的国君更专横。由1000名贵族、100名神职人员、150名市民和大约250名农民组成的四级会议是瑞典王国的立法机关。像丹麦和北欧其他国家一样，瑞典在那时没有设立欧洲其他国家常见的伯爵、侯爵、子爵等爵号。1561年古斯塔夫·瓦萨的儿子埃里克国王把爵号引入国内。然而埃里克国王并未实行绝对的王权统治，这是他留给世界的一个新例：企图实行但又不幸没有能力实行专制。(1569)瑞典复兴者的儿子被四级会议指控犯有好几种罪行，同丹麦国王克里斯蒂恩二世一样，由会议一致通过加以废黜，判处终身监禁，王位由他弟弟约翰继任。

在这么多的事件中，您所注意的是与风尚和时代精神有关的问题，所以有必要知道，那位约翰国王，一个天主教徒，由于害怕那些拥护他哥哥的人会把他哥哥救出监狱并重新扶上王座，便像苏丹送绳索令人自缢一样明目张胆地派人把哥哥毒死，然后又派人把他隆重安葬，安葬时面部露在外面，以免有人怀疑他尚未死亡，利用他的名字扰乱新的统治。

(1580)耶稣会教士博斯万是教皇格雷戈里十三派往瑞典和北欧诸国的使者，他责令约翰国王每逢星期三只进餐一次，作为对下毒事件的苦行赎罪。这种苦行赎罪自然是很可笑的，不过至少说明犯了罪必须赎罪。而对埃里克国王的惩罚则严厉得多。

不论是国王约翰，还是教廷大使博斯万，都没有能使天主教在瑞典占统治地位。国王约翰不能顺应路德派，试图让国民接受希腊正教，也同样没有成功。这位国王稍通文学，他几乎是王国中唯一参与神学辩论的人。乌普萨拉有一所大学，但只有两三名教师，没有学生。这个国家只崇尚武力，然而在军事技艺方面却没有长进，到古斯塔夫·瓦萨时代才开始使用火炮。他们对其他技艺一无所知。这位约翰国王于1592年病倒时，竟因找不到医生治病而死去，这情况与其他国王身旁有许多医生伺候迥然不同。当时瑞典既没有内科医生，也没有外科医生，仅有几个香料商人出售一点草药，人们胡乱买来服用。几乎所有北欧国家都是这样。由于人们还不知道怎样获得必需的技艺，所以还谈不上是滥用各种技艺。

那时的瑞典本来是可以成为强国的。约翰国王的儿子西吉斯孟在他父亲去世前8年当选为波兰国王。当时瑞典占有了芬兰和爱沙尼亚。(1600)既是瑞典国王又是波兰国王的西吉斯孟本来可以征服整个莫斯科维亚，因为在那里既没有很好的治理，也没有足够的武装。但西吉斯孟是天主教徒，而瑞典属于路德教派，因此他没有得到任何权益，反而丢掉了瑞典王位。曾经废黜他叔父埃里克的四级会议又废黜了他(1604)，四级会议宣布立他的另一个叔叔为国王，那就是查理九世，古斯塔夫-阿道夫大王的父亲。所有这些变化都不能不在动乱、战争和谋反中发生。在与西吉斯孟结盟的各国君主看来，查理九世只不过是一个篡权者，但是在瑞典他是合法的国王。

(1611)查理九世的儿子古斯塔夫-阿道夫没有遇到任何障碍就继承了王位，那时他还不满18岁，而18岁是瑞典、丹麦国王和帝国各君主的成年年龄。瑞典人那时尚未收复斯坎尼亚，这是他们的最美丽的省份。这个省自14世纪起就割让给丹麦，因此这块瑞典的国土几乎总是瑞典人对丹麦人作战的战场。古斯塔夫-阿道夫所做的第一件事就是进入斯坎尼亚,但是他始终没有能够收复这个地方。他最初几次作战都一无所获,只得与丹麦媾和(1613)。然而他是那么热衷于战争,以至在摆脱丹麦人以后立即攻打涅瓦河岸的莫斯科维亚。接着他又向那时属波兰的利沃尼亚进军。他到处攻打他的堂兄西吉斯孟,深入到立陶宛。德国皇帝斐迪南三世是西吉斯孟的盟友,因为害怕古斯塔夫-阿道夫,所以派兵攻打他。人们从这里可以判断,法国的枢密院为什么能够不费很大气力就使古斯塔夫进入德国。古斯塔夫与西吉斯孟和波兰有休战协定,在休战期间,他保留着他所征服的领土。您知道他是怎样动摇了斐迪南二世的宝座的。您也知道他是怎样在年富力强和节节胜利的时候死去的。

(1632)阿道夫的女儿克里斯蒂娜同他父亲一样闻名于世,她父亲作战战绩辉煌,而她则治理国家十分出色。她主持了威斯特法利亚和约的谈判,这和约使德国平定下来。她在 27 岁时退位,这一举动使欧洲大为震惊。普芬道夫说她是被迫退位的[①],同时也承认,当这位女王于 1651 年第一次把她的决定通知元老院时,元老院的某些议员挥泪恳求她不要抛弃王国,但她决意放弃王位,最后她在召开了四级会议(1654 年 5 月 21 日)以后,不听臣属的挽留,毅然离开瑞典。她从未表现出缺乏领导王国的能力,但是她更爱好艺术。假如她在隐居的意大利当上了女王,她是不会退位

---

① 见德国历史家普芬道夫所著《瑞典史》第 2 卷,第 401 页。财政情况的恶化是克里斯蒂娜退位的一个重要原因。——原编者

的。这是真正把艺术、礼仪和高尚的社会置于不足道的权威之上的最伟大的范例。

她的堂兄德邦公爵由四级会议选为继位者,即查理十世。这位君主只会打仗。他进军波兰并很快就征服了它,而我们前面已经看到,他的孙子查理十二同样很快地征服过波兰,但两人都同样没能保住波兰。丹麦人因为一直是瑞典人的仇敌,这时就成了波兰的保护者,出兵攻打瑞典(1658)。查理十世被逐出波兰,但仍在结冰的海面上逐岛前进,直至哥本哈根。这是一桩惊人的事件,最后缔结了一项和约,丹麦把[瑞典]失去3个世纪的斯坎尼亚归还瑞典。

查理十世的儿子查理十一是[瑞典的]第一个专制国王,孙子查理十二则是最后一个。这里我只说一件事,说明北欧诸国的统治发生了多大的变化,以及需要多长时间才发生这样的变化。直到查理十二去世,一向从事战争的瑞典才开始在贫瘠的土地和资源所许可的范围内转向农业和贸易。瑞典人终于也有了一家印度公司,他们把过去用来打仗的铁装上船,从哥德堡港运往莫卧儿帝国和中国南方各省。

北欧诸国出现了一个新的转折,形成了一个新的对照。过去实行专制统治的瑞典如今变成了最自由的、国王最无实权的王国。而丹麦则相反,过去国王只等于总督,贵族握有实权,国民是奴隶,可是从1661年起,它却变成了完全的君主专制王国。丹麦的僧侣和市民宁肯要一个专制君主,而不要100个发号施令的贵族。他们迫使贵族变成像他们一样的臣民,迫使贵族把最高权力授予国王弗里德里希三世①,他是地球上唯一由全国各等级正式承认的全体国民和一切法律之绝对主宰,他可以任意制定、废除和不遵守法律。人们在法律上给他以这些可怕的武器,而没有任何盾牌可以用来抵御。但他的后继者们很少使用这些武器,因为他们感到他们的权威在于造福民众。瑞典通过与丹麦完全相反的道路终于发展了贸易。瑞典使自己成为自由的国家,而丹麦则丧失了自由。

---

① 弗雷德里希三世(1609—1670),丹麦和挪威国王,1648—1670年在位。——译者

第一八九章

17世纪的波兰；索齐尼派（上帝一位论派）

波兰是唯一的把共和制和君主制结合起来的国家，它总是选择一个外国人当国王，就像威尼斯总是选择一个陆军将领一样。它也是唯一不对外征服的王国，它只注意保卫本国的边境不受土耳其人和莫斯科维亚人的侵袭。

使许多国家发生动乱的天主教与新教的纷争终于也渗透到这个国家。新教徒的势力相当大，以至于他们在1587年取得了信仰自由。他们这一派力量雄厚，教廷大使卡普亚的阿尼巴尔设法利用他们使皇帝鲁道夫二世的弟弟马克西米连大公登上王位。结果，波兰的新教徒选择了这位奥地利亲王，而反对派则选择了瑞典人西吉斯孟，他是我们在前面提到过的古斯塔夫·瓦萨的孙子。按照血统权利，西吉斯孟本应是瑞典的国王，可是您已经看到，瑞典的四级会议支配着王位，西吉斯孟不但不能统治瑞典，甚至他的堂兄古斯塔夫-阿道夫也差一点要去波兰把他废黜掉，后来只是因为古斯塔夫-阿道夫要去废黜皇帝才放弃了这个打算。

奇怪的是瑞典人常常以胜利者身份踏遍波兰的领土，而比他们强大得多的土耳其人却从未越过波兰边境。奥斯曼苏丹在西吉斯孟统治时出动了20万兵力从摩尔达维亚一侧进攻波兰。当时唯一依附这个共和国并受它保护的哥萨克人进行顽强抵抗,击退了土耳其人。以优势兵力而得到不好的战果,除了表明奥斯曼的将军们不懂得作战,还能得出什么结论呢？

（1632）西吉斯孟与古斯塔夫-阿道夫在同一年去世,他的儿子拉迪斯拉斯继承了王位。曾经长期保卫共和国的哥萨克人终于背叛,投靠了俄国人和土耳其人。这些与顿河流域的哥萨克人不相同的部族居住在博里斯坦纳河①两岸；他们的生活完全像古代攸克辛海沿岸的斯基泰人和鞑靼人一样。位于欧洲北部和东部的世界这一部分地区当时还很野蛮落后,人们仅限于为得到必不可少的东西,向邻族去抢掠,这便是所谓英雄世纪的形象。与乌克兰毗邻的波兰几个州的领主,要把一些哥萨克人当作他们的附庸,即农奴。但是,除了自由别无所有的这整个部族起而反抗,致使波兰的土地长期荒芜。这些哥萨克人信奉希腊正教,这也是他们与波兰人不相容的一个原因。他们之中一部分人投奔俄国人,另一部分人跟随土耳其人,条件就是要生活在自由的无政府状态。他们保存了仅有的希腊正教,最后在俄罗斯帝国统治下几乎完全丧失了自由,俄罗斯在使本国开化之后,也想使这些哥萨克人开化。

拉迪斯拉斯国王去世时没有子嗣,他的妻子玛丽-路易丝·德·贡萨格过去曾与法国王室马厩总管森克·马尔斯有染。拉迪斯拉斯有两个兄弟,两人都入了修会：一个名叫约翰-卡西米尔,是

---

① 今称第聂伯河,流经白俄罗斯、乌克兰,注入黑海。——译者

耶稣会修士,枢机主教;另一个是布雷斯劳①和基奥维亚的大主教。枢机主教和大主教争夺王位。(1648)卡西米尔当选国王,辞去枢机主教之职,戴上波兰王冠,娶了他兄长的遗孀为妻。他在位的 20 年间,王国总是叛党为患,国土时而被瑞典国王查理十世蹂躏,时而又被莫斯科维亚和土耳其侵略,因此他效法克里斯蒂娜女王主动退位(1668),但并不像她那样荣耀,他后来当了圣热尔曼·德·普雷修道院院长,死在巴黎。

742

波兰在卡西米尔的继承者米哈伊·科里布特统治下也是不幸的,它在各个时期丧失的领土加起来可以构成一个大王国,瑞典人夺走了利沃尼亚,它如今归俄国人占有;俄国人占领了他们的普列斯库省和斯摩棱斯克省,后来又占领了几乎整个基奥维亚和乌克兰。科里布特在位时期,土耳其人攻占了波多里亚和沃尔希尼亚(1672)。最后波兰只能作为奥斯曼帝国的附庸,借以保存自己。王国的元帅约翰·索别斯基在霍克津②战役中实际上是用土耳其人的鲜血洗雪了这一耻辱。(1674)这次著名的战役使波兰摆脱了附庸地位,索别斯基也因此获得了王位。但是这个胜利似乎并不像人们所说的那样巨大和具有决定意义,因为土耳其人那时仍占有波多利亚和乌克兰的一部分以及他们以前攻占的卡米涅克要塞。

诚然,索别斯基当了国王以后,因为摆脱了维也纳的桎梏而更

---

① 布雷斯劳,今称弗罗茨瓦夫,波兰西南部城市,濒临奥德河。——译者
② 霍克津,今乌克兰德涅斯特河岸城市,曾为土耳其的一个设防地,波兰国王拉迪斯拉四世(1621)、元帅索别斯基(1673)先后在该地打败土耳其人,该地先后为俄国、土耳其、罗马尼亚所有。——译者

为出名,可是他始终未能收复卡米涅克。土耳其人在他死后,到1699年签订卡洛维兹和约时才归还卡米涅克。波兰经历了这一切动乱,没有改变政制,也没有改变法律和风俗,国家没有变富也没有变穷。但由于波兰的军事纪律比较差,而沙皇彼得大帝最后通过外国人把有效的纪律引入俄国,以致从前被波兰人看不起的俄国人居然在1733年强迫波兰接受他们所强加的国王,并派去了1万名俄国兵,迫使波兰贵族议会服从俄国的法令。

在我撰写本书的时期,玛丽－泰雷丝女皇兼女王,俄国女皇叶卡捷琳娜二世和普鲁士国王弗里德里希也都曾把更为严厉的法令强加给这个共和国。

743　　至于宗教,它在世界的这一部分引起的动乱却是很少。17世纪初,一位论派曾在波兰和立陶宛建立教堂。那些时而称为索齐尼派,时而称为阿里乌斯派①的一位论派教崇拜上帝,主张上帝只有一位,耶稣是人不是神,耶稣按上帝圣父的旨意,生于童贞女。这不完全是古代优西比乌派的教义。他们声称要恢复基督教初期的纯洁性,摈弃官职,也不使用武力。这些不大愿意打仗的主张,对一个不断以武力对抗土耳其人的国家似乎是不合时宜的。然而直至1658年,这个教在波兰还是相当盛行。1658年这个教派被禁止了,因为这些摈弃战争的教徒并不摈弃阴谋诡计。他们与当时共和国的敌人特兰西瓦尼亚国王拉高茨基勾结在一起。然而尽管他们失去了公开宣传教义的自由,他们在波兰的人数还是不少。

---

① 古代的阿里乌斯派也不赞同三位一体说,因而有时也称为一位论派。——译者

夸夸其谈者曼布尔认为这些人逃到了荷兰，他说："在那里人们不宽容的只有天主教"。曼布尔在这个问题与其他好多问题上都弄错了。天主教徒在荷兰联省共和国是允许存在的，天主教徒占该国人口 1/3，一位论派或索齐尼派在这个国家里却从未举行过公开集会。这个教派在荷兰、特兰西瓦尼亚、西里西亚、波兰，尤其是在英国，都是悄悄地传播的。在人类精神变革的过程中，君士坦丁①以来 350 年间，这个在教会中曾多次流行的教派两个世纪来在欧洲重新出现，并散布在许多省份，尽管在当今世界的任何地方都找不到它的寺院。好像人们害怕在各种基督教团体中容纳一个过去曾经长期战胜其他教派的派别似的。

　　这又是人类精神的一个矛盾。确实，基督教徒承认耶稣基督是上帝，是与上帝不可分而又有别于上帝的一部分也好，或是把耶稣基督尊为上帝的第一个造物也好，那有什么重要呢？这两种体系都是同样难以理解的。但是道德法则，对上帝和对他人的爱则是人人可以接受，人人所必需的。

---

① 指君士坦丁十一世（1404—1453）。——译者

第一九〇章

16—17世纪的俄国

745　我们以前并不把莫斯科维亚称为俄国,我们对这个国家只有一个模糊的概念。在欧洲,莫斯科城比这个幅员辽阔的帝国的其他地方更出名,因此才有莫斯科维亚这个名称。莫斯科维亚的君主就是全俄罗斯的皇帝,因为事实上俄罗斯有好几个省是属于他的,或者说他企图得到这些省份。

在16世纪,莫斯科维亚或者说俄国的治理方法与波兰大致相同。俄国的大贵族与波兰的贵族一样,他们的全部财富就是自己领地上的居民,土地耕种者是他们的奴隶。沙皇有时由这些大贵族选出,可是沙皇也常常指定继承人,这在波兰是从来没有的。世界的这个部分在16世纪还很少使用火炮,也谈不上什么军事技术,每个大贵族把他的农奴带到部队集合地点,用弓箭、大刀、长矛和几支步枪把他们武装起来。从来没有正规的野战,没有军需库,也没有军医院,一切都以突然入侵的方式来完成。抢掠得差不多了,大贵族们就像波兰的地主和鞑靼人的王公一样把队伍带回。

直至彼得大帝时代之前,俄国人的生活就是耕地、放牧、打仗。这也是那时地球上3/4居民的生活。

俄国人于16世纪中叶轻易地战胜了已被削弱和纪律比他们更差的鞑靼人，征服了喀山汗国和阿斯特拉罕汗国。但是直至彼得大帝时期，他们不能抵御从芬兰方面来的瑞典人，因为正规军毕竟比他们厉害。

从征服了喀山汗国、阿斯特拉罕汗国、利沃尼亚的一部分、普列斯库和诺夫哥罗德的伊凡雷帝起，直至沙皇彼得大帝，整个时期都没有什么值得一提的事。

伊凡雷帝和彼得大帝有一个出奇的相似之处：两人都杀死了自己的儿子。伊凡雷帝因怀疑自己的儿子在普列斯库被围期间谋叛，用长矛把他刺死，彼得大帝则判处儿子死刑，尽管判刑后又给予赦免，但是那位年轻的皇子并没有因此幸存。

历史上再也没有比假季米特里事件更离奇的了，发生在伊凡雷帝死后（1584）的这件事曾使俄国长期动荡不安。沙皇伊凡留下两个儿子，一个名叫费约多尔，另一个名叫季米特里。费约多尔继承王位，季米特里和母后被幽禁在名为乌格利斯的一个村子里。到那时为止，俄国宫廷还没有采取［土耳其］苏丹和古希腊帝王用牺牲诸嫡系亲王来确保王位的做法。一个名叫波里斯·戈都诺夫的首相，他是国舅，对沙皇费约多尔说，只有效法土耳其人，把弟弟杀掉，才能安安稳稳统治国家。波里斯首相派了一名军官带着杀死季米特里的密令前往年轻的季米特里在那儿长大的那个村子。军官回来报告，任务已经完成，并且要求领赏。可是波里斯的奖赏却是把这个人干掉，为的是杀人灭口。有人说是波里斯后来把沙皇费约多尔毒死了，尽管他有这样的嫌疑，他还是登上了皇位。

（1597）在立陶宛出现了一个年轻人，自称是遇刺未死的季米特里皇子。有好几个曾在他母亲身边见过季米特里的人根据确实无误的特征认出此人就是皇子。他与季米特里酷肖,他出示受洗时戴在脖子上的镶有宝石的金十字架。桑多米尔①伯爵首先承认他是伊凡雷帝的儿子,是真正的沙皇。波兰国会郑重地审查了他的出生证,认为无可争议,于是向他提供一支军队,以便驱逐篡权者波里斯,夺回其祖先的皇冠。

然而在俄国,大家把这个季米特里看作冒名顶替者,甚至看作魔法师。俄国人不能相信由波兰天主教徒抬出来的、用两名耶稣会修士作顾问的季米特里是他们真正的国君。大贵族完全把他视为骗子,以至沙皇波里斯死后,他们毫无困难地把波里斯的15岁的儿子扶上了皇位②。

(1605)但这个季米特里仍率领波兰军队向俄国挺进。那些不满莫斯科统治的人纷纷宣告拥护他。一名俄国将军走到季米特里的部队前面高呼:"他(季米特里)才是帝国的合法继承人!"接着便带领所部向季米特里投诚。动乱很快达到高潮,遍于全国。季米特里再也不是魔法师了。莫斯科的民众冲进宫堡,把波里斯的儿子和他母亲投入监狱。季米特里登上沙皇宝座,没有遇到任何障碍。后来有人散布说,小波里斯和他母亲已在狱中自尽,但更可信的是这个季米特里把他们弄死了。

伊凡雷帝的遗孀,真季米特里或假季米特里的母亲长期流放在俄国北方。新沙皇派人用当时最豪华的四轮马车去接她,自己

---

① 桑多米尔,波兰城市,濒临维斯瓦河。——译者
② 伊凡雷帝的儿子费约多尔(1557—1598),称费约多尔一世(1584—1598),波里斯的儿子称费约多尔二世(1605年即位)。——译者

也亲到数里外迎候，两人悲喜交集，当着无数人抱头相认。帝国中没有人怀疑季米特里是真正的皇帝。(1606)他娶他的第一个保护人桑多米尔伯爵的女儿为妻，这就把他毁了。

民众厌恶信天主教的皇后和由外国人当政的宫廷，尤其看不惯为耶稣会士修建的教堂。从那时起季米特里不再被看作俄国人了。

一个名叫索伊斯基的贵族在庆贺沙皇结婚大典中充当了几个谋反者的首领。他一手执刀，一手持十字架，闯入皇宫。谋反者勒死了波兰卫兵，给季米特里带上镣铐。他们把曾经庄严地认他为子的母后、伊凡的遗孀带到他面前。教士们逼迫她对十字架发誓，说明季米特里究竟是不是她的儿子。也许是由于怕死，这位皇后起了假誓，昧了良心，也许是她确实道出了真相，她哭着说沙皇不是她的儿子，真的季米特里确实在童年时被杀害了，又说她承认新沙皇，只是学大家的样，同时也是为了向暗杀她儿子的那个家族讨还血债。这时就有人说，这个季米特里是个平民，名叫格里斯卡·乌托罗波亚，曾在俄国某修道院当过修士。过去人们指责他不懂希腊正教的仪式，不晓得自己国家的习俗，这时又指责他既是俄国的农民，又是希腊的教士。反正不管他是什么人，谋反者首领索伊斯基亲手把他杀了(1606)，并且接替了他的皇位。

新沙皇登基伊始就把少数幸免杀戮的波兰人赶回本国。他除了杀死季米特里，没有权利也没有任何功绩当皇帝，因此原来与他平等、现在变成他的臣民的大贵族们便扬言，被杀的沙皇并非冒名顶替，而是真的季米特里，谋害他的人不配当皇帝。季米特里这名字在俄国人中顿时又很吃香。刚被杀害的季米特里的首相居然有胆量说,季米特里没有死,不久他便可以治好创伤,重新出现在他的忠实臣民面前。

749　　这位首相带着一个被他称为季米特里并奉为君主的年轻人坐在一辆马拉轿车里走遍了莫斯科维亚。老百姓一听到季米特里这名字就揭竿而起。为了这位看不见的季米特里还发生过几次战斗。首相的一党被击败了,不久这第二个季米特里也销声匿迹了。人们的想象力受到这名字的强烈影响,以至在波兰还出现了第三个季米特里。他比其他两个幸运,得到波兰国王西吉斯孟的支持,前往莫斯科,甚至把暴君索伊斯基包围起来。索伊斯基虽然被围困在莫斯科,可是仍控制着第一个季米特里的遗孀和她父亲桑多米尔伯爵。第三个季米特里像索回自己的妻子那样要求归还这位贵妇人。索伊斯基释放了父女二人,他可能是希望稳住波兰国王,也可能是相信伯爵的女儿不会把那个骗子认作自己的丈夫,然而那个骗子胜利了。第一个季米特里的遗孀还是认第三个季米特里是真正的丈夫。如果说第一个季米特里找到一位母亲,那么第三个季米特里则同样轻易地找到了一个妻子。岳父发誓说这的确是他的女婿,百姓也不再怀疑。大贵族们有的承认篡权者索伊斯基,有的承认冒名顶替者。最后是两者都不承认。他们废黜了索伊斯基,把他送进了修道院。已被贬为僧侣的君主不能再统治国家,这仍旧是俄国人的一种迷信,正如古代希腊正教的迷信一样。以前在拉丁教会中,这一习俗就已经渐渐流传。索伊斯基不再露面了,季米特里在一次宴会中被鞑靼人杀害了。

　　(1610)大贵族们于是把皇冠献给波兰国王西吉斯蒙的儿子拉迪斯拉斯。当这位王子准备去接受皇冠时,又出现第四个季米特里同他竞争。他说,虽然他在乌格利斯村遭到暴君波里斯暗害,在莫斯科遭到篡权者索伊斯基暗害,后来又遭到鞑靼人暗害,可是上帝一直让他保全性命。他找到一些相信这3个奇迹的人。普列斯库城承认他为沙皇。他在那里建立宫廷,度过了几年。这时俄国人为招来波兰人感到后悔,从四面八方把他们赶走,西吉斯孟也放弃了让他儿子拉迪斯拉斯登上沙皇宝座的企图。在这片混乱中,人们把牧首费约多尔·罗曼诺夫的儿子立为沙皇,这位牧首是伊凡雷帝的母亲的亲戚。他的儿子米海伊尔·费多罗维奇(意为费约多尔之子)靠父亲的声望,17岁当选为沙皇。整个俄国都承认这位米海伊尔。普列斯库城把那第四个季米特里交给了他,处以绞刑。

还有第五个季米特里,他是那个确实统治过俄国的第一个季米特里即娶桑多米尔伯爵的女儿为妻的那个季米特里的儿子。他母亲在见到第三个季米特里,并假装认他为丈夫时,从莫斯科把他抢了出来。(1633)她带着这孩子隐居在哥萨克人中间,人们把他视为伊凡雷帝的孙子,事实上他也很可能是。然而米海伊尔·费多罗维奇登上皇位后,立即强迫哥萨克人交出母子二人,接着便把他们溺死。

人们不希望再出第六个季米特里了。然而在俄国沙皇米海伊尔·费多罗维奇和波兰国王拉迪斯拉斯统治时期,人们还看到俄国宫廷中有这个名字的一个新的代表。一次,几个年轻人和一个同龄的哥萨克人一起游泳,发现哥萨克人背上有用针刺的俄文:"季米特里,沙皇季米特里之子。"此人被认为是沙皇费多罗维奇溺死在结冰的池塘中的、桑多米尔伯爵的女儿的儿子。是上帝创造的一个奇迹拯救了他。拉迪斯拉斯的宫廷对他以沙皇之子相待,有人企图利用他来挑起俄国的新动乱。他的保护人拉迪斯拉斯之死使他失去了一切希望。他隐退到瑞典,后来又迁移至荷尔斯泰因,不幸荷尔斯泰因公爵派了一个代表团到莫斯科公国去洽售波斯丝绸没有成功,欠了一笔债,结果这位公爵用交出这个最后的季米特里来抵债,季米特里被砍成了几截。

751　　所有这些神话般的奇闻都确有其事,而这些事在具有正规政府形式的文明民族中是不会发生的。米海伊尔·费多罗维奇的儿子、牧首费约多尔·罗曼诺夫的孙子亚历克塞沙皇,于1645年加冕登基。他只因为是彼得大帝的父亲,才为欧洲人所熟知。在彼得大帝之前,南欧各国几乎不知道俄国,它被掩埋在君主统治大贵族、大贵族统治农民的不幸的专制政体之中。今天文明民族所怨恨的各种弊端,对俄国人来说可能都是天经地义的法律。我们现在有些规章引起了商人和工匠的抱怨,但是在北欧这些国家,有一张床的人家是很少的,人都睡在木板上,最不穷的人在木板上铺一条从遥远的市集买来的粗毯子,或者铺一张家畜皮或野兽皮。英国查理二世驻莫斯科大使卡尔利尔伯爵于1663年游历了整个俄罗斯帝国,从阿尔汉格尔斯克到波兰,沿途发现到处是这样的习惯,以及由此可以想见的普遍的贫穷。然而在宫廷中珍贵的珠宝却在粗俗的盛典上闪闪发光。

　　克里木的一个鞑靼人或顿河流域的一个哥萨克人,与其过俄国平民的野蛮生活,还不如过原先的[游牧]生活更幸福些。因为他们可以自由地到他们想去的地方,而俄国的百姓是不许离开国土的。通过查理十二①的历史,通过彼得大帝的历史(它现在只是在俄国国内有人知道②),您将认识到,半个世纪中,这个帝国发生了多么巨大的变化。人们用 30 个世纪的时间也完不成彼得大帝在几年巡游中所做的事情。

---

① 指瑞典国王查理十二(1697—1718),曾进行"北方战争",对抗俄、波、丹三国联盟,战胜萨克森和波兰,两次进攻俄国。伏尔泰著有《查理十二史》(1731)。——译者
② 本章写于 1756 年,当时伏尔泰所写的《彼得大帝统治时期俄国史》(1759—1763)尚未发表。——原编者

第一九一章

17世纪的奥斯曼帝国；干地亚之围；假弥赛亚

塞利姆二世①死后(1585年)土耳其人在欧洲和亚洲仍保持优势,他们在穆拉德三世②统治时期进一步扩大了疆土。他的将领们在西边占领了匈牙利的吉厄尔,在东边攻克了波斯的大不里士。土耳其近卫军使敌人闻风丧胆,也使他们的主人颇为畏惧,但是穆拉德三世却使他们相信他完全能够指挥他们。(1593)有一天,近卫军来向他要财政大臣的脑袋。他们吵吵嚷嚷涌到皇宫的内庭,甚至威胁苏丹。他下令把宫门打开,他身后跟随着宫内全体军官,本人手执大刀,向人群冲去,当即杀死了几个人,余者四散,对他俯首听命。这些如此自负的近卫军,不得不眼看着他们作乱的首领被杀死。但是,连主人也被迫要跟他们搏斗的士兵们是一支什么样的队伍呢!人们有时可以镇压他们,但是无法使他们习惯于受压迫,无法使他们受约束,也无法消灭他们,这支队伍常常支配着帝国的命运。

近卫军攫取了审判其主子的权利。穆拉德的儿子,穆罕默德

---

① 塞利姆二世(1524—1574),土耳其苏丹,1566—1574年在位。——译者
② 穆拉德三世(1540—1595),土耳其苏丹,1574—1595年在位。——译者

三世①比其他苏丹更应受到近卫军的审判。据说,他是靠让人勒死 19 个亲兄弟,溺死他父亲的 12 个已怀孕的妻室上台的。人们只敢悄悄发出怨言。只有弱者才受惩罚;而这个野蛮人却出色地统治着国家。他保护特兰西瓦尼亚,反对漠视各邦和帝国的利益的德国皇帝鲁道夫二世。他蹂躏了匈牙利,并从马西亚斯大公手里攻占了阿勒②(1596)。他的可怕的统治确实维护了奥斯曼帝国的势力。

自 1603 年至 1631 年,他的儿子艾哈迈德一世③统治期间,一切顿归衰败。波斯国王阿拔斯一世仍旧是土耳其人的战胜者。(1603)他从土耳其人手中夺回了昔日土耳其人和波斯人打仗的地方托里斯地区,他把土耳其人从每一块被征服的国土赶走,使鲁道夫、马西亚斯和斐迪南二世解除了后顾之忧。可他自己并不知道他是在为基督教徒作战。艾哈迈德在 1615 年与马西亚斯皇帝签订了一个屈辱的和约,把阿勒、卡尼兹、佩斯以及他祖先所征服的阿尔勃-罗亚尔归还马西亚斯。这就是时运的此消彼长,正像您在前面已经看到的,乌苏姆·卡桑、伊司玛仪·萨非阻止土耳其人向德国和威尼斯的进军,以及在更久远以前帖木儿拯救君士坦丁堡,都是这样。

艾哈迈德死后发生的事清楚地说明,土耳其政府并不像历史学家向我们介绍的那样,是绝对的君主政体,是在没有矛盾的情况下建立起来的独裁制。这个政权掌握在苏丹手中,它好比一把双

---

① 穆罕默德三世(1566—1603)土耳其苏丹,1595—1603 年在位。——译者
② 阿勒,土耳其东部高地的省及省会。——译者
③ 艾哈迈德一世(1590—1617),土耳其苏丹,1603—1617 年在位。——译者

刃剑，一旦由软弱无力的手来使用，就会伤害主人。正如马尔西利伯爵所说的那样，这个帝国经常是一个比君主专制政体更坏的军事民主制国家。皇位继承的制度没有建立起来。土耳其近卫军和国务会议不推举艾哈迈德的儿子奥斯曼当皇帝，而选了艾哈迈德的弟弟穆斯塔法(1617)。两个月后，他们就厌弃了穆斯塔法，说他没有能力统治国家，把他关进监狱，拥立他的年仅12岁的侄子奥斯曼①为帝，实际上他们是借奥斯曼的名义来统治国家。

穆斯塔法在狱中时仍有一个党。这个叛党让近卫军相信年幼的奥斯曼企图减少他们的人数，以削弱他们的权力。人们以此为借口废黜了奥斯曼，并把他关禁在七堡狱中，首相达乌德亲自前往杀了这位皇帝(1622)。穆斯塔法被接出监狱，再一次被立为苏丹。但是一年之后，他又被那些曾经两次选他为君主的近卫军废黜了。自维特利乌斯以来，没有一个君主曾遭受如此的耻辱。人们让他坐着一头毛驴在君士坦丁堡游街，任凭百姓侮辱，然后押至七堡狱中把他处死。

在号称无畏者的穆拉德四世的治下，一切都起了变化。他亲自率领近卫军与波斯人作战，从而赢得了他们的尊敬。(1628年12月12日)他从波斯人手中夺取了埃尔祖鲁姆。10年后他又攻占了巴格达。该地原名塞琉西亚，是美索不达米亚的首府，我们称为迪亚巴基尔，现与埃尔祖鲁姆同为土耳其所有。可后来波斯人却认为，为了保障边境的安全，必须把巴格达以远30法里的国土

---

① 指奥斯曼二世(1603—1622)，但就位时为14岁，而非伏尔泰所说的12岁。1622年近卫军叛变，将他绞死。——译者

变成荒漠,即必须把波斯最富的地区变成荒僻的贫瘠地带才行。别的民族用城堡,而波斯人则用荒漠来保卫边境。

穆拉德四世在攻占巴格达的同时,还派兵4万援助莫卧儿帝国的沙杰汗①皇帝,帮助他镇压儿子奥朗则布②篡位。如果这股在亚洲掀起的浪潮席卷了当时被瑞典人和法国人占领而内部又四分五裂的德国,那么德国就可能失去从未被完全征服的荣誉。

土耳其人认为这位征服者的长处只是勇敢善战,认为他本性凶残,他的荒淫无度又加剧了他的残暴。他在豪饮中结束了生命,下场并不光彩(1639)。

穆拉德四世的儿子易卜拉欣有与其父相同的恶德,更为懦弱,而毫无勇气。然而在他的治期,土耳其人征服了干地亚岛,只剩下首府和继续守卫了24年之久的几个要塞尚未攻陷。这个在古代以法制、艺术、寓言闻名的克里特岛③曾于9世纪初为阿拉伯的伊斯兰教徒所征服。他们在那儿修建了干地亚城,后来以此为全岛之名。80年后希腊的几个皇帝把阿拉伯人赶走。但是在十字军东征期间,为了援助君士坦丁堡而结成同盟的拉丁君主们不但没有保卫这个帝国,反而把干地亚侵占了。威尼斯当时很富有,买下了干地亚岛,并且很幸运地保全了这个岛。

一个像小说故事般的奇遇把奥斯曼的军队吸引到了干地亚。马耳他的6艘战船夺取了土耳其的1艘大船,它们带着掳获物前往卡利斯梅纳岛的一个小港停泊。有人说,土耳其皇帝的一个儿

---

① 沙杰汗,莫卧儿帝国皇帝,1628—1658年在位。——译者
② 奥朗则布(1618—1707),莫卧儿帝国皇帝,1658—1707年在位。——译者
③ 干地亚岛是克里特岛的旧称。——译者

子在船上，大家之所以相信这一点，是因为船上有黑人宦官总管和宫廷的几名军官，皇帝的儿子正是由他们殷勤保护的。这个宦官总管在战斗中丧生，军官们确认这个孩子是易卜拉欣之子，是他母亲盼咐送往埃及的。他在马耳他长时间被作为苏丹之子相待，人们期望得到一笔与他的身份相称的赎身金。苏丹拒绝赎身金的提议，这也许是因为他不愿意和马耳他的骑士们谈判，也许是因为被扣留的人确实不是他的儿子。这个所谓的王子遂被马耳他人弃置一边，后来成了多明我会修士。人们长期称他为奥斯曼神甫，多明我会修士们一直自夸在他们的修会中有个苏丹的儿子。

马耳他依仗难以攀登的悬崖与强盛的土耳其对抗，土耳其宫廷无法向马耳他报复，就把怒火撒在威尼斯人头上。它责怪威尼斯人违反和约，接收马耳他船队掳获的船。土耳其的舰队旋即抵达干地亚岛，(1645)攻占加尼亚①，不久就几乎占领了整个岛。

易卜拉欣根本没有参与此事。有时在最懦弱的君主统治下人们也能干出最伟大的事业。在易卜拉欣时期，土耳其近卫军是绝对的主人。如果他们征服了一些地方，那并不是为了这位苏丹，而是为了他们自己和帝国。根据穆夫提②的决定和国务会议的决议，易卜拉欣终于被废黜。(1648)土耳其帝国这时变成了一个真正的民主制国家，因为自从把苏丹关押在他妻子们的宅邸中以后，人们没有重新推举皇帝，但是政府继续以不再统治的苏丹的名义治理国家。

---

① 加尼亚，希腊城市名，干地亚岛旧时首府。——译者
② 穆夫提，伊斯兰教法典说明官。——译者

（1649）我们的历史学家们说易卜拉欣最后被4名哑巴勒死，他们有一个错误的假设，认为哑巴是被派来执行宫廷的血腥命令的，但这些人只能是小丑和庸人，不能用他们来干重要的事。这个君主被4名哑巴勒死的传说只能看作是小说。土耳其的编年史没有提到他是怎样死的，这是土耳其宫廷的一个秘密。所有有关与我们如此邻近的土耳其人的政府的谬说，都只能使我们加倍地怀疑古代史。如果人们把我们周围发生的事情给我们讲得这样不真实，我们又怎么能期望了解[古代的]斯基泰人、歌簸人和克尔特人呢？一切都向我们表明，我们应当注意各民族历史的公开事件，有些秘密的细节，如果不是可靠的目击者提供的，要深入探讨，那是浪费时间。

由于一种奇特的命运的支配，这个对易卜拉欣来说不幸的年代，同样对所有的国王也是不幸的年代。德国的皇位被著名的三十年战争动摇了。内战使法国遭到破坏，并迫使路易十四的母亲带着孩子们逃离首都。查理一世在伦敦被他的臣属判处死刑。西班牙国王菲利普四世在亚洲失去了几乎全部属地之后又失去了葡萄牙。17世纪初是篡权者的时代，几乎从世界一端到另一端，莫不如此。克伦威尔征服了英吉利、苏格兰和爱尔兰。一个名叫李自成的造反者迫使汉族的最后一个皇帝和他的妻孥一同自缢，从而为鞑靼征服者打开了中华帝国的大门。莫卧儿帝国的奥朗则布造了父亲的反，把他囚禁在监狱里受折磨，自己平静地享受罪恶的果实。最大的暴君穆莱·伊司玛仪在摩洛哥滥施淫威。奥朗则布和伊司玛仪这两个篡权者是世界各国的帝王中最安乐、最长命的。两人都超过了100岁。克伦威尔和他们一样残忍，没有那么长寿，但安稳地治理了国家,在平静中死去。如果浏览一下世界史,人们就会看到弱者常受惩治,而罪大恶极者逍遥自在,世界是抢劫掠夺、胡作非为的一个大舞台。

干地亚战争与特洛伊战争相似。有时土耳其人兵临城下,有时他们又在自己建成要塞的加尼亚遭到包围。威尼斯人表现出了前所未有的决心和勇气,他们经常击败土耳其人的舰队。圣马克的金库已无力支付建立军队的费用。宫廷内部的纷争,土耳其人对匈牙利的入侵,在数年之内减缓了对干地亚的攻势,但战争从未中断。最后,在1667年,首相之子艾哈迈德·库普罗格利当了穆罕默德四世的首相,终于大举围攻干地亚城,当时的守城者是弗朗西斯科·莫罗西尼①将军和法国军官皮伊·蒙布伦-圣-安德烈,威尼斯元老院把陆军指挥权交给了后者。

如果天主教各国的君主们能够稍稍仿效一下路易十四的做法,这个城市本来是绝不会被攻陷的。路易十四于1669年派了六七千名士兵在博福尔公爵和纳瓦伊公爵②的统率下增援这座城市。干地亚港一直未被占领,只需运送相当数量的兵力就可以抵抗土耳其近卫军。然而[威尼斯]共和国还不够强盛,无力征集足够的部队。曾经在投石党时期扮演过与其说出众不如说奇特的角色的博福尔公爵率领法国的贵族们打垮了堑壕中的土耳其士兵。但是一堆火药和榴弹在堑壕中突然爆炸,使这次攻击前功尽弃。

---

① 弗朗西斯科·莫罗西尼(1618—1694),威尼斯总督,因保卫干地亚和几次远征而著名。——译者
② 博福尔(1616—1669),亨利四世之孙,投石党领袖之一。纳瓦伊(1619—1684)法国元帅。——译者

法国人以为误入布雷区，纷纷后撤。土耳其人追击他们，博福尔公爵和许多法国军官都在这次行动中丧命。

路易十四是奥斯曼帝国的同盟者，却这样公开支持威尼斯，随后又支持德国反对这个帝国，土耳其人并不因此而显得十分恼火。人们不清楚为什么这个国王不久后就把他的部队从干地亚召回。在博福尔公爵死后统率部队的纳瓦伊公爵深知这个要塞再也无法抵御土耳其人。弗朗西斯科·莫罗西尼将军长期坚守这个著名的被围城市，他本来可以不投降而放弃这个废墟，从他一直控制着的海路撤退，然而他用投降的方法为共和国保存了岛上的几个要塞，投降就是签订和约。艾哈迈德·库普罗格利首相把自己的荣誉和奥斯曼帝国的荣誉全都放在攻占干地亚之上。

（1669年9月）这位首相和莫罗西尼缔结和约，换来的是已经化为灰烬、只剩下20来个患病的基督教徒的干地亚城。基督教徒向土耳其人投降，从来没有比这次更体面，胜利者也从来没有如此认真遵守和约。土耳其人允许莫罗西尼把所有在战争中运到干地亚的大炮装上船。首相借给一些小艇把威尼斯的船装载不了的市民运走。他赠给把钥匙献给他的那个当权的市民500西昆①，并给莫罗西尼的每个随从人员200西昆。土耳其人和威尼斯人友好地互访直至船只启程那天为止。

干地亚的征服者库普罗格利是欧洲一名最优秀的将领，杰出的大臣，为人公正而仁慈。他在这场漫长的战争中赢得了不朽的荣誉，可土耳其人也承认他使20万土耳其士兵伤亡。

---

① 西昆，古代威尼斯金币。——译者

所有姓莫罗西尼(在这座被围的城市中有四人姓莫罗西尼)、科尔纳罗、库斯蒂尼阿尼、本佐尼的人以及蒙布伦-圣安德烈侯爵和弗隆特纳克侯爵都成了欧洲有名的人物。人们把这场战争比作特洛伊战争不是没有道理的。首相身边有一个希腊人,名叫帕亚诺多斯,他对其绰号尤利塞斯①是当之无愧的。据坎泰米尔亲王称,这位希腊人使用了一个堪与尤利塞斯媲美的计谋使干地亚的军事会议作出投降的决定。正当几艘满载给养的法国船驶向干地亚的时候,帕亚诺多斯命令几艘土耳其船升起法国国旗,夜间在海上航行,白天驶入奥斯曼帝国舰队所占领的停泊场,受到热烈欢迎。正在与干地亚的军事议会谈判的帕亚诺多斯对与会者诡称,法国国王已经抛弃了共和国,站到盟国土耳其一边。这番谎言加速了投降。莫罗西尼将军在威尼斯元老院被指控出卖了威尼斯。为他辩护的人使用了与指控他的人同样激烈的言词。这一点与古代的希腊共和国,尤其是罗马共和国,又十分相似。莫罗西尼后来从土耳其人手中夺取了伯罗奔尼撒半岛,即如今的摩里亚半岛,他用这一实际行动为自己作了申辩,但是威尼斯占有这个半岛的时间非常短。这个伟人去世时担任总督,他的名誉将与威尼斯共存。

  在干地亚战争期间,土耳其发生了一件引起欧洲和亚洲普遍注意的事。当时广泛流传着一种出于好奇心的无稽之谈,说1666年是世界发生重大变革的一年。《启示录》中神奇的兽数666②是

---

① 尤利塞斯,希腊神话中智勇双全的名将,曾参加围攻特洛伊城。——译者
② 兽数666,据《圣经·启示录》说,在世界末日来到之前,魔鬼将在世间横行,出现一些怪兽。该书第13章述天使预言:"我看见怪兽从地里钻出来……这里藏有智慧,凡有心思的人都可以计算那怪兽的数字,是666,就是一个人的代号"。——译者

这种说法的来源。期待假基督出现从来没有如此普遍。犹太人也声称,他们的弥赛亚该在这一年诞生。

士麦那的一位名叫沙巴泰-塞维的犹太人很有学问,他是英国一家海外代理商行的有钱的经纪人的儿子。他利用这一普遍流传的说法自称为弥赛亚。他能说会道,仪表堂堂,装得很谦虚,他宣扬正义,说的都是天启神谕,到处宣传天数已尽。他先后到希腊和意大利旅行。他在里窝那抢得一名女子,把她带到耶路撒冷,在那里他开始向教友们布道说教。

犹太人有个传统说法,即他们的细罗①,他们的弥赛亚,他们的复仇者,以及他们的国王,应该和以利亚一起来临,他们深信他们曾经有过一个以利亚,他应该在大地更新的时候重新出现。这以利亚曾被某些学者当作太阳:因为以利亚这个词和埃利奥相似,而埃利奥在希腊人那里是太阳的意思;因为以利亚是乘着一辆由四匹长翅膀的飞马牵引的火轮车离开大地升天的,很像诗人们所虚构的四匹马牵引的火轮车上的太阳。我们不必钻研这些细节,不必考证希伯来文的书是否在亚历山大之后,即在犹太经纪人从亚历山大城学到某些希腊神话之后写成的,就能注意到,犹太人自古以来就等待以利亚的降临,直到如今依然如此。这些不幸的犹太人每次给孩子行割礼,总在客厅内为以利亚准备一把椅子,以备他光临时使用。以利亚应当带来安定休息,带来弥赛亚和普遍的变革。这种思想甚至传到基督教徒。以利亚应当来宣布世界的末

---

① 细罗,意为"赐平安者"。见《圣经·创世记》第 49 章第 10 节:"圭必不离犹大,杖必不离他两脚之间,直等细罗(就是"赐平安者")来到,万民都必归顺。"——译者

日和万物的新秩序。几乎所有的宗教狂热者都在期待着一个以利亚。据说[法国]塞文山区的先知们于1707年到伦敦去使死者复活的时候曾经见到以利亚,并和他谈过话;以利亚会出现在民众面前的。直至如今,这群毒害巴黎达数年之久的狂热的扬逊派教徒还向近郊的百姓宣告以利亚的来临。1724年警察局曾经在比塞特尔把两个为了争做真正的以利亚而殴斗的人关押起来。因此沙巴泰-塞维必须在他的教友中有一个以利亚来宣布他是弥赛亚,否则他的使命就会成为泡影。

他找到一个名叫纳当的犹太教教士,此人认为扮演以利亚这个副角可以挣到不少钱。于是沙巴泰向小亚细亚和叙利亚的犹太人宣布纳当为以利亚,而纳当则确认沙巴泰是弥赛亚,是细罗,是圣地民众的希望。

他们两人都在耶路撒冷干了一番事业,他们改建了犹太教会堂。纳当为先知的预言作解释,让人们相信苏丹应当在岁末退位,耶路撒冷应当主宰世界。叙利亚的所有犹太人都信服了。古代的预言在犹太教会堂里发出了响亮的声音。人们根据的是《以赛亚书》上的这些话:"锡安哪,兴起!兴起!披上你的能力!圣城耶路撒冷啊,穿上你华美的衣服,因为从今以后,未受割礼和不洁净的,必不再进入你中间。"①所有犹太教教士嘴里都有这样一段话:"他们必将你们的弟兄从列国中送回;使他们或骑马、或坐车、坐轿、骑驴子、骑独峰驼到我的圣山耶路撒冷。"②总之,女人和小孩都反复

---

① 引文见《旧约·以赛亚书》第52章,第1节。——译者
② 引文见上书《旧约·以赛亚书》第66章,第20节。——译者

背诵着成百段这样的话，心中充满了希望。没有一个犹太人不准备接待那10个古老的分散的支派中的某个人住在自己家中。信仰是如此的强烈，以至各地的犹太人都纷纷丢弃自己的营生，准备作耶路撒冷之行。

纳当在大马士革挑选了12个人来领导12个支派。沙巴泰-塞维到士麦那去同他的教友们见面，纳当在给他的信中写道："王中之王，主中之主，什么时候我们才能有幸走在您的毛驴旁边？我要拜倒在您脚下任您踩踏。"沙巴泰在士麦那废黜了几名不承认他的律法师，安插了几名顺从的。他从前的一个最凶恶的敌人萨米埃尔·彭尼亚公开宣布归顺他，称他为上帝的儿子。有一天沙巴泰和他的追随者们一起出现在士麦那的法官面前，大家都说在他和法官之间见有一条火柱。另外还有几个类似的奇迹也使人更加相信他的使命。甚至有几个犹太人跑上前去把金饰和宝石放在他脚下。

士麦那的帕夏要逮捕他。沙巴泰带了几个最虔诚的弟子前往君士坦丁堡。艾哈迈德·库普罗格利首相正出发围攻干地亚，派人从运送他去君士坦丁堡的船上把他逮捕，投入狱中。按土耳其的习惯，所有的犹太人只要出钱都可以到监狱里面去探人。探视者跪在沙巴泰脚下，吻他的镣铐。他向他们布道，激励他们，为他们祝福，从不抱怨。君士坦丁堡的犹太人相信弥赛亚的来临将会废除一切债务，因此拒不还债。加拉塔的英国商人居然跑到监狱里找沙里泰，对他说，作为犹太王，他应该命令臣民偿还债款。于是沙巴泰写了如下的字句给那些被讨债的人："你们这些等待以色列拯救的人……偿还你们的合法债务吧。如果你们拒绝这样做，你们将不能和我们同享欢乐，进入我们的王国。"

沙巴泰的监狱里总是挤满了崇拜者。犹太人开始在君士坦丁堡煽动骚乱。当时民众对穆罕默德四世本已十分不满，人们担心犹太人的预言会引起动乱。一个像土耳其政府那样严厉的政府似乎会把自称以色列王的人处死的，可结果仅仅是把他转移到达达尼尔的宫堡。犹太人高呼：任何人无权将他处死！

沙巴泰的名声传遍欧洲各国。他在达达尼尔的宫堡接见了来自波兰、德国、里窝那、威尼斯和阿姆斯特丹的犹太人代表。他们以高价获得吻他双脚的许可。可能就因为这样，他得以保全性命。瓜分圣地的活动静悄悄地在古堡里进行。最后他的奇迹传闻甚广，以至穆罕默德苏丹也好奇地想见见这个人，并亲自审讯他。于是犹太人之王被带到宫廷。苏丹用土耳其语问他是否就是弥赛亚。沙巴泰谦恭地回答：他正是。但他的土耳其话不正确，穆罕默德说："你说得很不好，一个弥赛亚应当有运用各种语言的天赋。你能够创造奇迹吗？"他回答道："有时候能够。"苏丹说："那好，来人哪，把他的衣服剥光，让他当我的侍从武官的箭靶。如果他不受伤害，我们就承认他是弥赛亚。"沙巴泰立即双膝跪地，承认这是超出他的力量的奇迹。人们于是向他建议：要么被钉在尖桩上处死，要么当一名穆斯林，公开地到清真寺去。他毫不犹豫，立即改信了土耳其的宗教。他宣称被派遣到这里来就是按照古老的预言用土耳其的宗教来取代犹太教。然而远方各国的犹太人仍长期地信奉他。这出戏尽管没有流血，却使各地犹太人增添了羞愧和耻辱。

犹太人在奥斯曼帝国蒙受耻辱后不久，罗马天主教会的基督教徒也遭受了另一种凌辱。直到那时为止，基督教徒一直依靠同属一个宗教的几位君主，尤其是西班牙国王的资助，在耶路撒冷保留着看守[基督教]圣墓的权利。但是，签订干地亚投降条约的那个帕亚诺多斯也从艾哈迈德·库普罗格利那里得到了希腊教会此后有权看守耶路撒冷所有圣地的许可(1674)。罗马天主教会的教徒组成了法律上的反对一方。官司先打到耶路撒冷的[土耳其]法院，然后又打到君士坦丁堡的国务会议。最后的判决如下：希腊教会在十字军东征以前已把耶路撒冷划入管辖范围，因此它的要求是正当的。土耳其人花费气力审查他们的基督徒臣民的权利，允许基督教臣民在他们的宗教发源地传教，这是对宗教实行宽容政策的一个突出的例子，尽管这个政府在其他方面是残暴的。当希腊人根据国务会议的裁决行使这些权利时，天主教徒们奋起抵制，以致发生流血冲突。[土耳其]政府没有用极刑惩治任何人。这又一次表明了艾哈迈德·库普罗格利首相的仁慈。这样的先例很少有人模仿。1638年，他的一个前任曾根据教会的多次指控处死了君士坦丁堡的著名的希腊主教西里尔。在任何时候，统治者的性格总是造成一个温和的时代或一个残酷的时代的决定因素。

第一九二章

土耳其人对外扩张；维也纳之围

奥斯曼帝国的强大洪流不仅泛滥于干地亚和威尼斯共和国诸岛屿,而且经常冲及波兰和匈牙利。穆罕默德四世的首相曾攻占干地亚,后来穆罕默德又以保护受波兰人虐待的哥萨克人为借口,亲自率军进攻波兰。他从波兰人手中夺取了乌克兰、波多利亚、沃尔希尼亚等地区和卡米涅克城,迫使波兰接受每年纳贡2万埃居的条件,然后才给予和平(1672),[波兰国王]约翰·索别斯基很快就如数缴纳。

在德国发生严重动乱的三十年战争期间,土耳其人让匈牙利得到了喘息。虽然他们自1541年起就几乎全部占领了包括[匈牙利]布达在内的多瑙河两岸,可是这是穆拉德四世正在征服波斯,无法向德国出兵。至于整个特兰西瓦尼亚各个君主都是向土耳其称臣纳贡的,皇帝斐迪南二世和斐迪南三世也不得不有所顾忌,结果只剩下匈牙利还享有自由。这与后来利奥波德[1]皇帝的时代大不相同,那时上匈牙利和特兰西瓦尼亚是变乱、战争和破坏

---

[1] 利奥波德一世(1640—1705),神圣罗马帝国皇帝(1658—1705年),兼波希米亚和匈牙利国王。——译者

的主要场所。

在我们眼前这部历史所论及的各民族中，再也没有比匈牙利人更为不幸的了。这个国家人口很少，天主教与新教以及其他几个党派之间纷争迭起，领土又同时被土耳其人和德国人占领。有人说所有这些灾难都起因于特兰西瓦尼亚的君主拉高茨基，他应向土耳其宫廷纳贡，由于拒绝纳贡才招来了奥斯曼帝国军队的入侵。利奥波德皇帝派蒙特古古利迎战土耳其人，这位蒙特古古利后来成了蒂雷纳的对手。(1663)路易十四派6000人马前往增援他的天然仇敌德国皇帝，他们参加了蒙特古古利击败土耳其人的著名的圣哥达战役(1664)，但是尽管蒙特古古利打了胜仗，奥斯曼帝国仍然得到了对自己有利的和约。根据和约，奥斯曼帝国保留了布达，诺伊豪塞尔和特兰西瓦尼亚。[766]

匈牙利人摆脱了土耳其人之后就想反对利奥波德以捍卫自己的自由，而这个皇帝只知道行使他的王权。于是爆发了新的动乱。年轻的匈牙利贵族埃梅里克·特凯利要为自己的亲属和朋友报仇，向维也纳宫廷讨还血债，煽动匈牙利仍服从利奥波德皇帝的那部分地区起义。他投靠了穆罕默德四世，穆罕默德四世封他为上匈牙利的国王。奥斯曼宫廷这时一共封了4个基督教贵族为国王：上匈牙利王，特兰西瓦尼亚王，瓦拉基亚王和摩尔达维亚王。

在维也纳被杀的特凯利一派匈牙利贵族的鲜血差一点使利奥波德和利奥波德家族丧失维也纳和奥地利。继艾哈迈德·库普罗格利任首相的卡拉·穆斯塔法奉穆罕默德四世之命借口为特凯利复仇进攻德国皇帝。穆罕默德苏丹把他的军队集中在安得里诺普平原。土耳其从来没有征集过这样多的兵力：一支14万余人的正规军,加上克里米亚的鞑靼人3万人,以及志愿兵、炮队、辎重给养兵、工匠、仆役共约有30万人。匈牙利罄其所有才能供养这庞大队伍。卡拉·穆斯塔法没有遇到任何阻碍。大军直抵维也纳城下(1683年7月16日),并立即包围该城。

维也纳总督斯塔伦贝格伯爵有一支镇守该城的部队,号称16000人,实际上不超过8000人。当局武装了留在维也纳城的市民。连学校也武装了起来,教师和小学生都放哨站岗,一名医生当了副指挥。利奥波德皇帝的撤退更使全城人心惶惶。他早在7月7日就带着岳母、太后、皇后和全家离开维也纳。没有坚固设防的维也纳按理坚持不了多久。土耳其的编年史①认为卡拉·穆斯塔法企图在维也纳和匈牙利建立一个独立于土耳其苏丹的帝国。他想象在德国皇帝的宅邸中一定藏有巨额金银财宝。确实,从君士坦丁堡直至亚洲东部边界一般的习俗是君主们都有一个金库作为战时财政来源。土耳其人在他们本国没有由包税商支付现金的特别税,也不懂得设置、出售各种官职和向全国征收地产税和终身年金;发行不准备偿还的公债,以君主的名义通过银行来弄钱,这些他们一概不知道。专制君主只知道积聚金银珠宝,自波斯帝国的居鲁士一世以来,就是这样的。首相认为德国皇帝也一定是这样,这个想法使他没有加紧围攻维也纳,他担心一旦攻取该城,发生抢掠,他就得不到想象的财宝。因此尽管要塞主体出现很大的缺口,城内粮尽弹绝,他始终不发动全面进攻。首相的这一失算,他的奢

---

① 据康泰米尔《奥斯曼帝国史》说,卡拉·穆斯塔法想在西方建立一个穆斯林帝国,以维也纳为首都。——原编者

佟和他的软弱挽救了濒危的维也纳。因为这样一来,波兰国王约翰·索别斯基便有时间赶来援救;洛林公爵查理五世和帝国的诸侯便有时间征集一支军队。土耳其近卫军纷纷抱怨,继愤怒而来的是气馁,他们喊道:"来吧,你们这些异教徒!我们一看见你们的帽子就被吓跑了。"

果然,波兰国王和洛林公爵从[维也纳周围的]卡伦贝格山下来,土耳其人就几乎是不战而逃。本来想在维也纳得到大量财宝的卡拉·穆斯塔法反而把自己的财产统统丢给了索别斯基的部队。不久他也被处死(1683年9月12日)。被这位首相立为国王的特凯利不久被奥斯曼宫廷怀疑为私通德国皇帝,由新首相予以逮捕,戴着脚镣手铐押送到君士坦丁堡(1685)。土耳其人几乎丧失了整个匈牙利。

(1687)穆罕默德四世的统治每况愈下,灾祸频仍。莫罗西尼占领了比干地亚更有价值的整个伯罗奔尼撒半岛。威尼斯军队的炮弹在这次征战中毁坏了几处由土耳其人保留下来的古迹,尤其是著名的雅典无名神殿①。近卫军把种种灾难归咎于苏丹的无能,决心把他废黜。君士坦丁堡的总督、圣索菲亚清真寺的总管穆斯塔法·库普罗格利和穆罕默德的护旗官前来对苏丹说,他必须退位,这是国民的意志。苏丹为自己辩护良久,护旗官反驳说,他是代表民众前来命令他退位的,要他把皇位让给他的兄弟苏里曼。穆罕默德四世答道:"让真主的意愿实现吧;既然真主的愤怒降临

---

① 伏尔泰在这里指的是帕特侬神殿。"无名神殿"是3世纪基督教徒给该殿起的名字。——原编者

到我的头上,去告诉我的兄弟,说真主通过民众之口宣布了他的意愿。"

769　　我们的大多数历史学家说,穆罕默德四世是被近卫军勒死的,但是土耳其的编年史却认为他被幽禁在宫廷中活了5年。那个废黜穆罕默德四世的穆斯塔法·库普罗格利是苏里曼三世①治期的首相。他重新夺回了匈牙利的一部分。恢复了土耳其帝国的声誉。但是从那时起这个帝国的疆域再也没有超越贝尔格莱德或特梅斯瓦尔②。苏丹们保住了干地亚,但是到1715年他们才回到伯罗奔尼撒半岛。欧仁亲王与土耳其人对阵的几个著名战役表明,人们可以战胜土耳其人,但是不大可能征服他们。

被人们描绘得如此专制、如此独裁的土耳其政府只是在穆罕默德二世、苏里曼和塞利姆二世统治时期才是那样,他们使一切都屈服于他们的意志。而在几乎所有其他苏丹和皇帝的统治下,特别是在最近的年代,您在君士坦丁堡会看到的是阿尔及尔和突尼斯的管理方式。您看到,奥斯曼帝国皇帝穆斯塔法二世于1703年被近卫军和君士坦丁堡的市民通过法律形式加以废黜。他们没有选择穆斯塔法二世的某个儿子继承皇位,而是选择了他的兄弟艾哈迈德三世。1730年近卫军和民众强迫这位艾哈迈德皇帝把皇位让给他的侄子穆罕默德,他牺牲了他的首相和几名主要军官仍然无法平息国民的不满,便毫无抗拒地服从了。这就是那些所谓专制独裁的君主!人们因为一个人可以不受制裁地在他的家族之

---

① 苏里曼三世(1642—1691),土耳其苏丹,1687—1691年在位。——译者
② 特梅斯瓦尔,今称蒂米什瓦拉,罗马尼亚城市。——译者

内犯下某些罪行，下令杀害奴隶，便以为他可以根据法律成为一大片土地的绝对主宰，可是他不能压迫整个民族，他在更多的情况下是被压迫者，而不是压迫者。

　　土耳其人的风尚中存在着鲜明的对照：他们很残暴，同时又很仁慈；很讲私利，又几乎从不偷窃；他们游手好闲，但并不赌博也不纵欲。他们之中很少有人行使娶几个妻子和使唤几个奴隶的特权，但君士坦丁堡的妓女比欧洲任何大城市都少；他们坚定地信仰他们的宗教，他们憎恨、鄙视基督教徒，把某些基督教徒视为偶像崇拜者，然而又容忍基督徒，在整个帝国和首都对他们加以保护，允许基督教徒在君士坦丁堡的街区举行宗教游行仪式，还派4名近卫军在街上为这些仪式开道。

　　土耳其人自豪而没有贵族气派，勇敢而没有决斗的风俗。他们的这个品德与所有的亚洲人有共同之处，这个品德产生于他们只在出征时才佩带武器的习惯。这也是希腊人和罗马人的习惯。与此相反的习俗只是在野蛮时代和骑士时代才引入基督教国家的。在那个时代，步行时鞋后跟带马刺，进食或祈祷时身边放着一柄长剑，都是一种责任和荣誉。基督教的贵人们以此为荣，正如我们在前面说过的，这种习俗不久也为下层民众所仿效，成为人们习以为常、熟视无睹的荒唐可笑之事。

第一九三章

波斯；波斯的习俗及其最近的一次动乱；达赫马斯·库利汗（纳狄尔-沙赫）

当时波斯比土耳其更加开化，各种技艺得到更多的重视，风俗更为温和，治安更有成效。这不只是地理条件的作用。阿拉伯人在这里发展文化，已有整整5个世纪。阿拉伯人还在这里建造了伊斯法罕、设拉子、卡斯宾、卡香和其他许多大城市。土耳其人非但一座城市也没有建造，反而使好几个城市变成废墟。鞑靼人在阿拉伯的哈里发治下两次征服波斯，他们没有废弃这里的艺术。萨非王朝统治时期，给波斯带来了萨非家族长期居住的亚美尼亚的温和习俗。波斯的手工艺被认为比土耳其的更精细更好。科学在这里受到了更大的鼓励。每个城市都有好几所学校，教授文学。用比土耳其语柔软和谐的波斯语写出了许多优美的诗篇。曾是欧洲人的启蒙老师的古希腊人也是波斯人的启蒙老师。所以波斯人的哲学在十六七世纪跟我们的大致相同。波斯人有他们本国的天文学，并且如我们已经指出的①，他们比地球上任何其他国家对此

---

① 见本书第158章。——译者

更为重视。以白色表示喜庆、黑色表示哀伤的习俗一直被他们认真地保持着。这一习俗在罗马人是很熟悉的,这是他们从亚洲国家学来的。我国外省的农民不太相信历书上的播种节气,而伊斯法罕的朝臣们却很相信办事的凶吉时辰。波斯人像我们的一些民族一样,富于情趣,也充满谬误。某些旅行家认为这个国家还可以居住更多的人。很可能在琐罗亚斯德教盛行时代,这个国家人口更多,更富饶。那时人们主要从事的是农业,它是各行各业中最需要家庭人口众多的营生,它能保持人的健康和体力,使人最易于养育几个孩子。

伊斯法罕在最后几次变乱之前,曾经同伦敦一样大,一样人口稠密。托里斯有 50 多万人。卡香可与里昂相比。如果乡村人口不多,城市人口也不可能多。除非这个城市只靠对外贸易生存。除中国外,我们对波斯、土耳其和其他亚洲各国的人口只有一些模糊的概念。但是无可置疑的是,任何开化的、建立了强大军队的、有许多手工工场的国家,都有足够数量的人口。

波斯宫廷比奥斯曼帝国宫廷更加堂皇富丽。当人们看到旅行家的游记中所写的马背上覆盖着织锦,马鞍上镶嵌着金饰和珠宝,看到夏尔当所说的,波斯王的桌子上有 4000 个金瓶①,就会觉得像是在阅读薛西斯时期的游记。伊斯法罕和君士坦丁堡的生活用品尤其是食用品的价格只合我们的 1/3。物价如此低廉,若不是由于金银稀少,就说明物产丰足。熟悉波斯的旅行家,像夏尔当,至少并没有告诉我们,一切土地属国王所有。他们承认,波斯也像

---

① 夏尔当在其《波斯旅行记》第 2 卷中未提及金瓶的数目。——原编者

别处一样有皇室的领地，有僧侣的封地以及父子相传的私有土地。

所有有关波斯的叙述都使我们相信，没有一个君主国家享有比波斯更多的人权。这个国家的民众比东方任何国家的民众具有更多的排除烦恼的手段，而烦恼在任何地方都是生命的毒素。人们聚集在称为咖啡馆的大厅里，有的喝着这种直到17世纪末我们这里才有的饮料，有的在赌博，或者阅读，或者听人讲故事；在大厅的一端，一位教士为了挣几个钱在布道说教，在另一端，那些有本领使别人快乐的人正在施展他们的全部才能。这一切都表明，他们是爱社交的民族。这一切都告诉我们，这个民族是该当幸福的。有人说，在人称"大王"的阿拔斯统治时期，波斯人是幸福的。这个"大王"是很残暴的，但是残暴的人珍爱秩序和公共财产也是不乏其例的。这个暴君只是对他身边的某些人凶，但他有时根据他自己制订的法律为国家办了好事。

伊司玛仪-萨非的后代阿拔斯由于消灭了一支类似土耳其近卫军和禁军的部队而成了独裁者。沙皇彼得大帝也是以消灭宫廷卫队的方法来确立自己的权势的。我们看到，世上各王国凡是把军队分成几个小部队的就能巩固王位，而凡合并成一个大部队的军队就会支配并推翻国王。阿拔斯把一些民众从一个国家迁徙到另一个国家，土耳其人从来不这样做。这样的移民极少能成功。在被阿拔斯从亚美尼亚和格鲁吉亚迁移到里海附近的马赞达兰的30万户基督教徒家庭中，如今只剩下四五百户了。但是他营造了一些公共建筑，重建了一些城市，奠定了某些有益的基础。他从土耳其人手中收复了被苏里曼和塞利姆从波斯夺取的所有领土。他把葡萄牙人从霍尔木兹赶走。所有这些伟大的行动使他无愧于

"大王"的称号。他卒于1629年。他的儿子萨非比阿拔斯更残暴，但不如他有勇有谋，而且迷恋酒色，因此朝政一蹶不振，莫卧儿帝国的沙杰汗从波斯夺走了坎大哈，土耳其苏丹穆拉德四世于1638年攻占了巴格达。

自那时起，波斯王国明显日趋衰败，直至最后由于萨非王朝的懦弱无能而全面崩溃。在穆扎-萨非和这个家族的末代国王侯赛因时期，统治着宫廷和帝国的就只是一些宦官。

割掉男子的睾丸，这是人性的极度的堕落，是东方的耻辱。而把政府交给这些不幸的人管理，则是对君主专制制度的最大危害。凡是这些人滥用职权的地方，衰败和灭亡就要降临。侯赛因的懦弱使帝国恹恹无生气，黑人宦官和白人宦官的纠纷又严重地扰乱这个国家，因而即使缪里-维斯①和他的阿富汗士兵没有摧毁这个王朝，它自己也会灭亡的。波斯的命运就是这样：所有的朝代都以强盛开始，而以衰落告终。几乎所有王族的命运都与沙达纳帕卢斯②的命运相同。

这些在我们这个世纪初震撼了波斯帝国的阿富汗人是一群居住在印度和波斯之间的坎大哈山脉的鞑靼移民。几乎所有改变波斯命运的动乱都是来自鞑靼人。波斯人在阿拔斯二世时期于1650年前后从莫卧儿帝国手里收复了坎大哈，而这正是他们的祸殃。阿拔斯二世的孙子侯赛因的政府虐待阿富汗人。缪里-维斯虽然只是个普通人，却是个勇敢能干的人，他成了这些阿富汗人的首领。

---

① 缪里-维斯，阿富汗将军。——译者
② 沙达纳帕卢斯(前669—约前627)，古代亚述王，传说是暴虐的昏君，后自焚身亡。——译者

这里发生的又是这样一场动乱，其中民众的性格比他们领袖的性格发挥了更大的作用。缪里-维斯被暗害后，另一个野蛮人，他的侄子马哈茂德代替了他。这个年轻人只有18岁，似乎不会有很大作为，不会像我们的将领们带领正规军那样带领散漫而凶残的山民部队。但他根本不把侯赛因的政府放在眼里。坎大哈省开始动乱，格鲁吉亚那边的高加索诸省也揭竿而起。最后马哈茂德于1722年包围了伊斯法罕。侯赛因向他拱手交出首都，让与王位，承认他是主人。他以马哈茂德愿意娶他女儿为妻而感到十分幸运。

自查理曼以降，我们看到的所有残暴和不幸的画面中没有比伊斯法罕在动乱后的情景更可怕的了。马哈茂德认为只有把当地大部分居民的家族杀死才能巩固自己的地位。整个波斯有30年处于跟德国在威斯特法利亚和约以前法国查理六世时期和英国玫瑰战争时期一样的状况。不过波斯是从比较强盛的状况落入灾难更重的深渊。

在这场大破坏中宗教纠纷也起了作用。阿富汗人拥护奥玛尔，波斯人拥护阿里。阿富汗人的首领马哈茂德把最荒唐的迷信和最可恨的暴虐掺杂在一起。他在蹂躏了波斯之后，于1725年12月发狂而死。阿富汗民族的另一个篡权者继承了他，此人名叫阿斯拉夫。波斯各地战乱日益加剧。土耳其人从格鲁吉亚即从前的科尔基德大举入侵波斯。俄罗斯人从里海的北部向西，朝过去是伊贝里亚①和阿尔明尼亚的希尔凡地区的杰尔宾特山推进，闯入波斯各省。人们没有告诉我们在这些动乱中被废黜的侯赛因的遭遇

---

① 伊贝里亚，亚洲高加索地区的古称。——译者

如何。我们只知道，这位君主就是他的国家的灾难时期的见证人。

这个国王有个儿子名叫达赫马斯，在王族被杀时逃脱了性命。达赫马斯还有一些忠实的臣子，他们在托里斯城附近聚集在他身旁。内战和蒙难时期往往造就一些特殊的人物，这些人若在和平时期就可能默默无闻。一个牧羊人的儿子当了达赫马斯王子的保护者，支持他登上王位，接着他又篡了权。此人进入了最大的征服者的行列，他的名字叫纳狄尔。他在科拉桑平原，即从前的希尔卡尼亚和巴克特里亚替他父亲放羊。这些牧羊人跟我们的牧羊人可不一样，亚洲不少地区现在还保留着的放牧生活是很富裕的，有钱的牧羊人的帐篷比我们农民的房舍好得多。纳狄尔把他父亲的许多羊群卖了，成了一伙强盗的头头，这样的事在那些保存着古代风俗的地方是常有的。他带着队伍投奔了达赫马斯王子。他有雄心，有勇气和活力，当了军队的首领。他让别人管他叫达赫马斯·库利汗，即达赫马斯的奴隶。但是实际上，在那个跟他父亲侯赛因一样懦弱无能的王子手下，奴隶也就是主人。(1729)他收复了伊斯法罕和整个波斯，追击新国王阿斯拉夫直至坎大哈，把他打败，俘获了他，剜去双眼后砍掉脑袋。

这样，库利汗扶持达赫马斯王子重新登上他父辈的王座，而由于达赫马斯一朝权在手，随时可能忘恩负义，库利汗要阻止他做出这种事情，便把他关押在科拉桑的首府，但仍以这位被囚禁的君主的名义出兵攻打土耳其人，因为他深知只有遵循获得权力的同一途径才能巩固权力。他在埃里温①击败了土耳其人，重新征服了

---

① 埃里温，今亚美尼亚共和国首都。——译者

这个地方，并与俄国人议和，以确保他所征服的领土。(1736)他自立为波斯王，称纳狄尔-沙赫。他没有忘记剜掉那些有权称王者的眼睛的旧风俗，便把这种酷刑也施加到他的君主达赫马斯的身上。那支曾经使波斯遭到破坏的军队现在又被用来使邻国畏惧波斯。库利汗多次使土耳其人望风而逃。他最后和土耳其人缔结了体面的和约，除巴格达及其属地外，土耳其人归还了从波斯人手中夺去的一切领地。

　　罪恶累累而又有荣誉的库利汗接着便去征服印度，这一点我们将在莫卧儿帝国一章中介绍。他回国后发现仍有一个拥护王族各亲王的党派。在新的动乱中他像引起波斯战乱的罪魁祸首缪里-维斯一样被自己的侄子暗杀。于是波斯又成了内战的战场。频繁的战祸夺去了部分民众的生命，同时也破坏了波斯的商业和艺术。然而只要土地肥沃，百姓勤劳，一切都会逐渐恢复的。

第一九四章

莫卧儿帝国

各国的风俗、习惯、法律、变革虽然有相同的根源和目的,但却是千差万别的,它们构成了描绘世界的画卷。我们在波斯和土耳其都没有见到儿子反叛父亲。但在印度,您可以看到莫卧儿帝国基尔杰汗的两个儿子在17世纪初相继与父亲作战。两个皇子中那个叫沙杰汗的在他父亲基尔杰汗死后排斥了由基尔杰汗立为继位人的一个孙子,于1627年夺取了皇位。在亚洲,继位人的顺序不像在欧洲那样作为一条法律得到确认,因此亚洲国家的民众比我们多了一种灾难的来源。

曾经反叛父亲的沙杰汗后来又看到了他的几个儿子反叛他。一些无法阻止自己的儿子征集军队起来造反的君主,却又像人们所说的那要极端专制,这是令人难以理解的。印度的治理方法看来与欧洲各王国实行采邑制度时期差不多。印度斯坦各省省长是政府的主人,副省长的职位则分封给皇帝的儿子们。显而易见,这是引起内战的永恒的根源。因此,当沙杰汗皇帝身体衰弱时,各自治理着一个省的4个儿子就起兵争夺皇位。他们一致同意废黜父皇,但他们互相厮杀。这正是[法国国王]温厚者或怯弱者路易一世的遭遇。兄弟4人中罪恶最大的奥朗则布却是运气最好的。

这位印度皇太子有着跟克伦威尔同样的奸诈、同样的伪善和同样的残暴,而且性格更加乖戾。他先和他的一个兄弟结成同盟,制服了他的父亲沙杰汗并把他父亲囚禁狱中。接着便暗杀了那个与他结盟的兄弟,因为他曾利用他的兄弟作危险工具,所以必须消灭。他又追击另外两个兄弟,取得胜利,最后把他们一一处死。

这时奥朗则布的父亲还活着。他的儿子把他关押在最黑暗的牢狱里。老皇帝的名字常常是反对暴君的密谋活动的借口。他父亲略感不适,他派去了一名医生,于是老皇帝去世(1666)。整个亚洲都认为是奥朗则布用毒药害死了父亲。没有人比他更清楚地表明,幸福并不是用德行换来的。这个两手沾满亲兄弟的鲜血,使父亲死于非命的罪人,在所有的事业中都获得成功。他到1707年才死去,终年103岁。从来没有一个君主有他那样漫长而幸运的帝王生涯。他把维萨波尔王国、戈尔康达王国、整个卡纳蒂克地区和沿科罗曼德尔海岸及马拉巴尔海岸的几乎整个半岛并入莫卧儿帝国的版图之中。此人若受到各国普通法律的审判,一定要被处极刑,然而他却是世界上无争议的最强大的君主。波斯国王们的豪华,在我们看来光彩耀目,但若与奥朗则布的财富相比,只不过是个微不足道的宫廷拼命摆个排场而已。

亚洲的帝王们历来都积聚珍宝。他们以收藏财物而致富,不像欧洲的君主那样靠发行流通国内的钱币发财。帖木儿的金库至今存在,他的每个继承人都加以扩充。奥朗则布又给这个金库增加了大量财富。据塔韦尼埃①估计,仅仅他的一个金銮椅当时就

------

① 塔韦尼埃(1605—1689),法国旅行家,曾到土耳其、波斯和印度探险。——译者

值16000万,①相当于现在的3亿多。支撑金銮椅的华盖的12根金柱都镶满大颗珍珠串。华盖也饰有珍珠和钻石,盖顶饰有个孔雀,尾部尽是宝石。其他各种装饰也都与这奇特的豪华相当。一年中最隆重的日子是皇帝在民众面前用金磅秤称体重,那一天他接受的礼物值达5000多万。

要说气候条件对人产生了影响,那肯定是在印度。莫卧儿皇帝在印度无不同样炫示豪华,无不过着跟坎特·库尔斯所叙述的印度国王们同样奢侈的生活。胜利的鞑靼人不知不觉习惯了同样的风俗,变成了印度人。

这种穷奢极欲的生活只能给印度斯坦半岛带来灾难。在古代,有人曾对吕地亚国王克洛伊索斯②说:"您有许多黄金,但是使剑使得比你好的人将把您的黄金全部夺去。"1739年,与克洛伊索斯同样的厄运降临到了奥朗则布的孙子马哈麦德-沙赫身上。

达赫马斯·库利汗在废黜了他的主人,打败阿富汗人,攻占坎大哈,登上波斯王位以后,前进到了印度的首都,其唯一目的就是要夺取莫卧儿皇帝从印度人手里得来的财宝。哪一支军队也比不上莫卧儿皇帝马哈麦德为抗击达赫马斯·库利汗而征集的军队那么庞大而又那么脆弱。他有士兵12万人,火炮1万门,武装大象200头,而波斯的胜利者只有6万士兵。大流士当年与亚历山大作战也没有动用过那么多的兵力。

---

① 此处和下文的数字在原文中均无货币的单位。——译者
② 克洛伊索斯(约前560—前546)。小亚细亚吕底亚末代国王,波斯国王居鲁士攻占其首都,国王被俘。传说他是古代巨富之一,他的名字成为富豪的同义语 。——译者

又据说,这么多的印度兵都隐蔽在朝着达赫马斯·库利汗可能进攻的那一边的长达6法里的壕沟里,可见这支军队多么软弱。人数众多的这支大军应当围住敌人,切断他们的交通,让他们饿死在陌生的异邦才对。但相反,倒是波斯的小军队包围了印度的大军队,断绝给养,并且化整为零地把它消灭掉。莫卧儿皇帝马哈麦德仿佛只是前来摆摆威风,然后向久经战阵的强盗们屈服。他屈辱地来到达赫马斯·库利汗跟前,后者以主人身份同他说话,把他当作臣仆。胜利者进入德里,这是被描绘得比巴黎和伦敦还要大、人口还要多的一座城市。他让这位富有而可怜的皇帝跟在身后,他先把他关进一所塔楼,自立为印度皇帝。

莫卧儿帝国的几名军官曾经试图在波斯人寻欢作乐的一个晚上拿起武器向胜利者进攻。于是达赫马斯·库利汗纵容部下大肆焚掠德里城。他从德里抢走的财宝比西班牙人征服墨西哥时抢走的多得多。这些财富是通过4个世纪的掠夺积聚起来的,如今经过另一次掠夺又运到了波斯,但它并没有阻止波斯人长期成为世界上最不幸的民族。这些财宝在内战期间有的失散,有的被掩埋,直到某一个暴君把它们重新聚集起来为止。

库利汗离开印度返回波斯时虚伪地把皇帝的称号留给被他废黜的马哈麦德,而把治理权留给了曾经抚养过莫卧儿皇帝并已离开了他的一位省长。他把克什米尔、喀布尔和漠尔坦3个王国从庞大的帝国分割出来,并入波斯的版图,并强令印度斯坦半岛纳贡数百万。

于是印度斯坦半岛就由一位省长和达赫马斯·库利汗设立的一个议会来治理。奥朗则布的孙子保持了诸王之王的地位,但实际上不过是一个傀儡。库利汗在节节胜利中于波斯遭到暗杀后，一切又都恢复正常。莫卧儿帝国不再纳贡，被波斯胜利者夺走的各省又归回帝国。

不应当认为号称诸王之王的马哈麦德在遭逢不幸之前是个专制独裁者。奥朗则布曾经是个独裁者，因为他多疑多虑，常胜不衰，而又生性残酷。专制独裁是一种暴政，似乎不能持久。在一个由每个省长供养2万士兵的帝国里，这些省长是不可能长期地盲目服从的。皇帝分封给这些省长的土地自分封之日起就不再属于他所有。不要以为在印度一切劳动所得都属于一人。好几个印度种姓都保持了原有的土地所有权。其他的土地分给了帝国的大领主、啰惹①大富豪和埃米尔②。像别处一样，耕种这些土地的是一些佃农，他们由此致富。耕种土地者还有就是为主人干活的移民。小百姓在印度这个富国以及在世界上几乎所有的国家中都是贫穷的。但是他们不像我们从前的欧洲和现在的波兰、波希米亚以及德国的许多地区的农奴那样人身依附于封建领主。在亚洲，农民对自己家乡不满可以出走，去寻找一个更好的地方，如果他们能找到的话。

总的来说我们对印度所能作的概述就是，印度作为一个被征服国，由30个暴君统治着，他们承认一个像他们一样骄奢淫逸、侵吞百姓财富的皇帝。那里没有执行法律的常设司法机关来保护弱者反对强者。

---

① 啰惹，旧译"拉者"或"罗惹"，古代印度国王的称号。——译者
② 埃米尔，印度伊斯兰教使用的称呼，原为阿拉伯文 emir，是王公贵族之意。——译者

有一个问题初看似乎难以解释。从美洲流入欧洲的金银持续不断地被印度斯坦半岛吞没而不再流出，然而那里的民众却十分贫穷。他们辛勤劳动而几乎一无所获。究其原因，就是这些财富到不了民众的手中，它们落入商人手里。商人向省长缴纳巨额税金，省长又把其中大部分分献给莫卧儿帝国的皇帝，其余部分自己收藏起来。在世界上最富有的这个国家里，人们的劳动所得比任何别的地方都低。在整个国家里，短工的收入都不超过衣食所需。印度的土地极为肥沃，气候炎热，衣食的费用几乎等于零。在矿中寻找钻石的工人挣的钱只够买一点稻米和一件布衬衫，贫穷到处都在廉价地为富裕服务。

关于印度人，我谈过的就不再重复了。印度人的迷信仍与亚历山大时代的迷信相同。婆罗门教的僧侣在那里传播同样的宗教。妇女到现在还要跳进火堆在丈夫的尸体上自焚。我们的旅行家，批发商曾目睹几个实例。弟子们有时也为在师傅死后不再苟活于世而感到光荣。塔韦尼埃写道，他在印度的一个首府阿格拉曾亲眼见到这样一件事：一名婆罗门僧人死后，一个曾经拜他为师的批发商前往荷兰人的商店结清账目，说他决定到另一个世界去寻找师傅，尽管别人极力劝他活下去，他仍绝食而死。

有一件事值得注意，即各种技艺几乎从来不从掌握这些技艺的家庭外传。工匠的女儿只嫁给与她父亲同行的男人。这是亚洲的很古老的风俗，从前在埃及甚至把这个定为法律。

亚洲和非洲的法律一向允许一夫多妻，然而总是一贫如洗的民众是无法执行这条法律的。富人的妻子数目的多寡随他们的财产数额而定，他们雇用阉奴看管她们，这是印度和整个亚洲的一种自古以来就有的习俗。3000多年前当犹太人想立一个王时，反对建立王权的法官和士师撒母耳就向他们指出，这样的王一定会强迫他们纳税，用以给他的太监①。为了使这样的一种习俗不显得特殊，男人们不得不长期以来屈服于奴隶的地位。

当我正要结束这一章的时候，一场新的变乱震撼了印度斯坦半岛。纳贡的君主们和省长们都摆脱了桎梏，国内的民众废黜了皇帝。印度像波斯那样变成了内战的战场。这些灾难使人们看到，政府是极端腐败的，同时，那种所谓的专制统治是不存在的。皇帝的权威不足以使任何一个沙甲听命于他。

我们的旅行家们曾经认为专制的权力主要在莫卧儿皇帝个人身上，因为奥朗则布曾经制服一切。他们没有看到，这种仅仅建立在武力上的权力，只是在统率军队时才能维持，这种专制权力能毁灭一切，但最终要自行毁灭。它不是政府的一种形式，而是颠覆任何政府的一种形式。它以个人的随心所欲为准绳，而不依靠能保证其存在的法律。当这个庞然大物不再能举起手臂时，他就跌倒在地。他的残骸又产生了几个小的暴君。只有在法治时期国家才能重新获得稳定的形式。

---

① 见《圣经·旧约·撒母耳记上》第8章。——译者

第一九五章

17世纪和18世纪初的中国

也许对您来说,根本没有必要知道中国的朝代,在成吉思汗的元朝统治之后,是[明朝的]光宗皇帝继承了神宗,熹宗又继承了光宗。这些庙号在年表中是有用的,但是既然您所注意研究的是大事和习俗,您就可以越过这些空洞的阶段而进入标志重大事件的年代。导致波斯和印度覆灭的奢侈逸乐同样使中国在上个世纪经历了一次比成吉思汗和他的孙子们所造成的动乱更大的动乱。在17世纪初,中国比印度、波斯和土耳其幸运得多。人类肯定想象不出一个比这更好的政府:一切都由一级从属一级的衙门来裁决,官员必须经过好几次严格的考试才被录用。在中国,这些衙门就是治理一切的机构。六部居于帝国各官府之首:吏部掌管各省官吏;户部掌管财政;礼部掌管礼仪、科学和艺术;兵部掌管战事;刑部掌管刑狱;工部掌管公共工程。这些部处理事务的结果都呈报到一个最高机构。六部之下有44个常设在北京的下属机构,每个省每个城市的官员都有一个辅佐的衙门。在这种行政制度下,皇帝要实行专断是不可能的。一般法令出自皇帝,但是,由于有那样的政府机构,皇帝不向精通法律的、选举出来的有识之士咨询是什么也做不成的。人们在皇帝面前必须像敬拜神明一样下跪，对他稍有不敬就要以冒犯天颜之罪受到惩处，所有这些，当然都不能说明这是一个专制独裁的政府。独裁政府是这样的：君主可以不遵循一定形式，只凭个人意志，毫无理由地剥夺臣民的财产或生命而不触犯法律。所以如果说曾经有过一个国家，在那里人们的生命、名誉和财产受到法律保护，那就是中华帝国。执行这些法律的机构越多，行政系统就越不能专断。尽管有时君主可以滥用职权加害于他所熟悉的少数人，但他无法滥用职权加害于他所不认识的、在法律保护下的大多数百姓。

土地的耕作达到了欧洲尚未接近的完善程度，这就清楚地表明民众并没有被沉重的捐税压垮。从事文化娱乐工作的人数甚多，说明城市繁荣，乡村富庶。帝国内没有一个城市举行盛宴不伴有演戏。人们不去剧院，而是请戏子到家里来演出。悲剧、喜剧虽不完善却已十分普及。中国人没有使任何一种精神艺术臻于完美，但是他们尽情地享受着他们所熟悉的东西。总之，他们是按照人性的需求享受着幸福的。

1630年，继这一幸福年代而来的是一场最可怕的灾难和最普遍的破坏，成吉思汗的后代、女真征服者家族干了一切征服者都干过的事：削弱被征服者的国家，使自己在夺取的宝座上无须害怕像自己以前掀起的那种变乱。在元朝终于被明朝替代之后，居住长城以北的鞑靼人就只被视为野蛮民族，对他们既没有什么期望也没有什么害怕的了。长城外的辽国被成吉思汗家族并入中华帝国后，就完全汉族化。辽东半岛的东北部住着一些满族游牧部落，辽东的总督对他们很严酷，致使他们提出了大胆的抗议，如同史学家所叙述的古代斯基泰人自居鲁士入侵后经常提出抗议一样,因为各民族的特性总是相同的,直到长期的压迫使他们退化为止。作为对抗议的答复,总督派人焚毁了他们的房舍,抢走了他们的羊群,还要把他们迁移到别处。(1622年)这些自由的满族人推选出一个首领,准备打仗。这个首领不久自立为王,称为太祖。他大败汉人,胜利地进入辽东,攻占了首府。

这场战争是以古代战争的方式进行的。火器在世界的这部分地区还无人知晓。使用的是弓箭、长矛、狼牙棒、偃月刀等兵器。盾牌、头盔用得较少,臂铠和金属靴就更少见。防御工事是壕沟、城墙和塔楼,士兵或者挖城墙,或者用云梯攀登,靠肉体的力量去夺取胜利。满族人习惯于露宿,因而对生长在较好条件下的民族占优势。

这个游牧部族的第一个首领太祖于1626年去世,此时战争刚刚开始。他的儿子太宗立即称帝,成为满族人的君主,与明朝皇帝平起平坐。据说他会读会写汉文,似乎跟中国的儒家一样只承认一个神,把这个神称为"天"。他在致中国各省巡抚的通牒中写道:"天培育他所喜爱的人;可能天已经选中我来当你们的主人。"确实自1628年起,他得到天助,取得了一个又一个的胜利。他是一个非常能干的人,他使他的野蛮民族得到开化,变得顺从。在战争期间,他就制定了法律。他一直是亲自带兵,而那个默默无闻的中国皇帝徽宗[①]却同他的嫔妃宦官们一起呆在皇宫里,因此他成了汉族血统的最后一个皇帝。他无法阻挡太宗和他的满族人攻占北方

---

① 原文如此。应为明思宗崇祯皇帝。——译者

的省份，也无法阻挡造反的李自成攻取南方的省份。当满族人侵犯中国的东部和北部时，李自成占领了中国的差不多所有其余部分。据说他拥有60万骑兵和40万步兵。他率领他的精锐部队一直打到北京城。皇帝从未走出宫门，对已发生的事情只知道一部分。闯王李自成（人们这样称呼他，因为他没有成功）把两名俘虏的宦官送还皇帝，并且带去一封短简，劝皇帝退位。

　　从这里我们可以看到亚洲式的傲慢是什么，它和软弱多么相反相成。皇帝下令将这两名宦官斩首，因为他们带来了一封对皇帝不敬的信。人们花好大力气才使他明白，皇族和一大批官员的脑袋掌握在李自成手中，如果杀了这两个宦官，那些人的性命就会不保。

　　当皇帝正在讨论如何答复时，李自成已经攻入北京城。皇后赶紧派人救出几个男孩，然后把自己关在寝室内自缢身亡。皇帝闻讯赶到寝室，十分赞许这种忠贞的范例，鼓励40名嫔妃仿效她。根据耶稣会教士德·马雅神甫上个世纪在北京写的一部历史的叙述，所有这些嫔妃全都服从了圣旨①。也许有几个女子还需要别人帮助。作者对我们描绘得像一位善良君主的这个皇帝在作了这样的处置之后，又发现了他的唯一的她年方15的女儿。皇后认为让她冒险逃出皇宫是不适宜的；皇帝劝她像亲母和庶母一样自缢。公主不愿意，马雅所写的这位善良君主便向她猛砍一刀，让她死去。人们以为像他这样的父亲和丈夫，一定会倒在皇妃和公主的

---

① 见伏热·德·布吕南与德·马雅神甫合著《满族征服中国史》，1754年里昂版。——原编者

尸体上自杀,但他却来到紫禁城外的一个亭子里等待消息。最后他得知一切都已无望,李自成已经进入宫城,便上吊自尽,从而结束了他没有勇气保卫的一个帝国和一条性命。这奇怪的事件发生在1641年①。正是在这位汉族末代皇帝统治时期,耶稣会的教士们终于打入了北京的宫廷。出生在[德国]科隆的汤若望②神甫以他的物理、数学知识受到这位皇帝的赏识,当了大臣。是他第一个在中国监铸了铜炮,但是北京的炮极少,加上不会使用,所以并不能拯救帝国。汤若望在变乱之前离开了北京。

皇帝死后,满族人就与造反的汉人争夺中国。满族人团结而善战,汉人则分裂而纪律松弛。因此不能不逐渐把一切都让给了满族人。这个民族本身有一种优越的特性,这种特性不取决于首领的行为。300多年中如此令人生畏的、以穆罕默德为代表的阿拉伯人就是这样的。

就在这个时候,太宗死了。但太宗的死并没有阻止满族人继续征战。他们立了太宗的一个幼小的侄子为皇帝,这就是著名的康熙的父亲顺治。在他的治下,基督教在中国有了很大发展。首先拿起武器来保卫自由的这个民族并不懂得世袭的权利。我们看到,所有的民族开始时都是推举领袖进行战争。然后,除了欧洲某几个民族以外,那些领袖就变成了独裁者,世袭制因以确立。久而久之世袭制便成为神圣不可侵犯的权利。

许多征服者都因为尚未成年而灭亡,但满族人却是在顺治的

---

① 作者此处所述有误,实为1644年。
② 汤若望(1591—1666),耶稣会教士,德国人。1624年至广州,1630年(崇祯三年)被召入北京,清康熙时曾任钦天监监正等职。——译者

未成年期最后征服了中国。造反的李自成被自称是为崇祯皇帝复仇的另一个造反的汉族人杀死了。在好几个省份都有人承认被废黜并自缢身死的末代君主的几个或真的或假冒的儿子为皇帝，就像在俄国有人制造了几个季米特里①一样。汉族官员企图在一些省份篡位，但满族的大篡位者终于战胜了所有的小篡位者。有一位汉族将军曾一度遏制了他们的进展，因为他有几门炮，这些炮或许来自澳门的葡萄牙人，或许是耶稣会教士汤若望铸造的。满族人尽管没有炮，还是战胜了有炮的汉人，这是很了不起的。这与发生在新大陆的事恰好相反，证明北方民族比南方民族强。

更令人惊异的是满族人在两个未成年君主的治期，一步步地征服了中国这个幅员广阔的帝国。因为1661年在他们的统治尚未完全巩固之前，年轻的皇帝顺治就去世了，终年仅24岁。他们立了顺治的儿子康熙，康熙和他父亲一样，8岁当皇帝。康熙重振了中华帝国，他既贤明又幸运，以致汉人和满人都服从他。被他封为大臣的西方传教士们赞扬他是最好的君主。没有当官的某几个旅行家，特别是勒·让蒂，说康熙是个可鄙的吝啬鬼，非常任性。然而这些个人的末节不应掺杂到总的世界画幅中。只要在这位君主的治下国泰民安就够了，我们应当从这方面来观察和评价国君。

在这场持续了30多年的动乱中，汉族受到的最大耻辱莫过于被他们的征服者强迫采用满族人的发式。有些人宁死不肯剃发。我们知道，当沙皇彼得大帝强迫莫斯科人割掉胡须时，莫斯科人曾经发动暴乱，可见习俗对民众影响之大。

---

① 见本书第190章。——译者

时间并没有像在我们的高卢、英国和其他国家那样,使征服者民族和被征服者民众消除一切差别。但是由于满族采用了汉族的法律、风俗和宗教,这两个民族不久后就成为一个民族了。

康熙统治期间,欧洲传教士很受器重。好几位传教士居住在皇宫里。他们兴建教堂,拥有豪华的邸宅。在美洲他们向蛮族传授生活所必需的技艺,取得了成功。在中国,他们向有才智的民族传授最高级的技艺也取得了成功。但不久以后,妒忌损害了他们智慧的成果,欧洲那种随知识和才能俱来的不安于位和唇枪舌剑把最宏伟的计划推翻了。

人们惊讶地看到,一些有学识的西方传教士对他们来中国所教授的东西并没有一致的看法,他们彼此攻击,互相责骂,还向罗马教廷起诉,要枢机团作出决定,中国皇帝是否要与来自意大利和法国的传教士一样赞成罗马教廷的话。

争吵达到十分激烈的程度,使中国皇帝担心或者假意担心中国会发生像日本那样的骚乱[①]。康熙的继承人禁止基督教活动,却允许伊斯兰教和佛教各宗的活动。宫廷一方面觉得数学有需要,另一方面又认为新的宗教有危险,所以留下了传教士中的数学家但要他们对其他事情保持缄默,而把其他传教士都赶走。这个皇帝名叫雍正,他对传教士们说了下面这样一番话,他们曾真实地把这些话记录在名为《耶稣会传教士关于中国的有益和奇异的信札》一书中:

---

① 见本书第196章。——译者

如果我派遣一批和尚和喇嘛到你们的国家去，你们会说什么呢？你们将怎样接待他们呢？如果你们已经欺骗了我的父亲，那么别想再欺骗我了。你们想让中国人采用你们的法律。我知道，你们的信仰容不得其他的信仰；这样一来，我们成了什么呢？成了你们君王的臣属。你们培养的门生只认识你们。一旦发生动乱，他们必将对你们唯命是从。我知道眼下是没有什么可担心的，但是当大批军舰驶来时，就会出乱子。

转述这些话的耶稣会士和其他的教士们都承认这位皇帝是历代帝王中最贤明、最宽厚的一个。他一贯关心减轻穷人的疾苦，让他们劳动，他严格地遵守法律，抑制僧侣们的野心和诡计，保持国家的和平和富裕，奖励一切有益的技艺，特别是土地的耕作。在他的治下，所有的公共建筑、交通要道和联结这个大帝国各河流的运河都得到了维修，工程宏伟而又省钱。在这方面，只有古罗马人才比得上。

值得注意的是，1699年在康熙皇帝治下中国曾发生地震。那次地震的震情比最近摧毁利马和里斯本的地震更严重，据说有40万人丧生。地震在我们的地球上是经常发生的。许多火山喷射浓烟和烈焰，使人想到地球的外壳下面是一些深渊，内部充满着易燃的物质。显然我们所居住的地球曾经经历过频繁的物理变迁，正如在各民族中贪婪和野心曾经引起频繁的动乱一样。

第一九六章

17世纪的日本；基督教在日本被禁绝

在我们所看到的世界各地的许多动乱中，似乎有一种命定的因果关系牵连着人们，就像风卷起沙土、掀起波浪一样。在日本发生的事情就是一个新的证明。15世纪时有位无权无势的葡萄牙王子想要派几艘船沿着非洲海岸航行。不久，葡萄牙人发现了日本帝国。一度统治葡萄牙的西班牙同日本做了大宗贸易。基督教借助这种贸易进入了日本。由于亚洲对各种教派都兼收并容，基督教在日本就开始传播、扎根。3位皈依基督教的日本王子来到罗马，亲吻了教皇格雷戈里十三的脚。当基督教在日本正要成为占统治地位的宗教，甚至很快就要成为唯一的宗教时，它本身的势力却把它摧毁了。我们已经说过①，传教士在日本有很多仇敌，但是他们在那里也培植了一个很强大的派别。佛教僧侣担心失去他们既得的财产，而天皇终于为他的国家担忧。西班牙人已经成为日本的邻国菲律宾的主人，人们都知道他们在美洲的所作所为，所以日本人着慌是不足为奇的。

------

① 见本书第142章。——译者

日本天皇早在1586年就已经取缔基督教，禁止日本人从事基督教活动，违者处死。但是由于仍然允许葡萄牙人和西班牙人经商，即使有许多［日本］教徒受极刑，传教士仍能在民众中吸收教徒。日本政府禁止外商带基督教教士入境。尽管有此禁令，菲律宾群岛的总督还是向日本天皇派了一些方济各会修士当使者。这些使者在首都京都修建了一个公共小教堂，后来他们被驱逐出境，受到更严重的迫害。很长时期内［在日本］是宽容和严酷交替出现。显然，迫害的唯一理由是为了国家的安全，反对基督教仅仅是担心它成为西班牙人入侵的工具；可日本从来不迫害儒教，尽管儒教是从日本人所嫉妒并常常与之交战的一个民族传来的。

曾经长期居住在日本的博学而明智的观察家康普菲尔告诉我们：1674年人们对京都的居民作了调查。这个首都有12种教派，都和平相处。这12个教派在居民中拥有40多万信徒，还不包括大教长的许多部下。看来如果葡萄牙人和西班牙人当时满足于信仰自由，那么他们在日本本来也可以像这12个教派一样平安无事的。1636年他们仍在日本进行着最有利可图的贸易。据康普菲尔说，他们曾把2350箱白银从日本运到澳门。

自1600年起就在日本经商的荷兰人对西班牙人的对日贸易很眼红。1637年荷兰人在好望角附近截获一艘从日本驶向里斯本的西班牙帆船。他们在船上发现了一个名叫莫罗的葡萄牙军官的几封信，此人是西班牙领事一类的人物。信件中有一份日本基督教徒阴谋反对天皇的计划，列举了为使计划成功而期待从欧洲和从亚洲各殖民地派来的船只和士兵的数目。信件被送到了日本宫廷，莫罗供认了自己的罪行，并被当众烧死。

于是日本政府宁可放弃一切对外贸易，也不愿再受此类阴谋的威胁。天皇家光①在大臣会议上颁布了著名的敕令：任何日本人今后不得离开本国，违者处死；帝国境内不接纳任何外国人；葡萄牙人和西班牙人一概遣送回国；本国基督教徒一律下狱；发现一名基督教士者，赏金1000埃居。这样的一个与全世界断绝往来、放弃通商利益的极端决定，使人无从怀疑上述阴谋的真实性。更为充分的证据，就是日本的基督教徒确实在几名葡萄牙人的带领下聚众3万多人武装起事。1638年，这些人被击败，退入长崎港附近的一个滨海要塞。

当时所有的外国人都被逐出日本，就连中国人也包括在这项法令的范围之内，因为有些欧洲传教士在日本夸口说，他们正在把中国变为基督教国家。甚至揭发阴谋的荷兰人也与别国人一样被驱逐出境。荷兰人已经撤销了设在平户的商行，他们的船队已经起航，只留下一艘。日本政府勒令这艘船向基督教徒逃避的要塞开炮。荷兰船长科克贝克于是提供了这种令人沮丧的服务。基督教徒很快被制服，他们都死于极刑。当人们想起那个名叫莫罗的葡萄牙人和那个名叫科克贝克的荷兰船长在日本惹下了如此横祸时，都进一步深信欧洲人性好惹是生非，这种厄运正在支配着各个国家。

荷兰人为日本提供了可憎恨的服务，并没有换来他们所期望的在日本自由贸易和定居的优惠。他们只是获准在长崎港附近的出岛登陆，并把一定数量的货物运至出岛。

---

① 疑为幕府将军德川家光之误。——译者

这个小岛简直就像是监狱。为了获准进入该岛,必须首先踩着十字架行走,抛弃一切基督教的标志,并发誓不信葡萄牙人的宗教。上岸之后,日本人就抢走他们的船只,作价买了他们的货物。为了赚钱,荷兰人每年都来这监狱受一次罪。这些在巴达维亚和摩鹿加群岛称王称霸的人竟让别人像奴隶般对待他们。诚然他们被人从扣留他的小岛带到皇宫时到处受到礼遇,但到处受到看管和监视。带领他们和监视他们的人都用鲜血写了誓言,保证注意荷兰人的一举一动,并如实报告。

许多书上都说,在日本的荷兰人已弃绝基督教。这个说法来源于一个荷兰人的经历。此人逃了出来,混在当地人中间,但不久便被认出。为了保命,他说他不是基督教徒,而是荷兰人。从那时起,日本政府禁止修造远洋船舶。他们只要有帆有桨的长形船,用于本国各岛之间的贸易。与外国人来往在日本是罪大恶极的行为,似乎他们在经历危险之后,更加害怕外国人了。这种恐惧同日本民族的勇敢和日本帝国的威力都是不相称的。但是过去留下的恐惧比对未来的担忧对他们更起作用。日本人的一切表现都说明他们是一个慷慨、平易、自豪和果断的民族。他们先是热忱地接待外国人,当他们认为自己受到外国人的侮辱和欺骗时,就同外国人永远断绝交往。

名扬后世的大臣柯尔贝尔第一个在法国开设东印度公司的时候,曾试图利用新教徒把法国人的商业引入日本,因为他们可以发誓说他们不信葡萄牙人的宗教。但是荷兰人反对这个计划。日本人则愿意每年接待一个俯首听命的民族,而不愿意接待两个。

我在这里不谈暹罗王国,有人把这个国家描绘得比实际广袤和富庶得多。有关这个国家的必须知道的情况在《路易十四时代》一书中已略有论述。关于朝鲜，交趾支那、东京①、老挝、阿瓦②、勃固③等地，人们所知甚少。散布在亚洲的尽头的许多岛屿中，只有爪哇可以列入我们这部通史，荷兰人在那里建立了他们的殖民统治和贸易中心。我们对非洲中部各民族和新大陆的许多部落情况的了解也同样不多。我只想指出，在16世纪以前，地球上半数以上居民都不知道吃面包和喝葡萄酒。美洲和东非大部地区的居民至今仍不知道，要在那些地方举行我们的宗教仪式，还必须把这些食品运去。

食人肉者比传说的要少得多，50年来我们的旅行家中还没有任何人见到过。现在还存在着完全不相同的人种。好几个民族仍生活在纯自然状态中。当我们周游世界想发现在他们的土地上有没有能满足我们贪欲的东西时，这些民族甚至根本不知道除他们以外还有其他民族存在。他们以过着无所事事的生活怡然自得，这在我们看来，可能就是一种不幸。

为了满足我们没有实用的好奇心，确实还有许多东西有待发现。但如果我们只要有用的东西的话，那我们所发现的已经太多了。

---

① 法国人过去称越南北部为东京。——译者
② 阿瓦，缅甸古代都城，在中部的曼德勒附近。——译者
③ 勃固，缅甸城市，在南部的仰光附近。——译者

第一九七章

路易十四时代以前历史概述

我已经将自查理曼起至路易十四时代止广阔的历史舞台上发生的变革加以论述,甚至经常追溯到更远的年代。这项工作的成果是什么呢?我们从历史中得到什么启迪呢?我们已经看到了一些事实和一些风俗习惯,现在就来看看,了解这些事实和风俗会给我们带来什么益处吧。

聪明的读者不难察觉,他应当只相信那些具有一定真实性的重大事件,应当以鄙视的态度去看待所有的传说,因为传说中的宗教狂热、浪漫精神和轻信在每个时期都充斥着世界舞台。

君士坦丁战胜了马克森提皇帝,但是他肯定并没有见到一面绣罗马帝旗飘扬在皮卡底的上空。

双手沾满被害者鲜血的克洛维皈依了基督教,并继续犯下新的暗杀罪行。然而并没有鸽子在他接受洗礼时给他送来圣油瓶,也并没有天使自天降临授予他军旗。

克莱沃的一个僧侣可能鼓吹十字军东征,[①]但是只有蠢人才

[①] 指圣贝尔纳,参阅本书第55章。——译者

会这样写：上帝为了确保东征的胜利，通过这位僧侣的手创造了种种奇迹。十字军东征是不幸的，是疯狂的行为，而且指挥失当。

国王路易八世可能死于梅毒。但是只有一个狂热无知的人说一个年轻女子拥抱了他，把他的病治好，说他是以童贞终其生。①

各民族的历史都曾为传说所歪曲，直至最终由哲学来启迪人们的思想为止，而当哲学终于来到这愚昧的社会时，它发现人们的思想已为数世纪的谬误所蒙蔽，以至于难以纠正。它发现某些仪式、某些事实和某些纪念性建筑物都是为了证实谎言而建立的。

例如一位哲学家，有什么法子在朱比特·斯塔托耳的神殿里向下层民众说明，朱比特并不是为了制止罗马人逃匿从天而降呢？有哪位哲学家能在卡斯托和波吕刻斯的庙宇里否认这对孪生兄弟曾经率领军队作战呢？人们不会指给他看这两个天神留在大理石上的足印吗？朱比特和波吕刻斯的祭司们不会对这位哲学家说这样的话吗："罪恶的不信神者，当你看到海战纪念柱时，你就不得不承认，我们打赢了一场海战，这两根柱子就是纪念碑。承认这两位天神降临人间保佑了我们吧！在证实奇迹的纪念柱前，不要说亵渎神明的话吧！"在任何时代，欺骗和愚蠢都是这样推理的。

一个成了白痴的公主为11000名童贞女建立了一座小教堂，教堂的住持教士毫不怀疑有过这11000名童贞女，因而他就命令人用石块击毙持怀疑态度的学者。

只有由知识渊博的同时代人告诉我们那些可能发生的事件，才能说明纪念性建筑物反映的这些事件是真实的。

---

① 见本书第56章。——译者

菲利普·奥古斯都时期的编年史和胜利女神修道院是布维纳战役的证明。但是,当您在罗马看到拉奥孔①的雕像时,您会因此就相信特洛伊木马的传说吗？当您看到竖立在巴黎路旁的一系列丑恶的圣德尼雕像时,这种粗野的古迹能向您证明圣德尼在脖子被砍断后,双手捧着自己的脑袋,步行整整1法里路,还不时地吻自己的脑袋吗？

　　大多数的纪念性建筑物如果是在事件发生后很久才建立的,就只能用来证明经世人认可的谬误。甚至在事件发生的当时铸造的勋章,有时也是靠不住的。我们看到过被一则假消息蒙骗的英国人在一枚勋章上刻了这样的题铭:"颁给卡塔赫纳②的征服者海军司令维农"。勋章刚刚铸造好就接到消息说维农已经撤围。如果说一个有众多哲学家的国家尚且不惜如此欺骗后代,那么我们对反映了极端愚昧无知的民众和神殿又应当怎么看呢？

　　我们要相信那些经过公家文书证实、同时代作家认可的事件,因为这些作家生活在首都,彼此互通信息,而且是在国内重要人物眼皮底下写作。但是那些由不知名的人在某个闭塞落后的外省写成的含糊不清、带有浪漫色彩的小事,那些充满荒诞情节的传奇故事,那些损害历史而不是充实历史的奇闻,我们还是把它退还给沃拉吉纳、耶稣会士科桑③、曼布尔之流吧！

---

　　① 拉奥孔,希腊神话中特洛伊的祭司。曾警告特洛伊人勿中木马计,触怒天神,与两个儿子同被大蛇缠死。公元前1世纪制作的拉奥孔雕像表现了拉奥孔父子与大蛇蟒搏斗的情状。——译者
　　② 卡塔赫纳,西班牙港市,1741年曾被英国海军包围。——译者
　　③ 沃拉吉纳,15世纪《圣徒传》作者。科桑,路易十三告解司铎,著有《教廷》和《圣路易国王之妹圣女伊萨伯拉传》。——译者

不难看到,自蛮族屡次入侵直到当今,在几乎整个世界上,风俗起了多么巨大的变化。启发民智、醇和民风的文艺,自12世纪起就已开始有所复兴。但是最卑劣、最荒谬的迷信扼杀了这棵萌芽,使几乎所有的人昏聩愚钝,而这些迷信在欧洲愚昧而又凶残的民族中普遍流行,从而在野蛮之外,又添上荒唐可笑。

阿拉伯人曾使亚洲、非洲和一部分西班牙国土开化,直至他们被土耳其人征服并最终被西班牙人逐出为止。那时候,愚昧无知笼罩着世界的这一大片美丽的土地。从巴格达到罗马,粗野而阴暗的习俗使人变得很残忍。

几个世纪以来,教皇是靠手中武力当选的。国民甚至君主们是如此的愚蠢,以至于一个僭教皇一经他们承认便成为上帝的代理人,成为一个绝对不犯错误的人。一旦这个绝对不犯错误的人被废黜,人们还会把他的继承者奉若神明。而上帝的这些人间代理人不是暗杀别人,就是被人暗害;不是放毒,就是被人毒死,如此轮流不息;他们使自己的私生子发了横财,却颁布法令禁止私通;他们禁止骑士比武,却经常发动战争;他们对国王处以绝罚,把国王赶下王座,却向民众出售赎罪券;他们是基督教欧洲的神,同时又是基督教欧洲的最可耻和最丑恶的人。

您已经看到,在12至13世纪,僧侣和主教当上了国君[①],这些主教和僧侣到处成为封建政府的首领。他们订立的一些荒唐可笑的规矩,跟他们的风俗一样粗俗不堪。只有他们有权把鹰放在手上进入教堂;他们有权叫农民拍打池塘里的水以免青蛙的叫声

---

① 见本书第33章。——译者

打断男爵、僧侣、高级教士们谈话；他们在自己的领地内对新娘行使初夜权；他们勒索赶集的行商，因为那时还没有别的商贾。

您已经看到，在这些荒谬的野蛮行为中，还有流血的宗教战争。

从懦弱者路易的时代开始，教皇与皇帝和教皇与国王之间的争吵，在德国延续到查理五世之后。在英国是经过伊丽莎白一世的不懈努力，在法国是因亨利四世被迫服从罗马教会，才完全停止的。

804

另一个造成大量流血事件的原因是对教条的狂热信仰。从13世纪屠杀阿尔比派教徒直到18世纪初塞文山区的小规模战争，不止一个国家为此动荡不宁。为了争论神学方面的某些论点，在乡村，在绞刑架下，流血事件层出不穷，时而在这一个国家，时而在另一个国家，历时500年，几乎从未间断。灾难延续如此之久的原因就是人们总是只顾宗教信条而忽视道德伦理。

因此必须再一次承认，总的说来，整个这段时间的历史就是罪行累累、荒唐蠢事和连绵灾祸的历史，虽然其中宛如在荒凉的沙漠里有时能发现一些零星的居民一样，我们也能看到某些美德和某些可喜的时期。

在称为野蛮时期的中世纪，与人类的称号最为相称的人可能就数教皇亚历山大三世了。他在12世纪的一次主教会议上竭尽全力地废除了奴隶制。是这位教皇在威尼斯用他的智慧战胜了德皇红胡子弗里德里希一世的暴力，是他迫使英国国王亨利二世为杀害托马斯·贝克向上帝和众人公开请罪。他恢复了民众的权利，惩治了国王们的罪行。我们已经注意到，在这个时期之前，整个欧洲除了少数城市之外都由两种人组成，一种是世俗的或教会的领主，另一种是奴隶。那些协助骑士、法官、封地膳食总管进行审判的司法人员实际上都只是农奴而已。这些人得到了权利，主要应当感谢教皇亚历山大三世。许多城市建设得富丽堂皇也应归功于他。然而这种自由并没有扩展到每个国家。它没有进入波兰，那里耕地的仍然是依附于封建领地的农奴，波希米亚、士瓦本和德国的许多地方也都是这样。甚至在法国，远离首都的几个省份，也能看到这种奴隶制的残余。那里有几个教堂，几个僧侣，农民的财产归他们所有。

亚洲国家只有家奴，基督教徒国家只有对平民的奴役。波兰的农民是土地上的农奴，而不是领主家中的奴隶。我们只是在黑人国家买奴仆。人们责备我们做这种买卖，出卖自己孩子的民族应当比买主受到更多的谴责。这种买卖说明我们的优越性。给自己找个主子的人，生来就是要有一个主子的。①

有些君主一方面把奴仆从领主那里解放出来，另方面又要把领主降到被奴役的地位，这就是内战频仍的原因。

某些议论家喜欢把一切都按他们的想法来解释。如果相信他们，就会认为共和制比君主制更有道德，更幸福。但是，且不说威尼斯人同热那亚人为了争着向伊斯兰教徒出售商品，曾经长期进行了顽强的战争。就以威尼斯、热那亚、佛罗伦萨、比萨等共和国来说，它们什么动乱没有经受过？热那亚、佛罗伦萨、比萨更换过

---

① 这个说法应当按亚里士多德所说的来理解：有的奴隶是天生的。但利用他人的懦弱或卑怯使人成为奴隶，也同样是罪恶。如果人们可以说某些人该当奴隶，那就像我们有时说的：一个吝啬鬼活该被偷。——原编者

多少次主人？威尼斯没有出现这种情况，那只能归功于它的那些称为环礁湖的深水沼泽。

人们会问，既然有如此频繁的动乱、内战、谋反、罪恶和疯狂行为，怎么还有那么多的人在意大利，然后又在其他基督教国家培植了各种有益的技艺和优美的艺术？在土耳其人统治下，这些都是见不到的。

欧洲的这一部分地区，在习俗和才智方面必定有一种为色雷斯地区和鞑靼地区所没有的特点。土耳其人在色雷斯地区建立了他们的帝国的中枢，而他们从前是从鞑靼地区出来的。有三样东西不断影响着人们的思想，那就是：气候、政治和宗教。这个世界的奥秘，只能这样去解释。

人们已经看到，在动乱的过程中，在欧洲、亚洲以及古代曾经是最文明的地区，都出现过一些近乎野蛮的民族。如从前曾很繁荣的爱琴海上的岛屿，今天沦于类似美洲一个小城镇的地步。阿塔沙特人、提格拉诺塞特人、科尔科斯人从前建立城市的那些地方，如今都远不如我们的殖民地。在我们欧洲的某些海岛、森林和山区，有某些民族丝毫不优于加拿大的民族或非洲黑人。土耳其是比较开化的，但我们几乎不知道有哪个城市是他们建造的。他们听任古代最好的建筑逐渐毁坏，他们是在废墟上实行统治的。

亚洲没有任何与欧洲贵族制相似的等级。在东方的任何地方都不存在用世袭的称号、豁免权和只靠出身门第而得来的权利把市民划分成不同等级的制度。鞑靼人似乎是唯一带有这种制度的微弱痕迹的民族。在土耳其、波斯、印度和中国都看不到任何与欧洲各个君主国的主要特征相近似的这种贵族等级。必须一直走到

807 [印度的]马拉巴尔沿海才能找到近似的制度,而且还有很大的差别。那里的整个部族都尚武,从来不与其他的部族和种姓通婚,甚至不愿与外界交往。

《论法的精神》的作者孟德斯鸠说,在亚洲不存在共和政体。但是许多鞑靼人的游牧部落和阿拉伯人的部落组成了四处迁徙的共和国。过去还有过比希腊更繁华和更文明的共和国,如提尔和西顿。这两个共和国覆亡后,就再也找不到这类政体了。大帝国吞没了一切。这位作者认为,从亚洲的广阔平原可以找到解释这种现象的一个理由,他认为自由能在高山峻岭中找到更多的隐蔽所。然而在亚洲有跟欧洲同样多的山。波兰是共和国,然而它是一个平原国家。威尼斯和荷兰都没有高山。居住于阿尔卑斯山的部分地区的瑞士人确实是自由的;然而在阿尔卑斯山区另一部分地方,他们的邻居却时常受压迫。因此要找出不同政体的物质原因是困难的,特别是不应当寻找并不存在的原因。

我们和东方人的最大差别在于对待妇女的态度。在东方,从来没有一个女人执政,夏尔当向我们叙述的那个孟格雷利亚的公主除外。据说这位公主①偷窃过他的东西。在法国,女人不能执政,但可以摄政,然而她们却有权登上其他国家的王位,德意志帝国和波兰除外。

808 另一个差别来源于对待妇女的习俗,即把去势的男子安排在妇女身边。这一亚洲和非洲非常古老的习俗,一度传到欧洲的罗马皇帝那里。今天在我们基督教欧洲只有不足 300 名这样的阉人

---

① 见夏尔当所著《波斯游记》。——原编者

为教堂和剧院服务,而在东方人的宫廷里这种人比比皆是。

他们和我们,一切都不相同,宗教、法律、政体、风俗、饮食、衣着以及书写、表达和思想的方法都大相径庭。我们和他们之间最大的共同点就是一直使生灵涂炭的喜欢打仗、杀人和破坏的精神。然而必须承认,这种狂热在印度人和中国人的性格中比我们少得多。尤其是我们从未见过印度人或中国人发动侵犯北方民族的战争。他们在这方面比我们好。然而正是他们的这种品德,或者确切地说,他们的这种温和性格使他们遭到失败,他们都曾被征服。

在我们所观察到的历时 900 年的种种掠夺和破坏中,我们看到有一种对正常秩序的向往,它在暗暗地鼓舞着人类,防止人类的彻底毁灭。这是大自然的一种动力,它在不断地恢复它的力量;是它形成了各个国家的法典。因为有了它,人们才尊重法律和法官,这一点不论是在东京湾,在福摩萨岛①,在罗马,都是一样。在任何国家,孩子们总是尊敬父亲。在任何国家,不管人们怎么说,儿子总是继承父亲。如果说在土耳其儿子没有继承封地的权利,在印度儿子不能继承奥姆拉的土地,那是因为那些土地不属他们的父亲所有。终身享受的权益,在任何地方都不是一种继承物,但是在波斯、印度和整个亚洲,除日本外,任何居民,包括外国人在内,不拘宗教信仰,都可以购买一块不属国家所有的土地,并把它留给家属。我从一些可靠的人那里得知,一个法国人不久前在大马士革,一个英国人在孟加拉都购置了一块土地。

在我们欧洲,还有一些国家的法律规定外国人不得在该国领

---

① 福摩萨岛,即我国的台湾。——译者

809 土上购置耕地或坟地。野蛮的没收外侨遗产法在所有基督教国家还继续存在，这项法律规定，除非另有规定，外国人必须将其父亲的遗产交给所居住的国家。

我们现在还以为在整个东方，女人都是奴隶，因为她们都被束缚在家庭中。如果她们真是奴隶，那么在她们的丈夫死后，她们必将沦为乞丐，但这样的事并没有发生。在各个国家她们都能领到法律规定的一份口粮，即使离婚后也可领到口粮。在世界各地，您都可以找到为维护家庭而制定的法律。

不论什么地方，都或通过法律，或通过风俗习惯对弄权专断加以制约。土耳其苏丹不能动用公款，不能撤销近卫军，也不能闯入臣属的府第。中国的皇帝不经大臣同意不能颁发诏令。在任何国家，民众都会遭受暴力的迫害。土耳其的首相和大臣们也会杀人和贪污，但他们这样做是法律所不容许的，就像阿拉伯人和鞑靼游牧民族掠夺商队为法律所不容许一样。

宗教无例外地向各民族传授同样的道德观念。亚洲人的宗教仪式是离奇古怪的，他们的信仰是荒谬的，但他们的箴言是正确的。那些苦行僧、托钵僧、和尚，都到处宣传："你们要积德行善"。人们责怪中国的下层民众在贸易中常常不守信用。促使他们这样干的，也许是他们从和尚那里以十分低廉的代价便买到了他们所需的赎罪符。人们向他们传授的道德是好的，但是人们向他们出售的赎罪符是有害的。某些旅行家和传教士徒劳地把东方的教士说成是宣传伤风败俗行为的人，这是对人性的诬蔑。教唆人犯罪的宗教团体是不会有的。

810 如果说从前几乎世界各国都曾用活人作为祭祀的牺牲，这种情况毕竟是罕见的。这种野蛮方式在旧大陆已经废除,但在新大陆仍然存在。然而这种令人憎恶的迷信并未成为影响社会的宗教箴言。不论是墨西哥人在庙宇里用俘虏作牺牲,还是古罗马人用战车把俘虏拖到卡皮托利后在狱中将他们绞死,其实都完全是一回事,这是战争的继续。一旦宗教与战争结合,这种结合便是最可怕的灾祸。我只是说,从来没有见过以鼓励人作恶为目的的宗教团体或宗教仪式。在全世界,都有人利用宗教来干坏事,但宗教的建立总是为了使人行善。尽管教义带来了狂热和战争,道德却处处教人和睦相处。

如果以为伊斯兰教是依靠武力才建立起来的,那也是错误的。伊斯兰教徒曾经在印度和中国有过他们的传教士。直到科罗曼德尔海岸和马拉巴尔海岸,奥玛尔教派和阿里教派都只是在口头上进行争吵。

从上面的叙述可以看到,一切与人性紧密相连的事物在世界各地都是相似的;而一切可能取决于习俗的事物则各不相同,如果相似,那是某种巧合。习俗的影响要比人性的影响更广泛,它涉及一切风尚,一切习惯,它使世界舞台呈现出多样性;而人性则在世界舞台上表现出一致性,它到处建立了为数不多的不变的基本原则:土地到处都一样,但是种植出来的果实不同。

既然人性把利害关系、傲慢和各种欲念灌注于人们心中,那么我们看到在将近10个世纪中,罪恶和灾难几乎连绵不断,也就不足为奇了。如果我们追溯到更早的年代,那些年代也不见得更好,习惯使邪恶在各处以不同的方式表现出来。

通过我们对从查理曼到当今的欧洲所作的叙述,不难断定,世界这部分地方人口已比过去大为增加，国家比过去文明富庶得多，知识也比过去大大提高，甚至超过除意大利以外的当年的罗马帝国了。

认为欧洲自古罗马时代以后人口下降，这种说法只配视为《波斯人信札》中的玩笑或同样肤浅的新的似是而非的论调，尽管它是以较为严肃的口气说出来的。①

让我们看一看，从彼得堡到马德里，在600年前的荒地上，已经建造了多少美丽的城市吧！让我们注意一下过去覆盖着从多瑙河到波罗的海沿岸，直至法国中部的那大片大片的森林吧！很明显，只要有很多被开垦的土地，就会有很多的人。不管怎么说，农业和商业都远比过去受到重视了。

一般地说，促使欧洲人口增长的一个原因是，在所有这些省份所遭受无数次战争中，都没有发生战败的民族流离失所之事。

诚然查理曼使威悉河沿岸的人口减少了，但这只是一个小州，而且后来已经重建。土耳其人把许多匈牙利人和达尔马提亚人的家庭迁走，所以那些地方的人口不稠密。而波兰的人口没有减少，因为那里的百姓多是奴隶。

若不是受到因微不足道的利害冲突、甚至常常是由小小的任性引起的连绵不断的战争的破坏，欧洲将会达到何等繁荣的境地！若不是隐修院里埋藏了那么多的无用的男女，土地的耕作会达到何等完善的程度，手工制作的技艺会向人民生活提供多么多的舒适和方便啊！

---

① 指让·雅克·卢梭的言论。——原编者

战祸中出现的新的人道主义减少了战争的恐怖,并使人们从时刻威胁着他们的毁灭中得到拯救。各国君主常年供养大量的士兵,这确实是一件很可悲的坏事,但是,正如我们已经注意到的那样,这件坏事产生了好的结果,那就是老百姓不必参与主人们所进行的战争。被围困的城市的居民经常是换一个统治者而已,丧失生命的人一个也没有。他们仅仅是拥有最多的士兵、大炮和金钱的人的战利品。

　　内战使德国、英国、法国长期受到破坏,但是这些创伤不久就治愈了。这些国家的繁荣景象证明人的勤劳智慧远远胜过人的残暴和疯狂。只有波斯的情况不同,这个国家40年来一直遭到破坏。如果它在一位贤明君主的领导下统一起来,它是会在比失去的时间更短的时间内恢复稳定的。

　　一个民族只要通晓各种技艺,不受外族的征服和被迫迁徙,便不难从废墟中站起来,并总是会重新兴盛的。

人名民族名对照表

A

Aaron	亚伦	Abulcazi	阿布加齐
Aaron-al-Raschid	诃伦	Abyssins	阿比西尼亚人
Abares（Avares）	阿巴尔人（阿瓦尔人）	Achab＝Akhab	亚哈
		Achaiens	亚该亚人
Abbas	阿拔斯	Achaz	亚哈谢
Abdalla	阿卜杜勒	Achemert	艾哈迈德一世
Abdalla（Abd-Erl-Azis）	阿卜杜勒·阿齐兹	Achery	阿谢里
		Achilles	阿喀琉斯
Abdalla-Moutaleb	阿卜杜勒·穆台列卜	Acusilaus	阿库西拉乌斯
Abdar-Rahman	阿布德·拉赫曼	Adalbert	阿达尔伯特
Abderame（Obdederom）	俄别以东	Adad	阿达德神
		Adam	亚当
Abdias	阿布迪亚斯	Addison	艾迪生
Abélard	阿贝拉尔	Adelbert	阿德尔贝特
Aben-Esra	阿本－埃斯拉	Ademar-Chabanois	阿德玛·夏巴纳
Abenada	阿贝纳达	Adimo	阿迪摩
Abid（Leibid）	阿比德（莱比德）	Adolphe de Nassau	拿骚的阿道夫
Abiron	亚比兰	Adonaï	阿多纳伊（神）
Abougiafar	艾卜·哲尔法尔	Adonias	亚多尼雅
Abougiafar-Almanzer	曼苏尔	Adonis	阿多尼斯
		Adrien	阿德里安（教皇）
Abram	亚伯兰	Adrien（Hadrien）	哈德良（皇帝）
Abraham	亚伯拉罕	Piccolomini	比科洛米尼
Abrama	亚伯拉马	Agag	亚甲
Abubéker	阿布·伯克尔	Agamemnon	阿伽门农
Abufar	阿比法尔	Aggée	阿格希埃
Abugar	阿布加尔	Agis	亚基斯
		Agobard, Saint	圣·阿戈巴尔
		Aimery de Pavie	帕维亚的埃默里
		Aimoin	埃穆安

Akebar	阿克巴	Ali	阿里
Akmeon	亚喀梅翁	Alix Perse	阿历克斯·佩尔斯
Alain de Lille	里尔的阿兰	Alla	安拉
Alains	阿兰人	Allobroges	阿洛布罗克斯人
Alanku	阿兰豁阿	Almagro	阿尔马格罗
Alaric	亚拉里克	Almamon	马蒙
Albe	阿尔伯	Almoadan	突兰沙
Albert d'Autriche	奥地利的阿尔伯特	Alopeno	阿罗本
Albert	阿尔伯特	Alvaredo	阿勒瓦尔多
Albigeois	阿尔比教徒	Alvares	阿尔瓦雷斯
Albinos	阿尔比诺人	Amalecites	亚摩利人
Albizzi	阿尔比齐	Amasias	亚马谢
Alboacen	阿博森	Amaury	阿莫里
Alboin	阿尔波音	Amayam	阿马雍
Albuquerque	阿尔比克尔克	Amazones	亚马孙人
Alcibiade	亚西比得	Ambroise, Saint	圣·安布罗斯
Alcinoüs	阿尔西诺乌斯	Ambroise	昂布瓦斯
Alcmène	阿克梅纳	Ameaux	阿摩
Alcuin	阿尔昆	Amédée	阿梅代
Aldobrandini	阿尔多布兰丁尼	Ammon	亚们
Aleméon	亚喀梅翁	Ammon	阿蒙神
Alençon	阿朗松	Amnon	日晋嫩
Alexandra	亚历山德拉	Amos	阿摩司
Alexandre	亚历山大（大帝）	Amour	爱神
Alexandre	亚历山大（教皇）	Amorrhéens	阿莫鲁人
Alexandre Sévère	亚历山大·赛弗努尔	Amphion	安菲戎
Alexandre Spina	亚历山大·斯庇纳	Amphitryon	安菲特里翁
Alexis I Comnène	亚历克赛一世·科穆宁	Amurat	穆拉德
		Amyot	阿米约
Alexis II Comnène	亚历克赛二世·科穆宁	Anaclet	阿纳克莱
		Ananie	阿拿尼
Alexis III Ange	亚历克赛三世·安基卢斯	Anastase	阿纳斯塔斯
		Ancre	昂克尔
Alfonse	阿尔丰沙	Andelot	安得洛
Alfonse le Batailleur	好斗者 阿尔丰沙	Andouin	昂杜安
		Andrado	安德拉多
Alfonse le Noble	高贵的 阿尔丰沙	Andre, Saint	圣安德烈
Alfonse le Sage	贤王 阿尔丰沙	Andrehen	安德尔亨
Alfred	阿尔弗烈德	Andronic	安德罗尼克
Algeram	阿尔热拉姆	Andronic Comnène	安德罗尼克·科穆宁
Algonquins	阿尔贡坎人	Anglo-Saxons	益格鲁·萨克逊人

Anna	安娜	Aribon	阿里邦
Anne d'Autriche	奥地利的安娜	Arimane	安格拉·曼纽
Anne de Beaujeu	博热的安娜	Arioste	阿里奥斯托
Anne Boleyn	安妮·博琳	Arioviste	阿里奥维斯塔
Anne de Bertagne	不列塔尼的安娜	Aristaque	阿里斯塔克
Anne	（俄罗斯的）安娜	Aristée	阿里斯泰
Anne du Bourg	安娜·迪·布尔	Aristide	阿里斯泰德
Anne de Clèves	克利夫斯的安妮	Aristobule	阿里斯托比尔
Annibal de Capoue	卡普亚的阿尼巴尔	Aristogiton	阿里斯托吉通
Anson	昂松	Aristophone	阿里斯托芬
Antiates	安提亚人	Aristote	亚里士多德
Antigone	安提戈尼	Arius	阿里乌斯
Antinous	安提诺阿斯	Armagnac	阿曼尼亚克
Antiochus	安提柯	Armin	阿尔曼
Antiochus IV Epiphanes	安提柯四世·伊壁芬尼斯	Arminius	阿尔米纽斯
		Arnaud de Brescia	布雷西亚的阿尔诺多
Antiochus Eupator	安提柯·攸巴托		
Antiochus VII Sidetes	安提柯七世·西代泰斯	Arnauld	阿尔诺
		Arnould (Arnolfe, Arnold)	阿尔努德
Antoine	安托万		
Antoine	安东尼	Arnoux	阿尔努
Antonins	安东尼诸帝	Arrien	阿利安
Annubis	阿努比斯神	Arsace	阿萨息斯
Aod	以笏	Arsaph	阿尔萨夫
Apamée	阿柏梅	Artaxare (Ardachir)	阿尔达希
Apella	阿贝拉	Artaxartes	阿塔沙特人
Apelles	阿贝勒	Artevelt(Artevelde)	阿尔特韦特
Apion	阿皮翁	Artus (Arthur)	亚瑟
Apis	阿比斯神牛	Asa	亚撒
Apollon	阿波罗	Asmodée	阿斯莫代
Apollonius	阿波洛尼奥斯	Asraf	阿斯拉夫
Apulée (Apuleius)	阿普列尤斯	Asselin	阿瑟兰
Arabes Bédouins	贝都因阿拉伯人	Astaroth	阿斯塔罗特神
Araciel	阿拉西埃尔	Astolfe	艾斯杜夫
Arc, Jeanne d'	贞德	Astyage	阿斯蒂雅日
Arcadius	阿卡狄乌斯	Ataeculph	阿塔尔库夫
Arcesilaüs	阿库西拉乌斯	Atabalipa	阿塔巴利帕
Arcimboldo	阿尔钦波多	Até	阿泰
Ares	阿瑞斯	Athalaric	阿塔拉里克
Aretin	阿雷坦	Athalie	亚他利雅
Argenson	阿尔让松	Athanase	阿塔那修

Atis	阿蒂斯	Barmécides	巴梅西德家族
Attale（Attalus）	阿塔拉斯	Barnabe（Barnabas）	巴拿巴"劝慰子"
Attila	阿提拉	Barneveldt	巴纳韦尔德
Aubry	奥布里	Barochochebas	巴科克巴斯
Aubusson	奥比松	Baronius	巴罗尼乌斯
Augustin（Austin）	奥古斯汀（奥斯汀）	Barthélémi	巴泰勒米
Aumon	奥蒙	Barthelemy, Saint	圣巴托罗缪
Aurèle	奥勒留	Barthole	巴托勒
Aurélien	奥雷连	Baruch	巴鲁克
Aurengzeb	奥朗则布	Basile	巴西尔
Austrègues	奥斯特雷格	Basile, Saint	圣巴西勒
Avares	阿瓦尔人	Basileis	巴齐莱伊斯
Avila	达维拉	Basileus	巴西勒斯
		Bassa	巴沙
		Bassompierre	巴松皮埃尔

B

		Batoukhan	拔都汗
Baal	巴力神	Baudouin	博都安
Barbarigo	巴巴里哥	Baudricourt	博德里库尔
Baasa	巴沙	Bayard	巴亚尔
Babar	巴卑尔	Bayle	贝尔
Bachus	巴库斯神	Bazin	巴赞
Back	巴克	Bazine	巴齐恩
Backos	巴科斯	Béarn, Prince de（V. Henri Ⅳ）	贝亚恩亲王
Bacon	培根		
Bainham	贝恩翰	Beaufort	博福尔
Baimon de Toulouse	图鲁兹的贝蒙	Beaumanoir	博马努瓦尔
Bajazet	巴耶塞特	Becket	贝克
Balam	巴兰	Bédmar	贝德马尔
Balbeck	巴勒贝克	Béhem	贝海姆
Baliol	巴利奥尔	Belle-Isle	贝利勒
Balk	巴勒卡	Bellièvre	贝利耶尔
Baltus	巴尔图斯	Bellino	贝利尼
Baluse	巴吕兹	Bellone	贝洛纳女神
Bandini	班迪尼	Belphégor	巴力毗珥（天使）
Banians	巴尼亚人	Bélus	贝卢斯
Banier	巴尼埃	Belzébuth	巴力西卜（天使）
Bannière	巴里埃尔	Bembo	本博
Barbe, Sainte	圣女 巴尔伯	Benadat	巴拉达
Barberousse(V. Cheredin)	巴勃鲁斯（红胡子）	Ben-Honaïn	本·侯奈因
Barca(V. Hamilcar)	巴尔卡	Bénédict, Saint	圣本笃
Bardiya	巴尔迪雅	Bénigne	贝尼涅

Benjamin de Tudele	图德拉的便雅悯	Bogoris	博戈里斯
Benjamites	便雅悯人	Boheïra	波希拉
Ben-Mohamed	本·穆哈迈德	Bohémond	博埃蒙
Bénoît, Saint	圣贝努瓦	Boïardo	博亚尔多
Ben-Saïd	本·赛义德	Boilux	波吕克斯
Bentivoglio	本蒂沃利奥	Boisbourdon	勃阿布东
Béranger de Tours	图尔的贝朗瑞	Bolingbroke	博林布罗克
Bérenger	贝伦加尔	Bolland (Bollandus)	博朗
Beringhen	伯兰甘	Bonaventure	波拿文都拉
Bermud	贝尔穆德	Boniface	卜尼法
Bernard	贝尔纳	Bonne de Savoie	萨伏依的博娜
Bernard Politien	贝尔纳·波利蒂安	Bonnivet	波尼威
Bernard de Saiset	贝尔纳·德·塞色	Borghèse	博尔盖塞
Bernier	贝尼埃	Borgia	波尔贾
Bernini	贝尔尼尼	Borromée	博雷梅
Berose (berosus)	贝罗萨斯	Bossuet	波舒哀
Berry	贝里(公爵)	Bothwell	博斯威尔
Berthe	贝尔特	Boucicaut	布西科
Berthol	贝尔托	Bouillon	布戎
Bertrade	贝尔特拉德	Boulainvilliers	布兰维利埃
Bertrand	贝尔特朗	Bourbon-Beaujeu	波旁-博热
Bertrand du Guesclin	贝尔特朗·迪·盖斯克兰	Bouyouk	布尤克
		Boyardo	波伊亚多
Berford	贝特福(公爵)	Bozon	博松
Bèse	贝斯	Bozzo	博佐
Bethsamés	伯示麦人	Bragance	勃拉甘斯
Beuil	伯伊	Brahe	布拉赫
Bibiena	比比亚纳	Bram	伯拉
Biblos	彼布洛斯	Brama (Brahama)	伯拉马(婆罗贺摩)
Bilial	比列	Bramante	布拉芒特
Birague	比拉格	Brandon	勃兰登
Blake	布莱克	Brantôme	布朗多姆
Blanche de Castille	卡斯蒂利亚的布朗施	Brigano	布里加诺
Blanche de Bourbon	波旁的布朗施	Brigitte, Sainte	圣女布里吉特
Blois	布卢瓦(公爵)	Briquemaur	布里克莫
Boabdilla	博布迪拉	Briquesière	布里凯齐埃尔
Boccace	薄伽丘	Brissac	布里萨克
Bochart	博夏尔	Bruce	布鲁斯
Bodley	博德利	Bructères	布鲁泰尔人
Bogia	波吉亚(V. Alexandre Ⅵ)	Brunchaut	布伦荷达
		Brunelleschi	伯鲁涅列斯吉

Brunellesco	布鲁内莱斯科	Canut	克努特
Bruno，Saint	圣布律诺	Cappel	卡佩尔
Brunon	布吕农	Caracalla	卡拉卡拉
Brutus	布鲁图	Caraffa	卡拉法
Buckingham	白金汉	Caranburu	卡朗比吕
Bullion	布伊永	Caribert	卡里贝尔
Buonampagno	布翁孔帕尼奥	Carie	卡利亚
Burnet	布尔内	Carloman	卡洛曼
Butred	巴特勒	Carlisle	卡尔利尔
		Carlostadt	卡洛斯达德

C

		Carobert	卡罗贝
Cabral	卡布拉尔	Caron（Charon）	卡隆
Cadener	卡德内	Carrache	卡拉乔
Cadige（Khadidjah）	赫蒂彻	Carrario	卡拉里奥
Cadmus	卡德穆斯	Carrouge	卡鲁日
Cafres	卡弗尔人	Casimir	卡西米尔
Caïem	卡伊穆	Cassini	卡西尼
Caïn	该隐	Cassiodore	卡西奥多尔
Caïphe	该亚法	Cassius	卡修斯
Cajatan	卡耶坦	Castalion	卡斯塔利翁
Cajetan	卡日当	Castelnau	卡斯特尔诺
Calan（Calanus）	卡拉恩（卡拉努斯）	Castor	卡斯托
Calchas	卡尔卡斯	Castracani	卡斯特拉卡尼
Caligula	卡里古拉	Castriot	卡斯特里奥蒂
Cal-Kan（Gassar-Kan）	卡尔汗（加萨尔汗）	Catanoise	卡塔努瓦丝
		Catesby	卡特斯比
Callisthène	卡利斯泰纳	Catherine Ⅱ	叶卡捷琳娜二世
Calmorks	卡尔穆克斯	Catherine de Médicis	美第奇的卡特琳
Calvin	加尔文	Catherine de Sienne	锡耶纳的喀特琳
Cambyse	冈比斯	Catherine d'Aragon	阿拉冈的卡特琳
Camille	卡米尔	Catherine	喀特琳
Campion	康比翁	Catherine Howard	卡特琳·霍华德
Canna	基那	Catherine Parr	卡特琳·伯尔
Cananéens	伽南人	Catilina	喀提林
Candish	卡文迪什	Caton（Cato）	加图
Cang-hi	康熙	Cattes	卡特人
Canidia	卡尼迪亚	Catulle	卡图尔
Cano	卡诺	Cauchon	科雄
Cantacuzene	康塔库泽纳	Caussin	科桑
Cantemir	坎泰米尔	Cecrops	塞克罗普斯
Canutson	卡尼松	Célestin Ⅲ	塞勒斯廷三世

Celes（Celsus）	塞尔索	Charolais	夏罗莱
Celtes	克尔特人	Charny	夏尔尼
Cencius	琴齐乌斯	Charondas	加龙达
Cérès	刻瑞斯	Charron	夏龙
Cérès-Eleusine	刻瑞斯-埃勒西那	Charybde	卡律布狄斯
Cesarin	塞萨里尼	Chateauneuf	夏多内夫
Cethura	塞土拉	Châtel	夏泰尔
Chabanois	夏巴纳	Châtelet	夏特莱
Chalais	夏莱	Châtillon	夏蒂戎
Chalcondyle	夏孔迪尔	Cheredin	凯尔丁（V. Barbe-rousse）
Cham	含		
Chamos	基抹	Cherusques	凯路斯奇人
Chancelor	钱塞勒	Chevreuse	谢弗勒兹
Chang-ti	顺治	Childebert	希尔德贝尔
Chardin	夏尔丹	Childéric	希尔德里克
Charlemagne, Charles Ier, Charles le Grand	查理曼，查理大帝	Chilpéric	希尔佩里克
		Chircha	吉尔查
		Chobbiel-Hosamp-sich	科巴比埃尔-霍桑普世克
Charles Ⅲ le Simple	昏庸者查理三世		
Charles Ⅳ le Bel	美男子查理四世	Chochamatim	肖夏马蒂姆
Charles Ⅳ	查理四世（皇帝）	Chosroes le Grand	科斯洛埃斯大帝
Charles Ⅴ le Sage	贤王查理五世	Choumontou（Chu-montou）	苏门图
Charles Ⅵ l'insensé	疯人查理六世		
Charles Ⅶ le Victo-rieux	胜利者查理七世	Chram	克拉姆
		Christian	克利斯蒂安
Charles Ⅷ	查理八世	Christiern	克里斯蒂恩
Charles d'Anjou	安茹的查理	Christine	克里斯蒂娜
Charles de Blois	查理·德·布卢瓦	Christobule	克里斯托比尔
Charles le Boiteux	跛子查理	Christophe	克里斯托夫
Charles le Chauve	秃子查理	Chrysostom	克里索斯托
Charles de Durazzo（Dures）	都拉斯的查理	Cicéron	西塞罗
		Cide	熙德
Charles-Emmanuel	查理-埃马努埃	Cimabue	契马布埃
Charles le Gros	胖子查理（皇帝）	Cimbres	桑布里人
Charles Martel	查理·马特	Cimon	西蒙
Charles le Mauvais	坏蛋查理	Cinq-Mars	桑克-马尔斯
Charles Quint	查理五世（西）	Circasses	切尔克西亚人
Charles le Téméraire	莽汉查理	Cisneros	契斯勒诺斯
Charles de Valois	查理·德·瓦罗亚	Claire-Eugenie	克莱尔-欧仁妮
Charmo	沙摩	Clarence	克拉伦斯
Charnacé	夏尔纳塞	Claude	克洛德

Claudia	克劳狄娅	Constance	康斯坦斯
Clément	克雷门（教皇）	Constance Ier Chlore	君士坦蒂乌斯一世克洛尔
Clement d'Alxandrie	亚力山大城的克雷门	Constant II	康士坦二世
Cléopâtre	克娄巴特拉	Constantin le Grand	君士坦丁大帝
Cléophas	革罗罢	Constantin II Pogonat	君士坦丁二世波戈纳
Clerc	克莱尔克		
Clermont	克勒尔蒙	Constantin V Copronyme	君士坦丁五世科波罗尼姆斯
Clet	克莱		
Clispus	克利斯普斯	Constantin VII Porphyrogenete	君士坦丁七世波菲罗真尼斯
Clisson	克利松		
Clitus	克利图斯	Conti	孔蒂
Cloacina	克洛亚西娜女神	Copernic	哥白尼
Clodoald(Saint Cloud)	克洛阿尔德（圣克鲁德）	Cophtes	科卜特
		Coré	可拉
Clodomir	克洛多米尔	Coribut	科里布特
Clotaire	克洛泰尔	Corneille	高乃伊
Clotilde	克洛蒂尔德	Corradin	科拉丁
Clovis	克洛维	Cortato	科尔达托
Cobham	科布黑姆	Cortez	科尔特斯
Codrus	科德拉斯	Cortusius	科尔图西乌斯
Coeur	科尔	Corvin	科尔文
Coislins	库瓦林家族	Cosme Ier	科斯姆一世
Colbert	柯尔贝尔	Cosroès le Grand	科斯罗埃斯一世
Clochos	科尔科斯人	Coton	戈登
Coligni	科利尼	Cotta	柯塔
Colomban	科伦班	Coucoupetre (Cucupietre)	库库佩特尔
Colombier	科伦比埃		
Colombo	哥伦布	Coucy	库西
Colonnes	科伦纳家族	Couplet, Philippe	柏应理
Colpi Iao	科尔比·伊阿奥	Courilte	忽里勒台
Combabus	孔巴布斯	Courtenay	库尔特莱
Commynes	科米内	Cozza, Balthazar	科萨
Concinì	孔契尼	Cranmer, Thomas	克兰麦
Condé	孔代	Crescentius (Crescent)	克雷森提乌斯
Confucius (Confutzee)	孔子		
		Crésus	克雷佐斯
Coniate	科尼雅特	Créton	克兰顿
Conrad	康拉德	Crispus	克里斯普斯
Conradin	康拉丁（即康拉德五世）	Cromwell	克伦威尔
		Croza	克罗扎

人名民族名对照表　　541

Cugnières	库尼埃尔	Demiourgos	德米乌戈斯
Cunegonde	居内贡德	Demosthene	德摩斯梯尼
Cuprogli	库普罗格利	Denis, Saint	圣德尼
Curiaces	居里亚斯	Denys le Petit	小德尼
Curtius	库尔提乌斯	Derceto	代瑟多女神
Cusan	库桑	Descartes	笛卡儿
Cusman	居斯曼	Desiderius (Didier)	德西德里乌斯
Cybele	库柏勒女神	de Tour	德图
Cyprien	西普里安	Deucalion	德卡利戎
Cyriagne	西里亚克	de Vanolles	德·瓦诺尔
Cyrille, Saint	圣西里尔	Devon	迪文
Cyrus	居鲁士	De wit	德·维特
		Dherrar	代拉尔

D

		Diane	狄安娜女神
Dacier	达西埃	Diane de Poitier	普瓦蒂埃的迪安娜
Da Gama	达·伽马	Didier	迪迪埃
Dagobert	达戈贝尔	Didon	迪东
Dalai-Lama	达赖喇嘛	Digby	迪格比
d'Albuguerque	达尔比凯尔克	Dioclétien	戴克里先
Damase	达马萨	Diodore	狄奥多尔
Damberto	丹贝尔托	Diogène	第欧根尼
Damien	达米安	Diogène	狄奥根
Damietta	达米埃塔	Diomèdes	迪奥梅德
Dampierre	丹皮埃尔	Dionysios	迪奥尼西奥斯
Danaus	达纳乌斯	Dmitri (Demitrius)	季米特里
Daniel	达尼埃尔	Dogobert	多戈贝尔
Daniel	但以理	Dominique	多明我
Dante	但丁	Domitien	图密善
Daout	达乌德	Dona Juana	堂·胡安娜
Darius	大流士	Donat	多纳特
Dathan	大坍	Don de la Cerda	堂·拉塞尔达
David	大卫	Don Diègue	堂·狄哀格
Debora	底波拉	Don Henri	堂·亨利
Debtalog	德塔洛	Don Juan	堂·胡安
Decius	狄西阿	d'Oppede	多贝德
Dehobuti	德荷布提	Doria	多里亚
Delorme	德洛姆	Dorothée	多罗泰
Del Vasto	德代斯多	Drake	德雷克
Demetrius de Phalère	法莱尔的狄密特里乌斯	Drogon	德罗贡
Demetrius Cantemir	狄密特里乌斯·康特米尔	Droguet	德罗盖
		Drusus	德鲁苏

Dryden	德莱顿	Elios	埃利奥斯
Dubois	杜布瓦	Elisabeth	伊丽莎白
Du Bourg	迪布尔	Elisabeth de Bosnie	波斯尼亚的伊丽莎白
Du Cange	迪康吉		
Ducas	杜卡斯	Elisée	以利沙
Du Châteler	迪夏特莱	Elmacin	马钦
Duchesne	迪歇纳	Eloi, Saint	圣埃卢瓦
Du Gange	迪康吉	Emile	爱弥尔
Du Guesclin	迪盖斯克兰	Emine	阿米那
Dumas	杜马	Emmanuel	埃马努埃尔
Du Maurier	迪摩里埃	Enosh (Enos, Hénoch)	以诺
Dunois	迪努瓦	Entragues	昂特拉格
Duns	邓斯	Epernon	埃佩农
Duperon	迪佩隆	Epictete	爱比克泰德
Duplessis-Mornai	迪普莱西-莫尔内	Epicure	伊壁鸠鲁
Duprat	迪普拉	Epihane, Saint	圣埃庇法尼乌斯
Duplex	迪普莱克斯	Erasme	伊拉斯谟
Dupuy	迪皮伊	Eratosthene	埃拉托斯泰
Durazzo	都拉斯	Eric	埃里克
		Erigene	伊里吉
		Erynnis (Erynnys)	厄里倪厄斯（复仇女神）

E

Ebbon	埃邦		
Edith(e)	伊迪丝	Esaie	以赛亚
Edmond	爱德蒙	Eschine	埃奇内
Edouard	爱德华	Esclyee	埃斯库罗斯
Egbert	爱格伯	Escoyedo	埃斯科维多
Egil	爱吉尔	Esculape	埃斯库拉普
Egilone	艾吉罗娜	Esdras (Ezra)	以斯拉
Eginhard	艾因哈德	Esloin	埃斯卢安
Eglon	伊玑伦	Esope	伊索
Egmont	埃格蒙	Esquimaux	爱斯基摩人
Egregori	埃格勒戈里	Essex	埃塞克斯
Eidar(V. Sophi)	埃达尔	Etelvolft	埃泰尔沃尔夫
Ela	以拉	Estrades	埃斯特拉德
Elagabale	埃拉加巴卢斯	Estrees	埃斯特雷
Elbeuf	埃伯夫	Etéoole	埃泰俄克
Eléazar	以利亚撒	Ethelbert	爱脱伯特
Eléonore de Guienne	吉延的埃莱奥诺	Ethelred Ier	爱脱莱特一世
		Ethelvolf	埃塞瓦尔夫
Elie	以利亚	Etienne	艾蒂安
Eliogabale	埃利奥加巴尔	Etienne, Saint	圣埃田

Etienne Ⅱ (Stephen Ⅱ)	斯提芬二世	Ferreida	费雷达
Etienne de Blois	布卢瓦的艾蒂安	Ficino	菲西诺
Etiennette	艾蒂内特	Fisher	菲西尔
Eucher	欧谢尔	Fitz-Othbern	菲茨-奥特本
Euclide	欧几里得	Fleurimont	弗勒里蒙
Eude (Odou)	厄德	Fleury	弗勒里
Eude Le Maire	厄德·勒·梅尔	Flore	弗洛里花神
Eugène	欧仁	Florentins	佛罗伦萨人
Eugène	欧仁纳	Florinde	弗罗林达
Eugène Ⅲ	尤金三世(教皇)	Flotte	弗洛特
Eugénie	欧仁妮	Fo-hi	伏羲
Eumenides	厄梅尼德(复仇三女神)	Foix	富瓦
		Fondanus	丰达那
		Fonseca	丰塞卡
Euphemius	攸弗米乌斯	Fontana	丰塔纳
Euphrasie, Sainte	圣女尤弗拉西	Fontenelle	丰特奈尔
Eusèbe	尤西比乌	Formose	佛尔莫斯
Eutyches	攸提凯斯	Fouquet	傅圣泽
Eve	夏娃	Fournier	傅尼埃
Ezechiel	以西结	Fourrier	傅立叶
Ezgelino	埃泽兰	Francs	法兰克人
		François Ier	弗朗索瓦一世
F		François d'Assise	阿西西的方济各
Fabius Pictor	费边·皮克托	François de Guise	弗朗索瓦·德·吉斯
Fabricius	法布里西乌斯	Francois de Paule	弗朗索瓦-德-波勒
Fairfax	费尔法克斯	Fra-Paolo	弗拉-保罗
Farnès	法尔内兹	Frastade	法拉斯塔德
Fatime	法蒂玛	Frédégaire	弗莱德盖尔
Fauchet	富歇	Frédéric de Tolete	弗雷德里克·德·托莱多
Faunus	福努斯		
Fausta	福斯塔	Frédéric	弗里德里希
Favila	法维拉	Frédéric d'Aragon	阿拉冈的弗里德里希
Felicite, Sainte	圣女费利西泰		
Felix	菲利克斯	Froisart	弗鲁瓦萨尔
Felton	费尔顿	Fromenteau	弗罗门托
Fénélon	费奈隆	Fronton	弗隆东
Ferdinand	斐迪南	Frupan	弗吕庞
Fereyra	徐日升	Furst	福尔斯特
Fernando	费尔南多		
Fernel	费尔奈	**G**	
Ferrand	费朗	Gabriel	加百利大天使

Gad	迦得	Gianguir	纪安吉
Gaetan	迦埃当	Giemshid	吉恩西德
Galéas	加莱阿斯	Gille	吉尔
Galien	盖伦	Gietto	吉奥托
Galigaï	加利加伊	Gipsis	吉普赛人
Galilee	伽利略	Girard	吉拉尔
Galileens	加利利人	Girardon	吉拉尔东
Gall, Saint	圣高尔	Giselle	吉塞尔
Gallicanus	加利卡努斯	Giustiniani	乔斯蒂尼亚尼
Gallien (Gallienus)	加里安努斯	Glocester	格洛斯特
Gallus	加卢斯	Godefroy	戈德弗鲁瓦
Gama	伽马	Godegrand	戈德格朗
Gangarides	冈加人	Godescale	戈德斯卡尔
Gannais	加内	Goia	戈伊亚
Garcie	加尔西亚	Gomar	戈马尔
Gargentua	卡冈都亚	Gomer	歌篾
Gascons	加斯科涅人	Gomez	戈梅斯
Gaston	加斯东	Gondebaud le Bour-guignon	勃艮第人贡德博
Gatimozin	加蒂莫津		
Gaubil	宋君荣	Gonsalve de Cor-done	科尔多瓦的贡萨尔弗
Gaucher	戈歇		
Gauric	戈里克	Gontier	贡蒂埃
Gauthier	（穷汉）戈蒂埃	Gontram	贡特朗
Gaveston	加韦斯通	Gonzague	贡扎格
Geam-Guir	吉尔杰尔	Godien	戈迪安
Gedeon	基甸	Gorgonius	戈尔戈尼乌斯
Gelair, Saint	圣热莱	Goslin	戈斯兰
Gengis Khan	成吉思汗	Goths	哥特人
Gennadius	纳迪乌斯	Gouge	古热
Genseric	根塞里克	Gourville	古尔维尔
Geoffroi	戈德弗鲁瓦	Graicos	格莱戈斯
Gerardo	格拉多	Grammont	格拉蒙
Gerberge	热贝尔吉	Grandsen	格兰德森
Gerbert (V. Sylvester II)	格尔贝尔	Granvelle	格兰韦尔
		Graques	格拉古兄弟
Germanicus	泽尔曼尼卡斯	Gratien	格拉先
Gerson	热尔松	Gravina	格拉维纳
Gessler	格斯勒	Grégoire le Grand	格雷戈里一世
Ghisleri(V. Pie V)	吉斯莱里	Grégoire de Nazianze	纳西昂的格雷戈里
Giafar le Barmécide	吉雅法·巴梅西德	Grégoire de Nysse	尼斯的格雷戈里
Gibelins	吉伯伦派（皇帝派）	Grégoire de Tours	图尔的格雷戈里

Gresham	格雷沙姆	Hamilton	汉密尔顿
Grey (Jeanne)	格雷(珍妮郡主)	Haquin	哈坎
Grimoad	格里莫阿	Haran	哈朗
Grisler	格里斯勒	Harlai	阿尔莱
Grisons	格里松人	Harmodios	哈尔莫迪斯
Grotius	格劳秀斯	Harold II	哈罗德二世
Guarini	迦里尼	Harvey	哈维
Gudenou	戈都诺夫	Hasting	哈斯丁
Guèbres	盖布尔人	Heaton	希顿
Guébriant	盖布里昂	Hébé	赫贝
Guelfe (Whelf)	格尔夫派(教皇派)	Hébreux	希伯来人
Guérin	盖兰	Hégésippe	赫吉西普
Guesclin	盖斯克兰	Hein	汉恩
Gui (Guido) d'Arezzo	阿雷佐的居伊(基多)	Hélel	赫莱尔
		Hélène	海利娜
Gui de Dampierre	丹彼埃尔的居伊	Helgaut	赫尔戈
Gui de Spolette	斯波莱托的居伊	Héliogabale (V. Eliogabale)	赫利奥加巴尔
Guibert	吉贝尔		
Guichardin	圭契阿迪尼哥	Hénault	埃诺
Gaignard	吉尼亚尔	Henri Ier l'Oiseleur	捕鸟者亨利一世(德)
Guildfort	吉尔福德		
Guillaume le Conquérant	征服者威廉一世(英)	Henri le Navigateur	航海者亨利
		Henri le Noir	黑人亨利
Guillaume III	威廉三世(英)	Henri de Transtamare	特朗斯塔马尔的亨利
Guillaume Fier-à-bras	无敌双臂纪尧姆		
Guillaume de Dormans	纪尧姆·德·多尔芒	Henriette	昂里埃特
		Héraclès (Hercule)	海格立斯
Guillaume de Nassau	拿骚的威廉	Héraclius	希拉克略利乌斯
Guillaume de Nogaret	纪尧姆·德·诺加雷	Herbelot	埃尔伯洛
Guillaume de Rouz	红头发纪尧姆	Herbert	赫伯特
Guiscard	吉斯卡	Hercule	海格立斯
Guise	吉斯	Hérès	赫雷斯
Gustave Ier Vasa	古斯塔夫一世瓦萨	Hermas	赫尔马斯
Gustave-Adolphe	古斯塔夫-阿道夫	Hermès	赫尔墨斯
Guttenberg	古滕贝尔	Herminigilde	赫尔米尼吉尔德
Guyenne	吉埃纳	Hérode	希律
		Herodote (Herdotos)	希罗多德
H		Hérules	海吕尔人
Halde	霍尔德	Hervig (Hervigue)	埃尔韦格
Halley	哈雷	Hescham	希沙木
Hamilcar	哈密尔卡	Hésiode	赫希俄德

Hesperides	赫斯珀里得斯	Huns	匈奴人
Hiaja	希阿雅	Hurons	休伦人
Hieronyme (V. Jérome de Prague)	希埃罗尼姆	Hus	胡斯
		Hussein	侯赛因
Hildebrand (V. Henri Ⅶ)	希尔德布朗德	Hyde	海德
		Hystape (Vishtaspa)	希斯塔普（维茨塔斯帕）
Hilderic (V. Childeric)	希尔德里克		
Hilu	希卢	**I**	
Hiludovic	希卢多维克		
Hincmar	兴克玛尔	Ibn al-Aradi (Ibnal l'Arabe)	伊本·阿拉比
Hippocrate	希波克拉底		
Hippolyte	希波利特	Ibrahim, Kish	伯拉希姆
Hiram	希兰	Ibrahim	易卜拉欣
Hircan	希尔坎	Idamante	伊达曼特
Histape	希斯达普	Idoménée	伊多梅内
Holbein	霍尔拜因	Iduméens	以土麦人
Holstenius	贺斯泰尼乌斯	Iesid	叶齐德
Holwell	霍尔威尔	Ignace	伊纳爵
Homère	荷马	Illinois	伊利诺伊人
Honoria	霍诺里亚	Illumine	伊吕米纳
Honorius	霍诺里乌斯，洪诺留	Ilotes	伊洛特人
Horace	贺拉斯	Imbercourt	安贝库尔
Horatius Cocles	荷拉蒂乌斯·科克莱斯	Imiar	伊米雅尔（部落）
		Inachus	伊纳库斯
Hormisdas Ⅳ	霍尔米斯达四世	Incas	印加人
Horn	霍恩	Indro	因陀罗神
Hornac	霍尔纳克	Inhigenie	伊菲革尼
Herrera	海瑞拉	Innocent	英诺森
Hortensius	霍尔腾修	Ion	伊俄
Hotham	霍塞姆	Ioniens	伊俄尼亚人
Hottentots	霍屯督人	Irène	伊琳娜
Houlacou	旭烈兀	Irène, Sainte	圣女伊雷纳
Hourani	胡拉尼	Iris	伊里斯
Howeden	豪登	Irminsul	伊尔明苏
Huesca	尤埃斯卡	Iroquois	易洛魁人
Huet	雨埃	Isaac	以撒
Hugues Capet	雨格·卡佩	Isabelle	伊萨伯拉
Hume	休谟	Isabelle de Bavlere	巴伐利亚的伊萨伯拉
Humfroi	汉弗鲁瓦		
Huniade	胡里亚德	Isaie	以赛亚

Isboseth	伊施波设	Jean de Leyde	莱顿的约翰
Isidore	伊西多尔	Jean le maître	让·勒梅特尔
Isis (Isheth)	伊西斯神	Jean Ⅱ Paléologue	约翰二世巴列奥略
Ismael	以实玛利	Jean de Procida	约翰·德·普罗西达
Ismaël	伊斯玛仪	Jean de Rocha	让·德·罗夏
Issac l'Ange	伊萨克·安吉尔	Jean de Salisbury	索尔兹伯里的约翰
Istaspe	伊斯塔普	Jean sans peur	无畏者约翰
Ivan	伊凡	Jean sans terre	失地王约翰
		Jean de Vienne	维埃纳的约翰
		Jeanne d'Albert	雅娜·达尔贝尔

J

		Jeanne des Armoices	让娜·德·阿穆瓦斯
Jacob	雅各	Jeanne de Naples	那不勒斯的乔安娜
Jacomuzio	雅科穆齐奥	Jeanne seymour	珍妮·塞姆尔
Jacques	雅克	Jeanne Ⅲ	让娜三世
Jacques Ier (V. James Ier)	詹姆斯一世（苏格兰）	Jéhu	耶户
Janvier, Saint	圣让维埃	Jéhud	耶胡德
Jacques le Juste	公正的雅克	Jephté	耶弗他
Jacques de Bourbon	波旁的雅克	Jérémie	耶利米
Jacques de Molai	雅克·德·莫莱	Jéroboam	耶罗波安
Jacques de Vitri	雅克·德·维特里	Jérom de Prague	布拉格的哲罗姆
Jaddus	雅得乌斯	Jérom, Saint	圣哲罗姆
Jagellon	雅杰伦	Jéthro	叶忒
Jahel	雅亿	Joab	约押
Jaldabast	雅达巴斯特	Joas	约阿施
Jambres	佯庇	Job	约伯
James	詹姆斯	Jock	约克
Jannes	雅尼	Johnson	琼桑
Janson	杨逊	Joiadad	耶何耶大
Janus	雅努斯	Joinville	约安维尔
Japhet	雅弗	Jonathas	约拿单
Jarnac	雅尔纳克	Joram (Yoram)	约兰
Jared (Yered)	雅列	Jornandes	约尔南德斯
Jaurigni	乔里尼	Josaphat	约沙法
Javan	雅完	Josph	约瑟
Javet	雅韦	Josephe	约瑟夫斯
Jazrael	耶斯列	Josias	约西雅斯
Jean, Saint	圣约翰	Josue	约书亚
Jean le Bon	好人约翰	Jouvency	茹旺西
Jean de Brienne	布里埃纳的约翰	Jove	约弗
Jean Cantacugene	约翰·坎塔丘齐那	Joyeuse	若瓦耶兹
Jean-Casimir	约翰·卡西米尔	Juba	朱巴

Juda(Judas)	犹大	Ladislas	拉迪斯拉斯
Judith	犹滴	Ladislas de Boheme	波希米亚的拉迪斯拉斯
Juifs	犹太人		
Jules	朱尔(教皇)	Laensberg	拉恩贝格
Jules Africain	阿非利加的朱尔	Lafitau	拉菲托
Julien	朱利安(皇帝)	La Flamma	拉弗拉玛
Julite	朱利特	La Fontaine	拉封登
Junon	朱诺	La Force	拉福斯
Jupiter	朱比特神	Laguette	拉盖特
Justin, Saint	圣尤斯丁	La grange	拉格朗日
Justinien	查士丁尼	la Guiche	拉吉什
Justiene	朱斯蒂娜	La Hire	拉伊尔
Juvenal	朱文纳尔	Lainez	莱内
		Lambert	兰伯特
K		La Marche	拉马什
		La Mark	拉马克
Kaled	卡列德	La Motte le Vayer	拉莫特·勒维埃
Kang-hi	康熙	Lancastre	兰加斯特
Karl	卡尔	Lancelot	朗斯洛
Karlman	卡尔曼	Landon	朗东
Kempfer	康普菲尔	Lanfranc	朗弗朗克
Kepler	开普勒	Langlois	朗格卢瓦
Kircher	基切尔	La None	拉努
Kittim	基提	Laocoon	拉奥孔
Kium	基恩	Lannoy	拉诺瓦
Knaths	克纳特人	Lapon	拉普兰人
Kolb	柯尔布	Larcher	拉歇尔
Kopilo	柯皮洛	La Rochefoucauld	拉罗什富科
Kordome	柯多摩	Larcher	拉谢
Koré	可拉	Lare(Lara)	拉腊
Koresh(Cyrus)	柯勒施(即居鲁士)	La Rovère	拉罗韦尔
Koublai	忽必烈	Las	拉斯
		Lascaris	拉斯卡里斯
L		Las Casas	拉斯卡萨斯
		La Tremooille	拉特里莫伊
Laban	拉班	Laud	洛德
La Beaumelle	拉博梅尔	Laure	劳拉
La Blosse	拉布罗斯	Laurent	罗伦佐
La Cadière	拉加迪埃尔	Lautrec	洛特雷克
La Cerda	拉塞尔达	Laval	拉伐尔
La Chataigneraie	拉夏泰涅雷	La Valette	拉瓦莱特
La Croix	拉克鲁瓦		
Lactance	拉克康斯		

Lavaquerie	拉瓦格里	Lokman	洛克曼
La vega	拉维加	Lombards	伦巴第人
La Vieuville	拉维厄维尔	Longin	隆生
Le Clerc	勒克莱尔	Longueville	隆格维尔
Le Comte	勒孔特(李明)	Lope de véga	洛普·德·韦加
Léda	莱达	Loredano	诺雷达诺
Legris	勒格里	loth	罗得
Le Gentil	勒·让蒂	Lothaire	洛泰尔
Leicester	莱斯特	Louet	卢埃
Leidignière	莱迪吉埃尔	Louis Ier le Pieux (le Faible, le Debonnaire)	虔诚者(弱者、宽厚者)路易一世(法)
Leinez	莱内斯		
Le Labouveur	勒拉布罗尔		
Lelio Sozzini	莱利奥·索齐尼	Louis II le Bègue	结巴路易二世(法)
Le Moine	勒穆瓦纳	Louis II de l'Allemanie	日耳曼人路易二世(德)
Lenox	利诺克斯		
Léon Ier	利奥一世	Louis IV d'Outremer	海外归来的路易四世(法)
Léon le philosophe	哲学家利奥		
Léonce	利奥斯	Louis VI le Gros	胖子路易六世(法)
Léonidas	李奥尼达	Louis VII le Jeune	青年路易七世(法)
Léopold	利奥波德	Saint Louis	圣路易(九世)(法)
Lerma	莱尔玛	Louis Hutin	路易·雨丹(即路易十世)(法)
Lervigilde(Leovigilde)	勒奥维吉尔德		
		Louis d'Anjou	安茹的路易
L'etoile	莱图瓦尔	Louis de Bourbon	波旁的路易
Le Vassor	勒瓦索尔	Louis de Tarente	塔兰托的路易
Lévi	利未	Loyola, Saint Ignace	罗耀拉,圣依纳爵
L'Hospital	洛比塔尔	Luc, Saint	圣路加
Liceran	利斯朗	Luc d'Acheri	吕克·德·阿什里
Licinien	李锡尼安	Luci	卢契
Licinius	李锡尼	Lucie, Sainte	圣女吕西
Lilio	利利奥	Luciffer	路济弗尔(天使)
Lindsey	林赛	Lucignan	吕西尼安
Lin, Saint	圣莱纳斯	Lucius	卢西乌斯
Linna	林纳	Luldow	路德洛
L'Isle-Adam	利斯尔-亚当	Lucrèce	卢克莱修
Liutprend de Crémona	克雷莫纳的特乌特普蓝德	Luna	卢纳
		Lusignan	吕西尼安
Liuva	留瓦	Luynes	吕伊纳
Locke	洛克	Lycaon	利卡翁
Locriens	洛克里德人	Lycurgue	来库古
Lognac	洛尼亚克	Lysimaque	莱西马卡斯

M

Machiavel	马基雅弗利	Marborough	马尔波普
Machom	摩莎姆	Marc, Saint	圣马可
Madies	玛迪埃斯	Marc-Antoine Colonne	马可-安乐尼·科隆纳
Maffredo	玛弗勒多	Marc-Aurèle	马可·奥勒留
Magdelaine	抹大拉（马利亚的别称）	Marcel	马塞尔
		Marcellin	马尔塞林
Maghmud	马哈茂德	Marcellus	玛尔赛卢斯
Magllan (Magalhaens)	麦哲伦	Marcion	马西昂
Magnus Ⅱ	曼纳斯二世	Marcomans	马科曼人
Maguerite d'Aujou	安茹的玛格丽特	Marocomir	马科米尔
Maguerite de Parme	帕尔玛的玛格丽特	Marculfe	马尔居夫
Mahalalet	玛勒列	Mardokempad	玛尔多肯帕德
Mahauiad Sha	马哈麦德-沙赫	Marguerite	玛格丽特
Maher-Salalhas-bas	玛黑珥沙拉勒	Mariana	玛里亚纳
Mahmoud	马哈茂德	Marie	玛丽
Mahomet	穆罕默德	Marie d'Aragon	阿拉冈的玛丽
Maigrot	梅格罗	Marie de Medicis	玛丽·德·美第奇
Maimbourg	曼布尔	Marie Ière Stuart	玛丽（斯图亚特）一世
Maimonide	马伊莫尼德	Marie Ière tudor	玛丽（都铎）一世
Maintenon, Madame de	曼特农夫人	Marie-Thérèse	玛丽-泰雷丝
		Marigny	马里尼
Majorien	马若利安（皇帝）	Marillac	马里亚克
Malatesta	马拉特斯塔	Marius	马里乌斯
Malespina	马勒斯庇纳	Marlborough	马尔巴勒
Malherbe	马莱伯	Marot	马罗
Mamheim	曼赫姆	Marozie	马罗齐亚
Manahem	米拿现	Marquemont	马尔克蒙
manasse	玛拿西	Mars	马尔斯（战神）
Mango-Capac	曼科·卡帕克	Marsigli	马尔西尼
Mandane	曼达娜	Marsigli	玛尔西利
Mandog	曼多格	Martin	马丁
Manes	摩尼	Martine	马尔蒂娜
Manéthon	玛内通	Martinusius	马蒂努西乌斯
Manfred (Manfroi)	曼弗雷德	Massinisa	马西尼萨
Mansfeld	曼斯菲尔德	Mathias	马西亚斯
Manzor	曼苏尔	Mathilde	马蒂尔达
Manuel Comnène	曼努埃尔·科穆宁	Mathusalem (Mathuselah)	玛土撒拉
Manuel Paléologue	曼努埃尔·巴列奥略	Martinuzzi	马丁努齐
Maranes	马拉纳人		

Matthieu	马蒂厄	Michel le Jeune	少年米海尔
Matthieu, Saint	圣马太	Micislas	梅什科
Mauregat	莫尔加特	Middleton	米德尔顿
Maures	摩尔人	Milita	米利塔女神
Maurice de Nassau	拿骚的莫里斯	Milon	米隆
Maurice, Saint	圣莫里斯	Miltiade	米泰亚德
Maurice	毛利古	Milton	弥尔顿
Maxence	马克森提	Minerve	密涅瓦神
Maximien	马克西米安	Minos	米洛斯
Maximilien	马克西米连	Miphiboseth	米非波设
Mayenne	马延	Mirabel	米拉贝尔
Mazarin	马扎然	Mises	米塞斯
Mécichino	美第奇诺	Mithra	密特拉神
Midicis	美第奇家族	Modean	莫德纳
Melanchthon	梅兰希顿	Moeris	默里斯
Melch	梅尔克	Mogh	摩格
Melchtal	梅尔克塔尔	Mogol	莫卧儿
Méledin	梅莱丁	Mohammed	摩呵末
Melecsala	撒列哈·奈只打	Moisaor	摩亚萨奥
Méliorati	梅格利奥拉蒂(即英诺森三世)	Moïse	摩西
		Molay	莫莱
Melkom	玛勒堪神	Molina	莫利那
Memfredi	曼弗雷迪	Molinos	莫利诺斯
Menager	梅拉热	Moloch	摩洛神
Ménès	美尼斯	Molom	莫隆
Méquine	美基纳	Molucco	摩鲁科
Mercoeur	梅克尔	Monadesco	莫纳代斯科
Mercure	墨丘利神	Moncornillon	蒙科尼翁
Merdokempad	玛尔多肯帕德	Mondar	蒙达尔
Méré	梅雷	Monk	蒙克
Meretrix	梅尔特丽	Monlouet	蒙卢埃
Mespham	梅斯芬	Monmouth	蒙默思
Messie	弥赛亚	Monstrelet	蒙斯特勒莱
Méton	默冬	Montagu	蒙塔古
Mézery	梅泽雷	Montaigne	蒙太涅(蒙田)
Michael	米迦勒(天使)	Monteagle	蒙梯格尔
Michée	米该雅	Montecuculli	蒙特古古利
Michel	米海尔(皇帝)	Monteil	蒙特伊
Michel, Saint	圣米歇尔	Montemar	蒙特马尔
Michel-Ange	米开朗琪罗	Montesquieu	孟德斯鸠
Michel le Begue	结巴米海尔	Montezuma	蒙提祖马

Montfort	蒙福尔	Nadab	拿答
Montigny	蒙蒂尼	Nadir Chah	纳狄尔·沙赫
Montluc	蒙吕克	Nani	纳尼
Montmorency	蒙莫朗西	Naphilin(Naphilim)	纳菲兰
Montpensier	蒙庞西埃	Narces	纳塞斯
Montrésor	蒙特雷索尔	Nasser	纳塞尔
Montrose	蒙特罗斯	Navailles	纳瓦伊
Montsorau	蒙索罗	Navarrete	纳瓦雷特
Moret	莫雷	Nectaire	奈克泰尔
Morland	莫兰德	Néhémie	尼希米
Morlas	莫尔拉斯	Nekefre	奈克弗尔
Morgan	摩尔根	Nemours	内穆尔公爵
Morlaques	摩拉克人	Neptune	尼普顿(海神)
Morosini	莫罗西尼	Néron	尼禄
Mortimer	莫提梅尔	Nerve	涅尔瓦
Morus(More)	莫尔	Nestorius	聂斯脱利
Mosarabes	莫斯阿拉伯人	Neuilly	纳依
Mosquites	莫斯基托人	Nevers	纳韦尔
Motassem	穆耳台绥木	Newton	牛顿
Mouchi	穆希	Nicéphore	尼基法拉斯
Mouskes	穆斯凯斯	Nicédas	尼西塔斯
Muawiyah	穆阿维叶	Nicodème	尼哥底姆
Mulei Ismael	穆莱·伊斯马仪	Nicolas	尼古拉
Mulei-Mehemed	穆莱-穆罕默德	Niecamp	尼康普
Muncer	闵采尔	Ninus	尼努斯
Muratori	穆拉托利	Niricasolahssar	尼里卡索拉赫萨
Murray	默里	Nitard	尼塔尔
Muss(Moise)	穆萨	Noé(noah)	挪亚
Muses	缪斯(女神)	Noffodei	诺福代
Mussus	穆苏斯	Nonnotte	诺诺特
Mustapha	穆斯塔法	Noradin	诺拉丁
Muzza	穆萨	Norbert, Saint	圣诺贝尔
Myri-Veis	缪里-维斯	Norfolk	诺福克

N

		Normands	诺曼人
		Northumberland	诺森贝兰德
Naaman	乃缦	Nostradanus	诺斯特拉达谟斯
Nabims	纳宾人	Noushirvan (V. Chosros le Grand)	阿奴细尔汪
Nabonassar	纳博纳萨尔		
Nabuchodonoser (Nebuchadrezzar)	尼布甲尼撒	Novatien	诺瓦提安
		Nugnes de Guzman	努涅斯
Nabusardan	纳布撒尔丹	Numa	努玛

Nun	嫩	Ossone	奥索诺
		Ostrogoths	东哥特人
O		Othman	奥斯曼
Obdam	奥勃登	Othon 1er (Othon le grand)	奥托大帝
Ochosias(Akhagias)	亚哈谢		
Ochus(Ochos)	奥库斯	Ortogruel	奥托克鲁尔
Octai	窝阔台	Ottocare	奥托卡
Octavien Sporco	奥克塔维安·斯波尔科	Ottoman	奥托曼
		Oulougbeg	兀鲁伯
Odin	奥丁	Ouraca	乌拉卡
Odillon	奥迪隆	Ovide	奥维德
Odite	奥迪特	Oxenstiern	奥森斯梯恩
Odovacar	奥多瓦卡	Oxiel	奥克西尔(魔鬼)
Oecolampadius	厄科兰巴提		
Oedip	俄狄浦斯	**P**	
Ogyges	奥吉杰斯	Pachymère	帕希梅尔
Olivarès	奥利瓦雷斯	Pagolo Vitelli	帕戈洛·维特利
Oliverotto	奥利维罗托	Palafox	帕拉福克斯
Olopuen(V. Alopeno)	阿罗本	Paléologue	巴列奥略
		Palique(palice)	帕利斯
Omar	奥玛尔	Pallade	帕拉德
Onias	奥尼亚斯	Palladium(Pallas)	帕拉斯神像
Onion	奥尼戎	Pallavicini	帕拉维齐尼
Ooliba	阿荷利巴	Palliano	帕利阿诺
Oolla	阿荷拉	Pamiers	帕米埃
Opas	奥帕斯	Pandolfe	潘多尔夫
Ophionée	奥菲奥纳	Pandore	潘多拉
Orcan	奥尔古汉	Pansanias	波萨尼亚斯
Oreste	俄雷斯忒斯	Papebroc	帕普布罗克
Orgues	奥尔格	Parennin	帕尔兰
Origène	奥利金	Pâris	帕里斯
Ornano	奥尔纳诺	Parmenion	帕曼纽
Orose	奥罗兹	Parsis	珀西人(琐罗亚斯德教徒)
Orosmade(Oromaze)	阿胡拉·马兹达		
Orphée(Orphenus)	奥菲士	Pascal	帕斯卡
Ortogrul	奥托格鲁尔	Paschal II	帕夏二世
Osamanlis	奥斯曼人	Pasquier	帕基埃
Osasirph	奥萨西夫	Pastourel	巴斯杜雷尔
Osée	何西阿	Patannes	帕坦人
Oshiret(osiris)	奥西里斯	Patogons	巴塔哥尼亚人
Osiander	俄西安德	Patrocle	帕特雷克尔

Patarin	帕塔兰	Philippe Ier	菲利普一世(法)
Paul, Saint	圣保罗	Philippe Ier le Beau	漂亮的菲利普一世(西)
Psul-Emile	保罗·爱弥尔		
Pausanias	波萨尼亚斯	Philippe II Auguste	菲利普二世奥古斯都(法)
Pax	帕克斯		
Pazzi	帕齐	Philippe Bardanes	菲利普·巴尔达纳
Pèdre de Toleole	托莱多的佩德罗	Philippe III le Hardi	大胆的菲利普三世(法)
Pèdre le cruel	残酷的佩雷德		
Pélage	皮拉久	Philippe IV le Bel	美男子菲利普四世(法)
Pélage Teudomer	佩拉约·特多梅尔		
Pélage Albano	佩拉约·阿尔巴诺	Philippe le Bon	善良的菲利普(勃艮第公爵)
Pellevé	佩尔维		
Pélops	佩洛普斯	Philippe V le Long	长汉菲利普五世(法)
Pelsart	佩尔萨特		
Penn	佩恩	Philippe de Suabe	施瓦本的菲利普
Pennington	彭宁顿	Philippe-le magnanime	宽宏者菲利普
Pépin(maître du palais)	宫相丕平		
		Philippe de Valois	菲利普·德·瓦卢瓦(即菲利普六世,法)
Pépin le bref	矮子丕平		
Péréfixe	佩雷菲克斯		
Pérès	佩雷斯	Philistins	菲利士人
Perrcy	佩西	Philladelphes	法拉德尔夫斯
Pericles	伯里克利	Philon de Biblos	比布洛斯的菲龙
Perse	佩尔西乌斯	Philon	菲洛
Peris	佩里斯妖精	Philostrate	费洛斯特拉特
Persée	柏修斯	Phocas	福卡斯
Pertunda	佩尔顿达	Phocion	福西戎
Pescaire	佩斯凯尔	Photius	佛提乌
Pétau	佩托	Phryxus	普里佐斯
Petit	伯提	Pibrac	比伯拉克
Pétrarque	彼特拉克	Picard	皮卡尔
Pétrucci	佩特鲁奇	Picatrix	皮卡特里
Phaéton	法埃通	Piccolomini	比科洛米尼(即教皇庇护二世)
Phacée(Peqch)	比加		
Phacéia(Peqabya)	比加辖	Picrochole	比科罗科尔
Phaine	费尼	Pic de la Mirandole	皮克·德·拉米多拉
Phallum	法洛姆神(阳具神)	Pie II	庇护二世
Pharamond	法拉蒙	Pierre	(使徒)彼得
Pherecide	斐瑞基	Pierre d'Aragon	阿拉冈的彼埃尔
Philargi	斐拉尔吉	Pierre de Bourbon	彼埃尔·德·波旁
Philibert	菲利贝尔	Pierre de Capoue	卡普亚的彼得

Pierre de Castelnau	彼埃尔·德·卡斯特尔诺	Pouce	邦斯
Pierre de la chatre	彼埃尔·德·拉夏特尔	Popon	波蓬
		Porphyre	波尔菲利
		Porus(Por)	波鲁斯
Pierre de Courtenal	彼埃尔·德·库特纳	Possevin	博斯万
Pierre le Cruel	残酷的彼得	Poussin	普桑
Pierre l'Ermite	隐修士彼得	Prétextat	普雷泰克斯塔
Pierre le Grand	彼得大帝	Priape	普里亚普神（阳具神）
Pierre de Médicis	彼埃尔·德·美第奇		
Pierre des Vignes	彼埃尔·德·维尼	Priscillien	普里西利安
Pilate	彼拉多	Probus	普罗布斯
Pilet	比莱	Procope	普罗科匹厄斯
Pilpay(pidpay)	俾佩	Procope le Rasé	光胡子普罗科普
Pinzone	宾索纳	Procriti	普罗克里蒂
Pirithous	庇里托阿斯	Prométhée	普罗米修斯
Pisistrate	庇西特拉图	Psylles	普西尔
Pizaro	皮扎罗	Ptolemaïs	托勒玛伊斯
Placentia	普拉桑西亚	Ptolémée	托勒密
Plan-Carpin	普朗·卡尔潘	Pucelle (V. Arc, Jeanne d')	奥尔良贞女
Platon	柏拉图		
Plaute	普劳图斯	Puffendorff	普芬道夫
Plelo	普莱洛	Pygmées	皮格梅人（小人国人）
Pline l'Ancien	老普林尼		
Pline le Jeune	小普林尼	Pulci	浦尔契
Plutarque	普鲁塔克	Pylade	庇拉德
Poète	波埃	Pyrrha	皮拉
Poggio Bracciolini	波吉奥·布拉乔利尼	Pyrrhon	皮浪
Poli	波利	Pyrrhus	皮洛士
Politien	波利齐亚诺	Pythagore (Pythagoras)	毕达哥拉斯
Pollaiuolo	波利约诺		
Pollion	波利戎	Pythie	皮蒂
Pollux	波吕克斯		
Polo, Marco	马可波罗	**Q**	
Poltrot	波尔特罗	Qénan	该南
Polybe	波里比阿	Quinault	基诺
Polycarpe, Saint	圣波利卡普	Quinte-Curce	坎特-库尔斯
Polynice	波利尼斯		
Pompée	庞培	**R**	
Pomperan	蓬佩朗	Rabelais	拉伯雷
Pope	蒲柏	Racan	腊康
Pompinius	蓬皮利乌斯	Rachis	拉希

人名民族名对照表　557

Racine	拉辛	Robert Ⅱ le Pieux	虔诚者罗伯尔二世（法）
Ragotski	拉高茨基		
Rahab	喇合	Robert Ier（Robert Bruce）	罗伯特一世（罗伯特·布鲁斯）
Raimond	雷蒙		
Rainier	雷尼埃	Robert Ⅱ Stuart	罗伯特二世斯图亚特（英）
Raleigh	雷利		
Ramire	拉米尔	Robert Ⅱ le Diable	魔鬼罗伯尔二世（诺曼底公爵）
Raoul l'Orfevre	金银匠拉乌尔		
Raphaël	拉斐尔	Robert d'Artois	阿图瓦的罗伯尔（即阿图瓦伯爵罗伯尔一世）
Rasi	拉西		
Ratbert	拉特贝尔		
Ratramne	拉特拉纳	Robert de Bavière	巴伐利亚的罗伯特
Raulin	罗兰	Robert le Bougre	善人罗伯尔
Ravaillac	拉瓦雅克	Robert de Clémont	罗伯尔·德·克莱芒
Réginus(Regino)	雷吉努斯	Rochefort	罗什福尔
Régnier	雷尼埃	Rodolphe Ⅱ	鲁道夫二世
Régulus	雷古拉斯	Rodolphe de Habsbourg	哈布斯堡的鲁道夫
Rémi	雷米		
Remphan	理番（神）	Rodolphe de Souabe	施瓦本的鲁道夫
Remus	雷漠斯	Rodregue	罗得里格
Renaud	勒诺	Roger	罗哲尔
Renaud de Chatillon	雷诺·德·夏蒂戎	Rohan	罗昂
Renaudie	雷诺第	Roheims	罗赫人
René d'Anjou	安茹的勒内	Rolland	罗兰
Requesens	雷克森斯	Rollon(Raoul)	罗伦
Retz	雷茨	Romain Ⅱ	罗曼二世
Riario	里阿里奥	Romanow	罗曼诺夫
Ribaumont	里博蒙	Romeli（Romalyahou）	利玛利
Ricaut	理柯		
Richard Ier Coeur-de-Lion	狮心理查一世（英）	Romulus	罗慕洛
		Rosny（V. Sully, duc de）	罗尼
Richelieu	黎世留		
Richemont	里施蒙	Rotharic	罗塔里克
Richemont	里士满	Rousseau	卢梭
Rienzi	黎恩济	Ruben	卢本
Rinaldo de Signi	里纳尔多·德·西格尼	Rubruquis	鲁布鲁基
		Ruccelai	鲁切莱依
Rizzio	里齐约	Ruinard	吕纳尔
Robert d'Anjou	安茹的罗伯特	Ruis de Martanza	吕伊·德·马尔丹托
Robert Ier le Fort	强者罗伯尔一世（法）	Rustan	鲁斯当
		Ruth	路得

Ruttand	鲁特兰	Sabchoniathon(San-chuniathon)	桑科尼雅松
Ruysch	鲁易施		
		Saphadin	撒法丁

S

		Sara	撒拉
Sabatei-Sevi	沙巴泰-塞维	Sardanapale	沙达那帕卢斯
Sabellius	撒伯利乌斯	Sarmates	萨尔马特人
Sabine	萨宾	Sarpi	萨尔比
Sacremore	萨克雷莫尔	Sarrasins	撒拉森人
Sadaï	萨达伊	Satan	撒旦
Sadi(Sa'di)	萨迪	Saturne	萨图恩神
Sadoler	萨多莱	Satyres	撒提罗斯妖
Sagana	萨加纳	Saul	扫罗
Saïd	赛义德	Saurid	索里德
Saïd Effendi	赛义德·阿凡提	Savonarole	萨伏那洛拉
Saint-capautet	圣卡波泰	Saxons	萨克森人
Saint-Hérem	圣黑伦	Scanderbeg	斯堪德培
Saint-Mégrin	圣梅格兰	Scanderon	斯肯德伦
Saint-Pol	圣保尔	Scaevola	斯凯沃拉
Saintraille	桑特拉伊	Schall	汤若望
Saint-Simon	圣西门	Schlesvig	斯莱茨维格
Saladin(Salahedin)	撒拉丁	Schoen	肖恩
Salcède	萨尔塞德	Schomberg	舍恩贝格
Sale	萨尔	Schwarz	施瓦尔茨
Salibury	索尔兹伯里	Sciarra	斯恰拉
Salluste	萨卢斯特	Scipion l'Africain	大西庇阿
Salmansar	撒缦以色	Scolastique	斯科拉斯提克
Salmeron	萨尔默隆	Scot	司各脱
Salomon(Salomoh, Soleimon)	所罗门	Scylla	斯库拉(海妖)
		Scythes	斯基泰人
Salviati	萨尔继亚蒂	Sébastien	塞巴斯蒂安
Samon(Samo)	萨摩	Sédécias	西底加
Samaritains	撒马里亚人	Séguier	塞吉埃
Samiel	萨米埃尔	Sélim 1er	塞利姆一世
Sammonocodom	娑摩罗	Sem	闪
Samoyedes	萨莫耶德人	Semiaxas	塞米亚克萨斯
Samson	参孙	Sénèque	塞涅卡
Samuel	撒母尔	Sérapis	塞拉比神
Sancerre	桑塞尔	Sergius	塞吉乌斯
Sanche	桑乔	Servet	塞尔韦
Sandomir	桑多米尔	Sésac	塞萨克
Sandoval	桑道瓦尔	Sésostris	塞索斯特里斯

Seth	塞特	Sorel	索雷尔
Sétim	塞蒂姆	Sosiandre	索西安德尔
Severa	塞委拉	Sosigènes	索西琴尼
Sextus Empiricus	塞克都斯·恩披里柯	Soubise	苏比斯
Seymour	塞穆尔	Sourdis	苏尔迪
Sforze	斯佛尔查	Spencer	斯宾塞
Shaftesbury	沙代斯伯里	Spinola	斯皮诺拉
Sha-Gean	沙杰汗	Squin de Florian	斯坎·德·佛罗里安
Shak	夏克	Stanley	斯坦利
Shakespeaare	莎士比亚	Staremberg	斯塔伦贝格
Shammadey (Asmodée)	夏玛代	Stauffacher	斯陶法赫尔
		Stilicon	斯提利孔
Sha-Nadir	纳狄尔-沙赫	Stork	斯多克
Sha-Rustan	鲁斯当	Strabon	斯特拉波
Shedad	谢达德	Strada	斯特拉达
Shilo	细罗	Strafford	斯特拉福
Shinner	辛奈尔	Straton de Lamsaques	兰萨库斯的斯特拉东
Sibylles	西比尔女巫		
Sicambres	西康布尔人	Stuart	斯图亚特
Sigebert	西吉贝尔	Sture	斯图尔
Sigefroy	西吉弗鲁瓦	Suarès	叙阿雷斯
Sigismond	西吉斯孟	Suétone	苏埃托纳
Sillery	西勒里	Suèves	苏维汇人
Silvestre	西尔韦斯特	Suffolk	萨福克
Siméon	西面	Suger	絮热尔
Simon Barjone (V. Saint Pierre)	西门·巴若纳	Suidger	苏伊德盖尔
		Sully	絮利
Simon de Bucy	西蒙·德·比西	Sumiel	苏米埃尔
Simon de Montfort	蒙福尔的西蒙	Suze	苏兹
Simonetta	西莫内塔	Sybarites	西巴里斯人
Sixte	西格斯特	Sulla	苏拉
Smerdis	斯默迪	Sylvère	西尔韦尔
Smordak	西莫达克	Symphorose, Saint	圣女桑福罗斯
Sobieski	索别斯基	Syphax	西法克斯
Socrate	苏格拉底		
Sohasduch	索哈斯都克	**T**	
Soli	索里	Tachon	塔雄
Soliman	苏里曼	Tacite	塔西佗
Solis	索里斯	Taillefer	塔伊费尔
Sophi	萨非	Tamerlan	帖木儿
Sophocles	索福克勒斯	Tancrède	丹克雷德

Tanfana	坦法那	Thérèse	泰蕾丝
Tanjaor	丹卓尔	Thésée	忒修斯
Tanneguy du Chatel	塔恩吉·迪·夏泰尔	Thibaud	蒂博
Tantale	塔塔罗斯	Thierri	蒂埃里
Taraise	塔雷斯	Thomas,Saint	圣多玛
Targon	塔尔贡	Thomas,Saint	圣托马斯
Tarik	塔立克	Thomiris	托米里斯
Tarquin	塔克文	Thucydide	修昔底德
Tarquin le Superbe	高傲的塔克文	Thyeste	泰伊斯特
Tartares	鞑靼人	Tibère	提庇留
Tasman	塔斯曼	Tigrane	提格拉纳
Tasse	塔索	Tigranocertes	提格拉诺塞特人
Tassillon	塔西洛	Tilly	提利
Tavernier	塔韦尼埃	Tirel	蒂雷尔
Tecuse,Sainte	圣女泰库斯	Tissot	梯索
Tekili	特凯利	Tite-live	提特·利维
Temugin	铁木真	Titus	提图斯
Terme	泰尔姆	Tobie	托比
Tertullien	德尔图良	Togrul-Beg（Ortogrul-Beg）	托克鲁尔·贝伊（奥托-克鲁尔-贝伊）
Teutates	托达泰斯		
Teuberge	特贝尔吉	Toiras	托瓦拉斯
Thaïs	泰伊丝	Toller	托莱
Thalès	塔莱斯	Toman-bey	托曼-贝依
Thamar	他玛	Tomasi	托马西
Thamas	达赫马斯	Tomasel	托马赛尔
Thamas Koulihan	达赫马斯·库利汗	Tomoré	托莫雷
Tharé	他那	Torauemada	托格玛达
Thausael	托萨埃尔天使	Torizo	托里佐
Thaut(Thot)	托特	Torstenson	托斯坦逊
Thébaïd	泰巴伊德	Toscanelle	托斯卡内尔
Thémines	泰米纳	Touchi	朴赤
Thémistocle	泰米斯托克利	Tourangeaux	图兰人
Théodebert	狄奥德贝尔	Trajan	图拉真
Théodecte	狄奥代克特	Tranquebar	特朗格巴
Théodora	西奥多拉	Transtamare	特兰斯塔玛尔
Théodore	费约尔	Tremblai	特朗布莱
Théodore	西奥多尔一世	Triptolème	特里托莱姆
Théodoret	狄奥多雷	Trissino	特里西诺
Théodoric	狄奥多里克	Trivilce	特里维尔契
Théodose	狄奥多西	Tromp	特龙普
Théodote	狄奥多图斯	Truchsès	特鲁奇塞斯
Théophole	提阿非拉斯	Trussel	特鲁塞尔
Théopompe	狄奥蓬普	Tryphon	特里封

Tubal	土巴	Vénus	维纳斯女神
Turcs	突厥人，土耳其人	Verchain	维尔肖
Turenne	蒂雷纳	Vérémond	韦雷蒙
Turpin	蒂尔	Verneuil	韦尔讷
Tuti(Tuli)	托提（托利）	Vernon	维农
Tycho-Braché	第谷-布拉赫	Vertot	凡尔多
Typhis	梯菲斯	Vertumne	韦尔蒂姆纳
Typhon	提封	Vesale	维萨里
Tyriens	提尔人	Vesois	韦苏瓦

U

		Vespasien	韦伯芗
		Vesta	维斯太神
Ulpous	乌尔庇乌斯	Vestale	维斯太贞女
Ulughbeg	兀鲁伯	Victor	维克多
Ulysse	尤利塞斯	Vierge, Sainte	圣母玛丽亚
Upsal	乌普萨拉	Vigan	维刚
Urbain	乌尔班	Vilegagnon	维勒尼翁
Urie	乌利亚	Villani	维拉尼
Usberc	乌兹别克人	Villequier	维勒基埃
Ussum-Cassan	乌苏姆-卡桑	Villiers	维利叶
Ustariz	乌斯塔里兹	Virgile	维吉尔
Utropoya	乌托罗波亚	Visconti	维斯康蒂
		Visigoth	西哥特人

V

		Visiliputsli	维西利普兹利神
Vala	瓦拉	Visnou	毗湿奴神
Valdec	瓦尔德克	Vitellius	维特利乌斯
Valderios	瓦尔德里奥斯	Viterbe	维特尔博
Valdo	韦尔登	Vitikind	威提钦德
Valdon	瓦尔东	Vitiza	威帖萨
Valentine	瓦朗蒂娜	Vitruve	维特吕夫
Valertinien	瓦伦丁尼	Vitry	维特里
Valid	韦立德	Vitteric	维特里克
Valid Almanzor	韦立德·曼苏尔	Vladeslas	符拉第斯拉
Valrade	瓦尔拉德	Voladimer	弗拉基米尔
Valstein	瓦伦斯坦	Volasques	沃斯克人
Van Dale	万达尔	Voragine	伏拉吉纳
Vandales	汪达尔人	Vossius	沃西乌斯
Varade	瓦拉德	Vulcain	维尔坎神
Varillas	瓦里雅斯		
Varus	瓦鲁斯		

W

Velasquez	维拉斯克斯	Waldemar	瓦利德马尔
Velly	韦利	Waller	沃勒
Venceslas	万塞斯拉	Walpole	瓦利波尔
Venier	韦尼埃（韦尼埃罗）	Walther	瓦尔特

Warburton	渥尔伯尔腾	Yves de Chartres	伊夫·德·夏特尔
Warham	渥兰		
Warwick	沃里克	**Z**	
Wiclef	威克里夫	Zachairas	扎哈里亚斯
Witt	维特	Zaciel-Parmar	扎西埃尔-帕马尔
Woodville	伍德维尔	Zagatai	察哈台
Wolsey	沃尔西	Zaïde	扎伊黛
		Zaleucus	扎勒库斯
X		Zamolxis	扎莫西斯
		Zéphyre	泽菲斯风神
Xavier	沙勿略	Zerdust	查尔杜斯特
Xavier	格扎维埃	Zeus	宙斯
Xenophon	色诺芬	Zimiscès	齐米塞斯
Xerxès	薛西斯	Zingani	赞加诺人
Ximénès	格希梅内斯	Ziska	杰士卡
Xixoutrou	西苏特鲁	Zobah	佐巴
		Zoroastre	琐罗亚斯德
Y		Zorobabel	所罗巴伯
		Zosime	佐西姆
Yèred	雅列	Zuingle	茨温利
Yilquesi	维尔凯进西	Zuski	索伊斯基
Yisouca	也速该		
York	约克		

地名对照表

A

Aar	阿尔	Alep	阿勒普
Abbeville	阿布维尔	Alexandrie	亚历山大城
Abruzze	阿布鲁齐	Alexandrette	亚历山大勒达
Abyla	阿比拉（海峡）	Algarves	阿尔加维省
Abyle	阿比尔	Alger	阿尔及尔
Abyssinie	阿比西尼亚	Aller	阿勒尔河
Acadie	阿卡地亚	Alpes	阿尔卑斯山
Accaron(Eqron)	以革伦	Alsace	阿尔萨斯
Achaie	阿卡亚	Amalfi	阿马尔菲
Acores	亚速尔群岛	Amboine	安汶岛
Acre	阿克	Amboise	安布瓦斯
Actium	阿克蒂奥姆湾（亚克兴）	Amiens	亚眠
		Amorrou	阿莫鲁
Aden	亚丁	Amsterdam	阿姆斯特丹
Adige	阿迪杰河	Anagni	阿那尼
Adriatique	亚得里亚海	Anatonie	安纳托利亚（小亚细亚古称）
Afrique Tingitane	丹吉达非洲	Ancone	安科纳
Agenois	阿热努瓦	Ancre	安克尔
Agnani	阿尼亚尼	Ancyre	安西尔
Agnadel	阿尼亚德诺	Andalousie	安达卢西亚
Agra	阿格拉	Andrinople	安得里诺普
Agri	阿勒	Angers	昂热
Aigues-Mortes	埃格莫特	Angoulême	昂古莱姆
Aix-la-Chapelle (Aachen)	亚琛	Angoumois	昂古穆瓦
		Anjou	安茹
Albe	阿尔布	Antioche	安条克
Albert	阿尔伯特	Anti-Liban	前黎巴嫩山脉
Albret	阿尔布雷	Antilles	安的列斯群岛
Alcala	阿尔卡拉	Anvers	安特卫普
Alcasas	阿尔卡萨	Anpennin	亚平宁山
Aldebaram	阿尔代巴兰	Apalaches	阿巴拉契亚山
		Apamée	阿帕梅

Appenzel	阿彭策尔	Austrasie	奥斯特拉西亚
Appulie	阿普利亚	Autan	奥顿
Aquilee	阿奎拉	Auvergne	奥弗涅
Aquitaine	阿基坦	Auxerre	奥塞尔
Arabie Désert	沙漠阿拉伯	Auxerrois	奥塞鲁瓦
Arabie Heureuse	福地阿拉伯	Ava	阿瓦
Arabie Pétrée	佩特拉阿拉伯	Averse	阿韦尔萨
Aragon	阿拉冈	Avignon	阿维尼翁
Aran(Aram)	哈兰	Avranches	阿弗朗什
Araxe	阿拉克斯河	Azincourt	阿赞库尔
Arcemboldi	阿尔森布迪	Azof(Azov)	亚速海
Archangel	阿尔汉格尔(即阿尔汉格尔斯克)	**B**	
Ardennes	阿登森林	Babel	巴贝尔城,巴贝尔塔
Arezzo	阿雷佐	Babylon	巴比伦
Argos	阿哥斯	Bactriane	巴克特里亚(大夏)
Arles	阿尔	Bagdad	巴格达
Armagnac	阿曼尼亚克	Balbeck	巴勒贝克
Arménie	亚美尼亚	Bâle	巴塞尔
Arques	阿尔克	Balk	巴勒卡
Arras	阿腊斯	Bamberg	邦贝格
Arrien	阿利安	Bantam	班唐
Arsaces	亚萨息斯	Bar	巴尔
Artois	阿图瓦	Barbade	巴巴多斯
Arzilla	阿尔齐拉	Barbarie	柏柏尔地区
Ascalon	阿什克隆	Barcelone	巴塞罗那
Asphalite	盐湖(阿斯法尔蒂特朗)	Bari	巴里
		Batavie	巴达维亚(即雅加达)
Assise	阿西西		
Assyrie	亚述帝国	Baudoin	博都安
Ast	阿斯特	Bavarie	巴伐利亚
Asti	阿斯蒂	Baveux	巴弗
Astracan	阿斯特拉罕	Bayard	巴亚尔
Astruries	阿斯土里亚斯	Bayeux	贝叶
Athènes	雅典	Bayonne	巴荣讷
Atlas	阿特拉斯山	Bearn	贝亚恩
Atrar	兀答剌儿	Beaugency	博让西
Attigny	阿蒂涅	Beauvais	博韦
Attique	阿提卡	Bénarès	贝那勒斯
Augie	奥吉亚	Bénévent	贝内文托
Augsbourg	奥格斯堡	Bengale	孟加拉
Aurai	奥雷	Béotie	彼俄提亚
Aunis	奥尼斯	Bergame	贝尔加莫

地名对照表　　565

Berghes	贝格斯	Bresse	布勒斯
Berith	贝里特	Bretagne	布列塔尼
Berne	伯尔尼	Bretigni	布雷蒂尼
Berry	贝里	Briare, Canal de	布里雅尔运河
Besançon	贝桑松	Brienne	布里埃纳
Béthaven	伯亚文	Brille	布里勒
Béthel	伯特利	Brindes（Brindisi）	布林的西
Bethléem	伯利恒	Brisach	布里萨克
Bétique	贝提克	Brisgaw	布里斯古
Béziers	贝齐埃尔	Bristol	布里斯托尔
Biagrasse	比亚格拉斯	Brixen	布里克森
Biblos	比布鲁斯	Brunswick	布伦瑞克
Biscaye	比斯开湾	Bubaste	布巴斯特
Bithynie	比提尼亚	Bude	布达
Bitonto	比通托	Bruges	布鲁日
Blavet	布拉维（V. Port-Louis）	Bungo	丰后国（日）
		Burgos	布尔戈斯
Blaye	布拉伊	Burse	布尔萨
Blois	布卢瓦	Byzance	拜占庭
Bocara	布哈拉（不花剌）		
Bohême	波希米亚	**C**	
Bologne	波洛尼亚	Cades-Barne	加低斯巴尼亚
Bordeaux	波尔多	Cadix	加的斯
Borysthene（V. Dnieper）	博里斯坦纳河	Caffa	加法
		Cafrerie	卡弗勒里
Bosnie	波斯尼亚	Cahors	卡奥尔
Bosphore	博斯普鲁斯海峡	Cajetan	卡热坦
Bosworth	博思沃思	Calabre	卡拉布里亚
Bouillon	布戎	Calais	加来
Boulogne	布洛涅	Calatrava	卡拉特拉瓦
Bourges	布尔日	Calcis	卡尔西斯湾
Bourgneuf	布尔纳福	Calicut	卡利卡特
Bourgogne	勃艮第	Calismène	卡利斯梅纳岛
Bouvines	布维纳	Calmar	卡尔马
Boyne	博伊恩河	Calpé	卡尔佩海峡
Brabant	布拉邦特	Cambalu	汗八里
Brandebourg	勃兰登堡	Cambaye	坎贝
Brantôme	布朗托姆	Cambrai	康布雷
Bréda	布雷达	Camerino	卡梅里诺
Brême	不来梅	Canaan	迦南
Brescia	布雷西亚	Canaries	加那利群岛
Breslau(V. Wnoclaw)	布雷斯劳	Candahar	坎大哈
Bressan	布雷萨诺内	Candie(V. Crète)	干地亚

Canise	卡尼兹	Cephalonie	克法利尼亚
Canusium (Canosse)	卡诺萨	Cerdagne	塞尔达纳
Cantorbery	坎特伯雷	Cerignola	切里尼奥拉
Cappadoce	卡帕多斯	Céerisoles	切里索勒
Cap de Bayador	巴亚多尔角	Césarée	开塞利(土耳其)
Cap Bonne Espérance	好望角	Césarée	恺撒里亚
Cap Breton	布雷顿角岛	Ceuta	休达
Cap de Comorin	科摩林角	Cevenne	塞文山区
Cap Non (Noun)	不越角	Chalcis	卡尔西斯湾
Cap Paros	帕洛斯角	Charolais	夏罗莱
Cap-Vert	佛得角群岛	Chaldée	迦勒底
Cap des Tempêtes	风暴角	Châlon-sur-Saône	索恩河畔夏龙
Capadoce	卡帕多细亚	Chalcedoine	夏塞杜瓦纳
Capitanate	甲必丹纳特	Chambery	尚贝里
Capitole (Capitolin)	卡皮托利	Champagne	香槟
Capoue	卡普亚	Charlolais	查罗来
Caracorum	喀喇和林	Chartres	夏尔特尔
Carlisle	卡莱尔	Charybde	查理布德
Carcasonne	卡尔卡松	Chateaufort	夏托福尔
Carie	卡利亚	Chatelleraut	夏特罗
Carinthie	克恩滕	Chersonèse d'Or	托尔凯尔索克斯(今马来半岛)
Carisme (Kouaresme)	花剌子模		
Carlowitz	卡洛维兹	Chersonèse Taurique	托里克凯尔索洛斯(今克里木半岛)
Carnate	卡拉蒂克		
Caroline	卡罗来纳州	Chiapa	恰帕斯
Carmel	迦密山	Chinon	希农
Carpantras	卡本特拉	Chiraz	设拉子
Cartage	迦太基	Chivas	希瓦斯
Cartagène	卡塔赫纳	Chokzim	霍克津
Casan	喀山	Chorasan	呼罗珊
Casbin	卡斯宾	Circassie	切尔克西亚
Cash	碣石	Cirte	西尔特
Cassin	卡西诺山	Citeaux	锡托
Casius	卡西乌斯山	Civita-Vecchia	契维塔韦基亚
Castelnaudary	诺达里堡	Civitade	契维塔德
Castille	卡斯蒂利亚	Clairvaux	克莱沃
Castor	卡斯托尔	Clérac	克莱拉克
Catai	卡泰(对中国的旧称)	Clermont	克莱蒙
Catalogne	加泰罗尼亚	Clèves	克利夫斯
Cateau-Cambresis	卡托-康布雷西斯	Cluny	克吕尼
Cayenne	卡宴岛	Cobheim (Cobham)	科布黑姆
Ceilan (Ceylan)	锡兰	Cochin	柯钦
Cenis	瑟尼峰	Cochinchine	交趾支那

Coimbre	科因布拉	Curaçao	库腊索岛
Coire	库尔	Curdistan	库尔迪斯坦
Coislin	库瓦宁	Cusco	库斯科
Colchide	科尔基德	Cybele	库柏勒
Colchos	科尔科斯	Cydnus	西得努斯
Cologne	科隆	Cyclades	基克拉迪群岛
Colonne	科隆纳	Cyrénaique	昔兰尼加
Côme	科姆湖		
Comminge	科曼日	**D**	
Comorin	科摩林角	Dalecarlie	达莱卡利亚
Compigne	贡比涅	Dalmatie	达尔马提亚
Conflan	孔弗朗	Dampierre	丹彼埃尔
Conon	科农	Damiette (Dumyat)	达米埃塔
Conouaille (Cam-wall)	康沃尔	Damut	达墨特
		Dan	但城
Constance	康斯坦茨	Dantzick	但泽
Constantinople	君士坦丁堡	Dardanelles	达达尼尔海峡
Copenhague	哥本哈根	Darien	达速湾
Corassan (Corosam)	呼罗珊	Dauphine	多菲内
Corbeil	科贝尔	Davis, détroit de	戴维斯(海峡)
Corbie	科尔比	Delft	德尔夫特
Cordillieres	科尔迪利埃山脉	Delphes	特尔斐
Cordoue	科尔多瓦	Derbent	杰尔宾特
Corfou	科孚岛	Derham	达勒珊
Corinthe	科林斯	Desima	出岛(日)
Cornano	科尔纳罗	Dévon	德文
Coromandel	科罗曼德尔	Diarbeck	迪亚贝克
Corse	科西嘉岛	Dijon	第戎
Coucy	库西	Dinan	迪南
Courlande	库尔兰德	Diospolis	迪奥斯波利斯
Coutances	库汤斯	Dnieper	第聂伯河
Coutras	库特拉	Dordrecht	多得雷赫特
Cracovie	克拉科夫	Dortmund	多特蒙德
Crato	克拉托	Douvres	多佛
Crécy	克雷西	Dresde	德累斯顿
Crémone	克雷蒙纳	Dreux	德勒
Crépy	克雷比	Duina	德威纳
Crète	克里特岛	Dunbar	邓巴尔
Creutznach	克勒茨纳克	Durazzo (Durres)	都拉斯
Croatie	克罗地亚		
Croye	克罗瓦	**E**	
Cufa	库发	Ebre	埃布罗河
Cumes	库梅斯	Eden	伊甸

Edesse	埃德塞	Forli	福尔利
Edgehill	埃奇希尔	Fornovo	福尔诺沃
Edimbourg	爱丁堡	Fotheringay	富塞林盖
Edom	伊东	Franche-Comté	弗朗什-孔太
Egnatia	埃格拉蒂亚	Franconie	弗兰哥尼亚
Egra	埃格拉	Frejus	弗雷瑞斯
Eleusine	伊流欣努	Fribourg	弗里堡
Eloim (Eloa)	埃洛伊姆河	Friedberg	弗里德堡
Emilie	艾米利亚	Frioul	弗里乌尔
Endor	隐多珥	Fris	弗里斯兰
Enghien	安根	Frise	弗里斯
Ephèse	以弗所	Fulde	富尔达
Epire	伊庇鲁斯		
Eresbourg	埃雷斯堡	**G**	
Eridan	埃里当河	Gaiète	加埃塔
Erivan	埃里温	Galata	加拉塔
Erythre	厄立特里	Galatia	加拉提拉
Erzroum	埃尔祖鲁姆	Galice	加利西亚
Escaut	埃斯科河	Gallipoli	加利波利
Escurial	埃恩古里亚尔	Gand	根特
Esiongaber	以旬迦别	Gandie	甘迪亚
Este	埃斯特	Garillan (Garigliano)	加里昂(加里利亚诺)
Etna	埃特纳火山		
Eu	欧城	Gascogne	加斯科涅
Eubée	埃维厄	Gaule	高卢
		Gaza	加沙
F		Gemblour	尚布卢
Faenza	法恩扎	Germanie	日耳曼尼亚
Falaise	法莱兹	Gion	吉翁河
Famagouste	法马古斯塔	Glarus	格拉鲁斯
Faunus	福努斯	Glascow	格拉斯哥
Ferrre	费拉拉	Glocester	格洛斯特
Ferrarois	费拉卢瓦	Goa	果阿
Ferriere	费里埃	Golconde	戈尔康达
Fez	非斯	Gorgades	戈尔加德群岛
Fizac	菲扎克	Goslar	戈斯拉尔
Flandre	佛兰德	Gossen (Gessen)	歌珊
Flessingue	符利辛根	Gotha	哥达
Foix	富瓦	Gothie	哥德兰省
Fontarabie	富恩特拉维亚	Gouda	古达
Fontenai	封特内	Goulette	古莱特
Fontevhault	丰特弗洛	Granade	格拉纳达
Forchheim	福希海姆	Grandvelle	格兰威尔

Gravelines	格拉夫林	Huesca	胡韦斯卡
Grenoble	格勒诺布尔	Hydaspe	希达斯普河
Grisons	格里松斯	Hyrcanie	希尔卡尼亚
Groningue	根罗林根		
Guadalquivir	瓜达尔基维尔河	**I**	
Gueldre	格尔德兰	Ibérie	伊贝里亚
Guines	吉内	Icone	伊康
Guadeloupe	瓜德罗普岛	Idumée (Idon)	以土卖(以东)
Guzarate	古扎拉特(王国)	Ile des Perles	珍珠岛
Guyenne	吉埃纳	Illyrie	伊利里亚
		Immaus	伊玛乌斯山脉
H		Imola	伊莫拉
Habsbourg	哈布斯堡	Inspruck	因斯普鲁克
Hai	艾城	Ionie	爱奥尼亚
Hainaut	海诺特	Iphigenie	伊菲革尼亚
Hairfleur	阿弗勒	Ipire	伊庇鲁斯
Halberstade	哈尔伯施塔特	Isaurie	伊苏里亚
Hamptoncourl	汉普顿库特	Iscanderon	伊斯肯德伦
Harlem	哈勒姆	Ischia	伊斯基亚
Hastings	黑斯廷斯	Ispahan	伊斯法罕
Haute-ville	奥特维尔	Issel	伊塞尔湖
Heidelberg	海德堡	Issus	伊苏斯
Hellespont	赫勒斯滂海峡	Istrie	伊斯特拉
Helvetie	赫尔维蒂	Ivry	伊夫里
Hennebon	埃纳蓬		
Heraclée	伊拉克利翁	**J**	
Hercynie	赫尔契尼亚森林	Jarnac	雅尔纳克
Hereford	赫里福德	Jaxarte	药杀河
Hermonim	赫尔莫南	Jéricho	耶利哥
Hershalaim	赫夏拉伊姆	Jérusalem	耶路撒冷
Hesdin	赫斯登	Jezraël	耶斯列(今译伊斯罗埃列)
Hesperides	赫斯佩里德群岛	Joppé	若佩港
Hesse	赫斯	Jotapat	约塔帕
Hiérapolis	希拉波利斯	Jucatan	尤卡坦半岛
Hiberne (Hibernie)	希伯尼亚	Judée	犹大(犹太)国
Hippone	希波	Juliers	朱利赫
Hirado	平户		
Hispaniola	伊斯帕尼奥拉(V. Saint-Dominique)	**K**	
Holmby	霍姆比城堡	Kaboul	卡布尔
Holstein	荷尔斯泰因	Kachan	卡香
Honduras	洪都拉斯	Kaminieck	卡米涅克
Honfleur	翁弗勒尔	Kasbin	卡斯宾

Kempten	肯普腾	Loire	卢瓦尔河
Kent	肯特	Lombardie	伦巴第
Kiovie	基奥维亚	Longchamp	隆尚
Kittim	基提	Lorraine	洛林
Korassan	科拉桑	Loretto	洛雷托
Krapac	克拉帕克山脉	Lotharinge	洛塔林吉
		Louisbourg	路易斯堡

L

		Louvin	卢万
Lacédémone	拉栖第梦	Louvre	卢孚尔(塔楼)
Laconie	拉哥尼亚	Lubeck	卢卑克
Lahor	拉合尔	Lucayès	卢卡耶斯
Lamego	拉梅戈	Lucera	卢切拉
Lamek	拉麦	Lucerne	卢塞恩
Lancastre	兰加斯特	Lucques	卢卡
Langres	朗格勒	Lunebourg	吕内堡
Languedoc	朗格多克	Lutzen	卢蔡恩
Laodiée	劳迪西亚	Lydie	吕底亚
Laon	拉昂	Lyonnais	里昂内
Laplata	拉普拉塔河		
Laponie	拉普兰	**M**	
La Rochelle	拉罗舍尔	Madain	麦达因
Latran	拉特兰	Madère	马德拉岛
Laveur	拉伏尔	Madian	米甸
Le Havre-de-Grâce	勒阿弗尔-德-格拉斯	Magdebourg	马格德堡
		Magellan, détroit de	麦哲伦海峡
Leicester	累斯特	Maine	曼恩
Léon	莱昂	Mainfroi	曼富瓦
Léonine	拉奥尼纳	Maingrelie	曼格雷利亚
Lepante	勒班陀	Maille-Saye	马伊-萨耶
Levant	利凡特	Majorque	马略卡岛
Leyde	莱顿	Malabar	马拉巴尔
Lichfield	利奇菲尔德	Malatesta	玛拉特斯特
Liège	列日	Malavilla	马拉维拉
Ligurie	利古里亚	Malines	马利纳
Lille	里尔	Manheim	曼赫姆
Limoges	利摩日	Mansoure	曼苏拉
Limousin	利穆赞	Mantoue	曼图亚
Lincoln	林肯	Marche	马尔凯
Lisieux	利西叶	Marche d'Ancone	安科纳马尔凯
Livonie	利沃尼亚	Marche Trevisane	特雷维索的马尔凯
Livourne	里窝那	Marfée	马尔弗
Loches	洛什	Mariannes	马里亚纳群岛
Lodi	洛迪	Marienbourg	玛林堡

Marlborough	马尔巴勒	Montfaucon	蒙福贡
Martinique	马提尼克岛	Montauban	蒙托邦
Maryland	马里兰	Montbasa	蒙特巴沙
Mascate	马斯喀特	Montmédi	蒙梅迪
Mastricht	马斯特里切特	Mont-cassin	卡西诺山
Maurienne	摩里埃纳	Montdidier	蒙迪底埃
Mauritanie Tangi-tane	丹吉斯毛里塔尼亚	Montégu	蒙泰居
		Montelimart	蒙特利马尔
Mayence (Mainz)	美因茨	Montereau	蒙特罗
Meckelbourg	梅克伦堡	Montferrat	蒙费拉
Médain	麦达因	Montfort	蒙福尔
Médéee	美狄亚	Montlhery	蒙莱里
Médie	米地	Montmartre	蒙玛特尔
Médine	麦地那	Montpellier	蒙彼利埃
Mein	美因河	Monza	蒙扎
Melinde	美兰达	Moph	莫普赫
Melk	梅尔克	Moravie	莫拉维亚
Melun	默伦	Mordick	莫尔迪克
Mendes	孟代斯省	Moree	摩里亚
Memphis	孟菲斯	Morgate	莫尔加腾
Mequinez	梅克内斯	Moria	摩里亚山
Merindol	梅兰多尔	Mortagne	莫尔塔尼
Mer Vermeille	韦尔梅海(V. baie de califonie)	Moscovie	莫斯科维亚
		Moselle	莫泽尔河
Mérou	梅鲁山	Mosul	摩苏尔
Messene	梅塞尼亚	Mulberg	缪尔贝格
Messine	默西拿	Mulhausen	缪尔豪森
Metz	梅斯	Multan	漠尔坦
Meuse	马斯河	Munster	芒斯特
Mezanderan	马赞达兰	Murcie	穆尔西亚
Mingrelie	敏格烈利亚	Muret	米雷
Minorque	米诺卡岛		
Mirandole	米朗多粒	**N**	
Misnie	迈森		
moabu	莫阿布	Nablus	纳布鲁斯
Modène	摩德纳	Namur	那慕尔
Moesie	默西亚	Nangazaki	长崎
Mohacs	莫哈奇	Naples	那不勒斯
Moka	莫卡	Narbonne	纳尔榜
Moldavie	摩尔达维亚	Narenza	纳朗扎
Moluques	摩鹿加群岛	Naumbourg	瑙姆堡
Moncontour	蒙贡都尔	Navarre	那瓦尔
Mont Athos	(希腊正教的)圣山	Navarette	纳瓦雷特

Navpaktos	纳夫帕克托斯（V. Lepante）	Olympe	奥林匹斯山
		Ombrie	翁布里亚
Nazareth	拿撒勒	Opas	奥帕斯
Nazianze	纳齐安兹	Oran	奥兰
Négrepont	内格雷蓬	Orange	奥兰治
Nemours	内穆尔	Orbitello	奥尔比特洛
Nephtali	内夫塔利	Orcades	奥尔克群岛
Nervèse	内尔韦兹	Orchie	奥尔希
Neuhausel	诺伊豪塞尔	Oreb	何烈（奥雷布）
Neustrie	纽斯特里亚	Orgues	奥尔格
Nevers	讷韦尔	Orleans	奥尔良
Newbury	纽伯里	Oronte	奥龙特斯河
Newcastle	纽卡斯尔	Orviette	奥尔维耶托
Newmarker	纽马克特	Osma	奥斯玛
Nice	尼斯（法）	Osmabruck	奥斯纳布吕克
Nicée	尼西亚	Ostie	奥斯蒂亚港
Nicodémée	尼科代梅	Otrante	奥特兰托
Nicomédie	尼科穆迪亚	Otrar	兀答儿
Nigritie	尼格里提亚（即苏丹）	Oxua	乌浒河（奥克苏斯河）
Nil	尼罗河		
Ninive	尼尼微	**P**	
Ninvah	宁瓦		
Nocera	诺切拉	Paderborn	帕德博恩
Nogaret	诺加雷	Padoue	帕多瓦
Nombre de Dios	嫩布尔德迪奥斯	Palatinat（V, Pfaltz）	帕拉蒂纳
Nordlingue	诺德林根	Palerme	巴勒莫
Norfolk	诺福克	Palmyre	帕米尔
Northampton	北安普敦	Palus-Meotides	帕拉斯-默奥提斯海
Nottingham	诺丁汉	Pamiers	帕米埃
Novare	诺瓦拉	Pampelune	潘普洛纳
Noyon	努瓦荣	Pannonie	潘诺尼亚
Nubie	努比亚	Param	帕拉姆
Numidie	努米地亚	Parme	帕尔玛
Nyse	尼斯城	Parme-et-Plaisance	帕马玛-皮亚琴察公国
Nysse	尼塞	Paros	帕罗斯
		Parthe	帕提亚帝国
O		Passau	帕绍
		Pavie	帕维亚
Océan Ethiopique	埃塞俄比洋（印度洋）	Pégu	勃固
		Péloponèse	伯罗奔尼撒
Oeuf	厄夫	Péluse	佩卢兹
Oise	瓦兹河	Pembroke	彭布罗克
Oléron	奥列龙岛		

Perche	佩尔什		Prum	普吕姆（修道院）
Perigord	佩里戈尔		Prusse	普鲁士
Peronne	佩罗纳		Ptolémaide	托勒密（巴勒斯坦）
Perpignan	佩尔皮扬		Ptolémais	托勒玛伊斯
Perse	波斯		Puiset	皮伊塞
Persepolis	波斯波利斯		Puy	皮伊
Pésaro	佩萨罗		Lepuy	勒普伊
Pest	佩斯		Puy-en-Velay	弗莱山市
Pezaro	佩扎罗		Pyrénées	比利牛斯山
Pfaltz	普法尔兹			
Pharan	巴兰		**Q**	
Phalère	法莱尔			
Phase	法兹斯河		Québec	魁北克
Phénicie	腓尼基		Querasque	凯拉斯克
Picardie	皮卡底		Quercy	凯尔西
Piemont	皮埃蒙特		Quiers	基耶尔
Pierre-Encise	皮埃尔-昂西斯		Quiloa	基洛阿
Pignerol	比内罗洛		Quimper-Corentin quito	坎佩尔-科朗坦基多
Piombino	皮昂比诺			
Pirée	比雷埃夫斯		**R**	
Pise	比萨			
Pistois	皮斯托亚		Raguse	拉古萨
Plaisance	皮亚琴察		Ravenne	腊万纳
Pleskou	普列斯库		Reggio	勒吉奥
Plessis-les-Tours	普莱西斯-图尔		Reheboth	勒赫博特
Podolie	波多里亚		Reims	兰斯
Poitiers	普瓦蒂埃		Remnon	临门庙
Poitou	普瓦图		Retz	雷茨
Pomeranie	波美拉尼亚		Rialto	里亚托
Pondichery	本地治里		Rimini	里米尼
Pons	蓬斯		Ripalle	里佩勒
Pont	蓬特		Risin	里珊
Pont-Euxin	攸克辛海		Rochestre	罗彻斯特
Pontoise	蓬图瓦兹		Rocroi	罗克鲁瓦
Porcellets	波塞莱		Romagne	罗玛尼阿
Port-Louis	路易港		Roncevaux	朗塞瓦尔
Porto	波尔图		Rosette	罗塞塔
Potosi	波托西		Rouen	鲁昂
Pouille	普伊		Rouergue	鲁埃尔格
Préneste	普雷内斯托		Roussillon	鲁西荣
Privas	普里瓦		Roxburgh	罗克斯巴勒
Propontide	普洛蓬特海		Roye	鲁瓦
Provence	普罗旺斯		Rugen	鲁根
			Ryswick	里斯维克

S

Sana	萨那	Saint-Quentin	圣康坦
Saba	示巴	Saint-Sacrement	圣萨克芒
Sabine	萨比内	Saint-Valery	圣瓦莱里
Sables d'Olonne	奥洛纳沙	Salamanque	萨拉曼卡
Saintonge	圣东日	Salamine	萨拉米
Saint-Alban	圣阿尔本斯	Salerne	萨莱诺
Saint-Aman	圣安曼	Salisbury	索尔兹伯里
Saint-Ange	圣昂热城堡	Saluces	萨卢佐
Saint-Antoine	圣安东尼（修道院）	Salzbourg	萨尔茨堡
Saint-Bertin	圣贝尔丹（修道院）	Samarcande	萨马尔罕
Saint-Chapelle	圣夏佩尔教堂	Samarie	萨玛尼亚
Saint-Christophe	圣克里斯托夫岛 (V. Saint-Kitts)	Samogitie	萨莫吉提亚
		Samore	萨莫拉
		Samos	萨摩斯
Saint-Croix	圣克鲁瓦	Sandal	桑达尔城堡
Saint-Denis	圣德尼	Sannoubi	山努比
Saint-Dominique	圣多明各	Santou	桑顿
Saint-Gall	圣加伦	Saragosse	萨拉戈萨
Saint-Germain l'Auxerrios	圣热尔曼-奥克塞罗瓦	Saumur	索谬尔
		Savelli	萨韦利
		Savoie	萨伏依
Saint-Germain-des-Pres	圣热尔曼-德-普雷（修道院）	Savone	萨沃纳
		Saxe	萨克森
Saint-Gilles	圣加尔	Scanderon	斯坎德伦
Saint-Gothard	圣哥达	Scandiano	斯堪狄亚诺
Saint-Jean d'Angely	圣让昂热利	Scanie	斯卡尼亚
Saint-Juste	圣朱斯	Schaffhouse	沙夫豪森
Saint-Kitts	圣基茨岛	Schlesvig	施莱斯维格
Saint-Lo	圣洛	Schwith	斯威茨洲
Saint-Malo	圣马洛	Scilly	锡利岛
Saint-Marc	圣马克	Sclavonie	斯克拉沃尼亚
Saint-Marie-Majeure	圣玛利亚（大修道院）	Scutari	斯库台
		Scylla	锡拉
Saint-martin-d'Auton	奥顿的圣马丁（修道院）	Séleucie	塞琉西亚
		Senlis	桑利斯
Saint-Maurice	圣莫利斯	Senones	塞农
Saint-Médard	圣梅达尔（修道院）	Sens	桑斯
Saint-Mexant	圣梅克桑	Sérapis	塞拉比
Saint-Nicolas	圣尼古拉	Sévern	塞文河
Saint-Nicolas des champs	圣尼古拉-德尚	Séville	塞维利亚
		Shirvan	希尔凡
Saintonge	圣东日	Shochemath	肖克马特
Saint-Paul	圣保罗教堂	Siam	暹罗

Sichem	示剑	Tartarie	鞑靼地方
Sicyone	西西奥纳	Tartaroth	塔尔塔罗
Sidon	西顿	Tauride	托里德
Sienne	西耶纳	Tauris (V. Tabriz)	托里斯
Sin	讯	Taurus	托罗斯山脉
Sina	锡纳赫	Témesvar (V. Timishoara)	特梅斯我瓦尔
Sinigaglia	西尼加利亚		
Sion	锡安山	Tempé	坦佩山谷
Sion	锡昂	Terouane	泰卢阿内
Sirban	锡尔邦湖	Terracine	特拉契纳
Smalkalde	施马尔卡尔登	Terre neuve	纽芬兰
Smyrne	士麦那	Tétuan	得土安
Soane	索阿讷	Tewkesbury	杜克斯伯里
Sodome	所多玛	Thabor	泰伯山
Sofala	索法拉	Thèbes	底比斯(埃及)
Sogdiane	索格吉安那(粟特)	Thèbes	提佛(希腊)
Soisson	苏瓦松	Thbaide	泰巴伊德
Solleure	索勒尔	Théma	泰玛(王国)
Sombadipo	松巴迪	Théodosie	狄奥多西亚
Somme	索姆河	Thermopyles	德摩比利隘口
Souabe	施瓦本	Thessalie	帖撒利亚
Spalatro	斯帕拉托	Thessalonique	帖撒罗尼迦
Spire	斯培伊尔	Thionville	蒂翁维尔
Spolette (Spoleto)	斯波莱托	Thule	极北地(冰岛古称)
Stenay	斯特奈	Thuringe	图林根
Sur	书珥	Thuthbury	土斯伯里
Surat	苏拉特	Tibériade	太巴列湖
Sussex	苏塞克斯	Tibre	台伯河
Suziane	苏兹亚纳	Tibur	提布尔
Syriaque	西里雅克	Tidor	蒂多雷
		Tigranocerte	提格拉诺塞特
T		Timars	梯马尔
Tabliz	大不里士	Timishoara	蒂米什瓦拉
Tacin	大秦	Timor	帝汶岛
Tage	特茹河	Tlascala	特拉斯卡拉
Tafiler	塔菲勒	Tolede	托莱多
Taillebourg	塔伊堡	Toncat	通卡
Tanaïs	塔拉依斯河(顿河)	Tortose	托尔托萨
Tanger	丹吉尔	Tortue, Ils de la	龟岛
Tangut	唐古特	Toscane	托斯卡纳
Tanjaor	坦佳尔	Toul	土尔
Taprobane	塔普罗巴纳	Toulouse	图鲁兹
Tapsa (Tifsah)	提弗萨	Tour (la)	塔堡

Touraine	都兰	Varnes	瓦尔纳
Tournai	图尔内	Vaucluse	沃克吕兹
Tournaisis	图尔内西	Vaucouleurs	沃库勒尔
Tours	图尔	Veies	韦依
Tranquebar	特兰克巴尔	Veimar	魏玛
Transoxane	河间地带	Venaissin	弗纳森
Transylvanie	特兰西瓦尼亚	Vera-Cruz	维拉克鲁斯
Trébisonde	特雷比松	Verceil	维切利
Trente	特兰托	La Vermeille	韦尔梅海
Trèves (Trier)	特里尔	Vérone	维罗纳
Trévise	特雷维索	Vervins	韦尔万
Trézène	特雷泽纳	Vesconti	维斯康蒂
Trisete	的里雅斯特	Veser	威悉河
Troie	特洛伊	Westphalie	威斯特法利亚
Troyes	特鲁瓦	Vezelay	韦泽莱
Tudèle	图德拉	Vicence	维琴察
Tunquin	安南	Vienne	维埃纳（法国）
Turcomanie	土库曼尼亚	Vilaines	维莱纳河
Turin	都灵	Vincennes	万森
Turquestin	土耳其斯坦	Vintimiglia	文蒂米利
Tuthbury	土斯伯里	Virtemberg	符腾堡
Tyane	梯阿纳	Visapoar	维萨波尔（王国）
Tyr	提尔	Vismar	维斯马
Tyrol	蒂罗尔	Viterbe	维特尔博
		Vitry	维特里
		Volhinie	沃尔希尼亚

U

Uglis	乌格利斯
Underwald	翁德瓦尔登
Upsal	乌普萨拉
Uranibourg	乌拉里堡
Urbino	乌尔比诺
Uri	乌里洲
Uskudar	于斯屈达尔
Utrecht	乌得勒支

		Vorms	沃姆斯
		Vosges	孚日山区
		Vurtzbourg	维尔茨堡

W

Westminster	威斯敏斯特
Windsor	温莎
Wolsey	沃尔西
Worcester	伍斯特
Worms	沃姆斯
Wroclaw	弗罗茨百夫

V

Valacie	瓦拉基亚
Valais	瓦莱
Valence (Valencia)	巴伦西亚
Valentinois	瓦朗蒂努瓦
Valette	瓦莱塔
Valtelline	瓦尔托利纳
Valladolid	巴利阿多里德

X

Xérès	韦奇雷斯

Y

York	约克

Z

Zaimes	紫姆斯
Zamore	萨莫拉
Zante	赞特
Zara	扎拉
Zélande	泽兰
Zigeth	塞格特
Zobah	佐巴
Zug	楚格

历史术语索引

本索引所收历史术语、词组以汉译音序排列。所标页码为原书页码。法文原书分两卷，第一卷正文1—838页，第二卷1—958页。第一卷页码下未加横线，第二卷页码下加横线。

A

阿巴尔人(Abares)404.
阿比西尼亚人(les Abyssins)253.
阿尔比教派(Albigeois)483,487.
阿尔比诺人(les Albinos)6.
阿里派(les sectateurs d'Ali)261.
阿里安派(ariens)394,570.
阿拉伯人(Arabes)60,566.
埃及王国(le royaume des Egyptiens)73.
埃及人(les Egyptiens)63,279.
埃米尔(les émirs)329,782.
艾赛尼派(les Esséniens)141,279.
爱斯基摩人(Esquimaux)187.
爱奥尼亚人(Ioniens)85.
爱国者(patriotes)394.
爱祖国(ⓐ Aimer la patrie)181/对祖国之爱(ⓑ l'amour de la patrie)181.
奥丁殿堂(la salle d'Odin)363.
奥斯曼人(Osmanlis)262.
奥玛尔派(les sectateurs d'Omar)261,411.
奥义(les mystères)230,357.又见：秘宗.
安拉(Allah)271,又见：上帝.
安全通行证(un sauf-conduit)699.
盎格鲁-撒克逊人(Anglo-Saxons)101.

B

巴比伦人(Babyloniens)39.
巴比伦的囚房(la captivité de Babylone)668.
巴比伦帝国(l'empire de Babylone)37.
巴西人(les Brésiliens)362.
巴黎宗教会议(un concile de Paris)487.
巴黎大学(l'université de Paris)569/索邦神学院(la Sorbonne)550.
巴尼亚人(les Banians)263.
白种人(les Blancs)6.
白衣僧(les Moines blancs)638,282.
百姓(ⓐ le peuple) 61/(ⓑ la populace) 315/老百姓 182,368/人民 61,251,328,453/平民 387/民众 314/平民百姓 185/普通老百姓 272.
百人团会议(les Comices par centuries) 192.又见：会议.
百户长(les centenies)366/百夫长 370.
柏柏尔人(les Barbaresques)101.
拜火者(les ignicoles)249,263/拜火教徒 (les guèbres)808
拜神者(les déicoles)249.
拜星教(les sabéisme)39,256.
版图(l'étendue)246/疆域 403,422,443,473/地区 373.
半基督徒(le demi-chretiens)253,137.

历史术语索引 579

半神(demi-dieu)67.
邦(un État)479. 又见:国家.
包税人(ⓐ fermier général)101/ⓑ les traitants)578.
保加尔人(les Bulgarie)404.
报仇(la vengeance)352/报复603.
暴君(un tyran)149,192,381,525,799,129,676/小暴君 109,253,322,340,381,416,444,500.
暴行(ⓐ la tyrannie)33/ⓑ abomination)101/暴政(la tyrannie)340.
卑劣行动(les infâmes actions)551/卑劣行径 673/丑恶行为 249/可耻行为 251/无耻的行动 129.
卑微者修会(l'ordre des humiliés)703.
背教者(apostat)184.
背叛者(un perfide)815.
被绝罚者(un excommunié)430,431,448,450,495,534,618.
本堂神父(ⓐ les curés)527,541/宫廷教堂神父(ⓑ les chapelains)539/小教堂神父(les curés)101.
本笃会教士(bénedictins)119,748.
笔墨官司(les guerres de plume)421. 又见:战争.
边界(ⓐ les limites)329,529/边境 404/疆界 44/边疆 404/国界(ⓑ les frontières)404/边境 704,838/疆界 139/边沿(ⓒ les bornes)363.
鞭打的权利(le droit de les fustiger)469.
鞭笞派(les flagellants)772.
比喻(les comparaisons)168.
变化(ⓐ le changement)3,4/变迁(ⓑ les révolutions)5/巨变 3/变革 798,612.
变体论(la transsubstantiation)484.
辩护人(ⓐ les avocats)546,411/辩护士 517/律师 517,526/辩解人(ⓑ les apologistes)696.
编年史(les annales)705.
标志线(la ligne de marcation)364.
兵丁(ⓐ les soldats)378/兵卒 452/士兵 75,139,327,707.
伯爵(le comte)390,392,446,450,457,549,734,143.
伯爵领地(les comtés)392/(le landgraviat)616.
勃艮第法典(la loi bourguignonnes)338.
波斯人(les Persans)40,170,232,279.
波斯帝国(l'empire des Perses)246.
波斯祆僧(les mages)232,253.
波斯律法(les lois de Perse)249.
步兵(les fantassins)469,565.
不信神者(ⓐ athée)589/(ⓑ incrédule)801.
不公开的敌人(l'ennemis secrets)322.
不可避免的战争(les guerres inévitables)529.
不和(la discorde)195,202/纠纷 568.
布道兄弟会(les frères prêcheur)548.
布道坛(une chaire)576.
布道师(un prédicateur)560,284.
布鲁泰人(les Bructères)326.
布列塔尼人(les Bretons)469.
部落(ⓐ la peuplade)14,32,807/(ⓑ la tribu)150,264,411,807/(ⓒ l'émigrant)342/支派 148/游牧部落(une horde)49,58,342,807,809.

C

裁判者(l'arbitre)228,691/仲裁者 428,597.
裁判长(le courage du président)747.
财产(ⓐ les biens)345,370,450,659,765/(ⓑ le héritage)532/(ⓒ les trésor)469,737/财富(les biens)158/产业 592/世袭财产(ⓐ les biens de patrimoine)457/(ⓑ les biens de ancien patrimoine)728/永久财产(le héritage perpétuel)532/臣民的财产(les biens des sujets)470/教会财产(les biens ecclésiastiques)622.
财政(les finances)345,735.
财源(les richesses)408/财富 326,346,526,282,364/富源 142/富裕 761.

采邑(un fief):帝国的采邑 473,479,502,547/罗马主教们的采邑 456/教皇的采邑 456,又见:封地.
采邑领主(le seigneur d'un fief)522,30.
采邑法(les lois des fiefs)444,530,538,620,19.
查理曼帝国(l'empire de Charlemagne)382.
查理曼赠礼(la donation de Charlemagne)506.又见:赠礼.
忏悔(ⓐ la confession)362,484,698/(ⓑ la pénitence)375.
单独秘密忏悔(la confession auriculaire)484/公共忏悔(ⓐ la pénitence publique)375,376/(ⓑ la confession publique)361/永久性悔罪(une pénitence perpétuelle)375.
忏悔所(le tribunal de la pénitence)363.
产业(la propriété)550.
残暴统治(un règne cruel)407,又见:统治.
残余议会(le Parlement Croupion)685.
常胜军(les armes victorieuses)827.
朝圣者(les pèlerins)572,591.
城市(ⓐ une ville)401,408,419,426,515,546/(ⓑ les cités)525.
城堡(un château)475,526.
城堡领主(le seigneur de château)664,19/城堡贵族280.
城邦(un État)453,479,538,568,又见:国家.
崇拜(l'adoration)352,又见:偶像崇拜.
宠臣(le favori)707,593,605.
丑行(les scandales)697,774/劣迹 699.
出缺圣职(les bénéfices vacants)673.
出身法(le droit de naissance)384,660.
出征(l'expédition)479,489,146,195/远征 316,468,479,575,738,741.
初任年金(les annates)695.
初夜权(ⓐ le droit de passer la première nuit)803/(ⓑ le droit du seigneur)543.
处分(la châtiment)372.

篡权(une usurpation)699.
篡夺者(un usurpateur)464,570,799/篡位者 343,583/篡权者 109,17,352,409/侵占者 313,390,458,541.
传道师(la catêchiste)352.
传教士(un missionnaire)235,313,327,364,284,344,407,795.
传教旅行者(les voyageurs missionnaires)59,67.
传统法(la loi de tradition)833.
传说(la fable)565/神话 138.
纯朴的理性(la simple raison humaine)488/理智 420.
纯自然状态(l'état de pure nature)9,202.
纯真自然状态(le véritable état de l'homme)23.
淳朴的宗教(la religion simple)237,263.
淳朴的精神(l'esprit naturel)454,又见:精神.
绰号(ⓐ le surnommé)583,735/(ⓑ le surnom)455.
次房(la seconde branche)707.
次神(les divinités secondaires)171,又见:半神.
次要原因(les causes secondes)184,又见:原因.
村民(ⓐ les bourgesis)475/市民 342,515/城市居民544/村民(ⓑ les manants)61.

D

达观者(un philosophe)810.
鞑靼地区(la Tartarie)552.
鞑靼人(les Tartares)552,601,400.
大共和国(une grande république)551.
大公(ⓐ les princes)426,458,493,570/(ⓑ les duc)472/(ⓒ grand-knès)472.
大贵族(ⓐ les barons)475,523,537,546/男爵 390,538/大贵族(ⓑ les pairs)445,601/(ⓒ le haut [baronnage])498/(ⓓ les haut baron)531,543/大贵人

历史术语索引　581

(les pairs)446.
大洪水(un déluge)196,271.
大祭司(ⓐ le grand-prêtre)130,140/(ⓑ le grand pontife)140,149,353,411.
大教派(une faction considérable)257.
大教长(le souverain pontife)795.
大君主(le grands souverains)554.
大君主国(une grand monarchie)347.
大分裂(le grand schisme)740,774.
大骑士(les grands chevaliers)536/精骑兵 469.
大臣(ⓐ le principal officier)314/(ⓑ les tribunaux)69/(ⓒ les ministres)372.
大主教(ⓐ métropolitan)454/(ⓑ archevêche) 448, 451, 481, 145/(ⓒ le patriarche) 407, 415, 567, 601, 603/大长老 280.
大型社会(une grande société d'hommes)10.
大圆桌会议(la grande Table-Ronde)730.
代理主教(archidiacre)486.
代牧主教(évêque in partibus)70.
带兵器的人(la gendarmes) 444. 又见：骑兵.
单人对阵(un combat singulier)264,46.
坦法那神(dieu Tanfana)327.
丹麦金(dann geld)465,又见：捐税.
祷词(la prière)284.
道教(Laokium)71.
道德(ⓐ la vertu)181,252/美德 690/品德 695,286/道德(ⓑ la morale)248,250/道德观念 65/德行(la vertu)129,282.
道德准则(les lois morales)60.
道德寓言(les Fables morales)227.
道学家(les moralister)94.
盗贼(un voleur)151,又见：强盗.
等级(ⓐ les états)341,467/(ⓑ l'ordre)370.
德尼埃(le denier)347.
德政(une administration sage)371.
德行(une action vertueuse)696.
德洛伊教祭司(les druides)61,199,363,又见：祭司.

帝党(la parte de l'empereur)374.
帝国(l'empire):中华帝国 68,201,318/亚述帝国 37,44/迦勒底帝国 37/希腊帝国 266,407/帕提亚帝国 246/罗马帝国 203,350,382,479/拉丁帝国 602.
帝国的采邑(un fief de l'empire)473,479, 502,547,19.
帝都(la ville impériale)555.
帝王家族(la famille des empereurs)459.
帝王的宝座(le trône de Césars)311,493.
第一号人物(la première personne du royaume)145.
第一位君主(les premiers rois)455.
第二号人物(la seconde personne du royaume)145.
第三等级(le tiers état)570.
第四誓愿(un quatrième voeu particulier) 287,290.
第五王国(la cinquième monarchie)687.
地理发现(les découvertes)364.
地球(ⓐ le globe)5/(ⓑ la terre)40/(ⓒ le monde)3/大地(la terre)203,391/世界 160/(le monde)549/大陆 202,549/(la terre)160.
地震(un tremblement de terre)575.
地主(les terriens)18.
敌对教皇(les papes rivaux)690.
抵押品(les gages)602.
东方(l'Orient)197.
东方迷信(la supevstition orientales)369.
东罗马帝国(l'empire d'Orient)408,531, 567,601,799/君士坦丁堡帝国(l'empire de Constantinople)461.
东部教会(les Églises d'Orient)321.
动乱(ⓐ l'orage)459/(ⓑ les sédition) 380/(ⓒ les dévastatiorns)519. 又见：内乱.
动产(ⓐ le mobilier)61/(ⓑ les meubles) 578,662,833.
斗士(un champion)368.
毒药(le poison)197.

短暂的联合(la réunion passagère)418.
断头台(un échafaud)617,834.
队伍(les troupes)345,536/部队 447. 又见:军队.
多明我会(les jacobins)66.
多神教徒(les païens)363.
渎神者(un blasphémateur)192.
都城(les villes capitales)44. 又见:城市.
独裁者(le despote)519,738,805/专制君主 810.
督治(le doge)475.
盾牌手(les écuyers)445,479,480,535,696.

E

恶怪(ⓐ les démons)172/魔鬼 406/(ⓑ les diables)119.
恶名昭著的国王(le roi per vers)248.
恩人(la bientaitrice)708.

F

发明(les inventions)673,150,280.
发明者(l'inventeur)46,50,766.
发达的理性(la raison cultivée)13,94,466.
发抖的人(les Quakers)383/贵格会派 384.
法(la loi)181/法律 370/法典 366/自然法 24,181/习惯法 388/撒利克法 519,747/伦巴第法典 366/里比埃尔法典 366.
法定的教规(les ordonnances légales)273,274.
法庭(ⓐ le tribunal)495/法院 355/(ⓑ la cour)328.
法官(un juge)383,527,735,194/审判员 546/审判者 410,539/示师 147/审判官(ⓑ les tribunaux de la justice)355/法官(ⓒ un cadi[伊斯兰教])801.
法老(Pharao)76,141.
法兰克福公会议(un concile à Francfort)352.
法兰克人(les Francs)325,601.
法利赛人(les Pharisiens)141.
法律(ⓐ la jurisprudence)339/(ⓑ la code)467/法典 355.

犯法(les crimes)527/罪行 527.
方济各会(ⓐ les franciscains)548/方济各会修士 588/(ⓑ le cordelier)696.
方旌骑士(les chevaliers bannerets)536,593,24.
方阵战(la bataille rangée)392.
放弃权利(le renonciation)528/放弃王位(abdigeer la couromne)810,813.
放逐(l'exil)431,834/流放 372.
非正义的出征(l'expédiction injustes)479.
沸水考验(l'épreuve de l'eau bouillante)368/水烫神意裁判152.
废除(l'abdition)153.
废黜(ⓐ la déposition)407,459,548,619/撤职 372/罢黜748/废黜(ⓑ le détrônement)467,780.
废墟(ⓐ la ruine)493,730,744,766,326,812/(ⓑ les débris)831/断垣残圮 575/灭亡(la ruine)576.
分享(le partage)343,455/瓜分 185,453,810,364/均分 385/平分 456/分封 455.
分裂(ⓐ la division)246,543,568,693,706,132/(ⓑ la séparation)415/不和(la division)381,439/分裂/(ⓒ le schisme)261,407,694,408,498/分割(ⓓ démembrement)152/肢解103.
分成制租田(la métairies)337,144/分租地 345.
分配制度(la distributive)131.
分界线(la ligne de démarcation)363.
纷争(les disputes)319/争吵50,321,420/争论 320/论争 184.
粪便派(les stercoristes,les stercorantes)468.
封地(un fief)443:古代封地(un ancien fief)444/附属封地(un arrière-fief)443,444. 又见:采邑.
封号(le titre)475/称号 477,520.
封建公法(le droit public féodal)91.
封建法律(les lois féodales)61,280/封建法统19.
封建统治(ⓐ le gouvernement féodal)

历史术语索引　583

493/封建政府348/(ⓑ le domination féodale)604/封建政体(le goavernement féodal)443,573/封建制度425.
封建势力(la puissance féodale)19.
封臣(ⓐ le vassal)450,458,471,740/小封臣523/大封臣526,529/(ⓑ la feudataire)456,538/附庸(le vassal)537/有武装力量的封臣(un vassal armé)620.
封主(un suzerain)467,518,529,618/宗主474.
封斋节(le carême)490.
疯人节(la fête des fous)491.
风俗(ⓐ les moeurs)429/风尚259,260,370,529/操守698/风俗(ⓑ l'usage)222,245,770/习俗223,260,369,370,492,529/风习(les coutumes)368,492/习惯501/习俗249,425.
敷油(l'onction)313.
佛教(Fo)71.
俘虏(ⓐ les prisonniers)189,327,374,381,726,801,365/阶下囚383,603/被囚者199/阶下囚(ⓑ le captif)441/俘虏459,290,810/战俘(les prisonniers de guerre)576.
福音派新教同盟(l'évangélique)555.
辅祭(le diacre)314.
父权(ⓐ la puissance paternelle)373/(ⓑ les droits des pères de familie)413.
附属封地(un arrière-fief)444.
复活(ⓐ une résurrection)272/(ⓑ le ressuscitement)284.
复仇三女神(les furies)169.
复仇者(un vengeur)129.
复国者(une restaurateur)200.
副将(un lieutenant)74,263,327,560,566,801,827,417.
副神(ⓐ les dieux secondaires)38/(ⓑ les divinités subalternes)63/次神(ⓒ les divinites secondaires)171.
副助祭(le sous-diacre)415,670,604.
副首相(vice-chancelier)643.

覆亡(ⓐ la ruine)798/(ⓑ la chute de l'empire)800.

G

改革者(les réformateurs)672,763.
改革派(les réformes)499.
改宗(la conversion)257,339,364,418,421,577/(le prosélyte)252/皈依者278.
高级教士(ⓐ les légats)379,501/(ⓑ les prélats)314,389,421/高级神职人员(les légats)500.
高级神职(le dignité pontificale)358.
高利贷(l'usure)657,64.
高级种姓(les premiéres castes)407.
告解司铎(le confesseur)361,483,618/告解神父699,287.
哥特人(goth)280.
割礼(la circoncission)273.
革命(les révolution)52,322,747/变革203,246,253,621,131/大变革590/变化423/内乱335/动乱404/政变834/叛乱335.
耕地(un champ)809.
公法(le droit public)379,627,631,195/民法523.
公爵(un duc)390,457,468,473,548,143/大公450.
公爵领地(ⓐ les duché)334,422,426,455,467,69,148,501/(ⓑ le marquisat)493.
公共掠夺物(le butin général)343.
公共弥撒(la messe publique)360.
公共忏悔(la pénitence publique)375.
公国(ⓐ la prineipauté)453/(ⓑ un État)390.
公会议(un concile):185,320,尼西亚公会议(le premier concile de Nicée)353,351/宗教会议487/拉特兰宗教会议(un concile de Latran)517/里昂公会议(un concile de Lyon)602,619/比萨公会议(un concile de Pise)691/康斯坦茨公会

议(un concile de Constance)692,498/全体公会议(le concile œcuménique)417,418.

公民(les citoyens)370,406,515,524/主要公民(les principaux citoyens)405/劣等公民(un mauvais citoyens)107/居民109/有地位的居民(les principaux citoyens)835.

公民权利(les droits des citoyens)451.

公认的自由(une liberté reconnue)475.

公主(ⓐ la princesse)364,450,478,548/(ⓑ l'infante)480/王妃(la princess)479.

宫廷(la cour des rois)337,370,419,477,494,584/朝廷606.

宫廷教堂神父(les chapelains)539.

宫相(ⓐ le maire du palais)312,340,378,565,150/(ⓑ le premier ministre)312.

宫殿(un palais)247,431.

功绩(ⓐ le mérite)705/(ⓑ exploits)201.

共和精神(l'esprit républicain)371.

共和国(la république)184,439,453,474,520,706,807/共和制805/大共和国551/小共和国453.

共济会(la société des franes-maçons)772.

贡物、贡金(ⓐ les tributs)550,366/进贡475/纳税185,275/交纳贡税322,425/赎身物资(ⓑ la rançon)185.

顾问(le conseil)102.

雇佣军(les Condottieri)635/雇佣兵642.

古代封地(un ancien fief)444.

古代民族(les nations primitives)32/古老民族27,59,66/原始民族180.

古代编年史(les anciennes chroniques)67,281,468.

古代世界史(l'ancienne histoire du monde)248,371.

寡妇王后(la reine veuve)450/遗孀王后300.

寡妇皇后(l'impérative veuve)406.

挂名的国王(le nom de roi)693.

怪现象(la bizarrerie)832.

关系(les liens):血缘关系325,亲缘关系449,近亲关系523,臣属关系444.

官员(ⓐ les officiers)200,370,474,539/官吏(ⓑ les magistrats)173,475/长官(ⓒ un gouverneur)161.

归尔夫派(ⓐ les partis guelfe)618/(ⓑ la faction des Guelfes)619/(les guelfes)765.

贵格会教徒(Quakers)61.

贵族(ⓐ la noblesse)370,425,410/(ⓑ les gentilshommes)453,462,464,520/(ⓒ le pair)464/普通贵族(un simple gentilhomme)494,601/姓氏贵族(la nobles de nom)370/军功贵族(la noble d'armes)370/绅士(un gentilhomme)733.

贵族长(le patrice)331,332,433,437.

贵族等级(le corps de la noblesse)570.

贵族院(les pairs)527,522.

贵族会议(l'assemblée des notables)529.

刽子手(ⓐ un bourreau)405,588,623,195 杀人魔王190,254/杀人者(ⓑ un assassin)190/凶手147,407,416,528/刽子手(ⓒ un massacreur)517.

国会(un parlement)128,129,131/议会(les diètes de l'État)144.

国家(ⓐ un État)390,414,426/城邦453,479,538/邦479/国家(ⓑ un pays)45,473/(ⓒ les provinces)413/(ⓓ une nation)414.

国家的联姻(un marriage des États)335,481.

国家法(lois de l'État)278.

国家实体(un corps)706.

国库(ⓐ le trésor de l'État)408,143/(ⓑ le trésor public)834/国王的金库(le trésor du prince)131/帝国国库(le trésor impérial)831.

国界(les frontières)404/疆界44/边疆500.

国教(la religion dominante)278.

国王(ⓐ le roi)90,164/专制国王(un roi despote)79/自封的国王(la prétendu roi)149/(ⓑ la couronne)446/徒有其名

历史术语索引　585

的国王（la vaine couronne）549/君主 540/君王 455/第一位君王（les premiers rois）.
国王领地（les domaines royaux）525.
国际声望（le crédit chez les nations）593.
国务大臣（le ministre d'État）415.
国务秘书（le secrétaire d'État）349,351.

H

哈里发（le calife）266,335,566.
海边居民（les habitants des côtes）199.
海上贸易（le commerce maritime）46,233.
海盗（ⓐ les pirates）386,391/（ⓑ le corsaire）691,369.
海盗王（le roi des pirates）386.
海盗行为（la piraterie）385.
海军司令（amiral）193,517,519.
航海民族（un peuple navigateur）47.
好心欺骗（la fraude pieuse）500.
合法的权力（un droit légitime）27.
合法国王（le roi légitime）312,343,732, 612/掌握立法的国王（un roi législateur）90/自封的国王（le prétendu roi）149.
合法后裔（la race légitime）518.
合法继承人（les heritiers légitimes）617.
合法婚事（le mariage légitime）406.
和约（un traité de paix[de Verdun]）379, 593,347.
和平（la paix）78,387,417,418,201/虚假的和平（une paix simulée）527/西方的和平（la paix en Occident）421/教会的和平（la paix à l'Église）/持久和平（une paix inaltérable）320.
黑暗时代（ⓐ les temps obscurs）450/（ⓑ les temps de ténèbres）318.
黑奴（les nègres）379,382.
黑铁时代（l'âge de fer）66.
黑死病（une peste noire）773.
黑衣僧（les moines noirs）638,282.
和尚（le bonze）71,323,395,809.
洪水（ⓐ un ancienne inondation）85/大洪水（ⓑ les déluges）196,271/洪水（les orages）564/风暴 799.
洪水时期（les temps du déluge）110.
侯爵（un marquis）383,425,431.
后裔（ⓐ un descendant）426,470,524, 569,800,137,320/后代 387/子孙 343/后代（ⓑ un rejeton）111.
后世的人（la postérité）52/后世 431.
胡斯教徒（Hussites）487.
护国公（le protecteur）685.
扈从（un cortège）589.
荒诞神话（ⓐ les fables absurdes）18/（ⓑ la mythologie fabuleuse）235.
谎言（le mensonge）295/说谎场地（le Champ du mensonge）374.
划分（le partage）392/分封 372/分治 467/分占 551/瓜分 617.
花剌子模人（les Corasmis）594.
黄金时代（ⓐ l'âge d'or）66/（ⓑ le siècle d'or）110.
皇帝（les empereurs）59,193,425,506, 515,548,357.
皇帝派（les gibelins）581.
皇冠（la couronne impériale）542.
皇太后（l'impératrice）351,405/女皇 52,405.
皇室（la famille royale）373.
皇子（les princes）373,378.
悔罪仪式（la pénitence）528.
会议（ⓐ le conseil）393/议院 527/会议（ⓑ l'assemblée）531/（ⓒ les comices）192,百人团会议（les comices par centuries）192.
婚事（le mariage）406,450,612/亲事 459, 523/婚配 359/婚姻 612/婚姻关系 621, 130/通婚 195.
婚礼（les noces）253,800.
婚约（le contrat civil）413,195.
豁免权（les exemptions）695.
火烧考验（l'épreuve du feu）367/火刑考验 314/火焰 152.
火刑台（les bûchers）696/火刑柴堆 498.

火药谋反案(la conjuration des poudres)650.
货币(les monnaies)347/硬币 318/钱币 540,724/铜币(la monnaie de cuivre)629.

J

疾病(une maladie)9,566,338/圣病(le mal sacré)119,168/瘟疫(la contagion)389/(le maladic epédémique)586/传染病(les maladies contagieuses)197.
饥荒(les disettes)578.
集合体(un assemblage)137.
吉伯林派(ⓐ les partis gibelin [et guelfe])618/(ⓑ la faction gibeline)763.
给养(les provision)345,565.
技艺(ⓐ les arts)68,837,812/书写的技艺(l'art d'écrire)9,68.77/工艺技术 385,灵巧技艺 46,铸币技术(l'art monétaire)59/艺术 68,77,187/技能(ⓑ l'indusrie)9,技艺134,196/工业(une industrie)197.
继承法(le droit succession)467/继承权 708,639.
继位者(ⓐ les successeurs)352,376/继承人 344,398,408,493,618/继承者 253,352,453,590,137/继承人(l'héritier)427,467/得到承认的继承人(l'héritier reconnu)427,708/女继承人(l'héritière)103.
祭仪(le service)352.
祭司(ⓐ le prêtre)48,92,129,363,701,801/主持秘宗仪式的祭司(ⓑ le hiérophante)133,362/埃及祭司(ⓒ les chochamatim ou schoen)77,79/祭司社团(les collèges de prêtres)279.
记账货币(la monnaire de compte)347.
迦勒底人(Chaldéens)46.
家长(ⓐ un chef de famile)269/户长 338/家主(ⓑ maître de maison)814.
家族(ⓐ la famile)371,481/(ⓑ la maison)343,456,520,598/(ⓒ la race)343,456,461,519.
家奴(une serritude domestique)805.

家谱(le généalogies)708.
假先知(un faux prophète)152.
假誓(le parjure)413.
加冕(le couronner)312,314,462.
价值(ⓐ le prix)540/(ⓑ le mérite)768.
监牢(la prison)405,451,527/监狱 418,693,707,797.
僭教皇(un anti-pape)803.
将军(ⓐ le général)147,185,481,566,812/将领 163,327/(ⓑ un lieutenant)262.
检察长(le procureur général)746.
教父(les pères de l'Eglise)320,353,
教派(les sectes)39,62,103,186,231,256,261,273,319,339,468,483,
教规(les légales)273,274,407.
教皇(ⓐ un pape)418,422/(ⓑ le pontife)380/(ⓒ la papauté)506.
教皇派(les guelfes)581.
教皇国(l'Etat ecclésiastique)505.
教皇宝座(ⓐ la chaire pontificale)508,教皇宗座 706/(ⓑ le siège pontificale)419.
教皇权威(ⓐ la puissance papale)280/教皇权势(ⓑ la puissance pontificale)318/教皇权力(ⓒ le pouvoir des papes)413.
教皇特使(un légat)417,462,533,567,586,619,147,500/(les légats a latere)416,527,553/教皇永世特使(légat-nés du saint-siège)462/教廷大使(un nonce)620.
教皇诏书(ⓐ une bulle)528,590,748/谕旨 462,288/(ⓑ Décrétales)413/教皇传阅信(une lettre circulaire)496/教皇传道信(une lettre pastorale)320.
教皇狂犬病/教皇式发脾气(la rabbia papale)517.
教会(l'Église)129,414,487/早期基督教会(les premières églises)355/希腊教会(l'Église grecque)369,407,453/罗马教会(ⓐ la communion romaine)453/(ⓑ l'Église romaine)395/拉丁教会(l'Église de la latine)369,407/犹太教会(les syn-

历史术语索引 587

agogues)353。

教会大分裂(ⓐ le grand schisme)407/(ⓑ le divisa l'Église)407。

教会司法权(la juridiction ecclesiastique)208,296/教士司法权 592。

教会事务、世俗事务(les affaires ecclesiastiques et civiles)420。

教阶制度(la hiérarchie)365,415,462,698,390。

教理(la doctrine)272/学说 230/教义 257。

教理问题(la catéchisme)416/教理问答 582。

教士(ⓐ le clerc)358/(ⓑ les ecclésiastiques)371,527/(ⓒ les prêtres)551/无头领教士(acéphales)358/耶稣会士(le jésuite)106。

教士会议(le chapitre)546。

教士议员(les pairs ecclésiastiques)527。

教仪(les rites)274。

教廷(saint-siège)527。

街垒战(la baricades)524。

劫掠(ⓐ déprédation)137/(ⓑ pillage)145。

戒规(la règle)279。

借口(le prétexte)371,445,449,523,527,574,735,199/口实 594,811/理由 128。

解放者(libérateur)577,748,200。

金利弗(la livre d'or)458。

金库(un trésor)131/私人金库(un trésor particulier)834。

禁令(ⓐ la défense)109,274,326/(ⓑ la prohibition)274/(ⓒ un interdit)525/禁止(la proscription)253。

禁卫军士职(la milice janissaires)801,810/近卫军 831。

近臣(les leudes)423/近卫武士 346。

经师(les docteurs)692,696,742,511。

经院神学争论(les disputes scolastiques)282。

经济(l'économie)348。

(人类)精神(l'esprit humain)231/人类理性 220/古希腊精神(l'esprit de l'ancienne grèce)453/时代精神(l'esprit du temps)

500。

精骑兵(la gendarmerie à cheval)469,572,725,744。

精兵(ⓐ les bons soldats)455/(ⓑ une puissante armée)533。

居民(ⓐ les habitants)60,73,85,197,327,385,566,831/(ⓑ le peuple)147。

巨人族(ⓐ la race des géants)176/(ⓑ les nations de géants)166。

捐税(ⓐ une taxe)461,465,538,547/(ⓑ l'impôt)622,695,144/赋税 558/苛捐杂税(la rigueur des impôts)658。

决斗(ⓐ le duel)491,564,769,197,615/(ⓑ le combat)480,494/交锋 407。

决斗者(les champions)491。

绝罚(les excommunications)322,323,343,373,448,449,450,459,500,534,538,618,328.803/地狱永罚(la peines éternelles)83/受罚者 456,504。

爵士(milord)128。

君士坦丁赠与(la donation de Constantin)333。

君主(ⓐ un souverain)318,478,506,567/王 455/统治者 517/(ⓑ les monarques)164,314,380/(ⓒ un prince)336,478,537/国君(les monarques)69。

君主国(ⓐ la monarchie)347,806/君主制 192,462,464,528,805/(ⓑ la royauté)679/君主政体(la monarchique)616。

军费(les frais de l'armement)578。

军纪败坏(indiscipline des armées)729。

军功贵族(la noble d'armes)370。

军官(un officier)405。

军士(ⓐ les combattants)75/士兵 139,246/士兵(ⓑ les soldats)75,139,327,357,537/兵 378/兵卒 452/兵丁(ⓒ la querre)366/甲兵(les soldats)183/武士(les querriers)343/步兵(ⓓ l'infanterie)536/(ⓔ les fantassins)469/部队(ⓕ la horde)143/军士(ⓖ une armée)197。

军队(ⓐ une armée)188,345,481,494,

522/(ⓑ les troupes)345,525,536/(ⓒ une milice)75,341/队伍(les troupes)536/部队447.
均势(la balance)535,544,549,568/平衡150,201,680/均衡(la balance du pouvoir)149.
郡(le shire)392.
郡主(une princesse)132.

K

卡特人(Cattes)326.
开化的大民族(ⓐ les nations policées)21/(ⓑ les peuples policés)309.
开明的法律(le sages lois)131,618/明智的法律152.
凯路斯奇人(Chérusques)326.
抗衡力(un contre-poids)705.
抗罗宗(la religion protestante)484.
科尔科斯人(Colchos)266.
科学与艺术(les sciences et les arts)618.
空头衔(le titres inutiles)708.
控告者(l'accusateur)380,494.
控诉状(les accusations)739.
苦行僧(ⓐ les fakirs des Indes)25,799/(ⓑ les derviches)235,809/托钵僧(le fakir)809.
酷刑(le supplice)358,623.
宽免(l'absolution)463.
宽容(la tolérance)381.

L

拉丁教会(l'Église latine)563,503.
拉丁人(les Latins)601.
喇嘛(les lamas)395.
喇嘛教士(le prétres lamas)395.
浪漫精神(l'esprit romanesque)800.
劳工和官吏(le manoeuvre et le magistrat)666.
烙铁考验(l'épreuve du fer ardent)369,489,490.
冷水考验(l'épreuve de l'eau-froide)367,368.
礼仪(une cérémonie)312,314,504/赦罪仪式602.
里比埃尔法典(la loi des Ripuaires)338,366.
理性(la raison humaine)95,182,253,280,281,384,488/理智182,420,306/健全理性(la saine raison)500,153/一般理性(le bon sens)95.
理性精神(le raisonnement)487.
历史(ⓐ l'histoire)66,87,92,129,151,203,300,371,405,407/历史事实565/历史(ⓑ annales)66,190,196.
历史学家(les historiens)73,180,185,190,196,281,328,491,529,803/史学家565.
历史文物(les antiquité)602.
离婚(ⓐ une répudiation)330/(ⓑ le divorce)523/休妻(une répudiation)524.
立法的权力(une puissance de législation)410.
立法者(un législateur)77,141,193,227,525,698.
联合(ⓐ la réunion)418,426/(ⓑ la ligue)543/(ⓒ l'allie)329/(ⓓ l'union)312,330,152,155,459,535/联盟145/(une ligue)691/结盟103.
联省共和国(ⓐ les Provinces-Unies)614,626,729/(ⓑ les sept Provinces)695.
粮食(les vivres)564.
两西西里(les Deux-Siciles)619.
领地(ⓐ les territoire)318/(ⓑ les terres)318,531/(ⓒ les domaines)506,530.
领主(le seigneur)343,346,395,428,446,473,542,499,664/领主贵族343/庄园主727/贵族领主749,61/特殊领主(les seigneurs particuliers)17.
领主国主(le roi nom seigneur)522.
领圣体(la communion)417.
流浪者(les vagabonds)187/流浪汉561/流浪者66.
流血革命(une révolution sanglante)572.
陋习(un abus)530/陋规(un abus funeste)

375/习惯的流弊 351,362.
掠夺物(le butin)342,385/战利品 262/胜利品 188.
罗拉德教徒(Lollars)483.
罗马教会(l'Église de Rome)331/(l'Église romaine)567.
罗马教廷(la cour romaine)619/(la cour de Rome)363,511.
罗马历史家(les historiens romains)180,187,188.
罗马帝旗(un Labarum)800.
罗马元老院(le sénat de Rome)188/(le sénat romaine)410,539.
路德教派(luthériens)66/路德教(luthéranisme)146.
陆军元帅(le connétable)724,732,584/陆军大臣 736,744.

M

马龙派(les moines maronites)808.
马穆鲁克部队(la milice des mameluks)603/马穆鲁克奴隶兵 413.
满洲人(les Mantchoux)401.
蛮族(les barbares)59,88,202,389,552,802/野蛮人 561.
蛮族王公(un prince barbare)195.
蛮族臣民(les sujets barbares)364.
盲目的工具(l'instrument aveugle)555.
冒险家(les aventuriers)452,560,354,376.
贸易(le commerce)338,346,391,451,704,807,696/商业 46/经商 152,392,406,475/武装贸易(le commerce militaire)137.
贸易自由(la liberté dc commercer)828.
贸易地区(un lieu de commerce)57.
门徒(les disciples)277/弟子 113,570/信徒 250,257.
萌芽的理性(la raison commencee)13,14,94,182.
蒙古人(Mongul)51.
秘密弥撒(les messes privées)219.

秘宗(les mystères)64/秘仪 79,83/奥义 230.
密令(un ordre cacheté)659/秘密命令(un ordre secret)657.
密探(les emissaires)128.
米拉莫兰(les miramolins)344,481,588.
弥撒(la messe)332,360,367,376,405,145,508.
迷信(la superstition)123,127,130,131,180,183,368,552,799,407,802/迷信行为 343.
迷信法律(les lois superstiteuses)523.
迷信家(un superstitieux)257.
迷信狂热(une folie épidémique)420.
免税(franchises)481.
免刑状(les lettres d'abolition)742.
面并和酒(le pain et le vin)698.
民法(les lois civiles)592/民事法 832.
民兵(les milices)392,426/义勇军 549.
民众大会(ⓐ les parlements)331,343,372,375/议会 389,469,527/民众大会(ⓑ l'assemblées)341,389.
民主制(la démocratie)192/民主政体 835.
民族(ⓐ la nation)32,58,60,67,163,195,235,272/(ⓑ les peuple)9,46,129,160,265,342,406.
民族大迁徙(le grandes émigrations)197,328,407.
民族的融合(ⓐ le mélange)54/混合(ⓑ la incorporation)628.
民情(les esprits des peuples)589.
民间迷信(les superstitions populaires)130,420/群氓的迷信(les superstitions de la populace)182.
名义国王(ⓐ un roi titulaire)544/有名无实的国王(ⓑ un roi de nom)345,389/徒有其名的国王(ⓒ la vaine couronne)549.
命运(ⓐ le sort)468,493/(ⓑ la destinée)379,132,201/(ⓒ la fortune)333/(ⓓ le destin)138,593/使命(la destinée)418,472,378.

命令(ⓐ le commandemant)380/法令(ⓑ une ordonnance)380,381.
谬误(ⓐ l'erreur)3,167,182,802/谬见 126/谬说(ⓑ le préjugé)169/偏见 47, 180,224.
摩尔人(Maures)76.
摩奴法典(le Shasta)229.
谋杀(assassinat)696.
模拟人像(l'effigie)299.
魔法(les charms)166.
魔法师(ⓐ un magiciens)451,742,773/ (ⓑ les enchanteur)167/祓魔师(les exocistes)169/占星家(les nages)356.
魔王(un monstre)127/杀人魔王 231.
魔鬼(ⓐ démon)284/(ⓑ diable)69.
末代国王(le dernier des rois)262,446.
末代皇帝(le dernier empereur)153.
母后(la reine mère)573.
牧首(le patriarche)253,415,831.
牧师(le pasteur)331,332.
穆斯林(les musulmans)561.

N

纳札蒙人(Nazamons)187.
纳贡(ⓐ un tribut)426,458,475,669, 137,765/称臣纳贡(ⓑ un hommage) 426,325,458,471.
男爵(un baron)390,538,150.
男性后裔(ⓐ la postérité masculine)447/ 男系(la branche mâle)20.
内战(ⓐ une guerre civile)253,371,701, 726,145,521,664,738/(ⓑ les troubles)379,421/战乱 549/骚乱 418,486/ 内讧 374/(ⓒ les guerres intestines) 773/纠纷(les troubles)319/动乱(ⓓ l'orage)459/(ⓔ les sédition)380/混乱(les troubles)184.
内侍长(le premier gentilhomme de la chambre)524.
尼姑(les bonzesses)291.
年代错误(le anachronismes)271.

农夫(ⓐ les paysans)162,445,707/(ⓑ les agriculteurs)154,342/农夫(un paysan)146,533/农民(ⓒ les habitants de la campagne)738.
农奴(les serfs)340,354,357,370,524, 529,61,804.
弄臣(un fou)771.
奴仆头子(le premier des domestique)315.
奴隶(les esclaves)40,74,318,326,327, 357,453,462,500,280,291,804.
女伯爵(la comtesse)493,494,500,546/伯爵夫人 530.
女公爵(la duchesse)493.
女祭司(ⓐ les prêtresses d'Isis)131/(ⓑ les druidesses)199.
女皇(l'impératrice)52,405/皇太后 351, 372,405,406.
女修院(convents de filles)284.
女婿(une gendre)815.
女巫(ⓐ la sibylle)64,110/(ⓑ sorcière) 773.
女人(les femmes)66,264,272,418,472, 473,524/妇女 362.
女神(la déesse)45.
女王(la reine)154,674,707,535/王后 190,338,362,364,428,450.
女总督(la gouvernante)198.
女英雄(le héroines)264.
女族后裔(descendant par les femmes)809.
诺言(une promesse)199.

O

偶像(ⓐ les idoles)514/(ⓑ la figure)45 / (ⓒ le simulacre)263/神像(les idoles) 327/(ⓓ les images)363.
偶像崇拜者(les idolâtres)253,352,363, 379,450,472,577,138,274,382.

P

帕拉丁侯(un palatinat)141.
帕西人(Parsis)40,263.

帕夏(les bachas)835,836,63,416.
帕提亚帝国(le Parthien)246.
叛国罪(coupable de trahison)739,603/
  (le trahison)603.
判处火刑(ⓐ condamner au feu)258/(ⓑ
  condamner au bûcher)268.
判决(la sentence)228,451,539/秘密判决
  (la sentence secrète),834.
叛乱(ⓐ la révolte)376,469,502,619,
  352/动乱483/造反356,406,198/叛乱
  (ⓑ la rébellion)175.
叛逆者(ⓐ un rebelle)732/谋叛者694/反
  叛者733/造反者(ⓑ les révoltés)738/
  叛乱者(ⓒ séclitieux)527.
陪审员(les jures)392.
丕平赠礼(la donation de Pipin)506.
屁神(le dieu pit god pet)400.
骗子(ⓐ le imposteur)279,542,132/(ⓑ
  les fourbes)103/(ⓒ le fripon)107/撒
  谎者(les menteurs)262/骗局(une im-
  posture)262,132/江湖骗子(ⓓ les
  charlatans)96,192,500,516.
贫苦百姓(les misérrables)405.
平民(ⓐ les roturiers)370/庶民543/平民
  老百姓(ⓑ le vulgaire)182/庶民(ⓒ les
  sujets)78/臣民525,537/臣属379.
平民会议(les comices par tribus)192.
婆罗门教(les brachmanes)230.
婆罗门教僧侣(les brahmens)783.
破瓜权(le droit de marquette)543.
迫害者(un persécuteur)113,266.
仆从(un valet)736/仆役和主人(le serve-
  teur et le maître)666.
普通立法者(un legislateur ordinaire)141.
普通贵族(un simple gentilhomme)494.
普通法官(les juges ordinaires)527.
普通公民(le simple citoyen)18,69.
普遍司法权(une juridi ction universelle)146.
普世牧首(ⓐ le patriarche oecuméniaque)
  415/(ⓑ le patriarche universel)351.

Q

七国(l'heptarche)364.
七选帝侯(les sept électeurs)548.
七亲等(la parente au septième degré)450.
七圣事(les sept sacrements)503.
奇迹(ⓐ les miracles)58,75,117,119,
  153,167,572,284/神迹169,183,352/
  奇迹(ⓑ les prodiges)58,67,75,169,
  170,356,420,466.
奇怪的婚事(l'étrange mariage)450.
骑士(ⓐ la chevalier)163,362,535,608/
  (ⓑ la chavalerie)264,444,491/骑兵
  535,565/游侠骑士479/骑兵(ⓒ la
  gendarmes)450/骑士制度(la chevale-
  rie)522/骑士(ⓓ un écuyer)468,459,
  480,503,536.
骑士精神(l'ésprit de chevalerie)482,737.
骑兵队(les troupes de cavalerie)536.
乞丐(un mendiant)509/乞丐帮(les
  troupes de gueux)135,772.
契约(un contrat)501.
气候(les climates)803,285.
虔诚(ⓐ la piété)489,602,280/(ⓑ un
  zèle)499.
强盗(ⓐ un brigand)342,460,591,603,
  68/(ⓑ les pirates)385,465/(ⓒ un vo-
  leur)342,460,469/盗贼151/海盗(les
  pirates)386,391/(ⓓ un bandit)497,
  强盗窝(une retraite de bandit)600/(ⓔ
  les flibustiers)180,375/强盗(ⓕ le
  corsaires)403/窃贼(un voleur)342/行
  窃者53.
强盗法(le droit de brigandage)410/强盗
  的法律(les lois du brigandage)385.
强迫婚约(mariage forcé)187.
清真寺(mosquée)200.
清教徒(les puritains)381.
轻骑兵(une cavalerie légère)572.
酋长(un cacique)350,360.
权利(le droit):合法的权利(un droit

légitime)27/继承的权利(le droit d'heritage)468/世袭的权利(le droit héréditaire)789/血统权利(le droit du sang)429,468,519.

权威人物(l'oracle)571.

权威(une autorité)697,/天经地义的权威(d'autorité naturelle)697.

全面和平(la paix générale)584.

全球君主国(la monarchie universelle)562.

全赦券(les indulgences plénières)621.

R

人口(une population)45,317.

人口繁殖(la propagation)269.

人道精神(humanité)382.

人权(le droit des gens)189,702,199,245.

人头税(la capitation)143.

人质(les otages)728,729,801,147.

蹂躏(ravagés)199,804,195.

儒教(la religion de Confucius) 69.

肉刑(la peine)358.

肉体之罪(les péchés du corps)65.

入教者(les initiés)83.

入侵(ⓐ l'invasion)386,838,195/(ⓑ les inondations)184,346,800,802/(ⓒ l'incursion)400/侵犯500/涌入(ⓓ la pénétration)186/大量侵入(la inodation) 570,799 804/入侵者(les vainqueurs)403.

弱小民族(une nation faible)317.

S

撒利克法典(la loi salique)338,366,382,519,747,612.

杀人犯(un assassin)517.

三皇鼎立,三头政治(le triumvirat)440.

三级会议(les états)468,724,568.

三重冠(la tiare)694,706.

三愿(les trois voeux) 569.

僧侣(ⓐ le clergé)309,503/(ⓑ le moine)322,341,415,537,499/僧人(ⓒ le prêtres)279 /僧侣兵团(les religieux soldats) 569.

僧师(un prêtre)33.

森布里人(les Cimbres)184.

善经商的民族(un peuple commersant)49.

善战者(les guerriers) 336,善战的民族416/好战的民族(un peuple billiqueux) 806/好战的国家(une nation guerrière) 696.

商人(ⓐ les commerçants) 197/(ⓑ un marchand) 444,474,801,837/商贾803/商人(ⓒ les négociants)103.

商业(le commerce)561,565,142,311/贸易704/正规的商业(c. règle)150.

商业城市(les villes de commerce)408/(ⓑ les villes commerçantes) 761/(ⓒ une ville de marchands)148.

商船队(les flottes)706/舰队828,140/战船199.

上帝(un Dieu) 160,255/天主 248,250,257/真主 257,271/不可交通的真主(un Dieu incommunicable) 583.

申诉书(une lettre de reproche)284.

社会(la société) 10.13,60,414/大型社会(une grand société d'hommes)10.

设防地(le sûreté)598.

赦罪功(une absolution)287.

摄政(la régence) 450,807.

摄政王(un régent) 450,547,618,619,727,745,749/摄政者(la régente) 335/摄政王后(reine régente) 269,509.

神(ⓐ un Dieu)39,41/(ⓑ la Divinité)140,182/天神(les dieux)174/神祇327.

神父(ⓐ un prêtre)355,393,415,418/神甫 186/(ⓑ le père)37.

神父国王(le prêtre-roi)642.

神甫们的国王(le roi des prêtres) 548.

神权政治(la théocratie) 32,33,64.

神学(la théologie) 66,91,229,253.

神学论争(les disputes théologique) 184.

神意裁判(ⓐ le jugement de Dieu) 367,

153/(ⓑ l'épreuves)339,366/(ⓒ la ordalie)800/神判 339,492.

神谕(les oracles)55,107.

省(la province)74,381,390,468,475,574,598,706/行省 163,195,428/省份 86,529,530,201,409/郡 362.

省督(ⓐ le catapan)453/总督 454/(ⓑ les proconsuls)462/(ⓒ les gouverneurs)258,264,355.

圣徒(ⓐ les saints)262,270,336,371,388/(ⓑ les apôtres)195.

圣徒录(le catalogue des saints)365.

圣餐(l'eucharistie)698.

圣像供奉者(ⓐ les Iconoclastes)351/(ⓑ les adorateurs des images)406.

圣母无玷始胎(l'immaculée conception de la sainte Vierge)718.

圣职(le bénéfice)526/有俸圣职 461/带俸圣职 672.

圣职人员(ⓐ le clercs)508/(ⓑ le bénéficier)483/神职人员(le sacerdoce)33,487,508.

圣三会[为俘虏赎罪](trinitaires de la rédemption des captifs)290.

圣殿骑士团(les chevalier du Temple)503/(ⓑ les templiriers)658.

圣物(les reliques)602.

失宠者(disgracié)800.

十字军东征(les croisades)464,571,580,327,605/十字军士兵(les croisés)560.

什一税(un décime)461,597,622/撒拉丁什一税(la dîme saladine)578.

时代(ⓐ l'âge)66/(ⓑ les temps)67,190,357,451/(ⓒ le siècle)110.

时代精神(l'esprit du temps)500,571,641,771,283,534,557.

实体(un corps)19.

史家(les historiens)582.

使者(ministre du roi)199/(ⓑ l'ambassadeur)804,137/使节 807/使臣 72.

市民(les bourgeois)830.

市长(ⓐ maire)128/(ⓑ le gouvernement)195.

市政管理权(droits municipaux)61.

市政厅(l'hôtel de ville)128.

世界(ⓐ le monde)160,202,549/大陆 202/(ⓑ la terre)160/大陆(ⓒ un continent)203.

世界贸易(le commerce du monde)54,59,370.

世袭国家(l'État héréditaire)195.

世俗领主(les seigneur des terres, soit séculiers)804/教会领主(les seigneurs des ecclésiastiques)804.

世俗权(ⓐ le pouvoir temporel)487/(ⓑ la puissance)421,520/(ⓒ la puissance séculière)425/世俗权利(ⓒ les droits temporels)461,546/(ⓓ l'autorité temporelle)309.

世俗司法权(la juridiction séculière)208.

誓约(la promesse)461/效忠誓约(le serment de fidélité)379,380/自甘贫穷的誓愿(le voeu du pauvreté)357/誓忠臣从权利(le droit d'hommage lige)20.

收入(le revenu)318,529,540,578,673,143,291/公共收入(les revenus publies)634.

收养(les adoptions)707.

手艺人(l'artisans)772/手工业者 837.

守备部队(une garnison)566/镇守部队 767/守兵 815.

守护神(ⓐ le génie)255/(ⓑ le génie tutélaire)171/(ⓒ la divinité tutélaire)14/(ⓓ un dieu tutélaire)32/保护神(ⓔ un protecteur)14.

首都(la capitale)464,802,837/国都 139/都城 195.

首相(ⓐ le chancelier)548/掌玺大臣 417,69/首相(ⓑ le premier ministre)102,593/宰相 571/首相(ⓒ la grand-vizir)827,834.

首席臣仆(le primier sujet)185.

首席主教(ⓐ l'archevêque) 526/(ⓑ les premiers évêque) 418/(ⓒ le primat) 364,145/(le primatie) 800.
首领(ⓐ un capitaine) 139,455/统帅 163/将领 105/首领(ⓑ un chef) 105,261,264,325/(ⓒ un prince) 175.
受接待权(l'hospitalité) 519.
受骗日(la journée des dupes) 603.
狩猎民族(les peuples chasseurs) 342,365.
授圣职予俗人的权利(le droit d'investir les ecclesiastiques) 495.
书记官(un secrétaire) 815.
赎身物资(la ranson) 185/赎身金 358/赎金 580,620,728,801,291.
赎罪者(un pénitent) 537.
赎罪券(ⓐ les indulgences) 628,698,147,285,719/部分赎罪券(les indulgences partielle) 621/赎罪券(ⓑ la rémission des péchés) 803.
赎罪税(la taxe apostolique des péchés) 673.
庶民(ⓐ les roturiers) 543/(ⓑ les sujets) 78,405/臣民 525,537/臣属 379/非贵族庶民(les communes) 538.
司法(la justice) 545.
司法官员(ⓐ les officies de justice) 390/司法官(ⓑ le magistrat) 95.
司法大臣(le chancelier) 526/大法官 70,725.
司令官(le commandant) 264/指挥官 105,345.
私人领地(les domaines particuliers) 540.
私生子(le bâtard) 395,422,431,467,519,549,550,617,422,499,613/(le bâtardise) 252/庶出之子 372/私生女(un bâtarde) 200,505.
水战(un combut naval) 352.
死的方式(un genre de mort) 127.
死刑(la condamnation à mort) 531,697,747.
四分帝(le tétrarques) 550.

四亲等(la parente au quatrième degré) 448.
四级会议(les quatre états) 735.
寺院(temples) 279.
苏丹(Sultan) 344,413,762.
俗人(ⓐ un laïgue) 415,486,526/在俗教徒 351/世俗者(ⓑ les séculiers) 371.
随军神甫(ⓐ l'armée papale 692/(ⓑ chapelain) 566/宫廷教堂神甫 539.
随从(une suite) 815.

T

谈判(une uégociation) 374,392,506,515,525,546,620,989,730,130,531.
逃亡者(les fugitifs) 766.
特拉普提派(les thérapeutes) 279/戒行派 291.
特派员(les commissaires) 662.
特许证书(les lettres patentes) 744/(ⓑ les diplômes) 748.
特别税(un subside) 547/御用金 725,748.
(教皇)特使(un légat a latere) 416,417,462,527,533/(永世)特使(un légat-nés du saint-siège) 462.
特权(privilèges) 198.
体制(le système) 637/体系 734.
天赋权利(le droit naturel) 668/天赋人权(la liberté naturelle) 739.
天然敌人(l'ennemi naturel) 691.
天使(l'ange) 162,171,172,175.
天使长(l'archange) 112.
天主教会(une Église catholique) 700.
条约(un traité) 185,383,506,691,801,193.
廷臣(courtisans) 574.
停战(une trêve) 189,516,537,727/休战 389,736,197.
同盟(les ligueurs) 314/天主教派同盟(la ligue catholique) 336,519,531,555,641.
同盟者(les allies) 515/盟友 506.
同胞(les concitoyens) 257.
同乡(les compatriotes) 455/同胞 699.

历史术语索引　595

统帅（ⓐ un capitaine）143/统领 456/将领 384,458/军官 395,358/军事将领 345/首领 455/将领（ⓑ les généraux）130。
统治（ⓐ un règne）113,405,407/（ⓑ une domination）246,319,419。
统一的度量衡（les mêmes poids et les mêmes mesures）525。
统治者（un souverain）517,690,733/（maîtres）392。
通灵者（les voyants）106。
头衔（ⓐ le titre）340,439,550/称号 461,520,200/共同称号（un titre commun）288/封号 475/国王封号（le titre do roi）304/名义 691/衔名 143/空衔（le vain titre）749/头衔（ⓑ les honneurs）621/绰号（le surnom）285,758。
投石党（la Fronde）740,616。
土地所有者（les possesseurs eles terres）17,144,土地所有者贵族（baron des terres）61/土地耕作者（les cultivateurs）833,144。
土库曼民族（la nations des Turcomans）552。
托钵修会（les ordres mendiants）289。
退隐（la retraite）603。

W

外交大臣（le ministre des affaires étrangères）292。
外国法官（un juge étranger）413。
王侯（ⓐ un landgrave）548/（ⓑ les princes）563/王公 563,799。
王国（le royaume）73,195,246,339,343,364,390,397,456,461,464,474,478,499,519,550,551。
王冠（couronnes）128。
王后（la reine）699,744,128。
王位继承法（ⓐ la succession au trône）650/（ⓑ l'héritier du trône）747。
王位空缺（le trône vacant）151。
王族血统（le sang royal）257。
王储（le dauphin）726,197。

危机（la crise）592。
围城战（un siège）502,827,391/围攻战 105,163,531/攻防战 264 卫士（le garde）498,549/卫队 618,771。
未行割礼者（incirconcis）64。
文物（les monuments）198/古迹 247,801/遗迹 197,629。
文艺复兴（ⓐ la renaissance des arts）766。（ⓑ la renaissance des leffres）501,616。
巫术（ⓐ les sortilèges）769,314/（ⓑ les enchantements）125/（ⓒ une magie）125/法术 125。
巫师（ⓐ les sorciers [de Pharaon]）601,385,516/法师（ⓑ les magiciens）138/（ⓒ les enchanteur）125/（ⓓ un croire）125/巫师（les magiciens）345/巫婆（les magicienne）385。
无敌舰队（la flotte invincible）465。
无神论（l'athéisme）71。
无声的内战（une guerre civile courde）355。
无头领教士（l'acéphales）358。
无政府状态（ⓐ le suite de l'anarchie）430,17/乱世（ⓑ les temps d'anarchie）454。
五个伟大国王（les cinq grands rois）228。
五经（les cinq kings）41,62,68。
武力（ⓐ la force）460,468,150/兵力 447/实力 475/武力（ⓑ les armes）803/军力（les armées）146。
武功（les faits d'armes）729。
武士（les guerriers）313,343,551,814/军人 326/军士 343。
武士主教（un évêque guerrier）530。

X

西西里晚祷事件（la conspiration des Vêpres siciliennes）623,707,799。
希腊教会（l'Église grecque）319,415,563,763/希腊正教（la religion grecque）741。
熄火法（la loi du couvrefeu）470。
习惯（ⓐ l'habitude）260/习俗（ⓑ les coutumes）249,425,479,318/风习 65,157,

368,492/风俗 234/(ⓒ les usages)222, 245/风俗习惯 264/习俗 223,369,370, 492,529,313/惯例 318/习惯313.

习惯法(ⓐ les lois de convention) 388/ (ⓑ la loi de coutume)833/由习惯形成的法律(la loi établie par l'usage) 522.

下等人(la vile populace)129/下层民众(la populace) 801/百姓 315/下层百姓(le bas peuple)312.

下毒害人者(empoisonneur)617,694,69, 197,290.

下级教士(les ecclésiastiques inférieurs)833.

下院(la chambre des communes)705.

饷(une paye)725,732,196.

先人(les prédécesseurs) 427/先王 342, 527/祖先(les ancêtres)197/先辈 343,

先知(ⓐ le prophète)152,161,571/预言家 152/(ⓑ le prédicateur)748/女先知(la prophétesse)20,40,153,155,246.

宪章(la charte) 725/大宪章(la grande charte)725.

显圣(la vision béatifique)673/不完全显圣(une vision imparfaite)673/显圣容(la transfiguration)799.

显贵会议(la grande assemblée des notables)569.

小康局面(les temps heureux)555.

小兄弟会修士(ⓐ les frères mineurs)548/ (ⓑ les minimes)285.

效忠教皇(obéissance au pape)287.

心腹人员(les agents)254/心腹(un confident)618.

新教(la religion réformée)728/新教徒(les protestants)487/新教诸侯(les princes protestants) 555/新教同盟(la ligue protestante) 641/抗罗宗(la religion protestante)484.

新人道主义(une humanité nouvelle)811.

信徒(les fidèles)288/入教者(les initiés) 83/信教者(le sectateur)87/信徒(les disciples)250,257/门徒 277.

信条(ⓐ la dogme)141/教条 272,419, 483/教义 420/信条(ⓑ l'artice de foi) 418,(ⓒ le symbole)416.

信仰告白(confession de foi)277.

信仰自由(ⓐ la liberté de conscience)379, 314,381/自由信教278/信仰自由(ⓑ la liberté de religion)307.

星相家(les astrologues)557/占星术士 774,516.

星法院(la Chambre étoilée)659.

行政管理(une administration)729,833.

姓氏贵族(la nobles de nom)370.

凶手(ⓐ an assassin) 147,407,416,528, 734,802/杀人者 190/杀人魔王(ⓑ un bourreau)190,254/刽子手 405,431.

修道士(ⓐ les moines) 381,523,546/僧侣 503/修士 381,487/(ⓑ les réguliers) 280.[男]修士(le homme)284/修女(les religieux)280/出家修行的人314/修女 (fille)284.

修道院(ⓐ le couvent) 315,344,345,707/ (ⓑ les monastères) 358,364,800/(ⓒ un cloître) 405,811/(ⓓ l'abbaye) 373, 381/隐修院(les monastères) 331,372, 393/政治色彩的修会(le moins politique)288.

修道院长(ⓐ les abbés) 358/(ⓑ les chefs des monaster)358.

选帝侯(un électeur) 622,692,788,649.

选举权(ⓐ le droit d'élection) 143/(ⓑ le droit d'élire) 498/选举所得权利(le droit de L'élection)519.

学说(la doctrine) 230/教义 257,742,324 383/教理 272/理论 696.

穴居人(les Troglodytes)72,140/特罗格洛迪特人 10.

Y

阉人(ⓐ les eunuques)45,808/太监 184, 415,459,783/去势的人 45/去势的男子(ⓑ les hommes dépouillés de leur

历史术语索引　597

virilité)807.

演说师(ⓐ les déclamateurs)51,322/演说家(ⓑ les orateurs)766.

妖精(les génies)94/守护神 255. 又见：守护神.

要塞(ⓐ une forteresse) 796 /(ⓑ les forts)564.

耶稣会教士(les jésuites)66,106,420.

耶稣基督第二次降临(le second avènement de Jésus-Christ)687.

野蛮人(ⓐ les barbare)561/ 蛮族 59,88,202,389,552,802.

一夫多妻(la pluralité des femmes)783/(ⓑ les sauvages)366.

一神教(les monothélites)258.

一神论(monothéltisme)320.

移民(ⓐ les émigrations) 562,568,572,600,809/迁移 197,328,407/移居 628/(ⓑ les transplantations) 140,293/迁徙 565.

遗产(l'héritage) 619,622,806,832.

义人(un juste)768/公正的人(les Justes)383.

义勇军(les milices)549/义勇队 570/民兵 392,426.

义务(un devoir)487,529,530.

异教(le paganisme)619.

异教徒(les païens) 619,324/多神教徒 363/异教徒之城(Lucera da pagani/la ville des païens)618.

异端分子(hérétiques)194,369.

议会(ⓐ les parlements)389,469,527/民众大会 331,343,372,375/(ⓑ l'assemblées)341,389.

议事司铎(le chanoines)770,280.

阴谋(ⓐ une conspiration) 623/(ⓑ les intriques)707/(ⓒ les complots)592.

阴谋分子(ⓐ les conjurés)592/阴谋集团(ⓑ les cabales)661.

隐士(les ermites)560,314/隐修教士 499,609/隐士团体(une congrégation d'erm-ites)285

隐修者(les cénobites)280.

隐修生活(la vie monastique)279.

印度人(les lndiens)279/印第安人371.

印加人(les incas)355,359.

英雄(un héro)10,264,270,393,815,200,424/英雄人物 143,259,671,733.

英雄家族(une femille de héros)462.

英雄主义(l'héroïsme)454.

英雄时代(les temps héroique)814. 所谓英雄世纪(les prétendus siècles héroïques)741.

用益权(l'usufruit)508,518,674/享有用益权者(les usufruitiers)674.

犹太教(ⓐ le judaïsme) 256,574/(ⓑ la religion juive) 186,269.

犹太教堂(les synagogues)566,61,142/犹太教会 353.

犹太教教士(les rabbins)254.

犹太人(les Juifs)561.

舆论武器(les armes de l'opinion)618.

御前法庭(ⓐ la cour du banc du roi)725/(ⓑ un divan)834/御前会议(ⓒ conseil privé)657.

预言(ⓐ les prédictions)105/(ⓑ la prophétie)307.

元老院(ⓐ le consul)508,520/(ⓑ le sénat) 188,405,410,508,520.

元帅(le maréchal)196,572.

原因(ⓐ les causes)184,202,798/(ⓑ la raison)321,568,334.

原罪(le péché originel)285,501.

援助(les secours)798,800,826.

Z

灾难(ⓐ les misères) 551/(ⓑ les malhears)572/(ⓒ les calamités)617/灾祸(ⓓ les fléaux)202/祸患 371.

遭车裂者(écartelé)197.

造物主(le créateur)172,249/巨匠造物主(le Demiourges / Demiurge).

赠礼(ⓐ la donation)377,501,506/赠与 333,510/赠与证书 317,333/让与(ⓑ la concession)334.
战功(ⓐ les exploits)459/(ⓑ les faits d'armés)187,737/军功 370.
战火(ⓐ l'incendie)498/火灾 524.
战利品(ⓐ les dépouilles)155,376,392, 453,465,469,19,648/(ⓑ le butin) 262,559/掠夺物 342,385/胜利品 188.
战胜者(ⓐ le vainqueur)387,566/胜利者 469,623/征服者 182,358/战胜者(ⓑ les victorieux)44. 263,328,422,458, 515,540/胜利者 131.
战役(la bataille)805,353,573/沙场 744.
战败者(le vaincu)44. 263,426,470,361.
战神(le dieu des armées)183,327.
战争(la guerre)78,182,187,265,371, 404,423,622/交兵 330,478,504,543.
战争狂热(les folies guerrières)551.
长老(le doyen)547.
哲学家国王(le roi philosophe)646.
争吵(ⓐ les querelles)320,526,529,544/ 争执 543/内讧 184,321/争吵(ⓑ les disputes)50,321,420/争论 320/纷争 319,612/(ⓒ les discordes)319/争论 (les querelles)319/纠纷(ⓓ les troubles)319/纠葛(ⓔ les démélés)525. 征服者(les conquérants)40,52,183,262, 343,372,390,403,458,493,601,805/ (les vainqueurs)362.
征服者民族(les peuples conquérants)552.
政府(le gouvernement)71,341,386,391, 408,423,443.
政治家(la politique)538/政策 799,127,130.
政治实体(la constitution)637.
政治制度(la forme d'administration)443, 522,18.
正义(la justice)748,606/信赏必罚(la justice [de Dieu])698.
殖民地(ⓐ les colonies)364,803,807,281/ (ⓑ un établissement)731 734,796.

至尊宣誓(ⓐ le serment suprématie)255/ (ⓑ le prêter serment suprématie)256.
至尊议员(le sénateur unique de Rome)621.
治安(la police générale)771.
制度(l'institution)87,522,524,528.
制造业(manufactures)150.
主教(un évêque)313,355,365,373,415, 425,505,530,145.
主教区(dioceses)315/主教辖区(évêché)431.
主教宝座(la chaire pontificale)373.
诸圣瞻礼节(la Toussaint)334.
准男爵骑士(chevaliers baronnets)653.
资源(ⓐ les richesses)741,636/(ⓑ les resource)741.
自然法(ⓐ la loi naturelle)181,192,313, 410/(ⓑ la loi de la nature)24.
自由(la liberté)181,286,391,475,493, 508,525,526,761.
自由市(une ville libre)670,195.
自然宗教(la religion naturelle)71/自然教 377.
自由选举(une élection libre)469.
自由民(les libres)370.
自由人民(les peuples libres)328.
宗派性(l'esprit de parti)799.
宗教(la religion)61,130,182,184,224, 252,263,379,499,504.
宗教战争(les guerres de religion)182,504.
宗教狂热分子(un furieux)555.
宗教仪式(les cérémonies)312,802.
宗教纠纷(les querelles ecclésiastiques)603.
总监(le surintendant)586,602.
总督(ⓐ un vice-roi)199/省长 781/(ⓑ le gouverneur)665,815,327,390.
罪行(les crimes)602,742,129/罪恶 371.
终审判决(un jugement définitif)20.
最后审判(le jugement dernier)673.

(尘若编)

图书在版编目(CIP)数据

伏尔泰文集. 第 6 卷, 风俗论: 论各民族的精神与风俗以及自查理曼至路易十三的历史. 下/(法)伏尔泰著;谢戊申等译. —北京:商务印书馆,2019
ISBN 978 - 7 - 100 - 17364 - 3

Ⅰ. ①伏… Ⅱ. ①伏… ②谢… Ⅲ. ①伏尔泰(Voltaire,Francois-Marie,Arouet 1694—1778)–文集 ②世界史–研究 Ⅳ. ①B565.25-53 ②K107

中国版本图书馆 CIP 数据核字(2019)第 075257 号

权利保留,侵权必究。

伏尔泰文集
第 6 卷
风俗论
(下册)
〔法〕伏尔泰 著
谢戊申 邱公南 郑福熙 汪家荣 译
郑福熙 梁守锵 校

商 务 印 书 馆 出 版
(北京王府井大街 36 号 邮政编码 100710)
商 务 印 书 馆 发 行
北京冠中印刷厂印刷
ISBN 978 - 7 - 100 - 17364 - 3

2019 年 8 月第 1 版　　　　开本 710×1000　1/16
2019 年 8 月北京第 1 次印刷　　印张 38
定价:152.00 元